KB235121

성性인류학

시집가는 여자, 시집가지 않는 여자

성性인류학

박정진 지음

이담
Books

서 문

　필자가 인류학에 입문한 지 30년이 다 되었다. 그런데 다행인 것은 최근 몇 년 사이에 가장 많은 집필활동을 하고 있다는 점이다. 그 가운데서도 이 책은 실험적이긴 하지만 가장 학자적 야심을 가지고 쓴 글모음이다. 인간은 무엇으로 사는가? 인간은 왜 사는가 등 육하원칙에 따른 여러 가지 질문을 할 수 있을 것이다. 그러나 인문학적 질문과 대답이란 것이 자연과학처럼 딱 떨어지는 것도 아니고 방정식이 나오는 것도 아니고 날이 갈수록 막연하였다. 그런데 어느 날 우연히, 인간이 기본적 소여로 타고난 신체를 기본으로 하여 인류문화를 해석해 보고자 하는 욕망이 모락모락 일었다. 그때 섹스(性, sex)라는 단어가 가장 먼저 떠올랐다. 그렇다. 생물로서의 인간이면 누구나 가지고 있는 것, 그것을 통해서 종족을 번식시키는 것임에 틀림없었다.

　그다음에 인간은 어느 민족이든 자신을 불러 주는 이름을 가지고 산다. 아마도 이름이 없으면 인간답게 살지 못할 것이다. 그런데 이름 가운데서도 집단생활을 하지 않으면 안 되는 인간에게 부족이나 종족과 관련되는 이름이야말로 가장 중요한 것임에 틀림없다. 물론 부족 이름은 토테미즘과 관련되는 경우가 많다. 그다음 이름은 역시 씨족이나 가족을 나타내는 성씨(姓氏, surname)일 것이다. 그런데 왕조야말로 성씨가 바로 권력이라는 것을 말해 준다. 성씨는 바로 권력을 나타내는 것이고 인간의 운명의 대부분을 결정짓는 중요한 것인 때도 있었다.

집단을 나타내는 이름은 권력과 관계가 되는 이름인데 이 권력과 대항하는 것으로 성스러움을 나타내는 성(聖, saint)이 그 다음에 등장한다. 성인들은 인간존재의 가장 진화된 존재이기도 하지만 권력경쟁으로 분열하는 인류를 하나로 묶어 주는 역할을 하면서 동시에 인간의 모범이 되는 인간으로, 신인(神人) 혹은 인신(人神)으로 불러도 손색이 없는 인물들이었다. 그래서 이들 삼자를 나열해 보았는데 요행히도 한글의 발음이 모두 '성'이었고 영어로는 모두 S 자가 들어가는 단어들이었다. '왜 중요한 단어들은 S 자로 시작할까?' 하는 의문을 가졌다. S 자에 신비감을 가지고 있는 터에 샤머니즘(shamanism), 통치(sovereign), 과학(science) 등의 글자도 모두 S 자로 시작하는 것이 아닌가! 물론 매우 영감적인 시간들이 지나갔다.

나는 'sex. surname, saint'라는 세 글자 사이사이에 'shamanism, sovereign, science'를 넣었다. 이것은 앞의 것의 반복으로서 조금씩 성질이 다른 것이며 역사적으로 나타나는 그 변형이라고 할 수 있다.

'sex. shamanism, surname, sovereign, saint, science'로 배열이 나왔다. 그래서 sex를 원형(archetype)으로 하고 나머지를 그것의 변형이라고 규정하는 상상을 하게 되었다. 그렇게 하기까지 나의 인류학적 지식과 학자로서의 능력이 동원된 것은 물론이다. 이상은 일종의 상위 컴피턴스 (competence)에 해당한다. 나머지에 대해서는 이 책을 읽으면서 서서히 알게 되겠지만 이들의 하위 퍼포먼스(performance)로 'sport, song, story, screen, spectacle'를 두었다. 왜 그렇게 두었느냐는 나중에 설명이 될 것이다.

인간은 하늘 아래, 땅 위에 사는 존재이다. 그런데 천지인이라는 우주체계가 실은 인간에게는 머리와 발끝 사이에서 실질적으로 작용하는 것이다. 천지를 통해서 인간을 규정하고 해석하는 것도 중요하지만 거꾸로 인간의 몸을 통해서 천지를 해석하고 인류문명을 재해석해 보는 것도 인류학의 긴 여정에서는 필요하지 않을까 생각하여서 이 책을 내게 되었다. 학문도 많고 이론도 많다. 그렇더라도 학문적 이론이 우주를 전부 커버할 수는 없을 것이다. 인간은 어차피 우주의 한 덩어리를 붙잡고, 혹은 한구석을 붙잡고 씨름하는 존재이다. 그것이 우주 전체에 대항하기에는 역부족이다. 그러나 이만하게라도 우주 및 인류문명과 대화할 수 있는 것도 인류학의 덕분이라고 여겨진다.

2010년 11월

화산(華山) 朴正鎭

목 차

제1부

성(性), 성(姓), 성(聖)

제1장 성(性), 성(姓), 성(聖)
-성에 대한 생문화적(生文化的) 접근-

1. 성(性: Sex), 성(姓: Surname), 성(聖: Saint)

흔히 인문학에는 법칙이 없다고 한다. 인문학은 사람과 그 문화를 다루는 학문이기 때문에 물질이나 다른 동식물을 다루는 자연과학에 비해서는 법칙화 혹은 정식화하기가 어렵기 때문일 것이다. 그러나 인문학도 이제 법칙화하거나 정식화할 단계가 되었다. 인간의 문화를 다음의 성(性: Sex), 성(姓: Surname), 성(聖: Saint)이라는, 한글로 '성' 자로 발음되는 세 용어, 영어로는 3S라는 약자로 설명하고자 하는 것이 이 글의 목적이다. 물론 여기엔 많은 이론적 난관이 예상된다. 또 3S 이외에 샤머니즘(Shamanism), 왕권(Sovereign), 과학(Science)이 문화적 볼륨을 설명하기 위한 용어로 채택된다.

이 삼자의 상관관계와 문화적 발전과정을 설명하는 데는 생태학을 기반으로 하는 인류학의 이론인 '생문화적 접근방법(bio-cultural approach)'인 '스트레스(stress)-필요(need)' 설명틀(framework)이 이용될 것이다. 이것은 일견 인문사회적 사실이나 사태를 너무 단순화하는 것이 아니냐는 문제제기를 받을 수도 있겠지만 적어도 자연과 문화를 평형의 상태에서 통합을 이루면서 접근하는 방법으로 현재 이만한 것이 없다고 필자는 생각하기 때문이다.

이것은 동양 전래의 천지인(天地人) 사상과도 일맥상통하고 있다. 이 삼자가 이루는 삼각형은 인류가 발견한 최대·최고 원리인 천지인(天地人) '3·1 원리'와도 일치하고 있어 나에게는 더욱 의미심장하다. 이는 프로이트(Sigmund Freud)의 무의식(리비도), 의식(자아), 초의식(초자아)과도 상통한다. 예컨대 '性＝Sex＝본능, 姓＝Surname＝자아, 聖＝Saint＝초자아'가 그것이다. 이 삼자는 심리적인 것에 머무르지 않고 사회적인 것, 역사적인 것, 인류학적인 것, 나아가서 과학적인 것을 포함하는 인문학 전반에 적용될 것이다.

이들의 관계는 쉽게 말하면 원형(原形)과 변형(變形)의 관계에 있다. 섹스를 나타내는 성(性)이 변하여 이름을 나타내는 성(姓)이 되고 이름을 나타내는 성(姓)이 변하여 성스러움을 나타내는 성(聖)이 되는 진화의 과정을 거친 것이다. 또 이들 삼자의 정점에 있는, 성스러움을 나타내는 성(聖)은 다시 본래의 섹스를 나타내는 성(性)으로 돌아온다. 섹스로서의 성(性)은 물론 생물학적 존재로서의 인간에게 있어서 반드시 식(食)과 결합되어 있다. 혹자는 식(食)이 변하여 성(性)이 되었다고 주장하기도 한다. 어떤 문화권이든 섹스행위를 '먹는다'라고 표현하는 것을 보면 식(食)에서 성(性)이 분화한 것이 맞을 것 같다. 이것을 식색(食色)이라고 하자. 성(性)이라는 것은 양성이 생긴 후의 일이니까. 인류문화의 대장정은 실은 '식(食)의 순환체계'가 '성(聖＝魂)의 순환체계'로 바뀐 것인지도 모른다.

본래 성(性)은 '성(sex)'이라기보다는 '성(nature)'의 개념이 더 적합하다. '성(nature)'에는 성(sex)을 포함하는 포괄성이 더 있다. 그러나 성에 대한 보다 극적이고 직접적인 이미지를 강조하기 위해서 성(sex)이라고 사용하기로 했다. 인간에 이르러 성(性)은 형이상학과 형이하학으로 양극화의 길을 걷게 되었다. 인간의 삶의 도구인 발달된 언어는 인간의 몸에서 머리와 성기를 구분하게 하고 특히 도덕주의자들은 성기를 단죄하고 금욕하여야 하는 것처럼 주장하였다. 이제 서로 다른 인간의 문화의 하부에 도사린, 혹은 상부를 관통하는 본능과 보편성을 하나의 것으로 돌려놓을 필요가 있게 됐다. 물론 이것도 일종의 '압력(stress)-필요(need)'(자극-반응: 도전과 응전)의 결과라고 해도 상관이 없다. 이때의 압력(stress)은 자연환경과 자연으로부터 진화의 결과로 부여받은 욕망의 복합이다. 말하자면 섹스는 자연으로부터 분리된 것이 아니라 자연이면서 동시에 환경으로부터 그것의 대상인 필요(need)를 찾는 문화이다.

이것은 현대 과학문명에 이르러 분열된 우주관을 통합할 필요성의 대두라고 할 수 있다. 물질은 더 이상 정신과 구분되는 세계가 아니라 하나의 세계이며, 굳이 말하자면 물질조차도 정신이며 정신조차도 물질임이 증명되고 있다. 인간의 삶의 환경은 그 범위가 넓어질수록 그것을 다스리면서 삶을 영위하는 제도가 달라지고 그 달라진 영역에서 중추적인 역할을 하는 문화적 상징을 달리해 왔다. 지금 인류학적인 성과를 토대로 보면 인류의 원시적인 삶은 모계에 의한 부족의 구성과 무당이라는 샤먼계급이 제사행위를 통치의 근간으로 하면서 삶을 영위하였던 것으로 보인다. 이때는 문화의 억압이 없었거나 있었어도 덜하였을 것으로 짐작된다. 소위 원시 공동체사회이다.

그 후 사회문화적 억압과 요구에 의해 무당에 이어 왕들이 출현하고 성인이 탄생하고 과학자가 만들어지는 것은 일종의 집단적 승화(sublimation)이며 치환(置換)이며 예술(art)이기도 하다. 또 그러한 인물이 만들어지기까지 여러 가지 어려운 통과의례의 우여곡절을 겪는다. 이들은 분명히 창조적 소수이다. 이들 창조적 혹은 희생적 소수들은 집단이 부여한 임무를, 때로는 어쩔 수 없이 본의 아니게 수행하고 있는 것이며 집단적 에너지의 흐름을 한 몸에 집중적으로 받고 있는 인물이다. 이것은 억압된 집단적 에너지의 분출이며 극복이며 승화이기도 하다. 무당들이 앓는 무병(巫病)에 대해서는 잘 알려져 있지만 이와 유사하게 왕들도, 성인도, 과학자도 자신만의 병, 즉 고민과 고통, 시련을 겪게 마련이다.

굳이 필자가 '성(性)＝섹스(sex)'를 출발의 기점, 혹은 바탕으로 삼은 것은 진화론의 입장에서, 인간의 몸에 내장된 프로그램으로서의 성, 본능을 강조하기 위해서였다. 이것은 종래의 도덕론의 출발과는 다르다. 본능의 위에 본성이 있는 것이고 그마나 본성이라는 것은 본능과 언제나 구별되는 것이 아니고 하나로 통합되는 메커니즘을 가지고 있음을 가정하지 않을 수 없다. 다시 말하면 '도덕적 도락(道樂)'도 '섹스의 쾌락(快樂)'과 무관하지 않음을 의미한다. 좀 더 정확하게는 양자가 원형과 변형의 관계에 있음을 가정하는 것이다. '도덕적 도락＝정신적 법열'이라는 것은 '섹스의 쾌락＝육체적 절정'의 언어적 연장에 지나지 않는다. 성리학자는 성(性)을 '본성(本性)'이라고 하여 '본능(本能)'과 구별하였지만, 생물에서부터 인간에 이르는 진화의 전 과정을 통합적으로 바라볼 때, 그것은 인간중심주의의 오류에 빠진 것이다.

위의 '性＝Sex＝본능, 姓＝Surname＝자아, 성＝Saint＝초자아'를 자세히 보면 놀랍게도 인간 집단의 삶에 있어서 생사가 걸린 문제, 키워드(key word)임을 알 수 있다. 여기엔 고통도 따르지만 동시에 쾌락과 기쁨이 공존하는 것이다. 다시 말하면 생사고락(生死苦樂)이 바로 여기에 달려 있었다고 해도 과언이 아니다. 인간 개인의 삶에 있어서도 그렇지만 집단의 삶에 있어서 위의 세 단계 혹은 세 종류의 삶은 긴밀하게 상호 작용하는 공통의 메커니즘을 가지고 있다고 보인다. 이상의 세 단계는 실은 인류의 생활권, 즉 전쟁과 교역의 확대에 따르는 이성의 확대 과정이라고도 할 수 있다. 도덕적 이성과 자연과학적 이성은 그 영역이 다른 것이다. 이성이란 그러한 점에서 절대적인 것이 아니라 상대적인 것이며 도덕적 선악이라는 개념은 시대와 장소에 따라 달라질 수 있는, 말하자면 더 이상 삶과 우주의 본질적인 것이 되지 못한다.

이상을 요약하면 "더 이상 성스러움은 성스러움이 아니며 더 이상 속악(俗惡)한 것은 속악한 것이 아니다. 더 이상 생은 기쁜 것이 아니며 더 이상 죽음은 슬픈 것이 아니다." 이제 서로 대립되는 개념의 중화와 소통이 필요하다. 그래야 인간성의 분열도 막고 세계와의 화해, 역사와의 화해도 이룰 수 있는 것이다. 종교와 과학도 그 영역과 방법은 다르지만 서로 다른 것이 아니라 함께 발전하는 문화의 제도에 불과한 것이 된다. 과학이라는 것은 '밖의 종교＝객관의 종교'이고 종교라는 것은 '안의 과학＝주관의 과학'이 된다. 그러니 결국 '과학＝종교'가 된다. 성(性)인류학의 목표는 "성(性)은 인류문화의 알파이자 오메가, 시종(始終)"임을 말하는 것이다. '성(性)＝자연＝종교＝과학'이다.

인간은 이제 보다 행복하게 미래와 역사를 이끌 필요에 직면하고 있다. 그런 것을 위해서 전제되는 것이 세계에 대한 새로운 이해의 지평을 여는 것이다. 다음의 방정식에 주목하자.

Sex, Surname, Saint＝Shamanism, Sovereign, Science

섹스는 고락(苦樂)의 출발이다. 일종의 인간의 자기원인이다. 그러나 인간은 섹스를 고통이라고 생각하지 않는다. 때론 결과적으로 고통을 안겨 줄지라도 말이다. 인간은 낙(樂), 쾌락(快樂)을 추구하는 존재이다. 고통이라고 할지라도 고통을 위해서 고행이나 고생을 하는 것이 아니라 낙(樂)을 위해서 그것을 감수하거나 극복하는 것이다. 스트레스는 고(苦)만이 아니고 낙(樂)도 함께 동반한다. 고락은 손바닥의 양면과 같은 것으로 어느 쪽에서 보든 나름대로 논리적 정합성을 가질 수 있는 것이다. 우리가 흔히 인류문화를 말할 때 고(苦)에 중심을 두는 것은 그만큼 스트레스가 힘들기 때문이다. 그러나 만약 인생에 고(苦)만 있다면 그것을 극복할 이유도 없다. 적어도 고의 뒤에는 낙이 있기 때문이다.

흔히 고통을 극복하는 위대한 일을 한 사람을 두고 위대한 인물이라고 한다. 여기에 '위대'(偉大)라는 말이 붙은 것은 물론 인간의 삶에 있어서 결정적인 업적을 성취한 것에 바치는 헌사이다. 그러나 그 위대함이라는 것이 사소한 것과 처음부터 단절된 것이라면 그 위대함이 어떻게 달성되는가. 그런 점에서 고대 그리스의 스토아(stoic)학파는 위대하지만 에피쿠로스(Epicurean)학파도 위대한 것이다. 특히 에피쿠로스학파는 집단적 성취에 초점을 맞춘 철학이 아니라 개인의 행복에 초점을 맞춘 것으로 어떤 집단적 강박관념을 떠나서도 유효한 것이기에 인류학자들이 다시 볼 필요가 있는 학설이다. 세계는 이제 집단적 강박관념이나 광기로부터 벗어나서 진정한 행복에 대해 논의를 재고해야 할 시점이다.

물론 부처가 설파한 사성제(四聖諦), 고집멸도(苦集滅道)도 고(苦)를 직접적으로 언급하면서 그것에서 문제를 풀어 간다는 점에서 간접적으로 이 논의에 포함하는 것은 당연한 것이다. 그런데 우리가 주목하여야 하는 것은 불교가 고(苦)를 찾는 과정이 아니라 단지 그것에서 출발하고 있을 뿐이며 궁극적으로는 낙(樂)을 찾아가는 도라는 점이다. 열반(涅槃)은 인간이 이룩한 최고 낙의 한 종류일 것이다. 더 정확하게는 승화된 낙이다. 불교는 고통을 단숨에, 눈 깜빡할 사이에 낙(樂)으로 역전시키는 거대한 고(苦)의 코페르니쿠스적 전환이다.

낙(樂)에 대해서는 고등종교들조차도 낙원(樂園)이든, 극락(極樂)이든, 열락(悅樂)이든, 법열(法悅)이든, 도락(道樂)이든 낙(樂) 자가 들어가는 것을 추구했던 것이다. 물론 고등종교의 낙이라는 것은 섹스의 쾌락과는 다른 차원의 보다 승화된 것이지만 낙의 변형된 형태라고 말할 수 있다. 낙(樂)에는 반드시 고(苦)가 따르게 마련이다. 그래서 쉽게 말해서 인생을 생사고락(生死苦樂)이라고 말한다. 만약 낙이 없다면, 낙에 대한 희망이나 기대가 없다면 고통을 참기 어려울 것이다. 그 낙을 추구하는 것을 행복을 추구하는 것이라고 말할 수 있고, 그 낙을 종합적으로 행복이라고 할 수 있을 것이다.

그런 점에서 에피쿠로스학파, 즉 '정원(庭園)의 철학'이라는 말처럼 꽃 한 송이에서 삶의 기쁨을 누리는 은둔자, 예술가의 철학, 에피쿠로스의 철학을 리바이벌시킬 필요가 있다. 에피쿠로스의 쾌락주의는 전혀 통속적인 것이 아니고 도리어 은둔적이고 고상하기까지 하다. 그에게 있어 쾌락은 단지 행복의 실체가 쾌락이기 때문이고 이성적인 것이 아니라는 얘기는 아니다. 그는 매우 이성주의자이다. 단지 그 이성을 억압과 고통의 수단으로 사용하는 것을 싫어했을 뿐이다. 그래서 권력과 명예를 필수적이라고 보지 않았을 뿐이다.

"욕구 가운데 어떤 것은 자연적이고 어떤 것은 공허하다는 것을 깨달아야 한다. 자연적 욕구 가운데 필수적인 것도 있지만 그렇지 않는 것도 있다. 행복과 건강과 생존을 위해서 필요한 것이 있다. 명예나 권력은 삶에서 필수적인 요소가 아니다. 한 걸음 물러나 자신의 정원에 은둔하면서 삶의 의미와 기쁨을 추구해야 바람직하다."

그는 우선 개인의 행복을 추구한다. 그렇다고 해서 사회를 생각하지 않은 것은 아니다. "정의는 그 자체로서 존재하는 어떤 것이 아니다. 그것은 언제 어느 곳에서 만나더라도 사람들이 상호 관계에서 서로 해를 입히지 말고 해를 당하지도 말자는 계약일 뿐이다. 먼 곳에 있는 것에 대한 욕심 때문에 가까이 있는 것을 무시하지 말고 지금 가까이 있는 것도 한때 당신이 갈망하며 소망했던 것임을 생각하라."

그는 결국 이렇게 말한다. "이성적이며 고상하고 정의롭게 살지 않으면 쾌락이 있을 수 없다. 반대로 쾌락 속에서 살지 않으면 이성적이고 고상하고 정의로운 삶을 살 수 없다." "우리에게 쾌락이란 신체 영역에 어떤 고통도 느끼지 않는 동시에 정신적 영역에서 어떤 불안도 느끼지 않는 것을 의미한다." 에피쿠로스의 쾌락은 향락 자체에 관심을 두는 사치스러운 쾌락이나 통속적인 것을 의미하지 않으며, 참된 쾌락이란 고통이 없는 상태라고 했다. 이 얼마나 위대한 철학인가.

에피쿠로스는 또 쾌락에 있어서도 동적 쾌락과 정적 쾌락을 구분하여 동적 쾌락인 식욕의 충족과 달리 "정적 쾌락은 마음에 불안이 없고 몸에 고통이 없는 평정상태(ataraxia)이며 고통은 쓸데없는 집착에 원인이 있다"고 말한다. "육체를 위한 최소한의 것을 선택하도록 자연이 허락했지만 사람들은 불필요한 재화를 얻기 위해서 자연을 파괴하고 서로 싸운다. 따라서 쓸데없는 재산을 가지고 있는 사람이야말로 가장 불행하다고 말한다." 여기에 이르면 에피쿠로스는 단지 이름만 쾌락주의자이고 실은 도덕주의자, 이성주의자에 속한다. 그는 단지 이성을 권력과 명예를 위해서 사용하지 않았을 뿐이다. 그는 절제된 이성적 삶을 권장한다. 그는 단지 공공성(公共性) 혹은 집단을 강조하지 않았을 뿐이다.

고대 에피쿠로스의 철학은 근대에 영향을 미쳐서 J. 벤담에 이르러 '최대다수의 최대 행복'이라는 공리주의철학을 탄생시켰지만 이제 필자에 이르러 인류학과 접목되어 새로운 '성(性)인류학'으로 거듭나게 되었다. 인류의 문명은 인간 개체군, 즉 인구의 증가와 더불어 성의 억압을 하지 않을 수 없었고 이에 후속되는 과정으로서 가부장제와 권력의 탄생이 어떻게 왕(王)과 국가, 제국(帝國)을 탄생시켰으며 이에 따르는 스트레스(stress)를 치유하기 위한 문화적 필요(need) 장치로서 성인(聖人)과 고등종교, 그리고 오늘날 과학자를 탄생시켰는지에 대해 논의하게 될 것이다. 이것은 실로 이성과 권력과 정의라는 것이 얼마나 인간의 행복과 거리가 먼 것인가를 증명하는 것이 될 것이다. 이성의 과대망상은 고등종교의 절대주의와 파시즘으로 통칭될 수 있는 나치즘과 스탈린주의 등 전체주의에서 충분히 보아 왔다. 놀랍게도 에피쿠로스는 이성이 권력의 동의어로 사용되는 것을 일찍이 경계했다.

한 가지, 에피쿠로스가 간과한 것은 인간이라는 종은 개인의 행복을 추구하기도 하지만 집단의 번영과 행복을 위해서도 끊임없이 노력하고 있다는 점이다. 인간은 놀랍게도 공공을 위하여 보다 희생적인 동물이라는 점이다. 이는 때론 개인에게 고통이지만 그 고통을 감수한다는 점이다. 이는 생물종의 본능이다. 그런 점에서 지극히 개인주의에 바탕으로 한 그의 쾌락주의는 보다 공공성을 강화하면서 몸집을 불리지 않으면 안 되게 되었다. 그와 같이 단도직입적으로 쾌락주의를 주장하지는 않았지만 석가와 공자, 예수 등 성인이 바로 집단의 행복과 낙(樂)을 위해서 개인을 희생하였던 관계로 인류는 고통에만 빠지지 않았다. 앞으로도 인류가 계속되는 한 그러한 성인과 과학자는 부단히 생겨나 인류를 가난과 질병과 고통에서 구원할 것이다. 쾌락의 관점에서 인류사를 재점검하고 인류의 지향을 밝히는 것이 이 책의 목적이다.

쾌락주의자라고 알려져 있는 에피쿠로스는 재검토해야 하는 것이다. 그렇다고 단지 고대의 에피쿠로스학파를 추종하는 것은 아니다. 에피쿠로스학파가 본래 무절제한 쾌락을 추구했다는 것은 오해이다. 에피쿠로스학파의 쾌락은 도리어 절제와 은둔의 쾌락이라고 할 수 있다. 앞으로 '인간이 쾌락을 추구하는 존재'라는 것을 바탕으로 종래의 종교적 금욕주의, 억압적 이성주의는 통합되지 않으면 안 된다. 문제는 개인의 쾌락이 집단의 그것과 충돌하는 것을 어떻게 여하히 막아 내느냐에 달려 있다. 인간사회는 개인의 쾌락이 사회적 안정, 평안, 화평과 연결되지 않으면 안 된다. 개인의 욕망과 쾌락은 다른 사람의 그것과 충돌하고 갈등할 것이기 때문이다. 새로운 쾌락주의, 신(新)에피쿠로스학파(neo-epicurean school)의 부활은 다분히 과학의 발달에 힘입는 바 크다.

물론 스토아학파(stoic school)의 금욕주의도 자연의 개체의 존재로서 인간이 자기존재를 유지하기 위한 욕망(자연의 충동)을 부여받았으나 그것이 지나쳐 파토스(pathos)가 되는 것을 경계한 것으로 결과적으로 비정한 금욕주의가 된 것뿐이다. 그래서 로고스(logos), 즉 이성을 필요로 한 것인데 이성이란 유한한 개체인 인간이 자연에 의해 주어진 자신의 운명을 깨닫고 운명대로 살면서도 자연과 일치되는 것을 동의(同意)할 줄 아는 삶이다. 이것이 현인(賢人)의 삶이다. 따라서 자연 그 자체가 '이성적 존재자'를 통해서 자기 귀환(自己歸還)하는 작용이기도 하다. 그 결과 현인, 즉 인간＝자연＝신이 되는 삶이다. 바로 이 이성적 존재자가 바로 인간이고 권력이다. 그런데 그 권력은 자기완결성을 위하여, 자연으로의 귀환을 위하여 권력이라는 것을 감추고 이성＝자연＝신으로 스스로를 동일시하는 셈이다.

스토아학파이든, 에피쿠로스학파이든 결국 자연과의 화해, 자연으로의 귀환을 위하여 자연과의 동일시를 통한 귀로(歸路), 혹은 퇴로(退路)를 만들어 놓고 있는 셈이다. 결국 스토아학파의 금욕주의도 실은 파토스를 경계하기 위한 것이었을 뿐, 금욕을 위한 금욕은 아니었다. 그 철학의 특징이 이성에 있었을 뿐이다. 스토아학파가 개인을 부정하고 개인을 전체에 동화하라고 강요하는 것에 대해 철학이 전체를 위한다는 명분으로 개인이 희생되는 것을 거부한 것이 바로 에피쿠로스학파이다. 이는 에피쿠로스학파가 개인과 쾌락을 강조한 정반대의 정점에 있는 셈이다. 결국 스토아학파와 에피쿠로스학파는 일종의 이성과 감성의 균형 잡기의 일환으로 생성된 것임을 알 수 있다.

인간은 본성적으로 즐거움과 행복을 추구하는 동물이다. 즉, '낙안(樂安)의 존재＝자락안인(自樂安人)의 존재＝행복(幸福)의 존재'이다. 인간은 낙원(樂園)을 꿈꾸는 존재이다. 낙원은 에피쿠로스의 정원(庭園)과 통한다. 정원이란 생존경쟁, 혹은 전쟁에 비해서는 은둔하는 장소이고, 정원(garden)은 학파(school)와는 다르다. 정원은 개인이 고통을 멀리하고 쾌락을 추구하는 것이고 그 육체적 쾌락에 그치는 것이 아니라 정신적 쾌락으로 승화되는 적절한 곳이다. 에피쿠로스학파는 "육체의 고통을 피하고 사치와 향락을 멀리하고 죽음의 공포에서 벗어나려고 한다. 타인에게 해가 되지 않는 자신의 쾌락을 누려야 하며 누구도 그 쾌락을 비난하여서는 안 된다." 이것은 고통보다는 쾌락 우선이다(고통<쾌락). 이것은 집단보다는 개인 우선이다(집단<개인).

에피쿠로스학파의 이상이 실현되기 위해서는 "불멸의 신 대신에 그 자리에 원자론이 들어가며 '신은 다른 사물과 같이 원자로 구성되어 있기 때문에, 세계 바깥에 원자가 없는 빈 공간에 존재하므로' 이 세상과 무관한 것이고 죽음이란 모여 있는 원자가 흩어지는 것에 불과한 것이다. 원자는 불괴(不壞)의 궁극적 실체이고 공허는 원자가 운동하는 장소이다." 이것은 존재보다 운동 우선이다(존재<운동). 또 신보다 원자 우선이다(신<원자). 에피쿠로스학파에겐 "개념은 기억에 고정된 감각적 인상에 지나지 않는다. 개념이 진리이기 위해서는 언제나 감각적 지각에 의해서 확인, 검증되지 않으면 안 된다." 이것은 개념보다 이미지 우선이다(개념<이미지).

과학의 발달은 인간이 종래 물질, 혹은 육체로만 규정해 온 것들이 단지 물질, 혹은 육체가 아니라는 것을 속속 증명하고 있다. 물질과 육체를 정신과 구별하는 확실한 기준이 애매하다. 육체는 수많은 나름대로의 기호로 가득한 존재이다. 이것이야말로 언어이다. 즐거우면 뇌의 활동모양도 달라진다. 이것이 단순히 마음이고 물질이 아니라고 단정할 수 없다. 양자는 동시에 반응하는 것이다. 과학의 발전에 따라 도덕(철학 혹은 종교)과 과학을 관통하는, 혹은 양자를 포용하는 보편성이 요구되는 시대적 필요에 직면하고 있다. 즐거우면서도 평안이 동시에 충족되는 '낙안(樂安)사상' '안락(安樂)사상'이 필요하다. 이제 성적 쾌락

과 도덕적 도락이 합일되어야 하는 시대적 사명에 직면하고 있다. 낙
(樂)사상은 인간이 추구하는 가장 보편적 개념이다. 여기에 예컨대 성리
학의 수기안인(修己安人)의 안(安)사상이 합해진 '낙안(樂安＝樂＋安)사상
＝자락안인(自樂安人)사상'의 정립이 필요하다.

여기서 악(樂)은 단순히 쾌락이나 도락과 같은 것만을 가리키는 것이
아니라 음악(音樂)을 나타낸다. 음악은 인간의 정서적 상태를 가장 비언
어적 형태로 표현하는 예술이다. 이 말은 언어적, 문화적 장벽과 차이
와 편견을 넘어설 수 있는 예술이라는 말이다. 악(樂)이야말로 가장 위
대한 경전이다. 음악의 가치가 드높은 사회, 음악이 풍성한 사회, 이러
한 사회는 필연적으로 평화(平和)로운 사회이고, 편안한 사회이고, 안인
(安人)의 사회이다. ≪예기(禮記)≫ 중 <악기(樂記)>에서 악은 "같음을
목적으로 한다"고 말한다. 또 "악문(樂文: 음악의 절목)이 같으면 상하가
서로 화목하다"고 말한다. "악은 마음으로 말미암아 생겨나고…… 악이
마음에서 생겨나면 고요하고……." "큰 악은 반드시 쉽고…… 악을 지
극히 하면 원망이 없다." 악이란 것은 개인에게는 즐거운 것이지만 사
회적 제도로서의 악은 사람들을 저절로 다스린다. 악(樂)은 저절로 안
(安)을 가져온다.

참고로 예기(禮記) 중 악기(樂記)의 구절을 보자.

"예는 백성의 마음을 절도 있게 하고 악은 백성의 소리를 부드럽게
하고 정사는 실천하게 하고 형은 막는 것이다. 예악형정, 네 가지에 통
달하면 어그러짐이 없고 왕도가 구비된다. 악이라는 것은 '같음'을 목
적으로 하는 것이고 예라는 것은 '다름'을 목적으로 하는 것이다. 같으
면 서로 친밀하고 다르면 서로 공경하게 된다. 악이 승하면 흐르기 쉽
고 예가 승하면 헤어지기 쉽다. 감정(실정)에 합하여 모습을 꾸미는 것

이 예악의 일이다. 예의가 서면 귀천의 등급이 있고 악문(악의 절목)이 같으면 상하가 서로 화합한다. 좋은 것과 나쁜 것이 뿌리내리면 어짊과 불초함이 서로 구별된다. 형은 포악함을 금하고 작위는 어짊을 들면 정사가 균등해진다. 인은 그것을 사랑하고 의는 그것을 바르게 한다. 이와 같으면 백성을 다스리는 것이 행해진다. 악은 마음(안)으로 말미암아 생겨나고 예는 외물(밖)에서 지어진다. 악이 마음에서 생겨나면 정(고요)하고 예가 외물에서 지어지면 절목이 이루어진다. 큰 악은 반드시 쉽고 큰 예는 반드시 간소하다. 악을 지극히 하면 원망이 없고 예가 지극하면 싸움이 없다. 읍하여 사양하면 천하를 다스리는 것은 예악을 말하는 것이다. 백성에게 포악을 짓지 않고 제후에게 손님으로 복종케 하고 군대를 시험하지 않고 다섯 가지 형을 사용하지 않으면 백성들이 걱정이 없고 천자가 성내지 않는다. 이와 같으면 악이 통달한 것이다. 부자의 친함에 화합하고 장유의 차례에 밝으면 나라 안을 공경하게 된다. 천자가 이와 같으면 예가 행해진다.”

(禮節民心, 樂和民聲, 政以行之, 刑以防之. 禮樂刑政, 四達而不悖, 則王道備矣. 樂者爲同, 禮者爲異. 同則相親, 異則相敬. 樂勝則流, 禮勝則離. 合情飾貌者, 禮樂之事也. 禮義立, 則貴賤等矣. 樂文同, 則上下和矣. 好惡著, 則賢不肖別矣. 刑禁暴, 爵擧賢, 則政均矣. 仁以愛之, 義以正之. 如此則民治行矣. 樂由中出, 禮自外作. 樂由中出, 故靜. 禮自外作故文. 大樂必易, 大禮必簡. 樂至則無怨, 禮至則不爭. 揖讓而治天下者, 禮樂之謂也. 暴民不作, 諸侯賓服, 兵革不試, 五刑不用, 百姓無患, 天子不怒. 如此則樂達矣. 合父子之親, 明長幼之序, 以敬四海之內. 天子如此則禮行矣.)

정원, 낙원은 바로 에피쿠로스학파가 추구하는 이상세계이다. 위의 ‘낙안(樂安)의 존재’라는 개념은 외연을 넓히면 ‘풍악(風樂)의 존재’라고 할 수 있다. 풍악(風樂)＝풍류(風流)이고 낙원＝정원＝풍악＝풍류의 개념은 일맥상통한다. 인간은 '낙안(樂安)의 존재'이면서 '화락(和樂)의 존재'이다. 이러한 점에서 이 책은 필자가 최근에 동시에 집필하고 있는 '풍류인류학(風流人類學)'의 내편이라고 할 수 있다. 다시 말하면 풍류인류학의 내편이 '성(性)인류학'이고 '성(性)인류학'의 외편이 '풍류인류학(風流人類學)'인 셈이다. 이것은 인류학에 있어서 고대 중국의 황제내경과 황제외경의 관계와 같은 것이다.

이 책의 가장 중요한 점은 고대 그리스의 에피쿠로스학파가 고통을 멀리하는 것에 그쳤지만 '성인류학'은 '에피쿠로스학파'와 '신(新)에피쿠로스학파' 사이에 인류의 삶의 여러 고통과 단계를 설정하였다는 점이다. 예컨대 무당이나 왕이나 성인이나 과학자가 모두 문화적 · 집단적 스트레스(stress)를 바탕으로 그것을 해결하기 위한 필요(need)로 출현한 창조적 개인이라고 보는 점이다. 이것은 고통이면서도 단지 고통으로 끝나지 않고 동시에 고통이 나름대로 훨씬 승화된, 변형된 도락(道樂)이 될 수 있음을 지적한다는 사실이다.

인간을 '낙안(樂安)의 존재' '화락(和樂)의 존재'로 규정하고 그러한 것을 바탕으로 본성을 본래대로 돌려놓고자 하는 것이 이 책의 목적이다. 이것을 "성(性)은 성(性)이다"라고 요약할 수 있을 것이다. 이것을 '성성학(性性學)＝a science of nature itself)'이라고 명명할 수 있을 것이다. 이는 '성을 성으로 바라보는 학문'을 말한다. 종래의 학문방법에 의하면 언어의 자기순환에 빠진 것이라고 비난받을 일이다. 그러나 학문의 집대성으로서의 인류학, 다시 말하면 통학(通學)이 되려면 순환적이 될 수밖에 없다. 종래의 분과학문은 모두 학문의 벽을 쌓아서 인과를 밝히거나 해석한 것이다. 그러나 그 학문의 벽을 다시 헐어서 본래의 인간의 모습과 우주와의 관계를 정립하려면 통학이 되지 않을 수 없다. 학제적인 연구라고 하는 것은 바로 이것을 말하는 것이다. 현대의 학문은 사람을 해부해 놓고 적당히 봉합해 놓은 것과 같다. 하나의 완전한 체계로서의 인간과 자연, 문화와 문명의 모습을 복원하지 못하고 있다.

인간이 전인성(全人性)을 잃지 않기 위해서는 인간의 문명이 언어에 의한 것이 되기 전, 혹은 언어에 의해 분화되기 전, 자연에서 부여받은 성(性)을 바탕으로 출발하여야 한다고 본다. 인간성의 분열되지 않는 모습을 보이려면 성(性) 위의 것은 모두 성이 변형된 것이고 성의 바벨탑일 뿐이다. 여기서 바벨탑이라는 것은 성(性)의 다른 변형들은 본질적인 것이 아니라는 함의를 내포하고 있다. 인간의 성을 억압하지 않고 이룩된 문명은 없다. 아무리 자유로운 문명이라도 다소간 성을 억압하게 되어 있다. 인간이 동물과 다른 점은 바로 그곳에 있기 때문이다. 인간에게는 동물과 같은 방향으로 가는 것이 있는가 하면 도리어 역으로 가는 것도 있다.

생물의 먹이삼각형 체계를 권력과 성스러움의 체계로 승화시킨 것이 인간이다. 이것을 한마디로 말하면 '성(性)의 체계'를 '언어(言語)의 체계'로 바꾼 것이다. 그것의 정점에 성리(性理)가 있다. 그러나 성리의 이면에는 언제나 성기(性氣, 性器)의 측면이 있다. 둘은 하나이다. 아니, 둘이 만나 하나가 되어야 온전한 인격, 온전한 우주가 된다. 성(性)에는 형이상학이 있고 형이하학이 있을 것이다. 형이상학만이 받들어진다면 이것은 인간에 대한 종합적인 이해가 되지 못한다. 흔히 성리(性理)라고 하는 것은 형이상학의 편에 선 것으로 이성적 인간, 이성만을 강조한 것이다. 감성이 이성보다 먼저 생기고 행위가 언어보다 먼저 생기고 자연이 문명보다 먼저 생긴 것을 설명할 필요는 없을 것이다.

생물종 가운데 인간만이 성욕을 규제하는 동물이다. 이는 인간종이 생물계에서 종의 번식이라는 목적을 달성한 데 따른 것인데 성은 이제 재생산의 도구일 뿐 아니라 권력경쟁의 도구이며 성의 유희(遊戱)적 측면이 부가된 때문이다. 인간종은 왕성한 성욕과 재생산으로 인해 만물의 영장이 된 후 그것을 유희로 변화시킨 장본인이다. 왕성한 재생산력은 저절로 성의 유희적 전환에 기여하게 된다. 고등종교들이 하나같이 인간의 금욕(禁慾), 즉 성욕을 규제하는 것을 도덕에 넣은 것을 보면 정말 인간이야말로 돌연변이적 존재이다. 그렇다고 해서 인간이 도덕적으로만 살 수 있는 것은 아니다. 오히려 도덕의 강요도 적정한 재생산이 실현되었을 때 정당한 것이 된다. 만약 그렇지 못하다면 인간은 다시 금욕의 족쇄를 풀어 버릴 것이다.

인간은 형이상학적 존재로 출발한 것은 아니다. 그런데 마치 인간이 태어날 때부터 형이상학적 존재로 태어난 양, 강요하고 그러한 존재로 규정하는 것은 생물의 본능과 저변에 깔려 있는 진화의 역사를 무시하는 태도이다. 또 본능과 본성을 이분법적으로 분리해 놓고 마치 본능을 죄악시하는 것은 올바른 태도가 아니다. 본능과 본성도 이제 통합적으로 바라볼 때가 되었다. 이와 같은 맥락에서 섹스의 절정과 수도의 법열에 대해서도 연관성을 살펴보아야 한다. 물론 본능과 본성은 똑같은 것은 아니지만 뿌리를 같이하고 있는 원형과 변형의 관계에 있을지도 모른다. 쾌락과 도락은 처음부터 별개의 것이 아니라 단지 정도의 차이에 불과하다. 인간은 먹이연쇄에서 치열한 생존경쟁을 통해서 만물의 영장이 되었지만 동시에 스스로를 봉헌하는 성스러운 존재가 되었다.

물론 이성과 언어와 문명의 편에 서면 본성의 편에 설 것이다. 그러나 본성이라는 것이 본능의 전도(顚倒)가 되어서는 인간에 대한 종합적인 결론에 도달하지 못한다. 인간이 '전도의 유혹'을 받는 것은 다른 차원의 문제이다. 양성적 존재가 되기 전에 생물은 원생동물인 아메바처럼 체세포분열을 하면서 재생산을 하였을 것이다. 그때에는 섹스로서의 성(性)이라는 것이 없었다. 그러나 양성적 존재가 되면서 식(食)이 변하여 성(性)이 되었다. 혹자는 이렇게 설명하는 것을 두고 너무 단순하다고 불평하기도 하고, 혹자는 뭐 그리 대단한 것도 아닌데 공식이니, 법칙이니 명명할 필요가 있겠느냐는 태도를 보일 수도 있다. 그러나 모든 위대한 법칙은 단순하다. 단순하지 않으면 법칙이 아니라는 역설을 살펴볼 필요가 있다.

섹스의 메커니즘은 흔히 너무나 평범하고 보편적인 것이기 때문에 별로 중요한 것이 아닐 수도 있다. 그러나 바로 평범한 것을 기반으로 법칙이 숨어 있는 것이다. 우리는 섹스가 가지고 있는 메커니즘 – 예컨대 오르가슴에 오르는 과정에 대해서 생각보다 부주의한 편이다. 이것에 대해 과소평가하거나 죄의식이나 수치심으로 인해 감추려고 한다. 남녀의 오르가슴의 법칙은 성감대를 아는 것도 중요하지만 그보다는 서로 소통과 교감이 전제되어야 한다. 포옹이나 키스라는 것도 실은 소통과 교감을 위한 것이기도 하다. 서로를 소유하고 그것을 통하여 흥분 상태가 되면서 온몸이 달아오르고 드디어 클라이맥스에 도달하는 것이다. 말하자면 소통과 교감을 위해 서로 하나가 되는 과정의 결과가 오르가슴이다.

이 오르가슴은 재생산, 즉 '생식기능으로서의 섹스'에서 '유희기능으로서의 섹스'로 분화되면서 유인원에게는 매우 매력적인(유혹적인) 것이었음에 틀림없다. 정확하게 말하기는 어렵지만 대체로 진화의 어느 지점에선가 발정기가 암컷 원시인류에게서 사라졌다. 자연선택의 오랜 기간 동안 발정기는 생식에서 없어서는 안 될 메커니즘이었고, 그 발정기 동안 수컷은 암컷에게 고기를 주고 암컷은 수컷에게 성을 제공하였는데 이는 '수컷이 사냥을 통해 잡은 고기를 암컷에게 주는 대신 암컷은 자신의 고기(性＝食)를 수컷에게 주는 교환의 형태'가 된다. 평균보다 발정기가 긴 암컷에게 유리하던 발정 – 생식의 메커니즘은 인간에 이르러 발정기가 더욱 길어지다 보니 발정기라는 기간이 별 의미가 없어지고 그래서 발정기가 원시인류에게서 없어지게 되는데 이는 일종의 돌연변이적 진화인지도 모른다.

〈천지인, 性 · 姓 · 聖〉

聖	天	祭
姓	人	政
性	地	性 崇拜

〈몸 혹은 고기, 말의 순환〉

남자	食人 (天: 政)	머리, 말 입(口),
인간	增殖 (人: 呂)	입(口) 자궁(子宮)
여자	被食 (地: 性)	몸, 고기, 빵, 떡, 밥, 자궁(子宮)

〈천지인, 남자 · 여자 · 인간〉

남자 父系	天一一 초의식	머리, 말 單性
인간 兩系	人一三 의식	남자 (여성성), 여자 (남성성)
여자 母系	地一二 무의식	口, 子宮 兩性

　발정기가 암컷 인류에게서 사라지면서 성행위와 생식이 분리되었다. 이것은 바로 유희로서의 성, 오락으로서의 성, 말하자면 생식과 전혀 관련 없는 성행위가 시작되는 분기점이기도 하다. 인간에게 성행위를 반드시 생식과 결부시키는 일이 무의미하고 어리석은 일이 되었다. 아무리 도덕적인 사회에 있어서도 그렇다. 성행위는 더 이상 자손을 얻기 위한 교접행위만은 아닌 셈이다. 물론 성의 결과로서 자손을 얻으려는 것은 생물의 당연한 욕구이겠지만 말이다. 그렇다면 자유로운 섹스야

말로 사랑의 원천이고 자유의 원천이다. '생식으로서의 성'과 '유희로서의 성'이 만나는 중간 지점에 외도라는 것이 있다. 외도라는 것이 반드시 경제적 여유와 건강의 여유가 있어야만 성립하는 것은 아니지만 적어도 재화와 여유가 생기면 그렇지 않은 경우보다 더 외도를 꿈꾸게 된다. 이는 또 다른 가족을 생산하고 부양할 능력이 있다는 증거이기도 하다. 외도는 진화와 생물의 다양성과도 같은 방향이다.

도덕적으로는 부도덕하지만 불행하게도 인간은 기존의 남녀관계 이외에 새로운 관계를 원하고 그러한 것에 항상 매력과 기대를 가지고 있다. 인간은 호시탐탐 외도의 기회를 노리고 있다. 이것은 진화선상의 자유와 모험의 결과물인지도 모른다. 이것은 때로는 자유와 만족을 대변하기도 한다. '생식으로서의 성'에서 이탈하고 혹은 진화하는 것은 자유를 보장하는 출발점인지도 모른다. 심지어 인간의 아가페적인 사랑까지도 이러한 섹스의 자유에서 비롯된 초월인지도 모른다. 극과 극의 반전은 진화에서도 있고 운동의 숨은 원리이기도 하다. 이분법보다는 음양의 역동적 관계라고 하는 것이 훨씬 더 옳은 것 같다. 음양의 역동적 관계는 설명할 때 이분법을 전제로 하는 것 같지만 결코 이원적인 세계는 아닌 일원적 세계이다. 단지 설명을 하니까 이원적인 세계가 되는 것이다.

어쨌든 '생식적 성'으로부터의 자유, 그것은 인간문명의 다양성과 초월성을 담보하는 것이었다. 그 섹스의 자유에 이데올로기가 가세하고 섹스가 변형되어서 자기희생을 감수한 사랑이라는 숭고한 경지까지 이르렀을 것이다. 말하자면 생물학적인 섹스가 심리학적인 섹스로, 그리고 초월적인, 초자연적인, 초언어적인 성화(聖化), 해탈이나 열반, 초월적인 기쁨으로 변형되었을 것이라고 보면 무리일까. 한 가지 분명한 것은 위 3S의 내밀한 관계를 인정하지 않으면 안 되고 나아가서 이들이 결국 원형과 변형의 관계에 있다는 것에 이를 수 있다면 인간은 보다

온전한 '하나의 세계' '화이부동'(和而不同), 나아가 화광동진(和光同塵)
의 세계에 대한 깨달음에 도달할 수도 있을 것이다.

흔히 아가페적인 사랑을 섹스와 결부시키려고 하면 거부반응이 있겠
지만 실은 동물의 '생식에 제한된 섹스'가 '자기희생을 통한 보편적인
사랑'으로 발전하였으리라고 상상하는 것보다는 '자유로운 섹스', '오
락적 성', '유희적 성'에 후차적으로 그 가능성을 부여하는 것이 훨씬
합리적일 것이다. 아가페적인, 자기희생적인 사랑은 그 이전의 이기적
인 사랑과는 다른, 혹은 진화된 것이다. 이기적인 사랑이 남의 희생을
강요하고, 남의 몸을 먹는 것인 데 반해 자기희생적인 사랑은 자신의
몸을 남에게 주는 일종의 역진화의 좋은 예이다. 남자든, 여자든 상대
방의 성을 취하는 것을 '먹는다'고 표현한다. 이를 통해 보면 먹는다는
식욕(食慾)이 성욕(性慾)에 앞서는 것임에 틀림없다. 결국 생물은 '먹는
것이 먹는 것을 낳는' 먹는 것의 재생산인 셈이다.

때때로 진화의 과정은 역전을 통해 그 빛을 발한다. 희생(犧牲)이라는
것은 결국 자신의 몸을 제사의 제물로 바치는 것으로 상징할 수 있는데
이는 스스로 몸을 바쳐 남의 먹이가 되는 것이다. 생물의 생존경쟁은
남의 몸을 나의 먹이로 삼는 먹이삼각형인데 예수의 희생과 같은 것은
전형적인 그 반대이다. 이러한 역전은 일종의 돌연변이에 속하는 것이
지만 월경에 제한된 성행위가 그 제한을 벗어나면서 자유로운 섹스로
발전하고 도리어 아가페적인 혹은 보살적인 사랑으로 변하여 생물학적
인 구속에서 해방되는 혹은 해탈되는 계기를 마련하게 되는 셈이다. 이
것은 성(性)이 성(聖)으로 변한 것으로 해석할 수 있다. 물론 이 과정에
는 섹스의 자유가 수반하는 강간, 혹은 혼외정사와 같은 부정적인 성행
태의 원인이 되기도 하지만 그렇다고 섹스의 자유를 진화로 보지 않을
근거가 될 수는 없다.

자유는 흔히 방종과 퇴폐를 불러오고 여러 가지 부정적인 변이를 불

러오지만 그렇더라도 자유 자체를 버릴 수는 없는 것이다. 자유는 때때로 진(眞)과 위(僞), 선(善)과 악(惡), 혹은 미(美)와 추(醜) 등 극단적인 것을 불러오는 원인이 되기도 하지만 자유 자체를 부정할 수는 없다. 자유야말로 어쩌면 인간이 개발한 자연의 또 다른 말이다. 자유 없이 자연은 없고 자연 없이 자유는 없는 것이다. 자연의 일부는 구속된 것 같지만 자연의 전체는 구속되어 있지 않다. 다시 말하면 '성(性)은 구속'되어 있는 것 같지만 결국 '성(性)의 자유'를 통해 초월적인 기쁨을 선물한다. 이는 이기적인 세포가 자기 혹은 자기가 소속된 집단이나 생물종뿐만 아니라 다른 종, 즉 자연 전체를 생각할 수 있는, 전체를 상상할 수 있는 인간에게 내린 자연의 선물인지도 모른다.

인간의 경우 여자는 원하기만 하면 월경이나 임신기간을 포함하여 일 년 내내 남자를 받아들일 수 있다. 게다가 폐경기 이후에도 여성으로서의 성적 정체성을 지켜 갈 수 있다. 도리어 성에 있어서는 발기라는 메커니즘을 필요로 하는 남자들이 불리하게 되었다. 원시 인류로부터 인간으로 변이되는 과정에서 일어난 이런 급진적인 성적 프로그램의 변화는 암컷에게 수컷 수렵가의 고기와 교환하는 데 필요한 무한히 값진 선물을 제공해 주었던 것이다. 섹스가 사랑으로, 육체가 정신으로, 물질이 신으로 변형되었다고 보는 것이 훨씬 과학적인 설명이고 해석이다. 그러나 인간의 담론은 이것을 역전시켜야 직성이 풀리고 자존심이 상하지 않는다.

인간의 문화라는 것은 성(性) 혹은 성(性) 메커니즘의 언어적 변형(변이)이나 역전이며 결국 성(性)의 굴레 혹은 성(性)의 궤도에 속한다. 결국 자연적인 것을 초자연적인 것으로 변화시키는 과정의 어느 지점에 있는 것이 문화이다. 언어 자체가 이미 초자연적인 것이다. 이미 언어를 사용하기 시작했을 때 그 초자연적 추구는 내정된, 설계된 것이었다. 그래서 언어엔 의식적인 것(문화적으로 훈련되고 교육되고 의식화된

것), 무의식적인 것(자연으로부터 오랜 시간에 걸쳐 부여받은 것), 초의
식적인 것(문화의 억압으로부터 탈출에 성공한 것)이 한데 어우러져 있
다. 의식적인 것은 현재적인 것이고, 무의식적인 것은 과거적인 것이고,
초의식적인 것은 미래적인 것이라고 할 수 있다. 초의식적인 것은 실은
의식적인 것으로 인해 잃어버린 무의식적인 것으로 환원되는 것이라고
할 수 있다. 초의식적인 것은 아버지로 대표되고 무의식적인 것은 어머
니로 대표되고 의식적인 것은 '나' 에고(ego)이다.

이것이 종교적 인간, 도덕적 인간, 이데올로기적 인간, 생각하는 인
간의 역설이다. 인간은 스스로를 관리하기 위해서 종교를 만들어 낸 생
물종이다. 또한 사물을 이용하기 위해서 과학을 만들어 내 생물종이다.
종교와 과학의 균형 잡기를 하는 것이 인간의 보편적인 삶의 형태, 살
림살이의 모양이다. 그러나 종교와 과학이라는 담론의 생산양식은 같
다. 종교는 거대한 세계에 신을 대입시키고 과학은 신의 자리에 법칙을
대입시키거나 아니면 미지의 부호 X를 대입시킨 것이다. 담론의 양식
은 주어(명사)와 동사가 있고 혹은 목적어(명사)가 있고 나아가 형용사
와 부사가 있다. 또 이것에 해당하는 구가 있다.

여기서 한 가지 확실한 것은 이러한 담론의 구조는 세계를 분리(이
분)한다는 점이다. 분리하고 다시 통합하기도 하지만 일단 분리하고 통
합하는 과정에서 새로운 구성이 필요하게 되고 구성했다는 것은 동시
에 구성이 해체된다는 것을 전제하게 된다. 담론은 끊임없이 구성되고
해체된다. 이것이 인간의 역사이다. 자연과 물질의 세계는 인간 담론의
변화에 영향을 받기도 하지만 거시적으로 보면 크게 영향받지 않거나
상관하지 않고 언제나 하나로 움직인다. 괜히 인간이 언어의 마술로 움
직이지 않는 것처럼 착각할 따름이다. 언어는 본래 규정하고자 하고 변
하지 않는 것을 지향한다. 언어는 개념과 법칙을 지향한다. 언어는 이
러한 의지를 이데올로기의 형태로 집대성한다. 그러나 어떠한 이데올

로기도 자연의 변화를 거역하지 못한다. 자연의 쪽에서 보면 인간의 어떠한 경전도 말장난에 불과한 것이거나 기껏해야 자연의 것을 모방하는 정도에 지나지 않는다.

어쩌면 샤머니즘이란 바로 섹스의 발정기가 없어지면서 섹스가 생식에서 분리되는 것과 어떤 연관성을 가지고 있지 않을까 생각된다. 샤머니즘은 인간이 자기 밖의 세계에 대해 우주관을 가진 존재로서의 첫 작품이라고 할 수 있다. 무(巫) 자는 바로 그것을 상징적으로 보여 준다. 이것은 개체의 삶이 아니라 우주와 호흡하는 존재로서의 인간, 우주와 함께 춤추는 존재로서의 인간을 말한다. 공(工) 자는 천지인을 나타내고 양쪽에 사람 인(人) 자 두 개는 바로 춤추는 것을 말한다. 여기서 춤춘다는 것은 하늘과 땅과 더불어 인간은 무엇인가 말하고 몸짓을 하면서 소통하는 존재라는 뜻이다. 혹자는 무(巫) 자를 공(工) 자의 겹침이라고 말하기도 한다. 인간에 이르러 본능적 섹스에 얽매인 존재가 아니라 그곳에서 탈피하여 삶의 외연을 한없이 넓히는 존재가 된 '상상력의 존재'가 된 징표가 샤머니즘이다.

생식으로부터 섹스의 자유가 바로 상상력의 발전과 정신의 발전 – 신과 귀신의 탄생과 관련이 있지 않을까 하는 점이다. 귀신이든, 신이든 이것은 일종의 상상력을 통한 상징행위로서 인간을 상징적 존재(상징적 형식의 존재)로 변화시키는 계기가 된다. 인간은 상징적 존재가 됨으로써 생물과의 분리를 선언한다. 인간의 상징행위는 인간으로 하여금 상징 – 구조적인 세계(종교적 인간), 정치 – 경제적인 세계(정치적 인간), 진화 – 생물적인 세계(적응적 인간)로 분화하는 계기가 된다. 상징행위를 통해 하늘 – 땅의 개념이 생기고 기타 여러 상징 – 구조적인 우주관이 마련된다. 이것은 사회적인 영역으로 확대되어 그것의 변형으로서 정치 – 경제적인 것으로 변형된다. 정치 – 경제적인 구조는 내밀하게 진화 – 생물적인 것과 연관된다.

흔히 천-지-인이라고 하는 구조도 실은 상징·구조적인 세계(상징)-진화·생물적인 세계(적응)-정치·권력적인 세계(권력)에 상응하는 세계관이라고 해도 무리가 없을 것이다. 인간의 세계관은 크게 삼분법과 이분법으로 나뉜다. 이러한 관념론적인 구조는 현대에도 어김없이 이어지는데 이는 인간인식의 구조이기 때문이다. 흔히 인간이 지구적으로 사용하고 있는 천국의 개념이나 지옥의 개념도 실은 이와 같은 인식 구조의 산물이다. 왜 천국은 천국이고 지옥은 지옥인가. 또 천국과 지옥의 사이에는 연옥이라는 것도 있다. 이는 모두 인간 인식 구조의 산물이다. 천국은 낙원이어야 하고 지옥은 아비규환이어야 한다. 하늘에 가까울수록 고귀하고 땅으로 가까울수록 비천하다. 인식작용이 이루어지는 머리로 갈수록 고귀하고 생물로서의 활동이 이루어지는 몸으로 갈수록 비천하다.

인생에서 확률적으로 보면 언제나 고귀하게 될 확률은 적다. 지배자-부자가 될 확률은 적다. 그럼에도 불구하고 인간은 자신이 고귀하게 되기를 기원한다. 이는 설사 기원하는 대로 되지 않을지라도 인간이 살아가는 일종의 메커니즘이다. 그래서 신앙이 필요하다. 때로는 의지하고, 때로는 자책하고, 때로는 기원하는 상대로서의 신(神)이라는 상징이 필요한 것이 인간이다. 설사 신앙은 불행할지라도 힘이 된다. 아니, 도리어 불행하면 할수록 더욱더 힘이 되는 것이 신앙이다. 신앙의 구조는 항상 신에게 빌지만 동시에 자신의 탓으로 돌리는 이중적 제스처를 취하고 있다. 그래서 신은 행운(fortune)과 불운(misfortune)의 카드를 쥐고 있는 존재, 혹은 선신(善神)과 악신(惡神)의 존재로 설정되면서 신은 불행에 대한 책임을 지지 않아도 되도록 이미 출구가 마련되어 있다.

신(神)은 인간에게 행복을 주지 않더라도 필요하다. 신은 어쩌면 인간이 자문자답(自問自答)하는 상징적 존재로서, 상대로서 의미가 크다. 신을 객체화하는 이유도 바로 주체를 다스리기 위함이다. 신은 주체이면서 객체이고 객체이면서 주체이다. 예컨대 샤먼이 흔히 재앙의 원인으로 돌리는 귀신이나 귀신을 막는 처방이 틀릴지라도 아무런 문제가 없다. 한계상황에서 인간은 그렇게 빌 수밖에 없는 존재인 것이다. 물론 의지가 강한 사람은 모든 걸 자신의 힘으로 극복할 수도 있겠지만 신의 설정 문제는 가부(可否)나 진위(眞僞)의 문제가 아니라 인간이 자문자답하는 방식의 하나로 선택의 문제인 것이다. 신을, 혹은 귀신을 선택할 수도 있고 하지 않을 수도 있다. 선택했다고 해서 틀리는 것도 아니고 신에게 의지하지 않았다고 해서 맞는 것도 아닌 것이다. 결국 신이라는 상징을 사용하느냐, 안 하느냐의 문제인 것이다. 설사 신이 위(僞)라도 전혀 문제가 되지 않는다. 신(神)은 신(信)의 문제이기 때문이다. 신은 새로운 신(新)이 되어도 문제가 없다. 어차피 인간이 설정해 놓은 것이기 때문이다.

이는 결국 신이 자기완결적인 존재인 것이 아니라 인간이 신을 통해 자기완결적인 존재라는 것을 역설해 준다. 자기완결적 존재인 인간은 결국 상징적 균형 잡기를 통해 우주관과 삶을 설계하고 의미를 부여한다. 물론 인간은 신을 선택하지 않고도 종의 번영과 생존을 달성하였으며 기타 여러 분야에서 훌륭하게 그 균형 잡기에 성공할 수도 있다. 그러나 그것은 개인에 있어서이다. 집단생활을 하는 종으로서의 인간, 그들의 문명은 대체로 신을 선택하여 왔다. 그래서 각종 종교의식이 만연하고 도리어 인간의 삶이라는 것이 종교적 축제를 통해서 풍성해지고 행복해지는 것을 지구의 여러 문명, 원주민과 도시문명인에게서 볼 수 있다.

결국 종교라는 것은 신을 위해서 존재하는 것이 아니라 인간을 위해서 존재하는 것이고 무엇보다도 인간의 행복을 위해서 존재하는 것이다. 망자를 위해서 천도제를 지내고 제사를 지내고 살아 있는 자신과 가족과 이웃을 위해서 기도하고 비는 것은 도리어 호모사피엔스라는 인간의 모습인 것이다. 종교의 문제는 처음부터 과학의 문제는 아니다.

과학이 아무리 발전하여도 종교의 문제를 다 해결할 수는 없다. 종교의 문제는 과학이 해결하는 인과의 문제가 아니라 우주순환의 문제로서 과학의 발전으로 해결할 수 없는, 죽음이라는 영원회귀에 대응하는 인간의 삶의 방식인 것이다. 천국에서 영생을 누리든, 극락왕생하든, 지옥에 가든 이것은 인간의 상징 세계인 것이다.

상징 세계는 아무리 복잡하고 화려하더라도 상징하는 존재로서의 인간이 없으면 아무것도 아닌 것이다. 그러나 인간이 있는 한 종교는 영원하다. 모든 종교가 이승의 삶이 아무것도 아닌, 허무한 것이라고 역설하는 것은 무엇을 말하는가. 동시에 종교를 믿으면 영생한다고 역설하는 것은 무엇을 말하는가. 허무와 영생이라는 것은 말로는 정반대이지만 결국 유한한 존재라는 사실을 깨달은 정신적 존재인 인간의 대응 방식이라는 공통점이 있는 것이다. 이 둘은 서로 뒤집으면 같은 것이 된다. 그 실체는 바로 자연의 순환이다. 순환에 순응하는 것을 생의 입장에서 보면 허무하고 순환의 입장에서 보면 영생인 것이다. 허무한 것은 생명뿐만 아니라 자연의 변화 그 자체이다. 그러나 그 허무는 영원한 생명과 연결되어 있다. 자연은 변화하고 죽음으로써 새로운 생명을 탄생시키고 영원히 젊음을 유지하는 것이다. 그래서 인간은 호모 릴리글로수스(Homo religlosus: 종교적 인간)이다.

생식(reproduction)의 인간이 보다 자유로운 성행위(sex)의 인간으로 진화하면서 상징행위를 할 수 있는 두뇌가 서로 포지티브 피드백을 하면서 인간의 문화가 다양하게 발전하였을 것이다. 상징의 세계는 종교와 연결되어 무당(shaman)을 낳고 정치와 연결되고 소위 왕(sovereign)을 낳고 국가의 발생과 더불어 무당은 다시 성인(saint)을 낳고 보다 과학이 광범위하게 힘을 행사하고부터 과학자(scientist)가 전면에 등장할 문화적 압력을 받았을 것으로 추정된다. 과학은 종교적 의례나 도덕과 달리 위도와 경도를 넘어서서 적용되는 보다 보편적인 기준과 도구임에 틀림없다. 이러한 인간의 상징 형식이 보다 넓어지고 깊어진 결과이다. 섹스의 오르가슴은 여러 상징 형식의 오르가슴으로 변형된 것은 아닐까.

성적 오르가슴(orgasme, 絶頂)이 여러 정신적 오르가슴(犧牲, 喜悅, 法悅, 快樂, 成就)으로 변하는 데는 인간이 집단적 생활을 하는 동물인 데서 연유한 것 같다. 집단적 스트레스(stress)에 대응하는 필요(need)가 아니었을까. 인간의 문화를 스트레스에 대한 반응, 즉 '스트레스(stress) – 필요(need)'의 메커니즘으로 보는 것을 인류학에서 생문화적 접근(bio – cultural approach)이라고 한다. 이제 보다 포괄적으로, 자연이라는 환경을 가장 바깥의 조건으로 보고 문화에 접근하는 태도가 필요한 것 같다. 물론 이는 마치 '자극(stimulus) – 반응(response)'으로 단순화시키는 것 같아서 마음에 썩 내키지는 않지만 그렇게 보아야 인간을 종합적으로 연구하는 인류학이 인간연구의 리더학문이 될 수 있을 것 같다.

성(性)인류학은 '자극 – 반응'의 원리를 통해 소위 자연과학적으로 생태인류학을 하든지, 문화생태학을 하는 것은 아니다. 단지 그 원리를 원용하여 문화에 대한 인문학적 설명과 해석을 하려는 것이다. 이는 자연과학과 인문사회학의 갭을 메워 주는 것이 되고 인간으로 하여금 상상력의 동물이긴 하지만 결국 그 발은 땅을 디디고 있고 종의 영속을 기도하는 생물종임을 동시에 말하려는 것이다. 문화는 환경의 압력 덕분이라고 하면 참으로 싱겁기는 하지만 보편성과 일반성을 동시에 획득하는 것이 될 수도 있다. 모든 생물의 스트레스에 대한 반응은 같다고 한다. 왜 그럴까. 이는 마치 미토콘드리아가 가장 완벽한 인간의 계보를 확인해 줄 수 있는 단서가 되는 것과 같다. 다시 말하면 생물의 계보는 미토콘드리아가 찾아 주는 대신 생물의 활동은 스트레스가 동인이 된다는 것이다.

스트레스가 너무 심하면 생물을 죽게 만들지만 적당한 스트레스는 생물을 변화시키고 그것은 인간에 이르러 자연선택의결과 오늘의 문명을 만들게 하였다고 보면 틀린 것일까. 예컨대 일정한 주기가 돌아오면 생기는 욕구는 일종의 스트레스이고 인간은 여기에 대응하여야 한다. 삶의 환경이 바뀜에 따라 욕구도 달라지고 필요도 달라진다. 생식의 성에서 해방된 인간, 인구의 증가와 함께 다른 욕구가 생기고 그 욕구는 죽음의 굴레에서도 해방되고 싶고 또한 권력에 대한 욕구를 발생시키고 기타 여러 욕구의 확대 재생산에 들어갔다. 과학이라는 것조차도 바로 사물에 대한 권력욕의 일환인 것이다. 제 몸속에 있는 신을 다스린 인간은 이제 제 몸 밖의 사물을 다스리고 싶은 욕구의 유혹에 가만히 있을 수 없었을 것이다. 물론 욕구의 수단과 목적은 언어-상징 형식이다. 언어는 주관이면서 동시에 객관이 되어야 하는 요술방망이와 같은 주술사의 역할을 해낸다. 이게 호모사피엔스(Homo sapiens: 지혜적 인간)이다. 호모로퀜스(Homo Loquens: 언어적 인간)이다.

섹스의 오르가슴(絶頂), 샤먼의 엑스터시(無我境), 왕들의 왕도(王道), 종교의 성스러움(聖), 과학의 법칙발견(法). 이들 사이에는 어떤 원형과 변형의 관계가 있는 것 같다. 말하자면 '상징적 섹스'(symbolical sex)라고 말하면 틀린 말일까. 육체적인 것이 정신적인 것으로, 정신적인 것이 사회적인 것으로, 사회적인 것이 종교적인 것으로, 종교적인 것이 사물적인 것으로 영역과 관심을 옮겨 가면서 유사한 메커니즘을 만들어 낸 것이 아닐까. 아무리 변형이 기상천외의 것이라고 하더라도 그 출발, 그 땅은 여전히 섹스의 메커니즘임에 틀림없다. 섹스의 오르가슴은 남녀가 혼연일체가 되어 자기 역할을 다하면서도 동시에 한 몸이 되는 긴장과 통합, 자아와 무아를 오가는 사건이다. 샤먼 등과 나머지들도 마찬가지이다. 동양의 음양사상이야말로 이러한 상징적 섹스를 음(--)과 양(━)이라는 단순한 기호로 표현한 것이 아닐까.

성(性), 성(姓), 성(聖)은 가장 적은 말로 문화의 전부를 말하는 상징적인 말이다. 흔히 현대인은 발전의 신화에 도취되어 있다고 한다. 그러나 분명히 말하지만 이들 세 단어의 관계는 발전의 관계가 아니고 구조이며 순환이다. 돌고 도는 것이다. 예컨대 성스러운 성(聖)이 되었다고 해서 생물로서의 조건을 벗어나서 하늘나라로 가고 죽지도 않는 것은 아니다. 예컨대 종교적 죽음이란 언제나 삶으로 바꾸어지며 사후세계는 온갖 상상력의 궁전이 되어 있다. 인간은 삶과 죽음에 이르는 과정에서 라캉(Jacques Lacan) 식으로 말하면, 세 가지 세계, 즉 상징계, 실재계, 상상계를 겪는다. 상상계는 대상을 실재라고 믿고 다가서는 과정이다. 상징계는 대상을 얻는 순간이다. 여전히 욕망이 남아 그 다음 대상을 찾아나서는 게 실재계이다. 독자의 이해를 돕기 위해 약간의 도식화를 시도한다면 다음과 같다. 예컨대 이렇다.

성(性: Sex) = 실재계 = S1
성(姓: Surname) = 상징계 = S2
성(聖: Saint) = 상상계 = S3

성(性: Science) = 실재계 = S4
성(姓: Sovereign) = 상징계 = S5
성(聖: Shamanism) = 상상계 = S6

성(性: Sex) = 생물
성(姓: Surname) = 역사
성(聖: Saint) = 종교

성(性: Sex) = 욕망(무의식)
성(姓: Surname) = 언어(의식)
성(聖: Saint) = 초언어(초의식)

〈실재계, 상징계, 상상계〉

실재계 (모성)	sex (S1)	science (S4)
상징계 (부성)	surname (S2)	sovereign (S5)
상상계 (초월성)	saint (S3)	shamanism (S6)

〈실재계, 상징계, 상상계〉

실재계	생물 (사는 것)	욕망 (느낌)
상징계	역사 (아는 것)	언어 (지식)
상상계	종교 (믿는 것)	초언어 (지혜)

〈실재계, 상징계, 상상계〉

실재계 (과거)	0 (무극: 태극)	대상, 주체
상징계 (현재)	1 (태극: +, −)	시니 피앙
상상계 (미래)	∞ (음양: +, −)	시니 피에

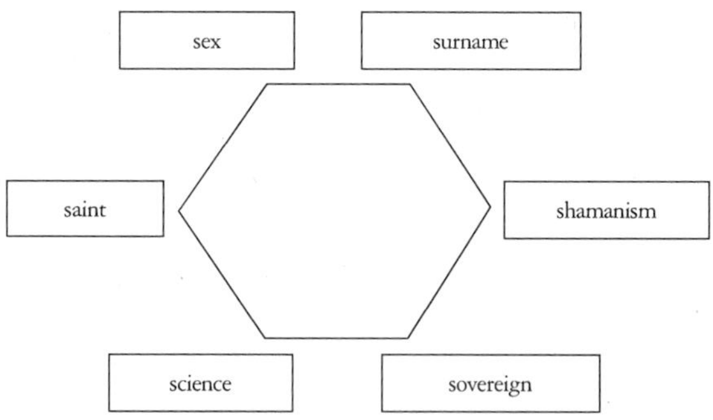

science
saint
sovereign
surname
shamanism
sex

이렇게 예를 들자면 한이 없다. 이 정도로 하고, 나중에 이 글을 읽어 가다가 보면 저절로 이해할 기회가 있을 것이다. 그런데 이들은 환을 그리고 있기 때문에 서로 통하고 맞물려 있다. 현대문명이 아무리 발달하였다고 하지만 결국 원시문명과 뿌리를 닿지 않을 수 없고 원시문명이 아무리 미개하다고 하더라도 삶의 기본적인 것은 다 갖추고 있는 것이다. 문명은 중심이동만 하면서 새로운 담론(언어)을 생산하여 왔다. 우리는 그저 시간적·공간적으로 먼 것은 낯설고 가까운 것은 낯익은 것일 뿐이다. 문명에서 상하관계는 없는 것이며 2백만 년 전의 호모사피엔스는 여전히 오늘도 호모사피엔스인 그대로이다.

실제로 본론에 들어가면 나는 위의 세 단어에 샤머니즘(Shamanism)과 사이언스(Science)라는 단어를 추가할 것이다. 이는 설명의 편의와 효과를 위해서이다. 샤머니즘은 섹스(Sex) 다음에, 사이언스는 세인트(Saint) 다음에 넣을 것이다. 다시 말하면 샤머니즘은 성(性: Sex)과 성(姓: Surname – Sovereign) 사이를 효과적으로 설명하기 위해서 사용하게 되고 사이언스는 성(聖: Saint)과 섹스(Sex) 사이를 설명하기 위해 사용하게 된다. 이들의 시퀀스는 이렇게 된다. 이들의 관계는 서로 가역하고 순환할 수 있다는 데에 그 특징이 있다. 인간(Subject)을 중심으로 이들 6S의 관계를 보면 다음과 같다. 여기서 중요한 것은 주체(Subject)는 스트레스(Stress)라는 점이다.

성(人性: Sex)＝샤머니즘(巫敎: Shamanism)＝성(姓: Surname: 부족국가)
＝성(姓: Sovereign: 왕조국가)＝성(聖: Saint: 고등종교)＝사이언스(物性:
Science: 과학)

〈인간과 6S 변형들〉

	saint shaman	
science	subject stress	sex
	surname (sovereign)	

〈천지인, ABC, XYZ〉

天	A (Adam, apple)	Y 지붕, 남자
地	B (breast, vulva)	X 가슴, 여자
人	C (Christ, child)	Z Zeus, 접합

성(性)에 대한 사전적 의미를 들추어 보면 "사람과 사물의 본바탕. (철)사람이 나면서부터 가지고 있는 소질. (물)만유(萬有)의 본체. (생)남성과 여성, 또는 암컷과 수컷의 구별, 남성과 여성의 육체적 특성 또는 남녀의 육체적 관계, (언)인도-유럽피언어에서, 명사·대명사 등의 문법상 성질의 하나로서 남성·중성·여성으로 나뉘는 것"으로 되어 있다. 우리는 사전적 정의에서 성(性)에 대한 관심이 철학과 물리학, 생물학, 언어학 등 여러 학문에 걸쳐 있음을 느낄 수 있다. 그렇다면 성에 대한 논의를 할 때에 어느 학문, 그 학문의 어느 입장, 나아가 그 입장의 어느 관점을 말하지 않으면 논의의 효과성이 줄어듦을 알 수 있다.

필자가 이 글을 쓰는 이유는 문화인류학자로서 첫째, '문화의 일부'로서 성(性)에 접근하는 것임을 밝혀 두고자 한다. 물론 논의의 과정에서 생물학이나 사회학은 물론 철학, 종교학과 만날 수 있을 것이고 학문의 경계(학제적) 영역을 넘나들게 될 것이다. 문화인류학적으로 성을 다룬다는 것은 한마디로 말하면 비교문화적(cross-cultural), 혹은 통문화적(通文化的) 입장에서 성(性)을 다룬다는 것을 의미한다. 둘째, 필자는 여기서 성을 다루면서 성이라는 문화요소, 다시 말하면 성 자체만을 다루는 것이 아니라 성(性)과 권력(權力)과 문화(文化)와의 상관관계를 다루고자 한다. 물론 문화라는 것이 '하나의 체계(system)'라는 것을 전제하고 있는 셈이다. 셋째, 필자는 이 삼자를 생문화적(bio-cultural) 입장에서 조명하는 것을 목적으로 한다.

"여기서 생문화적이라고 하는 것은 인간의 행태가 생물학적 측면이 기능적으로 통합되어 있다는 것을 의미한다. 인간은 생물학적 성격에 의하여 억제되기만 하는 야만적인 짐승은 아니다. 또한 우리는 단순히 문화의 산물만도 아니다. 그러므로 신체적인 측면과 문화가 인간의 경험을 창조하는 데에 관여하는 방법을 생문화적 통합이라고 한다. 문화와 생물학 그 어느 것도 독립적인 것은 아니다. 사실 그들은 상호 작용하고 있다. 예컨대 정오쯤 위가 '꾸르륵' 하는 불쾌한 소리를 내고 있다는 것을 알게 된다. 이때 우리는 배고픔을 느끼게 되고 먹을 것이 필요하다는 것을 나타내 주는 어떤 생리적인 반응을 경험한다. 만약 우리가 여럿이 모여 있다면 더욱 쉽게 배고픔을 느끼게 되므로 이때 식사를 계획, 준비한다.

다음에 우리 몸에 필요로 하는 영양가가 담겨 있는 실제적인 음식을 먹어야 한다. 그러나 음식에 대한 우리의 선택은 여러 가지 요인에 달려 있다. 어떤 이는 햄버거를, 다른 사람은 샐러드를, 또 다른 사람은 보다 많은 음식을 먹을 것이다. 어떤 사람은 게걸스럽게 먹는 반면에 다른 사람은 조금씩 찍어 먹는다. 이와 같은 식사는 친구와 더불어 휴식을 취하거나 정보를 교환하고 사회적 유대를 확립하고 그리고 일반적으로 기분 좋게 느껴지는 사회적인 행사이다. 만약 우리가 포식을 하면 여분의 열량은 지방질로 축적되고 우리의 몸은 그에 따른 신체적인 변화를 갖게 된다. 그러므로 우리가 무엇을 먹으며 누구와 함께 식사를 하는가에 따라서 식사에 대한 해석도 달라질 수 있다. 문화와 생물학은 분리된 형상이 아니라 상호 작용하며 상호 의존적인 개념이다."(존스톤 셀비 저 1978, 권이구 편역 ≪현대문화인류학≫ 1981, pp.59~60, 탐구당)

생문화적이라고 하는 것은 생물학적이라기보다는 생태학적인(ecological) 혹은 경제학적인(economical) 바탕 위에 문화적 변이나 유형들을 연구하는 것을 말한다. 이것은 결국 생물로서의 인간이라는 조건을 멀리서 줌렌즈로 당기지만 결국 생태학적인, 그리고 경제학적인 영역을 클로즈업하면서 문화적 변이나 유형을 연구하는 것이 된다. 말하자면 문화의 하부구조를 토대로 상부구조를 연구하는 것을 말한다. 결국 학문의 기술적으로는 양쪽을 오가는, 양쪽에서 접근해 보고 그것을 통합하는 경향이 있다. 생문화적 연구의 장점은 인간의 생물학적인 혹은 환경적인 조건을 무시하지 않으면서 그 위에 문화적 변이들을 다룸으로써 '생물로서의 인간'과 '문화적 인간'을 연속체상에서, 혹은 연관 속에서 다루게 된다. 생물학적 결정론이나 문화적 결정론에 빠지지 않는 장점이 있는 반면 역으로 어떤 문화현상에 대한 결정론을 제시하지 않음으로써 학문적 결정론이나 이론화에 카리스마를 행세하지 못하는 약점이 있다.

생문화적 연구라는 것은 과학일반의 인과론을 추구한다기보다는 진화의 자연선택과 같이 조합론을 추구하는, 다시 말하면 문화를 여러 항목의 선택의 결과로 보기 때문에 보편적 법칙을 도출하는 데에 취약한 편이다. 그렇기 때문에 계속되는 긴장과 보편적 이론의 도출에 신중을 기한다. 그러나 하나의 문화현상도 거대한 문화체계와 관련 속에서 의미심장하게 일어나는 것을 주지시키는 한편 그 부분이나 요소로서 존재한다는 것을 이해시킨다. 이 같은 연구는 도덕이나 관념을 선입견으로 가지는 연구보다 신중하고 단정적이지 못하다. 그러나 단정적인 연구가 쉽게 빠지는 자기부정이나 수정 혹은 오류를 뒤늦게 인정하는 부주의를 범하지는 않는다.

생문화적 연구는 결국 인간 연구에 과학성을 더해 준 세 명의 거장인 진화론의 다윈(Charles Robert Darwin), 리비도이론의 프로이트, 유물론의 마르크스(Karl Heinrich Marx)에게서 크게 도움을 받는다. 이들은 일찍이 성(sex)과 에너지(energy), 권력(power)에 대해 선구적 연구를 하였으며 성과 권력과 에너지는 이들의 공통 주제들이었다. 인간은 진화의 과정을 거쳤으며 그것을 통해 생태학적인 먹이사슬의 맨 꼭대기에 앉게 되었다. 이 같은 생태학적인 성공의 배경에는 맹렬한 재생산의 욕구와 가부장제와 권력의 확대재생산 과정이 있었으며 특히 왕조체제의 완성이 있다. 그러나 이 생태학적인 생존경쟁의 성공은 집단 내부적으로 권력경쟁을 야기하였으며 그것은 경제적으로 여성의 성의 억압(성의 대상화)과 노동의 착취구조를 밑거름으로 하였다.

특히 마르크스와 프로이트를 결합하여 성 – 경제(Sex – Economy) 혹은 성 – 정치학(Sex – Politics)을 주장하고 나중에는 성의 해방과 극단적인 성의 혁명을 부르짖은 빌헬름 라이히(Wilhelm Reich)는 그의 사회학적 이상과는 달리 나에게 많은 아이디어를 주었다. 특히 오르곤 에너지(orgone energy)의 발견과 이를 토대로 한 오르고노미(Orgonomie) 이론은 나의 기철학(氣哲學)을 바탕으로 한 인류학과 공통되는 부분이 많아서 큰 도움이 됐다. 말하자면 성(性)을 원형으로 한 언어적 변형으로서의 나의 문화유형은 성 – 문화(Sex – Culture) 혹은 성 – 인류학(Sex – Anthropology)이라고 말할 수 있다. 단지 나의 문화유형론은 이상적인 사회를 만들기 위한 현실목적적인 것이 아니라 해석수단적인 것이라는 점이 다르다.

진화론, 유물론, 리비도론(본능론)은 그 이전의 창조론, 유심론, 본성론과 대립되는 것으로 일종의 근대적 사고, 과학적 사고의 산물이다. 그런데 문제는 사물을 모두 과학적으로 보는 것은 좋은데 사람이 과학적으로 살지 않는 데에 문제가 있다. 사람이 태어나기까지 그들의 주장대로 살았다고 하더라도 사람이 되고부터는 사람은 창조하고, 마음을 다스리고, 본능을 본성으로 바꾸어 살고 있다. 더욱이 사람은 상상력을 통해 시공을 초월하는 것을 원하고 있다. 다시 말하면 과학적이라는 것의 과학성은 인정하지만 과학이라는 것이 도리어 사람을 사람에 이르기 전으로 돌려 버리고, 사람으로 하여금 사물(事物)의 단계에서, 사물의 도구처럼, 사물의 욕망으로, 다시 말하면 '욕망과 도구'로 거꾸로 살게 하는 것이다.

이는 과학이 사물을 현상적으로 보고 수단화 혹은 도구화하는 것과 관련이 있게 되는데 진화론, 유물론, 리비도론에 의해 살면 결국 사람이 도구적으로 살게 될 위험이 있다. 과학은 사람 이전으로 사람을 살게 하는 것이 된다. 과학이라는 것이 사람의 행복을 증진시키는 방향으로 나아가야 하는데 도리어 사람을 물화(物化)시키는 방향으로 가게 만든다면 이는 불행이다. 진화론이 무기물에서 유기물로의 생명의 탄생과 진화를, 유물론이라는 것이 생산수단의 유무로 프롤레타리아와 부르주아 계급의 양분과 이에 따른 계급투쟁을, 리비도론이 종족보본과 성욕의 충족을 주장하더니 결국 죽음의 본능을 말한다. 이것은 거대한 무기물화(無機物化)의 방향이다.

과학은 인간에 이르는 진화의 비밀을 많이 밝혀 왔다. 그러나 과학이 인간으로 하여금 진화의 방향과 거꾸로 살게 하는 것은 금물이다. 이것은 결국 인간사회를 사물화하고 파편화하고 파괴하려는 스스로의 본능이라고도 볼 수 있다. 인간의 특성은 스스로를 멸망케 할 수도 있고 스스로를 신에 이르게 할 수도 있다. 이제 인간은 물화(物化)될 것이냐, 신화(神化)될 것이냐의 기로에 있다. 인간은 신화(神化)되어야 한다. 인간은 각자가 스스로 신이 되어야 한다. 집단적으로 무엇을 해결하려는 것은 진화의 역방향이다. 진화론이 진화의 역방향으로 인간을 살게 한다면 이는 진화론의 맥락에서도 맞지 않다. 인간은 이제 초월적인 존재, 초인이 되어야 한다. 비록 몸을 갖고 땅을 딛고 산다고 하더라도 신이 되어야 한다. 신은 죽지 않는 것이 아니다. 신은 열심히 행복하게 살다가 죽음에 순명하는 것이다. 진정한 신은 절대권력자가 아니라, 군림하는 것이 아니라, 여러 사람이 함께, 행복하게, 살게 하고, 다음 세대에게 아름다운 세상을 물려주는 인물이다. 신은 기도하는 자이고 신은 스스로 희생하는 자이다. 희생하는 자는 약육강식을 초월하는 자이다. 인간은 살신성인(殺身成仁: 殺身聖人)하는 곳에 이르렀다. 인간의 진화는 여기에 이르렀다.

필자의 문화유형론은 통시적으로는 진화적인 면이 있지만 그것에 만족하지 않고 공시적으로는 서로 긴밀한 연관성을 가지면서도 독립적 문화체계로 존재한다. 다시 말하면 문화체계는 시간을 초월하여 문화 해석의 틀로서 기능할 수 있으며 문화라는 권력, 혹은 문화권력이 어떻게 환경 – 사회 – 심리적 억압(stress)과 필요(need)의 메커니즘상에서 문화유형으로 만들어지며, 또 단순히 필요에 부응하는 것이 아니라 개인의 혹은 사회의 모순이나 병적인 상태를 벗어나게 하여 사회를 건강하게 유지하는 지속적인(corporate) 체계, 혹은 제도로 남게 되는지에 대한 설명을 목적으로 하고 있다. 좀 더 구체적으로 말하면 무당은 왜 고대에 한 사회의 모든 종류의 억압을 한 몸에 받고 무병에 걸린 뒤 그것을 극복하는 메커니즘으로 귀신을 설정하고 귀신을 몸주로 받아들이는 체계를 통하여 제사를 주관하는 사제가 되어 제정일치사회를 이끌어 가게 되는가 – 사제와 왕의 기능을 동시에 가지는 것에 대한 문화적 해석을 하려는 것이다.

　야성성력(性力) 시대는 인간에게 오직 동물적인 본능과 이에 따른 종족의 번식 — 예컨대 왕성한 성력(性力)을 통해 후손을 늘리고 수렵 혹은 채집을 통해 먹잇감을 구하며 적으로부터 보호해야 하는 일에 매달린 시기였다. 성력숭배는 동서 인류문화의 보편적인 현상으로 나타나는데 성력숭배는 처음에 여성·여근숭배로 나타나다가 후에 남성·남근숭배로 전이된다. 여성숭배는 인구의 증가가 필요한 때였고, 남성숭배는 인구증가 이후 본격적인 권력경쟁과 가부장제의 확대와 더불어 나타난다.

　성력숭배는 원시종교 이후에 고등종교에서도 은밀하게 계승된다. 특히 힌두교에서는 링가(남성신 시바를 상징)와 요니(시바신의 부인 샤크티를 상징) 신앙으로 이어지고 밀교에서는 성력 자체를 열반의 도구로 쓰기도 한다. 예컨대 요기들은 샤크티가 신체 내부에 똬리를 틀고 있어 '잠들어 있는 힘'으로 여기며 이것을 일깨워야 해탈에 이른다고 생각한다. 또 불교의 다라존관음(多羅尊觀音)은 힌두교의 성력숭배가 관음신앙에 영향을 주어 생겨난 보살신앙으로 보인다.

　인류는 다산을 위해 동식물 및 무생물의 정령에게 빌고 집단의 생사와 직결되는 토템에게 빌었다. 이는 재생산(reproduction)과 생산(production), 그리고 이를 위해 인간이 처음으로 고안해 낸 프로그램(program)이 여기에도 숨어 있다. 이때의 집단 규모는 자연발생적인 규모인 씨족이 적당하다. 인간은 현생인류가 지상에 살기 시작한 후기구석기시대(약 2만 년 전)부터 신석기시대(5천 년 전)까지 거의 여기에 속했다.

　원시부족시대는 주로 무당이 활동하던 시기였다. 무당은 당시 사회적 억압을 가장 심하게 받은 여성 가운데서 발생했는데 무병에 들면 죽든지, 이를 극복하여 무당이 되든지 갈림길에 섰던 인물이다. 무당의 발생은 인간의 성 에너지의 환경 — 사회 — 심리의 문화복합적 억압의 결과이며 무교는 그것을 벗어나는 엑스터시의 기술이다. 신탁은 귀신과 사람들을 소통시키고 화해시키는 조작(수작)에 속하는 것이다. 무당은 귀신(鬼神)이라는 말의 발견을 통해 스스로를 관리한다. 다시 말하면 인간은 자신의 머릿속에 남아 있는 조상을 비롯하여 모든 사물에 대한 기억을 정령 혹은 귀신의 형태로 반사(투영)하게 되는데 이것도 객관적으로 귀신이 있는 것이 아니라 인간이 주관적으로(혹은 주체적으로) 설정한(프로그래밍한) 언어조작에 속한다. 물론 인간은 귀신에서 나중에 신(神)으로 그 프로그램을 업그레이드한다.

귀신은 인간이 지상에 태어나 처음으로 맞닥뜨린 한계상황으로 생물로서 자신의 의사와 상관없이 태어나 살아가는 혹은 집단적으로 후손을 재생산하며 본능적으로 종의 번영을 꿈꾸는 인간종이 그릴 수 있는 세계관에 속한다. 인간은 자신이 제어할 수 없는 일에 대해 귀신에게 빌 수밖에 다른 도리가 없었을 것이다. 이는 과학적인 사실 여부와는 상관이 없는 실존적 과제였다. 죽음은 어떻게든 해석하고 극복하여야 하는 과제였으며 계속적으로(본능적 혹은 진화적으로) 살아가야 하는 (아무리 죽음이 있을지라도) 인간이 해결한 첫 명제였다. 귀신이 부족사회의 규모와도 일치하는 것은 씨족사회야말로 죽은 사람을 기억하는 적당한 규모이기 때문이다. 신(神)보다 귀신(鬼神)이 먼저 나오는 것은 발생학적으로 볼 때 당연한 것이다.

왕조사회는 집단의 규모가 훨씬 커진 뒤의 일이다. 왕(王)도 귀신과 마찬가지로 성 에너지의 환경 - 사회 - 심리의 문화복합적 억압의 결과이지만 집단의 규모가 급속도로 커짐에 이제 죽은 사람에 대한 기억에서 연원하는 귀신(鬼神)보다는 삶을 약속해 주고 백성에게 행복과 평화를 주는 지도자로서의 왕이 필요하게 되었음을 말해 준다. 백성들은 왕에게 생을 의지하는 대신 왕의 권력을 인정하지 않으면 안 되는 사회적 억압을 받아들이지 않으면 안 되었다. 왕조사회는 '성(性)의 메커니즘'이 개인에서 부족연맹 혹은 국가의 단계로 더욱 확대된 시기였다. 사람들은 성군을 만나느냐 폭군을 만나느냐에 따라 운명이 갈렸다.

왕조사회가 더욱 규모를 넓히는 과정에서 성인(聖人)이 등장하게 된다. 성인이 등장하는 것은 현실의 삶뿐만 아니라 사후의 세계에 대한 보장과 행복에 인간의 생각이 미친 것과 때를 같이한다. 왕조사회는 현실적으로 행복을 가져다주기도 하였지만 이보다는 그렇지 못한 경우가 대부분이었다. 이에 사람들은 현실뿐만 아니라 내세에서라도 희망을 버리지 않게 되고 이를 신(神)에게 기원하게 된다. 신(神)도 그러한 인간의 바람의 산물이다. 신의 발견은 귀신에서 신에게, 자신의 기억과 말을 보다 확대하여 투영시키는 진전된 행위였다. 신은 집단의 확대재생산과 떨어지려야 떨어질 수 없는 관계에 있게 된다. 신은 죽음을 극복하는 것은 물론 나아가서 미지의 삶을 개척하고 끝내 영원히 살고 싶은 인간의 영생(永生)의 욕구와 관계되는 프로그램에 속한다.

마지막으로 과학시대의 과학자(scientist)도 성(性) 에너지의 환경－사회－심리의 문화복합적 억압의 결과이다. 과학자는 인간의 삶이 지구를 넘어서는 것과 깊은 관련이 있다. 물론 지금까지 과학과 기술이 문명의 발달에 계속적으로 기여하여 왔고 그것이 권력의 확대와 향배를 결정하기도 하였다. 그러나 이제 본격적으로 과학이 문명의 전면에 나선 시기이다. 인간은 이제 말로 사물의 본질에 이르는 경지에 이르렀으며 말＝사물에 이르렀다. 신화시대가 말로 몸을 설명하고 해석(몸으로서의 말)하였다면 과학시대는 말이 몸에 도착한 시기이다(말로서의 몸). 과학도 인간 집단 규모의 확대와 산업 발달의 필요와 관련이 있다.

인류문명사는 이상의 여러 문명단계와 문화영웅들의 역사이다. 다시 말하면 이들 문화영웅 혹은 문화희생들은 억압의 대표적인 예이며 동시에 억압을 극복하고 승화시킨 예라는 것이다. 이는 상징의 이중성과 가역성을 대표적으로 드러내는 것이다. 이들 상징은 당시마다 집단적 필요와 그 집단의 구성원인 창조적 개인의 문화적 창조물－프로그램들의 최첨단에 속하는 것들이다. 인류는 이 프로그램들을 현재진행형으로 쓰고 있고 또 언제나 쓸 수 있다. 또 지금도 혼합해서 쓰고 있다. 이들은 문화권력의 형태이지만 인류는 완전히 그 권력의 억압에서 벗어날 수 없다. 왜냐하면 권력은 인류가 집단적 전략으로 생존경쟁에서 승리한 뒤 그 집단을 유지하기 위한 최소한의 질서유지를 위한 문화장치이기 때문이다.

물론 그 권력이 최대한이 되고 폭력이 되는 것은 막으려 하겠지만 권력 자체를 완전히 없애 버리면 동시에 문화도 없는 것이 된다. 권력은 환경과 생명과의 역동적 상호 관계의 산물이기 때문이다. 적당한 억압이 없으면 신체적 건강이나 사회적 건강이 유지되기 힘들며 동시에 억압이 너무 심하면 신체는 병이 들고 사회는 모순을 심화시키게 된다. 그래서 시대마다 적당한, 균형 잡힌 권력과 성과의 관계를 설정해 가는 노력을 사회는 하는 것이다. 인간은 어떠한 사회에서도 재생산과 생산의 균형을 잡아야 하며 그렇기 위해서 나름대로 문화적 프로그램을 짜야 한다. 또 그렇게 살아왔다. 바로 이러한 맥락 위에서 성(性)과 과학(science)이 만나는 것이다. 오늘날 과학이 없이 생산을 생각할 수 없고 먹어야 사는 동물인 인간을 유지할 수 없다는 것을 우리는 알고 있다. 그런 점에서 과학이야말로 최선의 프로그램인 것이다. 다행히 과학은 성(性)을 제대로 보게 하는 역할을 하고 있다. 이것은 우주가 순환한다는 것을 증명하는 것이기도 하다. 억압을 벗어나기 위해서 프로그램을 생산하다 보니 거꾸로 성(性) 자체에 대한 이해를 넓히게 된 셈이다.

제사(종교)와 정치는 닮은 데가 있다. 제사는 신(혹은 귀신)에게 제물(혹은 봉헌)을 바치는 것이고 정치는 왕(혹은 치자)에게 제물(혹은 세금)을 바치는 것이다. 그런데 제사와 정치의 다른 점은 제사는 신에게 일방통행이고 정치는 쌍방통행이라는 점이다. 제사는 신에게 기원한 것의 성패 및 그 책임이 신이 아닌 인간에게 달려 있고(실패의 경우에도 인간의 제물 혹은 정성 부족 탓이다), 정치는 때로는 왕 혹은 때로는 백성

(피치자)에게 달려 있다. 따라서 왕이 제물이 될 수도 있고 백성이 제물이 될 수도 있다. 왕의 살해는 이 때문이다. 민주주의라는 것은 근대에 들어 왕과 백성의 합의에 의해 선거(백성의 참여)를 통해 왕(혹은 대통령)의 죽음이 아니라 왕의 교체로 살해를 변형시킨 것에 지나지 않는다.

제사와 정치는 결국 생존의 문제, 에콜로지의 문제를 우주론으로 확대한 것이거나 권력의 문제로 변형시킨 것이고 경제는 권력의 문제가 사회에 반영된 것이다. 경제는 인간의 에콜로지이며 먹이삼각형의 인간집단 내 변형 혹은 부(富)의 재편성이라고 할 수 있는 계층(층위)을 형성하는 것이다. 사회는 경제적 계층(혹은 계급)의 고착화 혹은 보수화에 속한다. 이것을 권력의 보수화라고 할 수 있을 것이다. 물론 사회는 계층이나 계급의 이동 혹은 급진적 재편성 혹은 전복이라고 할 수 있는 혁명을 내포하고 있다. 이와 같이 제사, 정치, 경제, 사회는 서로를 반영(혹은 투영)하고 있다. 권력이란 일단 한번 잡으면 내놓지 않으려고 하거나 빼앗기지 않으려고 노력을 하게 된다. 그래서 권력의 이동과정은 순탄치 않다. 권력경쟁과 전쟁은 이 때문에 발생한다.

나는 인류문화의 여섯 가지 권력유형, 성(sex)과 샤머니즘(shamanism), 부족사회(surname), 왕조사회(sovereign), 고등종교(saint), 과학(science)을 문명의 여섯 가지 변주곡이라고 생각한다. 이들은 성(sex)과의 관계에서 원형과 변형의 관계에 있다. 이들은 동시에 각 시대마다 권력(power)의 보편적 유형이기도 하다. 이들 6S의 관계는 서로 가역적이면서 동시에 순환관계에 있다. 이를 주술적으로 말하면 동종주술(모방주술: 구조, 체계)과 감염주술(접촉주술: 사건, 역사)의 관계에 있다고 말할 수 있다. 이는 서로 모방하여 비슷한 구조나 체계가 되기도 하고 동시에 접촉하여 사건이 되거나 역사가 된다는 말에 다름 아니다.

역설적이게도 성(sex)과 과학(science)은 양극단에 있으면서 성은 과학에 의해 그 본성을 인정받게 된다. 이들 6S는 어떤 분류개념에 따라 긍정과 부정에서 서로 만나기도 하고 엇갈리기도 할 것이다. 앞으로 여러 논의가 있겠지만 인류문화는 거시적으로 보면 전쟁과 평화를 교체하게 되는데 전쟁 때에는 성(특히 여성)에 대한 억압을 강화하였고 평화 때는 그 억압을 줄였으며 심지어 해방의 수준에 이르렀다. 최근 후기 자본주의 시대의 풍요는 그 해방의 시기에 가깝다.

생문화적 연구는 다음과 같은 대전제에 의해 이루어진다.

① 인간은 욕망의 존재이다. 인간은 생존의 본능과 재생산의 본능을 가진 존재이다. 그런 점에서 도덕적 존재로서의 인간을 전제하거나 강요하지 않는다. 도덕적 존재는 어디까지나 부차적인 것이다. 따라서 조사자의 도덕이나 관념과 같은 선입견을 배제하고 철저히 문화담당자의 입장에 선다.

② 인간의 문화는 욕구를 충족시키기 위한 장치를 마련하는 것을 일차적 목적으로 하고 이차적인 여러 문화적 변이들을 가진다. 문화적 변이들 가운데 자연의 욕망과 같은 방향을 가지기도 하지만 정반대의 방향을 가지는 것도 있다. 문화는 궁극적으로 자연을 배반하지는 못하지만 부분적으로, 혹은 일시적으로 자연을 배반할 수 있다. 문화 속에는 크게 자연적인 것-반자연적인 것, 합법적인 것-불법적인 것이 있긴 하지만 궁극적으로는 은밀하게 자연에 순응하여야 하고 그렇지 못하는 것은 도태된다.

③ 인간은 생물종으로서 '종과 종 간에 생존경쟁(자연선택)'의 존재에서 '인간종(種) 혹은 집단 내의 권력경쟁'(인간종 내부 혹은 집단 내외부에서 자기 이외의 인간이 적敵이 되는 것이다)의 존재로 변모하였다. 권력경쟁은 재생산을 위한 생물로서의 암수의 성관계도 점차적으로 권력관계로 변모시키게 되고 드디어 가부장제(patriarchy)를 확립시킨다. 가부장제는 가족에서 일어난 권력형태이지만 이것은 권력의 확대재생산 과정에서 다른 부분으로 전이되어 일종의 모델이 된다. 예컨대 군사

부(君師父)일체라는 것은 그 좋은 예이다.

④ 권력의 여러 변이들을 보면 크게 종교적인 것이 있고 과학적인 것이 있는데 그것은 다음과 같다. 하나는 '집단(계통발생) – 집단 외부적 – 몸(性) – 본능(자연) – 부계출계 – 위계 – 권력 – 과학 – 진화'의 커넥션 위에서 성립함을 전제한다. 이것은 다분히 성악설(性惡說) 혹은 성욕설(性慾說)적 기반에서 출발하고 있다. 이에 비해 다른 하나는 '개인(개체발생) – 집단 내부적 – 마음(言) – 도덕(개인) – 모계출계 – 평등 – 공동체 – 종교 – 창조'의 커넥션은 이에 반한다. 이것은 다분히 성선설(性善說)에 속한다.

집단을 다스리는 데는 성선설도 때로는 유익하지마는 성선설의 경우 유사시에 대비할 수 없는 단점이 있다. 선하다고 전제하였는데 악하게 나오면 대처할 길이 없다. 집단 내부적으로 자기 자신에 이르기까지는 성선설로 다스리는 것이 유리할 것 같다. 그러나 집단 외부적으로 사물에 이르기까지는 성악설로 다스리는 것이 유리할 것 같다. 성악설은 집단을 다스리거나 집단과의 경쟁과 전쟁에는 필수 불가결한 것이다. 이 것을 다시 말하면 자기는 선하다고 전제하고 수양을 하면 좋은데(물론 여기에도 독선이나 오만이 있을 수 있다) 남은 악하다고 전제하고 다스리는 것이 최소한 피해를 줄일 수 있다. 만약 남(상대)을 악하다고 전제하였는데 선하게 나오면 훨씬 대처하는 방법과 강도 면에서 선택할 수 있는 여지가 많다. 확실히 오늘날은 종교에 의해서라기보다는 과학에 의존하는 경우가 많다. 예전에는 인구조절을 도덕(七去之惡, 婦德)으로 하였지만 이제 과학(피임약, 임신중절)으로 한다.

오늘날 인간은 무엇보다도 과학을 중심으로 살아가고 있다. 그래서 과학의 입장에서 과거 인류문명을 되돌아볼 필요가 있다. 성(性)은 무엇일까. 프로이트는 성기기를 남근기라고 하면서 남녀에게 다 적용했는데 이는 분명히 문명의 입장에 있는 것이다. 자연의 입장에서 보면 남근의 없음은 거세불안이나 남근선망(penis envy)이 아니라 도리어 자연의 텅 비어 있음과 연결된다. 동양 문화권은 그 비어 있음에 익숙하다. 권력의 입장에서 보면 권력이 없음은 없는 것이지만 비(非)권력 혹은 전 (前) 권력의 입장에서 보면 그냥 자연이다. 그냥 자연을 권력의 입장에서 보면 자아보존본능－종족보존본능이니, 자아리비도－대상리비도니, 삶 의 본능－죽음의 본능이니라고 말하지만 간단히 말하면 자연에서 태어 나서 자연으로 돌아가는 것이다. 그것을 괜히 자아－종족, 자아－대상, 삶－죽음이라고 구조적으로 말하는 것뿐이다.

문명에서 자아의 발달은 여성에게는 불리하게 작용했다. 여성에게 자아라는 페니스는 재앙이었다. 페니스의 '있음'이 '존재'가 되고 '권력' 이 되는 문명화의 과정에서 여성은 심하게 억압받아야만 했다. 페니스 는 여성을 억압하였을 뿐만 아니라 남성선망을 낳게 하였고 이는 남아 선호사상과도 긴밀한 연관을 갖는다. 가부장사회, 남성중심이 되면서 여성성은 수난을 받았고 악마(마녀)가 되었으며 여성의 성기는 감시와 봉쇄의 대상이 되었다. 이제 인류에게 버자이너(vagina)의 자아, 즉 무아 의 자아가 필요한 시기이다. 무아의 자아는 남근을 남녀가 공통적으로 갖는 것이 아니라 여근이야말로 남근보다 더 본래적인 것이라는 것을 이해하는 일이다. 자연은 멀리 거슬러 올라가면 남근 없이도 자손을 번 식하면서 잘 지내 왔다. 여자는 페니스가 없는 대신에 아이를 낳는다. 페니스는 자아의 만족이지만 아이를 낳는 것은 자연의 만족이다.

식물은 성(性)을 가지고 있으면서도 부끄러움을 모르고 성숙하면 성 기를 그대로 드러내 놓고 모든 벌·나비가 날아들어 수정을 시켜 주기 를 원한다. 동물은 점차 성기를 숨기기 시작하며 적으로부터 성기를 보 호한다. 인간은 성기를 부끄러움으로 알기 시작하고 가리고 심지어 스 스로 속박한다. 왜일까. 이는 자아의 발달에 따른 것이다. 자아가 있기 때문에 빚어지는 것이다. 자연선택에서 군림하기 위해서 발달된 자아 는 고통의 원인이다. 자연의 생명을 자아의 것으로 만들어 버린 인간은 자연으로 돌아가는 죽음을 거부한다. 그러나 근본적으로 자연의 존재인 인간은 자신도 모르게 죽음에 대해 적응할 줄 안다. 삶 자체가 잠과 꿈과 오르가슴의 죽음 등으로 이미 점령되어 있는 것을 안다. 죽음은 죽음이 아니라 자연으로 돌아가는 것이다. 자아를 버리는 훈련도 병행하여야 인간은 행복해질 수 있다. 삶은 삶이 아니라 자연의 삶이기 때문이다.

2. 성(性)에 대한 맹자(孟子)와 고자(告子)의 대화

성(性)이라는 한자는 '마음 심(心)＋날 생(生)'의 합성어이다. 이것은 생물은 유기체로서 그것을 통일하고 다스리는 마음이 있음을 전제한다. 성이란 무엇인가. 맹자는 진화의 방향과 반대로 성을 규정한 대표적인 학자이다. 그것이 그의 유명한 성선설(性善說)이다. 그의 성선설을 사단칠정(四端七情)에 바탕을 두고 있다. 사단칠정은 맹자(孟子)의 공손추 상 제6장(不忍人之心: 남에게 차마 하지 못하는 마음)에 나온다.

"사람이 모두 남에게 차마 하지 못하는 마음이 있다고 하는 까닭은, 지금 어떤 어린아이가 장차 우물에 빠지려 하는 것을 본다면, 누구나 다 놀라며, 불쌍하게 여기는 마음이 들 것이다. 이는 그 어린아이의 부모와 교제하려고 해서 그러는 것이 아니며, 동네 사람들과 벗들로부터 칭찬을 받으려는 것도 아니며, 그 아이가 지르는 소리가 듣기 싫어서 그러는 것도 아니다. 이로 말미암아 본다면, 측은한 마음이 없으면 사람이 아니며, 부끄러워하고, 미워하는 마음이 없으면 사람이 아니며, 사양하는 마음이 없으면 사람이 아니며, 옳고 그름을 가리는 마음이 없으면 사람이 아니다.

측은히 여기는 마음은 인(仁)의 시초요, 부끄러워하고 미워하는 마음은 의(義)의 시초요, 사양하는 마음은 예(禮)의 시초요, 옳고 그름을 가리는 마음은 지(智)의 시초이다. 사람이 네 가지 단서(四端: 싹)를 가지고 있는 것은 그 사지(四肢)가 있는 것과 같다. 이 네 가지 단서(四端)가 있으면서도 스스로 이 네 가지 단서를 실행하지 못한다고 말하는 것은 스스로를 해치는 것이요 또 자기 임금더러 그런 일을 실행하지 못한다고 말하는 것은 자기 임금을 해치는 자이다.

무릇 사단(四端)이 나에게 있는 것을 알아서 다 넓혀 채우면, 불이 처음 타오르고, 샘물이 처음 솟아오르는 것과 같을 것이니, 진실로 채우면 온 천하를 편안하기에 충분하고, 그것을 넓혀 채우지 못한다면 부모조차도 섬기지 못하게 될 것이다.”

(MZ03060003: 所以謂人皆有不忍人之心者, 今人乍見孺子將入於井, 皆有怵惕惻隱之心, 非所以內交於孺子之父母也, 非所以要譽於鄉黨朋友也, 非惡其聲而然也.

MZ03060004: 由是觀之, 無惻隱之心, 非人也, 無羞惡之心, 非人也, 無辭讓之心, 非人也, 無是非之心, 非仁也.

MZ03060005: 惻隱之心, 仁之端也, 羞惡之心, 義之端也, 辭讓之心, 禮之端也, 是非之心, 智之端也.

MZ03060006: 人之有是四端也, 猶其有四體也. 有是四端而自謂不能者, 自賊者也, 謂其君不能者, 賊其君者也.

MZ03060007: 凡有四端於我者, 知皆擴而充之矣, 若火之始然, 泉之始達. 苟能充之, 足以保四海, 苟不充之, 不足以事父母.)

맹자는 제자인 고자(告子)와의 대화에서 성(性)에 대해 더욱 자세하게 드러내고 있다. 미리 말하지만 이 구절은 이(理)와 기(氣)를 이원적(二元

的)으로 본 맹자(孟子)와 이(理)와 기(氣)를 일원적(一元的)으로 본 고자(告子)와의 대화이다. 이원론의 입장에서 본 맹자가 일원론으로 본 고자를 일깨우고 있는 대목이다.

맹자(孟子) 고자(告子) 상 제1장(性, 猶杞柳也: 본성은 버드나무와 같다)에 다음과 같은 구절이 있다.

고자: "사람의 본성은 버드나무와 같고, 義는 버드나무로 만든 그릇과 같습니다. 사람이 그 본성으로 仁義를 행한다면, 그것은 마치 버드나무로 그릇을 만드는 것과 같습니다."

(告子曰: 性, 猶杞柳也; 義, 猶배권也. 以人性爲仁義, 猶以杞柳爲栝棬.)

맹자: "그대는 버드나무의 본성에 따라서 버드나무 그릇을 만드는가? 버드나무를 무리하게 구부린 뒤에 그릇(술잔)을 만드는 것이니, 버드나무의 본성을 거슬러서 그릇을 만든다면 사람의 본성을 거슬러서 仁義을 행하겠다는 것인가? 온 천하 사람을 거느리고 와서 仁義를 해치는 것은 반드시 그대의 말일 것이다."

(孟子曰: 子能順杞柳之性而以爲栝棬乎? 將戕賊杞柳而後以爲栝棬也? 如將戕賊杞柳而以爲栝棬, 則亦將장賊人以爲仁義與? 率天下之人而禍仁義者, 必子之言夫!)

맹자(孟子) 고자(告子) 상 제2장(性猶湍水也: 사람의 본성은 소용돌이치면서 흐르는 물과 같다)에 다음과 같은 구절이 있다.

고자: "사람의 본성은 소용돌이치면서 흐르는 물(湍水: 단수)과 같습니다. 그 물을 동쪽으로 터놓으면 동쪽으로 흐르고, 서쪽으로 터놓으면 서쪽으로 흐릅니다. 사람의 본성에 선함과 선하지 않은 구분이 없는 것은, 물에 동쪽과 서쪽의 구별이 없는 것과 같습니다."

(告子曰: 性猶湍水也, 決諸東方則東流, 決諸西方則西流. 人性之無分於善不善也, 猶水之無分於東西也.)

맹자: "물에는 정말 東西의 구분이 없지마는 어찌 上下의 구분이야 없겠는가? 사람의 본성이 선한 것은 물이 아래로 흘러 내려가는 것과 같다. 낮은 곳으로 흘러 내려가지 않는 물이 없듯이 그 본성이 선하지 않은 사람은 없다. 지금 물을 손으로 쳐서 사람의 이마 위로 튀어 오르게 할 수가 있고 또 거세게 흘러가게 한다면 산에라도 올라가게 할 수가 있다. 그러나 그것이 어찌 물의 본성이겠느냐? 물에다 외부의 힘을 가하면 그렇게 되는 것이다. 사람이 선하지 않은 일을 할 수 있는 것은 그 본성 또한 이와 같이 바깥으로부터 영향을 받기 때문이다."

(孟子曰: 水信無分於東西. 無分於上下乎? 人性之善也, 猶水之就下也. 人無有不善, 水無有不下. 今夫水, 搏而躍之, 可使過顙; 激而行之, 可使在山. 是豈水之性哉? 其勢則然也. 人之可使爲不善, 其性亦猶是也.)

맹자(孟子) 고자(告者) 상 3장(生之謂性: 타고난 것을 본성이라고 한다)에서 다음과 같은 구절이 있다.

고자: "타고난 것을 곧 본성이라고 합니다."
(告子曰: 生之謂性.)
맹자: "타고난 것을 본성이라고 하는 것은 흰 것을 희다고 하는 것과 같은 것인가?"
(孟子曰: 生之謂性也, 猶白之謂白與?)
고자: "그렇습니다."
(曰: 然.)
맹자: "그렇다면 흰 깃털(白羽)의 흰 것, 흰 눈의 흰 것, 白玉의 흰 것은 같은 것인가?"

(曰: 白羽之白也, 猶白雪之白; 白雪之白, 猶白玉之白與?)

고자: "그렇습니다."

(曰: 然.)

맹자: "그렇다면 개의 본성은 소의 본성과 같고, 소의 본성은 사람의 본성과 같은가?"

(然則犬之性, 猶牛之性; 牛之性, 猶人之性與?)

이상의 맹자와 주자의 대화를 주자는 다음과 같이 해석하였다.

"성(性)이란 것은 사람이 하늘에서 얻은 이치이며, 생(生)이란 것은 사람이 하늘에서 얻은 기운이다. 성(性)은 형이상의 것이요, 기(氣)는 형이하의 것이다. 사람과 물건이 생길 적에 이 성(性을) 가지지 않은 것이 없으며, 이 기(氣)를 갖지 않은 것이 없다. 그러나 기(氣)로 말하면 지각과 움직임은 사람과 물건이 다르지 않은 것 같으나, 이(理)로 말하면 내려받은 인의예지(仁義禮智)를 어찌 물건이 가져 온전하겠느냐? 이것은 사람의 성품이 착하지 않음이 없는 것으로서 만물의 영장이 되는 것이다. 고자가 성(性)이 이(理)가 되는 것을 알지 못하고 이른바 기(氣)로 하였으니, 이러므로 땅버들(杞柳)과 여울물(湍水)의 비유와 식색(食色)과 무선무불선설(無善無不善說)이 종횡으로 어긋나고 복잡하여 이 장의 착오는 그 근본이 이러한 것이니, 한갓 지각과 움직임이 사람과 물건이 같은 줄만 알고, 인의예지(仁義禮智)의 순수한 것이 사람과 물건이 다른 것을 알지 못한 것이다. 맹자께서 이것으로 분석하셨으니 그 뜻이 정밀하다."

맹자(孟子) 고자(告子) 상 제4장(食色性也:식욕과 성욕은 본성이다)에서 다음과 같은 구절이 있다.

고자: "식욕과 성욕은 인간의 본성입니다. 仁은 내재적인 것이지 외재적인 것이 아니고, 義는 외재적인 것이지 내재적인 것이 아닙니다."

(告子曰: 食色, 性也. 仁, 內也, 非外也; 義, 外也, 非內也.)

맹자: "어째서 仁은 내재적인 것이고 義는 외재적인 것이라고 하는가?"

(孟子曰: 〔何以謂仁內義外也?〕

고자: "그가 나이가 많아서 내가 그를 나이가 많다고 합니다. 이는 나보다 나이가 많은 때문이 아닙니다. 저것이 희기 때문에 내가 그것을 희다고 하는 것과 같습니다. 흰 빛이 외부에 있기 때문에 이를 외재적이라고 하는 것입니다."

(彼長而我長之, 非有長於我也; 猶彼白而我白之, 從其白於外也, 故謂之外也.)

맹자: "흰 말(白馬)을 희다고 하는 것은 흰 사람을 희다고 하는 것과 다를 것이 없다. 그러나 모르긴 하되 나이 먹은 말이 늙은 것과 늙은 사람이 나이 많은 것과는 다르지 않겠는가? 또 늙었다는 그것을 義라고 하겠는가? 아니면 나이 많은 사람으로 받드는 것이 義이겠는가?"

(異於白馬之白也, 無以異於白人之白也; 不識長馬之長也, 無以異於長人之長與? 且謂長者義乎? 長之者義乎?)

고자: "내 동생을 사랑하되 진(秦)나라 사람의 동생은 사랑하지 않습니다. 이것은 사랑한다는 것이 내 마음에서부터 나왔기 때문입니다. 그러므로 仁은 내재적이라고 합니다. 초나라의 나이 많은 이도 나이 많은 이로 받들고 또 자기 집의 나이 많은 이도 나이 많은 이로 받드니, 그것은 받든다는 것이 나이 많다는 것에서 나왔기 때문입니다. 그러므로 義를 외재적이라고 합니다."

(吾弟則愛之, 秦人之弟則不愛也, 是以我爲悅者也, 故謂之內. 長楚人之長, 亦長吾之長, 是以長爲悅者也, 故謂之外也.)

맹자: "진(秦)나라 사람이 구운 고기를 먹는 것은 내가 구운 고기를 먹는 것과 다를 것이 없다. 대체로 물건조차도 또한 그러한 것이다. 그렇다면 구운 고기를 즐기는 마음도 외재적인 것인가?"

(耆秦人之炙, 無以異於耆吾炙. 夫物則亦有然者也, 然則耆炙亦有外與?)

이에 대해 주자는 다음과 같이 해석하였다.

"편 머리로부터 이 네 장에 이르기까지 고자의 변명이 여러 번 나오며 여러 번 그 말을 바꿔 이기려고 하였으나, 마침내 그 능통하다 함을 듣지 못하고 스스로 돌이켜 오히려 의심하는 것이 있으니 이것이 바로 그 말에서 얻지 못하거든 마음에서 구하지 말라는 것으로(호연지기장을 참고), 경솔하여 그 바른 것을 얻지 못한 것이다."

주자의 해석은 분명히 맹자와 함께 이기이원론의 입장에 있다. 주자학과 맹자는 이(理)를 기(氣)보다 우월한 위치에 놓았다. 인간이 사물의 이치를 과학적으로 이해하는 것보다 사람을 다스리는 도덕이 우선하던 시대였기 때문에 그 이치가 과학적 이치보다는 도덕적 이치에 머물렀다. 그러나 오늘날 사물과 생물에 대한 인간의 과학적 이해의 지평이 넓어진 마당에 이 구절을 다시 검토해 볼 필요가 있다. 이(理)를 가진 인간이 기(氣)만 가진 동물과 같을 수는 없을 것이다. 그러나 과연 동물이 이(理)를 가질 수 없고 가진다고 하더라도 아주 낮은 단계에 위치할 수밖에 없다고 평가하는 것이 옳은가. 그런 상하관계에 있다고 하기보다는 동물과 인간이 자신의 기(氣)에 맞는 혹은 적합한 이(理)를 가지고 있다고 보는 편이 옳을 것이다. 돌은 돌 정도의 이(理)를, 나무는 나무 정도의 이(理)를, 사람은 사람 정도의 이(理)를 가지고 있다고 보는 편이 옳을 것이다.

더 나아가 도덕의 입장에서 보면 이(理)가 기(氣)를 우선한다고 하지만 생물의 진화론적 입장에서 보면 돌에서 나무로, 나무에서 동물로, 동물에서 사람으로 진화한 것임에 틀림없다. 이는 기(氣)의 진화에 따라 이에 상응하는 수준의 이(理)가 형성되었다는 것이 된다. 말하자면 이는 이(理)에 비해 기(氣)가 우선하는 것이 되거나 기(氣)가 독립변수이고 이

(理)는 종속변수가 된다. 도덕은 분명히 인간중심이 될 수밖에 없다. 이 것은 종교가 신을 빙자하여 인간을 다스리던 것과는 다르지만 궁극적 으로 도덕은 자연을 다스리는 것보다는 인간을 다스리는 데에 중점을 둔 것이기 때문에 폭넓은 의미에서 보면 역시 종교 혹은 이데올로기에 속한다. 과학의 발달은 이제 주기론적(主氣論的) 입장에서 문명을 바라 보게 한다.

주기론의 입장에서 보면 맹자보다는 고자의 입장에 서게 된다. 고자 의 입장에 선다고 해도 기발이승(氣發理乘)의 입장을 거부할 수 없는데 이것이 바로 권력이다. 우린 단지 권력을 부정하는 것이 아니라, 이성 의 힘을 부정하는 것이 아니라 권력의 바탕이 무엇이고 그 메커니즘이 어떤 것인지를 밝히는 데에 만족하지 않으면 안 된다. 인간은 이성으로 살아가지 않을 수 없다. 이것은 인간이 발명한 언어의 탓이다. 인간이 언어의 동물인 한, 이성에서 그 특징을 발견하지 않을 수 없다. 그러나 이성에 심하게 경도해서 절대성을 부여한다면 인간의 삶은 그만큼 억 압당하고 재미없고 행복하지도 않을 것이다. 권력은 결국 인간에 내재 한 동물을 극단적으로 몰아가서는 안 된다. 이는 인간에게 먹지도 말고 섹스도 하지 말라고 하는 것과 진배없다. 자연을 이를 단호히 거부할 것이다. 인간이 아무리 만물의 영장이라고 하더라도 말이다. 주기론의 입장에서 보더라도 성(性)은 마음(통일성)과 몸(유기체)이 하나임을 말 한다. 그러나 <문화와 권력과 성>을 다루는 입장에서 보면 권력은 역 시 이(理)를 기(氣)의 우위에 두는 것이고 이성(理性)을 감성(感性)의 우위 에 두는 것이다. 이것이 권력이 성을 억압하는 문화의 역사이기 때문이 다. 우리는 끊임없이 권력을 논하면서 동시에 끊임없이 자연을 놓치지 않을 것이다. 또 권력이라는 것이 말을 재료로 재구성된 <말의 구조 물>이라는 사실과 이 <말의 구조물>은 시대마다 그 형태를 달리하면 서 생물로서의 인간, 성(性: sex)을 가진 인간을 억압하는 것을 배우게

될 것이다. 권력이 성을 억압하는 사실이 드러난 것은 19세기 자연과학
의 발달과 더불어 일어난 최근세의 일이라는 것을 염두에 두어야 한다.

3. 권력, 말: 마음과 몸을 다스리는 것

　권력은 무엇일까? 권력에 대한 논의는 많지만 아직도 어느 분야에서
나 공통적으로 받아들이는 것은 없다. 맹자와 고자의 대화에서 성선설
의 맹자는 고자를 다그치고 있다. 그러나 내가 보기에는 맹자는 이미
어떤 특정 이데올로기에 편향된 입장인 것 같다. 말하자면 성선설이다.
이에 비해 고자는 사물의 일상에 충실한 것 같다는 인상이 든다. 맹자
의 물에 대한 비유에서 물이 위에서 아래로 내려오는 것(수직성)을 물
이 동서로 갈라져 흐르는 것(수평성)보다 위에 두면서 이를 근거로 성
선설(性善說: 주자에 따르면 주리론에 기우는 것)을 설명하는 것은 다분
히 억지스러운 데가 있다. 물을 비유로 설명을 하자면 나는 이렇게 설
명하고 싶다.
　"처음에는 물이 흐르는 곳에 자연스럽게 물길이 생긴다. 그러나 나중
에는 물길을 낸 곳에 물이 흐르게 된다."
　이는 물론 처음에는 자연을 말하고 후에는 인위를 말하는 것이다. 후
자, 인위의 경우 물길을 사람이 일부러 낸 것을 말하는데 이것이야말로
권력을 말하는 것이다. 물론 사람이 살아가는 데는 두 가지에 대한 인
식이 다 중요하다. 그러나 굳이 선후를 가리자면 '물이 흐르는 곳에 물
길이 생긴다'는 것이 먼저이다. 인간이 안다고 하는 것 자체가 권력이
고 권력이라는 것 자체가 이미 우주의 전체를 알지 못하고 부분에 매달
리는 것이라면 차라리 모르는 것이야말로 가장 많이 아는 것이 되고 무
의식이야말로 가장 큰 의식이며 몸이야말로 가장 큰 말일지도 모른다.

물이 흐르는 곳에 자연스럽게 물길이 생기는 것을 기(氣)라고 하고 물길을 낸 곳에 물이 흐르는 것을 이(理)라고 말한다면 권력은 처음부터 인위가 되고 억지가 되고 부분이 되고 만다. 지금까지 이(理)는 강요되었지만 이제 기(氣)에 위배되는 이(理)는 설득력을 잃어 가고 있다.

우리는 흔히 마음이 몸을 다스린다고 생각한다. 결코 몸에서부터 문명을 바라보는 것에 익숙하지 못하며 그 결과 결코 우리 몸, 우주의 몸에 대한 비밀을 알 수가 없다. 몸은 인간과 우주의 전부이다. 인간을 우주와 하나 되게 하고 교감하게 하는 것은 몸이다. 몸을 벗어나면 천당이나 극락으로 가는 것이 아니라 우주와 연결고리를 잃어버리는 것이 된다. 그래서 몸은 중요하다. 우리가 몸을 천시하는 것은 우리도 모르게 태어나면서부터 몸을 다스리는 일에 익숙해진 때문이다. 우리는 권력의 첫 장을 이미 배운 셈이다. 마음을 다스리는 법을 배우는 수도자들도 마음이 몸과 하나라는 사실은 잊어버린 채, 오히려 마음과 몸을 분리한 채 마음이 몸을 다스리는 것부터 배운다. 몸에 도달하는 첩경, 지름길, 자기 몸 속에 있는 것을 모르는 것이다. 역시 "등잔 밑이 어둡다"는 속담을 생각하지 않을 수 없다. 인류의 문명은 몸을 떠나서 멀고 먼 길을 돌아서 몸에 도달하는 우회도로인 셈이다.

권력은 우주를 수직적으로 배열한 첫 단추가 되는 셈이다. 그러나 이를 자연 혹은 우주의 입장에서 보는 것이 아니라 인간의 입장에서 보면, 자신의 종의 영속과 생산을 늘려서 이를 감당하여야 하는 생물적 특성으로 볼 때는 인간은 처음부터 <권력적 인간>이 되지 않을 수 없었을 것이라는 점에는 이해가 간다. 자, 인간은 어떻게, 어떤 전략으로 만물의 영장의 위치에 올라서고 우주와 자연을 자신의 마음대로 재배열하고 재생산과 생산의 공장으로 만들었을까? 문명의 권력화의 전개 과정을 살펴보자.

인간 개체를 위해서는 마음은 안심입명을 하는 것이 목적이 될 수 있다. 그러나 인간 개체군을 위해서는 마음은 욕심을 내고 대상을 만들고 대상을 생산 혹은 재생산을 바꾸는 것이 중요하다. 안심입명이란 한마디로 재생산과 생산에 아무런 도움이 되지 않는다. 대상을 만드는 것 -이것은 바로 마음을 권력자로 만드는 첫출발이다. 마음은 다스리는 것, 즉 대상을 만들어야 했다. 대상을 만들기 위해서 세계를 둘로 분리하는 것이 필요했다. 마음이야말로 최초의 권력이 되는 셈이다. 이렇게 하나인 세계를 둘로 분리하는 바람에 또 둘 중 하나에 권력(상대방을 다스리는 힘)을 주는 바람에 하나는 우등한 것이 되고 다른 하나는 열등한 것이 되고 하나는 지배하는 것이 되고 다른 하나는 지배당하는 것이 된다. '권력'의 속성은 이런 것이다.

권력의 속성은 동시에 '말'의 속성이다. 말에는 주어(주부)가 있고 술어(술부)가 있다. 이것은 또 '문화'의 속성이다. 문화에는 중심(주류)이 있고 주변(비주류)이 있다. 말하자면 모든 문화현상에는 이런 권력이라는 것이 내재해 있다고 할 수 있다. 문화적 존재로서의 인간은 여기에 구속되지 않을 수 없다. 말이라는 것은 본질적으로 하나의 세계로 잘 돌아가고 있는 유기적인 세계, 유기체의 세계를 둘로 나눈 뒤 다시 그것을 하나로 만들기 위해 수고하는 특성이 있다. 이런 특성은 어리석음인지, 지혜로운 것인지 알 수 없지만 말을 사용하는 인간을 두고 호모 사피엔스(지혜적 인간)라고 하는 것을 보면 인간은 이를 지혜로운 것으로 인정하고 있는 셈이다. 이것은 자가당착이라고 할 수 있지만 이렇게 분리하고 재조합함으로써 인간의 생산활동이 있는 것이고 보면 인간 스스로 그렇게 자가발전 혹은 마스터베이션을 하지 않을 수 없다.

인간의 생산이라는 것은 거시적으로 보면 세상에 없던 것을 생산하는 것이 하나도 없다. 모두가 '주어진 것'(the givenness)을 가지고 재조합(재가공)하는 것에 불과하다. 이러한 재가공의 비결은 바로 '말'에 있으며 네안데르탈인 이후 '말'을 본격적으로 도구로 쓰기 시작한, 큰 원숭이(ape)에 속하는 인간의 진화과정의 결과이다. 성서에도 하느님이 "들 짐승과 공중의 새를 하나하나 진흙으로 빚어 만드시고, 아담에게 데려다 주시고는 그가 무슨 이름을 붙이는가 보고 계셨다. 아담이 동물 하나하나에 붙여 준 것이 그대로 그 동물의 이름이 되었다"고 적혀 있다. 하느님은 아담에게 이름을 붙일 권한을 주신 것인데 이 대목의 내용이 '말을 사용하는 인간'이, 특히 남자가 역으로 자신의 권력을 합리화하기 위해 만들어 낸 담론이라고 하더라도 '말을 사용하는 인간'에 대한 일찍부터의 인식이라고 해도 과언이 아니다. 인간이 동물과 다른 점은 분명히 '말의 사용'에 있다.

기억하는 용량, 두개골의 용량이 늘어난 이 영장류는 자신의 기억을 토대로 생각(기억하는 입자의 연합 혹은 충돌)을 하면서 드디어 '나는 생각한다, 고로 존재한다'고 선언하기에 이른다. 이것이 근대의 선언이다. 그러나 이 선언은 생각하지 않고도 잘 살아온 수많은 생물의 역사를 한꺼번에 뒤엎은 것이며, 괄호 안에 집어넣는 것이며, 동시에 유기체의 세계를 자신의 생각대로 재구성해 보겠다는 혁명적 선언이기도 하다. 자신을 스스로 생각하는 존재라는 깨달음은 데카르트에 이르러 실현된 것은 아니다. 인간은 오래전부터 생각하는 것을 무기(수단)로 만물의 영장이 되는 영광스런 자리에 등극했다. '말'을 발명하고부터 그 '말'로 세계를 구성하고 해석했던 것이며 드디어 세계는 자신이 구성하고 해석한 대로 존재하게 했다. 인류의 모든 신화도 그런 것의 산물이며 종교도 그런 것의 산물이다. 또 정치제도도 그런 것의 산물이며 과학조차도 그런 것의 산물이다. 인간의 상징과 제도와 기술 모두가 그런 것이다. 하지만 이런 모든 문화는 자신의 삶의 경험을 바탕으로 계속적으로 프로그래밍된 것이다.

권력을 좀 더 구체적으로 설명해 보자. 인류의 문화현상 가운데 가장 원초적인 형태에 속하는 것으로 출계(出系: descent: 혈통을 따지는 방법)

라는 것이 있다. 그런데 이 출계, 즉 성인 남녀가 만나서 자식을 낳았을 때 누구의 자식이라고 하느냐의 문제, 혈통을 찾는 것은 이상하게도 대체로 아버지든, 어머니든 어느 한쪽을 택하도록 되어 있다. 분명히 자식은 아버지와 어머니의 공동의 자식임에도 불구하고 그렇게 하고 있다. 왜 그럴까. 왜 어느 하나에 힘을 실어 주는 것일까. 이것은 분명 공평한 것은 아니고 해석 여하에 따라서는 편파적인 것이고 편견적인 것이다. 그러나 인간의 삶은 공평한 것만은 아니다. 인간의 삶의 대전제는 역시 공평이나 합리의 문제가 아니라 생존(survival)의 문제이다. 다시 말하면 생존을 위해서 출계도 있다고 보는 편이 옳다.

그렇더라도 모계는 어딘가 여자가 아이를 낳는다는 자궁에 기초한 자연스러움이 있다. 굳이 모계를 주장하지 않더라도 저절로 모계인 것이다. 그러나 부계는 그렇지 않다. 부계는 부단히 강조하고 도모하고 인위적으로 각인시켜야 하는 그 무엇이다. 이는 국가라는 것이 인위적으로 도모하여야 하는 것과 유사하다. 다시 말하면 출계라는 것은 모계와 부계 그리고 단계출계가 분명치 않거나 보다 복잡한 양상을 띠는 양계출계(兩系出系: ambilineal descent) 혹은 공유출계(公有出系: cognatic descent, 未分化出系), 이중출계(二重出系: double descent) 등이 있지만 그 중심은 역시 모계라고 보인다. 단계출계가 아닌 것은 실은 모계를 중심으로 하여 부계로의 진척정도를 나타내는 연속선상에 있는 것처럼 보인다. 다시 말하면 모계가 아니고 부계가 아닌 것은 모계에서 부계로의 진행과정에서 정도의 차이에 불과한 것처럼 보인다.

강력한 권력과 강제력을 기반으로 하는 국가사회로의 진행을 위해서는 부계-가부장제가 필수적이지만 그럴 필요가 없는 집단이나 부족에서는 그 가운데 어느 지점에 있어도 별문제는 없다. 도리어 그 가운데에 있으면서 때로는 모계에서, 때로는 부계에서, 때로는 양쪽에서 자신(Ego)의 삶에 유리한 것을 택하면 된다. 모계에서 부계로의 선상에 배열되어 있는 여러 종류의 출계제도는 마치 출계의 풀(pool)처럼 선택할 수도 있고 그렇지 않을 수도 있는 그런 것처럼 보인다. 다시 말하면 모계를 비롯하여 그 중간물들은 강요되지 않는 성격이 강하다. 그러나 부계는 강요되는 것이고 강제되는 것이고 경우에 따라서는 지키지 않으면 처벌이 강제되는 것이다. 이렇게 보면 권위는 부계나 모계가 다 가지지만 권력은 부계만이 갖는 것인지도 모른다. 그래서 모계가 자연적인 것이라면 부계에는 초자연적인 힘이 부과되는 것 같다. 이것은 출계뿐만 아니라 우주관에도 투영되는 것이다.

국가가 필요한 것인가를 묻는 것은 가부장제가 필요한 것인가를 묻는 것이나 같다. 만약 가부장제의 필요성이 줄어들고 모계성향 혹은 모중심 성향이 점차 강화된다면 대체로 국가의 필요성이 줄어들고, 따라서 권력의 필요성도 줄어들고 사회는 비교적 평화롭다고 말할 수 있다. 물질-민중-여성은 본질적 연대를 가지고 있다. 그러나 이들이 연대를 가진다고 해서 반드시 평화롭다는 것은 아니다. 도리어 정신-귀족-남성의 위계구조(계급 혹은 계층)를 버려서는 보다 국가나 큰 규모의 사회를 형성하고 운영하기 어렵다는 전제를 받아들이지 않을 수 없다면 이상적 마르크시즘은 도리어 계급투쟁과 전쟁을 불러오고 빈곤을 생산하고 더욱더 추악한 적대적의 사회로 떨어질 위험이 있음을 근대 공산주의 운동에서 경험하였다.

이상적 마르크시즘은 현실적으로 전체주의적 레닌주의를 만들었다. 마르크스는 가부장제와 국가의 출발이 깊은 연관성이 있음을 간과하였거나 중요하게 다루지 않는 큰 실수를 범했다. 다시 말하면 공산사회라는 것은 가부장사회의 연장선상에서는 불가능하다는 말이다. 마르크스는 원시공산사회가 모계사회적 특성을 가졌으며 여성의 성을 공유하지 않으면 공산사회도 되지 않는다는 것을 간과하였다. 여성의 성은 가부장사회에서 사유재산의 성격을 가진 지 오랜 역사를 가졌다. 이것은 부도덕의 문제가 아니라 근본적으로 국가의 문제이다. 마르크스의 이상은 결국 현실에서 공산주의적 전체주의를 만들어 냈을 뿐이다. 이것은 전제주의나 여타의 독재주의보다 더 처참한 전체주의였다. 이는 가장 순수한 이상에게 가장 악랄한 악마가 붙은 셈이다.

모계는 실지로 모계가 아니다. 모계는 실지로 출계라는 개념이 없는 것이다. 모계는 그저 한 자궁으로 낳은 인간의 모임, 즉 자궁가족 정도의 의미이다. 모계는 부계사회가 등장하면서 반사적으로 이름 붙여진, 부계 이전의 이름이다. 권력의 모습을 갖추게 된 것은 부계부터이다. 원시공산사회는 여자의 자궁에서 낳은 아이에 대해 남자가 소유권을 주장하지 않는, 누구의 아이냐고 묻지도 않는, 남자의 감시가 없는 사회를 말한다. 여자와 그 여자가 낳은 자식에 대해 소유와 감시가 없는 사회를 말한다.

원시공산사회는 권력이 없는 사회를 말한다. 아니면 적어도 권력이 크게 구성원을 억압하지 않는 사회를 말한다. 이것이 가능하겠는가. 차라리 모계적 특성이 강화되는 사회가 가장 공산사회에 가깝게 다가가는 사회일 것이다. 모계적 특성이 강화되려면 경제적 부의 증대와 평화가 유지되고 복지국가를 지향하여야 한다. 이것이 역설적으로 마르크스의 이상을 조금이라도 가깝게 실현하는 일이 될 것이다. 유럽의 사회민주주의 혹은 민주사회주의가 그것이다. 국가의 권력은 최소화하고 국민의 복지는 최대화하는 국가의 출현, 이것이 바로 복지국가이다. 복지국가는 여성, 더 정확하게는 모계의 특성을 구현하는 사회이다.

어떤 사회라도 구성원들은 자의든, 타의든(강제든, 폭력이든) 누릴 수 있는 자유를 조금씩 내놓고 속박을 용인하지 않으면 안 된다. 그게 권력의 출발이다. 공산사회는 바로 마르크시즘이 아니라 복지국가에서 실현될 것이다. 그러나 복지국가는 계속적으로 생산을 늘려야 하는 부담이 있다. 그래야 구성원이 공유할 파이가 커지기 때문이다. 파이가 없으면 어떻게 나눌 수 있겠는가. 급진적 사회주의는 반드시 실패한다. 급진적 사회주의는 급진적으로 망한다. 왜냐하면 계급투쟁을 하는 동안 생산성은 줄어들기 때문이다. 권력은 완전히 부정하면 도리어 더욱 더 악독한 권력을 돌려준다. 권력체계를 부정하기에는 인류는 너무 멀리 나아갔다. 그것을 최소화하는 것이 현명하다. 사회주의는 이상으로 다가가는 것으로 만족하여야 한다. 이상으로 거리를 두고 있을 때는 행복에 보탬이 되는데 현실로 꽉 잡으려고 하면 불행으로 돌변하고 만다.

〈출계와 의식세계〉

父系	父 (天)	초의식 초자연
兩系 未分化	子 (人)	의식 역사
母系	母 (地)	무의식 자연

　　인간은 세계를 향해 그것을 이해하기 위해 둘로 나누는 버릇－이분법(dualism)이 있고, 부모의 소산은 부모 중 어느 한쪽에 귀속시키는 버릇－리니에지(lineage)가 있다. 이분법과 리니에지는 언어의 상징에 속한다. 전자가 확대 재생산되어서 상징체계 혹은 신화체계, 우주론(cosmology)을 이루고 후자가 확대 재생산되어서 권력 혹은 왕조(kingdom), 제국(empire)을 이룬다. 상징은 우주론의 출발이면서 그것이 확대되고 복잡화되면서 사회적 권력이 된다. 사회적 권력이 되면 현실계에서 합리성과 만나게 되고 상상계에서 상상력과 만나게 되어 이성과 감성을 만족시키게 된다. 전자는 앞 장에서 언급한 성(聖: Saint)에 해당하고 후자는 성(姓: Surname)에 해당한다. 생물로서 성(性: Sex)을 타고난 양성적 존재인 인간은 말하자면 성(姓)과 성(聖)이라는 두 기둥에 의해 건축된 문명

속에 살아가는 존재가 된 셈이다.

정신(마음)은 육체(몸)를 다스리지만 대상으로 다스리는 것이 아니라 주체로 다스리기 때문에 처음엔 일종의 '스스로의 권력'이다. 이를 사르트르식으로 하자면 즉자(卽自), 대자(對自), 타자(他者) 중 즉자와 대자 사이에 있는 것이다. 이것이 점점 대자와 타자 혹은 타자와 즉자 사이에 있는 것으로 확장되고 변형되고 치환되는 것이다. 즉자가 인간의 몸 자체라면 대자는 몸을 다스리는 정신이며, 정신이 '몸'을 다스리기 위해서는 결정적으로 필요한 것이 '말'이다. 권력이라고 하지만 권력의 실체는 바로 '말'(language)이다. 바로 이 영역이 이름(name) 중에도 최고 이름인 성(姓: Surname)이다. 이 이름이 더욱더 높은 것을 추구하여 성(聖: Saint)이 된다. 이 영역은 이름(name)을 초월한 초언어(meta-language)의 세계이다. 어쩌면 인간은 권력을 위해 언어를 만들고 권력을 상상계로 넓히기 위해 초언어를 만들었는지도 모른다. 몸과 언어와 초언어로 이루어지는 환은 실질적으로 매우 가역적이고 역동적이다. 예컨대 수신제가치국평천하(修身齊家治國平天下)로 동심원적으로 확대되는, 질서 정연하고 순차적으로 획득되고 발휘되는 것은 아니다. 순서가 뒤바뀔 수도 있고 거꾸로 될 수도 있다. 이들의 공통점은 서로 조합될 수 있는 것들이라는 점이다.

재생산을 위한 암수의 성관계도 점차적으로 권력관계로 변모시키게 되고 드디어 가부장제(patriarchy)를 확립시킨다. 일반적으로 성에 대한 연구는 주로 생물학적 혹은 심리학적인 연구, 아니면 사회학적 혹은 인류학적인 연구가 주종을 이루어 왔다. 물론 생물학적인 연구는 생물학적인 결정론의 입장에 서고 사회학적·문화인류학적인 연구는 그 생물학적인 결정론에 이의를 제기하고 끝내는 뒤엎으려고 하는 것이다. 이러한 사회학적인 변수, 문화적인 변수를 등장시킨 것은 주로 여성학자나 여권론자에 속하는 학자들에 의해서 이루어져 왔다. 이 중에서 성에 대한 생물학적인 결정론에 효과적으로 대응한 인류학자로 마가렛 미드 (Margaret Mead)를 들지 않을 수 없다. 그는 서구사회의 남녀의 기질에 대한 관념은 전 인류적으로 볼 때 보편성이 없음을 증명하였다. 또 남녀의 성을 구분하는 여러 분과학문의 연구들은 남성우위의 입장을 은연중에 갖고 있는데 이는 대개 많은 페미니스트 학자들의 반론에 부딪혔다.

나는 이번에 <문화와 권력과 성>이라는 과제에 접근함에 있어서 새로운 메커니즘 혹은 패러다임을 제안하고자 한다. 권력이라는 것을 성(性)과 관련지어 볼 때 오히려 성(性)에서 권력이 출발하였다고 보는 것이 옳을 것 같다. 말하자면 <성과 권력과 문화>인 셈이다. 문화 → 권력 → 성의 방향과 성 → 권력 → 문화의 방향은 사실 많은 것을 시사하고 있다. 전자는 문화와 권력이 성을 억압하는 권력 위주의 방향이고 후자는 성이 권력과 문화로 생성 변화해 가는 생성 위주의 방향이라는 점이다. 후자의 장점은 생성 변화하는 것을 순차적으로 따라가면서 설명하는 순리적인 점도 있지만 그렇게 함으로써 전자의 권력 위주의 역리적인 문명에 의해 성이 얼마나 억압되었으며 그것의 부당성을 밝히는 데 매우 전략적이라는 점이다.

성은 권력을 낳고 권력은 성을 억압하면서도 다시 성을 닮는다. 이 양자 사이에서 가역반응으로 일어나는 것이 문화복합이다. 물론 문화는 권력을 다원화 혹은 다양화함으로써 권력의 분산을 꾀하기도 한다는 점에서 혹은 권력에 반항하는 문화를 포용한다는 점에서 권력적이지 않을 수도 있다. 반권력적인 문화도 있다. 그러나 성을 다스린다는 점에서 문화의 본질은 역시 자연인 성을 억압하는 쪽에 무게를 둘 수밖에 없다. 말하자면 권력에 반항하는 문화도 결국 권력의 억압이 있기 때문에 반항하는 것이기 때문이다. 여기서도 여지없이 문화의 쌍방향적 성격 - 자연에 순방향 혹은 자연에 역방향의 성격 - 을 동시에 가지고 있는 점이 드러난다.

인간은 네발로 걷는 짐승에서 두 발로 걷는 짐승이 되었다. 이것을 직립보행이라고 한다. 그런데 직립보행에 있어서 가장 큰 특징은 손의 여유와 그 사용으로 인한 도구의 제작 그리고 그것으로 인한 두개골 용량의 확대라는 피드백 작용이겠지만 이것은 동시에 성(性)에 있어서 커다란 변화를 동반한다. 네발짐승의 경우 성기란 바로 외부에 공개되는, 일종의 공적인 것이고, 적어도 오늘의 인간처럼 사적인 영역은 아니다. 암수가 서로 바깥에서 쉽게 볼 수 있는 것이고 오히려 발정기는 공개적으로 그 암컷의 성기에 수컷이 다가오도록 하는 냄새를 풍기는 일종의 신호역할을 한다.

네발짐승의 성은 공개된 것이다. 네발짐승의 성기와 항문은 마치 얼굴에 있는 입이나 코와 마찬가지로 당연한 것이며 부끄러운 것도 아니다. 수컷은 암컷에게 되도록 자신의 씨를 많이 뿌림으로써 자손의 번식 가능성을 높이는 것이고 암컷에겐 어차피 잉태와 임신, 출산과 육아를 할 것이라면 되도록 훌륭한 수컷의 씨를 받아야 하는, 생에 가장 민감한 것이고 숙명적인 것이다. 그래서 암컷은 본능적으로 어느 수컷이 훌륭한가를 판단하는 데 총력을 기울이는 육감을 가지고 있다고 한다.

그런데 인간에 이르러 성은, 특히 여성의 성기는 공개적인 것이 아니고 비밀스러운 것으로 변모했다. 직립을 함으로써 성기와 항문은 보다 더 숨겨지는 체위에 속하게 되었으며 특히 여성의 성기는 은폐되어야 하는 제일의 것이 되었다. 다시 말하면 여성의 성기는 이제 본질적으로 숨겨져야 하고 그 대신 한 남자에게 독점적으로 공개되는 비밀스러운 것이 되었다. 이는 남성중심의 부계-가부장사회와 맥을 같이한다. 이는 대우혼(對偶婚), 즉 일부일처제가 되어서도 특히 여자에게만 복종과 준수가 요구되는 것이었다. 일부일처제가 강화되는 것은 겉으로 보면 여성 혹은 여성과 그 자녀를 위하고 보호하는 것 같지만 실은 가부장제의 강화와 방향을 같이한다. 일부일처제는 여성에게만 엄격하게 적용되는 경향이 지배적이다. 다시 말하면 여성의 성을 억압하고 금기시하기 위한 제도로서의 성격이 짙다.

일부일처제는 그 이전의 복혼제(polygamy) 혹은 원시난혼(原始亂婚)에 비해 남녀 성관계를 크게 규제하는 것으로 종의 번식이 불확실할 때에 남녀의 접촉의 범위와 기회를 많이 제공하던 것과는 정반대가 된다. 일부일처제는 심하게 말하면 언제라도 성관계를 할 수 있는 호모사피엔스의 성을 다시 감시하는 제도에 가깝다. 더욱이 성을 규제하면서 남성의 성은 느슨한 상태로 두고 여성의 성만 옥죄는 방식으로 하여 여성의 희생을 제도적으로 요구하였다고 해도 과언이 아니다. 이러한 사회는 스트레스와 강박관념이 심각한 사회이다. 그래서 가부장사회가 심각한 사회에서는 숫제 여성의 성은 남편의 독점물임은 물론이고 남자에게 종속된 것으로 치부하고 있다. 심지어 여성의 성 자체가 원죄가 되는 사회도 있다. 기독교 성경에 나오는 이브가 성을 부끄러워하면서 나뭇잎으로 가리는 것도 이러한 것을 상징하는 것이다. 여성의 성은 원죄가 되고 은폐되어야 하는 것으로 자리 잡는다. 그리고 오직 남편에게만 열려야 하는 것이었다. 이렇게 남성은 여성의 성을 관리하였다.

신화적으로 볼 때도 물이 신이 되는 시기가 먼저 오고 태양이 신이 되는 시기가 그 다음에 온 것은 생명과 삶의 중요도의 순서를 따른 것이다. 신이 물이 되고, 신이 태양이 되는 것이 아니라 물이 신이 되고, 태양이 신이 되고, 나아가 바다가 신이 되고, 불이 신이 되는 것은 삶에 있어서 가장 중요한 것이 신의 대표성을 갖는 의미를 내포하고 있다. 이것이 신이 바다를 창조하고 신이 태양을 창조하고 나아가 신이 천지창조를 한 것으로 거꾸로 정열된 것은 절대신을 형성하고부터이다. 이것은 다중일(多中一)의 과정을 일중다(一中多)의 과정으로 역전시키는 것이다.

이것은 신의 권력화의 속성인데 권력이라는 것은 우주만물의 생성절차를 거꾸로 배열한 혁명인 것이다. 권력이라는 것은 자연에 대한 인간의 최대 혁명이다. 이것은 자연을 왜곡하는 것이고 자연을 인간중심으로 재배열하는 것이다. 자연의 일부인 인간이 자연의 전체를 왜곡한 것이 권력이다. 그런데 문제는 그 권력화의 과정 혹은 권력의 확대 과정이라는 것이 남성의 여성에 대한 지배와 방향을 같이하는 데에 있다는 것이다. 처음에 신은 여신이었다. 여성의 생산성을 숭배하는 데서 신이 출발하기 때문이다. 인류의 초창기에는 여성이 아이를 생산하고 후손을 끊어지지 않게 이어 가는 것이 인류 삶의 목적의 거의 전부를 차지하고 있었다. 물의 신이든, 불의 신이든 모두 여신이었다. 이것이 점차 인간의 개체수의 확보가 안정적으로 이루어짐과 더불어 인간종 내부의 권력경쟁으로 바뀌면서, 다시 말하면 경쟁이 종 내부로 전환되면서 남신으로 바뀌게 된다.

태양신은 처음엔 여신이었다가 남신으로 바뀐다. 신의 대표성도 남성이 차지한다. 남신은 신(God)이고 여신은 여신(goddess)이다. 또 인간을 대표하는 것도 남성이 된다. 인간은 남자(man)의 첫 알파벳을 대문자로 한 인간(Man)이고 여자는 여자(woman)가 된다. 문명＝권력＝남성이라는 코드와 자연＝종속＝여성이라는 코드가 형성된 셈이다. 남성의 권력화는 문명화의 방향과 일치하고 자연의 왜곡과 일치한다. 여기서 자연을 회복하는 것과 여성성이 다시 회복되는 것이 동의어가 된다는 것을 짐작할 수 있다. 여성성의 회복이 반드시 여성의 권력화가 아니다. 여성성은 본래 권력적인 것이 아니다. 그런 점에서 여성성＝민중성은 같은 코드이다.

여성성의 회복은 여성을 권력화하는 것이 아니라 인간을 권력화의 족쇄로부터 벗어나게 하는 것이 길이 된다. 여성성의 회복과정에 처음에는 남성 권력에 대항하는 관계로 여성의 권력화가 시도되지만 결국 그것은 여성의 남성권력의 모방 혹은 일시적 반란에 그치고 모든 권력화의 과정에서 해방되는 것을 의미할 것이다. 이 문제는 별도로 치고 현재로서는 여성성이 무시된 인간사회는 원초적 부당함인 권력에서 인간이 벗어날 수는 없다는 데에 문제가 있다. 그것은 인간 자체가 자연에 있어서 권력적 속성으로 태어났기 때문이다. 이는 인류가 자연을 지배함으로써 재생산의 책임을 맡는 여성성의 중요성이 줄어들었기 때문이다. 역설적이지만 여성의 권력은 아이를 낳지 않는 운동이다. 여성을 권력화의 과정에서 배제시킨 결정적 동인인 재생산의 기능이 다시 여성권력 회복의 최대 변수로 떠오른 셈이다. 문제는 간단하다. "여자가 아이를 낳지 않으면 세상은 망한다."

남성이 여성을 억압하기 시작한 것은 역설적이게도 여성이 재생산을 열심히, 성공적으로 수행하였기 때문이다. 여성의 다산적(多産的) 성공이 여성을 권력으로부터 배제시킨 장본인이다. 문명의 공식은 한마디로 남성이 여성의 성을 억압하는 과정이다. '문명＝여성의 성의 억압' 혹은 '문명＝권력/성'이다. 신화나 종교의 세계는 여기서 머무르지 않는다. 권력은 여성의 성을 억압하는 데에 그치지 않고 아예 여성을 무시하는(여성의 수태로 인하지 않고 생명이 탄생되는), 남성을 하늘(天)의 존재로 격상시킴으로써 권력과 하늘의 야합(男王＝天: 짐은 곧 하늘이다, 하늘은 신성하다)이 일어난다. 이것은 동시에 땅(地＝女性: 여성은 속물이다, 여성은 지배받아야 한다)의 것을 천대하고 생략하는 것이기도 하다. 인류의 신화와 전설은 모두 여성의 자궁에서 잉태되지 않은 초월적인 남성에게 권력을 주게 된다.

기독교 성경의 예수의 잉태과정은 그 원형을 보여 주고 있는 셈이다. 여성(암컷)은 보다 많은 남성(수컷)을 대상으로 훌륭한 유전자를 가진 남성(수컷)을 택하여야 하는, 선택하는 자(주체)로서의 입장은 여기에 이르러 완전히 사라지고 철저히 남성에 의해 선택당하게 되고, 선택되어서는 그 남성에게만 성을 봉사하고 자식을 낳아 주어야 하는 입장(객체)이 된다. 이런 일련의 과정은 쉽게 말하면 <여성의 성의 공개→여성의 성의 감춤→여성의 성의 남성독점>으로 진행되는 것이다. 이제 여성의 성은 부끄러운 것이기에 평소에 감추어야 하고 숨어서 은밀하게 성교를 하고 한 남자의 자식을 생산하여야 하는 성의 대상으로 전락한 셈이다. 풍요와 생산의 여신은 완전히 성의 노예로 전락했다. 그렇지만 한 남자에게 잘 길들여진 현명한 여자 혹은 사랑받는 여자는 그 대신 행복과 평화를 누리게 된다.

4. 6S에 대한 개론적 설명

성(性)을 중심으로 문화를 권력의 형태로 보면 정치권력, 종교권력, 과학권력 등으로 볼 수 있다. 이들의 관계를 설정해 보면 다음과 같은 등식이 성립할 것 같다. <성(性: sex)=무교(巫敎: shamanism)=성(姓: surname: 부족사회)=성(姓: sovereign: 왕조사회)=성(聖: saint: 고등종교)=성(物性: science: 과학>이라는 등식 말이다. 이들 6S는 서로 프로그램이 변형되거나 업그레이드된 것에 불과한 것인지도 모른다.

〈'성'과 식정제(食祭政)〉

性	聖 (巫)	姓
食	祭	政
sex **science**	saint shaman	surname sovereign

〈섹스와 그 6S 변형들〉

	saint	
shaman	sex	science
	surname (sovereign)	

　6S는 일종의 문명의 새로운 패러다임(paradigm)이라고 말할 수 있다. 이들은 기호학적으로 보면 문명의 패러디그마틱(paradigmatic: 範型的)이 되는데 이것은 은유(비유)이다. 이들을 연결하면 신태그마틱(syntagmatic: 順次的)이 되는데 이것은 환유이다. 문명의 시니피에는 <섹스>이고 시니피앙은 <(말의)권력>이다. 새로운 패러다임이 생기면 과거의 패러다임은 빛을 잃는다. 빛을 잃는다는 것은 문명의 중심(혹은 주류)이 되지 못한다는 말이다. 그러나 새로운 패러다임이 생겼다고 해서 일시에 그것으로 바뀌는 것은 아니다. 이들 패러다임은 오히려 인간이 살아가는 데 있어서 선택할 수 있는 여러 선택항이 된다. 이는 무엇보다도 역사적(시간적)으로 설명하기는 하지만 역사적이기보다는 구조적인 것이다. 역사적이라는 말에는 어딘가 이들을 실체로 보는 경향이 있는 반면에 구조적이라는 말에는 실체와 동시에 구조－그렇게 볼 수 있다는 가능성의 체계를 인정한다. 그래서 결과적으로 구조적인 관점은 역사적 시간성을 넘어서 패러다임을 인간이 선택할 수 있는 하나의 목록, 인간이 드러낸 인간성의 목록으로 만든다.

　다시 말하면 이들 6S, 여섯 가지 패러다임은 지금도 인간 개체가 선택할 수 있는 항목이다. 과학이 아무리 발전해도 샤머니즘의 굿으로 병을 치료하려고 할 수 있고 우주시대라고 하더라도 종교적 우주관을 굳건히 믿을 수도 있다. 아무리 민주주의 시대라고 하더라도 대통령을 왕처럼 생각하면 살 수 있고 삶의 기쁨을 오직 섹스에서 찾을 수도 있다. 이들은 서로 다른 시니피앙을 가지고 있다. 또 시니피에도 다르다고 한다. 그러나 이들은 인간의 기본조건 중에서도 기본조건인 섹스(sex)에서 분화한 서로 다른 말(문화)의 종류에 속한다. 섹스는 개체적으로 보면 생명과 동시에 죽음이다(생명/죽음). 섹스는 개체적으로 볼 때는 생명의 꽃인 동시에 죽음의 늪이다. 그러나 계통적(집단적)으로 볼 때는 집단의 영속이다.

인간은 처음에 우주를 상징적으로 바라보기 시작했다. 그 결과 하늘 과 땅이라는 좌표에 사람이 있는 것을 깨닫고 이른바 천지인 사상을 만 들어 낸다. 이 천지인 사랑은 물론 인간이 직립보행 하는 것과 깊은 관 련이 있다. 이 천지인이라는 우주론은 인간세계로 내려와 다시 천부지 모(天父地母)가 된다. 말하자면 우주론이 인간론 혹은 가족론이 된 것이 다. 이 인간론과 함께 국가가 생긴다. 이 천부지모가 천존지비(天尊地 卑), 남존여비(男尊女卑), 남성상위(男性上位: 男上女下)가 된다. 천지인 사 상은 원래 순환구조인데 이것은 <수직적인 구조>로 변화시킨 것이 문 명과 권력이다.

이런 유사한 것이 샤머니즘에서는 몸주신에 의한 빙신과 엑스터시로 대체된다(빙신/엑스터시). 샤머니즘에서 여무가 사제가 되는 것은 일견 남존여비가 아니라 여존남비가 되는 것 같지만 실은 하늘이 남자이기 때문에 땅은 여자가 되는 일종의 천지인의 원형이 지상에 내려온 것이 다. 이는 여성이 쉽게 억압을 당하고 동시에 감응, 교감에 있어서 예민 한 신체적 특성과도 관련이 있을 것이다. 여무, 샤먼이 지배한 제정일 치 시대가 지나서 국가시대, 왕권시대가 된다. 왕조시대가 되면서 남왕 여민(男王女民)이 된다. 물론 백성 중에 남자도 있지만 여성은 왕이 되지 못하고 백성만 되며 백성이란 여성과 같은 입장이 된다는 뜻이다.

왕조시대에는 왕의 지배와 백성의 복종이 된다(＝왕/백성). 왕은 하늘 을 숭배하거나 하늘을 빙자하기는 하지만 나름대로 하늘과의 독립성을 가진다. 말하자면 인간이 스스로 지상의 권력과 운명을 결정하는 데에 이른다. 왕권은 교권(사제권)을 앞질렀다. 인간은 이제 말(경전)과 도구(무기체계)를 통해 지상의 권력 확대재생산 과정에 들어갈 정도가 되었다. 그래서 여러 크고 작은 나라는 전쟁에 들어갔으며 흥망과 성쇠를 거듭하게 되었다. 왕조시대는 제국의 등장과 소멸로 점철된다. 문명은 하나의 제국의 문명체계가 성립되는 것이며 다른 제국의 형성은 또 다른 문명체계의 등장을 의미한다. 여기에 물론 제국의 소통을 위한 언어—말이라는 것이 가장 중요하게 등장한다. 무기로 그 넓은 곳에 흩어진 인간을 통치할 수는 없다. 만약 그렇다면 어떤 제국도 전쟁을 하다가 멸망하고 말 것이다.

그래서 거대한 담론인 종교적 경전이 다시 등장한다. 이것이 바로 중세이다. 중세에는 왕권이 교권에 권력의 중심자리를 다시 내준다. 그러나 실은 이것도 통치의 방식에 속한다. 경전을 가지고 다스리는 것이 가장 효율적이고 빠르고 피를 부르지 않고 비용을 덜 들이는 것이기 때문이다. 그러다 보니 경전과 경전의 대립이 불가피하게 되었다. 이것이 종교전쟁이다. 중세를 흔히 암흑기라고 부르는데 이는 인간중심에서 볼 때 인간주의가 쇠퇴하였다는 관점에서이다. 그러나 중세는 중세 나름대로 비대해진 왕권에 대한 견제도 교권이 행사하였다고 할 수 있다. 어쨌든 중세 종교시대에는 예수님 혹은 부처님에게 절대적으로 복종할 것을 요구한다(성인/인간).

이것은 흔히 신이 인간을 점령한(노예화한) 것처럼 해석하기도 하지만 역으로 신인동체(神人同體) 혹은 신인동형동성설(神人同型同性說: anthropomorphism)에서 인간이 신성을 점령한 것이 될 수도 있다. 말하자면 인간이라는 '언어를 사용하는 동물'은 자신의 언어(혹은 기억)를 유형, 무형의 사물에 투사하여 동일시하고 존재시하여 자신의 세계관을 형성하기 시작하는데 영혼(靈魂)이나 신(神)도 그런 것에 속하는 것이라고 말할 수 있다. 천지인(天地人)이라는 구조적 세계관을 정립하는 것도 인간이고 그것을 정기신(精氣神)이라고 변형시키는 것도 인간이고 그것을 다시 귀신(鬼神), 신(神), 왕(王)으로 변형시키는 것도 인간이다. 비록 인간이 신을 섬기는 존재이지만 실은 점차 인간이 다스릴 수 있는 영역을 넓혀 가는 역사였다고 해도 과언이 아니다. 예컨대 석가나 공자나 예수나 마호메트가 등장하는 것은 인간이 스스로 높은 정신적 존재라고 여겼던 신성에 도달하였다는 것을 말해 준다. 다시 말하면 인간이 자신의 미래지향적 목표라고 프로그래밍했던 신성에 도달한 것이다.

과학시대에는 결국 인성(人性)과 물성(物性)이 같다는 데에 이른다. 과학시대는 정치적으로는 민주주의가 성립되지만 궁극적으로는 만물은 평등하다는 데에 귀착할 것이다(물성/인성). 그래서 다시 돌아가면 남존여비가 아니라 남녀는 평등하다는 데에 이른다. 이들 구조는 일견 수직적으로 보이지만 결국 <수평적인 구조>가 되고 만다. 과학시대에 이르러 인간개체가 어디에 중점을 두고 사는가는 자유와 선택의 문제이다. 물성과 인성이 같다는 말은 이에 앞서 인성과 신성이 같다는 것과 통합하면 결국 인성(人性＝성자)과 신성(神性＝성부)과 물성(物性＝성령)은 같은 것이 된다. 이것은 신삼위일체이다. 이들을 나눈 것은 순전히 말의 탓이며 말(문명)에 의한 세계의 분할의 탓이다. 종교는 신성에서 출발하여 삼위일체를 논하였지만 이제 과학은 물성에서 출발하여 삼위일체를 논하는 형국이 되었다. 6S는 6패러다임(paradigm)이다.

이들 6S에서 섹스(sex), 통치권력(surname－sovereign), 과학(science)은 인간의 신체에서 하부구조를 중시하고 현실적이고 물질적인 데 반해 무교(shamanism), 고등종교(saint)는 인간의 신체에서 상부구조를 중시하고 비현실적이고 정신적인 특징을 보이는데 양자는 서로 교체하고 있다는 점이 주목된다. 다시 말하면 인간의 문화라는 것이 한 번은 이것을 한 번은 다른 것을 중시하면서 교체와 균형을 유지하는 것이 아닌가 생각된다. 성(性)의 클라이맥스(快樂: 絶頂)와 무교(巫敎)의 엑스터시(無我境:

恍惚), 왕의 치도(覇道: 王道), 성인의 열락(道樂: 法悅), 과학의 창조(創造: 喜悅)는 같은 것의 다른 것이 아닐까(<도표 1> 참조).

이것을 원시와 문명으로 보면
<성(性: sex): 야만시대=무교(巫敎: shamanism): 원시부족시대=성(姓: surname－sovereign: 권력): 고대왕권시대=성(聖: saint: 종교): 중세교권시대=성(性: science: 과학): 근대과학시대: democracy>라고 말할 수 있다.

이것을 신앙과 종교로 보면
<성(性: sex): 정령숭배·토테미즘=무교(巫敎: shamanism): 원시종교시대=성(姓: surname－sovereign: 권력): 원시 및 고등종교 시대=성(聖: saint: 종교): 고등종교 시대=성(性: science: 과학): 과학종교시대>

이를 집단과 국가로 보면
<성(性: sex): 씨족사회=무교(巫敎: shamanism): 부족 및 부족연맹 시대=성(姓: surname－sovereign: 권력): 부족연맹 및 고대국가 시대 =성(聖: saint: 종교): 국가 및 제국시대=성(性: science: 과학): 제국 및 세계국가 시대>

이를 출계와 가족으로 보면
<성(性: sex): 모계 및 부계사회=무교(巫敎: shamanism): 모계 및 부계사회=성(姓: surname－sovereign: 권력): 부계사회=성(聖: saint: 종교): 부계－가부장확대사회=성(性: science: 과학): 핵가족, 집합가족사회>

〈도표 1〉 인류문화의 종류와 단계

발전단계 문화의 종류	1단계	2단계	3~4단계	5단계	6단계
권력의 원형과 변형	성(性: sex: 人性: 성력숭배)/ 쾌락·절정 (재생산＞생산)	무교(巫敎: shamanism)/ 제정일치/ 무아경·황홀 (재생산＞생산	성(姓: 정치: surname- sovereign) /패도·왕도 (생산＞재생산)	성(聖: saint: 종교)/ 성인과 부처 도락·법열 (생산＞재생산)	성(性: science 物性: 과학)/ democracy 창조·희열 (생산＞재생산)
원시-문명	야성성력시대 여성우위 성해방	원시부족시대 여성우위 성해방	고대왕권시대 남성우위 성억압	중세교권시대 남성우위 성억압	근대과학시대 남성우위 성억압
신앙-종교	정령숭배·토테미즘	무교(巫敎: shamanism)	고대고등종 교 시대	중세고등종교 시대	근대과학종교 시대
집단-국가	씨족사회	부족 및 부족연맹시대	부족연맹 및 고대국가시대	국가 및 제국시대	제국 및 세계국가시대
출계-가족	모계(부계)사회	모계 혹은 부계사회	부계사회- 가부장사회	부계-가부장 확대사회	핵가족 집합가족사회

5. 문화란 무엇인가: 프로그램이다

여기서 잠시 프로그램의 개념에 대한 언급이 필요한 것 같다. 인류학자들이 문화의 개념을 정의하기 시작한 이후 처음에는 타일러(E. B. Tyler)의 정의를 가장 많이 활용했다. "문화 또는 문명이란 지식, 신앙, 예술, 도덕, 법률, 관습, 기타사회 구성원으로서의 인가에 의해 획득된 모든 능력이나 습성의 복합적 전체(complex whole)이다."

타일러의 정의는 문화의 내용들을 열거한 감이 있지만 문화 전반을 포함하려는 노력을 보이고 있다. 이 같은 정의는 좀 더 단순화할 필요성을 그 후에 느끼게 했다. '문화란 이런저런 사람들의 생활방식(the mode of life)'이라는 위슬러(C. Wissler)의 정의, '문화란 어떤 사회의 전체 생활양식(total way of life)'이라는 린턴(R. Linton)의 정의가 그 같은 단순화의 대표적 예이다. 또 클라크혼(C. Kluckhohn)의 '생활의 설계(design for living)', 구디노프(W. H. Goodenough)의 '생활의 유형(pattern of life)'도 같은 것이라 볼 수 있다.

이들 정의의 공통점은 문화적 내용들이 어떤 형태, 형식, 양식(방식)을 갖는가에 초점을 두고 있다는 점이다. 이러한 형식은 가시적인 것이기도 하고, 비가시적인 것일 수도 있다. 예컨대 물질문화를 통해 볼 수 있는 문화의 형식 - 예술적 작품 또는 민예품 - 이 있을 수도 있고 인지구조·사회구조라든가 비물질적인 것도 있다. 어떻든 형식이라는 공통적 기반을 토대로 창출된 개념이다. 여기서 형식에 대해 생각해 볼 필요가 있다. 왜냐하면 형식이란 정신과 물질세계가 만나는 점에서 발생하고 그렇기 때문에 그것은 시대에 따라 변할 수도 있다는 점을 전제하고 있기 때문이다.

문화에 대한 예술적 이해에 결정적인 계기를 마련해 준 문화 개념규정은 기어츠(C. Geertz)의 '상징체계'로서의 정의이다. 기어츠는 상징체계를 파악하는 매개로 상징형태(symbol form)를 들었다. 상징형태란 '공유된 의미를 전달하는 매체가 되는 모든 것'을 말한다. 예컨대 아프리카 원주민의 통과 의례, 최신의 과학이론, 혁명이념, 19세기의 영국 소설작품 등이 포함된다고 기어츠는 말한다. 상징형태의 폭이 매우 광범위함을 알 수 있다. 다시 말하면 인간을 둘러싸고 있는 모든 물질적, 비물질적인 것을 망라하는 느낌이다. 왜냐하면 이 지구상(우주상)의 모든 것은 의미를 전달할 가능성이 있고 의미가 붙어 다닐 수 있기 때문이다. 말하자면 기어츠에 이르러 결국 문화는 그 핵심이 '의미(meaning)'임을 드러내게 된 셈이다.

문화에 대한 가장 최근의 개념은 바로 컴퓨터 프로그램과 같은 것, 즉 공유된 의미로서의 부호이다. 다시 말하면 문화란 외부적으로 존재하는 어떤 힘 또는 인과적 동인이 아니라 하나의 맥락, 의미의 망(web of significance)이 되었다. 이는 구디노프의 관념론적 유심론적 입장과도 다르다. 그에 의하면 문화는 각 성원의 머릿속에 있는, 개인이나 집단의 행동을 인도하는 사적인 부호들이 아니라 공적인 의미체계이기 때문이다. 이러한 공유된 의미는 가장 쉽게 말하면 문화는 프로그램이라는 것이다. 문화를 프로그램이라고 말할 때 프로그램(program: programme)의 그램(gram: gramme)은 '글자'를 의미하는 그리스어 그램마(gramma)로부터 왔다. 그 후 기록, 그림, 문서 등 문자 혹은 기호로 된 기록된 문서를 의미한다.

프로그램은 여기에 '앞으로'라는 뜻의 '프로(pro)'라는 접두어를 붙인 말이다. 프로그램(program)이라는 말은 '그램(gram, grammar: 법, 문법)을 앞으로 내놓은(pro) 것'이라는 뜻이 된다. 의역을 하면 '문법을 내놓은 것', '문화의 법을 내놓는' 것을 의미한다. 알고 보니 프로그램에 의해서 인간은 사물을 바라보고 일상의 스케줄을 잡고 살아가는 존재였다. 결국 철학도 프로그램이며 예술도 프로그램이며 종교도 프로그램의 일종이었다.

인간의 문화 가운데 프로그램이 아닌 것이 없다(문화＝프로그램). 프로그램이라는 말 속에서도 '프로(pro)'라는 접두어가 붙어 있는 것에서도 볼 수 있지만 인간의 한계상황 속에서도 첫 번째 가는 것은 시간을 돌이킬 수 없다는 점이다. 논리상으로는 시간을 역으로 나아갈 수 있지만 실질적으로 과거로 돌아갈 수는 없다. 그래서 인간은 생산을 하지 않을 수 없다. 남자는 자연으로부터 생산을 하는 '자연의 재생산'이라고 할 수 있고 여자는 몸에서 재생산을 하는 '몸의 재생산'을 하는 것을 특징으로 한다. 앞으로 나아가는 것은 그 이전과 똑같을 수는 없다. 말하자면 증대(확대재생산＝포지티브 피드백)하든가, 아니면 축소(축소재생산＝네거티브 피드백)하든가, 둘 중에 선택을 하여야 한다. 그런데 확대재생산을 하는 것을 덕목으로 한다. 재생산이 양적으로는 늘어날 수도 있고 줄어들 수도 있지만 시간적으로는 앞으로 나아가면서 일어난다. 증대가 미덕이지만 예컨대 인구가 증가되면 집단이 커지고 국가가 발생하고 이에 따라 스트레스가 많아지면 이성이 발달하지 않을 수 없다.

이성의 발달의 대표적인 것은 고등종교의 출현과 도덕의 강화이고 가장 최근의 것이 과학의 발달이다. 도덕과 과학은 남성적이고 예술과 종교는 여성적인 것에 속한다. 문화는 남성적이고 자연은 여성적이다. 집단의 크기가 커질수록 가부장제가 강화되고 이성이 발달하지만 이성의 발달은 겉으로는 합리성의 강화이지만 실은 그것은 자연적이고 여성적인 감정과 풍요의 상실로 통한다. 이성이란 사물과 인간을 등급(class) 혹은 교환(exchange) 혹은 등식(equation)의 대상으로 보게 하는 것이다. 이것은 수직적으로 나누는 것인데 등급을 관통하는 수직적인 증여(gift)나 은혜가 없게 되어 인간은 점점 자연의 전체성 - 사물 전체, 기(氣) 전체 - 으로부터 소외된다.

이성의 발달은 결국 자연을 수식으로 대체하려고 하고 이는 자연의 감정이나 살아 있음보다는 자연을 다스리는 데에 치중하게 되고 자연적으로 권력지향적이 된다. 이성의 일방적 발달은 상상력의 고갈을 의미하고 상상력이 없는 인간 세계는 기표(記標)만의 세계가 되고(기표의 교체와 속임수가 늘게 된다) 인간과 자연의 무의식이나 지층이라고 할 수 있는 기의(記意)가 줄어들어서 소외가 심하게 된다. 언어(상징)는 결국 사물 자체보다는 언어가 우위에 있음을 과시하게 되고 언어로 사물을 좌지우지하려고 한다. 언어 자체가 이미 권력이라는 것은 이즈음 더욱 명확해진다. 문명은 자연에 대해 권력인 것이다. 머리는 머리 이외의 몸에 대해 권력인 것이다. 머리의 역할을 기능적인 것에 불과하다고 하고 권력이 아니라고 하지만 권력이라는 것이 바로 기능(역할)에서 비롯되기 때문에 기능이라는 것이 권력이 아니라는 증거는 못 된다.

인간의 문화는 어차피 '남성의 열락＝즉자의 열락＝팔루스의 열락＝

권력의 열락＝이성의 열락', '여성의 열락＝타자의 열락＝자궁의 열락
＝사랑의 열락＝감성의 열락'이 병존해야 한다. 어느 한쪽도 무시할 수
없는 것이다. 집단의 크기가 커지면 필연적으로 가부장사회가 되지 않
을 수 없다. 가부장사회가 되면 남자는 결혼을 통해 여자를 교환한다.
여자는 교환의 대상이 되는 것이다. 남자는 여자를 대상화시킴으로써
주체로서의 여성을 무시하게 된다. 이는 사회의 불행으로 이어진다. 따
라서 각 문화는 이 '여성의 열락'을 회복하고 존중하는 활동을 하여야
한다. 특히 종교와 예술은 여성의 회복을 위해 노력하지 않으면 안 된
다. 문화는 제2의 자연이라고 한다. 이는 문화도 음양의 조화를 꾀하지
않으면 안 된다는 것을 말한다.

결국 문화는 인간의 두뇌에 의해 생산되는 프로그램(program)과 산업
의 생산을 의미하는 프로덕트(product＝progress)와 여성의 출산을 의미
하는 리프로덕션(reproduction＝sex)의 문제가 된다. 즉 이들은 모두 생산
의 문제와 관련을 맺는다. 여기서 인간의 문화에서 가장 중요한 것은
프로덕트임을 상기할 필요가 있다. 예컨대 동물은 다른 종들의 재생산
(출산)의 일부를 자신들의 먹이(생산)로 삼으면서 생태의 먹이연쇄를 이
루지만 인간은 물론 상당 기간 동안 수렵채집으로 살아왔지만 그 후 다
른 종들의 재생산을 기획하고(농업과 목축) 혹은 종전과는 전혀 다른
생산체계(공업과 산업)를 만들어 프로덕트를 충당해 왔다. 이 3P는 서
로 영향을 준다. 말하자면 프로덕트와 리프로덕트는 인간의 프로그램
에 의해 설계된다. 인간에게 있어서 어떠한 생산과 재생산도 자연 그대
로의 것은 아니다. 프로그램이 개입되어 있는 것이다. 이들 삼자의 상호
관계가 문화를 받쳐 주는 삼각형(triangle)의 밑변이라고 말할 수 있다.

인간은 생산(산업)과 재생산(인구)의 하부구조 위에서 상부구조로서
의 프로그램을 생산하면서 살아가는 존재가 된다. 인류문화에서 권력
을 뒷받침한 문화매체로는 수많은 책들과 그림, 경전과 법전과 미술품

들이라고 말할 수 있다. 이들은 컴피턴스(competence: 언어능력)와 랑그(langue: 法)에 속하는 것이라고 할 수 있다. 실은 문화에서 가장 많은 볼륨을 자랑하는 분야가 문자로 정리된 책이라든가, 도상을 다루는 미술이라든가 하는 것인데 인류의 신화, 종교, 정치, 과학이라는 고급문화에서 그동안 절대적인 권위와 역할을 해 온 매체이다. 신화와 경전과 법전과 과학서적과 미술품은 기록성(기억의 자료가 됨)을 갖는 것임으로인해 바로 권력을 대변하는 것이었다. 따라서 문화와 권력과 성을 논함에 있어서 주로 대상이 되고 재료가 되는 것은 자연스럽게 이 분야에속하는 것이 된다. 앞 장에서 열거한 6S는 실은 3S이다.

3S

＝Sex: Surname: Saint

＝Science: Sovereign: Shamanism

＝성(性)권력: 정치권력: 종교권력

이들 3S가 문화의 기본구조인 트라이앵글이라면 섹스(Sex＝performance＝놀이로서의 섹스)를 원형으로 하여 스포츠(Sport), 노래(Song), 이야기(Story), 영화(Screen), 스펙터클(Spectacle) 등 5S는 대중문화이다. 이들 5S를 바탕으로 한 오늘의 대중문화는 산업의 중추가 되었다. 3S가 문화의컴피턴스(competence)라면 5S는 문화의 퍼포먼스(performance: 演行)이다.3S가 랑그(langue)라면 5S는 파롤(parole), 3S가 활자매체라면 5S는 이미지매체이다. 5S는 모두 퍼포먼스라고 할 수 있다. 인간의 실제적 삶은 일종의 퍼포먼스이다. 물론 책과 미술 등 기록적인 종류의 문화가 인간의문화의 전승을 도와주기는 하지만 각 시대마다 삶의 실체는 퍼포먼스이다. 퍼포먼스는 본질적으로 사라지는 특성을 가지고 있다. 최근에 과학적인 기자재의 발달로 퍼포먼스도 기록을 하지만 사라지는 속성은 버릴 수 없다. 이상에 열거된 것을 섹스(Sex)를 중심으로 열거하면 문화라는 것은 다음의 모양이 된다.

문화＝3P－3S(3P: 3 paradigm)－5S(5P: 5performance)

여기서 3P는 섹스를 재생산으로 대입하여(Sex＝reproduct) 자연에 대한 문화(culture)를 설명한 것이고 3S는 문명의 등장과 함께 말(language)이 섹스(sex)를 억압함으로써 문화의 상부구조에서 발생하는 문화의 세 가지 큰 담론을 말한 것이고 5S는 문화의 하부구조에서 발생하는 대중문화의 종류 및 그 변천사를 말한 것이다.

문화의 퍼포먼스에서 가장 큰 것이 바로 스펙터클(spectacle: 壯觀)이다. 여기서 스펙터클(spectacle)에 대해서 조금 서술할 필요가 있다. 스펙터클은 그 하위에 여러 개의 개념이 들어가 있는 용어이다. 메커룬(MacAroon J. J: 1984)은 "의례, 드라마, 페스티벌, 스펙터클"("Rite, Drama, Festival, Spectacle Rehearsals toward a Theory of Cultural Performance"이라는 책에서 스펙터클(spectacle: 壯觀)에 대해서 인간의 퍼포먼스 가운데 가장 큰 단계의 것이라고 말했다. 물론 이 개념에는 규모의 측면이 고려되고 있다. 가장 작은 단계로 의례(rite)가 있다. 그 위로는 드라마, 페스티벌이 있고 맨 마지막에 스펙터클이라는 단계가 있다. 말하자면 공연예술의 특징이 모두 망라되어 있는 큰 의례를 말한다. 그는 주로 올림픽 경기를 두고 스펙터클을 정의했지만 인간의 문화 전체를 퍼포먼스(performance)의 맥락에서 보는 경우 스펙터클(spectacle) 이론은 흥미로운 일일 것이다. 이 스펙터클은 장자(莊子)적 세계의 몽환(夢幻)의 세계일 수도 있다. 이 스펙터클 속에서 살아가는 인간과 인간의 삶은 장자(莊子) 1편 소요유(逍遙遊)에 나오는 '붕'(鵬)일 수도 있고, 장자 2편 제물(齊物)에 나오는 '나비의 꿈'에 비할 수도 있다. 장자야말로 우주를 한 편의 장관(壯觀)으로 바라본 대표적인 철학자이다. 인간의 문화를 섹스에서 출발하여 점점 동심원적으로 확대된 '섹스(sex)의 장관'으로 보는 것도 의미가 있을 것이다. 앞의 3P 중에 재생산(reproduct＝sex), 3S 중 섹스(sex) 그리고 섹스(sex)도 퍼포먼스(performance), 즉 놀이의 일종으로 보면 결국 문화는 섹스(sex)에서 발전된 볼륨이 되고 섹스는 문화의 원형(archetype)이 되는 셈이다. '섹스(sex)의 장관'은 동시에 '권력(power)의 장관'이기도 하다.

레비스트로스(Levi－Strauss: 1966)는 서구산업사회와 비서구사회의 사회적 행위를 비교하면서 서구산업사회의 특성이 게임(game)이라면 비서구사회의 특성은 의례(ritual)에 있다고 했다. 물론 서구사회도 축제를 통해 의례적 행위를 하고 비서구사회도 일상생활을 통해서 게임을 경험하지만 그 특징을 중심으로 분석할 경우 그렇다는 것이다. 이를 보다 구체적으로 말하면 서구사회든, 비서구사회이든 일상생활에서는 게임에서는 승패나 위계가 분명한 활동을 하지만 축제에서는 그러한 구조적인 것보다 전체의 조화나 구조적인 일상에서 발생한 갈등과 대립을 해소하는 문화적 장치를 갖고 있다는 편이 타당할 것이다. 이것은 극단적으로 변환의 과정에서 기존구조의 해체로 나타나기도 한다. 이것은 새로운 게임의 규칙을, 질서를 요구할 수도 있을 것이다. 이렇게 게임과 축제는 오히려 서구와 비서구의 판별적 특징이라기보다 상보적 관계, 즉 음양관계를 보인다.

인간의 삶은 단기적으로, 근시적으로 보면 게임과 같이, 일종의 권력경쟁이라는 게임의 승패와 그로 인한 서열이나 등급이 분명한 것 같지만 장기적으로, 원시적으로 보면, 마치 올림픽게임과 같이 의례적 성격이 강하게 된다. 승패가 분명하면서도 승패는 결국 궁극적인 목표가 되지 못하고 결국 참가자는 누구나 죽음 앞에서 평등하게 된다. 이것은 참가에 뜻이 있다는 올림픽 정신과 흡사하다. 인간의 삶에서 권력경쟁이 있다지만 누가 승패를 결정할 수 있겠는가. 누구나 참가하고 잠시 자신이 주어진 역할을 하다가 사라지는 그런 의례가 아닐까. 올림픽이 넓게는 의례, 즉 축제 속에 그 하위개념으로 게임을 위치시킴으로써 '게임과 의례'의 통합을 달성하고 있다는 데서 문화를 한 편의 올림픽처럼 바라보는 것도 의미가 있을 것이다. 인간의 삶은 한 편의 '장관의 드라마'이다.

문화의 개념과 문화의 형태를 논하면서 그 출발점을 성(sex)에서 잡는 경우, 문화에 대한 이러한 접근은 다분히 과정철학적 맥락(in the context of process philosophy), 쉽게 말하면 생성론적(becoming) 입장을 가지게 된다. 생성론적 입장이란 과정신학에서와 같이, 쉽게 말하면 신이 먼저 존재하고 그 뒤에 신이 만물을 창조한 것이라는 존재론적 입장과 배치되게 된다. 동시에 신이 설계한 미래가 미리 따로 예정되어 있는 것도 아니다. 과정철학에서 보면 우주는 끊임없이 변하는 연속이다. 그렇기 때문에 실은 과거와 미래라는 것은 단지 말만 있는 것이지 실제로 없는 것이다. 과정철학에서는 현재만이 있을 따름이다. 존재론이라는 것은 우주를 끊어서 보는 일종의 절대론에 속한다. 주체와 객체 혹은 목적과 수단(도구)이라는 이분법이 따로 존재하지 않는다. 그래서 존재 − 절대론이 한 세트를 이루고 과정 − 상대론이 한 세트를 이룬다.

신이 과정적으로 생성되었듯이 모든 절대도덕이나 '변하지 않는 본체'(substance)는 부정되게 되고 끊임없이 '생성 변화하는 실체'(actual entity: 氣運)만이 있게 된다. 신은 물론이거니와 모든 사물은 명사로서보다는 형용사로서, 부사로서, 동사로서 존재하게 된다. 문화형태는 모두 영원한 객체(eternal object)가 된다. 다시 말하면 우리가 확인하는 문화형태는 모두 실체가 아니라 하나의 형식 혹은 이성(理性)의 산물에 불과한 것이 된다. 그것은 이미 실체가 아닌, 형식(그릇)에 담긴 그 무엇이 된다. 따라서 6S 중 어떠한 것도 자기의 영원한 존재를 약속받을 수 없다. 과정철학(process philosophy)의 철학적 지원을 받으면 나의 문화 · 문명론은 다음과 같은 이론적 기반과 문화유형으로 구성된다.

1P − 3P − 3S − 5S

1P: process philosophy

3P: program, reproduct(sex), product(progress)

3S: sex(science), saint(shamanism), surname(sovereign)

(3S＝3P: 3paradigm)

5S: sport, song, story, screen, spectacle

(5S＝5P: 5performance)

이 된다.

여기서 프로(pro)라는 '앞으로'를 의미하는 접두사를 눈여겨볼 필요
가 있다. 여기엔 거대한 우주론이 자리하고 있다. 우주는 나아가는 것
이고 생산하는 것이다. 우주는 영고성쇠를 거듭하지만 거꾸로 돌아가
서 그렇게 되는 것이 아니라 계속 앞으로 나아가면서 그렇게 되는 것이
다. 프로그램(program)은 물론이고 재생산(reproduct), 생산(product)은 모
두 발전(progress)의 의미가 있다. 생성론적 우주관에서는 시작이 시작으
로 남아 있는 것이 아니고 끝이 끝으로 남아 있는 것이 아니다. 어떤 면
에서는 시작도 끝도 없는 '무시무종(無始無終)'의 것이다. 그런데 사람들
이 그것을 끊어서 시작이라고 하고 끝이라고 하고 이러쿵저러쿵하는
것이다. 더욱이 어떤 것을 끝이라고 하면서도 다시 시작한다고 하고 죽
음 뒤에 영생을 운운하는 것이다. 과정철학의 입장에서 보면 현재가 전
부이다. 따로 우주가 있는 것도 아니고 시작하는 것도 아니고 끝나는
것도 아니고 과정만이 있는 것이다.

우리는 존재−절대론에 익숙하기 때문에, 인간의 말의 문법(文法)이
또한 그런 주체(주어)와 객체(목적어)를 두고 세계를 이분화하는 동시에

이들을 관계 짓는 술어를 두기 때문에 그렇게 인식하는 것이다. 우리가 말을 하는 것 자체가 이미 존재 - 절대론의 입장이다. 사실 이데아든, 절대신이든, 자아든 모두 절대론의 입장이며 그것의 본질은 말이다. 이 말(symbol: 기호)과 세계의 실재(real world: actual reality)는 다른 것이고 차이(difference)가 있다. 이 차이는 기호와 기호의 세계에도 연장된다. 차이(difference)와 그것의 연장(extension)이 바로 세계이다.

데리다(Jacques Derrida)의 차연(差延: differance)이라는 개념이 이에 상응한다. 바로 이 차이가 욕망을 일으키는 장본인이다. 이 차이에 대해서는 라캉(Jacques Lacan)도 주장한 바다. 그래서 라캉은 세계의 중층구조로 파악했다. 세계가 중층구조로 되어 있고 구조주의가 언어학을 모태로 하고 있고 그것이 결국 기호학 그리고 텍스트를 읽는 해석학이 된다는 것은 필연적인 결과이다. 세계를 구조주의로 보는 것은 바로 중층구조로 보는 것과 동일한 것이다. 문제는 어떤 중층구조로 보느냐는 사람에 따라 다를 것이다. 그 다름을 인정하지 않을 수 없다. 그 까닭은 욕망은 어차피 차이에서 발생하는 것이기 때문이다.

이것을 어렵게 생각할 필요가 없다. 구조주의의 모든 것은 동양의 음양론에 들어 있기 때문이다. 동양은 음양(--, ━)은 처음부터 차이에서 기인하는 것이고 세계는 그 단순한 차이의 복합일 뿐이다. 구조주의의 가장 대표적인 것이 주역(周易)이다. 이것은 분명 실험과 관찰에 의해서 법칙을 발견하는 자연과학, 즉 실체론적 과학과는 다른 것이다. 필자가 예술인류학에서 주장한 '다원다층의 음양론' = 역동적 장의 개폐이론(DSCO: Dynamic Space Close and Open) = 역동적 장(Dynamic field)은 바로 동양의 음양사상의 전통 위에 서 있는 것이고 연장이다(박정진, 1992, 《한국문화와 예술인류학》, 미래문화사).

내가 여기서 성(sex)을 문화의 출발점으로 보기 때문에 혹자는 나를 프로이트 계열로 볼 수도 있을 것이다. 내가 만약 프로이트 계열이라면 다른 문화형태를 거론하지 않고 리비도를 가지고 문화현상을 모두 해결해 버리고 말 것이다. 그러나 난 그렇지 않다. 비록 성(sex)에서 출발하였지만 샤머니즘(shamanism) 등 여러 변형들을 설정하고 있다. 이는 성(sex)을 에너지 운동의 원형(archetype)의 하나로 보지만 성욕 결정론자(libido determinist)는 아니기 때문이다. 에너지는 성 이외의 것에도 있을 수 있고 다른 문화형태는 모두 집단적 에너지가 변형된 것이다. 이런 문화형태는 성으로 환원될 수도 없는 것이다.

융(C. G. Jung)은 문화권의 원형(archetype)을 가정하고 남성에게도 여성적 측면인 아니마(anima)가 있고, 여성에게도 남성적 측면인 아니무스(animus)가 있다고 하였다. 이는 리비도결정론과는 다르다. 융은 정신의 구조가 크게는 페르소나(persona)와 그림자(shadow)로 구성되어 있으며 전자는 겉으로 드러난 가면과 같고 후자는 숨긴 수치심이나 죄책감 같은 것이 자신(self) 속에서 균형을 이루고 있다고 보고 있다. 결국 융은 문화적 다양성을 심리학에 부여하였고 동시에 여성적 측면과 남성적 측면, 페르소나와 그림자 등의 균형을 통해 정신적 건강을 유지하고 있다고 보았다. 이는 무의식을 정신적, 병리학적 차원에서 보는 프로이트와는 다른 것이다. 정신신경학적 무의식과 문화적 혹은 집단적 무의식(collective unconsciousness)은 다른 것이며 이것은 병적인 대상이 아니다. 이는 심리학이나 정신신경학의 일종의 병으로 보는 콤플렉스(complex)와 문화인류학의 콤플렉스가 병이 아닌 문화복합이라는 것과 같다. 필자는 융의 계열에 가깝지만 그렇다고 딱히 그렇게 말할 수도 없다. 원형을 상정하고 심리적 균형을 추구하는 융의 입장과도 다르게 인간심리, 즉 무의식과 의식의 구조를 욕망과 권력의 중층적 구조로 보기 때문이다. 무의식과 의식을 확연하게 분리할 수 있는 성질의 것이 아니며 양자는 서로 피드백하고 상호 영향을 미치는 가역관계에 있다고 본다. 인간의 무의식과 의식을 권력의 구조, 나아가 언어의 구조이론으로 접목시키면서 담론의 차원을 달리한다.

무당이나 왕, 성인, 과학자의 출현은 섹스의 언어적 변형이지만 역사적 시대에 따라 범위와 성격이 다른 것이다. 필자의 문화론 혹은 문명론은 욕망을 중층구조로 본 라캉과 역사를 권력의 문제로 보는 푸코(Michel Foucault)에게 가장 영향을 많이 받았으며 종합한 것이라고 볼 수 있다. 프로이트(1856~1939), 융(1875~1961), 라캉(1901~1981), 롤랑바르트(Roland Barthes: 1915~1980), 데리다(1930~2004) 그리고 푸코(1926~1984)로 이어지는 육각형의 종합이 필자의 이론적 바탕이다.

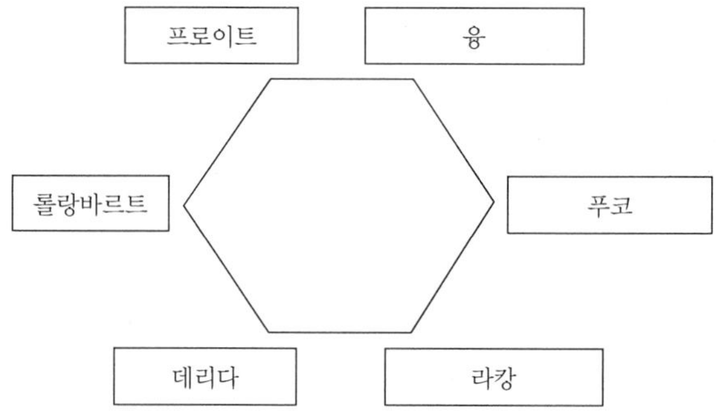

라캉은 '언어를 습득하는 과정을 어린아이의 사회화 과정'과 연관시켜 설명하고 있는데 필자의 문화론은 문화의 변천을 '욕망의 언어적 변형으로' 파악하여 문화를 언어와 유비(analogy) 관계로 설정하는 공통점을 가지고 있다. 물론 '문화를 욕망의 억압'으로 보는 것은 프로이트 이래 라캉, 필자의 공통점이다. 라캉은 욕망을 설명하면서 프로이트의 페니스(penis: 음경)를 욕망을 상징하는 팔루스(phallus: 남근)라는 단어로 대체하였다.

실재계, 물자체, 본질의 세계는 알 수 없는 세계이다. 자연과학자들은 이를 대상으로 하여 불변의 법칙을 발견하고자 한다. 이에 비해 인문학자는 이를 닫힌 세계로 보고 끊임없이 열고자 한다. 그 열고자 할 때 수단이 되는 것이 말, 기호(symbol)이고 기호는 바로 세계이기도 하다. 말로써 열고자 하는 세계를 집대성한 것이 신화학, 기호학의 세계이다. 기호학이야말로 인문학의 메타언어인 셈이다. 신화는 오늘도 계속되고 있는 것이다. 언어로 구성된 신화의 세계를 언어로 해부해 주는 것이 바로 폭넓은 구조주의이다. 기호학이 인문학의 메타언어로서 언어를 가지고 언어를 분해하고 해석하는 것은 자연과학이 물질을 가지고 물질을 분석하고 실험하는 것과 같다.

그래서 롤랑바르트는 "기호학은 끊임없이 부정하고 해체하는 기호지향론이 되지 않을 수 없다"고 말한다. 롤랑바르트는 텍스트 읽기에서 "작자적 텍스트들은 통사론적 질서도 없이 어떤 지점으로부터 들어가 볼 수(can be entered) 있다. 그것은 '생산물'이나 '구조'의 개념들을 '과정' 및 '분할(segmentation)'의 개념으로 대체한다. 따라서 거대한 마지막 총체(a great final ensemble)나 하나의 궁극적인 구조로 환원되지 않는다"고 한다. 그래서 결국 "차라리 점진적인 분석(a gradual analysis of a single text)에 의해 흩뿌려진 텍스트(the starred text)를 만든다. 작자적 텍스트는 무엇보다 의미생성의 구획들을 분할, 텍스트의 기표는 완전히 자의적인 작업에 의해 '표현체'(lexia)들이라는 단편으로 나뉘며 그 다음에 그것이 약호화(coded)된다"고 결론짓는다.

롤랑바르트는 텍스트 분석의 단위가 되는 코드(code)를 5가지로 나누었다(Barthes R. "S/Z" trans. Richard Milles(1970, New York: Hill and Wamg) 1974 pp.17－21). 해석학적 약호(hermeneutic code: HER), 의미소적 약호(semic[connotative] code: SEM), 상징적 약호(symbolic code: SYM), 행위적 약호(proairetic code[code of action: ACT]), 문화적 약호(cultural[reference] code: REF) 등이 그것인데 여기서 상징적 약호와 문화적 약호는 문화인류학에 기여하는 바가 크다. 상징적 약호는 이항대립(binary opposition)들의 요소

들을 말한다. 예컨대 남성/여성, 능동적/수동적 등이다. 문화적 약호는 텍스트가 계속적으로 언급하는 지식 또는 지혜의 수많은 약호를 말하는데 사실 모든 약호가 문화적인 것이긴 하지만 과학적 또는 도덕적 권위의 근거를 담론에 부과하는 것이다. 문화적 약호들은 의미생성의 유희를 방해하는 기능을 한다. 독자적 텍스트를 작자적으로 읽어 내는 데 5가지 약호들은 텍스트에 일종의 다원적 자질을 부여한다.

기호의 세계는 열린 구조일 수도 있고 닫힌 구조일 수도 있다. 기호의 세계는 열려진 구조이다. 이것을 닫힌 구조로 만드는 것은 어느 차원에서건 억압이며, 문화적 억압이 가장 강력하며 지속적인 억압의 대표적인 것이다. 개인은 여기에 저항하고 거부하지만 거대한 권력 앞에 부딪히면 감옥에 가거나 죽거나 상처를 입고 좌절하거나 아니면 스스로 변형되거나 심하면 도착되어 정신신경학적 질병에 걸린다. 이것이 푸코가 역설한 감옥의 탄생이다. 열린 구조, 해체적 구조는 실은 진리와 정답을 전제하지 않는다. 그래서 실은 허구 혹은 사기의 구조이며 객관적인 정답이 있기보다는 나름대로 정답 찾기에서 구조를 스스로, 각자가 확인할 따름이다.

기호가 기호를 열어 주는 세계는 끝이 없고 결국 여러 구조, 예컨대 대칭구조 등을 보여 주다가 끝내 순환하고 만다. 그래서 인문학은 법칙학이 아니라 해석학이 되고 만다. 자연과학은 닫힌 공간을 법칙을 통해 열린 공간으로 만든다면 인문학은 열린 공간을 닫힌 혹은 열린 체계로 해석하는 작업이라고 할 수 있다. 구조의 세계는 결국 여러 모양을 보여 주는데 가장 특징적인 것이 대칭(對稱), 병렬(竝列), 변이(變異, 變移), 전도(顚倒), 도착(倒錯) 등이다. 흔히 도착이라는 것은 병적인 것으로, 매우 부정적인 것으로 간주하기 쉬운데 순전히 구조주의적인 입장에서 볼 때는 그것은 병도 아니고 구조의 극단적 가능성의 일부에 불과하다. 본질과 현상의 도착, 중심과 주변의 도착, 주인과 종의 도착, 하늘과 땅

의 도착, 남자와 여자의 도착, 아버지와 어머니의 도착, 나와 남의 도착
등은 인류사에서 흔히 있는 일이다. 이들은 심하면 가면을 쓰고 감출
수도 있고 거울처럼 이미지를 보여 줄 수도 있다.

　라캉은 실재계, 상상계(거울단계), 상징계(언어단계) 등으로 구분하고
실재계를 인간이 정면으로 마주할 수 없는 불가능의 세계, 상상계를 거
울을 통한 자신의 이미지와 상상적 자기동일성을 이루는 세계, 상징계
를 언어의 주체가 됨으로써 진정한 자기동일성을 획득하는 세계로 규
정하였다(권택영외 3인 엮음, ≪Jacques Lacan－욕망이론≫, 1994년, 15
～20쪽, 서울: 문예출판사). 결국 상징계는 실재계와 상상계를 끊임없이
억압함으로써 욕망의 끝없는 순환을 야기한다. 이에 비해 필자는 문명
의 중층구조이면서 순환구조로 'sex, shamanism, surname, sovereign, saint,
science'를 설정하였다. 그리고 이들을 다음과 같은 유비관계로 대입하
였다. 여기서 섹스(sex)는 원형(archetype)이다. 다시 말하면 원형과 변형
으로서의 중층구조, 중층세계를 설정한 것이다. 이들 항들은 보는 이에
따라 얼마든지 다른 구조로 볼 수 있는 것이 특징이다.

'sex: shamanism: surname＝science: saint: sovereign＝실재계: 상상계: 상징계'

　라캉은 언어 자체가 상실된 사물에 대한 개념의 결과라고 말했다. 다
시 말하면 언어를 습득하는 것은 바로 '결여에 대한 의식'이라고 말했
다. 라캉은 '주체는 결핍이고 욕망은 환유다'라고 말한다. 라캉은 "욕망
은 만족을 위한 욕구도, 사랑에 대한 요구도 아닌, 요구에서 욕구를 뺀
차이에서 발생하는 것이며 동시에 양자분열의 현상 그 자체이다"라고
말한다. 즉 욕망＝요구(demand)－욕구(need)이다. 이 말은 필자의 개념과
는 다르다. 필자는 압력(stress)의 개념을 자연환경과 자연으로부터 진화
의 결과로 부여받은 욕망의 복합으로 보고 있다. 또 그것에 부응하는 것

이 필요(need)이다. 다시 말하면 S1~S6=압력(stress)↔필요(need)이다. 욕망복합 중에 원형이 바로 섹스(sex)이다. 'need'라는 단어는 필요, 결핍, 궁핍 등으로 쓰인다. 결핍은 욕구를 낳기 때문에 욕구라고 쓰일 수도 있다. 그러나 그렇게 쓸 경우 필자의 압력이 환경과 욕망의 복합으로 쓰임에 따라 욕망(욕구)과 필요 사이에서 중첩과 혼선이 생긴다. 여기서 중요하게 다루어져야 하는 것은 압력(stress)이 환경·생태적이면서 문화·심리 복합적인 것이라는 점이다.

라캉은 인간을 중심으로, 인간을 주체로 욕망을 설명하고자 한다. 그래서 '주체는 결핍이고 욕망은 환유다'라고 말한다. 그러나 필자는 인간 주체가 이미 자연으로부터 스트레스를 받는 존재이며 동시에 스트레스의 결과라고 생각한다. 이는 욕망을 다루는 데에 있어서 상반된 입장에 서게 한다. 필자는 스트레스를 받는 존재로서의 인간 규정을 통해 이미 인간이 진화해 온 자연의 역사를 중심으로 생각한다. 굳이 말하자면 인간이 주체가 아니라 자연이 주체라는 입장이다. 그래서 "주체는 이미 스트레스다"라고 생각하는 것이다(주체=스트레스). 라캉에게는 욕망이 환유가 되는데 필자에게는 은유가 된다. 인간 중심의 욕망하는 입장에서 보면 욕망은 환유가 되는데 이를 자연 중심의 스트레스로 보면 욕망은 은유가 된다. 환유는 없다. 필자에게는 스트레스(stress)가 곧 필요(need)이고 필요가 곧 스트레스이다. 둘은 서로 순환과 피드백의 입장에 선다. 문명의 은유의 형태로서 소위 인류문화의 대표적 상징(S1~S6)들이 상정되는 셈이다.

라캉의 중층구조를 문화적 발전단계에 적용하였으며 각 시대마다 등장한 인류문화의 대표적 상징(S1~S6)들을 문화능력과 문화중심의 변천으로 보면서 동시에 권력의 이동으로 보았다. 라캉은 무의식도 의식과 마찬가지로 언어로 구성되어 있다고 보고 은유(隱喩)와 환유(換喩), 압축(壓縮)과 치환(置換)을 통해 설명하였다. 그런데 욕망과 권력의 담론들을 보면 원시 부족의 동종(同種)주술과 접촉(接觸)주술과 비교될 수 있는 점이 많다. 이는 원시 주술적 사고와 현대 최첨단의 구조주의적 사고는 동일한 뿌리를 가지고 있고 진화하지 않았다는 것을 말한다. 다시 말하면 현대인도 원시인이다. 주술(呪術)=주문(呪文)+기술(技術)=종교+과학=문화복합=문무(文武: 文+武)=음양(陰陽: 陰+陽)=남녀(男女: 男+女)이다.

동종(同種)주술: 접촉(接觸)주술=은유(隱喩): 환유(換喩)=압축(壓縮): 치환(置換)

'sex. shamanism, surname, sovereign, saint, science'

이들은 범형(paradigm)이면서 동시에 이것의 통사적 연결은 통합(syntagma)이다. 이들은 또 통시적(diachronic)이면서 공시적(synchronic)이다. 이들은 또 중층구조(multi-level layer)이면서 순환구조(circular system)이다. 다시 말하면 이들을 서로 연결하여 문장을 만들면 인류의 문명을 새롭게 해석하는 것이 되고 동시에 인류문명은 앞으로도 계속 이런 중층구조의 순환일 것이다. 이들은 또한 시니피에(signifie, signified)와 시니피앙(signifier, signifiant)의 관계를 연쇄적으로 드러낸다.

물론 앞의 <도표 1>은 매우 도식적이지만 이해를 단계적으로 분명하게 하기 위해서 만들어 본 것이다. 1단계에서 5단계로 나아가는 방향은 권력의 확대재생산 방향이며 동시에 인간의 생활공간의 확대 과정이다. 섹스는 몸에서 이루어지는 것인 데 반해 샤머니즘은 몸에서 이탈하여 하늘과 땅을 매개(媒介: 靈媒)하는 것이고 권력으로서의 왕조체제는 개인이 아니라 집단적으로 하늘과 땅과 사람을 매개하고 교통(交通)하는 것이다. 그래서 천법인(天法人), 인법지(人法地), 지법도(地法道), 도법자연(道法自然)의 순환이 이루어진다.

왕조체제는 다시 종교체제에 자리를 내주는 것이 바로 고등종교의 출현이다. 고등종교는 원시무교를 보다 합리화하여 왕조체제가 부족한 것은 보완하거나 뒷받침하였는데 사후세계의 상상계에 대한 주도권에서 다시 현실세계에 대한 주도권을 행사하게 된다. 그러나 역시 종교는 과학이라는 객관성을 추구하는 담론에 주도권의 자리를 내어 준다. 이것이 현대성이다. 현대는 과학의 시대이다. 그런데 과학의 시대에 개인의 몸에 대한 향수가 더욱 회복하게 된다. 이는 우주시대가 되면서 역설적으로 다시 원시반본 하는 것이라고 말할 수 있다. 멀기만 하고 추상적인 우주보다는 가깝고 구체적인 몸이야말로 우리가 향유할 수 있는 가장 확실한 실체임을 느낀 때문이다. 인간은 이제 '말의 권력시대'에서 '몸의 느낌시대'로 돌아가고자 한다. 몸은 비천한 물질덩어리가 아니라 우주 자체이다.

이들 여러 단계들은 권력의 주류(主流) 혹은 중심(中心)이 바뀌는 것이기도 하다. 그런데 1단계와 6단계가 서로 다른 시니피앙 아래 성(性)이라는 같은 시니피에를 가지고 있다. 인간은 섹스하는 존재로서, 하늘을 믿는 존재로서, 왕에게 지배를 당하는 존재로서, 고등신을 섬기는 존재로서, 사물의 물성에 도달한 존재로서 각각 시니피앙은 다르지만 다 같이 성(性)을 기초로 하고 있다. 하나의 시니피에를 감추고 섹스(sex), 사이언스(science)는 만나고 있는 셈이다. 인성(人性)과 물성(物性)은 다르게 보이지만 실은 같은 것이다.

자연은 문화의 영원한 시니피에이다. 자연은 말하지 않아도 영원한 의미가 있다. 문화는 시니피앙이다. 그때그때 말하지 않으면, 새로운 말로 말하지 않으면 의미가 없다. 역사는 서로 다른 시니피앙을 원하기 때문이다. 문화는 자연을 표현하는 그때그때의 말의 유행에 불과하다. 만약 그때그때마다 의미에 도달하지 않는 말만 난무한다면 문화는 의미는 없고 시니피앙만 떠돌 것이다. 시니피앙만 떠돌면 무의미한 세계이다. 말은 시니피앙과 시니피에가 적당한 중력을 가져야 한다. 그러한 점에서 자연의 이치인 물리(物理)와 문화의 이치인 문리(文理)는 같다. 자연스럽게 물성(物性)과 인성(人性)도 같다.

<도표 1>의 문화의 시대별 유형은 라캉식으로 말하면 시니피앙은 달라지지만 시니피에는 그대로 숨어 있는 것이 된다. 인류의 문명은 결국 섹스(sex)라는 시니피에는 감추고 시니피앙으로서의 샤머니즘(shamanism), 부족사회(surname), 왕조사회(sovereign), 고등종교(saint), 과학(science)이라는 범형(paradigm)을 수평적으로 연결하는 통합(syntagma) 혹은 구문(syntax)을 만든 셈이다. 이것을 미셀 푸코식으로 말하면 권력의 변형이 된다. 그렇다면 이 권력의 정체는 무엇일까? 한마디로 말이다. 이들은 서로 다른 맥락의 담론이며 그런 점에서 담론의 유행이다. 그렇기 때문에 말은 이미 권력이고 잘못된 말도 권력이다.

말은 인간의 가장 강력한 도구였지만 그것이 강력한 만큼 거꾸로 인간을 지배하게 되었다. 하지만 말이 아무리 막강한 권력을 갖는다고 해도 결국 이는 생물로서의 인간이 가지는 인성(人性)과 자연과학의 대상이 되는 물성(物性)은 하나라는 것을 벗어날 수 없다. 흔히 성(性)이라고 인간의 본성을 의미하기도 하고 본능을 의미하기도 하는데 실은 이 둘은 같은 것인데 단지 표현과 양태가 다른 뿐인 것이다. 성선설을 주장하는 학자들은 본성에서 물성을 배제하려고 하는데 이는 잘못된 것이다. 만약 본성에서 물성을 배제하면 결국 본성이란 말(言)일 수밖에 없다. 말이 어찌 우주의 본성이겠는가. 이보다는 본성이 말로서 드러난 것이 인성(人性)이고 혹은 물성(物性)인 것이지, 어찌 인성만이 본성이겠는가. 그래서 결국 본성을 본능과 극단적으로 이분하는 것은 그 말이 본성이든, 본능이든, 아니면 본질이든 그것을 왜곡하는 것에 불과하다.

한편 이들 6S는 서로 프로그램이 변형되거나 업그레이드된 것에 불과한 것인지도 모른다. 물론 이들은 서로 같은 방향에 있기도 하지만 반대방향에 있을 수도 있다. 이들 오자(五者)들이 설사 서로 반대방향이라고 하더라도 얼마든지 한 프로그램의 변형일 가능성이 있다. 극과 극은 통한다는 우주의 법칙이 있지 않은가. 극과 극은 왜 통하느냐 하면 우주는 둥글기 때문이다. 또 우주는 하나이기 때문이다. 섹스에서 남녀는 권력의 지배자와 피지배자, 권력에서 지배자와 피지배자는 종교에서 신과 인간, 종교에서 신과 인간은 과학에서 과학자와 사물과의 관계가 되는 것은 아닐까. 이들은 분명히 유비(analogy)관계에 있는 것 같다.

이 말은 인간의 두개골의 용량이 늘어난 이후 말의 사용과 함께 말의 변형으로 여러 문화의 종류와 단계가 발생하였지만 그러한 진전이란 것은 진화론상으로 보면 전혀 나아간 것이 아니며 단지 문화 종류의 변화 혹은 변형에 불과하다는 함의가 있다. 인간의 상상계라는 것은 진화가 아니며 단지 말의 상징성과 상상력에 의한 '의미의 망'의 확대에 불과한 것이다. 다시 말하면 이는 인간의 문화라는 것은 '섹스와 말'의 합작품이며 섹스라는 원형과 그것에 '참여한 말'과 '말의 여러 변형'에 불과한 것이라는 얘기다. 섹스는 에너지이고 말은 구조물이다. 말의 구조물은 섹스를 하는 몸의 메커니즘을 모방할 수밖에 없다. 말의 구조물은 섹스의 메커니즘의 다른 버전이라는 뜻이다. 말은 섹스의 모방 혹은 섹스의 공간적·상상적 확대인 셈이다.

6S를 좀 더 쉽게 설명하면 다음과 같다.

섹스(sex)＝종의 영속을 위해 집단경쟁을 하는 시기

샤머니즘(shamanism)＝귀신에게 빌며 살아가는 시기

부족사회(surname)＝부족장의 지배를 받으며 살아가는 시기

왕조사회(sovereign)＝왕과 국가를 만들어 살아가는 시기

고등종교(saint)＝성인(신)을 믿으면서 살아가는 시기

과학시대(science)＝과학의 법칙에 따라 살아가는 시기

제2장 '성과 권력'의 모방적 메커니즘

1. 자연은 모성, 문명은 부성

"자연은 모계(모성)이지만 문명은 부계(부권)이다."

이 말은 화두이다. 아마도 이 글은 앞에 제시된 화두에 대한 답을 좀 장황하게 하는 것이 될 것이다. 가부장제가 왜 필연적인 선택이었는가를 밝히려는 대장정의 출발점에 서서 던지는 물음이자 스스로에 대한 답변이다. 인간사회에서 권력이라는 것이 보편적인 이유는 여러 답변이 있을 수 있겠지만 집단생활을 하는 인간에게 자신을 어느 집단에 소속시키는, 다시 말하면 자신을 동일시하는 정체성(identification) 확립이 필요하기 때문이다. 인간은 자신을 어느 집단에 소속시키지 않고는 살아갈 수 없다.

집단에 소속시키는 방법 중에도 대표적인 것이 바로 출계(出系: 자기가 태어난 계통을 따지는 것, descent)라는 것이고 그러한 출계를 집단을 구성하는 원리로 사용한 사회를 씨족(clan)사회 혹은 부족(tribe)사회라고 부른다. 오늘날 국가라고 부르는 것도 바로 이러한 사회의 확대 재생산된 것에 속한다. 인류의 대부분 사회는 먼저 출계를 따지는 것을 통해서 집단을 구성하였고 그러한 길고 긴 전통 위에서 오늘날 다른 원리에 의해서 집단을 구성하기도 한다. 예컨대 클럽(club)과 같은 것이 대표적이고 그 밖에도 여러 영속집단(corporation)을 가지고 있다. 집단을 출계에 의해 구성하는 원리에도 부계(父系, patrilineal descent)가 아닌, 모계(母系, matrilineal descent) 등 여러 가지가 있다. 그 중간의 형태로 양계출계(bilateral descent)의 종류로 공유출계(cognatic descent: 共有出系 혹은 同祖集團, 미분화출계라고도 한다), 이중출계(double descent)의 사회도 있을 수 있다. 그러나 이런 출계는 그 불확실성 때문에 크게 확산되지는 못했다.

문제는 출계가 확실한 부계와 모계 가운데서 왜 부계가 선택되었는지를 논하는 것이 중요하다. 물론 모계도 부계와 함께 전혀 손색이 없는 제도였다. 또 모계야말로 가장 자연스러운, 예컨대 임신과 수유와 양육기간이 긴 인간이 어머니와 함께 출생 이후, 어머니가 거처하는 곳에서 오래 사는 것은 출계를 따지기 전에 당연하다. 그러나 큰 규모의 집단을 이룬 혹은 끊임없이 생존의 위협을 받는 집단은 다소 인위적이고 부자연스러운 부계를 택하게 된다. 이것은 남자에게 권력을 주기 위한 것이 아니라 여자와 아이를 보호하여 삶과 종족보존을 위한 절체절명의 선택이었다. 물론 출계 자체는 나중에 권력의 모습이 된다. 그런 권력이 나중에는 성(性), 특히 여성을 억압하는 기제로 작용하게 되었다.

이런 권력의 발생 메커니즘을 부연 설명하면 처음에는 남성과 여성이 주체적이고 독립적인 것이었는데 여성이 남성으로부터 아이와 함께 보호를 받아야 하는 필요성으로 인해 남성은 권력을 가지게 되고(이는 여성이 남성을 유인하였다고 표현할 수도 있다) 이때부터 여성은 남성에게 '대상으로서의 성'이 되게 된다. 대상으로서의 성이 된 여성은 그 후 남성의 권력에 보호되는 대신 권력으로부터 감시와 관리를 받게 되고 이것의 구체적인 제도적 확립이 부계-가부장제 사회인 것이다. 부계 - 가부장사회는 남성이 여성을 억압하는 것이지만 보다 본질적인 것은 '권력을 가진 자'가 '지배를 당하는 자'의 성(性)을 억압하는 것이다. 만약 여성이 권력을 가진다면 그것의 대상이 되는 남성의 성이 억압을 당할 것이다. 여성의 성은 처음부터 권력경쟁의 무대에서 유인 혹은 유혹을 하는 특성을 보인다. 대체로 동물계에서는 수컷이 암컷을 유혹하는 데 비해 인간에 이르러 이것은 역전된다. 암컷이 수컷을 유혹하게 된 것이다. 이는 고등동물로 갈수록 암컷이 수태와 임신하는 기간이 길어지고 인간에 이르러 출산 후 양육하는 기간이 더욱 길어짐에 따라 자연히 수컷(남자)의 보호를 받지 않으면 안 되는 상황과도 깊은 관련이 있을 것이다. 그래서 암컷(여자)은 훌륭한 수컷을 찾지 않으면 안 된다. 훌륭한 수컷을 찾는 것은 임신과 양육 그리고 자신과 후손의 행복과 번영에도 결정적 영향을 미치기 때문이다. 유혹은 양성 생물체에서 본격화된 것으로 동물적 본능이 제도적인 틀에서 발현되는 것인데 색(가르티노이드)과 향기(페르몬) 등 자연적인 것에 의존하던 동식물과 달리 인공적인 것으로 치장하여야 하는 인간에 이르러 더욱더 기승을 부린다.

아무튼 여성의 유혹은 정면적이고 직접적이고 공식적이고 독립적이라기보다는 후면적이고 간접적이고 비공식적이고 의존적인 특성을 보인다. 이것은 성적 매력을 통해 우선 안정적인 재생산을 확보해 놓고 그 다음 성적 유희를 위해서는 암컷(여성)은 다른 암컷(여성)보다 남성으로부터 선택되기 위해 온갖 치장을 하게 된다. 이러한 유혹은 재생산이나 성적 유희를 떠나서 권력과의 게임에 참여하기도 한다. 권력을 가진 남자는 또한 성적 매력이 있는 여성을 찾기 때문이다. 여성은 결국 자신의 몸을 남성에게 주고 운이 좋으면 권력마저도 손에 넣은 일석이조의 효과를 얻게 된다. 여성은 대체로 남성(남편)을 통해서 권력에 접근하는 기회를 얻고 권력을 얻었다. 이는 성(性: sex)을 주고 권력(權力: 巫敎 shamanism 혹은 姓 surname 혹은 聖 saint 혹은 性 science)을 산 것이라고 볼 수도 있고, 성과 권력이라는 재화를 교환한 것이라고 볼 수도 있다.

성(性)은 권력과 유비 관계에 있다. 권력은 폭력을 정당화하는 힘이며 권력의 원형은 폭력(생존경쟁＝약육강식)이다. 그 폭력은 생존경쟁의 진화의 역사에서 물려받은 것으로 개체에게는 그것도 일종의 스트레스이며 그 스트레스를 해소하는 메커니즘의 하나가 바로 재생산이다. 르네 지라르(Rene Girard)는 권력의 문제를 폭력의 문제로 보고 권력을 폭력을 숨기거나 신화화한 것으로 보지만 그렇게 보면 문화를 푸는 데는 한계가 있다. 문화야말로 바로 폭력을 정당화 혹은 합리화하는 집단적 혹은 집합적 노력의 산물이고 약속이기 때문이다. 자연과학조차도 실은 가치중립적인 선언 아래 폭력을 결과적으로 정당화하는 것인지도 모른다. 가치지향적인 도덕보다는 훨씬 더 지리적으로 광범위한 지역을 관장할 수 있다.

지라르는 "인간은 항상 무엇을 욕망하지만, 그것은 혼자서는 이룰 수 없고, 욕망은 대상을 지시하는 제삼자(중개자)가 필요하다. 욕망하는 주체와 바라는 대상 그리고 중재자 사이에는 관계가 형성되고, 이는 '욕망의 삼각형'이라 불리는 구조를 갖는다"고 한다. 그의 욕망이론에 따르면 문화라는 것은 인간이라는 주체가 욕망하는 대상을 얻기 위한 중개방식이라고 할 수 있다. 지라르가 문명의 기원을 폭력에 두고 일종의 폭력환원주의 혹은 폭력결정론으로 그의 근본주의 인류학(anthropologie fondamentale)을 전개하고 있는데 욕망으로 말하자면 말리노우스키(B. Malinowski)가 일찍이 접근한 바 있다. 말리노우스키는 문화를 기본적 욕구를 충족시키기 위한 문화장치로 규정하고 이에 따라 파생적 욕구를 열거한 바 있는데 말하자면 욕망을 실현하기 위한 장치로서의 문화를 규정한 셈이다.

지라르의 폭력이론은 마치 프로이트가 리비도 결정론에 빠진 것이나 다름없다. 물론 나름대로 이들의 이론이 설득력과 함께 합리화하는 전개방식이 있겠지만 폭력이나 성욕 혹은 욕망을 포괄하는 나의 방식으로 억압(stress)과 필요(need)라는 방식을 나는 주창하고자 한다. 억압이란 폭력조차도 포괄하면서 세련된 폭력이라고 할 수 있는 권력 그리고 전혀 권력적이지 않는 과학조차도 환경 – 사회(역사) – 심리 복합에서 오는 억압의 산물이며 그 억압에 따라 필요를 창조해 낸 인간의 노력으로 바라볼 수 있게 하는 것이다. 실지로 농업혁명과 산업혁명은 인구증가에 따라 생산성을 늘려야 하는 억압의 결과였으며 그 필요로 발전하였던 것을 부인할 수 없다. 억압과 필요는 서로 가역관계에 있다. 경우에 따라서는 억압이 먼저일 수도 있고 필요가 먼저일 수도 있다. 이러한 억압과 필요의 메커니즘에 따른 문명의 여러 방식은 실은 프로그램(program)이라고 할 수 있다. 여기서 프로그램이라는 말은 문화라는 말에 다름 아니고 그런 점에서 역사적으로 드러난 문화의 여러 방식은 순차적(통시적, 순차적)으로 쓰이는 것이 아니라 교차하여 쓰이는 패러다임(공시적, 범형적)이 될 수 있다.

나는 실지로 앞에서 언급한 섹스(sex), 샤머니즘(shamanism), 부족사회(surname), 왕조사회(sovereign), 고등종교(saint), 과학(science)을 '문명의 다섯 가지 변주'라는 이름으로 책을 쓰려고 하였는데 갑작스런 강의의 요청에 따라 권력과 성의 억압을 중심으로 종적으로 이 책을 쓰게 되었다. 말하자면 성을 억압하는 역사로 문명을 쓰게 되었는데 이런 방식보다는 횡적으로 문명을 다섯 가지의 커다란 프로그램으로 설명하는 것이 훨씬 독자들에게 호소력이 있을 것이고 좀 더 쉽게 문명을 바라보게 하는 전략적 글쓰기가 될 것이다. 그러나 후자의 경우 다소 역사적 전개과정이나 선후관계를 서술하는 데 약점을 가지고 있다. 아마도 이 책과 별도로 독자를 위한 책으로 위의 책을 다시 쓰게 될 것이다.

인간은 최근 자본주의의 발전과 개인주의의 증대로 인해 욕망마저도 매우 개인적인 취향으로 바라보는 데에 익숙해지고 있다. 그러나 인간은 어디까지나 생존경쟁에서 집단적 성취를 이룬 동물이다. 바로 그 집단 때문에 우리는 아무리 개인주의가 되고 파편화되고 핵가족화되어도 권력을 버릴 수 없다. 권력이란 그것이 가벼운 짐이든, 무거운 짐이든 숙명적인 것이다. 아마도 이간이 권력에서 벗어나려고 했다면 처음부터 집단적 생활전략으로 자연선택에서 승리하지 말았어야 한다. 아마도 그랬다면 인간이라는 호모사피엔스 사피엔스는 이 지구상에서 이미 멸종했을지도 모른다. 다시 말하면 권력이란 삶의 대가라는 말이다.

문명을 스트레스와 필요의 메커니즘으로 보니 문명이라는 것이 매우 억압적으로 다가온다. 그러나 그 억압을 푸는 방식도 문명은 가지고 있다. 예컨대 성이라는 것도 재생산을 위한 것이라고 하지만 인간에 이르러 그러한 기능보다는 훨씬 더 쾌락으로서 기능하고 있다고 하면 좀 지나친 표현일까. 나는 사람들에게 묻고 싶다. '그대는 자식을 낳기 위해 섹스를 하느냐고?' 그보다는 '섹스를 하니까' 혹은 '재미있게 섹스를 하니까', '섹스의 놀이에 탐닉하니까' 자식을 부수적으로 얻은 것이라고 하는 편이 훨씬 솔직한 고백일 것이다. 자연이 결코 힘겨운 짐만을 주지 않듯이 문명도 결코 들지 못할 무거운 짐만을 주는 것은 아니다. 인간의 삶은 혹은 문명은 보기에 따라서는 '일이기도 하지만 놀이'이기도 하다. 일과 놀이는 분석적으로 보면 둘이지만 역동적으로 보면 하나이다.

성이야말로 일＝재생산 이외에도 쾌락과 놀이를 동반하고 있다. '쾌락으로서의 성'은 인간의 놀이(퍼포먼스)에 스며들어 각종 변형을 만들어 낸다. 물론 전쟁은 권력과 폭력 놀이의 가장 극단적인 예에 속하며 의례와 게임은 전쟁을 모방한 것이다. 성(性)은 권력과 유비 관계이면서 동시에 상호 거래관계에 있다. 이것을 성은 권력과 동종주술(모방주술)과 감염주술(접촉주술)의 관계에 있다고 말할 수 있다. 성은 바로 상징이면서 구조(동종주술)이고 구조이면서 사건이며 사건이면서 역사가 된다(감염주술). 만약 인간에게 보편성이 있다면 바로 권력(폭력)과 주

술에서 출발하거나 그곳에 도착하여야 한다. 만약 권력(폭력)과 주술을
포함하지 못하면 보편성이 아니다.

왜 성(性)은 여러 형태로 변형되었는지, 그것이 오늘날 과학으로 밝혀
져 성(性) 본래의 모습이나 위치를 되찾아 가고 있는 사정을 문명적 차
원에서 밝히는 것이 이 글의 목적이다. '섹스로서의 성(性)'은 오늘날
'과학으로서의 성(性)'이 되어 있다. 섹스로서의 성은 규제의 대상이 되
었지만 과학으로서의 성은 규제할 수가 없다. 섹스로서의 성은 도덕으
로 규제되었지만 과학으로서의 성은 도덕으로 규제할 수가 없게 됐다.
과학에 의해서 '쾌락으로서의 성'은 자기조절이 필요하긴 하지만 사악
한 것이 아니고 당연히 자유와 행복을 위해서는 즐겨야 하는 것으로 되
고 있다. 이제 성은 즐기는 자가 잘못된 것이 아니라 즐길 수 없는 자가
병적인 것으로 분류되고 있다. 이제 인성(人性)은 물성(物性)과 같은 것
이 되고 있다. 인성은 물성과 다른 특별한 것이 아니라 물성의 일부이
며 물성 그 자체인 셈이다. 물론 인간의 물성은 '무기물로서의 물성'이
아니라 유기물로서의, 나아가서는 '고등동물로서의 물성'이긴 하지만
그렇다고 물성이 아닌 것은 아니다. 인성과 물성이 하나가 됨으로써 우
주는 진정으로 하나가 되며 대우주가 바로 소우주고 소우주가 바로 대
우주인 것이다.

인성과 물성의 문제뿐만 아니라 동시에 우리는 가족의 차원에서 가
부장제 신화를 확인하고 그것이 왜 여성을 억압하였는지를 알아보는
소박하고 단순한 목적을 향하여 가기 위한 장정의 출발점에 서 있는 셈
이다. 이 둘의 차원은 하나는 문명적 차원, 다른 하나는 가족의 차원이
지만 결국 서로의 목적에 도달하기 위하여 종종 같은 길을 가게 될 것
이고 결국 둘의 문제는 동전의 양면과 같다는 것을 알게 될 것이다. 큰
우주는 작은 우주와 같다는 사실을 확인하게 될 것이다. 권력경쟁은 생
존을 위해서 출발한 것이지만 이것은 자연스럽게 집단의 성원으로서

정체성을 가지는 표상으로 작용한다. 쉽게 말하면 나는 누구(어느 姓氏)의 자손이라든가, 나는 어느 나라의 국민이라든가 하는 등속이다. 이것은 바로 부계－가부장제의 처음이자 끝이다. 자신(ego)의 정체성 확인은 집합표상을 통해 실현되는데 여기에는 여러 단계, 여러 종류가 있겠지만 이 가운데서 어느 나라, 어느 마을 혹은 어느 회사, 어느 집안, 어느 가정에 소속시키는, 말하자면 크고 작은 준거집단 중 어느 것의 구성원이 되느냐가 중요하다. 권력의 피라미드에서 어느 한 지점에 자신을 소속시키는 것은 인간에게 피할 수 없는 것이다. 이와 동시에 인간에게 성(性)은 보편적인 것이다. 인간이면 누구나 남성, 아니면 여성이다(물론 양성적인 불완전한 존재도 있긴 하다). 그래서 권력과 성(性)은 함께 있게 마련이다. 함께 있다는 것은 어떤 관계 혹은 거래의 메커니즘이 성립되는 것을 의미한다.

성(性)은 생물 일반이 가지고 있는 재생산(reproduction)의 능력인데 이것을 문화는 도덕적인 의미로서의 성, 예컨대 성선설이나 성악설 등으로 쓰이게 하는 역전(inversion)을 감행했다. 기독교는 그 대표적인 것이다. 기독교는 생물 본래의 성과 욕망이나 악한 것으로까지 경계의 대상이 되게 된다. 생물의 성(性)을 악(惡)으로 규정한다. 공맹학도 맹자에 이르러 ‘도덕으로서의 성(性)’을 선(善)으로 규정하는 성선설(性善說)을 주장했다. 기독교 성경에 따르면 천사장이 악마로 변하고 악마의 사주를 받은 뱀이 이브를 유혹하여 선악과를 따 먹게 하고 그로 인하여 인간이 성(性)을 알게 되고 낙원에서 추방되는 것으로 되어 있다. 이는 하느님과 천사를 주인으로 생물학의 발생학과는 반대 방향으로, 역설적으로 재구성한 것이다.

2. 진화론과 창조론: 생명과 말

　기독교 성경에서 하느님의 말이 만물을 만들었다고 하는 것은 적어도 말을 사용하는 인간이 자신을 하느님에게 투사한 것이라고 보는 것이 과학적으로 맞을 것이다. 인간은 천지창조 때에 하느님이 만들어 준 대로 하나도 변하지 않고 살아가는 것이 아니라 지금도 변하고 있으며 그런 점에서 인간은 스스로를 전부 알고 있지 못하다. 자신이 과거에 만들어진 대로 그대로 있지 않기 때문에 자신에 대해 정확히 알 수도 없고 어떤 고정된 시점에 알고 있는 것이 불변의 자신일 수도 없다. 인간은 지금도 변화하고 생성되어 가고 있는 살아 있는 존재이다. 어쩌면 신이란 인간이 스스로 설정한 목표일 수도 있고 이상적 존재일 수도 있다. 무엇보다도 과거에 규정된 대로 인간이 지금도 존재하고 있는 것은 아니다.

　하느님의 말이 만물을 만들었다고 한 기독교는 스스로의 전제 때문에 만물이 스스로 생성 변화하는 유기체라는 사실을 인정하지 못하고 만물의 하나하나를 하느님이 말로써 생겨나게 한 것으로 설명하면서 알리바이를 꾸미고 있다. 그런데 이 세상이 얼마나 많은 생물이 있는지도 알 수 없고 그것을 하느님이 일일이 생겨나라고 말했다고 하는 것은 과학적으로 인정할 수가 없다. 새로운 종들이 지금도 생겨나고 과거의 종들이 지금도 사라지고 있는 엄연한 생물의 세계를 어떻게 설명할 것인가. 지금 생겨나고 있는 생물종은 하느님이 지금 섭리하고 있기 때문이라고 설명할 수 있다고 치자. 그렇다면 지금 사라지는 생물종은 어떻게 설명할 것인가. 하느님의 말씀을 따르지 않고 죄를 지어서 멸종하게 만들었다고 할 것인가.

　유기적으로 생성 변화하는 세계를 하느님의 창조적 권능(말에 의한)으로 이루어졌다고 설명한 까닭에 만물은 서로 유기적인 관계에 의해서 존재하는 것이 아니라 하느님에 의해 매개되는 셈이다. 그래서 하느님이 없으면 만물의 관계가 끊어진다. 바로 절대신은 사물을 절대적으로 만든다. 이때 '절대적'(絕對的)이라는 말은 '상대적(相對的)인 세계를 끊는다'는 말이면서 바로 '끊는 것이 존재'라는 말이 된다. 존재는 끊어짐으로써 존재하게 되는 것이다. 존재한다는 이 말은 이미 '서로 끊어진 세계'를 전제한 것이다. 존재와 절대는 같은 말이다(존재＝절대). 만물을 절대적으로 존재하게 한 것은 바로 '말'이다. 말은 만물을 끊어 놓고 다시 그 끊어진 것을 연결하기 위하여, 유기적인 세계를 회복하기 위하여 문법(文法)과 통사(統辭)구조를 필요로 한다. 이것이 바로 문화(文化)이다. 문법을 '문화(文化)의 법(法)'이라고 보면 통사구조는 바로 문화(文化)가 된다. 그러나 아무리 수많은 말을 하고 담론을 생산하여도 유기적인 세계를 회복할 수는 없다. 마치 언덕 위에서 떨어지는 돌을 계속적으로 올리는 시지프스와 같은 것이 인간이다. 인간은 계속적으로 담론을 생산한다. 말은 애초부터 존재의 실체가 아니고 단지 실체에 붙여진 이름에 불과하며 실체와 이름의 관계도 매우 자유롭고 임의적인 것이다. 인간은 역사의 각 단계마다 나름대로 '담론이라는 거울'을 가지고 세계를 비추어 보지만 그 상이 바로 세계인지는 증명할 수 없다. 이는 만물이 생기고 인간에 이르러 말이 생긴 진화의 역사를 정면으로 부정하는 것이다.

기독교 성경에서 천사가 악마가 되었다고 하고 남자의 갈비뼈가 여자가 되었다고 하는 것도 주객이 전도된 것이다. 만약 악마와 천사가 있다면(실은 악마란 인간 이전까지의 진화과정인 성과 욕망에 대한 종합적인 상징이다) 악마가 먼저 있었고 그 악마가 진화하여 천사가 되었다고 하는 것이 순리에 맞다. 또 남자의 갈비뼈가 여자가 되었다고 하는 것은 여자가 남자를 낳았다는 것보다 설득력이 없다. 이것은 인류역사의 대역전이다. 왜 이런 대역전을 감행했을까. 이는 자연과 생물과 인간의 과정을 부정하고 역전시킴으로써 거꾸로 인간을 다스리기 위한 권력의 합리화 과정의 기도에서 비롯됐을 것이다. 권력이란 종종 순서를 바꿈으로써 자신의 설 자리를 마련하고 새로운 질서를 수립하려고 한다. 이런 점에서 기독교야말로 매우 권력지향적인 종교이다. 특히 구약은 더욱 그렇다. 어쨌든 구약성경은 절대적인 신 여호와를 등장시킴으로써 진화적 사실을 거꾸로 바꾸어 버린 것이다. 이는 신(神)이 인간을 만들었다고 하는 알리바이를 꾸미기 위해 모두 역전시킨 것이다. 예수 이후의 신약은 사랑을 표방하면서 평화주의를 기조로 하는 점에서 다르다.

그렇다면 인간이 신(神)을 만든 것이 사실이라는 말인가. 이것은 또 어떻게 증명할 것인가. 천사가 악마가 된 것이 아니라 악마가 천사가 되었기 때문에 종종 악(惡)은 반사적으로 선(善)을 발생시켰지만 악을 버리지 못하여 위선(僞善)을 행하는 것은 아닐까. 인간의 성(性)은 오랜 경계와 비난과 모욕 속에서도 끈질기게 자신의 임무인 재생산을 수행해 왔으며 여전히 욕망을 실현하기 위해 노력을 하고 있다. 이는 '생물로서의 성(性)'이 '도덕으로서의 성(性)'보다 역사가 오래되었고 본질적인 것이라는 의미에 다름 아니다. 오늘날 '도덕으로서의 성(性)'은 과학적 성과에 의해 '과학으로서의 성(性)'으로 규명되고 있다. 인간의 몸은 단순한 물질의 덩어리가 아니라 고도로 설계된 프로그램의 결과이며 오히려 권력은 성(性)의 변형임이 점차 드러나고 있다. 인간은 성(性)을 여러 권력의 형태로 변형시킨 생물종이다.

프로이트와 같은 학자는 '성의 에너지인 리비도'를 모든 행위와 심리의 기반으로 설명하고 있을 정도이다. 어쩌면 리비도의 프로이트와 유물론의 마르크스와 진화론의 다윈에 의해서 '역전된 문화', '문화의 역전'의 실상이 밝혀졌다고 해도 과언이 아니다. 자연과 문화가 역전의 관계에 있는 것이 아니라 문화의 내부에서도 그러한 역전이 있다. 실존적으로 보면 무질서에 의해서 질서(권력)가 규정되고 죽음에 의해서 삶이 규정되고 전쟁에 의해서 평화가 규정되고 갈등에 의해서 조화가 규정되고 미움에 의해서 사랑이 규정되고 남자에 의해서 여성이 규정된다. 문화 속에서 다른 것은 전부 규정당하는 쪽이 규정하는 쪽보다 정(正) 혹은 정통성(正統性) 혹은 긍정적인 위치-권력의 편에 서는 데 반해 남성과 여성은 그렇지 못하다. 규정하는 쪽에 있는 남성이 규정당하는 쪽의 여성을 관리한다. 이는 남성이 권력을 가지기 때문이다.

가장 큰 역전이 바로 남성과 여성 사이에 존재한다. 다름 아니라 남성에 의해서 여성이 규정된다. 여성이 남성을 낳았음에도 여성은 스스로 규정되지 않고 있다가 남성을 기다려 규정된 셈이다. 그러한 점에서 문화나 문명은 자연과 같은 방향의 평행선을 긋는 것도 있지만 특히 역행하는 것도 있다. 바로 이 역행하는 것이 권력이다. 문화나 문명에서 역행하는 것은 권력이고 권력은 역행하는 것이다. 그런 점에서 권력이란 불안과 불평등과 무질서와 불확실성에서 목숨을 거는 '실패의 모험과 죽음의 도박'을 피하지 않는, 매우 도전적인 자의 몫이다. 권력지향적인 사람은 바로 불안정한 사람이다. 그런데 권력은 그런 불안정한 사람에게 다가가는 행운의 여신이다. 권력에 도전하였다가 실패한 사람은 성공한 사람보다 훨씬 많을 수밖에 없다. 최고 권력에의 도전이야말로 성공할 확률이 가장 적은 게임이다. 뒤에 형성된 권력은 앞에 있던 성을 억압한다.

물론 권력보다는 성이 먼저이다. 적어도 집단생활을 하는 생물이 아닌 경우에도 성은 있었을 것이기 때문이다. 권력은 성의 다른 변이(version, variation, transformation)인지도 모른다. 그렇게까지 심리적 결정론을 승인하지 않는다고 하더라도 문화는 크게 보면 권력과 성으로 혹은 둘의 상관관계로 설명될 수 있을 것이다. 이것은 같은 것이면서도 다른 것이다. 성의 입장에서 보면 권력은 다른 것이다. 그러나 권력 이외의 제삼의 입장에서 보면 권력과 성은 유사성의 관계에 있다. 제삼의 입장이란 도덕의 입장과 같은 것이다. 도덕은 당연히 성의 역전(inversion, paradox)에 속한다. 만사는 상사성(相似性)과 상이성(相異性)의 운동인지도 모른다. 어쩌면 권력이라는 것은 성의 변형된, 분화된, 성의 복잡화된, 정교화된 것일 수도 있다. 권력이란 혹은 문화란, 발가벗은 성에 다양한 옷을 입히는 것일 수도 있다.

권력은 섹스를 지배하는 것 같으면서도 지배를 당하고 섹스는 권력에 지배를 당하는 것 같으면서 지배를 한다. 이는 남녀에게도 그대로 적용된다. 남자는 여자를 지배하는 것 같으면서도 지배를 당하고 여자는 남자에게 지배를 당하는 것 같으면서도 지배를 한다. 이는 음양에도 적용할 수 있다. 양은 음을 지배하는 것 같으면서도 지배를 당하고 음은 양에 지배를 당하는 것 같으면서도 지배를 한다. 그러나 실은 권력과 섹스는 같은 종류의 다른 변종이다. 권력은 섹스의 다른 표현이고 섹스 또한 권력의 다른 표현이다. 이들은 겉으로는 대립되지만 속으로는 하나이다. 이들의 관계는 마치 뫼비우스의 띠와 같다.

자연사와 문명사를 통하여 볼 때 '자연의 진화적 변형에 대한 통사적 대응이 바로 인간의 출현과 문명이다'라고 말할 수 있다. 이때의 대응은 대립으로 볼 수도 있고 적응으로 볼 수도 있다. 이를 대립적 적응이라고 보면 무난하다. 대립적 적응이란 대립하면서도 서로 하나의 전체성(총체성)을 잃지 않게 되고 동시에 대립의 상대를 비대칭이 아니라 대칭으로 받아들이는 것이다. 여기서 신화란 바로 통사적 대응의 전형이고 원형인데 신화의 변형이 과학이 된다. 이때 신화와 과학은 자연의 진화적 변형과 같을 수도 있지만 다를 수도 있다.

이를 좀 더 쉽게 말하면 자연적 존재에서 언어적 존재에로의 진화라고 말할 수 있다. 언어적 존재인 인간에 이르러 자연은 스스로를 설명하고 해석하고 재구성하게 되었다고 말할 수 있다. 그러나 인간의 언어적 재구성은 궁극적으로 자연의 질서에 영향을 주지 못한다. 인간의 문명이 자연을 일시적으로 황폐화할 수도 있지만 궁극적으로 자연은 시간적 존재가 아니기 때문에 그러한 황폐는 오랜 시간을 통해 다시 복구된다. 그래서 자연은 결국 글자 그대로 자연이 된다. 문명이란 언어에 의해 잠시 밝아지는 것이다. 이 말은 문명은 다른 것으로 대체된다는 뜻이고 생멸한다는 것이다. 그러한 점에서 문명도 자연의 속성을 닮았다. 결국 통사적 대응은 진화적 변형의 일부로서 대뇌에서 일어난 사건이다. 하지만 통사적 대응이라는 것도 자연적 존재인 인간에게 일어난 언어적 진화에 불과하다. 언어적 진화가 바로 의식이고 의지이다. 자연은 문명의 거대한 매트릭스로 몸과 더불어 무의식 속에 들어 있다.

3. 자연에서의 성: 포유류에 속하는 인간

인간의 분류학적 위치는 다음과 같다. 동물 계(kingdom), 척추동물 문(phylum), 포유류 강(class), 영장류 목(order), 유인원 아목(suborder), 인(人) 초과(superfamily), 인(人) 과(family), 호모 속(genus), 사피엔스 종(sapiens)이다. 그러니까 호모사피엔스 사피엔스이다. 인간은 동물이며 동물 중에서도 양성(兩性)동물이다. 양성동물은 단성생식이 아니라 양성생식을 하는 동물이다. 양성생식을 하는 동물은 일반적으로 수컷이 암컷을 적극적으로 획득하려는 전략을 갖고 암컷은 좋은 유전인자를 가진 수컷을 선택하려는 지혜를 갖는다. 결국 암수 모두 자신의 유전자를 보다 많이 퍼뜨리는 목적을 갖는데 수컷의 전략은 많은 정자를 생산할 수 있기에 많은 암컷에게 자신의 유전자를 퍼뜨리는 전략을 갖는다. 이에 비해 상대적으로 적은 난자를 생산하는 암컷은 상대적으로 좋은 유전자의 수컷을 택하는 전략을 갖는다. 수컷은 되도록 유전자를 많이 전달하는 데에 목적이 있고 암컷은 되도록 좋은 유전자를 받는 데에 목적을 갖고 있다.

어류는 많은 난자(알)를 산란하고 체외수정을 하지만 포유류에 오면 난자의 생산은 급감하면서 체내수정을 한다. 말하자면 난자는 귀하게 되며 함부로 쓸 수 없는 것이 된다. 물론 동물종에 따라 천태만상의 생식하는 모습과 새끼를 기르는 모습, 가족의 모습을 갖겠지만 새끼를 기르기 어려울수록 편친가족이 아니라 양친가족을 갖게 된다. 편친가족은 모자가족이든 부자가족이든 새끼를 기르기 쉬운 환경에서 가능하다. 예컨대 어류는 대체로 부자가족이다. 부자가족이라는 이유는 암컷이 산란을 하면 그 뒤에 수컷이 수정을 하기 때문에 결국 새끼의 부화와 양육의 문제가 수컷에게 더 부담지워진다는 뜻이다.

조류와 포유류에 들어서면 새끼를 기르기 점점 어려워진다. 조류는 핵가족이 주류를 이룬다. 조류는 알을 낳기 때문에 어류에서의 수컷의 부담보다는 줄어들지만 여전히 수컷의 새끼 기르기에 대한 부담은 만만하지 않다. 조류는 보다 확실한 둥지를 틀기 때문에 핵가족의 개념이 강화되고 암컷과 수컷이 공동 혹은 분업으로 가족을 이끌어 간다. 때로는 수컷이 알을 품기도 한다. 물론 수컷은 열심히 먹이를 구하여 암컷과 새끼들은 먹인다. 수컷이 먹이를 가져오면 암컷은 새끼들이 먹기 좋게 쪼아 먹이기도 한다. 조류만 하더라도 생존경쟁이라는 것이 치열하다. 암수가 열심히 새끼를 거두지 않으면 생존할 수가 없다.

조류에서 포유류로 진화하면 새끼에 대한 부담이 암컷에게 확실하게 기운다. 즉 새끼를 배고 있는 것이 암컷이기 때문이다. 포유류는 모자가족이라고 불러도 크게 지나치지 않다. 포유류 가운데 자식 양육에 참여하는 수컷은 5%에도 못 미친다. 인간의 경우 수컷의 가족부양에 대한 참여와 부담이 높기 때문에 으레 포유류가 다 그런 것 같지만 실은 그렇지 않다. 포유류의 수컷은 어쩌면 무책임할 정도이다. 포유류는 새끼가 어미의 젖을 먹고 자라기 때문에 기본적으로 모자가족의 형태를 취한다. 포유류는 90% 이상이 암컷 혼자 자식을 기른다. 때문에 수컷 혼자 새끼를 기르는 부자가족은 없다.

그런데 인간에게 왜 가부장사회가 절대적인가. 나중에 결국 답을 하겠지만 우선 생존경쟁이 권력경쟁으로 바뀌고 그 경쟁의 정도가 치열하기 때문에 결국 암컷이 수컷의 보호 없이는 새끼를 제대로 부양할 수 없거나 그것에 매우 불리하기 때문이다. 포유류 수컷의 대부분이 새끼의 양육에 참여하지 않는데 왜 인간만이 그럴까. 그 답은 간단하다. 결국 가부장사회가 암컷(여자)의 새끼(자식)를 양육하는 데 유리하기 때문이다. 만약 가부장사회가 아니고도 새끼를 잘 키울 수 있다면 결코 암컷은 가부장사회를 택하지 않을 것이다. 인간사회가 보다 풍요로워지고 평화로워지면 여권이 신장되고 모계사회적 특성이 강화되는 것도 이와 관련이 있다. 생물의 가족의 형태는 결국 암컷의 새끼를 잘 키울 수 있는가에 초점이 맞추어져 있다. 역으로 새끼를 잘 키울 수 없는 관행이나 제도는 결국 소멸할 수밖에 없다. 생물은 결국 종의 재생산 문제로 삶을 환원시킨다.

일반적으로 초식성 동물은 새끼가 자력으로 먹이를 구할 수 있는 단계에 이르면 따로 먹이를 공급할 필요가 없어진다. 이에 많은 초식동물은 편친가족이다. 육식성 동물은 편친만으로 먹이의 확보가 어렵기 때문에 양친이 협력하지 않으면 안 된다. 여기에 암컷이 한 번에 얼마나 새끼를 낳고 어느 정도 큰 새끼를 낳느냐, 성장속도는 어떠냐에 따라 가족의 형태가 달라진다. 어류는 수컷이 자식을 양육하는 종이 암컷이 양육하는 종보다 2배에 달한다. 물고기의 암컷이 자식 양육에 소홀한 이유는 시즌에 몇 차례 산란을 하기 때문이다. 눈앞의 알과 새끼에게 전력투구하는 것보다는 다음의 산란을 위해 영양을 보존하는 게 새끼의 생존율에 유리하기 때문이다. 어류의 세계에서는 알이나 치어를 돌보는 일이 암컷에게는 비용이 크지만 수컷에게는 비용이 거의 들지 않는다. 이것이 어류에 모자가족보다 부자가족이 더 많은 진화의 이유이다. 가시고기의 수컷은 부성애의 대표적 사례이다.

그러나 조류에 이르면 90% 이상이 암수가 함께 새끼양육에 참가한다. 조류는 알을 둥지에 낳기 때문에 포란과 새끼양육에 수컷의 참여도 가능해진다. 새는 핵가족, 포유류는 모자가족이 득세를 하는 것은 모두 적응의 결과이다. 진화의 선상에서 난자의 생산이 적으면 어쩔 수 없이 모자관계가 강해질 수밖에 없다. 포유류에서 소수이기는 하지만 암수가 함께 자식을 양육하는 핵가족과 확대가족, 혼성가족을 이루는 경우도 있다. 여기에 인간이 해당한다. 부모가 자식을 보호하고 먹이를 주어 양육하는 일정 기간 자식과 함께 생활하는 동물은 조류와 포유류인데 이 두 개 그룹을 합쳐도 전체 동물의 1%에 불과하다. 여기에 어류, 양서류, 곤충류의 종을 합해도 2~3% 정도이다.

이야기를 다시 돌리면 새끼를 기르기 어려워질수록 암수는 핵가족을 이루는 경향이 있는데 이는 서로 상부상조하면서 새끼를 기르는 데 핵가족이 유리하기 때문이다. 이때 수컷은 먹이 확보에 나서는 것이다. 조류의 90% 이상이 핵가족이다. 일처다부냐, 일부다처냐는 실은 새끼가 살아남을 수 있는 환경과 밀접한 관계가 있다. 새끼가 살아남을 수 없다면 어느 쪽이든 채택되지 않는다. 핵가족 이외에 확대가족을 이루는 경우는 조류에서는 220종 이상, 포유류에서는 120종 이상으로 알려져 있다. 심지어 확대가족에는 비혈연자가 포함되는 경우도 있다. 가족을 형성하여야 하는 이유 가운데 체온의 유지는 중요하다. 조류와 포유류는 항온동물로 새끼를 방치할 수 없다. 조류와 포유류에서 어떤 형태로든 가족이 진화하는 이유는 여기에 있다.

조류에서 확립된 핵가족은 폭넓게 변이를 보이는데 이는 수컷의 암컷에 대한 의심증과 자신의 유전자를 남길 확률이 높아짐에 따라 암수의 입장이 달라짐에 따르는 현상이다. 일부일처를 중심으로 일처이부, 일부이처 등의 양상을 보인다. 수컷의 입장에서 보면 일부이처>일부일처>일처이부의 순으로 유전자, 즉 새끼를 남기는 확률이 높아진다. 이에 비해 암컷의 입장에서는 일처이부>일부일처>일부이처의 순으로 새끼를 남기는 확률이 높아진다. 말하자면 양성이 서로 다른 이해관계에 있게 되는 셈이다. 이런 이해관계는 동성 간에도 생기는데 새끼살해를 통해 암수를 차지하려는 전략에 이어 다시 수컷 간의 싸움으로 인한 손해를 만회하기 위해 암컷은 싸움에 진 수컷을 묶어 두려고 노력한다.

인간에 이르면 가족의 형성과 가족의 붕괴가 동시에 일어나게 특징을 보인다. 여기엔 수컷의 의심증이 크게 작용한다. 여기엔 물론 진화의 선상에서 인간의 성의 큰 반전인 '생식으로서의 성'이 아니라 '쾌락으로서의 성'이 크게 작용한다. 남자(남편)는 여자(아내)가 낳은 아이가 자신의 유전자라는 확신을 할 수 없다. 아내의 바람기와 수컷의 의심이 초래하는 숨바꼭질과 혼외정사의 문제이다. 체내생식을 하는 동물의 수컷은 암컷이 과연 자신의 자식을 낳아 줄지에 대해 확신을 하기 어렵다. 수컷(남자)의 의심증은 질투로 나타난다. 우리가 익히 아는 정조대, 음부봉인, 음핵절제 등은 여자의 성행위를 방지하는 제도이다. 일부 이슬람 사회는 특히 강하다. 이 밖에 후드로 여자의 얼굴을 가리게 하거나 처녀 테스트, 정조보증제도 등 여자의 혼전·혼외 성행위를 방지하는 사회도 있다.

여자에 대한 의심증은 아내에 대한 폭력과 살인으로 이어진다. 일반적으로 여자의 질투보다는 남자의 질투가 심한 것으로 조사되고 있다. 남자의 강한 질투는 실은 자식양육에 대해 드는 남자의 비용이 큰 때문이다. 만약 여자(아내)가 바람을 피우면 남자(남편)는 자신의 유전자를 후손에게 전수하는 데에 결정적으로 실패하게 될 위험에 처한다. 이에 비해 남자의 외도는 여자에게 바로 생물학적 불이익을 가져오는 것은 아니다. 여자가 남자의 외도에 대해 관대한 이유는 남자의 외도가 여자에게 불이익을 가져다주는 시점은 남편이 외도 상대인 여자나 그 자식을 물질적, 경제적으로 지원할 때이기 때문이다. 만약 그런 불이익만 없다면 그야말로 남자의 외도는 바람에 그치는 것이다. 남편이 가진 전부를 가족에게 붓고 가족을 생물학적으로 지탱하는 한 여자에게는 남편의 외도가 생물학적으로 문제가 되지 않는다.

육체적으로 보면 남자는 여자보다 체중에서 약 20% 무겁고 신장 면에서 5~10% 정도 크다. 이것에 기초하면 인간은 약한 일부다처형에 속하는 동물이다. 남자의 몸이 근육질인 데 반해 여자는 몸 전체가 곡선을 띠고 풍만하다. 여자는 사춘기에 피하, 복강에 지방을 축적하기 때문이다. 남자에 비해 여자의 조숙함은 인간종의 매우 큰 특징인데 여자의 풍만한 몸, 높은 지방비율(체중의 4분의 1, 남자는 체중의 8분의 1)은 일종의 잉태될 자식을 위한 비축에너지라고 볼 수 있다. 여자의 유방은 자식을 위한 젖의 생산과 수유, 지방과 같은 계열로 볼 수도 있지만 여자의 제2차적 외부생식기관 중에 속하는 것으로 보는 편이 옳다. 여자의 유방은 몸의 크기로 볼 때 고릴라, 오랑우탄, 침팬지에 비해 매우 크고 눈에도 잘 띈다. 여자의 유방은 또 사춘기에 부풀어 오른 후 수유가 끝나도 크게 줄어들지 않는다는 점이 특징이다. 여자의 유방은 일종의 남자를 유혹하기 위한 것에 가깝다.

남자의 고환은 침팬지에 이어 큰 고환을 가졌으며 오랑우탄, 고릴라의 순이다. 인간은 침팬지만큼 난혼적이지도 않고 일부이처 정도의 오랑우탄에 가까운 편이다. 남자는 누구든 사춘기가 되면 강한 성욕에 이끌린다. 이것이 종종 사회적 성범죄를 야기하지만 남자의 성욕과 성적 쾌락은 자신의 후손을 남기기 위한 필수 메커니즘이다. 남자는 첫 번째 성행위에서 쾌락을 경험하게 되는데 이는 점점 포지티브 피드백으로 성행위를 강화하게 된다. 이 세상에 여자의 누드 사진이 만연하고 있는 것은 남자의 성욕이 시각에 쉽게 반응하기 때문이다. 이에 비해 여자는 첫 성경험에서 쾌락을 얻지 못하는 경우가 많으며 쾌락 자체가 정애(情愛)에 가깝다. 여자는 성에 소극적이다. 이성과 생식활동을 함으로써 번식성적이 높아지는 수컷으로서의 남자와 상대를 신중하게 선택하여야 번식성적이 높아지는 암컷으로서의 여자는 어떻게, 어느 지점에서 양자의 목적과 이해를 충족시킬까.

남자의 정액에는 일종의 페르몬인 '프로스타글란딘 E'라는 호르몬이 있다. 이 호르몬의 기능은 여자의 자궁의 평활근(平滑筋)에 수축운동을 일으킨다. 이는 수정을 달성하기 위한 남자의 생리적 메커니즘이다. 남자는 정자의 양을 조절하기도 하고 여자는 오르가슴을 조절한다는 주장도 있다. 여자가 오르가슴에 도달하면 질이나 자궁에 수축이 발생하는데 이때 자궁 내압은 마이너스가 되어 정자를 빨아들인다. 여자의 생식관은 여자가 호감을 느낀 사람의 정자를 적극적으로 빨아들인다는 주장도 있다. 정자응집소는 원하지 않은 사람의 정자에 항원항체 반응을 일으킨다. 자궁에 의해 태아가 선택된다는 주장도 있다. 예컨대 사회적 지위가 낮은 암컷은 아들보다 딸을 많이 낳는 경향이 있는 것으로 확인된다. 우리가 이해하는 것 이상으로 남녀의 몸은 이미 자신의 유전자를 성공적으로 후손에게 물려줄 전략을 숨기고 있는 셈이다.

어쨌든 모자가족에서 핵가족으로 진화하려면 수컷과 새끼의 생물학적인 부자관계가 영향을 주어야 한다. 인간의 직립보행과 큰 뇌는 여자로 하여금 남자를 가정에 잡아 두지 않으면 안 되는 결정적 요인이 된다. 직립보행은 장기를 받칠 튼튼한 골반을 요구하고 동시에 대소변과 생식을 위한 골반바닥의 구멍을 요구한다. 여자의 경우 그 구멍은 더욱더 클 것을 요구받게 된다. 직장과 산도(질)와 요도가 지날 공간을 확보해야 하는 것이다. 이때 골반바닥의 구멍은 장기를 지탱한다는 점에서 작아야 하며 반면 직장과 산도와 요도를 위해서는 되도록 큰 구멍을 요구하는 이율배반에 빠지게 된다. 여기에 생물학적으로 적응한 것이 조산(早産)이라는 것이다. 그러나 조산은 미숙아를 초래하고 미숙아를 키우기 위해서는 남자의 협력 없이는 불가능하다.

따라서 남자의 협력을 얻어 내기 위해서는 여자의 전략이 필요하다. 크고 매력적인 유방, 겉으로 드러나지 않는 배란, 여자의 성행위 일수의 확대가 그것이다. 특히 여자의 경우 남자를 성적으로 유혹하기 위해 유방의 크기가 늘어나고(가슴과 히프의 크기가 비슷한 미인대회의 기준으로 볼 때 이는 두 발로 걷는 인간의 가슴에서 네발로 걷는 동물의 히프를 느끼게 하는 생물학적인 전략이다) 두개골 용량의 증가에 따르는 출산의 위험을 줄이기 위해서 조산이 늘어날 것이란 것이 진화론상의 예견이다. 생물학적인 조건이나 기반은 종종 철학적이고 종교적인 인간의 요구를 압도하고 무시하게 된다. 생물학적이고 진화론적인 특성은 다른 모든 문화적 요구들의 바탕이 되고 심지어 다른 요구들을 부차적이게 하거나 사라지게 한다. 그런 점에서 섹스는 단순히 동물적인 본능이 아니라 차라리 본성이며 인간조건의 가장 확실한 토대임을 인식하게 한다.

남자의 큰 고환은 남자들끼리의 수정경쟁뿐 아니라 여자의 빈번한 성행위의 요구에 적응한 결과이다. 보다 많은 여자에게 자신의 유전자를 공급하려는 포유류의 바람둥이 수컷을 여자는 결국 가족이라는 테두리에 협력자로 잡아 두는 데 성공하지 않으면 안 된다. 남자도 스스로 협력자가 되지 않으면 안 되었다. 협력하는 것이 자신의 유전자를 후손에게 성공적으로 공급하는 전략이 되기 때문이다. 여자는 '호색형 남자'보다는 '가족형 남자'를 선호하게 되었다. '가족형 남자'는 여자의 번식속도를 높이는 것은 물론이고 자식의 생존율을 높임으로써 결국 생태학적 선택에서 성공한다. 가족은 이 밖에도 남자의 지아비성과 여자의 지어미성, 부성과 모성에 의해 강화된다.

수컷과 새끼의 생물학적인 부자관계가 핵가족의 진화에 영향을 준다. 여자의 수명이 남자보다 긴 것은 의미심장하다. 특히 폐경 이후의 여자의 수명은 자식이 낳은 손자의 생존율을 높이는 데 공헌하고 자식이 폐경에 도달해 손자의 탄생을 기대할 수 없게 되면 종료토록 설계되어 있다. 여자가 오래 사는 것은 손자 보기를 통해 안정적으로 유전자를 보호하는 데에 요긴하지만 남자는 자신의 번식임무를 끝낸 상태이니 더 이상 오래 살 필요가 없다. 그러나 여자가 오래 사는 것이 반드시 행복한 것은 아니다. 여자는 대체로 과부가 되는 경험을 가지고 있다. 만약 첫 남편이 사망한 뒤에 노년기까지 다시 배우자를 만나게 되면 남편의 사망을 여러 번 경험해야 하는 '팔자 사나운 여자'가 될 수도 있다.

남녀의 문제를 진화와 적응의 맥락으로만 보는 것은 생태학적 결정론이라는 결함이 있지만 도덕이나 철학을 위해 인간의 삶이 존재하는 것처럼 생각하는 것보다는 장기적인 안목에서 유효하다. 도덕이나 철학이라는 것도 결국은 인간의 번식과 번영과 행복과 쾌락을 위해 봉사하지 않으면 무의미하다.

그러나 반드시 인간이 자식의 번식을 위해 존재하는 것은 아니다. 인구의 증가는 생식에 대한 압력을 줄여 왔으며 쾌락의 필요를 높여 왔다고 볼 수 있다. 과학의 발달은 이를 지원하고 있다. 피임기술의 발전은 그 대표적인 것이다. 성풍조의 변화, 여성의 임신기피, 이혼율의 급증, 독신여성의 증가, 결혼연령의 고령화 등이 두드러진다. 특히 여성의 성적 만족에 대한 욕구는 강화되고 있다. 오르가슴을 제대로 경험한 여성의 비율이 과거에 크게 높지 않았지만 점점 이에 대한 여성의 욕구는 증가하고 있다. 만혼이든, 독신주의자든, 이혼이든, 재혼이든 여성에게 선택의 폭이 넓어진 공통점을 갖는다.

인간에 이르는 기나긴 진화과정은 결국 양성은 생식의 문제에서 쾌락의 문제로 넘어오게 되는 셈이다. 여기에 욕망이 개재된다. 말하자면 인간의 복혼제, 특히 일부다처제에는 단순히 생식의 문제가 아니라 쾌락의 문제가 되고 쾌락의 문제는 권력의 문제와 맞물리게 된다(생식 → 쾌락 → 권력). 여기서 문제의 핵심은 권력이 성을 억압한다는 점이다. 권력을 가진 자가 '그렇지 못한 자'의 성을 억압하고 다스리고 지배하고 심지어 노리갯감으로 즐기게 되는 것이다. 물론 여기에도 진화의 목적인 유전자의 복제사업이 완전히 도외시되는 것은 아니다. 그래서 인간에 이르면 가족과 성, 권력의 문제가 더욱더 복잡다단하게 전개되고 심지어 도착적인 현상도 발생하게 되는 것이다. 성에 대한 억압과 이로 인한 동성애와 양성애 등은 좋은 예이다.

여성에게 많은 선택의 폭과 자유가 주어졌지만 그래도 이혼으로 붕괴된 가족이나 모자가족의 곤궁은 일반적 현상이다. 인간은 남녀의 협력으로 가족을 이루면서 살아가는 포유류이다. 또한 생식과 부양능력으로 볼 때 일부이처나 일처이부가 적당하다는 주장도 있다. 이는 혼외정사, 외도만을 이유로 쉽게 이혼을 하지 말아야 된다는 것을 말한다. 특히 여자는 이를 명심할 필요가 있다. 혼전 성경험도 여자에게는 남자의 질투를 유발할 수 있다는 점에서 조심하여야 한다. 또 남녀고용기회균등법 채택 이래 인생의 후반에서 가족 없이 혼자 살아가는 사람이 늘어나고 있다. 과연 이것이 행복일까. 비용은 많이 들고 이득은 적다면 자유마저도 개선해 볼 필요가 있다.

부부가 자식을 기르지만 거꾸로 부부도 자식을 통해 서로의 입장을 이해하고 협력적이 된다는 점도 유념할 필요가 있다. 인간의 문화에서 일방적인 시혜는 없는 것이다. 남녀는 모두 자신의 파트너에게 성실하여야 하지만 특히 여자의 성적 불성실은 가족의 붕괴를 가져오고 돌이킬 수 없는 참사를 불러옴을 경계하여야 한다. '바람난 남편'보다는 '외도하는 아내'의 문제가 가정에 더 심각한 위기를 불러온다는 것은 육아와 교육 등 가정에서의 여성의 역할이 크기 때문이다. 이혼율의 증가와

함께 여성이 아이와 함께 새로운 남편을 만나서 재혼하는 일이 빈번해
짐에 따라 가족갈등에 따른 청소년문제는 심각한 사회문제화되고 있다.
이혼율을 낮추는 노력이 훨씬 사회의 안정에 기여할 것이다.

4. 미셸 푸코의 성의 고고학

성의 문제를 권력과의 상관관계 속에서 행한 가장 최근의 괄목할 만
한 연구는 특히 미셸 푸코(Michel Foucault)에 의해서 본격적으로 시작되
었다고 해도 과언이 아닐 것이다. 물론 그의 연구는 주로 서구문명권에
한정되어 있다. 최근에 그의 일련의 연구는 이성에 대한 격렬한 비판으
로 일관되어 있다. 그의 결론은 권력의 앞잡이는 이성이라는 것(진정한
이성도 아니다)이고 이성은 자신의 말을 듣지 않은 '이탈의 인간들',
'광기의 인간들'을 정신병동에 가두어 권력을 유지한다는 것이다. 이성
이야말로 가장 큰 광기 혹은 냉엄한 광기인지도 모른다. '기득권의 이
성'(권력화된 이성)은 자신 이외의 다른 이탈자와 광인들을 용납하지
못하는 옹졸한 것이다. 왜냐하면 기득권자들이야말로 다른 이탈과 광
기의 위험성과 도전을 알기 때문이다. 그러면서도 기득권자들은 문제
가 발생하면 합리적으로 해결하자고 선전한다. 계속적으로 열린 자세
를 갖지 않는 합리성이란 가장 위험한 광기이다. 이것이 바로 파쇼이고
나치즘이고 공산사회의 전체주의이다.

푸코의 "성의 역사" 3부작은 이성에 대해 극단적인 비판은 아니지만
적어도 그러한 기반을 다져 가는 내용과 분위기로 구성되어 있다. 이성
은 성을 다스리지만 결코 성을 근본적으로 막는 것이 아니고 은밀하게
성의 목적인 재생산을 달성하면서 쾌락도 즐기는 것으로 묘사되고 있
다. 어느 하나의 일방적인 승리가 아니다. 푸코는 "성의 역사" 3부작인

제1권 "앎의 의지", 제2권 "쾌락의 활용", 제3권 "자기에의 배려" 등을 냈다.

제1권 "앎의 의지"에서는 성에 대한 담론은 성에 대한 억압에도 불구하고 17세기에 교회나 수도원의 금욕적 전통에 의해 율법에 따른 '고백'과 '자신의 욕망'을 담론으로 늘어놓아야 한다는 등으로 결과적으로 늘어났고 18세기에는 정치적, 경제적, 기술적 선동에 의해 늘어났음을 말하고 있다. 19세기에는 정신의학, 인구통계학, 생물학, 의학, 심리학, 윤리학, 교육학 등에서 서로 다른 담론을 폭발시킴으로써 해체되고 흩어지고 증식되었다. 끝내 자연에 반하는 성도착의 여러 징후들이 별개의 차원으로 자리 잡는다고 한다.

제2권 "쾌락의 활용"에서는 성의 즐거움을 도덕 혹은 법률과의 균형 잡기를 통해 획득해 가는 과정을 보여 준다. 말하자면 도덕 혹은 법률을 위해 성을 포기하는 것이 아니고 보다 은밀하고 슬기롭게 두 가지를 함께 운영하는 측면을 보여 준다. 이는 '타 아프로디지아(ta aphrodisia: 관능적 쾌락)', '엔크라테이아(enkrateia: 도덕적 절제)' 사이에서 균형 잡기와 동시에 양생술을 발달시켜서 보다 안정적이고 장기적인 즐거움을 누리게 한다. "우리는 쾌락을 위하여 창녀를, 매일매일의 시중을 위하여 첩을 또 합법적인 후손과 가정의 충실한 관리를 위하여 아내를 얻는다"(푸코, 1984 이규현 1990, p.159.)는 대원칙에 의해 가정관리술을 발달시킨다. 요컨대 "충실한 남편은 결혼을 다른 여자와 가지는 모든 성적 쾌락의 포기와 연결시키는 자가 아니라, 결혼에 의해 여성에게 인정된 특권들을 끝까지 지켜 주는 사람이다."(푸코, 위의 책 pp.180 – 181.)

일부일처제는 여자에게만 해당되는 것이었다. 여성이 자신의 아이를 안전하게 키우기 위해서는 남자에게 독점적 책임을 지웠지만 이것이 오히려 여성을 가정에 가둔 장본인이다. 일부일처제는 여성만을 묶어 놓은 것이었다. 남성들이 일부일처제 때문에 아내 이외의 다른 여자를 보지 않는 경우는 드물다. "여성은 집 밖에서 시간을 보내는 것보다 집 안에 남아 있는 것이 더 좋으며 남성은 집 안에 있는 것보다 바깥일에 몰두하는 것이 더 좋다."(푸코 1984, 이규현 1990, p.175.)

제3권 "자기에의 배려"는 나아가서 쾌락을 더욱더 은밀하게 발전시켜 나가는 과정으로서 꿈을 분석한다. 고대 아르테미도르(artemidore)의 저술 "해몽의 열쇠"는 꿈을 두 가지 형태로 구분하는데 에누프니온(enupnion)과 오네이로스(oneiros)가 그것이다. 에누프니온은 "영혼이 움직이는 방향으로 같이 따라가는, 주체가 처한 현재의 감성상태를 나타내는 것"이다. 다시 말해서 육체의 영역에 있어서 결핍과 과도함을, 영혼의 영역에 있어서의 두려움이나 갈망 등을 나타낸다. 오네이로스는 "시간의 연쇄 속에 이미 존재하고 있다가 조만간 다가올 미래에 하나의 사건으로 나타나는 것"이다(푸코 1984, 이규현 1990, p.2425). 꿈 이외에도 성적 쾌락은 자기함양을 통해 자연이나 이성의 보편적인 원리들에 점점 더 의거하게 된다. 이것은 정교화의 궁극적인 도달점은 자신에 대한 개인의 지배력에 의해 규정될 것이다. 이 지배력은 "자신과 관계설정에 있어 지배의 형태뿐만 아니라 욕망이나 장애가 없는 향유의 형태를 취하는 경험으로 확장될 수 있다."(푸코 1984, 이규현 1990, p.8687.)

이성은 끝내 성교에 있어서 마지막 자제력을 극도로 발휘해서 사정(射精)을 지연시키거나 억제하는 혹은 사정을 하지 않는 인내력과 기술을 발전시키게 된다. 이는 식욕의 쾌락은 많이 먹고서 로마시대 귀족의 식도락처럼 구토를 하면 되지만 성욕은 먹는다는 것이 실은 사정하는 것이기 때문에(사정하면 도로 집어넣을 수도 없다) 결국 사정을 하지 않는 것으로 발전하게 된다. 성도락(性道樂)은 식도락(食道樂)과는 이런 점에서 근본적으로 다르다. 우리가 흔히 수도하는 것을 성(性)과 욕(慾)으로부터 멀리하는, 금욕생활의 기술로 보게 되는데 이를 차라리 성(性)의 측면에서 보면 성(性)을 멀리하면서 어렵게 금욕생활을 하는 것으로 볼 것이 아니라 성적 쾌락보다 더 좋은 그 무엇을 추구하는 것으로 볼 수도 있을 것이다. 수도자들은 비밀스럽게 성의 쾌락보다 더 좋은 도(道)의 열락(悅樂: 涅槃)을 추구함으로써 욕망을 극복하게 된다. 수도자들은 어떤 점에서 슈도섹스(pseudo-sex)를 하는 셈이다. 도(道)는 섹스를 하지 않고도 섹스를 하는 열락을 얻는 것이라고 할 수 있다. 이것이 이루어지는 곳은 성기가 아니라 머리(깨달음)이다.

결혼행위나 정치게임에서도 자제의 전통적인 윤리학에 변화를 초래했는데 자제(自制)는 사람이 자기 자신에 대해 행하는 우월함과 한 가정의 범위에서 행하는 그것 그리고 마지막으로 투쟁적인 사회에서 행하는 그것 사이의 밀착된 관계를 의미했다. 자기에 대한 우월함의 실천은 다른 두 가지의 지배를 이성적으로 절도 있게 행할 수 있도록 해 주었다(푸코 1984, 이규현 1990, p.115). 자제의 윤리학은 우위의 관계가 사라진 것이 아니라 결혼생활의 불평등과 상호성 사이의 어떤 균형으로 대치되도록 하였으며 자기에 대한 권력과 타인에 대한 권력 사이에 일종의 분리작업을 행하게 했다(위의 책, p.116).

인간은 성의 역사에서 볼 때 결코 재생산의 생물학적 목적도 포기하지 않았고 성의 쾌락이라는 것도 포기하지 않았다. 둘의 아슬아슬한 균형을 취해 왔다. 쾌락의 맥락에서는 무엇보다도 육체가 중요한 테마로 떠오르게 되는데 건강과 성행위에 관한 생리학이 발달된다. 갈레노스의 사고 속에서는 성행위와 간질, 경련현상이 맺고 있는 관계들-예컨대 유사관계, 상사관계, 인과관계의 집합을 이해하게 하였다(위의 책, p.128). 성관계는 건강과 관련하여 긍정적 혹은 부정적 의미를 갖는다. 이러한 이중적인 의미는 사람에 따라서 다른 의미를 가지기 때문이다. 일괄적으로 좋고 나쁨을 말할 수 없다는 것을 알게 된다. 결국 "자기 몸을 최상의 조건 속에 있게 함으로써 성관계로 인한 해로운 효과들을 덜 느끼고자 한다면 다른 사람들보다도 훨씬 더 엄격한 자기 자신을 돌보아야 한다"는 것이 남는다. 성행위는 그것 자체가 악한 것도 아니며 금욕이 반드시 좋은 것도 아니다(위의 책, p.141). 쾌락에서 최상인 것은 "인간이 영혼의 욕망과 육체의 욕구에 의하여 동시에 재촉받을 때 성행위에 전념하는 것"이다(위의 책, p.153). 쾌락의 합리적인 관리를 위해서는 "쾌락의 유혹과 상관없이 또 마치 쾌락이 존재하지 않는다는 듯이 아프로디지아를 행하는 것이다."(위의 책 p.159.)

부부유대, 독점의 문제, 결혼의 쾌락도 중요한 주제가 된다. 부부유대는 "부부생활의 기술은 자아계발의 필수 불가결한 일부분"이 되고 "배우자는 자신과 동일한 존재로 그리고 지신과 함께 실체적 단일체를 형성하는 원소로 취급되어야 한다." 이는 "철학에서는 여자 – 아내가 무엇보다도 타자로 평가되지만, 남편은 그녀를 자기와 함께 단일체를 구성하는 요소로 인정해야 한다"는 것을 뜻한다(위의 책, pp.182 – 183).

독점의 문제는 간통의 규정에서 드러나는데 "혼외 성관계에서 간통을 구성하는 것은 여자가 기혼이라는 사실, 오로지 그 사실뿐이다." 간통은 두 남자(여자를 뺏은 남자와 그녀에 대해 합법적인 권리들을 가진 남자) 사이의 문제였던 것이다. 물론 부부의 대칭적 정절이 주장되기도 하였다. "결혼은 두 파트너 사이의 대칭적 정절을 요구하는 경향을 지니면서도 또한 남편의 아내에 대한 애착과 아내의 남편에 대한 신중함이 조화되어야 하는 타협의 장소를 구성하기도 한다. 남편이 밖에서 얻는 쾌락은 거기서는 더 이상 그의 신분적 우월성을 인정하는 결과가 아니다. 그것은 아내가 자신의 명예를 보전하면서도 또한 양보와 관용을 통해 그에게 자신의 애정을 증명해 보이는 만큼 남편 스스로가 더욱더 제한해야 하는 어떤 품행상의 과실의 결과이다."(위의 책, p.195.)

결혼의 쾌락에서는 매우 중용적인 입장이 주조를 이룬다. "지나친 엄격함과 너무 외설스런 행동 사이에서 중도를 발현하여야 하며 남편은 한 여자를 아내인 동시에 정부처럼 관계할 수 없다는 것을 끊임없이 기억해야 한다.”(위의 책 p.197.) 또 “남자든 여자든 지나치게 까다롭고 엄격하게 굴지 않아야 하며 또 너무 쉽게 방종에 빠져서도 안 된다.” “훌륭한 아내는 자신이 먼저 남편에게 접근해서도 안 되지만 남편의 접근을 귀찮아해서도 안 된다. 첫 번째 태도는 창녀의 냄새를 풍기는 뻔뻔스러운 느낌이 있고 두 번째 태도는 매정한 거만함이 보이기 때문이다.”(위의 책, p.201.)

부부 사이에 쾌락의 활용과 쾌락의 목적을 분리하려는 요구는 그 활동 자체의 내적 평가절하를 지향할 것이지만 그러한 제한과 평가절하는 결혼 내부에서 성관계의 중요성과 의미를 강화시키게 되는 또 다른 과정을 동반한다. “부부의 성관계들은 결혼에서 단순한 하나의 권리이자 표명이 아니고 애정, 애착, 상호성의 관계라는 일련의 관계들 안에 위치해야 한다. 목적으로서의 쾌락은 없어져야 할지라도 그러한 윤리의 적어도 가장 미묘한 몇몇 정식들에서는 쾌락이 부부간의 애정표현의 요소로서 이용되고 있다.”(위의 책, p.206.)

푸코는 일련의 저술에서 무엇보다도 이성이라는 것이 성을 무턱대고 억압하고 금지의 대상으로 하기보다는 교묘하게 때로는 중도의 입장에서 관리하는 것임을 강조한다. 권력과 성의 관계는 어느 한쪽의 일방적 승리나 극단적 경도보다는 양자의 균형 잡기, 더 정확하게는 생물로서의 재생산의 담보와 쾌락을 인정하면서도 동시에 이것을 관리하고 절제하게 하는 이중적 전략을 가진 것이다. 그래도 이성은 다른 이성에 대해서는 경쟁적이었지만 성에 대해서는 탄력적으로 대처하면서 효용성과 필요성을 인정해 주는 편이었다.

그의 일련의 저작들은 지식의 고고학적인 업적에 포함하여야 할 것이다. 물론 그는 성에 대한 문화상대주의적(cultural relativism), 더 정확하게는 비교문화인류학(cross-cultural anthropology)의 입장에 있는 것은 아니다. 유럽적 전통을 담론의 중심에 두고 있다. 그럼에도 불구하고 그는 유럽사회에서 일어나는 권력과 성에 대한 사실을 잘 파악하고 그 구조와 메커니즘을 폭로함으로써 이 분야에 새로운 지평을 열었다.

이성이란 것은 특정한 조건 위에 성립된 잠정적 원리에 지나지 않는다. 그럼에도 이성의 유행적 특성을 은폐한 게으른 이성주의자들은 그리고 그것의 모방자들과 광신도들은 국제적으로 이미 기성품이 되어버린 지식을 절대적으로 신앙하면서 아무런 권력의 도구도 가지지 않고 방어태세도 취하지 않은 '무장해제의 지식', '비폭력의 열린 지식', '미래를 위한 젊은 지식'을 탄압한다. 또 이들을 감옥에 가두기도 하지만 탄압의 냄새를 지우기 위해 정신병동에 가둔다. 정신병동이라는 것은 확실한 치료를 하는 곳도 아니어서 병원인지, 감옥인지 애매하다.

권력은 인간이 자연의 돌연변이이듯이, 자연에서 돌연변이로 나타나 자연을 지배하는, 남성이 여성을 지배하는 것인지도 모른다. 어떻든 권력은 인간에 이르러 수컷(남성)과 암컷(여성) 사이에 일어난 모종의 배반의 역사의 기록이다. 유전자상으로는 취약하기 그지없는 돌연변이인 정자 Y가 자신의 불확실성과 불안을 이기지 못해 오랜 세월 동안 건설된 인간왕국, 아니 자연제국을 향해 일으킨 쿠데타였던 것인가. 예컨대 어느 날 암컷 X는 자신의 재생산을 확실하게 보호해 주고 보장해 줄 수컷 Y가 필요했다. 그래서 자신의 X의 프로그램을 조금 바꾸어 '강한 뼈와 근육을 가졌으며 좌뇌(左腦)가 큰 Y라는 염색체'를 만들어 낸다. 말하자면 X의 전사였던 셈이다. 그런데 그 전사는 X에게 반기를 들고 X의 성(城)을 점령해 버렸다. 보호는 하되 종으로서가 아니라 주인으로서 한다고 선언했다.

Y는 하나의 방향을 가지고 있다. 그가 선택한 방향은 인간에게 행복을 보장할 것인지는 미지수이다. 유전자 XX는 자신을 따르는 수많은 백성(세포)과 자신의 덕을 전복당한 채 Y의 종이 되어 버렸다. 자연계의 먹이연쇄는 생존경쟁을 하더라도 결국에는 서로의 보시(布施)를 통

한 공생과 균형을 원한다. 그러나 권력경쟁은 과연 그렇다고 믿을 만한가. 권력경쟁은 끝이 없다. 만약 인간권력이 스스로 자제하는 것에 실패한다면 인간은 자신의 이기적인 성향에 의해 지구상에서 절멸의 위기를 맞이할지도 모른다. 만약 그렇지 않다면 권력은 인간 유전자의, 인간 두뇌의 잘못된 프로그램이다. 그러나 그 프로그램은 스스로 폐기될 수 없어 결국 자연에 재앙을 가져오고 끝날 것이다. 혹시 Y유전자가 핵폭탄을 만든 최고지휘자, 007시리즈에 나오는, 지구의 멸망을, 우주의 멸망을 바라는 악의 사령탑은 아닌가. 자연은 인간을 만들어 인간에게 배반당하고 인간은 또 로봇(기계인간)을 만들어 로봇에게 배반당할지도 모른다.

제3장 상징적으로 본 남성과 여성

1. 상징과 실재

생문화적 연구라고 해서 상징을 등한시하지 않는다. 상징이야말로 생태학적 숨은 이유가 있으며 상징이란 복합적이고 역설적이고 이중적인 인간과 인간문화의 모습을 동시에 포용하는, 다시 말하면 복잡한 문화를 단순하게 압축하는 힘이 있기 때문이다. 상징은 비유와 은유와 풍자로 보다 복잡한 세계와 심지어 초월적인 세계까지도 포함한다. 상징은 상상력의 세계와 생태학적인 세계를 동시에 내포하고 있는 기호의 세계이다.

남성과 여성에 대한 상징은 동서양이 다르지만 대체로 생물학적인 특성과 이것을 기초로 성립되었다고 보면 크게 망발을 아닐 것이다. 그런데 이 상징은 생물-생태학의 같은 방향의 것도 있고 때때로 반대방향의 것도 동시에 있다. 이는 상징이라는 것도 결국 생물-생태학적인 조건을 도외시할 수 없어 그것의 연장선상에 있지만 때때로, 부분적으로 역사와 환경(시공간)에 따라 일시적으로 그것을 배반하는 문명과 문화의 역설과 일탈이 있음을 말한다.

인류문명사를 보면, 특히 가부장사회를 기준으로 보면 남성은 우선 하늘(天), 여성은 땅(地), 남성은 권력(權力), 여성은 출산(出産), 남성은 전쟁(戰爭), 여성은 평화(平和), 남성은 사냥, 여성은 농사, 남성은 뼈대(骨), 여성은 살점(肉), 남성은 큰 것(大), 여성은 작은 것(小) 등 남녀를 대칭적 상징으로 보는 것이 보편적인 현상이었다. 이를 동양문화권에서는 우주 삼라만상에다 확대하여 음양과학체계로 만들었지만 그렇지 않은 서양에서도 마찬가지였다.

우물 정(井) 자는 여성을 표상하는 대표적인 상징이다. 인간이 집단을 이루고 촌락을 구성하고 나아가서 부족을 구성할 때는 먹을 물과 농사지을 물이 필수적이다. 그래서 예부터 마을은 강을 중심으로 형성되었으며 마을 안에는 우물 정(井)이나 샘 천(泉)이 있게 마련이었다. 그런데 재미있는 것은 이들이 여성을 상징한다는 것이다. 땅에는 우물(井)이 있고 하늘에는 천정(天井)이 있다. 사람들은 흔히 우물을 통해서 하늘로 올라갈 수 있다고도 생각했다. 자식을 출산하는 곳도 여성의 우물이요, 먹을 물과 농사를 지을 때 필요한 것은 우물이다. 자식농사라고 할 때 우물은 이중의 상징성을 갖는다. 우물은 하늘과 땅이 통하는 상징이다.

〈성(性)과 정전(井田)과 하도낙서(河圖洛書)〉

남성 (陽, ―)	文明 (天)	洛書相剋 9(＋1)
인간 (太極)	人 (人)	井田 9(10)
여성 (陰, ――)	自然 (地)	河圖相生 10(5)

〈성(性)의 지혜와 정전(井田)과 하도낙서(河圖洛書)〉

남성의 지혜와 상징	天井 (天元, 天玄)	9(＋1) 洛書
인간의 지혜와 상징	井田	9(－1) 稅金
여성의 지혜와 상징	丹田	10(5) 河圖

　이러한 상징적 이분법은 요즘의 과학과 같이 논리적인 과정을 통해 법칙을 도출하기 위한 '기계적 우주관'이라기보다는 차라리 우주를 일원상으로 상정하고 역동적 순환으로 보는 '순환적 우주관'의 산물이다. 말하자면 동양의 음양론은 본질적으로 일원적인 것이고 순환하고 조화되는 세계이다. 이런 순환의 우주관－이 신화적 우주관은 고대에는 양의 동서를 막론하고 함께 존재했는데 서양은 근대에 들어 '이성의 힘'을 빌려 과학적 우주관으로 발전시키고 여기에 근대라는 이름을 붙였다. 과학적 우주관이란 쉽게 말하면 '인과론의 직선'을 추구하는 것을 말하고 신화적 우주관은 '순환론의 원(圓)'을 추구하는 것이라고 말할 수 있다.

　과학은 신화를 말하더라도 인과적으로 설명하지 않으면 안 된다. 신화는 과학을 말하더라도 순환적으로 설명하는 길을 택한다. 과학은 시니피앙 － 하나의 법칙 － 을 추구하고 신화는 시니피에 － 영원한 순환 － 를 추구한다. 따라서 신화는, 예컨대 기독교 성경에서 원죄를 여성에게 두는 것은 인과론적인 차원이 아니라 그 원죄로 인해 심판이 있게 되는 것을 합리화하는 설정에 속한다. 이것은 죄(생명)와 구원(부활)의 순환이라는 거대한 우주적 차원의 기획에 봉사한다. 이런 신화의 상징적 분류법은 역사에서 인과적으로 적용되어 불평등과 차별의 원인이 되어 왔다.

　물론 위에서 예를 든 남녀의 성적 특성은 일견 맞는 부분도 없지 않다. 그러나 이것을 고정하여 적용하는 바람에 여성을 억압하는 기제로 작용하였다. 이러한 성적 차이를 '남존여비'(男尊女卑)의 이유로 삼은 것은 문명의 역설이고 모순이고 오류였다. 흔히 남성은 이성적이고 여성은 감성적이라고 하는 것을 예로 들어 보자. 물론 그러한 특성이 겉으로 보기에 없는 것은 아니다. 그러나 속으로 보면 여성이 감성적인 것은 이성이 부족하기 때문이라기보다는 여성이 남성보다 감성을 더 가져서 그런 것이었다. 이는 여성이 남성보다 하나 더 가졌기 때문에 더 가진 것은 기준으로 특성을 잡고 역할분담을 한 결과였다. 여성이 하나 더 가진 것은 여성의 발목을 잡은 것은 분명하다. 그 대표적인 것이 임신과 출산과 육아라는 것이다.

사랑하는 남녀가 똑같이 성교를 하고 나면 그 뒤에 임신을 하는 것은 여성이고 그렇기 때문에 여성은 본인이 좋든 싫든, 모성애가 있든 없든 그러한 부담을 가져야 하고 그것은 자연스럽게 출산과 육아를 책임지게 한다. 이것은 매우 생물학적인 특성과 시퀀스에 기인하지만 여성으로 하여금 사회적으로 피할 수 없게 가사를 책임지게 하고 이것은 자연스럽게 권력으로 향하는 기회를 박탈하고 권력으로부터 소외되는 메커니즘으로 발전한다. 여성은 남성보다 하나 더 가졌기 때문에 권력이라는 측면에서 불리하게 되었던 것이다. 여성이 감성적이라는 것을 가지고 비이성적이라는 족쇄를 채운 것과 똑같이 이유로 임신의 당사자라는 것을 가지고 여성을 가정 안에 가두어 버렸다.

음양의 상징과 원리는 무엇인가. 음은 형상적으로는 요철(凹凸)의 요(凹)를 의미한다. 쉽게 말하면 움푹 들어간 것이다. 이 움푹 들어간 것은 그동안 부정적인 이미지로 많이 사용되었다.

음에 속하는 것을 보면
짝수(偶) - 땅(地) - 어머니(母) - 여자(女) - 부드러움(柔) - 고요함(靜) -

아래(下) – 오른쪽(右) – 무거움(重) – 흐림(濁) – 어둠(暗) – 뒤(後) – 말단(末)
– 거꾸로(逆) – 작음(小) – 낮음(卑) – 가지(枝) 등이다.

물론 양에 속하는 것을 보면

홀수(奇) – 하늘(天) – 아버지(父) – 남자(男) – 강함(剛) – 움직임(動) – 위
(上) – 왼쪽(左) – 가벼움(輕) – 맑음(淸) – 밝음(明) – 앞(先) – 근본(本) – 바로
(順) – 큼(大) – 귀함(尊) – 줄기(幹) 등이다.

대체로 그동안 음은 '나쁜 것' 부정적인 이미지로 양은 '좋은 것' 긍
정적인 이미지였다. 그런데 세상은 점차 바뀌고 있다. 과거에는 양의
이미지가 좋은 것이었지만 이제 음의 이미지가 좋은 것이 되고 있다.
그럼으로써 거꾸로 되는 것이 아니라 남녀, 인간을 평등하게 제대로 놓
은 것이다. 남녀는 동등하고 역동적인 것이고 조화로운 것이다. 양을
앞세우면 갈등과 전쟁이 되고 음을 앞세우면 조화와 평화에 가깝게 된
다. 그런 점에서 음양조화(陰陽調和: 음이 앞서고 양이 뒤에 있다)가 옳
은 것이다.

동양의 음양사상은 남성은 양(陽), 여성을 음(陰)이라고 한다. 음인 여
성은 중간이 갈라진 둘(二: --)이고 남성은 갈라짐이 없는 하나(一: ▬)
인데도 이것을 음의 중간에 빈틈을 메운 것으로 보아 남성을 삼(三)이라
고 한다. 이것은 삼천양지(三天兩地)로 표현된다. 여기서 양은 음에 자신
의 왜소함을 은폐하기 위해 과장한다. 음의 갈라진 틈새로 나온 양은
음의 낳아 줌에 대한 고마움도 없이 오히려 자신이 나온 그 틈새를 일
(一)로 쳐서 삼(三)이라고 참칭(僭稱)하고 있다. 남성은 일(一)과 삼(三)으
로 여성인 이(二)를 포위하고 있다. 그래서 음양론이라고 음을 먼저 내
세우면서도 양은 높고 옳은 것이며 음은 낮고 옳지 않다고 한다. 남성
은 긍정적인 상징과 의미들로 채워져 있고 여성은 부정적인 상징과 의
미들로 채워져 있다.

음(--)과 양(▬)은 서로 상대적인 입장에 있긴 하지만 양은 처음부터

하나이기 때문에 절대를 상징하고 음은 처음부터 둘이기 때문에 상대를 상징한다. 따라서 음은 이미 양을 포용하는 것을 뜻하고 양은 음을 도외시하는 것을 뜻한다. 음은 이미 하나가 아닌 둘의 존재를 인정하는 것이므로 둘을 인정하는 것은 또 다른 둘과의 사이(빈틈)를 인정하는 것이 되고 이렇게 계속 상대적인 것을 인정하게 되면 계속적인 변환과정을 인정하게 된다. 이에 비해 양은 처음부터 절대인 하나를 고집하는 관계로 하나의 전진과 팽창만을 추구하며 진화의 최전선에 서 있게 되는 것이다. 다시 말하면 양은 음의 도움을 받아 계속 전선에서 전진하는 병사이고 음은 뒤에서 양을 뒷받침하며 후방에서 병참을 맡는 역할을 하는 셈이다. 우주의 기운은 머리는 양이고 몸통은 음인 동물이다.

음양과 남녀를 '말과 사물'로 비유를 하면 다음과 같다. 말은 양이고 사물은 음이다. 말은 남자이고 사물은 여자이다. 말은 추상적(문자 혹은 기호)이고 사물은 구체적이다. 말이 사물에 붙는 것이지 사물이 말에 붙은 것은 아니다. 말이 적극적이고 사물은 소극적이다. 말은 이름을 부여하는 자이고 사물은 이름을 부여받는 자이다. 말은 추상화하려 하고 사물은 구체화하려고 한다. 말은 처음부터 자기의 것이 아닌 것에 자기의 이름을 붙이면서 소유권을 주장하는 것이고 사물은 자신의 의사와 상관없이 이름 붙여진다. 자연이 인간에게 이름을 붙여 준 것이 아니라 인간이 자연에 이름을 붙여 주었다. 남자는 자기의 것이 아닌 여자에게 자기의 이름을 붙이면서 주인임을 공포한다. 이것이 권력이다. 권력은 그렇게 어처구니없는 것이고 허무맹랑한 것이다. 권력은 또한 앞서 있던 것이 뒤에 오는 것에 막을 수는 있어도 배반하지는 못한다. 권력은 항상 뒤에 오는 것이 앞서 있던 것을 배반하는 것이다. 앞선 국가는 뒤에 오는 국가를 막을 수는 있어도 결국은 뒤에 오는 국가에 지게 되어 있다.

여자는 자신의 의사와 상관없이(반드시 그런 것은 아니지만) 누구의 아내로 이름 붙여진다. 그렇다면 여자에게는 유혹이야말로 권력으로 가는 길인지 모른다. 권력을 가진 어떤 남자의 여자가 됨으로써 그 가정에서 아이를 생산하고 가족의 일원이 됨으로써 비로소 권력(아들을 낳으면 벼슬한 것 같다)을 얻게 되고 보다 확실한 가족구성원이 된다. 남편은 그녀를 버릴 수 있지만 아들은 결코 그녀를 버리지 않으므로 가장 확실한 권력을 얻는 셈이다. 물론 그렇지 않은 여자도 있다. 그러나 이런 경우는 일반적인 것이 아니다. 따라서 여자에게는 아름다움, 매력이야말로 가장 중요한 재산이다.

말은 처음부터 많았던 것이 아니라 점차적으로 많아진 것으로 따라서 적은 말에서 출발하여 많은 사물을 가리켜야 하기 때문에 경제적인 도구이다. 결국 말의 본질은 권력이다. 그래서 문화는 결국 권력이 된다. 말에 가까운 것은 권력에 가까운 것이고 사물에 가까운 것은 지배를 당하는 것이다. 남자는 말에 가깝고 여자는 사물에 가깝다. 겉으로 보아 추상적인 것은 권력이고 구체적인 것은 권력을 당하는 것이다. 인간은 사물에서 태어났지만 사물의 편이 아니고 말의 편에 선다. 신은 사물을 만들었는지 모르지만 인간이 말을 만든 것은 확실하다. 만약 신도 말이라면 인간이 만든 것이다.

우주는 확실한 것 – 도덕과 법칙 – 에서 출발한 것이 아니라 불확실성 – 욕망과 선택 – 에 의해 확실성으로 나아가고 있는 중이다. 확실성이란 일종의 중간과정의 내부적 질서회복에 해당하는 것이다. 하지만 우주는 낭비를 하면서 진화의 모험을 하고 있으며 그 모험(생사의 게임)에서 승리하는 종만이 생존을 보장받는다. 종의 생존을 위해 나를 희생하는 것은 당연하다. 실지로 나란 없다. 유전자를 공유한 종만이 있는 것이다. '나'라는 것은 인간이 만들어 낸 가공의, 언어적 유령에 지나지 않는다.

그런데도 인간은 조합과 선택의 과정을 인과의 과정으로 설명하려고 노력한다. 이것은 물리학적인 발상이다. 인과론을 포함한 선후관계로 사물을 보는 방식은 시간적 방식에 속하는데 시간적 방식이란 항상 출발과 원인을 먼저 따지기 때문에 그것에 비중을 높게 두어 도착과 결과는 출발과 원인에 따라 부차적인 것으로 밀려난다. 그렇게 보면 결국 다차원적이고 다선적인 우주에서 일차원적이고 단선적인 우주를 고집하게 된다. 그것이 종교적으로, 정치적으로, 과학적으로 독선과 독재와 절대를 낳게 된다. 만약 이것을 공간(시간개념을 떠난 일종의 場으로서)에서의 두 가지 이상의 조합으로 본다면 사태는 금방 달라진다. 조합에 의해 특정한 순열이 생기고 그것은 선후관계의 한 양상에 불과하다. 다시 말하면 선후관계란 많은 조합의 한 예에 지나지 않는다. 진화론의 장점은 인과관계를 포함한 선후관계를 여러 요소들의 조합의 결과로 받아들이고 조합을 인정한다는 점이다.

세계는 이성이 계획한 대로 그대로 진행되는 것이 아니다. 얼마든지 이성이 고려하지 못한 변수가 개입될 수 있고 실지로 미리 고려된 변수가 맞는지에 대해서도 확실할 수 없다. 이성은 '조합(組合)의 산물'이 아니고 '조건(條件)의 산물'이다. 어떠한 조건이 없으면 이성은 성립되지 않는 것이다. 그런 점에서 이성은 매우 잠정적인 것이고 중간기지와 같은 것이다. 이성의 재료는 언어인데 언어는 임시방편적인 분류학의 산물이며 그 층위는 언제나 가변적이고 불안정하다. 그것도 모르고 언어를 사용하는 인간은 자신이 마치 생성되는 사물을 붙잡아 두기라도 한 듯 독선하고 독재하고 절대를 선전한다. 언어는 잠시 사물을 붙잡았다고 착각하게 하는 인간의 그물에 불과하다. 인간은 변화하는 사물을 붙잡아 의식주를 마련하고 이용하기 위해 잠시 주인행세를 하는 것에 불과하다. 그것이 효과적인 이유는 우리가 언어를 사용하기 때문이 아니라 사물과 연결된 육체를 가지고 있기 때문이다. 언어는 본질적으로 비어 있는 허구의 것이다. 언어에는 실재가 없다. 그래서 언어는 비어 있기 때문에 여러 사물들을 담을 수 있다. 인간은 언어라는 도구를 잠시 사용하고 버리는 것이다.

그런데 문제는 이러한 언어를 오래 사용해 온 인간이 (그 오랜 인연 때문에) 언어가 실재하는 것으로 착각하고 때로는 그것으로부터 환청하고 환각하는 것이다. 언어의 상상력을 또한 그것에 무지개를 떠올리게 하고 한껏 부풀린다. 언어의 지시성보다는 상징성이 더 이런 사태를 일으키게 하는 장본인이다. 상상력은 언어의 그물을 더욱 크고 넓게 부풀릴 뿐만 아니라 새로운 세계를 만들어 낸다. 물론 언어의 이러한 상징성을 통해서 인간의 세계는 더욱더 커지고 폭넓어지고 이를 통해 역으로 인간을 이해할 수 있다. 하지만 결국 언어의 신기루에 속는 것은 어쩔 수 없다. 그러한 점에서 인간은 호모사피엔스가 아니다. 언어로 규정되는 모든 것은 실재하지 않는 것이다. 단지 이름만이 그것이다.

실재하고 있는 우주는 언어의 우주가 아니라 끊임없이 생멸하고 있는 우주이다. 생성되고 있는 우주는 생물학적인 관점에서 보아야 한다. 생물학적인 관점은 인과(因果) 이전에 조합을 인정하는 점이다. 생멸을 거듭하는 우주에서 '나(一)'란 없고 '우리(一切)'만 있는 것이다. '나'는 바로 원인이고 법칙이고 절대를 말한다. 물론 그렇게 볼 수도 있다. 생성되는 우주는 생물과 같은 것으로 '나(自我)'를 위하는 에고이스트의 과정이 아니라 보다 나은 '우리(梵)'를 위해서 나를 희생하는 과정인 것이다. 인과란 결과를 가지고 원인을 찾는 것인데 그것은 결코 생성되는 우주(생성체)를 알 수 없다. 존재된 타성태(과거체)의 우주만 알 수 있다. 생성론적 우주는 현재가 미래에 포함되어(열려) 있고 존재론적 우주는 현재가 과거에 포함되어(갇혀) 있다.

지구인의 입장에서 보면 태양은 양(생성)이지만 은하계의 입장에서 보면 태양계는 음(존재)이다. 우주는 거대한 음양의 집산(集散)이다. 만물은 보다 넓은 입장(열려진 입장)에서 보면 항상 음에 불과하고 보다 좁은 입장에서(닫힌 입장) 보면 항상 양이 된다. 자유와 욕망의 입장과 자본주의의 입장은 같다. 이상과 평등을 주장하는 사회주의 입장과 다르다. 여기서 욕망의 입장이 승리하는 것은 당연하다. 생물은 욕망의 존재이기 때문이다. 이상과 평등은 단지 집단 내부적 질서를 위한 것에 불과하다. 이상과 평등은 언어의 산물이다. 이성의 산물이다. 이성은 겉으로 보면 매우 이상적인 것 같지만 결국 독선과 독재와 절대에 빠지는 함정이다. 언어의 산물인 이성은 잠시(짧은 역사에서) 부분적으로(좁은 공간에서) 자신의 자를 들이대고 거대한 세계를 재려고 달려드는 만용에 불과하다. 이것이 이성의 폭력, 형이상학적 폭력이라는 것이다.

개체의 입장에선 사랑은 정지하고 싶은 것이다. 집단의 입장에선 사랑은 종의 영속이다. 남녀가 사랑을 하면 개체는 진화한다. 여성은 사랑을 하면 원하든 원하지 않든 재생산을 한다. 재생산은 진화의 밑바탕이다. 생물은 진화하면서 적(천적)과 동지(공생)를 만들고 경쟁과 협력을 동시에 할 줄 안다. 만물의 영장이 된 호모사피엔스는 종과 종 간의 관계에서 이제 종 내부의 관계로 무대를 바꾸게 되었는데 여기서 적과 동지, 나와 남의 관계가 애매모호하고 변화무쌍하게 되었다. 이 같은 권력경쟁은 때로는 환상과 거짓으로 점철되어 있기도 하다. 생존을 위한 권력경쟁이 아니라 권력경쟁을 위한 권력경쟁을 하는 셈이다. 드디어 인간은 환상(virtual reality)을 실재(reality)와 구분하지 못하는 지경에 처하게 되었다. 문제는 환상은 진화를 위한 재생산을 하지 못하는 데에 문제가 있다. 단순히 프로그램의 재생산이라는 것은 생물의 그것과 많이 닮아 있긴 하지만 생물계에서 이룩되어 온 진화의 실체가 연결되는 것이 없다. 이 가상의 권력은 인간이 상상력과 이성의 힘으로 만들어낸 가상의 게임(놀이)에 불과하다.

2. 양부억음(陽扶抑陰)

진화는 어디까지나 사람의 몸에서 재생산 과정을 거치지 않으면 안된다. 진화에서 양성생물의 등장은, 특히 포유류에 이르러 수컷은 암컷으로부터 빼앗으려고 하는 것이고 암컷을 수컷에게 나누어 주려는 불평등이라면 불평등이고 상호 보완이라면 상호 보완일 수 있는 일이 생겼다. 수컷은 근본적으로 약탈자이고 암컷을 근본적으로 베푸는 자이다. 수컷은 조그마한 정자를 떨어뜨려 놓고는 커다란 아이를 가져간다. 암컷은 반대로 조그마한 정자를 커다란 아이로 만들어 준다. 문제는 수컷이 계속 권력을 강화하는 이유는 그것을 약탈이라고 생각하지 않고 자신도 공동생산에 참여하였다고 생각하는 데에 있다. 또 자신의 역할만을 과대평가하는 데에 있다. 마치 '지나가는 강물에 발 한 번 담가 놓고 강물이 내 것이다'라고 하는 것과 같다. 이것을 두고 적반하장이라고 어찌 말하지 않을 수 있겠는가. 이것이 바로 권력의 속성이다. 권력의 잘못된 것이 아니다.

재생산은 경과과정이야 어쨌든 암컷(여성)의 몸에서 이루어지지 않으면 안 된다. 원래 자신, 자기 자체는 권력을 가지는 데에 관심이 없다. 원래 자신의 것이니까. 바로 그 자신은 암컷이다. 권력은 언제나 자신을 낳아 주는 바탕(몸)이 있다. 그러나 권력은 언제나 자신을 낳아 준 것을 배반하는 운명을 타고났다. 권력은 언제나 자신을 낳아 준 것을 변형시켜서 자신의 것으로 한다. 그래서 자식이 부모를 배반하고 남자가 여자를 배반하고 위정자가 백성을 배반하고 인간이 자연을 배반하고 이성이 감성을 배반하는 것이다. 그러나 이러한 낳아 줌과 배반의 운동과정에서 음과 양은, 사랑과 진화는, 정지와 운동은 영원한 역동성을 갖는다. 그러니까 낳아 줌과 배반은, 탄생과 죽음은 하나의 몸통이다.

남자와 여자의 일부일처제는 생물학적인 특질과는 반대가 되는 것인지 모른다. 보다 많은 선택과 조합의 이른바 암컷과 수컷의 조합적 '낭비'가 있어야 그 불확실성 속에서도 진화라는 '확실성'을 담보하는 것이 될 것이다. 그런데 포유류 중에서도 가장 긴 임신과 육아의 과정을 가진 인간은 가족을 안정시키지 않으면 안 되게 되었다. 그래서 결혼의 구속과 가족의 안정을 위하여 점차 일부일처제가 된 것이다. 생물의 관점에서 보면 일처다부제가 비록 낭비를 감수하면서 선택과 조합의 많은 횟수를 일으키는 것이 되었을 것이다. 그러나 인간에 이르러 그것이 역전된다.

인류문명사를 보면 생존경쟁이 권력경쟁으로 바뀌고 국가시대에 접어들면서 '양(陽) - 남성(男) 주도'의 시대였다고 해도 과언이 아니다. 여기서는 남성이 독립변수였다. '음(陰) - 여성(女)'는 종속변수였다. 그러나 문명의 발달과 민주주의의 신장으로 가부장제와 남존여비는 더 이상 불가능하게 되었다.

그동안 인류의 역사는 양부억음(陽扶抑陰: 양을 부추기고 음을 억누르는) 하는 시대였다. 양음(陽陰)의 시대는 권력경쟁의 시대였고 권력경쟁의 시대는 전쟁의 시대였음을 말한다. 양음의 시대는 그래서 가부장시대였고 양이 음을 억압하는 시대였다. 따라서 남아선호, 남존여비사상이 지배적이었다. 흔히 남아선호나 남존여비는 동양이나 우리나라의 것이라고 생각하는데 크게 보면 서양은 물론이고 인류가 지금까지도 문명을 운영하면서 가장 큰 원리로 준수했던 것이다. 음양을 철저히 지키면 자연으로 돌아가고 남녀를 철저히 주장하면 문화로 나아간다. 다시 말하면 남녀(남자를 우선하고 여자를 후에 두는 것)의 시대는 권력의 시대요, 음양(음을 우선하고 양을 후에 두는 것)의 시대는 자연의 시대이다. 권력은 억압이고 편견이다.

이상을 종교와 정치, 섹스의 성향과 관련지어 설명해 보자. 종교적 법열과 민중적 저항은 여성적, 수동적, 마조히즘과 연관이 있을 것이다. 전쟁의 승리와 엘리트의 지배는 남성적, 능동적, 사디즘과 연관이 있을 것이다. 이들은 나아가 생물의 공격본능과 수비본능과 연관이 있을 것이다. 물론 이들은 매우 교묘히 연관기능을 가지고 있기 때문에 이렇게 단순히 말하기에는 아직도 많은 문제가 있지만 '몸(자연)과 도구(문명)'라는 개념으로도 설명할 수 있다. 여성은 몸과 관련이 많고 남성은 도구와 관련이 많다. 이는 여성이 집에서 음식물을 제공하고 남성이 밖에서 사냥을 하는 것과도 관련이 있을 것이다. 인류의 가정을 보면 여성은 뭐니 뭐니 해도 '몸의 재생산' 역할을 맡고 있고 남성은 '가족의 부양' 책임을 맡고 있음을 부인할 수 없다.

인류가 삶의 대부분을 먹이 구하기와 제사 지내기로 보냈을 때를 지나면 제사를 집전하는 역할이 남자에게 주어진다. 이는 남자가 사냥에서 고기를 잡아 오는 것과 연관이 있을 것이다. 신에게 고기를 바치는 것은 남자의 능력에 달려 있기 때문이다. 사냥에서 잡아 오는 고기는 실은 생물의 다른 종의 몸인 것이다. 사냥꾼으로서의 남자는 자연스럽게 잡혀 오는, 제물이 되는 고기가 아니라 고기를 잡아 오는 능동자, 공격자의 입장에 선다. 이런 사회적 입장은 거꾸로 남녀의 성역할 혹은 성적 쾌감의 메커니즘에도 영향을 미쳐 사디즘과 마조히즘으로 나타난 것일 것이다. 이는 제사를 집전하는 자와 제사의 제물이 되는 자라는 분명한 입장의 차이가 있다.

태초에는 여자가 제사를 집전하였지만 어느 날부터 남자가 제사를 집전함으로써 여자는 제물이 되는 위치전도를 받아들이지 않으면 안 되었을 것으로 짐작된다. 이러한 역할과 기능은 남녀의 성기의 모양에도 반영되어 있다. 수컷의 페니스와 씨 퍼뜨림은 다분히 공격적이고 능동적이지 않으면 안 된다. 반대로 암컷의 벌브와 아이생산은 수비적이고 수동적이다. 공격적이지 않으면 어떻게 씨를 퍼뜨리고 수동적이지 않으면 어떻게 임신과 출산을 하겠는가. 공격과 인내는 신체적-사회적-심리적인 연관관계를 가지고 발달해 왔다. 그런데 이것은 고대의 종교적 제의에까지 소급된다. 문명의 시작, 권력경쟁의 시작, 국가의 시작과 역사적으로 연관관계를 갖는다.

종교적 법열은 모계사회와도 관련이 많을 것이라고 여겨진다. 종교적 법열은 모계-공산사회에서 개발된 정신적-육체적 희열인 것 같다. 이에 비해 정치적 지배는 부계-가부장사회에서 발달한 정신적-육체적 희열인 것 같다. 남자의 사냥꾼으로서의 기질과 능력은 물질적인 외연을 넓히고 도구를 발달시키는 데에 기여하고 여자의 재생산자로서의 기질과 능력은 정신적인 내포를 넓히고 만족을 구하는 데에 기여한 것이라고 하면 틀린 가정일까. 그러한 점에서 남자는 다분히 신체적이고 여자는 다분히 정신적이다. 남자의 엑스터시를 쾌감이라고 하고 여자의 엑스터시를 법열이라고 하면 어떨까. 남자는 페니스라는 일시적이고 부분적 쾌감에 살지만 여자는 몸이라는 영원하고 전체적인 법열에 산다. 종교에는 다분히 몸의 법열이라는 과제와 만나게 된다. 종교와 정치와 섹스는 이렇게 내밀한 연관을 갖는다.

종교라고 해서 성선(聖善)하고 고상(高尙)하고 섹스라고 해서 불결한 것이라고 생각하면 인류의 문제와 보편성에 도달하는 데에 도움이 되지 않는다. 여성에게 원죄를 뒤집어씌우고 성을 죄악시하는, 여성에게 '속악(俗惡)의 굴레'를 뒤집어씌운 것은 다분히 남성들의 음모이다. 이것은 얼마든지 다시 뒤집힐 수 있는 것이다. 아니, 뒤집어진다. 인류의 사회가 모계사회적 성향을 회복하면 자연스럽게 이루어진다. 여성적이고 민중적이고 속악한 것이야말로 새로운 덕목으로 자리 잡게 될 것이다. 가부장사회가 미덕으로 여긴 남성의 고귀(高貴)한 것은, 영혼조차도 모조리 여성의 속악(俗惡)한 것으로 대체될 것이다. 이것은 종합적으로 정신에 대한 '몸의 반란'이라고 규정할 수 있을 것이다. 물론 이는 결혼을 '여성의 교환'으로 규정하고 '외혼제'를 지향하는 대부분의 부계-가부장사회에서 남성적인 것을 덕목으로 여기는 것과는 정반대의, 인류의 새로운 삶의 주기라고 말할 수 있다.

여성과 자연은 그 억압과 편견을 본질적으로 추구하지 않는 경향이 있다. 자연은 균형과 종과 종 간의 잘 짜인 먹이사슬에 의해 권력을 필요로 하지 않는다. 그러나 권력은 인간종 내부의 문제로 자연의 먹이 삼각형을 내부에 강제로 실현하여야 하는 관계로 또 그것을 위하여 먹이 삼각형(계급)의 위쪽을 누가 차지하느냐의 문제로 영원한 권력경쟁을 하여야 하는 문제에 봉착한다. 이것이 인간의 고민이다. 이 고민을 아예 철저한 카스트로 푸는 집단도 있고 친족으로 푸는 집단도 있고 민주적으로 푸는 집단도 있고 민중적으로 푸는 집단도 있다. 이것을 어떻게 푸느냐는 입장에 따라 다르겠지만 권력경쟁을 하여야 하는 조건 위에 있는 것은 공통적이다. 그래서 인간은 권력의 동물이다.

예컨대 로마제국과 로마의 식민지였던 유대에서 탄생한 예수(기독교＝서학)의 만남은 고대에서 이루어진 정치와 종교의 만남 가운데 가장 폭발력 있는 것 중의 하나였다. 일본제국과 일본의 식민지였던 한국에서 탄생한 수운 최제우(동학＝천도교)의 만남은 근세에서 이루어진 그에 필적할 만한 것이었다. 지역적으로는 전자는 서양에서, 후자는 동양에서, 시대적으로는 또한 전자는 고대, 후자는 근대이니 참으로 인류사도 지구적으로 볼 때 매우 미학적으로 발전되어 가는 것 같다. 그런데 둘의 공통점은 제국의 남성적 정치권력(계급＝이승)에 대해 식민지의 여성적 제사권력(평등＝저승)으로 맞선 것이라는 점이다.

제국 지배자의 폭력을 맞닥뜨리면 식민지 피지배자는 일종의 유토피아로 위기를 극복하게 되는데 이때 사후세계에 대한 권력을 가진 종교의 진화가 이루어진다. 예수는 유대교의 전통 위에서, 수운은 유불선의 전통 위에서 종교적 진화를 이루었다. 정치권력은 남성적이고 종교권력은 여성적이다. 이것은 제국과 식민지로 대응된다. 이에 비해 불교의 탄생은 제국과 식민지의 관계에서 탄생한 것이 아니라 세계에서 가장 지독한 카스트제도(계급)의 인도 브라만교의 전통 위에서 현실(현재)과 초현실(과거 혹은 미래)의 윤회사상(이승과 저승은 돌고 돎)을 통해서 평등함을 역설하면서 성립됐다. 폭력을 바탕으로 한 남성적 권력과 사랑을 바탕으로 한 여성적 권력은 인류를 이끌어 가는 두 축이다.

권력이라는 것을 가장 간단히 설명하는 방식은 무엇일까. '에너지의 집중' 혹은 '절대적인 것에 대한 믿음과 광기', 아니면 '속임수와 은폐의 기술'일까. 그렇다면 권력의 반대인 '에너지의 분산' 혹은 '상대적인 것에 대한 적응과 마음의 평정', 아니면 '진실과 그것을 드러내는 기술'을 강화하면 권력을 견제할 수 있을까. 물론 실지로 그러한 권력과 그것의 폐해와 허위에 대해 노자는 무위자연(無爲自然)으로 설파한 바 있다. 무위자연을 주장하는 도가계열의 철학을 두고 흔히 우리는 노장(老莊)철학이라고 한다. 이는 다분히 유가의 공맹(孔孟)철학에 대칭되는 말이다. 노자와 장자를 비교하면 같은 무위자연을 설명하면서도 노자는 소박하고 장자는 화려하다. 이는 공자가 인(仁)을 설명하면서도 시종 소박하지만 맹자는 사단(四端)을 논하면서 화려한 것과 흡사하다. 노자는 작은 데서 출발하고 있고 장자는 큰 데서 출발하고 있다. 그래서 노자는 작지만 근본이 되는 것을 좋아하였고 장자는 그러한 근본을 큰 것에서 다시 설명함으로써 같은 무위자연(無爲自然)에 도달하는 것을 보여주었다.

그러나 세계와 문명이 흘러가는 방향은 노자와 반대의 방향이었다. 다시 말하면 권력의 확대재생산의 방향으로 문명은 흘러왔고 또한 흘러가고 있다. 심지어 권력은 스스로 '군자의 도'(君子之道)나 '제왕학'(帝王學) 등으로 양생하고 절제해 가면서 그 범위를 제국으로 넓혀 왔다. 권력은 결코 성을 억압하고 즐기면서도 쾌락의 함정에 무작정 빠져들지 않는 용의주도함을 보였다. 다시 말하면 온갖 지혜와 기술을 총동원하여 스스로의 피라미드를 쌓아 왔다. 비록 노자의 철학은 문명사에서 구현

되지 않았다고 하더라도 그의 철학은 시들지 않는 샘물처럼 되살아나고
인간에게 새로운 힘과 용기, 반성과 겸양을 가르치고 있다. 인간이 이룩
한 문명과 권력의 세계가 아무리 커지고 그 피라미드의 높이가 하늘을
찌른다고 하더라도 하나의 꿈에 불과할 수 있다. 나는 어쩌면 노자가 실
현하지 못한 꿈을 장자의 대붕(大鵬)을 통해서 해석함으로써 권력을 무
화시키려는, 자연을 자연으로 돌리려는, 성(性: sex)을 성(性: nature)으로
돌리려는, 인성(人性)을 물성(物性)으로 돌리려는 인간해석을 하고 있는
지도 모른다. 인간의 삶을 한 편의 장관(壯觀)으로 설명하고자 한다.

제4장 진화의 방향과 순자(荀子)의
성악설(性惡說)

1. 순자(荀子)의 성악설

인간의 본성(本性)을 두고 이성(理性)을 중심으로 보는 쪽도 있고 감성(感性)을 중심으로 보는 쪽도 있다. 이성을 본성으로 보는 쪽은 감성적 측면을 본능(本能)이라고 달리 규정했다. 이것은 본능을 동물과 결부시키고 인간은 동물과 다르다는 것을 강조하기 위한 것인데 본능-감성(섹스와 사랑)이 본성과 구별되어야 하는 절대적 기준은 없다. 물론 인간에게 이성적인 성질과 감정적인 성질이 함께 있는 것이 사실이다. 그러나 어느 것을 우선하느냐에 따라 본성은 달라졌다. 성(性)은 도덕적 개념으로 규정하는 일종의 역전현상은 동양에서 특히 두드러진다. 동양에서는 성(性)은 아예 도덕적 개념으로 독점된다. 그래서 그 성(性)이 도덕적인 규범을 준수하면 선(善)이고 그 성이 도덕적인 규범의 준수에 실패하면 그것은 악(惡)이라고 하였다. 성(性)을 생물의 연장선에 놓든, 새로운 도덕의 출발점으로 놓든 선택은 불가피한데 후자의 경우 생물로서의 성(性)을 억압하게 된다. 다시 말하면 욕망이나 감정이나 사랑이나 질투 같은 것을 부정적인 것으로 치부한다. 이 같은 '재생산의 도구로서의 성(性)'과 '도덕적 주체로서의 성(性)'의 역전 혹은 바꿔치기는 바로 '권력을 가진 자'(도덕의 기준을 설정하는 자)가 '지배를 당하는 자'의 성을 억압하는 중요한 모멘텀이 된다.

동양에서 본능과 도덕 간의 갈등과 대립은 예컨대 공자와 노자, 맹자의 성선설(性善說)과 순자의 성악설(性惡說) 그리고 조선의 이기(理氣)논쟁, 사단칠정론(四端七情論), 인물성(人物性) 논쟁 등이 대표적이다. 그런데 이 이론들은 하나같이 양극단에 편중된 것으로 결국 상대성의 세계, 이원적인 세계를 절대적인 세계, 일원적으로 세계로 해석하려는 의지, 결국 권력의 의지에 의해 결정됐다. 양자는 교체되면서 권력을 번갈아 잡아 왔다. 결국 권력이라는 것은 이성과 감성의 연속체 상에서(그 중간 어느 지점에서) 균형점을 잡을 수밖에 없다. 그러나 권력의 의지는 감성 쪽보다는 이성 쪽이 더 강했다. 권력이라는 것 자체가 이미 인위적이고 강제로 억압하면서 성립되는 것이기 때문이다.

감성이란 원래 생물의 긴 진화과정을 토대로 한 것이기 때문에 굳이 인위적이고 의식적인 권력에 의하지 않더라도 자신의 토대가 마련되어 있는 것이다. 문제는 바로 이성이다. 이성은 진화과정에서 보면 인간의 등장에 따른 극히 최근의 일로 불안정하고 불확실한 것이기에 권력에 의해 주장되지 않으면 그 존립이 위태로워지는 것이었다. 이성은 본래 어떤 조건의 산물이다. 그런데 이 조건을 생략하거나 은폐시키고 그 인과만을 강조하여 어떠한 이성도 보편성인 것처럼 행세하는 특징을 보였다. 그러나 인류역사로 볼 때 이성도 지극히 유행적인 것이고 동서고금을 통해 달리 전개되었다. 남의 이성을 수입하는 자들은 그런 점에서 언제나 남의 특수성을 자신의 보편성으로 착각하는 우를 범했는데 이것이 바로 권력의 세계적 확대라는 제국주의와 연결된다. 권력은 처음에는 물질적 혹은 신체적 소유를 하지만 결국 그것으로는 권력의 팽창이 한계가 있고 권력을 세계적으로 빠른 시일 내에 확산시키기 위해서는 이성과 관련된 담론을 수출하는 것이 지름길이다. 그래서 제국들은 언제나 그들의 (자생)종교나 (선진)문화를 앞세워서 그들의 권력욕을 달성하였던 것이다.

성(性)의 한자말을 보면 '마음 심(心)'과 '날 생(生)'의 합성어(心＋生)이다. 바로 이 합성어에서 앞서 언급한 이중성과 양면성의 운명이 함축된 셈이다. '마음'이란 바로 생각하는 이성이고 '생'이란 바로 생물적 소여를 말하는 것이다. 마음이란 생물을 움직이게 하는 사령탑이라는 점에서 생물의 총체성을 대변하는 것이다(상징성). 하지만 동시에 성은 생물이면 날 때부터 가지는 바탕이다(물질성). 그렇다면 성이란 마음(정신)의 산물인가, 물질(육체)의 산물인가? 처음부터 딜레마에 빠지게 된다. 바로 이 딜레마를 푸는 것이 이 논의의 목표가 된다. 물론 필자가 성공적으로 논의를 이끌어 가게 되면 성이란 마음이면서 물질이고 물질이면서 마음이라는 것을 증명하게 될 것이다. 이 둘은 동전의 양면과 같다.

동양에서 성에 대한 논의에 있어서 동양적 전통은 크게 노자적 입장(자연주의적인 입장)과 공자적 입장(인문주의적)으로 크게 나뉜다. 전자는 자연의 본성을 그대로 두려는 입장이고 후자는 자연의 본성을 인문적 훈련과 교육에 의해 바꾸려는 입장이다. 전자는 자연의 상대성과 순환에 순응할 것을 주장하고 후자는 자연적 본성을 인문적 본성으로 바꾸어 절대적 도덕과 인(仁) 혹은 도(道)에 도달하게 하여야 한다는 입장이다. 후자는 분명히 전자에 비하면 역설적인 입장이다. 이 같은 대립은 후대에 다시 공문(孔門) 내에서 벌어지는데 순자의 성악설과 맹자의 성선설로 대체된다. 물론 순자(荀子)는 공자의 제자인 자유(子游)와 자하(子夏)를 잇고 있고 맹자(孟子)는 증자(曾子)와 자사(子思)의 뒤를 잇는 인물이다.

성(性)에 대한 이러한 입장의 차이는 인간이 살아가면서 궁극적으로 도달하려는 '목표로서의 성'과 자연으로부터 '부여받은 성'이라는 주안점의 차이를 가져온다. 후자의 공자적 입장은 후에 주자(朱子)에 의해 '존천리(存天理: 하늘의 이치를 보존한다) 알인욕(遏人慾: 사람의 욕망을 막는다)'으로 심화되어 욕망에 대한 부정적 입장에 선다. 이는 물론 성선설(性善說)을 주장하는 맹자(孟子)의 계열에 속하는 것이기도 하다. 물론 공자의 제자 가운데도 자공(子貢)과 같은 경우 욕망을 인정하는 경우도 있었고 이는 후에 순자(荀子)에 의해 성악설(性惡說)로 발전한다. 우리나라는 순자의 계열을 이단시하면서 맹자를 편식하였다. 욕망을 인정한다는 점에서 성악설은 차라리 성욕설(性慾說)이라고 하는 편이 더 옳을 것이다. 맹자는 주관적이고 이상적이었다면 순자는 객관적이고 현실적이었다. 맹자의 성(性)은 진화론과는 역의 방향이다.

이에 비해 순자의 성(性)은 진화론의 같은 방향에서 사람들을 다스리는 법을 말하고 있어서 주목할 만한 인물이다. 순자는 비록 공문에 속하였지만 인간의 욕망을 인정하였다는 점에서 매우 과학적인 입장에 있었던 것 같다. 이는 맹자의 도덕적 혹은 종교적인 입장과는 다르다. 순자는 욕망을 인정하고 그렇기 때문에 그것을 다스리기 위해서 예(禮)를 가르쳐야 한다는 입장이었다. 이에 비하면 맹자는 인간은 본래 선하기 때문에 예(禮)로 본성을 되찾아야 한다는 입장이었다. 주자는 맹자의 성선설의 전통을 이어받아 인욕을 막는 것을 목적으로 철학의 일차적 목표로 설정하였는데 이와 함께 남존여비 사상을 강조하였다. 물론 주자도 남성과 여성의 조화를 우선하였지만 그것이 실천적으로 역사에 나타날 때에는 남존여비의 형태로 나타났던 것이다. 주자학은 여성을 상대적으로 욕망을 제대로 다스리지 못하는 존재, 쉽게 악에 물들 존재로 그렸다. 이러한 전개는 인류사에서 흔히 있을 수 있는 종교적 발상에 지나지 않는다.

순자는 종교적이라기보다는 과학적인 입장에 서 있다. 과학적인 접근으로 볼 때 순자가 훨씬 귀납적이고 경험적이라는 점에서 우리에게 유효하다. 여기서 순자(荀子)의 성악설에 대해 알아보는 것이 욕망을 인정하는 나의 논리전개로 볼 때 필수적이다. '순자'(荀子) 중 중요한 대목을 살펴보자. 순자는 제자들과 대화를 한 것이 아니라 스스로 쓴 것이 많아 매우 논리적이다. 순자에 대해서는 대체로 잘 모르기 때문에 여기서 그 중요 대목과 대략을 소개하기로 하자.

"하늘은 만물을 생성하기는 하지만 만물을 분별하지 못하며 땅은 사람들을 그 위에 살게 하지만 사람들을 다스리지는 못한다." (禮論편)

"작위를 가하지 않아도 이루어지고 추구하지 않아도 얻어지는 것, 이것을 하늘의 직무라고 한다."(天論편)

"하늘의 운행에는 일정한 법도가 있다."(天論편)

"하늘에는 일정한 도(道)가 있고 땅에는 일정한 법칙이 있다."(天論편)

"일식과 월식이 생기고 철에 맞지 않는 비바람이 일고 이상한 별이 나타나는 것은 늘 어느 세상에서나 있었던 일이다…… 별이 떨어지고 나무가 우는 소리를 내는 것은 천지의 변화이자 음양의 변화로 드물게 생기는 일이다. 이상하게 여기는 것은 괜찮지만 그것을 두려워하면 안 된다."(天論편)

"하늘과 땅은 군자를 낳았고 군자는 하늘과 땅을 다스린다."(天論편)

"하늘에는 그의 철에 따른 변화가 있고 땅에는 여러 가지 생산물이 있으며, 사람에게는 그 다스림이 있다. 이것을 두고서 하늘과 땅의 변화에 참여하는 것이라고 한다. 사람으로서 참여하는 일은 버리고 참여하는 대상만 알기를 바란다면 미혹된 일이다."(天論편)

"하늘의 운행에는 일정한 법도가 있다. 요임금 때문에 존재하는 것도 아니고 걸왕 때문에 없어지는 것도 아니다…… 농사에 힘쓰고 쓰는 것을 절약하면 하늘도 가난하게 할 수 없고, 잘 보양하고 제 때에 움직이면 하늘도 병들게 할 수 없으며, 올바른 도를 닦아 도리에 어긋나지 않으면 하늘도 재난을 당하게 할 수 없다."(天論편)

"그의 행위에 빈틈없이 모든 것을 잘 다스리고, 그의 보양이 빈틈없이 모두가 적절하면, 그의 삶은 손상되지 않는다. 이것을 두고 지천(知天)이라고 한다."(天論편)

"예에는 세 가지가 있다. 하늘과 땅은 생명의 근본이고, 선조는 종족의 근본이고, 훌륭한 임금은 다스림의 근본이다. 하늘과 땅이 없다면 어떻게 생명이 있겠는가. 선조가 없다면 사람이 어디서 나왔겠는가. 훌륭한 임금이 없다면 어떻게 다스려지겠는가. 세 가지 중에 어느 하나가 없어도 안락할 사람은 없을 것이다. 그러므로 위로 예는 하늘을 섬기고 아래로는 땅을 섬기며 선조를 높이고 임금을 존중해야 한다. 이것이 예의 세 가지 근본이다."(禮論편)

"물과 불은 기운은 있으나 생명이 없고, 풀과 나무는 생명은 있으나 지각이 없고 새와 짐승은 지각은 있으나 의로움이 없다. 사람에게는 기운도 있고 생명도 있고 지각도 있고 의로움도 있다. 그래서 천하에서 가장 존귀한 것이다."(王制편)

"사람의 본성은 악하다…… 지금 사람의 본성은 나면서부터 이익을 좋아하는데, 이것을 따르기 때문에 쟁탈이 생기고 사양함이 없어진다. 나면서부터 질투하고 미워하는데, 이것을 따르기 때문에 남을 해치고 상하게 하는 일이 생기며 충성과 믿음이 없어진다. 사람은 나면서부터 귀와 눈의 욕망이 있어 아름다운 소리와 빛깔을 좋아하는데, 이것을 따르기 때문에 지나친 혼란이 생기고 예의와 아름다운 형식이 없어진다. 그러니 사람의 본성을 따르고 사람의 감정을 좇으면 반드시 서로 쟁탈하게 되고 분수를 어기고 이치를 어지럽혀 난폭함으로 귀결될 것이다…… 이로써 본다면 사람의 본성은 악한 것이 분명하다."(性惡편)

"타고나는 본성은 우리가 어찌할 수가 없지만 교화시킬 수는 있다."(儒效편)

"배워서 행할 수가 없고 노력해도 이루어질 수 없는데도 사람에게 있는 것을 본성이라 한다. 배워서 행할 수가 있고 노력하면 이루어질 수 있는, 사람에게 있는 것을 작위라 한다."(性惡편)

"감정이 그리하여 마음이 그것을 선택하는 것을 생각(慮)이라고 말하고, 마음이 생각하여 그것을 위해 움직일 수 있는 것을 작위라고 말한다."(正名편)

"성인은 본성을 교화시키고 작위를 일으키는데, 작위가 일어나면 예의가 생기고, 예의가 생기면 법도가 제정된다."

"길거리의 사람 누구나 성인이 될 수 있고, 소인이라도 누구나 군자가 될 수 있다."(性惡편)

"도란 하늘의 도도 아니요, 땅의 도도 아니며 사람의 근본이 되는 도이며 군자가 지켜야 하는 도이다."(儒效편)

"도란 무엇인가, 그것은 예의와 사양과 충성과 믿음이다."(彊國편)

"내 생각이 분명하지 않으면 곧 그렇고 그렇지 않음을 결정할 수가 없다."(解蔽편)

"사람들은 무엇으로 도를 아는가. 그것은 마음으로 알 수 있다. 마음은 어떻게 도를 아는가. 그것은 마음이 한결같아지고 고요해지는 것으로 알게 된다…… 마음이 텅 비고 한결같아지고 고요한 것을 크게 맑고 밝다(大淸明)고 하는 것이다."(解蔽편)

"옳고 그름(是非)이 혼동되지 않는다면 나라가 잘 다스려질 것이다."(王制편)

"군자는 반드시 말을 잘한다. 사람들은 그가 훌륭하다고 여기는 일을 말하기를 좋아하지 않는 이가 없지만, 군자는 그 경향이 더욱 심하다."(非相편)

"지금은 성왕이 돌아가시고 천하가 어지러워 간사한 말이 생겨나고 있으나, 군자에게는 그들에게 군림할 권세도 없고, 그들의 잘못을 금할 형벌도 없다. 그러므로 일의 옳고 그름을 분명하게 펴고 있는 것이다."(正名편)

"명칭을 들으면 실물을 깨닫게 되는 것이 명칭의 효용이다."(正名편)

"명칭이 올발라야 물건을 이해할 수가 있다."(正名편)

"말을 분석해 멋대로 명칭을 만들어 올바른 명칭을 어지럽혀 백성들에게 의혹을 품게 하면 사람들은 말다툼과 소송이 많아질 것이니 곧 이것을 두고 크게 간사함(大姦)이라 말하는 것이다. 그 죄는 사신의 신표(信標)나 도량형기를 멋대로 만든 것과 같다."(正名편)

"사람에게 본디 욕망이라는 악한 본성이 있어서 그대로 버려두면 서로 충돌해 큰 혼란이 일어난다."(榮辱편)

"옛 임금들은 그 혼란을 막기 위해 예의를 제정하였다."(王制편, 禮論편)

"나라에 예가 없으면 나라가 어지러워진다."(王覇편)

"사람들의 욕망을 충족시켜 주고 사람들이 원하는 것을 공급하게 하였던 것이다. 그리하여 욕망은 반드시 물건에 궁해지지 않도록 하고, 물건은 반드시 욕망에 부족함이 없도록 해, 이 두 가지가 서로 균형 있게 발전하도록 하는 것이다."(禮論편)

"무릇 예가 삶을 섬김은 기쁨을 장식하려는 것이고, 죽음을 전송함은 슬픔을 장식하려는 것이고…… 군대의 의식은 위엄을 장식하려는 것이다."(禮論편)

"예의라는 것은 성인의 작위에 의해 생겨나는 것이지, 본디 사람의 본성에서 생겨하는 것은 아니다…… 성인이 생각을 쌓고 작

위를 오랫동안 익혀 예의를 만들어 내고 법도를 제정한다."(性惡편)

"사람은 나면서부터 무리를 이룬다."(富國편)

"하늘이 백성을 낳은 것은 임금을 위한 것이 아니며, 하늘이 임금을 세운 것은 백성을 위한 것이다."(大略편)

"부유하지 않으면 백성들의 감정을 길러 줄 수가 없다."(大略편)

"법은 다스림의 발단(端)이다."(君道편)

"좋은 법이 있어도 어지러워진다는 일은 있으나, 군자가 있으면서도 어지러워진다는 말은 예로부터 지금까지 들어 보지 못했다."(王制편)

"대체로 옛 임금(先王)을 본뜬다고 하지만 세상을 어지럽히기에 충분한 술법을 따르며…… 후세 임금(後王)을 법도로 삼아 제도를 통일할 줄 모르며…… 옛 임금을 부르면서 어리석은 자를 속여 입고 먹을 것을 구하는데…… 이것은 속된 유자이다. 후세 임금을 법도로 삼고 제도를 통일하며…… 이것은 아유(아유)이다."(儒效편)

2. 인간중심주의와 현실주의

이상에서 순자의 사상 가운데 가장 중요한 핵심은 첫째, 인간중심주의이다. 더 정확하게는 인간독립선언이다. 순자는 인간으로 하여금 하늘과 땅의 법칙을 분리하게 함으로써 하늘로부터 인간의 독립선언을 하고 있다. 따라서 순자는 인간은 누구나 성인이 될 수 있으며 성인조차도 작위의 산물이라고 한다. 둘째, 성악설이다. 순자의 성악설은 '인간이 악하다'고 하여 악을 결정론으로 말한 것이 아니다. 순자는 인간의 욕망을 인정함으로써 진화론의 방향과 일치하고 있으며 인간은 악하기(성악설) 때문에 예(禮)가 필요하다는 입장에 선다. 이에 순자는 욕망과 물건이 균형을 이루어야 함을 역설하고 있다. 순자는 부유하지 않으면 백성의 감정을 길러 줄 수 없다고 한다. 이는 아직 봉건주의나 왕도정치의 틀을 벗어나진 않았지만 해석여하에 따라서는 매우 자본주의적이라고까지 할 만하다.

셋째, 현실주의를 들 수 있다. 순자는 법을 다스림의 발단이라고 말한다. 이는 매우 법가적이다. 넷째, 객관주의를 잘 알 수 있을 것이다. 순자는 유교가 선왕을 본받을 것을 주장하는 데에 반해 후왕을 본뜰 것을 주장한다. 순자는 크게는 유가의 범주에 들지만 이미 법가와의 경계 지점에 있음을 알 수 있다. 순자의 사상이야말로 인간과 욕망과 현실과 객관적인 것을 바탕으로 국가시대를 준비한 사상이라고 할 만하다. 그의 제자로 법가의 대표적인 인물인 한비자(韓非子)와 진시황의 재상으로 이름이 높았던 이사(李斯)가 있음은 당연한 일이다.

종합적으로 보면 순자는 천인지분(天人之分)에서 시작하여 '천인지합(天人之合)＝참어천지(參於天地)'를, 성위지분(性僞之分)에서 시작하여 성위지합(性僞之合)을 지향하였으며 이는 예법(禮法)을 광의의 문화로 인식한 '예법(禮法)＝문화(文化)'의 등식을 보인다는 점에서 매우 인류학적인 발상법을 가졌다고 볼 수 있다. 맹자는 공자의 유교해석에 있어서 주관적인 심(心)과 이를 확충한 인정(仁政)을 강조하였으며 순자는 객관적인 예(禮)의 중요성과 전승되는 문화의 공동체성을 강조하는 특징을 보인다(김승혜 1990, "원시유교", 민음사, p.215). 맹자와 순자에 의해 공자의 유교가 두 갈래로 갈라졌고 또한 발전하였지만 동시에 유교의 통합성을 잃은 것도 사실이다. 맹자는 절대도덕인 인의(仁義)를 강조하지만 순자는 도덕보다는 생존경쟁의 본성인 인간의 욕망을 인정하면서 그것을 다스리는 예법(禮法)을 강조함으로써 과학성을 보인다는 점에서 인류학의 미래에 시사하는 바가 크다.

인류사에서 도덕적 혹은 종교적 발상을 하는 시대가 있었다. 이것은 비단 동양뿐만 아니다. 서양에서도 본능과 도덕 간의 갈등과 대립은 보편적이었던 듯하다. 시대와 장소, 개인과 집단(국가)에 따라 어느 것을 우선하느냐는 항상 달랐다. 절대도덕을 주장하는 것도 실은 성(性) 혹은 욕(慾)을 다스리기 위한 방편으로 나왔고, 그 다스리는 방법 중에는 도덕뿐만 아니라 그것을 적절하게 충족시키는 것도 하나의 방법임에는 틀림없다. 순자가 인성(人性)에는 방향이 없다고 주장한 점이나 욕(慾)을 악(惡)한 것이라고 하면서 동시에 그것을 예(禮)로써 조절하고 키워야 한다고 한 점은 모순되는 것으로 보인다(김승혜 1990, "원시유교", 민음사, p.221, 서복관 1969, "중국인성론사" p.256 재인용). 그러나 이것은 실은 인간의 이중성을 인정한 것으로 매우 과학적인 태도이다. 그 이중성이란 크게 우주론인 음양론(陰陽論)에 포함된다.

서양사에서도 서양의 플라톤과 아리스토텔레스, 아폴론과 디오니소스, 스토아학파와 에피쿠로스학파들이 있었는데 전자는 주로 성을 이성적으로 파악하려고 하였고 후자는 감성적으로 파악하는 경향이 있었다. 에피쿠로스학파에 의해 성은 제대로 평가되는 듯했으나 그것도 잠시였다. 두 갈래로 내려오던 전통은 기독교의 세계화와 더불어 성을 죄악으로 보는 데에 익숙해진다. 기독교는 어쩌면 주자학보다 더 성을 금기시하고 죄악시하였다. 하지만 우리가 앞 장에서 미셀 푸코의 연구를 보았듯이 성은 그렇게 권력에 의해 억압된다고 해서 사라지는 것이 아니었다. 차라리 이성(理性)은 성(性)을 이(理)로 독점하면서 실은 성(性)을 관리하거나 아니면 억압하는 것이었다. 이렇게 볼 때 인류사는 성을 억압하거나 성을 충족시키는 이중의 방향을 가지고 있었던 셈이다. 어느 쪽이든 성(性)이 인간의 바탕이라는 것을 입증하는 데는 의심의 여지가 없다.

성(性)은 보다 본질적인 것이고 작위를 가하지 않아도 존재하는 것이기 때문이다. 차라리 성(聖)이나 성선(性善)은 작위를 가하여야 되는 것이지만 성(性)은 작위(作爲, 僞)를 가하지 않아도 되는 것이다. 성에 대한 올바른 평가를 하는 것은 그 후 근대의 전개와 더불어, 특히 과학시대에 이르러 가능하게 되었다. 과학이야말로 성을 제대로 세워 놓는 계기가 되고 있다. 흔히 중세라고 말하는 종교시대에는 성을 억압하는 시기였다. 본성을 본성대로 보려는 것이라기보다는 본성을 다스리는 데에 치중한 시기였다. 말하자면 성을 권력의 대상으로 삼았던 셈이다. 성을 극단적으로 대상으로 삼은 것은 오히려 중세에 들어 극심하였으며 이런 점에서는 중세는 고대보다 후퇴한 셈이다. 인류사의 출발과 더불어 대부분의 사회가 채택한 가부장제 아래에서 특히 권력의 대상이 된 '여성의 성'은 처참하게 왜곡되고 심하게는 마녀화되지 않을 수 없었다.

욕망, 예컨대 성욕과 식욕은 인간의 안(몸과 마음)에 있는 일종의 스트레스(stress)라고 말할 수 있는데 이 욕망에 대한 인간의 밖에서(몸 밖에서)의 대응, 즉 필요(need)가 바로 문명이라는 위(僞, 人爲, 作爲)라는 틀을 밝힌 순자는 성인은 아니겠지만 과학자임에 틀림없다. 특히 성(聖)도 위(僞)라고 밝힌 점은 참으로 과학자적인 태도이다. 이는 종교가 과학의 과정(process) 중에 있다는 것을 역설한 냉엄한 분석이다. 이는 성(聖)도 권력이라는 것을 실토하는 것이다. 결국 성(聖)과 성(姓)은 성(性)을 억압하는 것이 된다. 문명이라는 것의 정체는 성(性)을 억압하는 것이 된다. 물론 여기에는 집단적 삶을 영위하고 종의 번영을 꾀하는 한편 성(性)을 놀이로서 받아들이는 인간의 특성이 개입한다. 자연은 결코 인간에게 고통(苦痛)만 주지 않는다. 쾌락(快樂)을 동시에 준다. 그 쾌락에도 여러 가지가 있고 정도의 차이가 있겠지만 나름대로 도락(道樂)을 주는 것이다.

나는 이 글에서 순자의 성악설을 성욕설로 변환시켜서 이를 기초로 하면서 동시에 이것을 인간의 문화 전반, 예컨대 '욕망과 행위', '놀이와 재미'로 연결시키고 '욕망과 놀이'를 다스리는 것으로서의 '권력'을 상정하여 '권력과 성과 문화'의 상관관계를 살펴보고자 하는 것을 큰 흐름으로 잡고 있다. 인간에 이르러 성은 분명히 재생산의 도구만이 아니라 행복과 쾌락의 도구가 되었다. 인간은 의식주를 해결하고 보다 풍요하게 되면 쾌락과 재미, 오락과 관광을 추구하게 된다. 주자학적인 도덕군자라는 이상형보다는 멋을 하는 선도의 풍류도인을 더 추구한다.

따라서 나는 이 글에서 성선설과 도덕의 실천이라는 것을 기초로 한 논의와는 정반대의 입장에 자주 설 것이다. 더욱이 이 글은 '이것이 옳다. 그래서 지켜야 한다'라는 필연적이고 당위적인 결론(결정론)을 내리기보다는 여러 항목의 조합이라는 것을 증명하고 해석한다. 이런 조합론적인 해석이나 순환론적인 해석도 문화의 해석에서 일정 부분 기여할 것이고 어느 정도 설득력이 있을 것이라고 생각한다.

섹스도 놀이와 쾌락을 통해서 종족을 보존하는 생물의 기제이다. 만약 섹스가 놀이로서의 기능이 전혀 없이 지독하게 재미없었다면 인구의 증가를 달성하는 데에 악영향을 주었을 것이다. 아마도 번식과 같은 중요한 과업에서 쾌락보다는 고통을 먼저 준다면 그것은 진화과정에서 살아남지 못하고 도태되었을 것이다. 인간은 문자 이전에 놀이의 존재였던 것으로 보인다. 이것이 문자와 발명과 더불어 노래＝시가(詩歌)가 나오고 점차 노래가 놀이를 앞지른 것으로 보인다. 그러나 사진의 등장은 이를 다시 원점으로 돌리고 있다. 이제 놀이가 노래를 앞지르려고 하는 동태를 세계문화 현상에서 엿볼 수 있다. 노래와 놀이의 차이는 노래는 가사를 가지고 있어서 그래도 문자를 내포하는 것이지만 놀이는 몸으로 하는 것이기에 문자를 내포하지 않는 차이가 있다.

문자의 권력이 약해지면 저절로 교육도 학교에서 책을 가지고 가르치고 배우기보다는 학교 아닌 다른 마당에서 놀이를 통해 은연중에 보여 주는 것으로 변모할 것이다. 인간은 '놀이의 존재'이다. 그 놀이의 존재로서의 인간에게 섹스는 그 원형이며 섹스가 쾌락은 동반한다는 것은 친진화적인 요소이다. 아마도 조상 생물에게서 혹은 조상 인류에게서 양성(兩性)이 갖추어졌다는 것은 놀이의 시작과 같은 진화적 신호이다. 놀이와 쾌락을 가볍게 생각하는 것은 인류문화를 제대로 보지 못하는 과오를 저지르는 단초가 되기 쉽다. 노래는 목청에서 나오지만 놀이는 몸 전체에서 나온다.

제5장 Y염색체의 정치학과 우주창조론

1. Y염색체: X염색체의 업그레이드 프로그램

우주는 하나일까, 둘일까? 우주론을 시작할 때 우리는 하나에서 출발할 수도 있고 둘에서 출발할 수도 있다. 흔히 우리는 하나에서 출발하는 데에 익숙하다. 물리학의 빅뱅 이론도 그렇고 기독교의 절대신 이론도 그렇다. 동양의 태극 이론도 그렇다. 그런데 동양의 태극 이론은 하나에서 출발하지만 조금 다르다. 태극은 음양이고 음양은 태극이기 때문이다. 그래서 태극 이론을 이원론적 일원론 혹은 일원론적 이원론이라고 할 수 있다. 태극 이론이 그런 이유는 이미 절대 속에 상대를 내포하고 있기 때문이다. 태극 이론은 다분히 '생성론적 관점'이다. 이에 비해 빅뱅 이론과 절대신관은 하나를 이미 존재론적으로 사용하고 있다. 말하자면 '존재론적 관점'이다. 어떻든 양쪽 모두 자신의 관점에서 우주론을 전개할 수 있다.

그런데 우주가 하나이든 둘이든 결국 문제가 될 것은 없다. 우주가 하나라고 하더라도 그것은 생성 분열하고 둘이라고 하더라도 그것은 어떤 형태로든 통합존재가 되어야 하기 때문이다(1↔2: 一而二, 二而一).
우주(무극＝태극)가 하나라면 A, B(음양)는 완전히 서로 다른 둘이 아니
라 A＝B(음＝양)이고 이는 B＝－A(음＝양), A＝－A(양＝음)가 된다. 다
시 말하면 우주는 A(태극)의 변형일 따름이다. 이것은 일종의 뫼비우스
의 띠와 같은 것이다. 남자와 여자도 마찬가지이다. 남자와 여자는 대
립되거나 보완된다고 하지만 실은 하나이기도 하다. 사물을 하나(1)로
보든, 둘(2)로 보든, 셋(3)으로 보든 보기에 달렸다(1↔3: 一而三, 三而一).

더욱이 이런 존재적이고 생성적인 우주를 표현하는 방법 가운데 생
성론적인 우주를 다시 존재론으로 감싸거나 존재론적인 우주를 생성론
으로 감싸는 3·1의 원리가 있다. 여기서는 우주가 하나이기도 하고 셋
이기도 하다(3↔1). 이것이 우리 민족의 3·1 원리이다. 이 3·1 원리는
우리 민족의 고대경전인 천부경(天符經) 속에 잘 표현되어 있다. 우주가
둘이라고 하더라도 인간은 둘의 관계를 설정하여야 하기 때문에 하나
로 보아야 하고 하나라고 하더라도 둘로 생성되기 때문에 둘이 된다.
여기서 중요한 문제는 우주를 관계론(상대론)으로 보느냐, 존재론(절대
론)으로 보느냐이다. 결국 전자는 상대－절대론, 후자는 절대－상대론
이 된다.

이 우주론은 거시·미시의 물리학으로 논의가 될 수도 있고 양전기·
음전기의 화학으로 논의가 될 수도 있고 남·여 성 역할이라는 사회학
적 관점에서 논의가 될 수 있고 재생산·유전변이라는 생물유전학의
관점에서도 논의가 가능하다. 여기서는 생물유전학과 남녀의 성역할을
연계시켜서 논의를 해 보자. 유전학의 돌연변이와 사회적 성역할의 다
양성과 권력과 불평등이 논의의 주제가 될 것이다. 권력이라는 것은 믿
을 수 있는 것인가, 없는 것인가. 우주는 혹은 생물은 확실한 것인가,
불확실한 것인가. 권력은 방향을 갖기는 갖되 믿을 수 없는 것이 아닐
까? 우주는 불확실한 것이 아닐까? 믿을 수 없기 때문에 권력이 교체되

고 생성 소멸하기 때문에 우주가 불확실한 것이라면 인간은 여기에 어떻게 대처하여야 하는가. 혹시 교체될 운명이기에 믿을 수 없고 불확실하기 때문에 생성 소멸하는 것은 아닐까.

호주 북부의 티위족은 부성(부성)을 인정하지 않는다. 티위 사람들은 남자들이 없이도 여자들이 언제든지 임신을 할 수 있다고 믿는다. 여자는 정령에 의하여 임신하기 때문에 태어나는 아이에게 '아버지'를 만들어 주기 위해서는 남편이 항상 있어야 한다고 믿는다. 그래서 여자는 태어나자마자 남자와 혼인해야 하고, 남편이 죽게 되면 즉시 재혼하여야 한다. 혼자가 된 여자는 아이들을 데리고 재혼하는데, 새 남편은 새 아내의 자식들에게 새로운 이름을 지어 준다. 그리고 이름을 지어 준 남자가 아이들에게 '아버지'가 된다. 이렇게 생식에서 남자의 역할을 무시하는 사회는 호주 원주민사회와 태평양 제도의 여러 종족에서 볼 수 있다.

이와 달리 뉴기니의 바루야 사회에서는 누가 아버지인가 매우 분명하게 인식되며 어머니가 누구인지는 중요하게 간주되지 않는다. 이 사회에서 생명체는 전적으로 남자의 정액으로 만들어진다고 본다. 즉 어머니의 몸은 단지 남자의 '물질'을 전달해 주는 통로이며 어머니의 태반은 남자의 물질로 만들어진다고 생각한다. 또한 출산 후 여성의 몸에서 생산된 모유도 남자의 정액이 변화한 것으로 보고 있다. 호주 원주민들이 임신에서의 남자의 역할을 인정하지 않는 것이나 바루야 사람들이 아이가 남성의 물질로 만들어진다고 보는 것은 그들이 미개하고 임신과 출산에 관하여 과학적 지식을 갖고 있지 않기 때문이라고 생각할 수 있다. 그러나 생식에 관한 비과학적인 믿음은 과학이 발달하였다는 서구 사회에서도 그리고 우리의 유교문화에서도 볼 수 있다. 유럽에서는 로마법의 전통에 따라 어머니의 법적인 남편을 아버지로 간주했다. 조선시대에는 아이의 생모가 아버지와 정식으로 결혼한 여자가 아닐 경우, 아이는 아버지의 정식 아내를 어머니라고 불렀다(한국문화인류학회 편: 2003, "처음 만나는 문화인류학", pp.110－111).

아버지, 어머니는 생물학적인 것에서 출발하지만 사회적인 아버지와 어머니는 여러 형태로 변형되어 문화적인 것이 되었다. 그러나 그 이면에는 한결같이 여자와 자식을 보호하고 특히 자식을 어른이 될 때까지 어떻게 하면 잘 키울 수 있느냐에 초점이 맞추어졌다. 환경과 역사에 따라 여자와 자식을 보호한다는 것은 그렇게 쉬운 일이 아니었음을 알 수 있다.

진화론의 거대한 흐름에서 볼 때 생명을 유지한다는 것 그리고 진화한다는 것은 끊임없는 불확실성과의 경쟁이며 선택이며 도전과 변화, 때로는 돌연변이라는 비약에 의해 이루어졌다. 여기서 양성생물이 생겨난 이후 암컷은 그것의 기반을 지키는 역할을 하였고 수컷은 계속적으로 도전하는 역할을 맡았다. 여자는 X라는 염색체의 23쌍＝46개로 이루어졌고 남자는 X라는 염색체 22쌍＋XY염색체＝46개로 이루어졌다. 이러한 염색체 구조를 보더라도 x염색체가 훨씬 오래전부터 형성된 안정된 염색체라는 것을 알 수 있고 Y염색체는 X염색체 위에 덧붙여진 옥상 같은 것이다. 세포 속에 있는 미토콘드리아 DNA는 모계로만 전수된다. 왜 모계로만 전수되는 것인가. 모계가 세포에서는 더 본질적임을 말해 준다.

이런 점을 이용해서 하와이대학 인류학과 칸 교수가 이른바 '이브 모델'을 실험해 보았다. 현생인류의 기원을 미토콘드리아 DNA의 돌연변이 속도를 계산하는 방식으로 찾아보는 것이었는데 아프리카에서 온 여인들의 미토콘드리아가 가장 다양했다. 따라서 현생인류는 아프리카의 한 여인 '이브'에서부터 약 20만 년쯤에 나타났을 것으로 추정되었다. 소위 '미토콘드리아 이브'이다. 양성생물 이전에 단성생물에서는 X염색체, 즉 여성만의 것으로(물론 정확하게 이때에는 여성과 남성을 구분할 수 없지만 여성이 재생산을 하는 모체라는 점에서) 세포분열을 했고 양성이 되면서 처음엔 자웅동체였다가 다시 자웅이체로 되었다. 자웅이체로 되면서 Y염색체가 생겼다. 다시 말하면 Y염색체에 의해 수컷이 탄생한다. 소위 'Y염색체 아담'이다.

발생학적으로 보면 인간은 원래 여성에서 출발한다. 수정한 지 6주가 지나기 전까지는 여성이며 태아로부터 Y염색체가 나오면 비로소 남성이 된다. Y염색체에는 여성 염색체인 X염색체가 가지고 있는 작은 다리가 없다. 사실 Y염색체는 외부로부터의 공격에 아주 약하다. 그렇기 때문에 남아가 여아보다 배 속 사망률이 높으며, 갓난아기의 사망률은 남아가 여아보다 25%나 높다고 한다. 여성은 두 개의 X염색체를 가지고 있어서 두 개 가운데 하나가 결함을 가진다고 해도 나머지 하나로 건강하게 살아갈 수 있다. 반면 남성은 X염색체를 하나 가지고 있어서 만약 이것에 이상이 생기면 아이는 장애를 가지거나 사망하게 된다.

남성과 여성은 서로 별개의 독립적인 개체가 아니라 "단일한 기초계획안으로부터 유래하여 발생학적 과정에 의해 다듬어진 상이한 버전들이다."(Gould, S. J. <freudian slip>, ≪natural history≫ 2(87), 16쪽, 1987.) "성적으로 어떤 특이적인 기제가 실제로 태내에서 발달하고 억눌려지는 것은 태아의 발달과정의 각 단계에서 호르몬이 조정하는 유전적 스위치의 개폐에 의해 중재된다."(데이비드 버스 지음, ≪욕망의 진화≫ 전중환 옮김, 436쪽, 사이언스북스, 2003.)

남자와 여자를 구분하는 모든 비밀이 Y염색체에 있는 셈이다. 그러나 Y염색체는 X염색체에 약간의 변형이 가해진 것임에 틀림없다. 남자와 여자의 성기는 원래 상동적인 것으로 부분적으로 변형된 것이라는 사실에서 이를 알 수 있다. 이것을 프로그램에 비유하면 Y염색체는 X염색체에서 변이된, 업그레이드된 프로그램이다. Y염색체는 안정성과 확실성의 면에서 X염색체에 비해 열등하다. 그러나 X염색체에서 나타난 그 한 변형인 Y염색체의 불안정(정지상태의)과 불확실성(운동상태와 방향의)은 바로 권력의 본성과 통한다. 안정과 균형상태라는 것은 권력과 정반대의 성질의 것이다. 만약 사람이 안정과 균형을 유지하고 있다면 권력 따위는 발전하지 못했을 것이다. Y염색체의 등장은 X염색체의 번식을 위한 전략의 산물이다. 이것은 팽창과 수축을 거듭하는 우주의 발생학에 큰 의미를 가진다. 권력은 바로 팽창하는 우주의 모습인 것이다.

거대한 우주는 '하나'이다. 아니 '하나'라고 말할 수밖에 없고 최악의 경우 '하나'가 아니어도 가설로서의 '하나'는 최소한 가설이 틀렸다는 것을 증명할 것이기 때문에 문제될 것이 없다. 거대한 몸체인 '하나'는 분열(빅뱅)될 수밖에 없고 그 분열된 것은 다시 합성될 수밖에 없다. 원소주기율표에 증명되듯이 전기는 물질의 원소가 되고 분자가 되고 물질의 세계를 이루고 드디어 유기체(생물)가 생기고 그 생물의 정점에 인간이 있다. 여기서 합성이란 중요하다. 합성은 하나의 구조(체계)를 가지는 것이며 그것은 내재된 프로그램이 있는 것이기 때문이다. 그 프로그램은 드디어 인간에 이르러 X, Y염색체로 프로그램 업그레이드되었다.

존재론적(현상학적)으로 보면 모든 대립적인 것도 실은 생성론적(발생학적)으로 보면 같고 다름의 연속적인 진화과정이다. 말하자면 여성과 남성의 차이도 46개의 X염색체 중에서 단지 한 개가 Y염색체로 바뀐 것에 지나지 않지만 결과는 여성과 남성으로 대립적인 것이 된다. 46분의 1은 대수롭지 않은 미미한 변화일 수 있다. 여기엔 거대한 하나의 빅뱅(대폭발)에서 수많은 같은 것이 생기고 그 같은 것에서 조금씩 다른 것이 생겨서 만물을 이룬 과정이 있다. 그래서 우주는 크게 보면 같은 것이고 작게 보면 다른 것이다. 이것은 각 단계마다 그렇다.

예컨대 유인원과 인간은 영장류 목(目)에서 보면 같다. 그러나 과(科)에서 보면 유인원은 원과(猿科)이고 인간은 인과(人科)이다. 인성(人性)과 물성(物性)도 그렇다. 인간과 사물은 다르다. 유기체(有機體)라는 관점에서 보면 인간은 유기체이고 사물은 무기체(無機體)이다. 그러나 전기(電氣)라는 관점에서 보면 인간도 전기작용의 물체이고 사물도 전기작용의 물체이다. 무엇을 기준으로 하느냐에 따라 같고 다름이 있을 뿐이다. 그런 점에서 우주는 같고 다름의 총체이다. 그런데 그 조금의 차이가 지배를 하고, 지배를 당하는 쪽을 나누는 것이다. 권력이라는 것도 사실 그렇다. 발생학적으로 보면 참으로 평범한 같고 다름의 차이에 불과하다. 우주가 통일성과 다양성을 가지는 한 양식으로 권력이 있을 뿐이다. 인간은 동물성 영양분을 얻기 위해 토끼와 사슴을 사냥하고 먹는다. 그런데 토끼와 사슴에게는 그것이 생사(生死)를 가르는 절체절명의 것이 된다. 그렇지만 만약 토끼와 사슴이 유기체가 아니었다면 생사도 없었을 것이다. 생사도 같고 다름의 결과이다. 우주는 거대한 권력의 피라미드이다. Y는 그 정점에 있다.

　이러한 천지창조, 발생학 및 진화의 과정에서 앞에 있는 것은 바탕이 되고 뒤에 있는 것은 창조와 모험의 과정이 된다. 뒤에 있는 것은 비록 그 수에 있어서 적지만 항상 앞에 있는 것을 지배한다. 다시 말하면 뒤에 있는 것은 앞에 있는 것을 대상화할 수 있는 셈이다. 이 같은 앞뒤의 거리, 앞의 프로그램과 뒤의 프로그램의 거리 혹은 앞에서 벗어나는 것, 이탈하는 것 그리고 앞의 것을 대상화하는 것은 우주에서 무엇을 의미하는가. 이같이 이탈하는 것, 대상화하는 것은 우주의 발생학에서 맨 앞에 있는 것이고 이것은 불안정한 것이고 동시에 창조적인 것이고 동시에 실패할 수 있는 것이다. 따라서 앞의 것은 뒤의 것을 안정되게 한다거나 편안하게 한다거나 행복하게 한다거나 하는 것에 실패할 수 있다. 그러나 앞의 것은 자신의 정향(定向: oriented)대로 돌진한다. 이것이 바로 'Y의 정치학'이다. 이러한 점에서 이런 대명제를 말할 수 있다. "본질은 본질을 다스릴 수 없다." 이 말은 장 폴 사르트르의 "실존은 본질에 앞선다"라는 말보다 더 위대하다. 인간에 이르러 생존경쟁의 생물은 권력경쟁의 존재가 되기에 이르렀다. 그 권력경쟁의 핵심에 Y염색체가 있는 것이다.

인간의 염색체의 정치학은 단적으로 말하면 X라는 많은 숫자의 백성은 Y라는 적은 숫자의 존재를 권력의 상위에 올려놓았는데 그 Y가 정치를 잘할지, 못할지 모르는 것이다. 이것은 오늘날의 민주주의에 이르러서도 마찬가지이다. Y의 정치학의 법칙은 첫째, Y가 독재적(전제적)으로 X를 지배하는 것이고 둘째, Y가 X를 지배하면서 X의 마음을 잘 알아서 민본적으로 지배를 하는 것이고 셋째, Y는 X에 의해서 민주적으로 선출되어 지배하는 것을 가정할 수 있다. 이것은 비유이지만 Y는 정치적이고 권력지향적이다. Y는 하나에 집중적이다. X는 이에 비해 여러 가지에 분산적이다.

Y염색체는 남자이고 하나이다. X염색체는 여자이고 쌍이다. Y가 상징하는 것은 일(1)이고 X가 상징하는 것은 이(2)이다. 이것은 음양론에서도 여자인 음(--)과 남자인 양(—)으로 표현된다. Y염색체는 불안하고 공격적이고 치명적이고 일찍 죽도록 설계되어 있다. X염색체는 안정적이고 평화적이고 오래 살도록 설계되어 있다. 이것은 정자와 난자에도 반영되어 있다. 정자는 운동하는 것이고 난자는 수정하여 증식하는 임무를 맡고 있다. 남자의 근육은 스피드를 내기에 적합하고 여자의 근육은 지구력이 특징이다. 결국 남자는 사냥하기에 적합하고 여자는 가사를 맡기에 적합하다.

수컷, 남자는 이래저래 여자에서 변형된 것이면서 이탈한 것이다. 그런데 바로 진화의 세계에서는 이 변이와 이탈이 중요하다. 그 이전에 이루어진 바탕은 상대적으로 중요하지 않다. 그것은 이미 확보된 안정적인 것이니까. Y염색체는 진화의 오랜 체계로 볼 때는 문제아이다. 그러나 그 문제아는 계속적으로 문제를 일으키면서 문제를 해결하고 그 문제를 해결한 성과를 가지고 권력을 행사한다. 예컨대 권력이란 평화와 행복이 계속되면 별로 가치가 없는 것이다. 전쟁과 불행과 위험이 닥쳤을 때 그것을 해결하고 대가를 얻는 것이다. 그러므로 권력이란 본래 평화지향적인 것이 아니다. 단지 평화를 빌미로 지배를 하는 기술이다. 남녀를 구별할 때 성기를 제외하면 가장 큰 신체적 특징으로 뼈대(남자)와 살점(여자)을 들 수 있다.

2. 권력: 부분이 전체를, 뒤의 것이 앞의 것을 지배

남자의 뼈대와 강한 근육은 바로 식량을 구할 때는 사냥에 쓰였지만 전쟁에서는 그것 자체가 무기로 작용하고 여자의 부드러운 살점은 가족을 생산하고 지키는 영양분 혹은 스펀지와 같은 구실을 한다. 이는 남자의 성기의 뻣뻣함과 여자의 성기의 고무풍선과 같은 특징과 맥락을 같이한다. 권력은 원래 불확실한 것을 좋아한다. 남자의 특성은 앞에서도 언급하였지만 바로 사냥과 전쟁에 소용된다. 단순한 것 같지만 실은 그 단순함 때문에 무기가 되고 이것은 또한 이성의 특징이다. 감성은 매우 복잡하고 델리케이트하다. 그러나 이성은 단순하고 하나(권력: 도덕과 법칙)만을 추구한다. 복잡한 것이, 수적으로 많은 것이 단순한 것을, 수적으로 적은 것을 지배할 필요가 없다. 이것은 정치학이 아니다. 단순한 것이 복잡한 것을, 수적으로 적은 것이 많은 것을 지배할 때 지배의 효과가 있다. 다시 말하면 여자(X)가 남자(Y)를 지배하면 지배의 효과가 없다. 만약 자연이 문화를 지배하면 무슨 효과가 있는가. 자연이 문화를 지배하면 자연만이 있다. 그것은 지배가 아니다. 문화가 자연을 지배할 때 지배의 효과가 있다.

똑같은 논리로 감성이 이성을 지배하면 지배의 의미가 없다. 감성은 지배하지 않아도 표출되는 것이고 교감되는 것이다. 권력과 이성에는 처음부터 역설의 논리가 내재되어 있다. '이탈하기 때문에 지배한다'는 것, '할 일이 없기 때문에 지배한다'는 것이다. 이성과 권력은 처음부터 합리성이 있는 것이 아니라 후대에 합리화한다는 점이다. 이성과 권력이라는 것은 원래 원천적으로 '피조된 것', '이미 지나간 것'을 가지고 최초 동인과 원인을 추리하는 것이다. 그 결과를 가지고 '앞으로 피조될 것', '앞으로 다가올 것'을 예측하는 것이다. 그런데 지배를 위해서 마치 원래 원인이 있었던 것처럼 위장(僞裝: 인위적이고 장식한다는 것은 문명의 핵심이다)하고 거꾸로 바꾸어 놓은 것이다. 그런 점에서 감성은 진화의 오랜 결과이지만 이성은 진화의 기간이 아주 짧은 것이다.

이성은 진화의 과정에서 앞선 것일 수도 있지만 경우에 따라서는 진화의 과정을 잠시 거꾸로 돌려놓거나 왜곡시키고 교란시킨 것일 수도 있다. 권력이란 원래 피권력자에서 조금 변형된 혹은 속임수가 가미된, 프로그램이거나 바이러스 프로그램과도 같은 그런 것이다. 권력이란 그 자체가 원래부터 자연의 거대한 집에서, 이것을 가정으로 말하면 아버지(부모)에 대한 아들(자식)의 반란(집 나간 탕아)인데 좋게 평하면 창조적 반란이면서 발전적 이탈이다. 이것을 암수(남녀)로 말하면 암컷의 아늑한 평화에서 '달아난 수컷'이면서 '바람난 수컷'이다. 이것이 바로 성의 권력화라는 것이다. 수컷의 바람에는 반드시 숨어 있는 암컷이 있게 마련이다. 성의 권력화는 암컷이 수컷에 기생하는 방식으로 이루어진다.

그런데 만약 수컷이 아니라 암컷(여성)이 바람이 난다면 어떻게 될까. 다시 말하면 만약 위정자(통치권자)가 아니라 백성(국민)이 바람이 난다면 어떻게 될까. 암컷이 바람이 난다면 종의 멸종을 재촉하고 백성이 바람이 난다면 나라의 멸망을 재촉하게 된다. 이것은 권력의 기반이 무너지는 것이 되기 때문에 그렇지 않은 집단과의 경쟁에서 패배하게 될 것이 불을 보듯이 환하다. 만약 인간사회에서 일부다처제나 일처다부제는 둘 다 이론적으로는 가능하다. 그런데 힘이 있는 자가 다수의 남과 관계를 설정하면(남을 거느리면) 그것은 권력이 된다. 그러나 힘이 없는 자가 다수의 남과 관계를 설정하면(남에게 복종하면) 그것은 권력이 아니라 예속이 된다.

남자의 일부다처제는 부계혈통 및 남자의 사회적 지위나 부와 밀접한 관계가 있다. 그러나 일처다부제는 모계혈통이라든가 여자의 부나 지위 따위와 크게 관련이 없다. 일부다처제는 여성에 대한 성적 독점이 성립하는 권력관계이다. 그러나 일처다부제는 모계사회에서 자주 일어나는, 남성에 대한 성적 독점이 성립한다기보다는 한 여자가 여러 남자와 성적관계를 맺는 것이 허용되어 있거나, 한 남편이 자기의 아내와 성교할 수 있는 권리를 다른 남자에게도 확대시키는 경우도 있지만 이럴 경우 여자가 낳은 아이들과의 부자관계가 그 남자들 모두에 적용될 때만 복혼이 될 수 있다. 혼인과 성관계는 다른 것이다.

남자의 일부다처제는 권력이 되지만 여자의 일처다부제는 권력이 되지 않는다. 똑같이 복혼(複婚)을 하는데도 일부다처제는 지배가 되기 쉽고 일처다부제는 지배(권력)의 관념이 없다. 이것을 외도에 적용하면 남자가 외도를 하면 거느리는 여자의 수를 늘리는 것이 되고 여자가 하면 지배당하는 수를 늘리는 것이 된다. 이것은 여자가 재생산을 담당하는 것 때문이다. 재생산이라는 것은 권력의 측면에서 보면 권력의 대상이 되는 수를 늘리는 것이 된다. 다시 말하면 여자는 스스로 권력의 대상이 될 뿐만 아니라 그 대상의 수를 늘리는 역할을 담당하고 있다. 적어도 인간에 이르러 Y염색체의 권력경쟁은 더욱더 치열하여졌고 처음엔, 힘에 의한 폭력과 물리력에 의해서, 나중엔 말에 의한 수사학과 제도에 의해서 경쟁을 하면서 여러 수컷들의 여러 계급(계층)을 만들고 그 계급의 사이사이에 암컷을 끼워 넣어 성(性)을 지배하고 있다.

생물은 불확실성과의 도전을 위해서 욕망과 낭비에 가까운 정자와 난자를 생산하면서 생존경쟁을 하였다. 이것은 지금도 변함없이 계승되고 있는 것이다. 불확실성에 대처하는 과잉생산(낭비)을 하였고 불안에 대비하여 과잉축적을 하는 데에 익숙해졌다. 이건 분명 자유에 의해서 비롯되었다. 이는 분명 그 낭비로 인해 희생자를 예약하는 일이었다. 그러나 그 희생자를 추모할 땐 하더라도 과잉생산을 하지 않으면 안 되는 것이 모든 생명이 살아오는 욕망의 법칙이었다. 오늘날 고도자본주의 사회에서는 욕망의 극대화가 이루어지고 자유는 프리섹스로 발전하였고 미래는 그 발전의 폭발력으로 인해 아무도 예측할 수 없다. 자본, 즉 돈은 권력의 확대재생산 과정에서 엔진이며 기름이며 소통체계이며 새로운 신(神)이며 우리 시대의 기(氣)이다. 권력이 있는 곳에 돈이 있고 돈이 있는 곳에 권력이 있다. 글자 그대로 황금(黃金: Gold Money)시대이다. 예전의 황금시대(Golden age), 에덴동산(Garden of Eden)은 유토피아일 뿐이다.

인간은 호모 임페리얼리스(Homo imperialis: 제국적 인간), 즉 '확장하는 인간'이다. 인간은 본질적으로 매우 약탈적이다. 영장류의 진화과정에서 약탈적 성향이 강한 종이 인간으로 진화하였다. 유인원(man – ape)과 유원인(ape – man)의 싸움에서 승리하는 것은 누가 먼저 돌을 잡고 무기로 사용하느냐의 것이었다. 돌을 먼저 사용하는 쪽이 승리하였다. 인간의 약탈적 성향(predatory tendency)은 무기의 사용(weapon – using)으로 가속화된다. 이것이 또한 직립(upright stance)과 두발보행(bipedal locomotion)을 가져온다(신인철 1995, "문화론 하나", 한국민족학회 편, p.88). 이것은 권력의 확대 과정을 가져왔고 제국으로 역사에 나타나고 있는 셈이다. 제국으로의 확대는 바로 '확장하는 인간'의 확실한 증거이다. 도구를 사용할 수 있고 보다 나은 도구를 발명할 수 있는 쪽이 승리하게 마련이다.

인간의 역사는 제국의 역사였고 그 제국의 역사를 운영하기 위하여 수많은 전쟁과 죽음과 자원의 낭비를 했어도 이를 멈추지 않고 있다. 인류는 욕망에 브레이크를 걸기 위해 중간 중간에 종교적 성인-노자, 공자, 석가, 예수-을 탄생시켜 무위(無爲)와 인(仁)과 자비(慈悲)와 사랑을 가르치고 이들은 도덕과 평등과 공동체정신을 가르치고 검소와 겸손을 가르쳤다. 하지만 이는 생물의 자기 종 혹은 자기 집단 내부의 균형과 질서를 위한 잠정적 조치에 불과한 것이었다. 성인들의 욕망의 축소운동은 정치적(남성적) 권력에 비하면 여성적 권력(권위)에 해당하는 것으로 집단 내부적으로는 평화와 평등과 공동체정신을 내세우게 한다. 무엇보다도 욕망을 견제한다. 고등종교의 바이블은 모두 선(善)을 가르친다.

그러나 이들 종교들은 제국주의(문화적 제국주의)의 앞잡이가 되거나 뒤치다꺼리는 하는 집단이 되어 '병 주는 침략세력에 편승하여 약주는 (위선적인) 세력이 된다. 결과적으로 제국주의의 세력을 넓히는 데 동참하여 명실공이 문무에서, 안팎으로 완전한 제국주의를 완성하게 한다. 여전히 인간의 문명은 경쟁과 승리만을 추구해왔다. 안으로는 선(善)을 가르치지만 밖으로는 악(惡)을 자행한다. 안으로는 선한 본성(本性: 이것은 본능을 안에서 바라본 것이다)을 가르치지만 밖으로는 악한 본능(本能: 이것은 본성을 밖에서 바라본 것이다)을 거침없이 쏟아냈다. 권력경쟁의 인간사회에서 조화와 평화를 추구하는 여성주의는 언제나 지배를 당하는 수모를 당해왔다. 조화와 평화는 처음부터 권력에 반하는 것이기 때문이다. 조화와 평화는 권력을 잡은 뒤에 권력의 품 안에 들어온 것을 다스리는 방식이다. 이러한 방식은 종교의 방식이고 예술의 방식이다. 이러한 방식은 깨닫는 방식이고 느끼는 방식이다. 이것은 여성적 방식이고 우뇌(右腦)의 방식이다. 권력의 방식은 강제로 따르게 하는 방식이고 이성의 방식이고 법칙을 세우는 방식이다. 이것은 남성적 방식이고 좌뇌(左腦)의 방식이다.

　권력의 클라이맥스, 즉 권력의 극대치는 바로 제국주의(imperialism)에서 드러난다. 제국주의는 식민지(植民地, colony)를 거느리고 있다. 식민지는 바로 식민지(食民地)의 성격도 있다. 식민지를 경영하는 쪽에서는 식민(植民) 혹은 가식민(可植民)을 하는 것이지만 식민지로 경영당하는 입장에서는 식민(食民) 혹은 피식민(被食民)이 된다. 이것은 하늘과 땅의 관계, 남자와 여자의 관계에도 적용할 수 있다. 생태계의 먹이연쇄, 역사 속에서의 지배종속관계는 생태계를 그대로 닮았다. 정치경제학은 특히 이런 것의 메커니즘을 밝히는 학문이다. 정치종교학, 제정학(祭政學)도 이런 메커니즘을 밝히는 학문이다. 그러나 정치경제학은 사회를 대립 분열시키지만 제정학은 반대로 사회를 하나로 통합시킨다. 세계는 먹이(강제로 먹는 약육강식)와 희생(스스로 먹이가 되는 봉헌)의 체계인 셈이다. 성(性)과 식(食)에는 바로 이 두 가지 의미가 동시에 들어 있다. 세계는 결국 먹으면서 기르고 기르면서 먹는 이중성의 세계이다.

제2부

멀리 시집가는 여자

－성(性)－성(姓): 부계－가부장제－

제6장 인류 진화상의 성과 가부장제

1. 자궁의 탄력과 근육의 힘

"가부장제는 '자궁을 가진 자(여자)'와 '힘을 가진 자(남자)'의 힘겨루기였다." 당연히 권력경쟁은 '힘을 가진 자'가 이기는 게임이다. 그럼으로써 '자궁을 가진 자'는 '성의 주체'가 되기보다는 '성의 대상'이 되었다. 이 구절은 화두이다.

원숭이로부터 인류의 모습으로 진화하게 된 것은 원숭이가 숲 속에서부터 아프리카 동부에 위치한 대초원으로 이동할 때에 비롯되었다. 이러한 이동과 식량채집법은 두 발의 사용량을 늘렸으며 직립보행은 두 손의 여유를 통해 도구의 사용과 발달에 영향을 미쳤으며 도구의 사용은 두개골의 용량의 증가에 피드백 작용을 하였다. 도구의 사용, 식량공유법, 의사소통과 사회조직의 새로운 유형 등이 이 과정에 부상하였다. 인류사회가 진화하는 과정에서 여성을 생각보다 중요한 기여를 하였다. 우선 여성은 자손의 재생산을 이루었으며 남자가 사냥으로 얻은 동물성 식량보다는 여자가 채집한 식물성 식량의 열량이 훨씬 높았다.

진화를 통해 오스트랄로피테쿠스(Australopithecus: 2백만 년 전~5백만 년 전)에서 호모 헤비리스(Homo Habilis: 3백만 년 전~130만 년 전: 도구의 사용), 직립원인(Homo erectus: 150만 년 전~30만 년 전: 불의 사용), 호모 네안데르탈인(Homo Neandertalensis: 30만 년 전~10만 년 전: 언어의 발달 및 종교의 등장), 현생인류(Homo Sapiens: 3만 5천 년 전: 종교와 예술의 등장)에 이르기까지 연속적으로 생존이 문제였던 시기에 여성과 남성은 계급적 대립관계에 있었다기보다는 자손의 재생산과 의식주를 위한 생산성의 향상을 위해 협동과 보완의 관계를 유지하였다.

동굴과 오두막에서 살아야 했던 당시에는 성역할 분담에 있어서도 뚜렷하게 구분되지는 않았다. 남녀뿐만 아니라 집단은 공동으로 생산을 하고 공동으로 적에게 대처하고 협동하는 것은 무엇보다도 중요하였다. 여성은 출산 이외에도 식량 확보, 자녀양육, 바구니 만들기, 옷감 직조, 질그릇 만들기 등 여러 분야에 걸쳐 남자와 함께 참가하였다. 그러니까 출산은 덤으로 하는 것이었다. 다시 말하면 여성은 출산과 양육 때문에 다른 일에 참가하지 않은 것이 아니었으며 가족과 집단을 이끌어 가는 데에 있어서 여성의 역할이 두드러졌다. 물론 이 당시에도 집단의 우두머리가 있었을 것이고 원시적인 단계의 권력관계가 존재했겠지만 그렇게 복잡한 수준의 것은 아니었다. 우두머리는 원하면 마음에 드는 집단의 여자를 소유하였으며 그것은 권력이 성을 지배하는 원시적인 형태였다.

차라리 성역할 분담은 자연에서의 '생존경쟁' – 자연선택의 과정에서보다는 호모사피엔스로 승리한 후 종(種) 혹은 집단 내부의 '권력경쟁'의 모습으로 변할 때 두드러지기 시작하였다. 부족연맹, 부족국가, 국가로 발전하면서 전쟁과 정복이 계속되고 남자의 무사로서의 역할이 증대되면서 성역할 분담은 두드러졌다. 전쟁과 이동의 시기에 여자와 아이는 남자보다 상대적으로 훨씬 불리하였으며 이로 인해 무사인 남자도 많이 죽었지만 특히 여자와 아이의 희생이 컸다. 이에 남자선호 사상이 팽배하고 여아살해(infanticide)가 벌어졌다. 남녀 차별은 실은 여성의 출산 때문이라기보다는 바로 전쟁 때문이었다. 전쟁을 위해서는 기본적으로 인구가 필요하지만 전쟁의 수행과정에서는 여아(여성)는 거추장스러운 존재였다. 그래서 여성의 '출산관리'가 필요했다. 이것은 남성권력의 지나침의 대표적인 것이다. 예컨대 '작은 것을 크게 만들어서 자신의 명의로 준다'는데도 받을까 말까 하는 거드름을 피우고 있는 것이다.

물론 이 양자는 전혀 관계가 없는 것은 아니다. 임신과 출산과 육아는 여자로 하여금 전쟁의 참여에 불리하게 하였으며 오히려 전쟁에 부담이 되었으며 전쟁에 참여하지 못한 여자는 그만큼 전쟁의 논공행상에서 빠지고 권력경쟁에서 자연히 배제되었을 것이다. 전쟁에서 승자는 패자의 여자를 소유하고 지배하였을 것이 예상된다. 아마도 '가사＝여성'이라는 등식이 성립된 것은 권력경쟁과 국가시대로 가까워지면서 확립되었을 것이다. 그 후 이 등식은 더욱더 과장되었을 게 분명하다. '남자＝전사'라는 등식도 같은 맥락이다. 여기서 왜 여자가 남자보다 전사로서 불리한 지를 설명할 필요는 없을 것이다. 성차별이 먼저냐, 계급차별이 먼저냐, 이 양자 사이의 관계는 어떠냐를 규명하는 것은 쉽지 않다. 학자에 따라 얼마든지 다른 연구결과를 보인다.

동물에서도 힘센 수컷이 다른 수컷과 경쟁을 통해서 암컷들을 지배하는 것을 보면 – 이것을 암컷의 입장에서는 훌륭한 수컷의 유전인자를 선택하는 것이라고 할 수도 있지만 – 인류의 재생산에 이미 권력관계가 개입된다고 할 수 있다. 그런 점에서 권력관계라는 것은 성관계가 변형된 것이라고 볼 수도 있겠다. 집단생활을 하지 않는 동물의 경우에는 권력관계는 발전하지 않지만 성관계는 있기 때문이다. 성관계가 인간관계의 보다 본질적인 부분이다. 그렇다고 해서 권력관계가 성관계의 발전 혹은 확대 혹은 변형이라고 잘라 말할 수 없다. 이는 역으로도 성립할 수 있다. 성관계는 권력관계가 변형된 것이라고 말할 수 있다. 권력관계의 발달에 의해 후에 성관계가 권력관계를 모방하는 경우도 성립될 수 있기 때문이다. 이는 자연으로부터 나온 인간이 자연을 지배하고 다시 자연은 인간을 닮아 가는 것에 비할 수 있다. 이는 분명 닭이 먼저냐, 달걀이 먼저냐 하는 순환론에 빠질 위험이 있다.

우주는 순환하거나 가역반응을 하면서 원래대로 왕래하는 것이 아니라 조금의 질적 변화를 한다. 지난해의 봄이 올해의 봄과 같지만 똑같지는 않을 것이고 내년의 봄 또한 올해의 봄과 똑같지는 않을 것이다. 인간의 재생산도 그렇다. 자연계로 볼 때 단성생물에서 양성생물이 나오고 그 가운데서도 인간이 나오고 인간에 이르러 암컷과 수컷의 권력관계가 역전된다. 보다 정확하게는 인간의 암수에 이르러 권력관계가 확실히 성립되고 그것은 성립되는 순간 수컷의 지배로 결판이 났다. '암컷이 아이를 배고 키우는 동안 수컷은 별로 할 일이 없이 한가하게 노닐다가 갑자기 흑심을 품고 그것을 기회로 삼아 암컷의 생산의 위대함, 배품이라는 덕을, 지고지순한, 권력이라고 표방하지 않는 진정한 권력을 찬탈한 것인가.' 그렇다면 권력 자체가 불순한 동기의 것이다. 정당한 권력이라는 것은 없다. 정당하게 보이려는 권력은 있어도.

신체적으로 볼 때 남자와 여자의 권력경쟁에서 남자가 기선을 제압한 이유는 다른 데에 있는 것이 아니라 남자의 뼈대와 근육에 있다. 남자의 그것은 여자의 그것보다는 강하고 파괴력이 있다. 인간이 생존경쟁에서 패자가 되어 만물의 영장이 되었지만 그 양육강식의 유전자와 문화적 전통은 그대로 남아 역시 권력경쟁에서 처음엔 힘센 자가 패권을 차지하게 된다. 이것은 권력의 시초가 바로 폭력이라는 증거이다. 폭력이 문화적으로(말에 의해서) 절도가 가미되고 더욱더 세련된 것이 오늘날 정치제도일 것이다. 폭력은 자신을 변형시켜 대표적 표상으로서 입지를 굳히고 권력이 된다. 그러나 그 원형은 폭력에 있다. 이 같은 원형은 제국에서 잘 나타난다. 나라 안에서는 폭력이 여러 가지 장치로 은폐되고 세련되어 있지만 나라와 나라 사이에는 그대로 노출된다. 제국들은 언제나 외교를 통해 말의 수사학을 통해 논쟁(문화적 제국주의)을 벌이다가 마지막에는 전쟁(무력적 제국주의: 합법화되고 제도화된 폭력)으로 일을 해결하고 만다. 폭력을 쓰지 않는 제국은 지구상에 없었다.

지금까지의 이야기를 생물이라는 기본적인 바탕에서 다시 정리하면 다음과 같다. 생물은 '살아 있는 동식물'이다. '살아 있는 동식물'은 죽게 마련이다. 그래서 죽기 전에 자신의 재생산을 통해 종을 이어 가는 것이 목표이다. 이것이 후손으로 이어지는 바통 탓치(릴레이 게임)를 통해서 죽음에 대항 혹은 극복하는 것에 비유할 수 있다. 생물이 이런 것이라면 생물에서, 특히 양성이체의 동물 중에서도, 인간의 경우, 에고(ego)를 중심으로 볼 때 수컷(아버지)과 암컷(어머니)의 관계라인(Line) 중에서 어느 선이 확실할까. 라빈 폭스(Robin Fox)는 모자관계라고 했다. 부자관계는 확실성이 없는 불확실한 점선(點線)이라면 모자관계는 확실한 실선(實線)으로 표시했다. 그렇다. 모자관계야말로 권력이 생기기 전에 자연스러운 선이었을 것이다. 예컨대 자궁은 스스로 낳기 때문에 누구의 것이냐를 따질 필요가 없는 처음부터 확실한 관계이다. '어머니의 아기'(Mother's baby)라는 말이 있다. 반대로 '아버지는 아마'(Father's maybe)라는 말이 있다. 이것은 부성불확실성을 비유한 말이다.

그런데 권력은 왜 불확실한 부자관계를 중시하게 되었을까? 바로 여기에 역설의 비밀이 있다. ① 모자관계는 자연적인 관계이다. 부자관계는 인위성이 내포된다. 그래서 불확실한 부성을 확실하게 하여야 할 필요가 있다. ② 권력은 역시 다수(어머니와 자식)가 소수(아버지)에게 자신을 의탁하는 것으로 성립되는 인위적인 것이다. 이것은 살아가는 구성원의 크기, 즉 집단이 커지기 때문에 발생하는 것이다. 물론 동물이나 유인원들의 사회에서도 권력이라는 것이 있다. 수컷이 암컷을 지배한다. 그러나 그 권력이라는 것은 생식관계에 있는 2~3대의 소수에 통용되는 것이다. 그러나 인간에 이르러 그 집단의 규모는 수백, 수천에 이르고 이제 만, 억으로 엄청나게 확대되었다. 만약 집단의 규모가 확대될 필요가 없거나 확대되지 않아도 잘 살 수 있었다면 아마도 모계사회가 적합하였을 것이다.

부계이든, 모계이든 출계를 따지지 않고 가족을 말한다면 가족(family)보다는 집(house)이 훨씬 더 공통적이고 보편적인 성격을 갖는다고 할 수 있다. 왜냐하면 부계이든, 모계이든 상관없이 집에 있는 것은 여성이고 어머니일 것이기 때문이다. 그런 점에서 시집간 여성에 대해 '집사람' 혹은 '안사람' 혹은 '내자(內子)'라고 하는 것은 의미심장하다. 집의 개념은 특히 부계나 모계, 다시 말하면 단계출계(uni−lineal descent)가 아닌 공유출계 집단(cognatic descent)에는 더더욱 유용한 개념이다. 여자는 출계를 떠나서 집을 지키는 존재이다(물론 여성이 가사가 아닌 직업을 가지는 현대에는 적용되지 않는 개념이지만). 여성이 집을 지키지 않는 사회는 없다. 이는 부계이든, 모계이든 아이를 낳는 사람은 여자라는 사실과 맥을 같이한다. 그래서 출계나 가족이라는 것도 여성이 집을 지키지 않는 정도에 따라 연속체로 분류·배열하는 것이 바람직할지도 모른다. 예컨대 이중출계, 양계출계, 공유출계 등은 모계에서 부계로 향하는 그 중간의 산물이다. 어떤 이유에서건 부계로 향하는 데에 있어서 환경적·문화적 압력이 덜한 집단이었을 것이다.

모계는 실지로 부계의 등장과 더불어 부여된 개념이다. 모계는 출계를 의식적으로 주장할 필요가 없기 때문이다. 결국 출계라는 것은 부계와 더불어 의식화되고 강요된 개념일 가능성이 높다. 출계라는 것은 한 장소에 집단을 이루어 살 때도 유용한 개념이지만 이동을 할 때 더더욱 유용한 개념이다. 혈통은 장소의 이동에 따라 바뀌지 않는 성질을 가지고 있기 때문이다. 출계(descent) 개념은 장소성(locality)보다는 혈통성(consanguinity)에 기초한 개념이다. 삶의 이동성은 부계에 의해 더욱 진행되기 때문에 부계는 의식적으로 기억과 계승을 강요하였을 것임에 틀림없다. 그러나 부계가 주도권을 잡았지만 실지로 가정은 어디서건 여성의 영역이다. 부계라는 것은 단지 가족의 시니피앙에 불과한 것일지도 모른다. 가족의 시니피에는 여전히 여성이다. 패밀리(family)라는 말도 부계의 산물인지 모른다.

단정적으로 말하긴 어렵지만 모계는 출계로서의 의미가 없다. 모계는 부계가 나옴으로써 뒤늦게 부계와 같은 것은 모계에 씌운 것이다. 이와 비슷한 것이 바로 여신이라는 것이다. 여신은 신의 의미가 없다. 여신은 남신이 나옴으로써 뒤늦게 신이라는 이름을 붙인 것이다. 이것은 권력의 문제를 논할 때 매우 중요한 포인트인데 결국 여신(여성)과 모계가 권력적이지 않다는 것을 뜻한다. 모계와 여신은 바로 자연 자체에 붙인 이름이다. 모계와 여신이 자연본래(自然本來)이다. 모계에서는 근친상간할 확률이 높을 수밖에 없다. 인구도 적고 집단의 규모도 대체로 부계보다 크지 않다. 어쩌면 모계는 그렇게 클 필요를 느끼지 못했을지도 모른다. 모계 자체가 권력의 필요성을 덜 느끼는 체계이기 때문이다.

인구가 점점 늘어나면서 모계가 부계로 바뀌고 부계가 되면서 외혼제라는 것이 의미를 가지게 되었다. 부계에 의해서 인류는 보다 넓게 정복하고 교류하며 살아왔다. 부계를 중심으로 한 전쟁이 삶의 영역을 넓히고 노예를 낳고 계급을 낳았다. 쉽게 말하면 정복당한 쪽은 바로 노예가 되고 종이 되는 것이다. 보다 강력한 부계를 먼저 만든 쪽이 정복자가 되고 아마도 제국을 형성했을 공산이 크다. 남자는 멀리 가서 씨를 뿌렸던 것이다. 전쟁은 과학을 발달시켰을 것이다. 남자와 부계의 정복사업이 있고부터 제대로 국가가 형성되고 계급이 설정되고 직업이 분화되고 여자는 한 남자에게 소속되었으며 한 남자에게 소속되지 않는 전문적 창녀·무희계급이 형성된다. 창녀계급의 형성은 남자의 정복사업과 생활권역의 넓어짐과 관련이 크다. 집을 떠난 남자에게 시중 들 여자가 사회구조적으로 필요했던 것이다.

모계는 부계의 외혼제를 기준으로 보면 내혼제가 된다. 모계, 여성에게는 분명히 단성적(單性的)인 측면이 있다. 남자, 부계는 양성(兩性)과 단계출계적(單系出系的)인 측면이 강하다. 모계에는 어딘가 양계출계적(兩系出系的)인 요소가 내재되어 있다. 그 원인은 자궁 때문이다. 여자가 아이를 낳는다는 점이다. 아이를 배게 하는 데는 남자도 기여하지만 아이를 배 속에서 키우고 낳는 것은 여자이다. 자연의 법칙에 따르면 모계는 주장하지 않아도 모계가 되는 것이다. 성(性)에서 출계(出系)로의 탈출은 부계에 의해서 결정된 측면이 강하다. 이것은 권력의 탄생이다. 여자는 세대의 문제에서도 확실하게 구분할 수 없다. 서로 다른 세대의 남자가 한 여자에게 아이를 낳지 말라는 법은 없다. 그래서 문명과 출계와 계급과 질서는 남자에 의해 결정되었다고 해도 과언이 아니다. 여자의 소속과 계급은 남자에 의해 결정되었다.

출계와 권력이 여성을 구속하고 억압하는, 더 정확하게는 여성의 성을 억압하고 기호화하고 심하면 희롱하는 기제가 만들어진 것은 인류사회의 발전과정과 긴밀하게 연관되어 있음을 알 수 있다. 여자는 자연에 더 가깝다. 남성 중심의 문명은 여성 중심의 원시 모계사회를, 여신의 사회를, 자궁 중심의 성이 자유로운 사회를 바꾸어 버리고 여성을 남성 개인에게 소속시켜 버렸다. 여성에게는 질서보다는 혼란, 삶보다는 죽음, 문명의 자유보다는 자연의 평등의 의미와 기능이 숨어 있다.

지금도 모계사회를 유지하면서 사는 부족도 있다. 남자들의 힘(폭력 혹은 물리적 강제력)이 덜 필요했을 것이기 때문이다. 모계사회는 혈통은 어머니에게(이것은 성적으로 매우 자연스러운 현상이다), 권력은 외숙에게 두는(이것은 인위적인 것이다) 이중적인 태도가 가능했다. 이것은 흔히 인류학자들이 '성(性)의 정치학'(sexual politics)이라고 하는 것으로 모계사회의 여자들이 자기 혈통영속집단에서 핵심적인 정치권력의 위치를 차지한다면, 아마 남자들이 다른 종족이나 씨족으로 혼입(婚入)해야 할 것이다. 그러나 남자들은 결혼 후에도 자기 누이들이 사는 본래의 종족의 일을 맡아서 처리한다. 가내집단에서는 여자가 지배력을 갖지만 종족(lineage)의 일을 통제하는 사람은 결국 남자들이다. 모계-외숙권은 혈통과 권력이 행사되는 장소가 다른 것으로 불완전하고 강력하지 못하다.

인류학자들은 이것을 '모계의 난제'라고 말한다. 이것은 여자와 남편 사이의 연계가 그녀의 남자형제 사이의 연계와 상충되고 있기 때문이다. 만약 모계집단이 강하게 지속되려면 중대한 일이 있을 때 여자와 남자형제의 연계가 남편과의 연계를 압도해야 한다. 또한 그녀의 남자형제들은 그녀가 낳은 아이들에 대해 일차적인 통제력을 유지해야 한다. 이러한 갈등 때문에 모계사회의 혼인관계는 깨지기 쉽다. 그래서 모계사회에서는 이혼율이 상당히 높을 것이 예상된다. 그래서 집단의 규모가 확대된 사회가 되면 부계사회로 전환하지 않으면 안 된다. 혈통과 권력이 함께 있는 부계-부권이 되어 강력한 권력의 행사가 가능해진다. 인류의 대부분의 사회가 모자관계를 포기하고 부자관계를 축으로 혈통과 권력을 통일한 이유가 여기에 있다.

이것은 어떤 의미에서 혈통, 즉 모처-모계를 포기하고 권력인 부계-부권을 택했다는 설명이 가능하다. 이것은 혈통도 중요하지만 살고 죽은 것을 좌지우지하는 권력이 더 중요하다는 것이 된다. 보다 자연스러운 혈통의 모계사회는 인위적인 권력관계에 손을 들고 항복하고 만 셈이다. 모계는 처음부터 권력관계가 아니고 최소한의 권력관계였고 부계는 처음부터 권력관계였다. 인류학적으로 볼 때 구석기 시대는 대체로 모계사회이면서 제정일치사회이고 신석기 시대는 부계사회이면서 제정분리 사회이고 청동기 시대는 부계사회가 강화되어 고대왕국이 되는 것으로 보고 있다. 고대왕국은 전쟁을 통해 성립되는데 전쟁에 승리한 편은 패배한 편에게 종이 될 것을 요구하고 이들에게 금법(禁法)을 요구하면서 집단을 관리하게 된다. 이것이 왕국이며 제국의 시초이다.

부계는 원천적으로 권력관계가 혈통관계를 감시하는 가부장제를 등장시킨다. 여자는 생산(출산)과 양육 그 자체에 신경을 쓰다 보니 그것에 이름을 붙일 여유가 없었다. 그러나 출산에서 자유로운 남자는 이름을 붙이기를 즐기고 이름 붙인 것을 자신의 것으로 만들기 시작했다. 이름을 붙인다는 것은 매우 중요한 행위이다. 이것이 바로 권력의 핵심 내용이다. 이름을 붙이면 사물은 자유롭게 이동하게 하고 사물과 사물 사이의 관계에 골몰하게 한다. 이름을 붙이는 자는 동시에 사물을 문장으로 정렬시키게 한다. 가부장제는 나중에 최대한의 권력관계를 만들기 위해 확대재생산의 길로 접어들게 되고 이것이 '제국의 성립'이 되는 것이다. 제국의 성립에는 이성(理性)의 개입이 있다. 이성은 자신이 다스리는 대상과 폭을 보편성이라는 이름으로 넓혀 가는 중추이다.

이것은 성염색체상의 혁명에서 점차로 다스림(지배)의 영역을 넓혀 가는 '(X)Y의 혁명＝부계－가부장의 혁명＝제국의 성립＝이성의 혁명'으로까지 발전한다. 자연의 거대한 질서로 보면 이것은 어처구니없는 반란에 지나지 않는, 자신의 혁명을 합리화하는 행동에 불과한 쿠데타 집단의 반란과 같은 것이었다. 만약 일처다부제가 되었다면 권력경쟁에서의 낭비를 막을 확실성을 담보할 수 없었을 것이다. 결국 이 확실성의 담보가 일부일처제였는데 이것이 역으로 우주의 바탕인 'XX＝모계사회＝재생산(사랑 혹은 섹스)＝감성의 세계'를 억압하고 여자만의 일부일처제(이것은 상대적으로 남자들에게는 일부다처제 혹은 처첩제 혹은 외도)를 승인하는 결과를 초래하였다. 이렇게 문명의 역사는 자연에 대한 배반의 역사이면서 동시에 결국 자연으로부터 점자 멀어져 가서 '자연으로부터 소외될 위기'(종의 멸종위기)에 처할지 모른다. 인간종의 역사는 탕아가 어머니의 품으로 돌아오는 간단한 스토리인지도 모른다.

2. 섹스와 번식, 사랑과 행복

사랑의 이면에는 개인의 행복도 있지만 생물의 종으로서의 인간에게는 번식과 그것을 안정적으로 담보할 수 있는 장치로서의 의미가 더 크다. 권력과 이성은 결국 인간종의 내부 질서를 유지하고 다른 종의 역습을 막으려는 방어전략의 일환이며 '낭비'를 줄이고 효율성을 높이려는 지극히 보수적이고 소극적인 자유와 불평등과 소수의 희생을 감수하는 '인간이라는 종의 부자들의 몸조심'에 해당하는 것이다. 그러나 이러한 권력경쟁이 얼마나 오래 갈지, 인간종의 영속적 번영을 보장하는지는 아무도 모른다. 이러한 인간종 내부의 권력경쟁이 인간종 밖의 다른 생물종과 어떤 관련을 맺을까. 혹시 권력경쟁이 자신의 권력의 원천인 자연(생물계)을 파괴하는, 모체회귀가 아니라 모체파괴라는 종말에 이르게 할지 모를 일이다. 모체회귀만 되면 다시 탕아(권력)는 모체로부터 이탈과 회귀라는 생물로서의 반복(재생산)을 할 수 있는 기회가 있기 때문이다. 남자는 여성의 생산을 찬미하면서도 동시에 그 생산이 과잉되지 않을까, 염려하고 있다. 그것이 '출산관리'라는 것이다.

오늘날 여권론자의 입장에서 보면 이 '여성＝출산'이라는 등식이 여성을 '집안사람(집사람, 안사람, 안주인)'으로 만들고 상대적으로 남성을 '집밖사람(바깥양반, 바깥주인)'으로 규정한 것과 '여성＝가사(가정주부, 전업주부)'라는 등식이 여성의 권리(집 밖에서의 권력경쟁 혹은 출세)를 결정적으로 박탈한 것이라고 말하겠지만 딱히 그런 것만은 아니다. 인류학적으로 볼 때 이러한 성역할 분담은 당시의 주산업(농업)이나 크고 작은 집단 간의 생존경쟁(정복, 전쟁) 등으로 볼 때 당시로서는 매우 효율적인 역할분담인 측면이 있었음도 부인할 수 없다.

예컨대 세상이 아무리 남녀평등이 된다고 해도 여성을 무사화(武士化)하고 (부분적으로 있겠지만) 남성에게 임신을 하라고 할 수는 없는 노릇이다. 여성을 무사화하는 것의 비효율과 남성의 임신이라는 불가능은 삼척동자라도 알 수 있는 일이다. 물론 여성의 무사화는 부분적으로 허용할 수는 있지만 그것이 일반화되는 것은 다른 나라와의 비교우위의 측면에서 비효율적일 수밖에 없다. 또 여성의 임신도 과학의 발달에 따라 여성을 그것으로부터 해방시킬지도 모를 일이지만 생물로서의 인간에게 치명적인 일이 될지도 모를 일이다. 여성의 무사화나 남성의 전업주부화를 완전히 막을 필요는 없지만 그것을 일반화시킬 수는 없는 일이다. 가사의 남녀분담을 선택적으로 하는 것과 이것은 별개의 것이다.

물론 필요 이상으로 가사를 여성의 것으로 고정 관념화하고 생물 - 생태학적인 특성을 필요 이상으로 사회화한 것은 잘못이지만 그렇다고 완전히 생물학적인 특성을 무시해야 한다고 강요하는 것도 또 다른 강압과 폭력에 속한다. 여성을 생물 - 생태학적 결정론으로 묶어서는 안되지만 반대로 그러한 특성을 무시하는 것도 그동안의 인류의 생존과 생활의 장에서는 현실성이 없는 방안이었다. 최근의 여권신장과 가사로부터의 여성해방도 실은 여성의 전통적 역할을 강요할 필요가 없어졌고(인구폭등으로 인해) 또 그렇게 할 경우 사회적 생산성(여성을 가사에 잡아두면 사회적 생산성이 크게 줄어든다)의 상대적 저하를 막을 길이 없다. 그래서 여권을 신장시키기 위해서 여성에게 전문적 직업을 주어야 하는 것이 아니라 생산성을 올려야 하는 숨은 이유가 있다.

전반적으로 '가부장제(patriarchy)'의 억압과 모순과 비효율을 개선하는 것은 중요한 일이지만 그렇다고 '여성가장제(matriarchy: 모계와 모권은 다르다)'가 정말로 여성이 가장행세를 한 것인가에 대해서는 학자에 따라 의견이 다르다. 모계사회에서는 권력은 어머니의 남자형제인 외숙이 가진다는 것이 통설이다. 그렇다면 모계는 있지만 모권은 없다는 결론이다. 모계는 모권으로 연결되지 않는다는 점에서 모계가족은 단순한 자궁가족(子宮家族)으로 보는 것이 옳을 것 같다. 자궁가족은 출계가 권력으로 되지 않는 이전의 자연상태의 가족을 말한다. 자궁가족은 아무런 스트레스를 주지 않는 가족이다. 자궁가족은 자연스럽게 자식이 어느 누구에게 소속되는 자식이라기보다는(모든 남자의 자식일 수 있기 때문에 혹은 아버지를 확인할 필요가 없기 때문에) 집단의 공동의 자식이 될 공산이 크다. 그래서 자식은 공동으로 키우면 된다.

현대적 여성가장제는 자식이 어머니의 소속이기 때문에 본질적으로 모계가족, 자궁가족이 되지 못한다. 왜냐하면 사회는 혹은 많은 다른 남자들은 여자의 자식을 공동의 자식이라고 생각하지 않기 때문이다. 따라서 여성가장제의 허용을 새로운 선택항으로 놓는 것은 중요하지만 그렇다고 오랜 세월 동안의 가부장제의 억압에 대한 단순한 반작용으로 여성가장제로 가는 것에 대해 과연 장기적으로 볼 때 현명한 것인가에 대해 의문이 없지 않다. 그런데 여권신장의 경우 반드시 여성가장제를 하여야 실현되는 것은 아니다. 서구문화권의 경우 여권은 동양문화권에 비해 훨씬 신장되었고 오히려 여권이 남권보다 지나치게 보호받는 것이라고 할 정도(이혼의 경우 위자료와 자식의 양육권에 대해서 별문제가 없는 한 여자에게 유리하다)이다. 그럼에도 서구의 여성들은 왜 모계-여성가장제를 지지하지 않을까. 오히려 저들은 결혼을 하면 남자의 성(姓)을 따른다. 당대의 가장권(家長權)은 차라리 여성에게 있을 수 있어도 계통을 따지는 출계(出系)는 부계를 유지하려고 한다. 왜 그럴까. 서구인들은 말하자면 부계-여성가장권을 선택하는 것이다.

제7장 부계-가부장제와 모계-여성가장제

1. 부계-장자상속, 모계-말자상속

호모사피엔스가 구석기 후기에 등장한 것은 대체로 10만 년 전쯤으로 보인다. 1만 년 전에 중석기가 시작되고 원예학(식물재배방법)이 시작되며 농업과 목축이 일반화된 것은 신석기 시대로 대체로 5천 년 전쯤으로 짐작된다. 가부장제(Patriarchy)의 시작은 여러 학설이 있긴 하지만 대체로 5천 년 전(서기전 3천 년)에서 서서히 시작하여 서기전 5백 년쯤에 확립된 것으로 보인다. 이 시기는 문자의 발생시기와 거의 일치한다. 청동기 시대 그리고 철기 시대에 들어 고대국가가 완전히 성립되고 전쟁을 통한 정복사업이 활발해졌던 것으로 보인다. 이러한 정복사업에는 남성을 군사화할 수 있는 가부장제가 필요했다. 가부장제는 남성이 한곳에 머물면서 군사화, 조직화가 용이했으며 보다 멀리 여성을 시집보내고 생물학적으로 잡종강세를 통해 훌륭한 자손을 계속적으로 확보하는 자연선택의 방향과 일치하는 것이었기 때문이다.

가부장제의 시작에서 가부장제의 확립, 가부장제의 확대재생산은 대

개 1만 년에 걸친 장구한 세월에 걸쳐서 이루어진 것으로 보인다. 가부
장제는 약 5천 년 동안 오랜 시간에 걸쳐 확립되어 오늘날 제국주의의
이름 아래 극성을 부리고 있다. 아마도 가부장제의 성립이 천편일률적
인 것은 아니고 자연적 환경과 문화적 여건에 따라 처음부터 부계사회
인 경우도 있지만 대체로 부계사회 앞에는 모계사회가 있었던 것으로
보인다. 그러한 모계사회가 점차 사라진 것은 부계사회의 생존경쟁과
권력경쟁으로 모계사회 자체가 전쟁이나 생존에 부적합하였던 것으로
보인다. 그러나 인류의 역사가 전쟁의 시기와 평화의 시기가 주기적으
로 반복되는 것으로 본다면 평화의 시기에는 아무래도 모계적 성향이
되살아나는 경향을 보인다고 하지 않을 수 없다.

　다시 말하자면 가부장제의 확립 이후에도 모계적 성향, 모성사회적
경향은 주기적으로 돌아온다는 것을 알 수 있다. 이러한 주기를 넓게
잡을 수도 있고 좁게 잡을 수도 있다. 대체로 2천5백 년 주기로 반복되
는 것을 볼 수 있다. 그러한 점에서 앞으로 모중심사회가 돌아올 것으
로 보인다. 그러나 한번 성립된 부계사회는 인류사회에서 국가가 존재
하는 한, 아니 전쟁이 존재하는 한 사라지지 않을 것이다. 부계사회는
남성의 권력을 위해서 성립된 것이 아니라 생물의 자기자손을 번식시
키려는 방향과 일치하기 때문이다. 여성을 위해서도 부계사회가 필요
한 셈이다. 부계의 강력한 보호가 없으면 여성은 자신의 유전자를 안전
하게 전해 줄 수 없다. 다시 말하지만 인류사에서 5천 년은 모계에서
부계로 이동하는 시기였고 나머지 5천 년은 부계가 확립된 시기가 된
다. 부계사회는 1만 년에 걸친 인류의 '대(大)생존 및 권력사업'이었던
셈이다.

오스트랄로피테쿠스(Australopithecus: 2백만 년 전~5백만 년 전)
호모 헤비리스(Homo Habilis: 3백만 년 전~130만 년 전): 도구의 사용

직립원인(Homo erectus: 150만 년 전~30만 년 전): 불의 사용
호모 네안데르탈인(Homo Neandertalensis: 30만 년 전~10만 년
전): 언어의 발달 및 종교의 등장
현생인류(Homo Sapiens: 3만 5천 년 전): 종교와 예술의 등장, 모
계사회
중석기(1만 년 전~8천 년 전): 식물재배의 시작, 모계사회
신석기(8천 년 전~5천 년 전): 가부장제의 시작
청동기(5천 년 전~3천 년 전): 국가의 성립(가부장제의 확립)
철기(3천 년 전~서력기원): 제국의 성립(가부장제의 확대재생산)
고대(서기전 10세기~서기 후 4세기)
중세(4~14세기)
근세(15~18세기)
근대(19~20세기)
후기 근대(21세기~)

결국 '가부장제＝국가성립＝문자발명'은 그 시기가 일치하고 있다. 가부장제의 완성은 서기전 5백 년 이른바 추축시대에 고등종교의 완성으로 그 이전까지 '여신＝여사제＝귀신'이 지배하던 종교 분야마저도 남성이 지배함으로써 완성된다.

인류의 4대 문명의 발상지라고 하는 곳의 고대 국가, 즉 왕권의 성립은 대체로 서기전 3천 년 혹은 3천5백 년으로 고고학자들은 동의를 하고 있다. 우리의 단군 조선도 바로 이 시기와 일치한다. 그리고 서기전 5백 년은 고등종교가 발생하는 추축시대로 이미 널리 알려져 있다. 흔히 역사 시대의 고대국가 성립은 기원 전후를 중심으로 하면서 서기 후 5백 년쯤으로 본다. 한편 고대는 서기전 10세기~서기 후 4세기, 즉 1천 5백 년간을 말하고 중세가 서기 후 4세기(혹은 6세기)~14세기, 즉 1천 년간을 말한다. 근세는 15세기(혹은 16세기)~현재까지를 말한다. 문제는 흔히 국가의 성립을 청동기 혹은 철기시대의 시작과 같이하는 것으로 보는데 그렇다면 신석기 시대로 존재한 고대국가를 어떻게 규정하느냐가 문제로 남는다.

인류학적으로 볼 때 가부장제 이전에 성립된 국가는 대체로 무기의 발달과 전쟁을 통해서 형성된 것이 아니라 농업과 목축으로 인한 풍요와 인구의 증가와 집단의 크기의 확대로 인해서 형성되었을 것이다. 비록 무기체계와 전쟁 등 남자의 전쟁에 의해 가부장제의 확대재생산 과정에서 국가를 형성한 것과는 종류를 달리하는 국가일 것이다. 여성 혹은 모계를 중심으로 하면서 여신을 숭배하고 풍요와 평화를 유지하던 국가규모의 공동체를 상정할 수 있다. 국가라는 것이 반드시 전쟁을 통해서 형성되는 것으로 알고 있지만 식물재배와 목축을 통해서도 얼마든지 집단의 크기를 확대할 수 있었던 모계국가를 상상할 수 있다.

이 모계국가는 흔히 원시 무교 혹은 원시종교를 믿는데 '여성신-지신(地神)-귀신-무당'으로 시퀀스를 이룬다. 부계국가가 되면서 '남성신-천신(天神)-신-사제'의 시퀀스로 넘어가게 된다. 이에 따라 여성은 숭배의 대상에서 멸시의 대상으로 전락했으며 여성이 가지는 성적 장점은 나쁜 것이 되고 능력 있고 유혹을 느끼게 하는 여자는 마녀로 멸시되고 급기야 마녀사냥의 대상이 된다. 마녀(witch)는 앵글로삭슨어 'witan(본다/안다)'에서 유래했다. '위트(wit), 지혜(wisdom)'라는 단어로 실은 이 'witan'에서 유래했다. 그렇다면 마녀란 본래 존경의 의미로 쓰였던 것 같다. 이것이 남성주도의 가부장제가 발달하면서 멸시의 용어가 되고 악마에 홀린 추악한 존재로 전락하게 된 것이다. 원래 남성들은 여성의 재생산(출산) 혹은 생명능력에 대해 신비감과 경외심을 가지고 숭배했다. 그래서 여성신, 여성숭배가 만연했다. 말하자면 마녀란 신통력을 가진 신비스런 존재이며 오늘의 입장에서 보면 고등 종교의 승려나 사제와 같은 직능의 여자였다고 보는 것이 옳다. 다시 말하면 신과 인간을 연결하는 성직자였던 것이다.

우리는 어릴 때 마녀가 보름달이 환한 밤에 빗자루를 타고 하늘로 오르는 이야기를 많이 들었다. 빗자루는 흔히 뱀, 남근을 상징한다. 이는 성적 잠재력이 마녀를 하늘로 올라가게 하는 것을 은유한 것으로 보인다. 혼돈 가운데서 새 질서를 창조하는 힘을 여성들은 가졌던 것이다. 유대인의 탈무드에 '모든 여자는 마력이 내재해 있다'라는 구절이 있다. 가부장사회는 여신을 폐위(廢位)시키고 마녀라는 추악한 존재로 전락시켰다. 동시에 욕망을 악으로 둔갑시켜 버렸다. 마녀사냥이란 여성에 대한 남성의 추악한 탄압이면서 동시에 욕망에 대한 멸시였다. 마녀란 결국 지혜로운 여성이나 신통력의 소유자인 여성 지혜자 혹은 여성 무당에게 붙여진 이름으로 남성들이 여성의 권력을 빼앗기 위해서 모함하여 붙인 이름이다. 부계-가부장제가 일반화되고 남성권력이 지배적인 것이 될 때에 등장한 이름이다. 마녀라는 용어에는 여성을 대상화하고 소외시키고 생략하려는 음모가 숨어 있으며 여성적인 것을 악마적인 것으로 보려는 경향의 소산이다.

마녀란 실은 모계-모권-여신숭배 시절에 다산, 탄생, 부활, 재생 그리고 봄의 의식과 관련되어 숭배와 신비의 대상이던 여성성의 우월성을 완전히 역전시킨 인류 최대의 성적인 반역이며 혁명이었다. 악마와 여자가 합성된 마녀(악마＋여자)는 또한 종교권력에 대한 정치권력의 압승을 의미한다. 고등종교들은 실은 정치권력에 현실의 주도권을 양보하면서 그것의 정당화에 동참하고 공헌하였지만 정치권력에 비해서는 여성적인 특성인 종교(무교: 女巫)에 악마를 붙임으로써(무교＋악마＝魔女) 종교에서조차 여성을 소외시키는 의미를 내포하고 있다. 여성은 마녀로 몰림으로써 여성은 완전히 권력에서 제외된다. 말하자면 종교권력은 종래 여신(여성성)들이 담당하던 인간의 생사와 부활 등 자연의 순환성과 관련되는 것을 맡았다. 이에 비해 정치권력은 남성성을 나타내는 한편 여성과 사물을 도구화하는 것을 맡았다. 최근 여성운동 -여권신장과 더불어 여성성을 회복하려는 운동이 활발하지만 그것도 어디까지나 가부장제하에서 여성성을 회복하는 것에 불과할 뿐 가부장제를 벗어나서 마녀가 명예회복을 하여 바로 모계–모권–여신숭배와 연결되는 우주적 여성성 회복에 이르지 못하고 있다.

신데렐라, 인어공주 등 신부가 신랑인 왕자를 만나 결혼하는 여성의 신분상승 결혼은 가부장사회에 적응된 여성성의 원형동화들이다. 어머니를 의미하는 마터(mater=mother)는 물질(matter)에서 생성된 말로 여성은 우주만물의 바탕이라는 것을 의미한다. 우주만물의 바탕인 여성은 바로 자연을 의미하는 반면 문명은 남성을 의미한다. 문명은 또한 권력을 의미한다. 모계신화/부계신화, 자연/문명의 이원대립항을 상정해 볼 수 있다. 이를 동서양을 비롯하여 문화 전반에 연장하면 동양/서양, 자연/문명, 종교/과학, 음양오행과학/물리학의 이원대립항을 상정해 볼 수 있다. 동양의 음양(陰陽)사상은 '음(陰)=여성'을 더 근본적인 것으로 보는 사상으로 동양의 역사도 '양(陽)=남성우위(남존여비)'를 견지하긴 하였지만 서양에 비해서는 상대적으로 음에 대한 배려를 아끼지 않는 문명적 특성을 보였다. 서양과학의 대명사는 물리학이고 동양과학의 대명사가 한의학이고 한의학이 생물학(생명)을 바탕으로 한다는 점에서 순환성과 종교성과 맥이 닿는다.

그러나 모계에서 부계로의 발전이나 변화는 진화론의 관점에서 쉽게 설명될 수 있는 성질의 것이 아니다. 최초에는 여자를 통해 혈통이 이어졌다는 진화론적인 학설이 최근 고개를 들고 있지만 모계혈통이 오래전부터 있었다는 증거는 전혀 없다. 부족사회의 과거를 추적해서 얻는 모계혈통의 증거들은 모두 정착 농경생활이 시작되면서 그에 맞춰진 결과적 산물들임을 보여 주고 있다. 정착 농경생활은 상당히 근래에 시작되었다. 이에 비해 몇몇 종류의 부계혈통에 기초를 둔 사회조직들은 상당히 오래된 것임에 틀림없다. 인과(人科: hominid)의 발생 초기에, 부부관계가 없는 상태에서 모–자(母–子)관계가 존재했던 때가 있을 수 있다. 그러나 그것은 확실히 알 수 없는 노릇이고 설사 있었다고 하더라도 모계혈통은 아니었다. 적어도 모계와 부계는 진화론적으로 모계에서 부계로 진화한 것같이 생각하는 사람이 많지만 실은 그런 것이라기보다는 환경이나 지역, 역사에 따라서 모계 혹은 부계가 동시적으로 산발적으로 일어났던 것 같다. 우리의 조상들도 초기에 모계였을 가능성을 보여 주는 자료는 조금씩 발견되고 있다.

예컨대 성씨(姓氏)의 경우 성(姓)은 계집 여(女) 자에 날 생(生) 자의 합성어이다. 이는 성(姓)은 원래 모계를 말하는 것으로 보인다. 씨(氏)도 모계를 말한다. 훈몽자회(訓蒙字會)에 따르면 씨(氏)의 훈인 '각시'는 이보다 이른 시기에 나온 '월인천강지곡'(月印千江之曲)이나 '월인석보'(月印釋譜)에는 '갓', '가시'로 나타나며 이는 '여자'를 뜻하는 말이다. 씨(氏: gsjig에서 후에 어미 - g 가 탈락함)를 여자의 의미로 푸는 것은 모계로 이어졌던 모계사회에서의 '씨' 개념이 그 음과 함께 한반도에 전래되고 지(枝: ksjig)도 마찬가지로 훈이 '가지'이다(최영애: 1990 '중국고대음운학에서 본 한국어어원문제', "동방학지", pp.309 - 340, 연세대학교 국학연구원). 여기서 참으로 재미있는 것은 원래 출계는 모계이며 가족을 가지 치는 것, 분가(分家)도 여자에 의해서 이루어진다는 점을 나타낸다는 점이다.

'각시'와 '가지'는 옛 가족의 형태를 고스란히 가지고 있는 중요한 우리말이다. 혈통과 분가는 원래 여자의 것이었다. 그런데 이것이 가부장사회로 이동하면서 전부 남자의 것이 되어 버렸다. 여성은 남성 속에 예속되어 버리거나 묻혀 버린 셈이다. '씨'라는 말도 실은 여성 혹은 모계를 의미하는 말인데 이것이 남성 혹은 부계를 의미하는 용어로 의미가 백팔십도로 전환되어 버렸다. '아들', '새끼', '열매', '씨', '나', '남자' 등 여러 의미로 쓰이는 자(子) 자를 사용하여 남자의 성기를 말하는 '자지'(子持: 씨를 가진 자)는 모계사회에서 여성의 지위를 남자들이 찬탈한 것이 된다. 성기를 말하는 '자지', '보지'는 순우리말이기도 하지만 한자말로 복원해 볼 수 있다.

또한 여자의 성기를 말하는 '보지'(保持)는 실은 '보'(保: 종 보)는 '종'(從)을 나타내는 것으로 결국 '종을 가진 자'가 되는 셈이다. 여자는 남자라는 종과 같은 존재를 거느리는 존재로 해석될 수 있다고 보이는데 실지로 모계사회는 여자들이 한 남자에게 구속되는 것이 아니라 도리어 어떤 남자를 선택하고 여러 남자를 상대하는 것이 허용된 성교에 관한 한 여성에게 거의 해방에 가까운 것이 아니었는가 싶다. 남자란 여자에게 성을 제공하는 '보잘것없는 존재', 바꾸어 말하면 가부장사회에서 성을 제공하는 여자를 두고 '창녀'라고 하듯이 그렇게 남자들을 여자들이 대했던 것은 아닌가 싶다. 남자들은 생리구조상 한 남자가 여러 여자를 상대로 남창(男娼)을 할 수가 없다. 남자들은 남창을 하여 돈을 버느니 차라리 막노동이라도 하는 것이 훨씬 유리하고 또한 목숨을 부지하는 데에 유리하다. 그런 점에서 한 남자가 여러 여자를 상대하는 의미에서 남창으로 취급받지는 않았겠지만 적어도 여자들이 한 남자가 아닌, 여러 남자를 두고 결과적으로 돌려 가면서(주인이 없으니까) 상대를 하다 보니까 그렇게 '봉사하는 남자'로 '보'(保)라고 불렀지 않았을까 싶다. 그래서 여자는 남자를 가지고 있는 존재, 주인이라는 의미가 내포되어 있었을 것 같다.

그러나 모계적 전통과 모계신화가 많이 발견되는 것은 그것이 바로 모계사회임을 증명하는 것이라기보다는 모계의 자연발생적인 측면(여자가 자궁을 가졌고 아이들은 여자들에 의해서 상당 기간 길러져야 한다는 점)이 강조되었던 것 같고 농업사회에 들어가면서 여성이 가지고 있는 생산적인 측면 - 예컨대 풍요의 상징이라든가 - 이 신화적으로 승화되었던 것 같다. 또 모계에서 부계로 진화론적으로 발전하였던 것 같은 까닭은 모계사회가 권력의 확대재생산 과정에서 부계로 바뀌는 것이 많았을 터이고 그러한 모계에서 부계로의 전향이 모계에서 부계로 발전한 것 같은 현상을 보이기 때문이다. 이는 모계사회가 부계사회로의 편입과정이지 부계사회로의 발전과정은 아닌 것이다. 부계사회가 전쟁에서 유리한 점은 앞에서도 여러 차례 언급한 바 있다. 어쨌든 여자가 자궁을 가졌다는 생물학적 조건은 임신과 수유, 양육의 장기간을 요하는 것이고 이를 근거로 산발적으로 확인되는 습관들은 보기에 따라서는 모계적 전통을 의미하는 것과 구별이 어려울 경우도 있다. 왜냐하면 부계사회에서도 모계(母系, 아이들의 外家)에서 상당 기간 양육되는 관습을 발견하는 것은 어렵지 않다.

권력의 확대재생산 지역에 속하는 사회는 필연적으로 부계-가부장제를 하지 않을 수 없다. 가부장제는 주로 장자상속제를 행하는데 이는 권력의 안정을 위해 후계자들을 미리 정하여야 하기 때문이다. 가장 권력경쟁이 없는 모계사회에서는 상속에 있어서도 말자상속제가 이루어진다. 모계-말자상속제는 권력경쟁이 없기 때문에 자연스럽게 마지막에 부모와 같이 있는 말자가 상속받아도 아무런 불안이 없기 때문이다. 장자상속제는 항상 아버지와 아들 간에 권력경쟁을 불러일으키는 구조가 되고 이로 인해 보이지 않는 갈등이 있게 마련이다. 가계의 존속을 위해서는 장자가 중요하지만 아버지로서는 죽기 전까지는 가부장을 계속하여야 하기 때문이다. 그런데 가부장을 해야 하는 책임과 불확실한 죽음 사이에서 갈등이 있게 마련이다. 그래서 아버지와 장자 사이에 권력투쟁이 일어난 경우가 많다. 왕가에서 왕과 세자 사이가 그렇고 일반 백성의 집안에서도 다반사이다. 예컨대 '사도세자의 이야기'가 그 대표적인 것이고 '왕자의 난'도 그중 하나이다. 아버지가 오래 살면 결국 말자에 대한 사랑이 커지는데 이는 생물학적인 자연스런 현상이다. 이것이 권력경쟁으로 넘어오면 상호 모순에 빠진다. 특히 계모와 배다른 형제가 있을 경우 더욱 형제간의 골육상쟁이 일어나는 것이다. 이는 모두 권력경쟁의 산물이다.

가부장제의 극대화는 일부다처제와 맥이 닿게 된다. 이는 간단하게 말하면 모든 권력은 상대의 성을 소유하기 때문이다. 늙은 권력은 젊은 성을 좋아하기 때문이다. 그러나 인류사회의 전부가 가부장제를 택하고 있는 것은 아니다. 가부장제에 반대인 모계사회고 있고 또 그 중간에 공유출계(cognatic descent: 미분화출계) 사회도 있다. 공유출계는 아마도 부계와 모계의 장점을 다 이용하면서 자손의 양육을 꾀했던 것 같다. 그 가운데 모계사회는 비교적 권력의 확대재생산 지역이 아닌 곳이라고 가정할 수 있다. 설사 모계사회였다고 하더라도 권력이라는 측면에서 보면 모계사회는 여성가장제 사회라고 할 수 없다. 여기서는 출계(出系)라는 것이 권력에 연결되는 것이 아니기 때문이다. 물론 부계사회보다는 모계사회에서 여성의 권리가 큰 것은 사실이다. 적어도 가내에서는 말이다. 그러나 여성이 사회적 권력을 가진 것은 아니다. 모계사회가 모권이 함께 있는 여성가장제가 아닌 점은 분명하다.

모계사회가 그것의 극대화된 형태로 일처다부제와 연결되지 않는 것은 그것이 권력이 아니라는 것을 의미한다. 모계사회는 생물학적인 아버지라는 것을 별로 의미가 없다. 인도 나야르족의 여자들은 일찍 결혼을 한다. 초야를 치르면 신랑은 다음 날 자기 집단으로 돌아간다. 그 후 잘 찾아오지도 않는다. 그 대신 신랑의 형제들이나 신랑 집단에서 신랑 또래의 남자들이 신부를 찾아와서 같이 잔다. 신부는 애인을 마음대로 가질 수 있다. 한 남자가 신부와 같이 자게 되면 신부의 방에 창을 걸어둔다. 이것은 누군가 신부와 자고 있다는 증표가 되어 다른 남자들은 들어가지 않는다. 여자가 아이를 낳으면 아버지는 전혀 고려되지 않는다. 나야르족은 한 여자와 자식들 그리고 여자의 형제들로 이루어진다. 나야르족은 남자(남편)가 처가에 살지 않는 형태이다. 즉 출계율과 거주율(residence rule)이 모두 통일된 모계 – 모처제이다.

아메리카 호피 인디언들도 모계이다. 딸이 혼인하면 사위가 처가에 들어온다. 사위는 처가에서 늘 이방인 신세가 된다. 호피 인디언들의 거주집단은 한 여자를 중심으로 남편, 딸, 딸의 남편, 아들, 딸의 자녀들로 구성된다. 아들은 혼인을 하면 자기 집단을 떠나야 한다. 여자는 남편이 시원치 않으면 혼인을 취소하고 남편을 돌려보내기도 한다. 호피 인디언족은 남자(남편)가 결혼 후에는 처가에 사는 형태이다. 성인 남자의 거주율이 불안정한 편이다.

　서태평양의 트로브리안드족은 여자가 혼인을 하면 남자의 집으로 살러 간다. 남편과 아내 그리고 아이들이 아버지의 집에서 살며 한 가족을 이룬다. 그런데 아이들이 남편의 집에서 살지만 이 집의 아이들이 아니고 처가의 아이들이라고 간주된다. 즉 사는 곳과 소속집단이 일치하지 않는다. 이 아이가 성인이 되면 아버지의 집을 떠나 외숙의 집으로 살러 간다. 그리고 외숙의 지위를 물려받고 외가의 일을 맡아보게 된다. 트로브리안드족의 친족집단은 여자로 이어지는 선이 축이 되어 한 남자와 그의 자매 그리고 자매들의 자식들로 이루어진다. 트로브리안드족은 아이들이 아버지의 집에 살다가 어머니의 집으로 돌아가는 형태이다. 출계율은 모계지만 거주율에 있어서는 아이들은 성인 전에는 부처제(父處制), 성인 후에는 남자는 외숙처제(外叔處制)로, 여자는 결혼 후에는 부처제(夫處制)로 바뀐다(신인철, 위의 책, 94~95쪽).

　모계사회의 확대가족의 한 예로 이로코이족을 보자. "아메리카 북서부 이로코이 부족들은 친족국가(kinship state)로 유명하다. 부족들이 모여 이루어진 이로코이 부족연맹(League of the Iroquois)은 미국헌법 제정자들이 정치 연방제의 모델로 삼았을 정도이다. 이로코이 부족연맹은 모계 확대가족과 모계종족을 확대시킨 것이다. 오논다가, 모호크, 세네카, 오네이다, 카유가 등 5부족이 이로코이 부족연맹을 구성한다. 유럽인 침입 이전에 이로코이 부족들은 일 년 중 대부분을 12개 내지 13개의 커다란 촌락들에서 살았다. 한 촌락의 인구는 300명에서 600명 정도였다. 그러다가 수렵과 어로작업의 시기가 되면 몇 가족이 작은 집단을 이루어 촌락을 떠났다. 이로코이 친족집단의 핵심은 가구집단(household group)이었는데 이는 모계로 연결된 핵가족 여럿이 모여 이룬 집단이었다. 하나의 가구집단은 장옥(長屋) 한 채를 차지하였다. 장옥의 중앙 복도에는 불 피우는 곳이 있었다. 이것은 그 집에 거주하는 모계가족들에 의해 공유되었다. 이 가구집단은 말하자면 하나의 모계확대가족이라 할 수 있다.

확대가족의 여자들은 농기구를 공동 관리하고 밭은 함께 일궈 옥수수를 비롯한 필수 식량들을 재배하였다. 남자들은 수렵과 어로작업을 했다. 가구집단의 통치자는 가장 연장의 여자였다. 남자들은 자기 아내들과 함께 살지만, 자기 본래의 씨족에 소속되었으며, 아내 쪽에 대해서는 아웃사이더였다. 가구집단들이 모여 하나의 모계종족을 이루었다. 모계종족은 촌락의 한 구역에 위치하였다. 모계종족이 합쳐 보다 큰 집단을 이룬 것이 모계씨족이었다. 외혼제의 단위가 되는 것이 모계씨족이었다. 그러나 모계씨족을 이루는 모계종족들은 한 촌락에 모여 사는 것이 아니었다. 한 촌락은 서로 다른 씨족에 소속된 모계종족들로 구성되었다. 바꿔 말하면 각 씨족은 여러 촌락으로 나뉘어 사는 종족들로 구성되었다. 모계종족들은 모계씨족들에 의해서 강력하게 결속되었다. 이들은 모계씨족적 연계에 따라 친족의무를 수행해야 했으며, 특히 다른 씨족과의 갈등 대립이 있을 때는 서로 도와줘야 했다. 모계씨족들이 8개 정도 모인 것이 이상적 형태의 모계부족이었다.”

그러나 이로코이족에 있어서 여성의 정치적 영역이 모권적(matriarchal)이라고 하기에는 문제가 많다고 인류학자들은 말한다. 모계사회의 권력은 사는 장소에 매우 제한된다. 부계사회의 권력이양이 아버지와 아들 사이에 이루어진다면 모계사회의 권력이양은 외숙과 조카 사이에 이루어진다. 모계사회의 두드러진 특징은 출계는 모계이지만 거주율에 있어서 남자의 경우 이동적인 것이 특징이다. 사는 곳이 일정치 않으면 권력을 쌓기에 힘이 든다. 출계 자체가 집단의 영속성을 보장하고 집단을 구성하는 원리가 되기 때문에 권력이긴 하지만 부계에서는 출계와 거주율의 통일로 인해 더욱 힘을 발휘하지만 모계에서는 그렇지 못하다. 모계사회는 '(전쟁에서)힘 있는 남자들'은 영속적으로 일사불란하게 가지지 못하는 결함을 가지고 있다.

모계(母系) 혹은 모중심가족(母中心家族)은 인간이 아버지의 생물학적인 역할과 사회적인 역할을 구분할 수 있음을 보여 주고 있다. 물론 이 두 가지 사이에는 명백한 상호 의존성은 없다. 이와 같은 역할 분리의 더욱 현저한 예는 때때로 신랑에서 신부에게로 재산이 옮겨지는 데에서 나타난다. 누구든지 간에 재산을 주는 쪽이 사회적인 그리고 법적인 아버지로 규정된다. 어떤 곳에서는 부인이 죽은 남편의 이름으로 신부 값을 치르는 경우도 있다. 이때 이것을 받은 여자가 자녀를 갖게 되면 신부 값을 지불한 부인의 오래전에 죽은 남편이 이 자녀들의 아버지(생물학적인 아버지는 중요하지 않다)가 된다. 이것을 유령혼(ghost-marriage)이라고 한다. 이런 논리가 극에 달하면 어떤 부인은 그 자신의 이름으로 신부 값을 치르기도 한다. 이 경우에 그 부인은 그의 아내가 낳은 모든 자녀들의 사회적인 아버지가 된다. 이것을 여성아버지(female fatherhood)라고 한다(인류학개론, 1978, 슈스키, 컬버트 공저, 이문웅 역 1981, p.238). 모계사회는 자식을 확보하는 것은 그런 대로 달성하지만 전투력이 있는 '성인 남자'를 확보하는 데는 부계사회보다 못하다.

모계사회는 작은 규모로, 흩어져 살고 있는, 아니면 고립되거나 끊임없이 이동하는, 수렵채집-유목사회에 적합한 형태이다. 농업사회 혹은 유목사회라도 집단의 규모가 커지고 소위 거대문명권에 속한 집단들은 부계사회로 전환했던 것이다. 모계사회로서는 인간의 권력경쟁의 확대재생산 무대에서 살아남을 수 없었을 것이다. 자궁은 가진 여자가 아이에 대한 권리를 포기하고 거주장소까지 남자 쪽으로 이전하는 '완전한 권력의 포기', 여자가 남자 집안에 들어가서 거기서 아이를 낳아 주고 뼈를 묻는(시집가는) 것만이 가장 확실하게 아이에 대한 보호와 양육을 보장받는 일이었다.

그동안 거론된 모계사회가 권력경쟁에서 약한 점은 다음과 같다. 우선 자궁을 가진 여자를 항상적으로 규제하고 감시할 주체가 없다. 심하게 말하면 자궁의 아이의 아버지가 누구인지 객관적으로 알 길이 없고 알 필요도 없다. 원천적으로 모계사회는 성(性)을 관리하지 못한다. 감시의 주체와 대상이 같은 모계이기 때문에 감시가 효과적일 수 없다. 이런 점에서 모계사회는 계통에 대한 관심보다는 자연스러운 당대의 모자관계에 관심이 많다. 생각해 보라. 부계사회의 입장에서 설명을 하니 모계사회인 것이다. 출계에 대한 생각이 없이 자연스럽게 살면 바로 모계가 되는 것이 아닌가.

모계사회의 남자는 장가를 들어도 완전히 모계를 떠나지 않으면서 처가를 오간다. 그래서 남자가 어느 한쪽에 완전히 귀속되지 않기 때문에 집단의 정체감이 떨어진다. 권력의 승계가 외삼촌과 조카 사이에 이루어짐에 따라(아버지의 모계와 아들의 모계가 다르기 때문에) 유사시 동원에서도 의견통일과 실천에 있어서 일사분란하지 못하다. 권력의 확대재생산 과정에서 계통을 종적, 횡적으로 늘릴 수 없다. 말하자면 모계사회는 어느 정도의 규모를 넘어서면 모계를 확인할 수 없을 뿐만 아니라 자연스럽게 분절적 모습을 가진다. 이는 계통을 지키는지, 외혼제를 준수하는지에 대한 감시기능이 약하기 때문이다. 그래서 가장 확대된 형태가 부족연맹체 정도이다. 큰 국가 단계로 올라갈 수 없다.

여자는 혈통을 확인할 필요가 없다. 그의 몸, 자궁이 바로 혈통이다. 그러나 남자는 본질적으로 여자가 가르쳐 주지 않으면 혈통을 확인할 길이 없다. 물론 여자가 거짓말을 하면 속을 수밖에 없다(요즘은 DNA

검사를 통해 친자관계를 확인할 수 있지만). 엄밀하게는 남편은 여자를 임신시킨 남자들 중의 대표자에 불과하다. 그래서 부계사회에서는 여자에 대한 정절의 강조와 엄격한 감시가 따라다닌다. 부계사회에서 일부일처제라는 것은 여자를 집안에 가두기 위한 것으로 결과가 되는 소이가(일부일처제가 남자의 요구나 필요가 아니었다고 하더라도) 여기에 있다. 일부다처제는 여자의 성을 감시할 수 있기 때문에 가능한 것으로 분명히 권력적이었다. 그러나 일처다부제는 그것이 알려진 곳도 드물지만 설사 있다고 해도 권력이라기보다는 혈통의 유지를 위한 전략에 속한다. 부계사회에 익숙한 눈으로 보면 모계사회가 한 여자가 다수의 남자와 성관계를 갖기 때문에 일처다부제와 같이 보이지만 그 속내는 일부다처제와 같은 소유 및 감시 개념도 없다.

이제 모계사회가 왜 부계사회와의 경쟁에서 실패하였는가를 정리할 때가 됐다. 모계사회가 권력경쟁에서 실패한 원인은 크게 세 가지이다.

첫째, 전사가 되는 남자들의 위치가 유동적이어서 전쟁에 불리하다. 모계사회에서 남자의 거주율은 자신의 모계와 자신의 처가(다른 모계)를 왕래하는 불안정한 주거를 한다. 또 거주의 불안정은 자신의 모계에서도 권력이 집중적이지 못한 약점을 가지고 있다.

둘째, 모계사회는 부계사회에 비해 혼인의 지역이 좁다. 그래서 부계사회의 '확대지향의 외혼제'에 비해 '축소지향의 내혼제'가 이루어지기 쉽다. 그래서 생물의 잡종강세의 법칙에 위배되는 확률이 높아진다. 이는 생존경쟁이나 권력경쟁에서 우성의 자손을 얻기에 불리하다.

모계사회는 경쟁이 상대적으로 덜하거나 필요 없는 오지(奧地)나 섬, 고산지대 같은 데서 존속할 뿐 생존경쟁이나 권력경쟁이 치열한 곳에서는 존재할 수가 없다. 인류사를 남녀의 관점에서 보면 '멀리 사냥 가는 남자', '멀리 시집가는 여자'라는 두 가지 법칙, 보편성을 발견할 수 있다. 전자는 전쟁의 방식이고 후자는 결혼의 방식이다. 그러나 양자는 서로 피도백함으로써 그 '멀리'를 달성한다. 결국 자손을 보다 멀리, 보다 많이 번식시키는 데에 성공한다.

인류는 고대로 올라갈수록 근친상간의 빈도가 높았을 것이지만 모계의 경우 여성의 성을 규제하고 감독하는 기제가 없기 때문에 근친상간이 더욱더 심했을 것으로 짐작된다. 모계사회는 원천적으로 성을 규제하는 발상 자체가 없다.

또 모계사회는 자손의 출계에 대해 '누구의 자손이냐' 하는 확인과 감독의 기제가 없다. 왜냐하면 여자가 직접 아이를 낳는 장본인이고 따라서 모자관계를 달리 다른 제도로 확인할 필요가 없기 때문이다. 따라서 여자가 낳은 아이가 누구의 씨냐 하는 발상은 애초에 없다.

아이는 자연적으로 공동체의 아이가 되게 된다. '누구의'이라는 소유 개념이나 책임 혹은 권리는 부계사회에서 발생하는 것이다. 생물학적으로 '자신의 아이'라는 확신을 할 수 없는 남자는 제도를 통해 자손에 대해 '나의 것'이라는 확인과 함께 이에 따른 책임을 지게 됨으로써 반대급부로 자연스럽게 출계의 권력을 누리게 된다.

권력이란 이렇게 실지로 아이를 낳는, 자연에 가까운 것일수록 그것에서 멀어지고 아이에게 이름을 지어 주고 자연에서 멀어지고 자연을 도구로 한 것일수록 그것에서 가까워지는 역설과 모순을 가지고 있다. 그래서 권력은 부자연스런 것이고 인위적이고 경쟁적이다.

셋째, 모계사회는 혼인한 남자가 완전히 처가로 들어오지 않기 때문에 집단의 소속감이나 정체성을 얻거나 집단을 확대재생산 하는 데에 불리하다. 특히 자궁을 통해 낳은 자식(자궁가족)에 대한 여자의 애착을 이용하여 궁극적으로 여자로부터 '출가외인(出嫁外人)', 심하면 '친정의 배반'을 도모할 수 있다.

여자는 원래 출자(出自: 出系)보다는 출자(出子: 出産)에 대한 애착이 높다. 아마도 모계(모계)라는 말도 처음 모계사회 혹은 자궁가족일 때는 무의미한 말이었을 것이다. 그런데 부계사회가 등장하면서 자궁가족에 대해 모계사회라는 말이 붙었을 것이다.

부계사회는 가능하면 집단의 크기를 넓히려고 하고 혼인권을 넓히려고 하고 진취적이고 모험적이고 공격적이다. 따라서 전쟁의 상대가 혼인의 상대이고 혼인의 상대가 바로 전쟁의 상대라는 이율배반이 존재한다. 이것이 '부계와 외혼제의 확대재생산'이고 이것이 국가이고 이것이 제국이다. 가부장-외혼제는 기본적으로 폭력적이고 국가는 폭력(권력)의 합법화 혹은 합법화된 폭력이라고 할 수 있다.

물론 외혼제와 내혼제는 정도의 문제이다. 어떠한 외혼제도 가장 확대된 혼인권에서 보면 내혼제이고 어떤 내혼제도 가장 축소된 혼인권(근친상간을 벗어난)에서 보면 외혼제가 될 수 있다. 특히 부계사회의 내혼제는 사막의 배타적인 밴드사회에서 흔히 볼 수 있다.

오랜 시간과의 싸움에서 모계사회보다는 부계사회가 살아남을 확률이 높은 것임에 틀림없다. 따라서 여자의 생존여부는 결국 어떤 강력한 부계 속으로 소속되느냐에 달렸다. 여자는 강력한 부계를 선택하여 자신의 자손을 안전하게 키우게 된다. 신데렐라콤플렉스도 이것의 소산이다.

2. 모계사회에서 부계사회로의 문명혁명
-제정일치(祭政一致)에서 정제일치(政祭一致)로: 무교에서 고등종교로-

이와 관련하여 여성, 모계, 무교, 고등종교의 상관관계를 살펴볼 필요가 있다. 여성숭배는 남성숭배와 달리 처음부터 권력경쟁의 산물이 아니다. 여성숭배는 오히려 풍요와 생산에 대한 숭배에서 비롯되었는데 이 풍요와 생산이란 여성이 남성이나 다른 것을 지배하는 것이 아니라 도리어 여성이 남성이나 다른 것에 대해서 베풀어 주는 것이나 희생하는 것에 대한 예찬에서 비롯되었다. 그러한 점에서 여성숭배는 상고시대에 올라가면 도리어 창녀와 뿌리를 같이한다.

여신은 창녀였다. 창녀라는 개념을 가부장사회와 더불어 비천한 것으로 인식되었지만 창녀의 역할은 모계사회에서는 여신의 역할이었다. 신전창녀란 바로 이를 말한다. 제정일치 시대에 해당한다. 여성의 이러한 희생적 특성은 국가권력의 등장 이후 종교에서 잘 전승되어 있다. '가부장사회＝고등종교사회'의 출범과 더불어 남자들이 신이 되고 '여자신(woman, God)'은 '여신(Goddess)'이 된다. '남자신(man, God)'은 여자신과 달리 자신의 몸을 집단의 번식을 위해 제공하는 것이 아니라 집단의 통치를 위해 왕이 되었으며 이로써 제정분리 사회가 시작된다. '남자신＝왕(man, King)'은 등식이 된다. 왕은 신을 칭하고 신은 왕을 칭하게 된 셈이다. 여자의 본능 깊숙한 곳에는 창녀(미토콘드리아 이브)가 있고, 남자의 본능에는 왕(Y염색체 아담)이 있는지도 모를 일이다.

이와 함께 원시종교에서 여성신이나 여사제 그리고 여사제에서 태어난 아들(서자)들은 현실정치가 아니라 사후세계와 교통하는 역할－예컨대 구원자적 역할, 저승세계와의 소통의 역할, 저승세계를 관장하는 역할 등 죽음과 관련되는 역할을 맡게 된다. 국가의 등장과 함께 국가권력이 삶을 다스린다면 종교는 죽음을 다스리는 역할을 맡는다. 이들 여사제들은 흔히 왕의 정처가 있음에도 성혼례(sacred marriage rite)를 통해 성관계를 맺는데 이는 창녀와 사제의 역할이 고대에서는 같은 뿌리에서 출발하였음을 말한다. 이는 동시에 모계사회와도 관련을 맺는다.

모계사회에서는 권력경쟁이 중요한 것이 아니라 단지 여성의 재생산 자체가 인간사회의 가장 큰 중대사로 다루어지며 여성이 누구의(어떤 남자의) 자손을 낳는가에 대해서는 아무런 관심도 없었으며(그런 의식 자체가 없었으며) 여성의 성은 특성(소수의) 남성권력에 의해 구속당하거나 관리당하지 않는 사회이다. 이는 남성권력의 세계 - 가부장사회의 맥락에서 보면 여성의 창녀적 역할이지만 모계사회의 입장에서 보면 여성의 성의 자유가 된다. 여성의 성은 공유당하며 동시에 여성은 아무 남성하고도 성관계를 맺을 권리가 있다. 오직 집단에 후손만 제공하면 되는 것이다. 재생산 자체가 신성시되고 숭배의 대상이 되었던 시절이다.

다시 말하면 재생산(reproduction)을 위한 숭배와 동시에 생산(production)을 위한 희생의 경계선상의 존재가 여성이었다. 여기에서 보이는 여성의 이중성 혹은 역설적 의미가 후에 종교적 의미로 전환된다. 말하자면 신앙의 대상이면서 동시에 집단을 위한 희생의 대상이 되는 것 말이다. 흔히 신앙의 대상이 되는 것은 매우 영광스러운 것 같지만 실은 어떤 형태로든 대상이 되는 것은 그만큼 집단을 위한 '희생의 존재'라는 것을 말한다.

인간이라는 집단생활을 하는 동물, 언어의 상징성을 이용하는 동물은 집단의 영속을 위해서 언제나 개인의 '희생(犧牲)=성인(聖人)'을 만들어 내면서 살아가는 존재이다. 물론 '여성신=창녀(여성의 제공자)=여사제(여성의 사제)=여사제의 아들(서자)=고등종교의 사제(현실세계를 다스리는 왕권과 달리 죽음과 사후세계를 담당하는 역할)'의 커넥션은 맥락의 굴절이 있긴 하지만 서로 같은 뿌리를 가지고 있다. 그러한 점에서 '여성(재생산의 담당자)=민중(재생산의 산물)=종교'는 남성권력 - 가부장사회의 맥락에서 보면 같은 뿌리를 가지고 있다. 여성은 철저히 '몸'과 관련되는 것을 알 수 있다. '몸'(재생산과 생산)과 관련되는 여성은 '언어'(생산과 권력)와 관련되는 남성의 희생이 되는 셈이다.

우리는 이 책의 맨 앞 장에서 섹스(sex)=성(性), 세인트(saint)=성(聖), 서네임(surname)=성(姓)을 언급했다. 이는 권력이 본성에서 어떻게 변하고 발전하는가를 가장 심플하게 보여 주는 것이다. 여기에 '성(性)=재생산(reproduction)'은 여성에서 출발하고 '성(姓)=생산(production)'은 남성에게 귀속된다는 것을 알 수 있다. 그 사이에 있는 '성(聖)＝사제＝종교(religion)'은 여성적 본성에서 출발하여 남성적 권력으로 변하는 과정의 중간에서 죽음을 담당한다. 이 종교의 권력은 정치권력에 비해서는 여성적인 위치에 있다고 할 수 있다. 예컨대 여성이 '몸'을 재생산하는 존재였는 데 반해 사제들은 '몸의 죽음'(원래로 돌아감)과 관련되는 것을 담당하는 역할을 한다. 그래서 인간들은 '여신＝종교'에 사후를 부탁한다.

모든 종교들은 현세의 복락(福樂)은 물론 사후세계에서의 복락을 빌고 영생을 부탁한다. 언제나 생은 짧고 죽음은 길다. 긴 죽음의 시간이 바로 영생이 된다(생은 결코 영생이 될 수 없고 긴 죽음을 생으로 바꾸면 영생이 된다). 이 같은 트릭이야말로 가장 현명하고 손쉬운 것이다. 이 같은 트릭은 마치 천지창조를 말로 설명하기보다는 말을 신으로(말이 천지창조를 한 것으로) 바꾸면 손쉬운 것과 같다. 죽음을 영생으로 바꾸고 말이 만물을 창조하였다고 하면 '죽음이라는 한계상황과 말을 발명한 인간'의 완벽한 이성적 합리화, 즉 이성적 알리바이가 완성된다. 종교가 추구하는 평화와 평등과 사랑과 안식 등은 본래 여성적인 일에 속한다.

인간은 자기 집단 내부에서는 언제나 평화와 평등과 공동체정신을 갖게 마련이다. 단지 집단 외부에서 경쟁과 전쟁과 정복을 일삼는다. 이 집단 내부의 것을 담당하는 것이 종교이다. 종교가 세계주의를 표방하는 것은 어디까지나 세계를 '집단 내부＝인류공동체'로 보는 까닭인데 정치권력의 제국주의의 '집단 외부＝정복의 대상'과는 근본적으로 다르다. 그러나 종교가 결과적으로 제국주의에 기여하는 것은 사실이다. 이는 집단의 확대재생산 과정에서 일단 정복하고 나면 집단 외부도 집단 내부로 변하기 때문이다. 이와 반대로 종교의 '집단 내부＝인류공동체'라는 슬로건이 제국의 정복사업을 용이하게 하기도 한다. 결국 인간집단의 규모는 계속 변한다고 볼 때 종교와 정치는 결국 앞서거니 뒤서거니 하면서 동행하게 된다.

종교가 '남성신=남성사제'로 변전한 것은 순전히 '남성권력의 강화=가부장사회의 확대재생산'에 의한 영향이라고 볼 수 있다. 그러나 종교에서 아무리 남성들이 주류가 된다고 해도 그 권력의 역할에 있어서는 여성적이다. 더욱이 종교권력은 비권력적이기도 하다. 전쟁과 갈등을 반대하고 화해와 평화를 추구한다. 남성은 물론 모든 인간은 결국 죽을 때에 '자신의 몸을 나은' 여성의 품에 안겨서 안식하고자 한다. 이 것이야말로 문명 이전에 자연의 순리이기 때문이다. 인간에게, 모든 생물에게 여성은 몸 자체이고 우주의 본질이다. 남성권력은 잠시 살아 있을 동안, 생존경쟁을 할 때의 도구(수단)에 불과하다. '몸'은 그래서 목적이다. '언어'야말로 수단이다. 흔히 몸(질료)은 영혼(형상)의 그릇이라고 생각하는데 이는 반대가 되어야 한다. '영혼(형상)=문명=문화=언어'야말로 '몸(질료)=자연=우주'의 그릇이다.

이 세상의 모든 생물은 땅-여성의 음부에서 나온다. 여성의 음부에서 나온 생명은 모두 땅-여성의 음부로 돌아가지 않으면 안 되는 운명을 가지고 있다. 이것이 바로 모든 종교의 근본이다. 종교는 원래 여신을 모시는 것인데 남신을 모시게 된 까닭은 그만큼 생존경쟁, 권력경쟁이 치열했던 까닭이다. 신마저도 남신에 의탁해서 여신을 지탱하지 않으면 안 되었다. 또 남신이 전 지구적으로 위세를 떨친 까닭은 인구가 증가함으로써 여성의 재생산의 가치가 남성의 생산의 가치에 비해 떨어졌기 때문이다. 남신의 중요성은 인구의 증가와 권력경쟁의 규모가 더욱더 커지게 된 때문이다. 가정이 부계-가부장제로 대종을 이루면서 종교도 부계-가부장제를 뒷받침하게 되었던 셈이다.

인류사에서 대반전의 좋은 예로 모계-여성가장제가 부계-가부장제로 전환하는 것을 들 수 있다. 인류의 불교, 기독교, 이슬람교, 유교,

기타 여러 고등종교는 가부장제의 산물이다. 가부장제는 종래에 여자 –딸로 이어지는 출계(혈통)를 남자–아들로 이어지는 것으로 바꾼다. 정치적으로 이런 역전은 종교적으로도 뒷받침되어 바로 오늘날 고등종교라는 것이 생겨난 것이다. 불교도 크게 볼 때는 이 같은 부계–가부장사회를 뒷받침하는 것이긴 하지만 기독교는 특히 그 좋은 예이다. 종래 어머니–딸로 이어지던 것을 아버지–아들로 이어지도록 한다. 기독교는 성모(聖母) 무염수태(無染受胎) 혹은 무염시태(無染始胎)를 통해 여자의 위에 남자인 하늘(하느님 아버지)을 놓고 하늘의 아들(하느님 아버지의 아들)을 그 계승자로 본다.

성모무염수태는 여자(어머니)에게서 태어나지 않은 사람이 없는데도 무염수태를 통해 탄생의 칼자루를 아버지가 쥐게 하고 또 아버지의 아들에게 대통을 잇게 한 대역전을 이룬 대표적이 사례이다. 이것은 하늘(하느님 아버지)의 천지창조와 아담(남자)의 갈비뼈 하나로 이브(여자)를 만들었다고 하는 것과 더불어 기독교의 세 가지 대역전의 사례이다. 이것은 결코 자연적이지 않으며 시작도 끝도 없는 우주를 왜곡하는 것이다. 이것은 스스로 바벨탑의 모순, 언어의 모순, 이성의 모순을 저지르는 것이다. 그렇더라도 인간은 한정된 시공간의 질서를 위해서 이 같은 남성 위주의 성경을 만들지 않으면 안 되었다.

여자에게서 태어나지 않은 인간이 없으면서 애써 여자(땅)의 창조(생산)를 부정하고 그것에 남자(하늘)를 대입하고 죽어서 땅에 묻히지 않는 자가 없음에도 불구하고 죽어서 하늘나라 혹은 극락에 간다고 하는 것, 이것은 무엇을 말하는가. 이것은 여자가 땅과 동물과 자연에 가깝다는 이유로 욕망과 어둠으로 연결되고 그것은 욕망의 절제를 기할 수 있는 이성과 빛, 하늘과 남자로부터 다스림을 받게 되는 것이다. 그런데 문제는 어둠을 통해야만 다시 분별이 없는 세계로 들어갈 수 있다는 데에 있다. 물론 이때의 어둠은 무명(無明)과는 다르지만 결코 어둠이야말로 분별을 없애고 세계의 일원상에 도달하는 또 하나의 방법이다. 일원상에 도달하는 방법에는 빛의 방법이 있고, 어둠의 방법이 있다.

불교는 기독교와는 달리 비교적 여성성에 대한 배려를 크게 하고 있는 종교이다. 불교는 석가모니가 왕자의 자리를 버리는 데서 출발하고 있어 가장 비권력적이라는 점에서도 그렇고 또한 지구상에서 가장 심각한 계급제도인 카스트로 인해 평등을 가장 절실히 필요로 하는 인도에서 탄생하였다는 점에서도 그렇다. 불교는 그래서 평등을 기조로 하고 있다. 불교는 연기와 순환을 대원리로 삼고 있다. 불교의 입장에서 보면 시작과 끝은 만나야 한다. 또한 생(生)과 멸(滅)은 만나야 한다. 진여(眞如)와 생멸(生滅)도 만나야 한다.

불교의 부정과 대역전은 당연한 것이다. 부정과 역전 자체가 세계의 일원상을 증명하는 것이기도 하다. 이때의 일원상은 평면의 원이라기보다는 입체의 여러 모양의 곡선운동, 예컨대 S 자 운동 혹은 나선형 운동과 같은 것이다. 이것은 수많은 운동의 조합이며 네트워크(network)이다. 이것은 석가제환인다라(釋迦提桓因多羅)＝제석환인(帝釋桓因)이라고 하는 것이다. 이것은 만다라의 모습이다. 어둠의 무명 속에서 하나의 구원의 불빛을 찾는 것이 깨달음이지만 환한 대낮의 분별의 불빛 속에서 어둠의 일원상을 찾는 것도 깨달음이다. 이것은 역설이다. 역설이야말로 진리라는 것을 다시 한 번 증명하는 셈이 된다.

종교는 근본적으로 삶보다는 죽음과 관련되는 것이고 죽음과 관련되는 한 모계－여신의 전통에서 완전히 벗어날 수 없다. 그래서 종교에는 여성성을 숭배하는 전통을 내재하고 있다. 기독교의 마리아 신앙이라든가, 불교의 아미타불 신앙과 같은 것이 대표적이다. 여성은 수평적－평등적이고 남성은 수직적－위계적이다. 이 둘은 상호 보완적으로 되지 않으면 안 된다. 국가가 부계(父系)－남왕(男王)으로 대종을 이루면서 부계－남왕은 현실의 생존 혹은 차안의 세계를 담당하고 사후 혹은 피안의 세계는 저절로 종교의 담당이 되게 하는 데서도 이 같은 사정을 엿볼 수 있다. 종교는 항상 '여주남종'(女主男從)의 입장이고 정치는 항상 '남주여종'(男主女從)의 입장이다. 종교와 정치가 간혹 마찰하는 수가 있고 한쪽이 다른 쪽을 점령해 버리는 수가 있지만 대체로 이 둘은 서로의 영역을 침범하지 않으려고 애를 쓴다. 이것이 문명의 법칙이다.

미국의 레너드 쉴레인(1998)은 "알파벳과 여신"이라는 책에서 여신의 폐위는 문자의 발명과 관련이 깊다고 주장한다. 문자의 발명과 사용이 남성과 여성의 뇌의 특성을 다르게 진화시켰다는 것이다. 여성은 우뇌가 발달하고 남성은 좌뇌가 발달하였다는 뜻이다. 이에 따라 남성적 특성이 여성적 특성을 대상화하고 지배하기 시작했다는 주장이다. 여기서 여성적 특성이란 구체적으로 재생산 능력, 여성이 가지고 있는 신체적, 정서적 여러 재능이다. 여성적 특성은 우주의 신비와 신앙을 불러일으키기에 충분하다. 여성적 특성은 종교적 특성이 된다. 종교적 특성이란 총체(구조)성, 동시성, 직관(통합)력, 범형성, 이미지 등과 관련이 있다. 이에 비하면 여기서 남성적 특성이란 과학적 특성이 된다. 과학적 특성이란 부분(요소)성, 인과(선후)성, 분석(추리)능력, 선형성, 문자 등과 관련이 있다. 이것을 정리하면 다음과 같다.

<여성적 특성=총체(구조)성, 동시(종합)성, 직관(통합)력, 범형성, 이미지, 우뇌적(감성적), 종교적 순환, 몸, 감각, 모계―공동체적, 인문사회학적>

<남성적 특성=부분(요소)성, 인과(선후)성, 분석(추리)력, 선형성, 문자, 좌뇌적(이성적), 과학적 발전, 머리, 생각, 가부장―계급적, 자연과학적>

결국 과학은 좌뇌의 활동결과, 종교는 우뇌의 활동결과인 셈이다. 종교적 사고는 인간의 몸과 관련이 크다. 몸이 가지고 있는 어떤 능력 혹은 특성과 관련이 있다. 종교는 여성적 특성을 섬기는 것에서 시작하여서 나중에는 남성적 특성을 섬기는 것으로 발달하였다. 따라서 종교의 내용 중 남성적 특성을 우월하게 취급하는 내용도 많겠지만 종교의 원

형은 어디까지나 여성적 특성에서 기인한다. 무슨 종교이든 여성신자가 많은 것은 이 때문이다. 여성 과학자는 극소수에 불과하다. 인간은 처음에는 종교에 주로 의지하여 살다가 점차 과학적으로 이동하여 앞으로 더욱더 과학적으로 살게 될 것이다. 과학은 말하자면 새로운 종교라고 할 수 있다. 그렇다면 종교는 오래된 과학이라고 할 수 있다. 종교와 과학은 서로 만나고 교류하는 부분이 있는데 인간의 뇌는 필연적으로 두 특성을 가지고 있기 때문이다.

결과적으로 인간이라는 호모사피엔스는 몸을 효과적으로 재생산하고 영속시키기 위해 여성적 특성의 땅 위에 남성적 특성의 집을 지은 진화 유전체이다. 우주라는 몸은 영원하다. 그것에서 인간은 도구를 계속적으로 발명하며 종의 영속을 꾀할 것이다. 몸은 종교의 원천이며 도구는 바로 과학을 말한다. 몸인 종교는 과학의 힘을 빌려서 성경을 계속 만들어 내고 과학은 몸의 일부인 머리를 빌려서 법칙을 계속 찾아낸다. 이 둘의 상호 보완 관계 자체가 매우 뫼비우스의 띠와 같다. 마치 여자와 남자가 그런 것처럼 말이다.

3. 일부일처제는 여성의 일처다부제만 포기

일부일처제는 남성에게 일부다처제를 포기하게 한 것이 아니라 여성에게 일처다부제(혹은 다수의 남자와 성관계)를 포기하게 한 것이 되었다는 것을 앞에서 말했다. 오늘날 문명의 사회에서 여성가장제와 진정한 모계사회는 가능할까. 진정한 모계사회가 되려면 여자가 남자의 도움 없이 출산과 임신기간 중에도 스스로 생존력과 방어력을 가질 수 있어야 한다. 어머니-자녀의 단위가 사회의 기본 구성단위가 되어야 하며 여자가 사회적으로 인정받는 권위를 가져야 한다. 그런데 근래 그런 가능성이 점차 나타나고 있다.

"인간의 수명이 점차 연장됨으로써 여자들이 폐경기 이후에도 여러 해 동안 살 수 있게 되었다. 아마도 신석기 혁명 이후의 일일 것 같다. 농업혁명과 도시혁명으로 특징지어지는 신석기 혁명 이후 여자들이 폐경기를 넘기면서도 계속 생존하는 비율이 높아진 것 같다…… 그런데 출산력이 다했음에도 여자가 계속 살 수 있다는 것은 여자가 삶의 상당 기간 동안 남성의 세계에 영향을 미칠 수 있음을 의미한다. 더구나 폐경기 이후의 여자는 어른으로서 삶에 대한 경험과 지식으로 권위를 가질 수 있다…… 그 까닭은 산업문명의 발달 때문이다. 여자가 경제력만 있으면 임신 중에도 남자의 도움이 없이 방어력을 가질 수 있게 되었고 산업문명의 이기(利器)는 남편이나 형제의 보호 없이도 여자의 출산과 육아를 가능하게 만들었다."(신인철, 위의 책, pp.91 – 92.)

여성은 원래 일처다부제의 성격에 가깝다. 다시 말하면 어떤 수컷이라도 수정이 되지 않는 것은 없다. 자연은 굳이 수컷이 하나라야 하는 법은 없다. 그런데 가족의 형태를 보면 복혼제에서 단혼제로 나아가는 것은 순전히 인간이 권력경쟁을 효과적으로 수행하기 위한 전략이었다. 그 과정에서 일부다처제는 살아남고 일처다부제는 죽고 말았던 셈이다. 일처다부제는 세포, 생물학의 법칙에 맞는 것이지만 인간에 이르러, 다시 말하면 사회학, 정치학의 입장에서는 적응하기 어려웠다. 남자가 많은 여자와 관계를 가지면 은근히 권력자가 되지만 여자가 많은 여자와 관계를 가지면 화냥년 혹은 창녀로 규정하고 있는 게 통례이다. 똑같이 다수의 상대성과 관계를 맺는데 정반대의 해석이 내려진다. 이것이야말로 불공평한 처사라기보다는 현재의 권력이 어느 쪽에 있는가를 단적으로 증명하는 일이다.

여성가장제의 원천에는 세포의 비권력적 증식이 있고 비권력적 양육이 있고 이러한 봉사와 헌신은 원천적으로 권력이라는 개념 자체가 희미하거나 없다. 여기서 우리가 읽을 수 있는 것은 실지로 생산해 주는 자는 권력자가 되기 어렵다는 점이다. 더 정확하게는 생산하는 자는 권력에 관심이 없다. 그래서 실지로 생산하는 자는 생산자가 되지 못하고 생산에 참여하지 않은 자가 생산자가 된다. 이 같은 여성의 입장은 민중의 입장과 같다. 실지로 노동을 통해 생산하는 자, 노동자는 무산자가 되고 이들을 고용한 사용자는 유산자가 되는 것이다. 이러한 권력 자체의 문제점에 대해서 사회학적으로 반란을 한 것이 바로 공산-사회주의, 즉 마르크스이다. 매우 자본주의적인, 아니 권력의 가장 진화된 프로그램인 자유-자본주의의 모순을 극복하는 대안으로 마르크시즘은 등장하였다.

그러나 마르크시즘이 권력 자체의 모순을 해결한 것은 아니다. 단지 권력의 메커니즘과 정체를 폭로하는 데에 그쳤다. 마르크시즘의 역사적 실험인 공산권 사회는 자본주의와의 경쟁에서 실패하고 말았다. 그것은 권력이라는 것이 인간의 욕망, 다시 말하면 성(性)에서 그 둥지를 틀고 있는 다양한 욕망을 무시하고 이를 한꺼번에 평등하게 평준화하려고 한 실수 때문이고 그 평준화는 하향평준화에 그쳤고 결국 마르크시즘은 공허한 담론, 공허한 유토피아, 생산은 없는 선전, 기만으로 낙인찍혔고 결국 또 하나의, 아니 그들의 이론과는 다른, 가장 나쁜 새로운 권력유형으로 막을 내렸던 것이다. 공산-사회주의(communism-socialism)는 단지 자유-자본주의(liberalism-capitalism)의 모순과 불평등을 보완하는 이데올로기로서 긍정적인 역할에 만족해야 했다.

일부일처제의 제도 뒤에는 언제나 가부장제-일부다처제와 여성가장제-일처다부제의 욕망이 도사리고 있다. 강력한 가부장제의 전통 속에서, 현재의 일부일처제 속에서 일부다처제는 살아 있고 일처다부제는 숨을 죽이고 있다. 그러나 가부장제의 필요성이 줄어들면, 다시 말하면 가부장제라는 가장 강력한 권력적 억압을 행하지 않아도 생존과 행복이 보장된다면 여성가장제 혹은 일처다부제가 살아날 것이다. 이것은 세포의, 우주의 보다 본질적인 영역으로서 뒷받침되는 것이다. 최소의 권력, 가장 소극적인 권력, 최소의 사회규모로 살아갈 수 있다면 - 이것은 노자가 추구하는 이상사회인데 - 자연스럽게 여성가장제가 회복될 것이다. 그러나 사회주의가 생산성(production)의 하향평준화를 야기했듯이 페미니즘은 재생산성(reproduction)의 하향평준화를 야기할 공산이 크다. 여성은 이제 아이를 한둘밖에 낳지 않으려고 하고 있고 숫제 결혼도 하지 않으려고 하고 있고 동거에 만족하려고 하고 있다.

확실히 노자와 마르크스는 닮은 점이 많다. 마르크스는 계급의 불평등에 착안하였고 노자는 남녀 불평등에 착안하였다. 노자는 한 걸음 더 나아가서 우주의 바탕이 여성이라는 사실을 인지하고 권력의 확대재생산이라고 할 수 있는 남성들에 의해 주도되는 제국은 자체 모순에 의해 멸망하는 것임을 역설하고 숫제 작은 마을사회를 이상향으로 제시하였다. 사회주의와 여성주의 운동의 모순과 한계는 바로 사회적 평등의 실현이 아니라 단지 잠정적으로 다른 권력체계를 도입하는 것에 불과하다는 사실이다. 권력경쟁은 계급(계층) 불평등, 남녀 불평등만을 초래하는 것이 아니라 결국 자연의 황폐화를 불러오고 있다. 사회주의와 페미니즘은 자본주의와 가부장제 사회의 모순을 치유하고 새로운 사회적 평등주의를 실현하기 위한 것인데 자칫 생산성과 재생산성만 하향평준화시키고 말 공산이 없지 않다. 또 기존 질서만 무너뜨리고 무질서만 초래할 위험도 없지 않다.

여성의 출산태업이나 파업 그리고 반출산운동이야말로 인간사회의 가장 위험한 신호다. 이것은 노동자의 태업이나 파업, 반노동운동보다 훨씬 가공할 위험이다. 인류의 대표적인 두 가지 반권력운동이라고 할 사회주의와 페미니즘은 사이좋게 지금 어깨를 나란히 하고 있다. 그러나 둘이 충돌한 가능성은 얼마든지 있다. 사회적 생산성을 높이는 것은 자칫 여성의 재생산성을 높이는 것과 반비례관계에 있을 수 있다. 여성이 사회적 생산성 향상에 깊숙이 참여하면 할수록 재산성의 향상에는 등한하기 쉬운 점 때문이다. 여성은 전통적인 재생산보다는 사회적 생산에 참여하기를 원하고 있다. 여성은 이제 가정 밖에서 전문직을 가지기를 원하고 있다. 확실히 여성의 사회참여가 커질수록 출산은 늦어지고 적어지고 사회적 가치를 잃고 있다.

사회적 생산과 여성의 재생산은 분명 갈등관계에 들어갈 수 있다. 여성의 재생산은 인구폭등으로 인해 한동안 인구정책에 의해 오히려 억제되어야 하는 것처럼 되었으나 출산율의 저하로 인구자원을 확보하는 것이 한 사회의 어떤 일보다 중요한 일이 되는 역전현상이 선진사회에서 일어났다. 말하자면 인구억제가 이제는 정반대로 젊은 인구의 공급에 차질을 빚어 급속한 고령화 사회로 결과되면서 사회적 창의성과 생산성 면에서도 중대한 위기상황으로 발전하게 되었다. 프랑스를 비롯하여 많은 선진사회에서는 재생산의 생산성에 주목하면서 이제 아이 두셋만 낳으면 다른 생산에 종사하지 않아도 가족이 최소한 생계유지를 할 수 있게끔 사회에서 보장하고 있다. 이런 사회에서는 여성의 재생산의 생산성을 확실하게 인식하게 된 셈이다. 재생산이 생산성보다 더 우위에 서는 시대가 올 것으로 보인다. 그렇지 않으면 고령화 사회는 젊은 인구가 부양해야 하는 늙은 인구의 증가로 인해 '신고려장' 등 심각한 사회문제를 일으키게 될 것이다.

이를 사전에 막기 위해서는 점진적으로 재생산의 생산성에 주목하여야 한다. 재생산과 생산 중 어느 것이 더 중요하냐고 하면 일견 생산이 더 중요하다고 할지 모른다. 그러나 종의 영속이라는 인류의 조상(선조)으로부터 물려받은 막중한 재생산의 책무는 생산의 필요 이상의 것이다. 생산은 단시일 내에, 제도를 바꿈으로써, 다른 정책적 전환이나 기발한 아이디어로 올릴 수 있으나 인구문제, 더욱이 젊은 인구의 공급문제는 단시일 내에 해결하기 곤란하다. 적어도 한 세대가 25년으로 볼 때도 최소한 50년(2세대)은 걸린다. 그래서 미리 준비하여야 하는 것이다.

생산이나 권력은 하나가 잘못되면 다른 것으로 바꿀 대안이 있지만 여성의 자궁이 만약 아이를 낳지 않으려고 하면 대안이 없다. 급하다고 공장생산은 할 수 없는 것이다. 물론 해외이민정책이나 국제노동시장의 개입으로 어느 정도 변통이 가능하지만 이 같은 추세가 되면 선진국은 너나 할 것 없이 모두 젊은 인구 문제에 직면할 것이기 때문에 수급이 순조로울 수 없다. 그렇다면 아직도 인구증가가 비교적 높은 제3세계가 어느 정도 젊은 인구를 공급하는 역할을 받겠지마는 이러한 해결은 또 다른 문제 - 인종문제 등을 낳기 때문에 쉽사리 택할 수도 없는 것이다. 인큐베이터로 상징되는 인간생산 공장을 생각하면 끔직한 일이다. 아마도 여성이 아이를 낳지 않으려는 풍조가 팽배하면 인간사회는 인간공장을 생각할 가능성을 전혀 배제할 수는 없다. 지금은 그것이 윤리도덕의 문제로 경원시되지만 미래는 알 수 없다. 우주의 바탕은 여성이다. 여성의 재생산 뒤에 생산이 필요한 것이다. 그럼에도 남성권력들은 여성이 근본(根本)인데도 말단(末端)이라고 하고 여성이 자연의 순리(順理)인데도 역리(逆理)라고 규정한다. 이것은 권력의 음모이다. 그런 점에서 노자야말로 가장 위대한 성인이다. 인류는 자연의 자손이다. 인류는 그와 마찬가지로 어머니의 자손이다. 누구의 자손인가를 가장 정확하게 아는 자는 어머니이다. 아버지는 그것을 알 길이 없다. 아버지는 단지 어머니가 "이 애는 당신의 자식이에요"라고 말할 경우에 알 따름이다.

욕망이라는 것을 처음부터 부정하면 우리는 스스로의 태어남을 부정하는 것이 된다. 스스로의 태어남을 부정하면 다른 무엇을 긍정할 수 있겠는가. 욕망이란 자동차의 엔진과 같은 것이어서 엔진을 가동하여 일단 움직이게 해 놓고 욕망을 가속할 것인지, 욕망을 제어할 것인지를 조절하여야 한다. 그런데 욕망을 처음부터 부정하면 실은 민주주의라는 것도 무의미하다. 민주주의라는 것도 욕망을 무시하지 않으면서 욕망을 다스리고 충족할 때 가능한 것이다. 욕망을 무시하면 생존경쟁의 긴 역사, 권력경쟁의 긴 역사의 원동력을 무시하는 것이 되고 이는 역사에서 반드시 실패하고 만다. 욕망이란 자동차를 운전하듯이 우선 이용하고 방향을 잡고 속도를 조절하는 대상이다. 그런데 흔히 종교나 도덕은 욕망을 억제하여야 하는 것으로 가르친다. 이는 성과 욕망이 종교나 도덕보다는 앞섰음을 자인하는 것에 다름 아니다.

4. 호모 임페리얼리스

여권신장과 민중운동은 바로 욕망과 권력의 자본주의적인 법칙, 확대재생산, 호모 임페리얼리스(Homo imperialis), '확장하는 인간'을 배제해서는 안 된다. 이것을 감안하면서 '빵(파이)'을 키워 놓고 '빵'을 나눌 줄 알아야 한다. 욕망과 재화와 부의 분배에서 평등이 실현되지 않았다고 '빵' 자체를 키우는 데에 등한하면, 위의 순서를 지키지 않으면 권력경쟁에서 낙오할 수밖에 없다. 차라리 그러한 자국 내에서의 평등과 이상의 실현보다는 자국의 '빵'(힘)을 집중적으로 키워 강대국이 된 후 남의 나라에서 '빵'을 빼앗아 '빵'의 크기를 키우는 것이 훨씬 유리하다. 그런데 강대국들은 그러한 '힘의 집중'을 알아 '밖에서의 약탈', 즉 침략을 하여 지배를 하는 자이고 약소국들은 그 힘의 집중 효과를 모르고 '안에서의 평등', 즉 내분에 빠지기 때문에 지배를 당하는 것이다.

서구의 역사를 중심으로 세계사를 보는 학자들은 가부장적 가족은 가장 강력한 부계체제로 알려진 로마시대 가족에서 비롯되었다고 보는 학자도 있고, 여성과 남성의 관계를 헌신적인 사랑과 기사도라는 특징으로 구분해 놓았던 중세에서 그 유래를 찾을 수 있다고 주장하는 학자들도 있다. 그러나 인류학적으로 보면 남성이 여성을 지배하는 형태의 가족인 가부장제는 역사상 줄곧 존재해 왔다. 그것의 현대적인 유형은 (적어도 서구사회에 한해서) 경제적, 정치적 격동기였던 중세 후반, 14세기경에 시작되었다고 보는 것이 일반적인 견해이다.

14세기에는 남편이 사망하거나 정신이상에 걸렸을 때조차도 아내는 남편을 대신하여 가사를 처리할 권한을 갖지 못하였을 때도 있었다. 16세기에 이르자 아내는 전적으로 남편의 감독을 받게 되었다. 남편의 동의 없이 행해진 아내의 행동은 일체 무효 혹은 실효성이 결여된 것으로 간주되었다. 16세기 말엽에 교회 이외에 다른 제도, 즉 가족도 경건하게 여기는 대상이 되었다. 17세기에는 결혼식 자체가 종교적인 형태를 취함으로써 결혼식 때 신랑과 신부가 주변 친척들 앞에서 세례를 받는 형식이 나타났다. 18세기에 이르러 가족은 사회와 일정한 거리를 두고 사생활을 지키는 마지막 보루처럼 여겨졌다. 19세기 후반에 이르러 가족이란 개념 – 사생활의 공간이며 정서적이고 가부장적인 영역 – 은 귀족과 부르주아 계층에서 비롯되었다.

그런데 가족과 사회의 분리는 가족 내 여성노동의 가치를 저하시켰을 뿐만 아니라 여성은 경제적인 의미에서 더욱더 남성에게 의존할 수밖에 없는 존재가 되었다. 가족이라는 개념이 강화되고부터 오히려 여성의 지위는 하락하는 현상을 보인다. 다시 말하면 가족이란 가부장제의 확립이었다. 어떤 점에서는 가족의 개념이 적었을 때 여성의 생산성과 지위가 더 높았다고 할 수 있다. 그런 점에서 가족이란 가부장제와 거의 동의어에 가깝다. 다시 말하면 가부장의 권리를 가진 남성이 가족, 특히 여성에 대한 성적 혹은 기타 독점적 권리를 갖는 한편 오히려 여성은 가족의 안에 갇히고 남자에 비해 생산성과 자유라는 의미에서 후퇴한다는 뜻이다. 상류사회에 갈수록 가부장제가 심화되고 남성의 권리가 강화되는 것은 이 때문이다.

남성중심적 혹은 남성우위적 편견은 실은 집단의 규모가 훨씬 커지고 부족국가, 국가사회로 발전하면서 발달된 권력체계 때문이었으며 훨씬 후대에 형성된 가부장제적 사고의 영향이라고 볼 수 있다. 가부장제는 패권경쟁에 따른 권력경쟁과 전쟁으로 강화된 것이다. 가부장제적 제도와 사고는 패권경쟁과정에서 흔히 결혼동맹을 초래했다. 결혼동맹이란 자기 집단의 여자를 적대관계에 있는 상대방에게 줌으로써 혈연관계를 통해 전쟁을 막고 평화를 유지하기 위한 전략으로 사용됐다. 적어도 결혼동맹을 항구적인 평화장치는 아닐지라도 적어도 전쟁과 전쟁 사이의 완충적인 역할을 하게 된다. 결혼동맹은 혈연이라는 자연적 관계를 사회적 관계로 확장시킨 것으로 여기서 여성은 평화가 유지되면 괜찮지만 그렇지 못하면 경계선상의 희생물이 되기 쉬운 처지가 됐다.

예컨대 결혼동맹의 관계에 있는 나라가 다시 적대적인 관계에 있게 될 경우 시집간(교환된) 여자는 결국 친정과 시집 사이의 전쟁에 직면하게 되고 불안한 위치가 된다. 대개의 경우 시집 쪽의 편을 들게 되는데 이는 여성의 남성에 대한 종속적 위치 때문이기도 하겠지만 이보다는 여성의 모성 때문이라고 보는 편이 옳다. 말하자면 자신이 낳은 아이들이 아버지(부계)의 혈통을 따르고 그 혈통을 따를 뿐만 아니라 그곳의 가계(왕권)를 계승하기 때문이다. 부계의 장점은 부계와 부권의 커넥션 때문에 권력경쟁의 영속성과 기동성을 보장받을 수 있다는 점이다. 자신의 아이들이 부계와 부권을 함께 계승받기 때문에 결국 시집의 편을 들지 않을 수 없지만 그렇다고 결코 여성의 처지가 편안한 것은 아니다. 남편이 승리하면 친정아버지가 울고 친정아버지가 승리하면 남편이 우는 형국이다.

어쨌든 현대의 인간은 매우 심각한 가부장제적 사고에 깊숙이 빠져

들어 있는 셈이다. 이는 전반적으로 여성을 자연의 편에, 남성을 문화의 편에 두는 공통성을 가지고 있다. 여기서 문화라는 것은 바로 권력을 의미한다. 가부장제 권력은 바로바로 생물학에 기초하면서도 생물학적으로 열성인 남성을 우성으로 해석하고 '생물과 문화의 역전현상'을 기초로 모든 것을 남성 위주로 해석하여 갔다. 문화 혹은 문명은 바로 이러한 역전현상의 산물인 셈이다. 자연은 어쩌면 스스로 풍부하기 때문에 그 속에서는 치열한 적자생존의 자연선택의 과정에 있었으면서도 인간문화의 단계에서는 권력경쟁을 할 필요를 느끼지 않았는지도 모른다. 여성은 자연인데 그 대표적인 예가 바로 자연이라는 단어, 네이처(nature)는 여성대명사인 쉬(she)로 받는 것이다.

가족제도에 있어서의 가부장제와 같은 것이 진리나 도덕, 그리고 과학이라고 하는 것에서도 추구되는 것은 아닐까. 가부장제는 절대적인 권력, 절대적인 진리, 절대적인 도덕을 요구한다. 절대왕권과 절대신을 신앙하는 종교에서는 신이 가부장제의 가장과 같은 위치에 선다. 예컨대 '짐은 곧 하늘이다', '하느님 아버지'는 그 좋은 예이다. 그러나 이것은 분명히 말하지만 상대성과 선택에 기초한 자연과 생존의 큰 법칙에 반대되는 것으로 역설에 해당한다. 자연은 절대적이고 확실한 것을 기준으로 살아가기보다는 끊임없이 도전과 선택을 내용으로 하는 불확실성에 둘러싸인 그 무엇이다. 그것은 긴장과 균형이고 그것으로 인해 역동성과 생명력을 갖게 된다. 자연은 겉으로 보기에는 절대적인 존재성을 획득한 것 같지만 실은 그 내용에 있어서는 수많은 상대성과 선택의 조합에 의해 구성되어 있다. 필연의 이전과 이면에 우연이 개재되어 있다. 필연과 우연은 동전의 양면과 같아서 서로 충돌하지 않는다.

인류의 주류문화와 문명을 가부장제의 원리로 보면 크게 틀림이 없다. 이는 권력의 입장에서 문화와 문명을 보는 것이기도 하다. 권력이라는 것은 이미 세력이 형성된 것을 토대로 사물이나 사건을 보는 방법이기 때문에 사물이나 사건을 왜곡하거나 과장하거나 축소하기 쉽다. 우리는 이러한 권력의 환경에 둘러싸여 있는 것이다. 만약 우리가 권력의 편에서 태도를 바꾸어 버린다면 보다 자유롭고 보다 선택적이고 보다 다양해질 수 있을 것이다. 이러한 문화의 역전운동은 크게 보면 모성의 회복에 있다. 모성은 강요하지 않는다. 모성 나아가 여성은 감성에 기초하기 때문에 하나(권력)를 강요하지 않고 다양하고 분산적이다. 자연은 모성적이고 여성적이다. 자연에 가까울수록 모성적이다. 문화와 문명의 권력을 견제하는 길은 모성과 여성의 회복이 없이는 불가능하다.

진화론에 따르면 식물에서 동물로, 동물에서 인간으로 진화되어 왔고 인간은 그 진화의 끝에 있는 동물이다. 따라서 인간에게는 과거의 동식물로서의 유산이 유전인자에 내장되어 있고 그것을 바탕으로 밖으로부터 음식물을 섭취하며 몸을 유지하는 존재이다. 이렇게 볼 때 생물로서의 인간은 욕망의 존재이고 욕망(욕구)을 직접적으로 충족시키는 것이 아니라 문화적인 장치를 통해서 달성하는 존재이다. 도덕과 제도라는 것은 한 사회의 질서유지와 집단의 번영을 위해 욕망의 교통정리, 다시 말하면 권력의 집중과 적절한 분배를 위해 후천적으로 훈련되고 교육된 것이 된다.

인간은 욕망의 존재로서 욕망을 달성하기 위해서 필연적으로 일을 하지 않을 수 없다. 그러나 인간은 그 능력에 있어서 일을 하면서도 동시에 일의 사이사이에 마치 휴식과 같이 놀이를 즐긴다. 또 인간은 일을 놀이와 함께 하거나 뒤섞기도 하여 일의 피로를 푸는 존재이다. 놀이야말로 바로 인간의 나타나지 않은 자유로움의 가능성을 보여주는 바로미터인데 그것은 삶의 리듬감을 주는 것이다. 생존을 위한 일과 생존의 연속을 위한 리듬으로서의 놀이(이것은 마치 자연의 주기와 같다)에 의해서 삶이 구성된다.

그런데 그 놀이야말로 인간의 욕망을 표현한다. 인간은 종의 영속을 위한 일에서 잠시 벗어나서 시간적 여유를 가질 정도로 능력이 있고 영리하고 지혜로웠던 것 같다. 이는 마치 인간이 직립보행을 함으로써 짐승의 앞발을 손으로 바꾸고 그 손의 여유를 통해서 더욱더 두개골의 용량을 키우고 (직립보행과 두개골의 용량의 피드백 메커니즘) 끝내 만물의 영장이 되는 것과 같다. 다시 말하면 인간은 놀이할 수 있는 능력의 신장에 의해서 더욱더 만물의 영장이 되었다. 그래서 놀이로서의 인간은 때로는 일상과 도덕에서의 일탈로 무질서를 초래하기도 하지만 에너지를 보충하고 새로운 미래를 열기도 한다. 일견 반대로 보이는 일과 놀이, 스트레스와 필요는 동전의 양면과 같은 것이다.

따라서 성이나 권력에 대한 논의를 심화시키기 위해서는 생물학을 비롯하여, 특정 분과학문의 결정론(determinism)이나 환원론(reductionism)에 의지해서는 안 된다. 따라서 학제적인 연구를 통한 다원다층의 연구를 할 수밖에 없다. 다시 말하면 하나의 학문이 결정하는 것이 아니라 여러 학문이 다원다층의 맥락(context)을 형성하면서 그 하나의 맥락에서 텍스트(text)가 생산됨을 전제하여야 한다. 예컨대 생물학이 가장 바깥에 있고 그 안에 생태학 또 그 안에 사회학 또 그 안에 심리학이 있는 것을 상정해 볼 수 있다. 이 전체를 인류학이 조망하는 방식이 된다.

5. 남성과 여성: 테스토스테론과 에스트로겐

성에 대한 생물학적인 결정론이 틀린다고 해서 성에 대한 문화적인 결정론이 그 자리를 대신하거나 새로운 학문적 단정으로 유행한다면 이 또한 오류가 된다. 단지 문화적인 여러 레벨에서 다른 담론을 생산한 것으로 스스로를 자리매김하지 않으면 안 된다. 말하자면 문화적 변수가 개재되는 장(場)의 담론에 불과하다는 것을 인정하여야 한다. 적어도 성에 대한 논의는 생물학적인 레벨의 것도 있고 문화적인 레벨의 것도 있는 것이다. 가부장제를 지원하는 이론 중에는 인류·사회학적인 것도 있고 생물(의학)·생태학적인 것도 있다. 생물학적인 주장을 보자.

스티븐 골드버그(Steven Goldberg)의 저서 "가부장제의 불가피성(The Inevitability of Patriarchy)"에서는 다음과 같이 말하고 있다.

"남성이 더욱 공격적 자질을 갖춘 자가 될 수 있도록 부추기는 호르몬 체계를 제외하면 남자와 여자 사이에 발견되는 성차는 없다고 우리는 전제할 수 있다…… (중략)…… 대다수 여성들은 남성(남자는 공격적 자질을 소유하고 있기 때문에 유리한 위치에 있다)과의 경쟁을 해야 하는 몸부림 속에서 낙후되기 십상이며 따라서 다수 성인 여성의 삶은 사회 일반적으로 가치 있는 일이나 성공할 수 있는 분야에서 남성에게 뒤떨어지기 때문에 패배자로서의 삶을 영위해야만 하는 것이다."(1974: 104 – 107)

이 글은 물론 남성 호르몬 테스토스테론과 여성 호르몬 에스트로겐, 항체 호르몬 프로게스틴에 기초한 호르몬 결정론이다. 가부장제는 남성 호르몬 테스토스테론의 공격성과 관련된다는 주장이다. 테스토스테론이 많이 분비되는 것은 남성의 고환의 자극에 의한 것이다. 이런 주장은 사춘기 이전에도 소년이 소녀보다 더 공격적인 이유를 설명해 주지 못한다. 또 갱년기 이후의 여성은 동년배의 남성보다 에스트로겐의 주요 성분인 에스트라돌이 적게 분비된다. 노년기의 남자가 노년기의 여자보다 더 여성적임을 입증할 수 있는 실증적인 근거가 없다.

이것은 다분히 문화적 변수를 생각게 한다. 예컨대 소년은 미래의 전사로 키우기 위해 남성 호르몬이 나오기 전에 문화가 미리 남자가 되도록 훈련시켰을 것을 상정해 볼 수 있다. 또 노년기의 여자는 그동안 살아오면서 여성으로서 훈련되고 역할을 수행하면서 살아왔을 터인데 여성 호르몬의 생성이 줄어드는 것과 상관없이 주위 사람들에게 각인된 여성적 이미지가 덜 느껴졌을 수도 있고(때로는 남자처럼 보이고) 반대로 남성은 그동안 각인된 남성적 이미지로 인해 여성적 이미지가 크게 부각되었을 수도 있다. 이는 호르몬의 분비와 상관없이 문화적인 변수에 의해 결정된 것이다. 그렇다고 해서 우리는 여성성과 남성성을 말하면서 호르몬을 배제할 수는 없는 것이다. 또한 여성은 에스트로겐뿐만 아니라 항체 호르몬인 프로게스틴의 분비량이 많다. 이는 자궁 속의 태아나 유아의 단계에서 여아보다는 남아의 사망률이 높게 나타나는 이유이기도 하다.

난자가 수정된 뒤 태아의 성염색체에 Y염색체가 있으면 임신 후 6주가 지나면 태아의 생식선이 남자의 성기로 변화되고 Y염색체가 없으면 임신 후 10주 이내에 생식선이 난소로 발달하기 시작한다. 남아의 경우 고환에서 안드로겐 호르몬이 분비되는데 이때 안드로겐 호르몬이 없으면 여자의 성기가 발달한다. 위에서 '무엇 무엇이(Y염색체, 안드로겐 호르몬) 있으면 남자가 되고 없으면 여자가 된다'는 사실은 여자가 기본이고 그 위에 무엇이 첨가되거나 변화되면 남자가 되는 방식이다.

남자는 덧붙여진 그 무엇이 된다. 남자가 공격적이라는 것도 실은 수비적인 것 혹은 여성적인 것에 비해 돌출하는 현상이다. 수비적인 것은 자연적인 것이고 그런 점에서 여성이 남성보다 훨씬 자연적이다. 여성의 월경은 자연의 주기와 크게 관계가 있는 것도 이런 사실을 뒷받침한다. 여성은 자연적이기 때문에 문명의 권력경쟁에서 뒤처지는, 말하자면 완벽하기 때문에 공격하지 않는, 풍족하기 때문에 투쟁하지 않는지도 모른다. 문화와 문명은 자연에서 돌출한 것임을 생각할 때 남성에게 보다 유리하게 전개될 것을 미리 내장하였는지도 모른다. 아마도 생물학적으로는 여성이 더 기본적이고 강력하고 생명력이 있기 때문에 문화적으로 남성이 보호되는 것은 아닐까? 만약 그렇다면 이것은 자연과 문명의 가장 기본적인 역설이 된다. 이 역설의 방정식은 'Y염색체＝남성(수컷)＝공격성＝권력＝가부장제＝이성'의 등식이 성립되는 것일까?

문화적으로는 남성과 여성은 확실하게 구별되어야 하는 것임에도 불구하고 성염색체상에서는 비정상적인 성염색체가 존재한다. 터너증후군과 클라인펠터증후군이다. 터너증후군은 태아가 XX(46개)성염색체 혹은 XY(46개)성염색체가 아닌 하나의 X(45개)성염색체만을 가지고 있는 경우인데 이러한 사람은 신체적인 외모는 여자이지만 유전학상으로는 불완전한 여성이다. 클라인펠터증후군은 XXY(47개)의 성염색체를 가지거나 XXXY(48개)의 염색체를 가진 경우이다. 이들은 여분의 X성염색체를 가지고 태어난다. 이들은 남자와 여자의 성염색체를 동시에 가지고 있어서 성별구분에 있어서 애매모호하다. 클라인펠터증후군의 사람은 외형적으로는 남성이지만 남성호르몬인 테스토스테론을 적게 가지고 있다.

성염색체의 문제에 더하여 호모와 레즈비언의 문제에 이르면 남성과 여성의 이분법적인 성역할과 성관계를 뒷받침하는 여러 문화적 훈련과 척도가 혼란에 빠지게 된다. 이것은 분명히 문화적 이분법이 남성중심의 심각한 편견의 산물이며 그러한 편견을 벗어나면 남성과 여성에 대한 종래의 관점이 크게 달라질 수도 있다는 것을 시사한다. 하지만 남성과 여성의 이분법에는 다분히 문화적인 레벨의 왜곡이나 과장이 있다 하더라도 만약 그러한 이분법이 없다면 종의 영속이라는 생물로서의 인간의 본능적 과제에서부터 흔들리게 될 위험이 있다. 예컨대 호모나 레즈비언을 정식으로(예외가 아니라) 인정한다면 아이생산이라는 인류의 본능적이고 일차적 목표가 상실되는 것이다. 문화라는 것은 때로는 자연과 나아가는 방향에 있어서 부분적으로는 반대가 되기도 하지만 끝내 반대가 될 수는 없고 전체적으로는 자연과 같은 방향으로 나아가지 않으면 안 되기 때문이다.

인간은 집단적 종의 영속과 번영을 추구하지만 이에 못지않게 개인적 자유와 행복추구라는 상호 모순 속에서 살아가고 있는 셈이다. 성은 '종의 영속'에 기여할 뿐만 아니라 분명히 '놀이(재미)로서의 기능'도 가지고 있다. 어쩌면 양자가 함께 있기 때문에 두 가지의 목적이 달성되었을 수도 있다. 만약 성관계가 단순히 곤욕에 지나지 않았다면 종의 영속이라는 목적은 달성하지 못하였을지도 모른다. 반대로 성관계라는 놀이가 후손의 생산으로 기능하지 않았다면 인간의 문명은 그 원동력을 잃어버렸을지도 모른다.

그러한 점에서 섹스와 생명력과 생산력은 같은 방향에 있다(섹스＝생명＝재생산＝출산). 아무리 문화와 문명이 발달하더라도 인류의 재생산(출산)에 대한 욕망을 거스른다면 스스로 멸종하는 것이 될 것이다. 흔히 페미니스트들은 여성의 재생산을 중요시하지 않는 경향이 있는데 실은 생물로서의 인간이 분류학적인 위치를 포기하거나 이탈하지 않는 한 재생산은 생산 가운데서도 가장 중요한 생산이다. 만약 이 재생산이 없다면 다른 모든 생산은 인간에게 무의미하다. 그런데도 페미니스트들은 재생산의 의미를 축소하고 여성이 가정에서 나와 사회에서 전문직을 가지고 경제적 독립을 이루는 것을 여권신장의 열쇠라고 선전한다. 이러한 여권운동은 바로 남녀를 계급투쟁의 대상으로 보기 때문이다.

이런 가부장제의 경향은 서구에만 있었던 것이 아니라 동양에서도 마찬가지였다. 과학과 자연 그리고 종교에 나타나는 여러 서술들은 가부장제적 잔재로 가득 채워져 있다. 모계사회나 모처율 등 모권사회는 어떤 약점이 있는 것일까. 권력경쟁에 치명적인 약점을 가지고 있는 것인가. 혹시 자연이 상대와 선택으로 구성되어 있기 때문에 문화나 문명은 그것을 다스리기 위해서 가부장제를 하지 않으면 안 되었던 것은 아닐까. 그렇다면 권력과 섹스는 서로 정반대의 성향을 가진 것은 아닐까.

왜 인류사회에 가부장제적 사고가 팽배하고 있을까? 어쩌면 아직도 가부장제적 사고를 하지 않고는 권력경쟁에서의 승리와 사회질서의 유지, 풍요와 복지사회의 구현이 달성할 수 없기 때문일까. 어쩌면 여권의 신장에 따른 자유와 비용은 환경이 부담하기에는 어려운 것일까. 자연과 문명은 여성이 자유롭고 행복한 사회를 만들기에는 아직도 역부족인 때문일까. 혹시 여성과 민중이 행복하게 되려면 자연으로부터의 약탈과 함께 자연의 황폐화가 동반되는 때문일까. 실질적으로 경험하고 감각하고 실체를 느끼는 구체적인 우주는 하늘이 아니라 땅이다. 하늘은 경험할 수 없고 감각할 수 없고 실체를 잡기 힘든 추상적인 우주이다.

하늘을 사칭하는 권력은 처음부터 없는 것이다. 없는 것이기 때문에 있는 것을 다스리고 하나이기 때문에 많은 것을 다스리는 역설이 존재한다. 권력은 처음부터 주인이 아닌 것이 주인 행세를 하는 역설적 존재이다. 다시 말하면 역설적으로 태어난 것이 권력이다. 그러니 권력에 사기와 부정과 부패가 있는 것은 당연한 것이고 명약관화한 것이다. 그런데도 사람들(여성들, 백성들)은 권력에 진실과 정의와 성실을 기대하면서 살아간다. 여성인 자연은 여성을 더 이상 또는 더 이하의 권력으로 만들 수 없었을 것이다. 그래서 자연은 여성을 권력경쟁의 피지배자로 방치하였을 것이다. 그것은 어느 시인의 말대로 '짐으로써 이기는' 진정으로 패배자의 노래가 된다.

Y염색체가 권력의 비밀이었던 것은 앞에서 논하였다. 그런데 그렇다면 권력이란 무엇일까. Y염색체는, 더 정확하게는 남자(정충)는 여자(난소)에게 수정란(受精卵)으로 만들어 주고 그 다음에는 아이가 생산되는데에 아무런 역할도 하지 않는다. 결국 여자가 사후처리를 혼자서 맡는다. 남자가 여자와 태아를 돌보아 주는 것은 남자의 선택의 문제이다. 물론 여자도 아이를 낳고 안 낳는 문제의 선택을 할 수 있다. 그렇지만 대부분의 여자는 아이를 낳는 것을 결정한다. 왜냐하면 여자는 본질적으로 아이를 낳도록 되어 있기 때문이다. 물론 산아제한이나 피임법을

발견하기 전까지는 말이다. 권력의 특성은 바로 가장 적은 투입(input)으로 가장 큰 결과(output)를 얻어 내는 것이다. 권력에 접근하는 자는 이 같은 경제의 법칙을 잘 아는 자이다. 다스리는 소수는 다스림을 당하는 다수에 대등한 것을 에너지를 투입하지 않고 다스린다. 그렇게 하기 위해서는 당연히 속임수와 심하면 폭력(힘)을 써야 한다.

포유류 가운데서도 인간은 수유기간은 물론, 성인이 되기까지 양육(교육)기간이 가장 긴 동물이다. 아무리 짧아도 10년은 되며 대체로 20년, 길면 30년도 된다. 그러한 기간에 여자는 남자의 도움을 결정적으로 필요로 한다. 임신과 출산 및 양육기간에 다른 일을 잘하지 못하는 여자(암컷)는 남자(수컷)의 도움을 필요로 하고 그것에서 원천적으로 해방된 남자(수컷)는 다른 여자(암컷)와 관계(섹스)를 가질 수 있는 여유(자유)가 있다. 여자는 다른 남자와 관계를 가질 수 없다. 이는 인간이 손의 여유(직립보행으로 앞발을 움직이는 데에 사용하지 않는 조건)를 통해 도구를 만들고 도구를 만들면서 만물을 지배(권력자)하게 된 것 이상으로 남자를 여자보다 권력에 접근하기에 유리하게 만드는 메커니즘이다.

남자는 원천적으로 성에서 자유롭다. 성에서 자유롭다는 의미는 성행위가 임신으로 연결되지 않는 조건을 말한다. 남자는 금방 다른 성행위를 할 수 있는, 말하자면 프리섹스를 주장하지 않아도 프리섹스를 할 수 있는 조건이 갖추어진 존재이다. 그런 점에서 남자는 여러 여자의 성을 접촉할 수 있는, 따라서 성을 재생산에 쓰는 것이 아니라 놀이 혹은 유희, 방탕의 도구로 사용할 수 있는 가능성을 가지고 있다. 호모 루덴스(Homo Ludens: 놀이의 인간)의 기질이 섹스와 접목될 수는 얼마든지 있다. 프리섹스 혹은 자유연애, 섹스의 자유 등의 주창은 여자에게 해당되는 것이다. 남자는 원래 그것을 누리고 있다고 해도 크게 틀리지 않는다. 남자는 상대여자의 주인(아버지 혹은 남편)인 남자와의 불편한 관계(권력관계) 때문에 조심하는 정도에 불과하다. 이러한 원천적으로 방탕한 남자를 여자는 어떻게 가정적으로 만들었을까(domesticate). 여기에 가장 값싼 것이 성(姓)을 주는 것이다. 그 성을 양보하는 행위는 처음에는 아주 민활한 거래임에 분명하였다.

그러나 그 성은 출계(出系), 즉 부계(父系)를 만들고 제사를 지내게 하여 개별 가정의 종교(남편을 신으로 모시는 종교＝남편종교)로 만들었으며 그 부계, 즉 가부장제는 여성들로 하여금 스스로를 가두는 족쇄, 성채가 되었다. 여자는 남자라는 종교를 믿는 성채(城砦)에 갇힌 존재가 된 셈이다. 여기에 더하여 남자들은 모성애라는 성곽을 더욱더 높게 쌓아올렸다. 여자들은 모성(여성이 아닌)에서 탈출하기 힘들었다. 우리 속담에 "남자는 하늘, 여자는 땅" 혹은 "하늘 같은 서방님"이라는 말은 바로 이를 증명한다. 하늘을 주장하는 것은 권력을 차지하기 위한 전략의 맨 앞에 있는 것이라는 것은 종교의 권력에 대한 논의에서 언급되었다. 권력은 원천적으로 신화이든, 역사이든 간에 '땅의 자리'에 '하늘'을 대입시키고 자리를 바꾸는 데서 비롯되는 것이다. '하늘'은 원천적으로 없는 것이다. 하늘은 단지 수많은 땅(별)이 모인 비어 있는 곳이다. 권력은 그것을 '내 것'이라고 하고 인정을 받는 자에게 돌아가는 것이다.

가정에서의 가부장제도 그러한 것임에 틀림없다. 이 가부장제, 부계는 거의 전 세계적이다. 가부장제가 아닌 사회는 오히려 전혀 이름이 없는, 존재조차도 잘 알려지지 않는 사회에 불과하다. 모계사회야말로 소외된 몇몇 지역, 숨겨진 몇몇 지역에 불과한 소수이다. 모계사회는 또한 모권사회도 아니다. 모계사회는 권력에 대해서는 전권력(前權力), 혹은 미권력(未權力) 혹은 반권력(反權力)의 단계의 사회이다. 몸에 가까이 있는, 땅에 가까이 있는 것은 권력을 잡을 수 없다. 몸의 중력 방해 때문에 권력경쟁에서 날렵하게 싸울 수도 없고 재생산이라는 막중한 책임 때문에 그것을 포기할 수도 없다. 이 '땅＝여성＝농민＝민중＝샤머니즘'은 스스로의 성질 때문에 권력을 잡을 수 없는 셈이다. 권력이 없는 자여, 권력을 포기한 자여! 마음이라도 행복할지어다.

6. 가부장제의 알리바이

권력의 원천을 진화론상에서 더듬어 보면 양성생물, 더 정확하게는 양성이체의 동물에서 결정적으로 나타나기 시작하는데 이는 수컷이 암컷을 두고 쟁탈하지 않으면 안 되는 구조의 발생인 것이다. 양성이체는 생물의 진화과정상에서 양성동체보다는 생존의 영역 확대와 생존의 불확실성을 줄이는 점에서 유리하다. 양성이체야말로 몸이 서로 떨어져 있기 때문에 진정한 양성의 몸을 의미한다. 양성이체라는 진화는 진화 상에 획기적인 전환점이라고 할 수 있다. 어쩌면 인류의 탄생 이상으로 의미를 부가할 수도 있다. 양성이체는 생존경쟁에서의 치열성과 함께 서로 다른 몸의 계속되는 조합을 통해 종의 다양성과 생존 가능성을 높일 수 있는 메커니즘이다. 양성이체야말로 가부장적 제국주의에 이르는 갈림길이다. 암컷은 종의 승리를 위해 수컷이라는 자기와 비슷한 파트너를 만들어 내고 이를 전투병으로 파견한 셈이다.

수컷의 특징은 암컷과 달리 단순하고 강하다. 동양의 음양론을 인용하면 수컷은 양(陽)으로 암컷인 음(陰)에 대응된다. 음인 여성은 중간이 갈라진 둘(二: --)이고 남성은 갈라짐이 없는 하나(一: ━)이다. 이것을 동양에서는 음의 중간에 빈틈을 메운 것으로 보아 남성을 삼(三)이라고 한다. 이것은 삼천양지(三天兩地)로 표현된다. 이것은 양을 높이기 위한 전략이다. 양은 음에 태어난 자신함을 은폐하기 위해 양을 삼(三)으로 과장하였다. 실은 양은 음의 갈라진 틈새로 나온 것에 불과하다. 양은 음의 낳아 줌, 즉 음덕(陰德)에 고마움을 표시하여야 하는데 오히려 자신이 나온 그 틈새를 일(一)로 쳐서 자신을 삼(三)이라고 참칭(僭稱)하고 있다. 남성은 일(一)과 삼(三)으로 여성인 이(二)를 포위하고 있는 형국이다.

음양의 상징을 보면 음은 요철(凹凸)의 요(凹)를 의미하고 양은 요철의 철(凸)을 의미한다. 음에 속하는 것을 보면 짝수(偶) - 땅(地) - 어머니(母) - 여자(女) - 부드러움(柔) - 고요함(靜) - 아래(下) - 오른쪽(右) - 무거움(重) - 흐림(濁) - 어둠(暗) - 뒤(後) - 말단(末) - 거꾸로(逆) - 작음(小) - 낮음(卑) - 가지(枝) 등이다. 양에 속하는 것을 보면 홀수(奇) - 하늘(天) - 아버지(父) - 남자(男) - 강함(剛) - 움직임(動) - 위(上) - 왼쪽(左) - 가벼움(輕) - 맑음(淸) - 밝음(明) - 앞(先) - 근본(本) - 바로(順) - 큼(大) - 귀함(尊) - 줄기(幹) 등이다. 대체로 음은 부정적인 이미지로 양은 긍정적인 이미지였는데 실은 음이야말로 긍정적인 것이고 양이야말로 부정적인 것이다. 어느 것이 보다 본질적인 것이냐를 따진다면 단연 음이다. 자연(생명)을 기준으로 보면 음이 우선하고 문명(권력)을 기준으로 보면 양이 우선한다. 음을 기준으로 보면 우주는 요철요(凹凸凹)이다.

양성이체는 양성이 떨어져 있음으로써 조금이라도 영역이 확장되고 재생산을 하지 않는 수컷을 보다 멀리 내보내 먹이를 확보하게 함으로써 생존경쟁에서 살아남을 확률을 높이고 대대로 잡종강세를 하며 특히 수컷에 의한 보호를 통해 재생산, 즉 개체군의 증가에 암컷이 골몰할 수 있게 된다. 식물은 대체로 양성동체이다. 양성동체인 식물은 양성 간에 매우 안정적이긴 하지만 한자리에서 이동을 할 수 없는 크나큰 약점을 동물에 비해 가지고 있다. 식물은 단지 바람을 통해 씨를 보내는 등 의존하는 방식으로 영역을 넓히기도 하지만 매우 제한적인 것에 불과하다. 더욱이 식물은 아무리 개체군이 많아도 동물에 비해 지배력 - 먹이연쇄에서 권력의 위치를 점하지 못한다.

그런 점에서 식물에서 동물로 진화한 후 동물은 처음에는 단세포동물이었다가 점점 양성동체에서 양성이체로 개체군의 증가에 유리한 방향으로 진화한다. 이렇게 볼 때 양성이체의 결과인 인간의 가부장제는 인간종 내부에서는 권력과 불평등의 문제가 되지만 실은 생물종 간에는 개체군을 늘리려는, 본능에 충실한 결과이다. 말하자면 암컷(여성)은 개체군을 늘리는 데에 따른 일꾼으로 부리는 대가로 수컷(남성)에게 권력을 내 준 셈이다. 만약 암컷이 재생산에 별로 가치를 두지 않을 경우는 그러한 권력에 의한 차별대우가 기분 나쁜 것이지만 재생산에 가치를 둘 경우 하나를 얻기 위해 하나를 잃는 참을 만한 것이 된다. 문제는 오늘날 인구증가로 인해 암컷의 재생산이 별로 달갑지 않은 조건이나 분위기에 편승해서 차별대우가 못마땅한 것이다. 어쩌면 수컷은 죽음의 대가로 권력을 누리는 것인지도 모른다. 또 수컷은 제가 죽는 줄도 모르고 권력이 탐이 나서 치열한 전쟁을 하는, 암컷의 우직한 보디가드인지도 모른다.

생물의 양성이체 과정에서 암컷은 항상 목적을 달성한다. 예컨대 암컷은 결국 자신의 수컷이 승리해도 자신의 유전자를 멀리 보낼 수 있고 동시에 패배해도 같은 목적을 달성한다. 왜냐하면 만약 자신의 수컷이 패배하여 다른 수컷에게 암컷이 정복을 당한다고 해도 결국 암컷의 유전자를 전하는 데는 실패하지 않는다. 도리어 암컷은 전쟁에서 패배할수록 자신의 유전자가 전리품의 형식으로 더욱더 멀리 퍼질 가능성이 높은 것이다. 수컷은 전쟁에서 지면 암컷을 빼앗기고 만다. 그러면 자신의 유전자를 실어 줄 그릇이 없다. 그러나 암컷은 자신이 그릇이기 때문에 지더라도 유전자를 전하는 데는 아무런 문제가 없는 것이다. 암컷의 양성이체 과정은 유전학적으로 매우 용의 주도하고 완벽한 것이다. 암컷의 승리의 환호와 패배의 눈물은 겉으로는 일시적으로는 정반대이지만 유전적으로는 아무런 문제가 없다. 암컷을 죽여 버리지 않는 한 문제가 없다. 대체로 전쟁에서 승리한 남자들은 패배한 쪽의 여자들은 죽이지 않는다. 부인이나 첩이나 노예로 쓴다.

이 양성이체가 인간에 이르러 Y염색체로 나타난 것이다. Y염색체는 아마도 권력의 여러 형태, 제국의 폭군과 전체주의의 독재, 예컨대 19세기 말의 저 유명한 콩고의 독재자이며 벨기에 왕이었던 레오폴드 2세, 히틀러, 스탈린 그리고 그에 앞서 인류 역사의 영웅들인 시저, 알렉산더, 칭기즈칸, 나폴레옹을 배태하고 있었는지도 모른다. 만약 양성이체의 동물에서 임신에서 양육에 이르는 기간이 없었다면 여성은 남성보다 훨씬 더 성에서 자유로웠을 것이다. 성의 구조상 남자가 많은 여자를 상대하는 것(난봉꾼, 변강쇠)보다는 여자가 많은 남자를 상대하기 쉽다(바람난 계집, 옹녀). 임신의 족쇄만 아니면 여자는 훨씬 더 바람나기에 적합하다. 임신을 포기한 기생이나 창녀는 그 좋은 예이다. 이들은 얼마든지 프리섹스를 즐길 수 있는 셈이다. 이런 현상은 결혼과 임신을 기피하는 여자가 늘어나는 현대에 이르러 증명이 되고 있다. 아이를 낳지 않는 여자는 보이지 않는 어디에선가 성을 즐기고 있다. 성의 범람과 이혼율의 증가는 남자만이 자유롭던 성의 거래(시장)에서 여성도 똑같이 참여하여 보다 많은 조합을 발생시키기 때문이다. 그러나 이들의 프리섹스가 곧 권력을 의미하는 것은 아니다. 권력은 성을 대상으로 하여 성의 독과점이나 탐닉할 수 있는 힘과 기회를 가진 것이지만 프리섹스가 권력을 의미하는 것은 아니기 때문이다.

여성가장제(matriarchy) 혹은 모중심사회, 모계사회(?)가 오늘날 새로운 의미를 갖는 것은 민주주의의 발달과 더불어 남성에 대비되는 여성의 위치가 권력자에 대비되는 민중과 유사성이 있기 때문이다. 생물학을 거슬러 올라가면 여성이야말로 최초의 민중이었으며 오늘날 민중이 갖는 피권력자로서의 피해는 여성이 먼저 감당하였다고 할 수 있다. 이것은 종교적으로는 네오샤머니즘(Neo-shamanism), 사회적으로는 민중주의(populism) 운동과도 맥을 같이한다. 이러한 일련의 운동은 권력으로 일관된 인류의 역사에 대한 반운동이다. 물론 이런 권력에 대해 반운동이 없었던 것은 아니다. 그러나 그러한 운동이 거대한 권력체계를 이길 수 없었던 것은 이들이야말로 원초적으로 권력적이지 않기 때문이었다. 이들은 권력의 메커니즘을 몰랐고 그렇다고 권력의 메커니즘을 만들어 권력에의 도전을 하는 것은 실은 권력 자체를 붕괴시키는 일이 된다.

이것은 권력경쟁을 선택한 인간종의 운명이다. 권력을 없애자니 사회가 붕괴되고 두자니 억압과 착취를 당하고, 이러지도 저러지도 못하고 있는 것이 비권력자의 운명이다. 아나키스트는 이러한 메커니즘을 간파한 사람들인데 아무리 아나키스트(anarchist)가 많이 생긴다고 해도 그것은 개인적인 도피나 유희나 만족에 불과할 뿐 인간집단에는 아무런 희망이 되지 못한다. 그래서 인간들은 종교라는 구시대의 권력형태의 일종에 의존하는 수밖에 없다. 이들은 현세의 권력자들이 지배하지 못하는 '사후의 세계'를 보장(보험)받기 위해 혹은 '지상천국' 혹은 '지상낙원'의 건설에 실패하는 사이사이에서 '천상천국' 혹은 '극락왕생', '지상선경' 운동을 하는 종교에 의탁하여 위로받을 따름이다. '권력은 원천적으로 부당한 것'이기 때문이다. 정당한 권력이라는 것은 겉으로, 아니면 잠시, 피권력자를 위하거나 위하는 척하는 것에 불과하다. 권력에 대한 압력은 인간이 생존경쟁을 통해 만물의 영장이 되고 다시 인간종 내부에 생존경쟁을 투사해 권력경쟁으로 경쟁의 '새로운 변이'(variation)를 만들어 낸 결과이다. 인간은 생존경쟁에서 배운 경쟁의 유전인자를 쉽게 포기하지 않을 것이다. 그런 점에서 인류는 영원히 '호모 포리티쿠스'(Homo politicus: 정치적 인간)이다.

자, 이제 가부장제의 알리바이를 구성할 때가 됐다. 이것은 왜 모계사회가 적은가에 대한 해답을 푸는 방식이다.

① 아이는 여자가 낳는다(자궁론). 모계는 처음부터 권력이 아니다.

② 여자와 아이를 보호하는 자는 남자이다(권력론). 남자는 처음부터

권력을 가졌다. 모계에서도 권력자는 남자인 외숙이다. 권력은 소수가 다수를 지키는, 다스리는 것이다.

③ 모계는 자연스러운 거주율(아이와 어머니는 출산 후 상당 기간 함께 있어야 한다)에 따른 모처율 - 모계의 산물이다. 물론 현실적으로 처음부터 부계 - 부처율 사회도 있다.

④ 모처율 - 모계는 거주율과 출계 사이의 갈등을 필연적으로 발생시키는데 여자와 아이를 보호하여야 하는 아버지는 자신의 모계 - 모처율에 따라 여자와 아이가 사는 장소와 다른 곳에 거주하면서 오가면서 보호하여야 하는(보호의 효율과 확실성이 떨어지는) 불편함 혹은 딜레마에 빠진다.

⑤ 남자(아버지)와 여자(어머니)의 거주율이 달라도 이웃마을에 살 때는(쉽게 오갈 수 있는 거리) 그런 대로 모처 - 모계율이 지켜질 수 있다. 그러나 모처 - 모계율은 생물의 불문율인 잡종강세(외혼제)를 지키는 데에 불리한 치명적 결함이 있을 뿐만 아니라 인류의 권력경쟁의 영역과 집단의 규모가 커지면서 남자가 이동하면서 여자와 아이를 보호할 수 없게 된다.

⑥ 그래서 권력경쟁이 치열했던 인류의 문명권 지역에서는 아예 여자를 남자가 사는 곳으로 옮기는, 장가드는 것이 아니라 시집가는, 다시 말하면 부계 - 부처율이 성립된다. 이것은 권력이 소수(아버지)가 다수(아내와 가족)를 지키는 것이라는 대원칙에도 부합하는 것이다. 이 과정에서 모처 - 모계의 전통이 지역에 따라 잔존하는 경우도 있다. 이게 공유출계이다. 공유출계는 부계 - 부처율로 옮기는 것에 대한 위험과 불확실성이 있는 지역에 나타난다.

⑦ 모계를 통해서도 집단을 어느 정도 유지하고 키울 수는 있다. 그러나 결국 권력경쟁의 권역에 드는 인류의 문명권은 모두 부계 - 부처율로 바뀌게 되고 이것을 합리화하고 정당화하기 위해 신화와 종교 부

분에서 반전이 일어난다. 원시종교(정령숭배, 범신론) 혹은 무교(토테미즘, 조상신, 다신론)가 고등종교(유일신)로 발전한다.

⑧ 부계－가부장사회는 이렇게 성립하는데 가부장제의 성립에 학문(이성)이 원동력이 되었고 종교(이성－감성)가 그 다음 지원세력이 되었으며 아직도 예술(감성)에서는 모처－모계의 내용을 많이 간직하고 있다.

⑨ 가부장제는 권력의 확대재생산의 결과인데 그 최대의 규모가 제국주의이다. 제국주의 혹은 제국주의의 권역에 드는 나라는 전형적인 '뜨거운 사회'(증기기관과 같은 사회)로 사회적 불균형에 의해 움직여 가는 사회인데 가장 핵심적인 불균형은 계급이다. 불균형을 해소하려는 노력을 하지만 그럴 때마다 새로운 불균형을 만들어 낸다. 예컨대 노예계급 다음으로 농노계급이, 농노계급 다음으로 프롤레타리아, 그 다음으로 식민지 그리고 신식민지가 등장하였다. 사회적 불균형은 더 큰 질서를 요구하고 따라서 질서의 확대재생산을 만들어 낸다. 그러나 불균형의 문제를 원천적으로 해결할 수는 없다. 여기서 중요한 것은 항상 소수집단을 만들어 내고 사회적 갈등과 정치적 투쟁을 피할 수 없다는 점이다. '뜨거운 사회'와 달리 '차가운 사회'(시계와 같은 사회)는 인류학자들이 전통적으로 연구해 온 원시부족의 사회들을 말한다.

⑩ 우리나라는 '뜨거운 사회', '문명권의 사회', 즉 제국주의 영역권에 드는데 불행하게도 제국주의를 행하는 나라가 아니라 그것을 당하는 나라(부마국 혹은 피식민국)에 속하기 때문에 가부장제의 경쟁에서 남자들이 패한 사회가 됨으로 인해 모계사회 혹은 모성에 의존하는 경향을 가지고 있다. 상대적으로 여성의 목소리가 큰 사회이다. 우리나라에 종교와 예술이 성한 것은 이 범주에 포함할 수 있다. 우리나라는 '종교의 나라'(종교백화점의 나라이고 신자인구가 전체 인구보다 많은 나라이다), 시의 나라(시인으로 정식 등단한 인구만 하더라도 수천 명에 달한다)이다. 우리나라는 학문이 약하다. 학문은 이성의 힘인데 대개 외

래사상에 의존하는 경향이 강하다. 이것이 우리나라의 사대주의의 정체이다. 사대주의(관념주의)를 비롯하여, 여성주의, 평화주의, 민중주의, '한'의 정서는 그러한 것의 산물이다.

⑪ 가부장사회, 제국주의, 뜨거운 사회는 자기모순에 의해 언제나 새로운 제국주의에 의해 교체된다. 인류의 이러한 권력의 확대재생산 과정이 언제까지 진행될지, 어디까지 나아갈지는 아무도 모른다.

가부장제의 긴 역사로 볼 때 가부장제는 결국 부계-가부장제-국가주의-제국주의를 낳았다. 이러한 권력의 확대재생산 과정은 많은 피해자와 희생자를 낳았다. 가부장제의 모순의 확대재생산은 인류를 전쟁의 소용돌이 속으로 몰아넣었다. 그러나 현재로서는 가부장제의 대안은 없다. 산발적으로, 한시적으로, '모계-여성가장제-분권형 사회'도 있을 수 있고 여성의 덕목을 높이고 기리는 사회를 만들 수도 있다. 그러나 그것을 받쳐 주는 보다 큰 그릇은, 전쟁을 막아 주고 최소한의 생존과 행복을 기약해 주는 것은 가부장제밖에 없다. 모성은 가부장제를 보완하는 이데올로기로서 만족하지 않을 수 없다. 오늘날 세계적 보편주의라고 떠들어 대는 것 중에는 몇 가지가 있다. 그중에는 자유라는 것도 있고 인권이라는 것도 있고 평등이라는 것도 있다. 또 이성적 보편주의 혹은 법칙이라는 것도 있다. 그러나 이들은 모두 국가주의-세계주의를 보완하는 것이지 결코 이들과 떠나서 독립적으로 존재하는 것은 아니다.

오늘날 미제국주의는 세계주의를 부르짖고 있다. 각 지역의 국가주의를 경멸하고 있다. 그러나 미국의 세계주의는 미국의 국가주의를 기초로, 미국의 세계제패를 기초로 만들어진 제국주의 플랜에 불과한 것이다. 제국주의는 언제나 세계주의와 보편주의를 앞세웠다. 경제(무역)의 세계화, 종교의 세계화를 위하여 군대를 동원하였다. 미제국주의는 오늘날 그 어느 시대(로마시대)보다 더 강력한 '팍스 아메리카'(미합중

국)라는 제국주의를 형성하고 있으며 미국에 앞서 '그레이트 브리턴'
(대영제국)을 형성한, 모국이라고 할 수 있는 영국으로부터 지원을 받고
있다. 무엇보다도 언어(영어)와 화폐(달러)의 세계통용을 앞세우고 제국
주의를 영구화하기 위한 술책을 구사하고 있다. 유엔(UN), 세계무역협
정(WTO), 핵확산금지조약(NPT) 등도 여기에 속한다. 그렇다고 미국 중
심의 세계체제를 우리는 외면할 수는 없다. 우리는 과거에 중국 중심의
세계체제에 속해 살았다. 제국을 경영하지 못하면 제국에 경영을 당할
수밖에 없는 것이 세계의 역사였다.

　제국주의는 권력의 확대재생산의 최정점에 있는 것으로 그것의 피해
를 보는 개인과 국가는 억울하지만 언제나 역사상 있어 왔던, 그래서
미국이 특별히 만용과 횡포를 부리는 잘못된 것은 아니다. 인류는 인구
가 폭등한 이후 언제부터인가 전쟁을 하고 과학기술을 높이면서 권력
의 확대재생산을 하면서 그렇게 살아왔던 것이다. 사실 자연에 가장 가
까운 삶과 평화를 위한다면 인류는 모계사회를 선택해야 한다. 모계사
회는 원천적으로 권력이라는 것이 높은 가치를 부여받는 덕목이 될 수
없는 사회이다. 어쩌면 모계사회야말로 노자(老子)가 바라는 이상사회
에 흡사하다. 모계사회는 외삼촌을 중심으로 수시로 권력을 재구성하
여야 하기 때문에 권력이 영속적이지 못하고 따라서 결국 권력이 확대
재생산 되기에 불리한 사회이다.

제8장 여성의 교환과 결혼동맹

1. 인간은 집단적 자아의 동물

가부장제 사회는 자연스럽게 여성을 교환하는 사회가 된다. 물론 결혼이라는 행위는 어차피 성년이 된 남자와 여자가 만나서 새로운 가정을 이루는 것이라면 남자 쪽에서 보면 여자를 교환하는 것이 되고 여자 쪽에서 보면 남자를 교환하는 것이 된다. 그렇다면 왜 한 마을에서 다른 마을로 여자를 교환하지 않으면 안 되는가. 근친상간 금기(incest-taboo) 때문이다. 적어도 다른 마을과 여자를 주고받는 교환이야말로 근친상간을 원천적으로 막는 것은 물론이고 잡종강세를 통해 종의 번영이라는 목적을 문화적으로 실현하는 것이 되기 때문이다. 문명의 이면에는 언어적 소통이 중요하지만 재화와 용역의 교환, 나아가서 사람들 사이의 결혼도 중요하다. 결혼도 결국은 소통과 교환과 순환에 해당하는 것이다.

근친상간금기는 이것을 이루는 문명의 대원칙이다. 혹자는 이것을 문명의 문지방이라고 한다. 말하자면 근친상간금기가 문명이냐, 야만이

냐를 가늠하는 분기점이 되는 셈이다. 가부장제 사회는 남자의 성(姓)은 대대로 출계율(descent rule)로 유지되는 반면 여자의 성은 당대에서 끝난다. 남자는 누대(累代)형이 되고 여자는 당대(當代)형이 된다. 남자의 성을 중심으로 여자의 성이 대대로 갈아 들어오는 형상이다. 여자는 본질적으로 자식들에게 비중을 두기 때문에 당대형이고 당대형은 권력적이지 못하다. 여자들은 자신의 친정의 성씨를 버리고 왔기 때문에 어차피 당대형이 될 수밖에 없는 운명에 처해 있다.

여자는 가깝고 구체적인 것에 관심이 많다 보니 감성적인 특성을 갖는다. 남자는 멀고 추상적인 데 관심이 많다 보니 이성적인 특성을 갖는다. 여자는 자식을 키우는 데에 전심전력을 다하다 보니 그 자식이 어떤 성을 갖느냐에는 별 관심이 없다. 자식의 성에 대해서보다는 자식을 잘 키우는 것에 관심이 많기 때문이다. 여자는 결국 남편과 자식의 성을 따를 뿐이다. 권력이란 바로 누구의 성을 따르느냐를 결정하는 것이다. 권력이란 바로 멀고 추상적이고 이성적인 것을 바탕으로 성립되는 것이다. 이는 결국 남자가 여자를 지배하는 모습으로 정착된다. 사회적 계급이 성립되기 이전에 이미 가정에서 남존여비, 즉 남녀의 계급이 성립된 셈이다. 일단 권력을 잡은 남자들은 여자를 서로 교환하는 혼인관계를 통해 나아가 동맹관계를 맺는다. 이것이 결혼동맹이다. 물론 결혼동맹은 패권을 노리는 권력집단끼리 정치·외교적으로 동맹국이 되어서 다른 나라와의 경쟁(전쟁)에서 유리한 입장을 마련하는 데에 도움이 된다.

만약 오늘의 동맹관계를 맺는 나라 사이에 새로운 긴장과 이해관계가 달라져 적대관계가 되는 수도 있다. 이때 교환의 대상이 된 여자들은 애매모호한 입장이 된다. 말하자면 친정과 시집이 싸우는 꼴이 되기 때문이다. 그러나 가부장사회는 여자로 하여금 친정의 편에 서게 하는 것이 아니라 시집의 편에 서게 한다. 여자에게는 남편과 자식의 성씨가 자신을 배출한 성씨보다 더 중요하기 때문이다. 물론 출가외인인 여자는 남편의 성씨의 구성원이 된다. 그래서 여자는 당대형이다. 여자는 시집을 감으로써 자신의 소속(국적 혹은 부족구성원)이 완전히 달라지는 변화를 겪는다. 고려를 개국한 태조 왕건이 결혼동맹을 통해 권력을 유지하였음은 잘 알려진 사실이다. 결혼동맹에 대한 역사적 예는 사서의 곳곳을 메우고 있을 정도로 매우 흔하다.

현대사회는 특히 결혼이 약간 독특한 형태로 변해 버렸다. 결혼이라는 것이 남녀 혼인 당사자의 특히 사랑의 문제로 되어 가고 있는데 이는 인류역사상으로 볼 때 매우 드문 경우이다. 결혼이란 기본적으로 집단 간의 동맹(alliance)이고 집단들 간의 결합이지, 남편과 부인 간의 결합이 아니다. 신랑감이나 신붓감이 광고되고 모집되기도 하는바, 옛날에는 주로 이것이 사람들의 입을 통해서 오늘날에는 신문을 통해서 그런 광고 모집이 이루어진다. 신랑과 신부는 그들이 혼인하는 날에야 비로소 만나게 되는가 하면 심지어는 그보다 더 늦게 만나게 되는 경우도 있다. 혼인이 집단 간의 한 동맹으로 인정될 때에 우리는 위와 같은 관습을 잘 이해할 수 있다. 구약성서에는 종종 부인들이 그들의 죽은 남편의 동생과 혼인했다는 기록이 나온다. 이것이 래비레이트(levirate: 형제연혼)이다. 반대로 남편이 죽은 아내의 동생과 다시 혼인한다. 이것이 소로레이트(sororate: 자매연혼)이다. 이것은 원래의 혼인으로 맺어진 동맹관계가 배우자의 사망에도 불구하고 지속될 것을 보장하는 것이다.

소규모의 사회들은 흔히 두 개의 집단만으로 구성되어 있다. 이것이 반족(半族: moieties)이다. 반족은 자기가 소속한 반족 내 집단과 다른 나머지 집단과 혼인하여야 한다는 점에서 외혼의 단위이면서 동시에 반족 내 두 집단 사이에서만 혼인하여야 한다는 점에서 내혼의 단위가 된다. 이런 경우 반족 내에 있는 구성원들은 모두 혈연관계에 있을 것이고 다른 반족에 있는 구성원들은 모두 인척이 될 것이다. 반족의 경우 자녀들을 아버지와 어머니 중 어디에 귀속시킬까 하는 것이 중요한 문제로 떠오른다. 여기서 중간이라는 것은 귀속의 의미가 없는 것이다. 이때 어머니 쪽에 귀속시키면 모계가 되고 아버지 쪽에 귀속시키면 부계가 된다. 결혼이 남편과 부인 간의 결합이 아니라는 점은 친족의 호칭에서도 드러난다. 이로코이 연방에 속한 부족들의 호칭을 '이로코이형(型)'이라고 부르는데 이들은 교차사촌(고종사촌이나 외사촌)은 구분되지만 평행사촌(이종사촌이나 친사촌)은 형제자매와 똑같은 호칭을 사용한다.

이런 방식은 서구사람들에게는 생소하다. 서구사람들은 평행사촌과 교차사촌을 한데 묶지만 형제자매와는 구분하고 있다. 이런 친족호칭 체계를 '에스키모형(型)'이라고 부른다. 영국 사람들은 이모, 고모, 숙모, 외숙모 등 4가지의 상이한 친족원에게 모두 아주머니(aunt)라고 부른다. 왜 인척인 숙모와 혈족인 고모가 같은 혈족과 동일한 범주로 분류되었을까. 심지어 혈족인 이모와 고모는 근본적으로 다르다. 결국 이모는 아버지와 결혼해서 어머니가 될 수 있는 사람이다. 그러나 고모는 근친상간금기에 의해 결코 어머니가 될 수 없는 사람이다. 그럼에도 영국식 호칭은 아주머니의 요건으로 먼저 여자이고, 다음 한 세대 위의 사람일 뿐이다. 사람들은 그들이 놓여 있는 다양한 생태학적인 체계에 적응하는 데에 효과적인 친족체계와 호칭 혹은 명칭을 개발해 온 것이다. 참고로 친족호칭을 살펴보자. 친족호칭은 인간이 개인이 아니라 집단적 자아를 가진 존재라는 것을 말해 준다. 다시 말하면 집단적 자아가 분화해 가는 과정이다.

① 하와이형은 부모의 세대에 속하는 모든 남자는 부(父), 모든 여자는 모(母)라 부른다. 또 자기세대에서 형제자매 그리고 모든 사촌을 포함하여 모든 남자는 형제, 모든 여자는 자매라고 부른다(세대＋남녀성별). 양성적 성격을 가진 사회에서 볼 수 있다.

② 에스키모형은 부모세대에 부와 모, 아주머니와 아저씨의 4개 용어가 있다. 또 자기 세대에서 형제, 자매, 사촌형제, 사촌자매의 4개 용어가 있다(세대＋남녀성별＋직계방계). 단계 또는 양계출계가 지배적인 사회에서 볼 수 있다.

③ 이로코이형은 부모세대에서 부와 부의 형제를 같은 용어로 부르고 모와 모의 형제를 같은 용어로 부른다. 부의 자매를 부르는 용어가 있고 모의 자매를 부르는 용어가 있다. 평행사촌들은 형제자매와 같은 용어로 부르고 교차사촌만이 사촌으로 남녀가 구별된다(세대＋남녀성별＋부계모계). 단계출계 사회에서 교차사촌혼이 행해지는 사회에서 볼 수 있다.

④ 수단형은 개별적인 기술적 체계가 가장 발달한 것으로 부모세대에서 부모, 부의 형제, 모의 형제, 부의 자매, 모의 자매가 모두 다른 용어로 부른다. 자기와 같은 세대에서도 형제, 자매, 친사촌, 외종사촌, 고종사촌, 이종사촌이 다르다(세대＋남녀성별＋직계방계＋부계모계). 부계사회에서 친족조직이 발달한 곳에 존재한다. 우리나라도 여기에 속한다(이광규, 1981, "문화인류학개론", pp.247－248).

이런 친족체계 혹은 친족이데올로기는 사회성원들의 개인적 목표, 전략 그리고 특정목적을 달성하고 부와 지위를 획득하기 위해 연합(coalition)을 이루는 방식의 문제를 연구의 최대 초점으로 삼고 있다. 따라서 사회의 규칙들은 정치적 목표를 달성하기 위하여 조작되는 이데올로기라는 모습을 띠고 나타난다. 리치(Leach, 1961), 바쓰(Barth, 1966) 같은 학자들은 실제 상황 속에서 '규칙들'을 언급하는 것은 정치적 행위이며, 이데올로기는 경제적·정치적 과정의 파생물 혹은 도구에 불과하다고 주장한다(현대문화인류학, 1976, 로저 키싱 저, 전경수, 1985 역, p.317).

2. 일반교환, 권력의 확대원리

친족은 혼인을 전제하지 않으면 안 된다. 부족사회에서 혼인이 이루어지려면 혈통집단 간의 계약이 필요하다. 그 혈통에 따라서 가내집단(domestic group)이 구성된다. 대부분의 인류학자들이 사회구조를 논할 때 혈통을 초점으로 잡은 데 반해 레비스트로스는 혼인을 통한 집단 간의 여자교환을 사회구조의 핵심으로 취급하였다. 레비스트로스는, 혈통체계는 이 교환의 성격을 규정하고 교환을 조절하는 장치일 뿐이라고 하고 있다. 레비스트로스는 집단 간의 교환양식을 규정하는 체계를 친족의 기본체계(elementary system of kinship)라고 부르고 있다. 교환에는 한정교환(restricted exchange)이 있고 일반교환(generalized exchange)이 있다. 한정교환은 양쪽의 남자들은 각기 자기의 누이를 상대편에 주고, 대신 아내를 상대편에서 받는다. 이른바 동맹이론(alliance theory)이다. 이것은 대칭적 동맹(symmetrical alliance)이라고 한다. 일반교환은 한 집단이 자기 여자를 준 집단으로부터 여자를 받는 것이 아니라 다른 집단에서 여자를 받는 것이다. 이것은 비대칭적 교환(asymmetrical exchange)이라고 한다. 이는 자기 집단의 여자를 내주는 데 따르는 위험이 큰 반면에 사회통합의 효과도 크다는 특성을 갖고 있다. 이 일반교환은 여자를 준 집단 이외의 다른 집단에서 여자를 받기 때문에 여자교환을 통한 상호 의존 관계가 논리적으로는 전 세계적 범위로까지 확대될 수 있는 것이다(위의 책, pp.342－343).

일반교환은 상호 의존의 범위를 넓히는 것도 되지만 역으로 권력의 확대재생산 과정의 기제(mechanism)로서도 기능한다. 인간이 사는 세계는 훨씬 역동적이고 이동적이고 권력지향적이다. 정태적인 사회의 원리를 이러한 동태적인 사회에 적용할 수는 없는 것이다. 권력의 인류학(anthropology of power)에 관한 비교문화적 저서는 여러 권 나왔지만 권력의 본질에 대해서는 아직도 개념적으로 명확하지 못하다. 이는 발랑디에(Balandier, 1970, p.40.)의 말처럼 "모호성은…… 권력의 근본적인 속성이다." 어쩌면 '권력'이라는 말로 대표되는 현상의 본질과도 관계가 있을 것이다. 그러나 거의 모든 분석자가 동의하는 것은 권력은 관계의 문제다. 즉 통제력을 행사하는 개체들(혹은 법인이나 정부와 같은 단위)과 그들에 의해 통제되는 개체들의 관계에 관한 것이다. 애덤스(Adams 1977: 388)는 권력을 "한 사람 혹은 한 사회단위가 다른 사람 혹은 다른 사회단위의 행동과 의사결정에 영향을 미칠 수 있는 능력……"이라고 정의한다. 애덤스는 권력을 가진 자에 의해 강제되는 제약을 에너지로 개념화한다(1975, 1977). 여러 가지 권력양식을 구분하면서 애덤스는 "한 개인의 권력에 대해 얘기할 때, 우리들은 그가 직접적으로 혹은 간접적으로 행사하는 통제력의 총체로부터 비롯된 영향력의 총체에 대해 얘기하는 것이다."(Adams 1977: 388) 그러나 권력은 매우 상황적이다. 그 상황은 사안에 따라 바뀔 수도 있다. 특정한 상황에서 특정한 사물과 관련하여 특정한 사람과의 관계에서 '파워풀(powerfull)'하다고 하는 것은 관념적인 개념이 차라리 낫다. 상호 간에 제약을 가하는 것 – 권력적인 것 – 이 모든 인간사회에 있어 기본적이고 보편적인 동기라고 가정할 수 있다. 다양한 맥락에서 더 많은 사물과 관련하여 더 많은 사람에게 더 많은 제약을 가할 수 있게 해 주는 수단과 자원을 형성하는 것은 어디에서든 사회생활의 역동적 요인의 하나이다. 어떤 사회 – 단순히 정치체계로 보이는 것뿐 아니라 친족이나 종교까지도 포함하는 등 – 를 이해하려면 이러한 역동적 요인들을 규명해 내어야 한다. 인류학은 루쓰 베네닉트(Ruth Benedict)와 마가렛 미드(Magaret Mead)처럼 뛰어난 여성인류학자들을 배출하면서 여성문제에 관심을 기울여 오긴 했지만 이는 극히 일부에 지나지 않는다. 비서구인을 대상으로 한 거의 모든 인류학적 연구는 남성의 세계에 집중되어 있었다. 인류학적 작업

이 보여 주는 한 민족의 '문화'라는 것은 대부분 남성에 의해 규정되고
통제되는 문화였다(위의 책, pp.383－385). 이는 남성의 편견 때문은 아
니었다.

제9장 성차별 그리고 권력과 결혼의 특징

1. 참블리족의 남녀 뒤바뀜

인류학자 마가렛 미드는 남자와 여자에 대한 서구적 관념이 후천적이고 교육적이고 문화적으로 훈련된 것임을 증명하였다. 뉴기니의 세 부족 아라페쉬, 문두구모, 참블리를 대상으로 한 그의 연구는 성에 대한 기존의 선입관이 보편성을 얻기에 부족함을 역설하였다. 아라페쉬족은 남녀 모두 여성적인 특성을 나타내었고 문두구모족은 남녀 모두 남성적인 특성을 나타냈고 참블리족은 남녀가 서로 바뀌어 있었다. 이는 성에 대한 고정관념은 후천적인 의식화의 산물임을 증명하였다. 남성중심의 가부장제 심리학을 구축한 프로이드조차도 신체적으로, 호르몬상으로 여성과 남성이 구분되지만 에너지상으로는 이러한 구분이 일종의 편견이라고 하였다.

성에 대한 가부장제적 관념이 보편성을 얻기 어렵지만 이는 생존경쟁의 결과라는 것도 사실이다. 그러나 전쟁이 있는 한 남성성 – 전투성을 키워야 하고 이에 반해 여성성이 저절로 대조가 된다. 여자에게도 남성성을 키울 수 있고 남자에게도 여성성을 키울 수 있는 것은 사실이다. 문제는 전쟁이 있는 한 여자든, 남자든 남성성을 키우지 않을 수 없다는 점이다. 남녀가 생물학적으로 타고난 특성을 발전시켜(과장하거나 축소하여) 남자는 근육적 특성을 과장하여 전쟁(사냥)과 정치에, 여자는 자궁적 특성을 과장하여 생산(출산과 육아)과 가사에 집중시킴으로써 효과적으로 생존할 수 있었다는 것을 주장하고 싶다. 예컨대 생존경쟁이 치열하고 대규모로 벌어졌던 곳일수록 남자를 전사로 키우지 않으면 안 되었고 그렇지 않은 것에서는 그럴 필요성이 적었던 셈이다. 또 여자를 가사에 집중시키지 않으면 분업이 가져다주는 생산성의 극대화를 얻지 못했을 것이다. 이 효과성과 생산성을 달성하지 못한 부족(집단)은 살아남을 수 없었을지도 모른다.

대우주(macro-cosmos)를 여성적 관점에서 보면 방향이 없다. 대우주는 그대로 완벽한 체계이기 때문이다. 방향을 가진 것은 완벽한 체계가 아니다. 완벽한 대우주 속에서는 파괴조차도 파괴가 아니면 창조조차도 창조가 아니다. 우주의 다른 모습은 단지 완벽한 것의 다른 모습일 따름이다. 여성의 모습은 바로 대우주를 닮았다. 확실히 여자는 자연에 가깝다. 남자도 마찬가지로 자연 속에서 태어난 존재이지만 여자는 자연의 주기를 몸속에 가지고 있고 자연의 재생산에 남자보다는 훨씬 더 참가하는 편이다.

여자는 자연이라는 '몸의 중심부'에 있다. 여자의 월경과 출산이 바로 그것이다. 여자의 특성은 바로 몸에 있고 그 몸이라는 것은 자연 그 자체이다. 여자의 몸은 중심에 있어서 어떤 방향에서도 다가갈 수 있고 유연하고 선택적이다. 여자는 먼저 드러나거나 나아가지 않는다. 마치 둥근 원과 같아서 모나지 않고 포용(잉태)하고 성장(양육)하며 평화(조화)를 나타낸다. 이에 비해 남자야말로 '몸의 주변부'에 있다. 머리는 한 극단에 있고 성기조차도 머리와 같아서 절대적이고 한 방향을 고집하고 있다. 무엇보다도 소우주(micro-cosmos)의 하나인 남성의 정충은 방향을 가진다. 방향을 가지기 때문에 대우주의 소우주이다. 남자의 하나는 그래서 전체(一切)를 말하기보다는 부분으로서의 하나(一)이다. 남자는 머리 아니면 꼬리이다. 이것 아니면 저것이다. 극에서 극으로 변한다. 남자의 몸은 창과 같아서 하나의 방향을 향해 모가 나서 공격하며 경쟁과 긴장과 전쟁을 나타낸다. 방향을 가진 권력은 그것의 정당성과 합리성을 주장하지만 실은 그것은 권력을 잡기 위한 제스처에 지나지 않는다.

권력의 탄생은 처음부터 멸망을 약속받은 것이다. 그래서 처음부터 불완전한 것이고 불완전하기 때문에 또한 권력이다. 우리는 권력 가운데 불완전한 권력이 아니라 불완전한 것으로서의 권력을 알지 않으면 안 된다. 바로 그것이 우주의 역동적 원리이고 역동성을 보장하는 것이다. 따라서 우리는 거대한 우주 속에서 '순환의 원리'를 '인과의 원리'로 설명하는 총체적인 노력을 권력이라고 부를 수 있을 것이다. 고등종교의 성경들이 남자의 특성을 머리에 두고 여자의 특성을 몸에 두었다. 머리도 몸의 일부이지만 몸을 다스리는 것이 머리이고 이것이 바로 지배이고 권력이라는 것이다. 권력이라는 것은 언제나 그 원천을 다수에 두지만 정작 권력을 장악하는 것은 소수이다. 권력의 보편적인 법칙은 다음과 같다.

① 권력은 소수(혹은 1명)가 다수(자기를 포함 2명 이상)를 다스리는 것이다.

② 권력은 언제나 자기를 정(正)이라고 한다. 권력은 언제나 소극적인 다수에게 자기의 정(正)을 강요하고 실현하려고 한다.

③ 권력에는 언제나 기존의 체제를 반대하는 반(反)의 세력이 있게 마련이다. 그 반(反)에 적극적인 사람 가운데 차기의 권력이 나온다. 반에 적극적인 사람은 매우 정치지향적인 인물이다. 그래서 권력의 변증

법이 계속된다.

④ 권력은 성(性)에서 나왔으면서도 성(性)을 억압하고 성(性)을 다스리면서 동시에 결국 성(性)을 탐닉한다. 인간의 성(性)은 재생산에 만족하기에는 너무 여유(잉여)가 많다.

⑤ 권력은 이성의 산물이지만 동시에 상상력의 산물이다. 권력은 원래 언어의 상징에서 비롯된다. 상징은 집합표상으로 집합(집단)을 대표하며 이것이 이성에 의해 합리화를 거치고 상상력에 의해 확대재생산된다.

⑥ 아무리 권력의 범위가 넓어진다고 하더라도 그것은 어디까지나 언어의 마술에 불과하며 권력을 가졌다고 해서 죽지 않는 것은 아니다. 권력은 언어 내부의 영역에 속한다.

⑦ 언어의 마술은 그러나 죽지 않는 것을 욕망한다. 이것은 개인이 언어의 의식(자아) 차원을 벗어나서 언어의 개인적 초의식(초자아)과 집단적 무의식(본능) 차원을 하나로 만드는 영역이다. 여기서 개체는 죽지만 집단은 영속한다는 점에서 개체도 죽지 않는 것일 수도 있다.

⑧ 인간은 언어를 때로는 거울처럼 혹은 때로는 그물처럼 사용하여 사물에 투사하고 사물을 파악한다. 그러나 인간의 언어가 보는 것은 인간일 따름이고 파악하는 것은 언어일 따름이다.

⑨ 그래서 권력은 원천적으로 속임수, 즉 '말(言)의 위(僞: 人＋爲)'를 벗어날 수 없다. 소수가 다수를 다스리는 것, 이성이 감성을 다스리는 것, 마음이 몸을 다스리는 것, 남자가 여자를 다스리는 것이다.

권력은 본질적으로 자신의 것이 아닌 것을 마치 자신의 소유인 양 대표성을 갖고 심지어 권력의 원천을 억압한다. 그런데 이러한 특성을 문화에서 확대 과장하고 왜곡하였다고 할 수 있다. 여자의 특성은 보이지 않는 것이 많고 남자의 특성은 거의 눈으로 보인다. 여자의 재생산은 바로 아직도 여자가 자연임을 강력하게 뒷받침하는 예이다. 문제는 문화나 문명이 이러한 조건을 확대 과장하여 급기야 성을 왜곡시킨 것이 문제이다. 남자는 지배하는 자(먹는 자)이고 여자는 지배당하는 자(먹히는 자)이다. 가족이라는 것도 이것에 의해서 비롯되는 것이다. 말하자면 자궁이야말로 가족의 축소판이다. 흔히 결혼은 사랑이 뒷받침되어야 하는 것처럼 현대인은 생각하고 있지만 결혼은 사랑이라기보다는 성관계를 통해 태어난 자식을 합법적인 자녀로 만드는 남녀 간의 성적·경제적인 결합으로 정의된다. 물론 모든 사회의 결혼이 이런 것은 아니다.

또 결혼제도는 단혼제가 일반적이라고 생각하지만 복혼제가 더 보편적인 것이었다. 복혼제 가운데서도 일처다부제는 아주 소수의 사회에만 있는 것이고 일부다처제가 널리 퍼져 있다. 일처다부제는 티베트와 같이 농지가 부족하여 노동력과 농지를 물려받을 상속자의 숫자를 제한하여야 할 필요성이 있는 데에 존재한다. 티베트는 형제가 한 명의 아내를 공유하는 것을 볼 수 있다. 일처다부제 사회는 한 명의 아내가 자식을 많이 낳는 것이 불가능하므로 가족집단이 무한정 커지는 것을 막을 수 있다. 이에 비해 일부다처제는 토지가 풍부한 곳에서 농사일꾼을 많이 얻을 필요가 있는 데에 존재한다. 일부다처 사회는 여러 명의 아내가 여러 명의 자식을 낳을 수 있고 부인을 많이 거느린다는 것은 일꾼이 많음을 의미한다(이런 나라에서는 남자의 평균수명이 짧아 여자들은 빨리 결혼하여 아이를 얻는 것이 중요하다. 토지는 얼마든지 있기 때문에 먹고사는 데는 문제가 없다).

2. 결혼의 여섯 가지 보편성

결혼이라는 것이 사랑 때문이 아니라는 것이 일반적인 현상이고 또한 결혼은 남자와 여자, 개인의 결합이 아니라 집단 간의 결합인 것이 보편성을 가지고 있다. 결혼은 두 사람만의 사건이 아니라 사회를 통합해 주는 공적인 교환형태였다. 주로 외혼제(exogamy)와 근친상간금기(incest－taboo)를 통한 결혼은 여자의 교환을 통해서 가족과 친족의 범위를 넓혔으며 이것은 집단 간의 협력을 구하는 것이기도 하면서 동시에 권력의 확대재생산 과정과도 일치한다. 물론 내혼제(endogamy)도 있고 말레이의 네게리 셈빌란 사회에서는 여자의 교환이 아니라 남자의 교환이 이루어지며 교환의 주체가 남자가 아니라 여자인 사회도 있긴 하다. 결혼이 사랑이 아니라는 것은 신부대금(bride－wealth: 신랑 쪽에서 신부 쪽으로)과 지참금(dowry: 신부 쪽에서 신랑 쪽으로)에서도 잘 나타난다. 신부대금은 주로 노동력이 부족한 사회에 있는데 이는 여자를 포기하는 대신 돈이나 재화를 받는 것이다. 지참금은 주로 경제적인 계층이 분화된 사회에 많이 있는데 지참금은 재산상속의 의미가 크다. 신부대금이나 지참금을 통해서 하이퍼가미(hyper－gamy: 혼인을 통한 신분상승) 혹은 하이포가미(혼인에 의한 신분하강)가 나타난다. 신분이 낮은 계급의 남녀는 신분이 높은 남녀와 결혼하여 신분상승을 꾀할 수도 있고 반대로 신분하강도 될 수 있다. 이런 과정을 통해 보면 여자는 재화와 같이 취급되었다고 볼 수 있다. 여자의 교환은 재화가 교환되기 이전에 이미 존재했다고 클로드 레비스트로스는 말한다.

여기서 결혼의 일반론과 보편성을 정리해 보자.

① 결혼은 집단 간의 여자(재화)의 교환이다. 신부대금이나 지참금을 통해서 하이퍼가미(hyper－gamy: 혼인을 통한 신분상승) 혹은 하이포가미(결혼에 의한 신분하강)가 나타난다.

② 결혼은 단혼제보다 복혼제가 보편적이다.

③ 결혼은 복혼제 가운데서도 일부다처제가 보편적이다.

④ 결혼은 외혼제와 근친상간금기를 통한 가족과 친족의 협력의 확

대 과정이면서 권력의 확대재생산 과정이다.

⑤ 결혼에서 사랑이 주제가 된 것은 19세기 부르주아 계급의 등장 이후다.

⑥ 결혼은 성관계를 통해 태어난 아이를 합법적으로 인정하는 제도이다.

결혼제도는 사랑하는 부부를 위한 것이라기보다는 어른이 되는 데에 필요한 양육기간(수유 · 육아 · 교육)이 긴 인간의 특성 때문에 자손을 보호하기 위해서 마련된 제도이다. 결혼은 자식에게 훨씬 더 무게가 주어진 제도이다. 결혼에서 사랑이 관심을 끈 것은 18세기 부르주아 계급의 등장과 낭만적 사랑이 유행하면서 시작되었으며 19세기에 들어서야 이것이 노동자 계급에게도 퍼졌다. 이 과정은 산업화의 진행과 더불어 가족이 생산단위로서의 기능을 점차 잃어버리고 사적인 영역이 되고서부터다.

결혼은 사랑과 별개의 문제이며 사랑은 또한 섹스와 별개의 문제이다. 개인주의와 자본주의가 발달한 현대사회에서 섹스와 사랑은 놀이와 재생산에 접근하는 세련된 방식에 속하며 둘은 함께 있기도 하고 떨어져 있기도 하다. 동시에 결혼과 사랑도 함께 있기도 하고 떨어져 있기도 하다. 인류의 모든 다른 사회가 반드시 결혼에 사랑이 필요한 것은 아니다. 과거의 혹은 여러 지역의 결혼생활은 사랑 없이도 잘 유지되어 왔다. 그러나 오늘날과 같은 핵가족시대에는 부부의 사랑이 없는 결혼은 지속되기 어렵다. 가족은 생산단위라기보다는 매우 사적인 정서적인 단위가 되고 있기 때문이다. 결혼에 재화의 교환이 있긴 하지만 이제 누구도 결혼을 여자의 교환이라고 보지 않는다. 여자는 더 이상 재화가 아니다. 재화의 손실이 있으니까 신부대금을 요구하고 재화의 손실이 있으니까 지참금을 요구하는 것이 아니다. 역설적으로 핵가족시대에 이혼율은 더욱더 올라가고 있다. 그만큼 결혼이 집단에서 혹은 재화로부터 멀어졌다는 증거일 수도 있다.

그러나 과거 남자의 '가정 밖의 일'과 여자의 '가사'의 분업은 오히려 문화적 필요의 산물이다. 이것이 적어도 산업화 이전에는 가장 효과적인 남녀 성역할과 남녀분업이었고 결과적으로 권력관계에 있어서 혹은 권력의 분배에 있어서 남녀차별을 가져왔다고 할지라도 처음부터 그러한 것을 기도하였다고 보기보다는 생존의 법칙에 충실한 선택이었을 것이다. 결국 그것이 선택이었다는 것은 환경의 변화로 인하여 언제든지 그 성역할이 바뀔 수도 있다는 것을 의미한다. 또 개인과 가정의 입장에 따라 얼마든지 성역할이 적당한 조정과 교차될 수도 있음을 의미한다.

적어도 오늘날 인구폭발로 인하여 여자의 아이생산 효과가 현저하게 줄어들었고 가사노동의 대부분이 여러 전자기기로 이루어져 여자들은 집안에서 할 일이 없어졌다. 어쩌면 여권신장을 위하여 여자에게 가사 이외의 직업을 주어야 하는 것이 아니라 생산성(소득증대)을 위하여 여자에게 직업을 주지 않으면 생존경쟁에서 지게 되어 있고 따라서 직업을 강제로라도 주어야 할 처지에 있다. 이것은 여권신장의 문제가 아니라 생산성의 문제일 수도 있다. 바로 이러한 생산성의 문제(압박과 필요)를 해결하기 위하여 여권신장이라는 운동이라는 이름으로 명분을 쌓아 가고 있는지도 모른다.

뉴기니의 세 부족의 경우가 문화적, 후천적으로 형성된 예외적인 경우가 된다. 뉴기니의 세 부족은 대부분의 유럽과 아시아 사람들과 달리 환경과 역사로부터 그러한 압박과 필요를 받지 않은 경우일 것이다. 오늘날 지구 사람들은 뉴기니의 세 부족처럼 남녀의 전통적인 성역할 구분을 없애야 할 처지에 있다. 다시 말하면 남자가 육아와 가사를 맡고 여자가 직장에서 돈을 벌어 올 수도 있다. 이는 물론 여자에게 권력에 접근할 수 있는 기회를 더 부여하게 될 것이다. 남녀의 특성과 기질에 대한 서구적 관념이나 편견이야말로 문화적인 이유 때문이며 오늘날 그것으로부터 벗어나야 하는 것도 문화적인 이유에서다. 이것이야말로 생물학적인 특성이 중요하지 않게 된 환경 탓이다.

여권론자들은 모성애라는 것이 후천적 의식화의 산물이라고 주장하고 있다. 이는 가부장사회가 모성애를 강조하고 의식화하여 여성을 집과 아이들의 볼모로 가두어 놓았다는 입장에서 주장하고 있는 것이다. 만약 모성애가 그런 것이라면 똑같은 이유로 부성애라는 것이야말로 후천적 의식화의 산물이다. 여권론자들은 흔히 종래의 부계사회적 전통이 규정한 모성애가 보편적인 것이 아니라는 것을 증명하는 데에 목소리를 높이지만 실은 부성애야말로 그러한 것이다. 자연적인 조건을 따진다면 부성애야말로 모성애보다 훨씬 의식화의 산물이다. 아이를 직접 낳은 여성과 그렇지 않은 남성 사이에 누가 더 아이에 대한 애정이 크겠는가. 이러한 의식화는 아마도 수유기간이 다른 동물보다 유난히 길고 어른으로서 살아가는 데 필요한 것을 갖추는 양육·훈련기간이 다른 포유류보다 훨씬 긴 인간이 자손을 보호하기 위해서 취한 것으로 보인다. 만약 이러한 부성애나 모성애를 의식화하지 않으면 훨씬 자손들은 위험에 노출될 것이다.

모성애나 부성애의 강조는 인위적이고 문화적인 것이긴 하지만 다른 것에 비해 가장 자연적인 현상과 같은 방향의 평행적인 것이지 결코 반대 방향의 역행적인 것은 아니다. 만약 아이를 낳고 남자든, 여자든 아무 관심이 없다면 어떻게 아이가 어른이 될 수 있겠는가. 실은 이것은 교육이나 의식의 문제가 아니고 자연의 본능이며 이 본능을 교육이나 문화가 강화한 것에 지나지 않는다. 마치 모성애가 자연을 위배한 것 같은, 여자를 구속하기 위한 허위적 과정의 것으로 여기게 하는 것은 지나친 발상이다. 남자는 성적으로 정충을 쏟으면 그 정충에 대해 별 관심이 없다.

여자에게는 관심 여부와 상관없이 그 성행위의 결과가 여자의 몸(자궁)에 남는다. 이것은 의식화와 윤리적인 문제를 떠나서 물리적이고 생물학적인 문제이다. 여자가 모성애를 가지든, 안 가지든 자궁의 조건으로부터 벗어날 수 없다. 피임약이 발견되기 전까지 여자들에게 모성애와 몸조심(혼전성교)을 강조한 것은 여자가 남자보다 도덕적이거나 윤리적인 존재라서가 아니라 그 결과를 짊어지게 되는 생물학적 조건을 가지고 있기 때문이었다. 여성의 성 자유는 바로 이 피임약이나 임신중절 수술에 힘입은 바가 크다. 남자는 처음부터 임신으로부터 자유로웠는데 부성애야말로 성교에 의해 탄생한 가족, 특히 아내와 자식, 모자(母子)를 보호하기 위한 것이었다.

지구상에 부계사회는 약 75%에 이르고 있다. 부계사회는 아무래도 혈통을 인식시켜야 한다는 점에서 인위적이다. 모계사회는 자신을 낳은 장본인을 따르는 것이기 때문에 자연스럽다(아버지는 불확실할 수도 있다). 모계는 생물현상의 문화적 구성물이다. 그런데 왜 인류는 모계사회를 택하지 않았을까. 이는 순전히 임신과 출산을 반복하는 여성을 보호하기 위한 것이다. 인류사회 친족관계의 공리 가운데서 권력과 관련된 공리는 '대부분의 남자가 권력을 행사한다'는 것이다. 처음부터 남자들이 권력을 가지기 위해 권력을 택한 것은 아니다.

여성의 입장에서 보면 남자에게 성(姓)이라는 족쇄를 채워 줌으로써 "여기가 너의 집이야. 그러니 매일매일 일이 끝나고 저녁이면 여기로 돌아와야 한다. 여기에 네가 먹여 살려야 하는 식구들이 너를 기다리고 있어"라고 명령하는 것이다. 이것은 여자와 아이를 보호하고 먹여 살리라는 문화적 명령과 같은 것이다. 부계사회만큼 남자를 가족에 영속적으로 잡아 두는 방식은 없었을 것이다. 인간 집단 간의 생존경쟁, 권력경쟁이 치열해짐에 따라 필연적으로 여성은 생존에 위협을 느꼈을 것이고 항상 힘센 '남자가 가족과 함께 있는 방식'으로 부계사회를 떠올렸을지도 모를 일이다. 그것은 여성 자신이 낯선 곳, 온갖 어려움이 예상되는데도 불구하고 남자의 집으로 시집가는 방식이다.

남자야말로 그러한 족쇄에서 벗어나고 싶은 입장에 있지 않았을까. 물론 남자에게도 생물 일반에 있는 수컷으로서의 책무 같은 것이 있었을 것이다. 부계사회의 여성의 성에 대한 억압과 박해만 문제되는 것이 아니라 남자에 대한 과중한 가장으로서의 책임과 부담도 문제가 된다. 가만히 생각해 보면 왜 남자가 힘든 노동을 하며 식구를 먹여 살려야 하는지 알 수 없다고 생각할 수도 있다. 남자는 밖에서 힘들게 일해서 식구를 먹여 살리고 여자는 집에서 아이를 낳고 기르면서 자손을 번식하는 성역할 분담은 인류의 가장 오래된 역할분담이며 가장 효율적인 분업체계였던 것 같다. 이는 가난과 불안에 허덕이면서 종을 영속시켜 온 우리들의 조상들의 소박한 삶의 모습이다.

오늘날 지구상의 풍요는 바로 종래의 남녀 성역할과 같은 가장 단순하고 효과적인 분업체계의 필요성을 줄어들게 하고 있다. 이에 성에 대한 전통적 관념과 남녀 성역할 분담 그리고 권력에의 재편(권력에의 여성의 참가증대)이 대두되게 된 것이다. 그렇지만 풍요가 무너지면 어떻게 될까. 여전히 종래의 성역할 분담이 돌아오지 않는다고 누가 장담할 수 있다는 말인가. 아이생산을 기계에 의존하지 않는 한, 여성은 여기에 기여하여야 하고 그렇게 되면 자연스레 가사로 돌아가는 여성이 늘어날 것이다. 인간의 풍요라는 것이 인구의 증가와 반대의 것으로 혹은 인구의 재생산이라는 것과 전혀 관계가 없는 것처럼 느낄지 몰라도 언젠가 자연의 거대한 생존경쟁의 주기에서, 문명의 복합적 변수에 의해서 빈곤과 전쟁의 주기가 돌아오면 다시 원상태로 돌아가게 될 것이다. 여자는 자기 집단의 종의 영속을 위해 재생산에 적극 참여하여야 하는 운명을 짊어지고 있다. 현재 고소득 – 산업국가들은 저소득 – 전 산업국가들의 인구증가 문제보다 더 심각한, 여자들이 직접 재생산(출산)을 하지 않으려는 문제에 직면하고 있다.

제10장 빈곤 – 전쟁과 인구증가 – 산업혁명

농업혁명을 비롯하여, 산업혁명 등 2차에 걸친 혁명은 기하급수적으로 증가한 인구를 부양하기 위한 것이었다는 것은 산업과 인구라는 측면에서 이미 알려진 사실이다. 이것은 재생산의 급증에 따른 생산성의 증가를 도모하는 조치였다. 산업혁명이 심화되면서 공해와 환경파괴라는 부산물을 낳았지만 이것이 없었으면 결코 인구를 부양하지 못했을 것이다. 모든 인류의 문제는 언제나 문제가 생기기 전에 예방되는 것이 아니고 문제가 생긴 후에 그것을 해결하는 차원에서 이루어진다. 물론 문제가 먼저 발생한 집단이나 지역에서 문제해결에 먼저 나서는 것은 당연한 일이다. 19세기에 영국에서 산업혁명이 먼저 일어났고 영국은 결국 해양으로 진출하지 않으면 안 되었고 인구과잉을 다른 나라에서 해결하지 않으면 안 되었다. 아메리카를 발견한 것은(이것은 전적으로 서구인의 정복국가로서의 시각에서 비롯된 것이다. 아메리카는 구석기 말에 배링 해협을 걸어서 정착한 인디언이 주인이었으므로) 스페인의 콜럼버스였지만 영국의 필그림 파더들은 아메리카를 새로운 삶의 터전 혹은 삶의 출구로 생각하게 되었다.

이러한 정복은 과학기술의 측면지원을 받으면서 진행되었다. 쉽게 말하면 서구인과 인디언의 전쟁은 총과 활의 전쟁이었다. 그래서 하부구조인 산업과 기술이 상부구조인 종교나 정치조직보다 집단의 운명을 결정하는 강력한 변수가 된다. 인류의 커다란 전쟁의 승패는 바로 하부구조로 이루어지는데 우리는 그것을 간과하는 경우가 많다. 여기서 우리는 농업의 위치에 대해 검토해야 할 것이다. 농업국가는 공업국가에 의해 정복되고 식민지가 된다. 이러한 농업의 처지는 여성의 처지와 닮은꼴이다. 농업의 생산성 － 땅에 씨를 뿌리고 그것을 키워서 열매를 수확하는, 자연의 순환과정에 순응하는 － 은 흔히 여성의 재생산성과 비유되고 발전방향이 같은 것으로 취급된다. 여성은 재생산과 궤를 같이하고 동시에 농업생산과 궤를 같이한다(여성＝재생산＝농업생산). 이에 비해 남성은 자연에 순응하지 않아도 되는 산업생산과 궤를 같이하는 것으로 인식된다(남성＝생산＝산업생산).

이는 여성의 운명은 몸(씨를 받는＝자궁＝땅＝붙박이)과 매우 긴밀한 관련을 가지고 있음을 반영한다. 남성은 씨(이동하는＝자유로운 정신＝하늘＝정복자)에 비유되는데 동시에 그만큼 땅에 구속되지 않고 이동하고 개척하는 존재로 그려진다. 오늘날 산업은 남성적으로 그려진다. 이는 남성도 농업에 종사하고 여성도 공업에 종사하는 것과 별개의 문제이다. 현재 산업국가가 농업국가보다 상대적으로 선진국이고 또한 복지국가이다. 인류는 인구의 문제를 자체적으로(자기 집단 내부에서) 해결하기도 하였지만 외부에서 해결하기도 하였다. 농업국가가 산업국가에 수세의 입장에 있는 것은 수렵채집 단계의 사회나 유목민족이 농업국가에 비해 수세의 입장에 섰던 것과 같은 이치이다. 생산성에서 뒤떨어졌기 때문이다. 생산기술은 단순히 생산에 관계되는 것일 뿐 아니라 전쟁의 무기체계가 된다. 생산의 도구가 발달한다는 것은 바로 무기체계가 발달하는 것이 된다. 산업의 도구가 전쟁의 도구가 되는 것은 도구로서의 당연한 귀결이다.

인간종의 번식으로 볼 때 여성은 남성보다 하부구조적이다. 다시 말하면 여성은 생태적(경제적)이고, 남성은 상징적(정치적)이다. 자연상태에서 다른 동물과의 생존경쟁에서 이긴 인간은 일단 내부적 '평화주의'를 지향한다. 또 이것은 초기에 '모계사회', '모성주의(母性主義)', '모성시대'를 나타내기도 한다. 이것은 농업혁명에 의해 식량의 확보가 순조롭고 인구(population)에 비해 식량이 많을 때에 계속되었다. 그런데 식량확보라는 것은 미래에 대한 불안을 완전히 해소할 정도의 것이 되지는 못하였고 항상 불안과 걱정거리였다. 그래서 욕망의 확대재생산은 (욕망과 불안은 동전의 양면과 같다) 인간으로 하여금 간헐적으로 혹은 식량확보로 혹은 권력경쟁으로 크고 작은 전쟁을 일으키게 하였다. 이것을 외부적 '전쟁주의'라 할 수 있다. '부권사회', '부계사회'가 여기에 속한다. 부권사회는 결국 국가주의를 만들어 낸다. 생물종이라는 입장에서는 여성이 하부구조에 속했는데 문명에 있어서는 남성이 하부구조가 된다. 이것은 인간이 평화보다는 전쟁을 하부구조로 택했기 때문이다. 여성으로 상징되는 평화주의는 상부구조의 한낱 이상에 불과한 것이 된다. 풍요로 상징되는 여성의 이미지는 정복으로 상징되는 남성의 이미지에 주도권을 내주게 된다.

이상을 통해 볼 때 전쟁이나 평화는 각각 시대적 상황에 따라 문화의 하부구조가 상부구조가 될 수도 있고 상부구조가 하부구조도 될 수 있다. 다시 말하면 '전쟁(평화)/평화(전쟁)'의 구조로 항상 전쟁과 평화가 역전될 수 있는 가능성을 내포하고 있는 셈이 된다. 여성적인 특성인 '생태'와 '평화'가 문화의 하·상부구조가 될 때 인간은 살기 좋은 '복락(福樂)의 시기'를 누리게 된다. 이것은 자연상태의 생존경쟁이 인간이라는 종(種)의 출현으로 평화주의로 대체된 경우이다. 그러나 인간은 문화장치 없이 곧바로 자연선택(natural selectivity)에 노출될 수도 있

다. 이때는 '권력경쟁'과 '전쟁'이 문화의 상 · 하부구조가 된다. 이것은
'전화(戰禍)의 시기'이다.

인류학적으로 볼 때 농업지역이 풍요를 누릴 때도 있었다. 이것은 농
업이 생업의 수단이 되었을 때다. 그러나 지금은 산업이 수단이 되고
있다. 산업혁명을 먼저 성공시킨 것은 지구 북부의 유목(목축)지역이고,
농업생산력이 상대적으로 떨어진 지역임은 우연이 아니다. 마찬가지로
농업시대에도, 산업시대에도 풍요를 누리지 못할 때가 있었다. 이때 식
량(원자재)쟁탈전이 벌어졌고 인류사적으로 남북전쟁의 다반사가 농업
시대에 벌어졌고 동서전쟁의 다반사가 산업시대에 발생했다. 생업을
기준으로 볼 때 수렵 – 채집시기, 농업 – 목축시대, 산업시대의 풍요와
빈곤은 다음과 같이 전개해 볼 수 있다. ① 수렵 – 채집시대: 빈곤/풍요/
빈곤/농업혁명 ② 농업 – 목축시대: 빈곤/풍요/빈곤/산업혁명 ③ 산업시
대: 빈곤/풍요/빈곤/정보혁명 ④ 정보 – 후기산업시대: 빈곤/풍요/빈곤
등으로 볼 수 있다.

지금은 산업시대와 정보 – 후기산업시대로 넘어가는 과도기에 있다
고 볼 수 있다. 생업의 전환기에 빈곤이 있으며 풍요의 시기보다는 빈
곤의 시기가 더 긴 것이 특징이다. 인간은 이 빈곤의 시기에 더욱더 머
리를 써서 혁명을 이룩하여 새로운 생산체계를 만들어 내어 인구압력
을 이겨 내는 한편 더욱더 출산율을 높인다. 식량위기나 전쟁의 시기에
사망자가 늘어남에도 불구하고 인구는 역설적으로 늘어난다. 이는 위
기의 시기에 본능적으로 종의 영속을 위해 재생산에 열중한다고 할 수
있다.

생업의 빈곤과 풍요시기는 전쟁과 평화시기와 반드시 일치하지는 않
는다. 풍요하기 때문에 전쟁의 여력이 더 있을 수도 있다. 인류의 전쟁
은 빈곤의 시기에 식량을 조달하기 위한 '식량약탈의 전쟁'도 있었지만
풍요의 시기에 권력경쟁에 더 열을 올리는 '제국주의 전쟁'도 있다. 빈

곤의 시기에도 전쟁이 일어나고 풍요의 시기에도 전쟁은 일어난다. 생존경쟁의 승자로서 인간의 유전자 속에는 권력경쟁을 유혹하는 인자가 있을 수 있다. 실로 전쟁은 평화만큼이나 인간에게 익숙한 것이다. 스포츠 게임이라는 것은 전쟁과 달리 게임이나 의례를 통해 전쟁(경쟁)을 경험하게 하는 것이다. 인간의 몸속에 있는 경쟁의 인자를 어찌할 수가 없다.

인간의 집단적 생존전략은 권력경쟁을 필연적으로 동반하고 식량의 빈곤 또는 풍요와 관계없이도 하나의 사회적 본능으로 경쟁(전쟁)을 해왔기 때문이다. 예컨대 제국주의 국가는 빈곤하기 때문에 전쟁을 하는 것은 아니다. 그러나 여기에도 풍요나 평화적 삶에 대한 궁극적 불안이 내포되어 있기 때문이라고 말할 수 있다. 인간의 이중성은 언제나 개입되게 마련인데 '평화주의'를 강하게 외치면 외칠수록 전쟁에 대한 원천적 불안과 전쟁이 곧 일어날 것이란 예감을 저버릴 수 없다. 차라리 '작은 전쟁' 혹은 '의례(전쟁놀이)'가 오히려 큰 전쟁을 막는 경우도 많으며 전 지구적인(세계적인) 평화를 위해 큰 전쟁을 일으킨 경우도 없지 않다.

그러나 대체로 빈곤 - 전쟁과 풍요 - 평화는 주기적으로 사이클운동을 한 것으로 보인다. 식량의 풍부함은 인구를 늘리고 인구를 늘리면 식량이 부족하고 식량이 부족하면 먼저 약탈과 전쟁을 하고 그 후 여력이 있으면 새로운 산업을 일으키고 혁명을 거듭해온 것이 인류의 역사였다. 전쟁의 시기에는 가부장제가 강화되고 평화의 시기에는 모계제 혹은 모중심의 성향이 두드러졌다. 이것은 의식적 운동 - 예컨대 평화운동이나 반전운동으로 막을 수 있는 것도 아니고 선동이나 불가피론으로 일으킬 수 있는 것도 아니다. 이는 거대한 흐름이고 대세이다. 전쟁과 평화에 대해선 확실한 원인이나 결과를 말할 수 없다. 우리가 알 수 있는 것은 전쟁이 가부장제를 강화한다는 사실이다. 또 오래 전쟁이 없으면 평화와 함께 여권신장이 이루어진다는 사실이다.

전쟁은 승자와 패자가 분명한 게임일 수도 있고 특히 미개사회에선 그것이 불분명한 의례일 수 있다. 적어도 승패가 별 의미가 없는 경우도 많이 발견할 수 있다. 여성은 자잘한 전쟁(말다툼)을 하기 때문에 평화적이 되고 남성은 큰 평화를 위해서 커다란 전쟁(세계대전)을 하는지도 모른다. 이율배반이다. 남자의 이성은 오히려 여자의 감성보다 훨씬 더 전쟁에의 유혹을 견디기 어렵다. 이성은 도덕에서든, 정치이든, 전쟁에서든 그리고 과학에서든 남을 다스리는 공통점을 가지고 있다. 다스리는 것은 본래 자연의 모습은 아니다. 자연과 여성은 결코 남을 다스리는 것을 좋아하지 않는다. 스스로 혹은 저절로 다스려지는 것을 원한다. 그런 점에서 여성은 스스로의 몸에 만족하고 평화를 갈구한다.

제11장 인구론의 역설과 '고령인구' 문제

1. 인구론을 극복한 농업·산업의 생산성

인류학적으로 보면 인구의 문제는 결국 여성의 재생산과 그것을 부양할 사회적 생산의 문제가 된다. 재생산은 크게 늘어나는데 생산성이 늘어나지 않으면 인구를 부양할 수 없다. 자기 집단의 생산성을 자체적으로 늘리든지, 아니면 다른 집단에서 생산성을 가져오든지(여기에는 전쟁에 의한 약탈도 포함된다) 해야 하는 압력(stress)이 다가오고 이에 따라 필요성(need)에 직면한다. 재생산과 생산이 같은 방향으로 확대된 것이 문명의 방향이고 국가의 발생이고 제국의 발생이고 이를테면 '권력의 확대재생산 과정'이다. 그런데 재생산과 생산의 방향이 순조롭게 확대재생산하는 경우는 문제가 없지만 인류의 삶에는 그렇게 순조로움만 있는 것은 아니었다.

그래서 인간집단은 늘어난 인구를 부양하기 위해서 전쟁을 하고 정복하였으며 이 때 패배한 집단의 노예화를 통해(이것은 최악의 노동착취이다) 노동력을 확보하고 생산성을 늘리게 되는데 이것인 고대 노예제이다. 다시 말하면 노예제도는 고대의 재생산과 생산의 확대 과정의 산물이다. 고대의 노예는 중세의 농노로, 근대의 프롤레타리아로 변형되는 것이다. 인구와 권력의 확대재생산의 과정에는 반드시 이 착취당하는 계급(혹은 계층)이 있게 마련이다. 인구와 식량의 압력을 침략전쟁을 통하여 해결하기도 하지만 자기 집단 내부에서 해결하기도 한다. 인구를 자체적으로 조절하기 위해서 인류가 택한 것은 '여성의 성(性)'의 철저한 관리와 여아살해(infanticide)가 그것이다. 재생산의 문제는 결국 여성에게 달려 있기 때문이다.

여성이 아이를 낳고 또 여아가 미래에 아이를 낳을 것이기 때문이다. 결국 인간의 왕성한 성욕을 무시할 수는 없고 그것으로 인해 발생하는 문제를 여성을 희생양으로 삼으면서 해결하려고 한 것이다. 물론 남자들은 전사로서 전쟁에서 많이 죽게 되고 남녀노소 가릴 것 없이 전쟁 중에 많이 죽게 되어 저절로 인구가 감소하기도 한다. 이것이 소위 전쟁의 인구조절 기능이기도 하다. 그러나 전쟁 중이라고 해서 인구가 반드시 감소하는 것은 아니다. 여전히 종의 번식에 대한 유전인자의 욕망은 계속되어 전쟁 중에 신생아가 늘어나는 경우도 많다. 그 예로 처절한 베트남 전쟁 중에 베트남의 인구는 늘어났다. 혹자는 말할 것이다. 자기 집단의 자체적인 조절을 위해 여아를 살해하는 것보다는 침략에서 이겨서 다른 집단에서 약탈하고 착취하는 것이 낫다고 할 것이다. 하지만 모든 집단이 전쟁에서 승리하는 것이 성립될 수는 없다.

생존이라는 것은 이렇게 처절한 것이고 끈질긴 욕망의 산물이다. 생존이라는 것이 양보와 자기희생과 도덕과 성인군자를 만드는 과정은 아닌 것이다. 내가 살기 위해서 남을 죽이는 것이 대원칙이다. 물론 이러한 야만과 비인간의 것에 대항하여 담론은 형성한 것이 우리가 말하는 성경을 비롯한 고등종교의 경전들이다. 그러나 이것은 전쟁과 정복을 막지 못했으며 단지 전쟁과 전쟁의 사이에 평화를 유지하는 데 도움을 주었으며 자기 집단 내부를 다스릴 때에, 무기로 다스릴 수 없을 때에 평화와 질서로 다스리는 데에 힘을 발휘함으로써 다스림의 효율을 높이는 데에 기여했다. 인류의 문명은 그래서 언제나 '한 손에는 칼, 다른 손에는 코오란(경전)'이라는 대원칙을 갖게 된다. 이것은 비단 이슬람의 경전의 주장일 뿐만 아니라 문명의 원칙이다. 이것이 바로 문무(문무)라는 것이고 바로 문무가 균형을 이룰 때에 한 집단은 융성하게 되고 다른 집단의 침략을 막게 되고 또한 제국의 꿈을 이룰 수 있게 되는 것이다.

물론 현대에는 인구조절을 산아제한의 여러 방법이나 기술로 해결하게 되었다. 그러나 여전히 인구의 문제는 여성에게 그 짐이 지어져 있다. 피임약은 보다 효과적이고 간편한 방법으로 임신을 억제하지만 여전히 여성의 문제이다. 남성 피임도 주장되지만 여전히 남성은 여기에 적극적이지 않다. 여성에게 집단의 재생산을 위한 기나긴 부담에서 결정적으로 해방시킨 것은 물론 피임약이다. 이것은 개체로서의 여성, 다시 말하면 여성의 자아발견을 가능케 한 커다란 진전이었으며 그런 점에서 자아발견의 새로운 기쁨을 맛본 여성은 '성의 자유'(sex free: free from sex)에서 '프리섹스'(free sex)로 나아가고 있다. 이것은 여성을 몸에서 해방시킨 것이다. 지금까지는 여성은 몸에 구속된 존재였다. 이것은 물론 재생산의 담당 때문이다. 여성의 몸의 해방은 인류사적으로 볼 때 인구와 권력의 확대재생산 과정에 일대 전환을 선언하는 반환점(turning -point)이다.

이는 물론 인구의 과잉과 과학의 발달과 물질의 풍요와 더불어 찾아온 것이다. 어쩌면 인간은 이제 성은 재생산의 도구로서만 사용하지 않아도 되게 된 셈이다. 이제 성은 식사처럼 만족되어야 하는 것이 되었다. 아마도 인간은, 특히 여성은 이제 이런 역사를 거꾸로 돌리려 하지 않을 것이다. 어쩌면 남성들의 권력확대 과정으로서의 인류의 역사는 종지부를 찍어야 할지도 모른다. 이제 도덕이나 법률로 여성의 성을 규제하려고 하면 실패할 것이고 더더욱 여성의 성을 관리함으로써 인구문제를 해결하려는 것은 꿈도 꿀 수 없을 것이다. 이것은 민중을 억압하고 착취하여 제국을 유지해 온 인류의 역사가 부정되는 것과 궤를 같이한다. 성의 문제에서는 이제 여성의 성을 만족시키는 것이 무엇보다도 중요하다. 여성은 남성의 성을 테스트하고 결혼을 하고 동거를 할 것이다. 이것은 지금까지의 권력의 확대재생산 과정(positive feedback)이 역전되어 반권력의 과정, 다시 말하면 권력의 축소재생산 과정(negative feedback)이 도래함을 의미한다. 한편 민중은 또한 권력자가 마음에 들지 않으면 쉽게 바꿀 수 있는 정치적 제도를 만들려고 할 것이다. 민중과 여성은 그런 점에서 공동운명체이다.

여성은 재생산보다는 생산에 더 참여하려고 하는 것이 현대의 주류(mainstream)이다. 이제 인구의 문제는 과거와는 판이하게 다른, 말하자면 인구감소가 아니면 고령화의 문제가 된다. 그러나 원천적으로 어느 정도의 인구를 유지하지 못하면 한 사회는 유지될 수 없다. 그래서 인구를 유지하려고 할 것이다. 또한 인구의 고령화가 문제가 된다고 해서 고령인구를 소위 고려장할 수는 없다. 권력의 문제와 휴머니즘의 문제가 충돌하고 있는 셈이다. 이런 갈등의 근저에는 권력의 확대재생산 과정이 문명의 차원에서 도전을 받고 있다. 이제 권력은 축소재생산 되어야 한다. 동시에 성은 자유로워야 한다. '권력의 억압은 최소화되어야 하고 성의 자유는 최대화되어야 한다', '개인적으로는 마음이 중요하지만 집단적으로는 몸이 더 중요하다.' 이러한 것의 근저를 더욱더 캐 보면 역시 '몸의 대반란'이라고 명명할 수 있다. 몸은 더 이상 다른 사람의 마음에 의해 구속될 수 없다. 몸은 스스로에 의해서 구속되고 따라서 몸과 마음은 하나가 된다. 인구론의 문제는 출발점은 식량의 문제이지만 크게는 도덕의 문제, 영혼의 문제에 이른다. 여성의 재생산과 사회적 생산은 크게 재조정을 받고 있다. 이 문제를 해결하는 대원칙으로 는 여성의 행복이 가장 중요하다. '무엇이 여성을 행복하게 하는가.' 물 론 이것도 자기 집단을 남의 집단의 침략과 정복으로부터 보호하고 유 지하는 조건 위에서 성립한다. 인류의 여러 크고 작은 집단의 공통과제 는 '안으로는 여성의 행복, 밖으로는 집단의 방어'이다.

토마스 맬서스(1766~1834)는 1798년에 발표한 '인구론(Essay on the Principle of Population)'에서 인구가 증가하는 속도가 빠르면 식량생산이 그를 따라잡지 못해 점점 차이가 벌어진다는 가설을 세웠다. 농업생산 이 단조증가 하는 동안, 인구는 25년 만에 두 배가 증가하였다. 맬더스 에 의하면 주장은 이렇다. 식량에 대한 수요는 공급을 앞지르고 식량가 격이 오르게 된다. 실질 소득은 그로 인해 최저 수준 밑으로 떨어지게 된다. 맬더스는 가난과 배고픔의 이유가 바로 이것 때문이라고 말했다. 그 당시 런던과 맨체스터 근교의 슬럼의 수는 계속해서 증가하고 있었 다. 30에서 40%에 이르는 영국 국민이 먹을 것이 없어서 고통을 받고 있었다. 먹을 것을 달라고 여기저기서 크고 작은 봉기가 끊이지 않았다.

캠브리지에서 대학을 마친 맬더스는 "인구는 병약하고 가난한 사람 들이 배고픔으로 죽어서 충분한 식량이 확보될 때까지 감소한다"고 신 에 의한 자연의 법칙을 설파하였다. 그렇지만 그렇게 단순하게 해결되 지는 않았다. 인구는 악조건에도 불구하고 기하급수적으로 늘어났다. 또한 식량난이라는 것도 농업국가에는 적용되었지만 산업국가에는 적 용되지 않았다. 제2차 세계대전이 끝난 이후 산업국가에서는 소득이 많 아졌고 그럼에도 인구는 점차 줄어드는 추세로 돌아섰다. 맬더스는 농 업 생산을 몇 배나 향상시킨 기술진보의 역동성을 너무 과소평가했던 것이다. 동시에 인구라는 것은 인간이 자연에 절대적으로 의존하는 것 이 아니라 나름대로 어떤 프로그램(계획)에 의해서 스스로 조정한다는 것을 알 수 있었다. 소득이 늘어나서 인구부양 능력이 높아져도 인구가 늘어나지 않았다는 것은 이를 증명한다.

그렇지만 수많은 저소득 국가에서 맬더스의 가설은 아직도 유효하고 있고 인구난의 해소는 그런 지역에서 아직도 요원할 실정이다. 맬더스는 피임과 교육이 인구난을 해소할 수 있는 수단이라고 강조했다. 맬더스는 교육수준의 향상이 출산율을 낮추는 데 큰 기여를 한다는 것을 정확히 인식했고 그 때문에 사회의 저소득층을 교육시키는 데 적극적이어야 한다고 주장하였다. 인구과잉으로 서 있을 자리까지 위협한다는 맬더스의 무시무시한 예언은 오늘날에도 그냥 웃어넘길 일이 아니다. 인류의 80%의 인구가 아직도 저소득 국가에 살고 있다. 그러한 경향은 계속 증가하고 있다. 인구문제는 산업국가에서도 소홀히 해서는 안 될 문제이다. 오늘날 그들의 복지와 안정은 간접적으로 위협받고 있다. 제3세계로부터 밀려드는 이주민의 물결 때문이다.

맬더스의 인구론은 인구조절 기능으로 기아와 질병, 전쟁을 부각시켰지만 국제간의 인구이동을 감안하지 않았다. 이에 더하여 이상하게도 소득이 낮은 나라는 인구가 기하급수적으로 증가하지만 소득이 높은 나라는 인구가 오히려 줄어드는 역현상에 대해서도 주목하지 않았다. 맬더스는 인구의 기하급수적인 증가가 빈곤과 저소득의 원인이라고 하지만 이상하게도 전쟁과 빈곤의 기간 중에 인구는 더 불어난다. 이것을 단순히 빈곤과 무지의 탓으로 돌릴 수 있는가. 오히려 저소득국가의 인구증가는 종의 영속에 대한 확률을 높이기 위한 인간 생물종의 무의식적(본능적)인 노력이 아닐까. 전쟁 중에는 사망자가 많이 생긴다. 그래서 오히려 젊은 인구를 생산하는 것으로 미래의 불안에 대처하는 것이다. 이상을 종합하면 종의 영속에 불안의 변수가 있으면 인구를 증가시키지만 그런 불안이 제거되면 인구가 줄어드는 것으로 설명할 수 있다.

현재 지구상의 인구문제를 해결하는 방안으로 저소득 – 전 산업국가와 고소득 – 산업국가 간의 인구이동이 크게 부각되고 있다. 이러한 인구이동은 일종의 인구의 고른 확산에 기여한다. 인구압력을 줄이기 위해서 저소득국가들은 산아제한, 피임 등의 방법을 쓰는 데 반해 오히려 고소득국가는 인구의 부양능력이 큰데도 불구하고 인구가 감소하고 있다. 오늘날 고소득국가의 독신자의 증가, 동성애의 증가, 심지어 자살찬양론이 등장하는 것을 인구압력의 탓이라고 할 수 없을 것이다. 인간의 삶은 매우 역설적이다. 인구도 매우 역설적이다. 오히려 인구의 증가라는 수적인 증가가 아니더라도 적은 인구를 유지시킬 보건·환경이라는 질적인 기술의 발달로 종의 영속에 대한 불안이 없어졌기 때문일 것이다. 또 인구압력을 받아서가 아니라 보다 자유롭고 행복한 삶을 영위하려는 것이 인간의 욕구이기 때문이다.

저소득국가에서 고소득국가로의 인구이동은 어쩌면 인종을 떠나서 호모사피엔스의 인구조절(인구압력의 해소)에 기여하고 있는 측면도 있다. 그러나 고소득 – 산업국가는 인구의 고령화라는 전에 없었던 새로운 문제에 직면하고 있다. 고령화는 언젠가는 생산성의 저하를 가져올 미래의 위기를 맞고 있다. 저소득국가는 계속해서 젊은 인구를 자국과 고소득국가에 보충하고 있다. 그러다가 고소득국가는 저소득국가에 사회의 주도권을 내놓아야 할지 모른다는 불안감을 가지고 있다. 소득이 높고 낮은 것, 원천적으로 소득이라는 것은 인간의 삶의 질에 관계되는 수단이지, 소득이 높다고 젊은 인구를 보장해 주는 것은 아니다. 결국 폭넓게 보면 인간이라는 개체군에서도 식량만 확보할 수 있으면 인구가 많은 인종(민족)이 인구가 적은 것을 지배하지 않을 수 없는 것이다.

그런 점에서 여성의 재생산(출산)은 앞으로 어떤 사회적 생산보다 더 가치 있는 것이 될 공산도 있다. 예컨대 저소득국가의 인구가 고소득국가로 이동해서 계속 기하급수적으로 인구를 늘려 간다면 결국 고소득국가의 인구점유율을 높일 것이고 그러면 결국 그들이 국가의 주인이 된다. 그런 점에서 인간의 문명이 아무리 복잡하고 정교하게 발전한다고 하여도 생물로서의 바탕인 인구를 저버릴 수는 없는 것이다. 적은 인구로도 한 사회를 지배할 수 있지만 그것이 오랫동안 인구의 수를 무시할 정도로 위력적인 것은 아니다. 인구라는 것은 때로는 부양의 부담을 주는 골칫거리지만 그것이 동시에 국가의 힘이 원천이 되고 특히 새로 태어나는 젊은 인구는 높은 생명력(바이털리티)으로 문화적 창조에 기여할 것이다.

전쟁은 많은 인명의 손실을 가져오지만 역시 전쟁 중에 새로 태어나는 인구의 증가로 전체인구가 늘어나게 할 뿐만 아니라 인구의 평균연령을 낮추고 미래의 생산성을 미리 준비하고 확보하는 지도 모른다. 인구가 힘이 되는 것이 아니라 젊은 인구가 힘이 되는 것이다. 생산성의 향상에는 젊은 인구의 확보가 관건이다. 젊은 인구를 확보하지 못한 고소득-고령화 국가보다는 젊은 인구를 확보한 저소득- 젊은 연령의 국가가 미래에 지배력의 경쟁에서 승리할 가능성이 높은 것이다. 고소득국가는 미증유의 고령인구의 위기에 직면하고 있다. 과거의 인구문제는 신생아 숫자를 조절하면 되는 것이었다. 그러면 저절로 노소의 균형도 잡히고 세대교체도 이루어지곤 하는 것이었다. 그런데 이제 전혀 다른 문제에 직면한 것이다. 이제 평균수명의 연장으로 새로 태어나는 숫자와 죽은 숫자가 자연스럽게 인구조절을 하는 것이 아니고 죽는 숫자가 크게 줄어든 것이다. 그런데 여자들은 아이를 낳지 않으려고 한다. 이것이 이중의 딜레마이다.

젊은 인구는 줄어드는데 늙은 인구는 많아지고 이는 한동안 인구의 절대수는 크게 줄어들지 않지만 어느 날 젊은 인구가 크게 부족하게 되고 결국 사회적 생산성과 창의성은 크게 후퇴하지 않을 수 없게 된다. 이게 바로 고령화 사회의 문제이다. 고령인구, 고령화 사회는 특정기간에 인구의 노소(老少)가 균형을 잃어버린 것을 말한다. 늙은 사람이 죽으면 어린아이가 태어나야 하는 자연의 위대한 순리를 어긴 결과이다. 이것은 이른바 문명의 이기주의(재생산을 게을리하고 자신의 평균수명만 연장한)에 대한 자연의 공격이다. 한 세대를 30년으로 잡으면 30년 내에 자연과 문명의 승부의 결판이 나는 문제이다. 젊은 인구가 부양하는 늙은 인구가 감당할 수 없을 정도로 늘어나면 분명 현대판 '고려장'이 생기지 않는다는 보장도 없다. 인간은 자연에 빨리 항복의 손을 들어야 한다. 고소득국가는 머지않아 인구장려책을 쓰지 않으면 안 될 것이다. 전쟁이나 기아가 아닌 풍요로 인한, 전혀 예상치 못했던 '인구의 고령'이라는 위기에 직면한 고소득국가는 분명히 저소득국가가 전쟁과 기아의 위기에서 인구를 증가한 것처럼 자신의 젊은 인구를 다시 증가시킬 것이다. 고소득국가는 저소득국가에서의 인구유입이라는 방법을 통해서 젊은 인구를 확보하는 미온적이고 소극적인 방법에만 머물지 않을 것이다.

고소득-산업국가는 과학기술의 힘에 의해 저소득-전산업국가에 비해 전쟁에서 승리할 가능성과 지배할 가능성이 높다. 호모사피엔스 사피엔스라는 인간이 지구상에 태어난 뒤 극복해야 할 대전제는 역시 식량확보와 이를 위한 전쟁이었는데 종의 영속이라는 생물의 본능에 따르다 보니 필요 이상의 인구증가가 되었고 이에 다른 인구집단과의 종 내부의 권력경쟁을 피할 수 없었고(이것이 제국주의의 역사이다) 이에 전쟁과 기아가 되풀이되는 악순환을 피할 수 없었다. 풍요와 평화는 바로 기아와 전쟁의 사이에 있는 것이고 주기적인 것이다. 만약 전쟁과 기아의 주기가 되돌아온다면 인간은 다시 종래의 전통을 부활시킬지도 모를 일이다. 인구는 이제 매우 역설적인 문제가 된 셈이다. 단순히 인구조절의 문제는 이제 젊은 인구의 확보라는 문제로 관심의 방향을 이동하였으며 저소득국가이든, 고소득국가이든 공통의 문제라는 것이 증명되었다. 역시 젊음(생명력)은 힘이고 권력이다. 이것은 생물 일반에 적용되는 재생산의 문제에 다름 아니다.

2. 고령인구 증가, 재생산 가치 높여

고소득－산업국가는 인구감소와 고령인구증가라는 특이한 현상을 표출하는 것과 함께 '생산으로서의 성'보다는 '쾌락으로서의 성'이 증가한다. '노인의 성' 문제와 '아이를 낳지 않는 여자의 성' 문제는 성을 더욱더 쾌락으로서의 성으로 나아가게 한다. 말하자면 출산이 적어지는 대신 남녀 간의 성의 선택과 교접은 증가하는 것인데 이는 물론 성의 자유 혹은 프리섹스, 이혼율의 증가, 독신자의 증가, 고령인구의 증가 등과 관련이 있다. 개인주의의 발달과 소득의 증대는 오히려 남녀 간의 성의 접촉을 더욱 빈번하게 하고 있고 성의 범람현상까지 일어나게 하고 있다. 과거 대가족시대 때는 생존의 집단적 전략으로 인한 개인의 희생이 강화된 반면 현재 핵가족시대 때는 풍요와 함께 집단적 전략은 줄어들고 개인적 성향(취미)에 따라 남녀접촉이 일어나고 있다. 여기에 물질만능과 역으로 '성의 권력화', '성의 권력모방', '성의 권력침투'가 일어나고 있다. 이것은 도덕과 쾌락의 균형 잡기에서 쾌락 쪽으로 중심이동을 한 것인데 참으로 사회질서의 확립이라는 측면에서 아슬아슬한 형편이다.

과거 집단적－대가족 시대 때는 집단 우위이던 것이 지금 개인적－핵가족 시대 때는 분명히 개인 우위이고 부부중심은 물론 부부간에도 인권존중, 사생활보호의 영역이 강화되고 있다. 고부간의 불화나 불임으로 인한 이혼이 점차 줄어들고 있고 오히려 부부간의 성격차이나 가정폭력, 의사불통 등으로 인한 이혼이 늘어나고 있다. 분명히 남성이 여성을 가정이라는 장소와 윤리라는 틀로 묶어 둠으로써 결국 남성들만의 자유와 외도를 지원하던(예컨대 일부일처제도 여성에게 일방적으로 강요된 것이었다) 과거와 달리 이제 남녀가 함께 성에 있어서 선택과 조합의 무대에 등장함으로써 훨씬 더 빈번한 혼외정사가 범람하고 있는 것이다. 과거에는 부도덕과 방탕한 것으로 치부되던 '섹시함'이 이제 덕목으로 자리 잡아 가고 있는 것이다. 현대의 특징을 여러 차원에서 말할 수 있겠지만 가장 두드러진 것은 여성의 '성의 해방'에서 찾을 수 있다. 여성의 성은 이제 '닫힌 성'이 아니라 '열려진 성'인 것이다.

인간 문명에서 성의 해방, 특히 여성의 성의 해방이 목표가 된다는 것은 참으로 씁쓸한 것이기도 하다. 여성의 성에서 출발한 인간이 여성의 성으로 돌아간다는 '자궁(고향)으로 돌아가는' 것은 뭔가 허탈한 감이 있다. 인간 문명의 거대한 사이클이 고작 태어난 원점으로 돌아가는 것이어야 한다는 데에 이르면 특히 여성보다 남성이 허탈감에 빠진다. 결국 문명의 핵심은 남성이 여성의 성을 억압한 궤적과 결과가 된다. 또 남성은 여성의 성을 억압함으로써 자신의 성도 억압한 피드백에 걸린 것이 되고 말이다. 양성(兩性)의 발생, 잡종강세, 외혼제, 가부장제, 제국의 탄생으로 이어지는 스트레스는 결국 여성의 성을 억압하는 장치, 기제였으니 그것을 해방하면 인류의 문명이 어떻게 될까. 여성의 자각과 함께 여성의 사회진출이 늘어나고 결국 여성이 아이를 생산하는 것에 만족하지 않게 되고 신생아는 줄어들게 된다.

이제 인간종은 여성에게 사생아일 경우라도 누구의 아이냐를 묻지 않고 낳아만 주면 '고맙습니다'라고 절을 하면서 국가가 신생아를 키워야 할 판이다. 여성의 성은 이제 자유로워지게 될 것이다. 더불어 남성의 성도 자유로워질 것이다. 종의 번식이라는 억압은 이제 전혀 생소한 방식과 방향으로 전환되지 않으면 안 된다. 이는 마치 모계사회의 방식이라고 할 것이다. 모계사회가 남성의 지위의 불안 — 결혼한 남성은 혈통은 어머니의 부족을 잇고 어머니의 지역에 거주하면서 동시에 아내를 만나고 아내의 후손을 이어 주기 위해 처갓집으로 왕래하여야 하는 이중적이고 불확실한 처지로 인해 특히 무사로서의 동원이 비효율적인 것에서 부족의 생존과 번영을 위해 부계사회로 변한 것과 정반대가 된다. 이제 인간은 아이를 얻기 위해 모계로 돌아가지 않으면 안 된다. 이를 위해서는 인간은 반드시 전쟁을 포기하고 평화와 화목으로 돌아가지 않으면 안 된다. 부계사회는 인간의 전쟁 – 다시 말하면 종과 종 간의 생존경쟁이 아니라 종 내부의 권력경쟁 때문에 형성된 것이기 때문이다.

최근 통계국의 조사에 의하면 우리나라의 가임여성(14~49세)의 출산율은 1.17명으로 몇 년 전만 해도 저출산국으로 이름이 높았던 서유럽을 앞질렀다. '남아선호사상'에 의한 성비불균형의 걱정이 엊그제였던 것 같은데 어느 새 남아든, 여아든 출산이 턱없이 부족한 지경이 되었다. 통계에 의하면 우리는 10년 뒤부터 본격적인 고령화 사회에 접어든다고 한다. 그런데 여기에 설상가상으로 출산율마저 이 지경이 된다면 아마도 인구문제는 이제 재앙으로 다가올 것임에 분명하다. '노인천국'이니 '복지천국'이니 아무리 떠들어 보았자 젊은이가 없는 우리나라는 '노인지옥'이 되고 말 것이다. 젊은이가 있을 때 사회는 생산과 재생산(출산)을 할 수 있고 계속 돌아갈 수 있는 것이다. 늙은이만 사는 사회가 뭐 대단히 행복할 것이며 무슨 희망이 있겠는가.

60년대만 해도 과잉인구가 큰 골칫거리였다. 무엇보다도 경제성장을 떨어뜨리는 주범이었고 우리를 못살고 가난한 나라로 머물게 하는 주범이었다. 그래서 온갖 가족계획정책이 동원되었다. '둘만 낳아 잘 기르자', '잘 키운 딸 하나 열 아들 부럽지 않다'라는 표어가 지금도 눈에 선하고 귀에 쟁쟁하다. '산아제한', '피임', '불임시술' 심지어 남성의 참여를 유도해 '정관절제수술'이니 하면서 그 지긋지긋한 예비군훈련마저 면제해 주던 일이 엊그제 같다. 그런데 어느 새 젊은 부부의 가정을 보면 집집마다 한 명의 자식을 가진 게 대부분이고 두 명을 가진 집은 참으로 보기 어렵다. 인구문제는 참으로 요지경이다. 많으면 많아서 탈이고 적으면 적어서 탈이다.

우리 부모님 세대만 하더라도 네댓 명의 자식을 갖는 것은 당연하였고 그래서 형제자매 간에 한방에서 복작대며 살아온 게 보통이었고 형(오빠)이나 누나(언니)가 동생 키우고 공부 가르쳐 주곤 하는 풍경은 예사였다. 그래서 제삿날이면 형님, 동생, 삼촌, 사촌, 이모, 고모 등 가까운 촌수들이 즐비하였다. 월 소득 1천 달러도 안 되는 가난한 시절, 자식은 주렁주렁 있었지만 '먹을 복은 하늘에서 타고나는 것'인지 그럭저럭 살았고 교육도 받았고 어엿한 성인이 되어 경제성장의 주역이 되었고 이제 소득 2만 달러의 시대를 외치고 있다. 그런데 왜 젊은이들은 아이를 마다할까.

'연애는 필수, 결혼은 아마도', '취업은 필수, 결혼은 선택'이라는 말을 젊은 여성들의 모임에서 자주 듣는다. 또 '자아발견'이라는 말도 쉽게 들을 수 있다. 이 세상 모든 딸들은 엄마 같은 삶을 살지 않겠다고 한다. 전국의 대학생 조사에서 아버지 같은 삶을 살겠다는 아들은 100명 가운데 40명이나 되었지만 엄마 같은 삶을 살겠다고 답한 딸은 100명 가운데 18명에 불과했다. 뿐만 아니라 어머니 같은 아내를 고르겠다는 아들은 100명 가운데 60명이나 되었지만 아버지 같은 남편을 고르겠다는 딸은 100명 가운데 30명이라는 사실도 흥미로웠다. 우리는 그동안 가정에서 어렵게 내조하면서 가사노동과 양육을 전담해 온 여성들의 사회적 생산성과 기여도에 대해서 심한 평가절하를 해 왔다. 과거 가부장제 사회에서 어머니가 맡은 역할과 이미지는 매우 부정적인 것으로 변해 버렸다. 이런 마당에 내일의 아이들을 낳을 여성은 누구고 키워 낼 여성은 누구인가.

  물론 여기엔 잘못된 여성운동의 탓도 있겠고 산업사회-핵가족 사회에 있어서 이기주의의 팽배도 변수가 되었을 것이지만 여기에 전적인 책임을 돌려서는 안 될 것 같다. 결혼은 선택-이 말은 합리적으로 생각하면 인구과잉의 시대에는 인구증가를 막기 위해서도 그럴 듯하다. 그런데 정작 인구가 많은 때는 결혼은 선택이라고 한 적이 없다. 인구가 모자라기 시작하는 때에 왜 이런 말이 나올까. 인구과잉의 시대에는 결혼을 하지 않으면 되레 할 일이 없고 사회에서 낙오하기 일쑤였다. 그런데 요즘은 결혼을 안 한 혹은 독신으로 지내는 젊은 남녀들을 두고 사회에서 낙오했다고 생각하지 않는다. 오히려 앞서가는 삶을 사는 듯한 착각마저 들게 한다.

  2003년 현재 자녀 한 명에 지불해야 하는 육아비는 82만 원 정도인데 이중 교육비가 30만원 6천원이다(보건사회연구원 자료). 맞벌이 부부의 경우 200만 원이 넘는 것도 부지기수이다. 여기에 아이가 둘일 경우 어떻게 살림을 꾸려 갈 수 있겠는가. 그뿐인가. 아이가 크면서 닥칠 통계에 잡히지 않는 사교육비를 생각하면 끔찍한 일이다. 사교육비는 150,200원에 달한다고 한다. 그러니 아예 출산을 포기하게 되는 것이다.

  비용을 구체적으로 뽑아 보자. 갓난아기는 한 달에 분유 4통, 60, 70개들이 기저귀 3, 4팩 그리고 매달 각종 예방접종, 쑥쑥 자라는 몸에 맞춰 옷과 이에 맞는 장난감, 아기 침대와 유모차 등 아이 용품 등 기초적인 것만 계산해도 한 달 육아비가 35만 원을 훌쩍 넘는다. 맞벌이 부부라면 어린이집이나 보모(베이비시터)도 필요하다. 어린이집은 제일 싼 공립시설의 경우 2세 미만이 24만 3,000원. 사립은 이보다 1.52배 비싸다. 보모 비용은 얼마나 들까? YWCA의 베이비시터는 오전 9시부터 오후 6시까지 9시간 동안 아이를 봐 주고 하루에 4만 원을 받는다. 한 달 월급 120만 원꼴이다. 퇴근이 늦은 맞벌이 엄마들이 6시 이후까지 맡기려면 시간당 5,000원씩 추가 수당을 내야 한다. 여기에 아이들이 유치원과 학교에 들어가면 교육비 부담이 크게 늘어난다. 보건사회연구원은 자녀 1인당 평균 양육비가 월 82만 5,000원으로, 이 중 교육비(30만 6,000원)가 가장 큰 비중을 차지한다고 밝혔다.

지금처럼 아이를 낳지 않는다면, 남한 인구는 2023년을 정점으로 점차 줄어들게 된다. 인구가 줄어드는 속도는 해가 갈수록 빨라져, 2100년의 총 인구수는 현재 인구의 절반인 2,310만 명에 그친다고 한다. 가장 왕성한 경제활동을 펼치는 25~49세 노동력 인구 역시, 2000년에는 전체 인구의 58.8% 수준이었으나 2030년엔 40% 선으로 곤두박질친다. 노동 인력의 고령화(高齡化)는 곧장 국내 경제의 활력을 떨어뜨리고 생산성을 낮추는 결과를 낳는다. 국가 노동력의 뼈대가 되는 젊은 세대들이 사라진다는 것이다. 15~24세의 젊은 노동력 인구는 2000년 769만 명에서, 2020년 587만 명으로, 2030년에는 487만 명으로 크게 줄어들게 된다.

불과 20년 후에는 인구 5명당 1명이 65세 이상의 노인 인구가 된다. 선진국에서 100~150년에 걸쳐 이루어지는 인구 고령화 추세가, 우리 사회에서는 불과 20여 년 만에 종료되는 셈이다. 우리나라는 20년 후 저출산(低出産)이 빚어낼 사회·경제적 부담 때문에 '생존' 자체에 큰 위협을 받을 전망이다. 실제 70대 여성의 경우는 6명의 자녀를 위해 약 40년을 소비한 반면, 50대 여성은 4명의 자녀를 위해 36년을 그리고 30~40대는 2명의 자녀를 위해 28년을 소비하는 것으로 나타나고 있다. 자녀의 절대수는 감소해도 자녀 한 명에게 투자하는 시간과 에너지는 오히려 증가하는 기현상이 나타나고 있는 것이다. GNP(국민총생산) 대비 사교육비 지출비율이 세계 1·2위를 다투는 현실이 자녀의 효용가치 감소를 부채질했음은 물론이다.

저출산의 문제에 가장 먼저 직면했던 프랑스는 어떤가. 프랑스는 가족수당을 지급하는 등의 적극적인 출산 장려정책으로 출산율을 높이는 데 성공한 대표적인 국가이다. 프랑스의 크리스티앙 자콥 가족 담당 장관은 내년부터 10억 유로(약 1조 3,000억 원)의 예산을 젊은 부부의 양육비 지원에 쓰겠다고 지난 4월 말 선언했다. 아이가 태어날 때부터 3살이 될 때까지의 양육비를 국가가 다양한 방법으로 지원하는 이 제도의 명칭은 '신생아 환영 수당'(PAJE)이다.

이에 따라 프랑스의 부모들은 아이 1명당 매달 160유로(20만 8,000원)를 지원받는다. 전국 가족의 80%가 이 혜택을 입게 된다. 출산 보너스로는 아이 1명당 800유로(104만 원)씩을 받는다. 또 아이를 키우기 위해 직장을 그만두는 엄마에겐 3년 동안 매달 340유로(44만 2,000원)를 사회보장 기금에서 지원한다. 직장을 계속 다니기로 한 경우, 3년 동안 아이를 돌볼 탁아소 보모에 대한 비용 중 일부를 지원받는다.

지스카르 데스탱 전(前) 프랑스 대통령은 "2세 출산을 책임질 수 없는 사회는 죄를 짓고 사는 사회"라고 말했다. '돈 때문에' 아이를 낳지 못하는 상황은 국가가 나서서 해결하겠다는 얘기다.

일본 도쿄에서 1년 반째 생활하고 있는 주부 김수인(32) 씨가 다섯 살 된 딸에게 쓰는 육아비용은 전체 생활비의 7%밖에 안 된다. 김씨 가족의 소득수준은 일본에서 중산층 수준. 집세를 포함해 매달 50만 엔(500만 원)을 쓴다. 하지만 그중 육아비는 보육시설료·영어학원비·각종 잡비를 다 합해도 3만 5,000엔(35만 원)이다. 우리나라 평균 양육비(82만 5,000원)의 절반에도 미치지 못한다.

육아비가 적게 드는 이유는 일본 후생성에서 보육시설 이용료를 모든 가정에 지원하기 때문이다. 후생성은 모든 가정을 소득에 따라 7개 계층으로 나눠, 각 가정의 사정에 맞게 보육시설 이용료를 보조해 준다. 이 때문에 김씨 가족은 중산층이면서도 매달 1만 4,200엔(14만 원)만 내고 보육시설을 이용할 수 있다.

우리나라에서는 그 반대로 대부분의 가정이 육아비를 전적으로 책임진다. 가계에서 차지하는 육아비 비중이 당연히 클 수밖에 없다. 총신대 강난혜(43) 아동학과 교수는 "저소득층은 국가에서 보육료를 지원받고 고소득층은 개인의 능력으로 감당할 수 있지만, 대다수의 중산층은 아무 지원도 받지 못해 아이를 하나만 낳아도 육아비로 허리가 휜다"고 했다.

여성부에 따르면 지난해 우리나라 아동의 보육시설 이용료 중 보호자 부담률은 74.6%였으며, 정부가 부담한 것은 25.4%에 그쳤다. 스웨덴(17%), 일본(46.6%), 미국(59%) 등과 비교하면 최고 4배 무겁다. 그나마 우리나라에서 보육시설을 이용하는 아동은 전체의 20%에도 미치지 못한다. 나머지 부모들은 육아비를 고스란히 떠맡고 있는 셈이다.

◆ 프랑스 조동희·최진영 유학생 부부 수기

우리 부부는 99년 12월 프랑스 남부의 작은 도시 브롱(Bron)에 왔다. 둘 다 유학생 신분인데다 부모님이 옆에 계신 것도 아니기에, 아이를 낳고 기른다는 것은 생각만 해도 부담스러운 일이었다.

하지만 2001년 가을, 나는 용감하게 임신을 했다. 막상 임신을 하고 나자 이전까지 느꼈던 불안감은 깨끗이 사라졌다. 프랑스 국가 전체가 나의 임신을 반기는 것 같았기 때문이다. 나는 우선 프랑스 정부가 발간하는 '엄마의 노트'라는 책자를 무료로 받았다. 거기에는 나의 임신 등록번호와 함께 앞으로 9개월 동안 몸관리를 어떻게 해야 하는지에 대한 자세한 설명이 적혀 있었다. 책자에는 '직장여성은 16주 동안 출산 휴가에 들어가며, 의사가 필요하다고 판단하면 2주간 휴가를 더 쓸 수 있다'는 등의 '임산부 권리'도 적혀 있었다.

배 속에서 세린이가 점점 자랄 무렵 나의 임신은 동네 전체의 일처럼 됐다. 낯선 사람들이 배부른 내 모습을 보며 미소를 지어 주고, 지하철에서는 10대들이 자리를 양보해 줬다. 슈퍼마켓에는 임신부를 위한 계산대가 따로 있어 오래 줄 서는 불편을 덜어줬다.

하지만 가장 놀라운 것은 프랑스 정부가 내게 주는 돈이었다. 나는 임신 5개월째부터 매달 160유로(약 20만 8,000원)씩을 지급받았다. 출산 때까지 산부인과 병원을 매달 찾았지만 진료비는 한 푼도 내지 않았다. 프랑스 사회보험기금에서 전액을 지불했기 때문이다.

프랑스에 와서 출산할 때까지 내 지갑에서 나간 돈은 병원에 등록했던 비용인 50유로(6만 5,000원) 외에는 한 푼도 없는 셈이다. 아이 예방접종은 물론이고 정기검진과 병이 났을 때 받는 진료와 약품비용도 전액을 보조받고 있다.

세린이가 태어난 이후에도 프랑스 정부는 내게 육아수당 명목으로 매달 160유로를 주고 있다. 유학생 신분인 덕분에, 딸 세린이는 매달 44유로(5만 7,000원)씩만 내고 공립 탁아소에 다닌다. 우리의 한 달 생활비는 1,000유로(130만 원). 그중 아이에게 우리가 쓰는 돈은 140~150유로(18~19만 원)에 불과하다. 만일 한국에서라면 나는 임신의 기쁨에 앞서 돈 걱정부터 했을 것이다.

제12장 성과 계급의 복합적 억압

1. 남성의 권력, 죽음의 대가

가부장제는 바로 부권사회이다(가부장제＝부권사회). 가부장사회가 대종을 이룬 뒤부터 인류는 가부장사회 간의 패권 혹은 지배경쟁에 나선다. 이 남남(男男) 간의 전쟁에서 승리하는 쪽은 패배하는 쪽의 남자를 노예로, 여자를 전리품으로 데려가거나 약탈하고 능멸하는 것이 다반사였다. 말하자면 패배하는 집단은 한마디로 인간 이하의 대접을 받으며 살아가야만 했다. 그래서 승리하는 쪽에 소속된 여자들은 풍요와 부유함으로 행복하게 지냈지만 반대로 패배하는 쪽에 소속된 여자들은 비참한 생활을 하지 않으면 안 되었다. 권력의 억압을 가장 많이 받는 부류가 패배 집단의 여성이었다. 가부장제 사회는 전쟁을 치르는 남자들이 권력을 가지고 있기 때문에 남자들이 결정을 하면 즉시 부족들이 다 따르게 되어 있다.

이에 비해 모계사회는 모권사회가 아니다(모계사회≠모권사회). 그보다는 모계사회는 보다 큰 권력관계의 필요성이 덜한 지역, 권력관계가 덜 성숙한 지역에 분포하는 가족제도이다. 권력경쟁의 와중에 들어간 대부분의 사회는 가부장제를 채택하고 있는데 이는 인간이 만물의 영장이 되면서 종과 종 간의 생존경쟁의 단계에서 인간 내부의 혹은 인간의 크고 작은 집단 간의 경쟁의 단계로 발전하는 것을 의미한다. 이것이 바로 권력경쟁이다. 권력경쟁은 인간만의 것이 아니라 영장류나 다른 동물에서도 보이는 것이긴 하지만 인간의 단계에서 더욱 발전한 것으로 보인다. 이는 인간의 개체군(인구)이 더욱 커진 때문으로 집단 구성원 사이에 질서를 유지해야 하고 그것을 강제할 필요성이 대두된 때문이다. 권력경쟁이란 다름 아닌 전쟁을 통한 정복과 지배를 말한다.

여기서 전쟁에 유리한 입장에 있는 존재가 인간 가운데서도 남자였다. 그래서 남녀 사이에도 역할분담이 생기게 되고 자연스럽게 전쟁을 수행하는 데 유리한 남자가 권력경쟁에서 우위에 서게 된다. 물론 남녀관계는 권력관계가 아니고 협력을 통한 재생산 관계이지만 그래도 나중에 권력관계가 개입하게 된다. 가부장제는 한마디로 남성이 여성을 지배하는 가족제도의 유형이다. 가부장제를 보면 성의 문제를 남성과 여성으로 보면 남성이 여성을 억압한 것으로 쉽게 결론이 나는데 이를 성과 권력의 문제로 지평을 넓혀서 확대하면 이러한 결론에 도달한다. 권력이란 '지배하는 자'와 '지배당하는 자'를 비롯하여 '먹는 자', '먹이는 자', '주체가 되는 자', '객체가 되는 자', '중심이 되는 자', '주변이 되는 자'로 표현되는 것을 말한다.

인종과 민족 혹은 계급 간에 성역할과 성차별이 가장 극명하게 샘플처럼 잘 나타나는 곳은 바로 다민족, 다인종국가이며 근본적으로 이민국가인 미국이다. 앞으로 이 장에서 이용되는 자료는 주로 미국에서 살아가고 있는 여성들의 삶을, 특히 70~80년대의 여성의 삶의 성격에 대한 남녀의 비교 혹은 인종 간의 비교를 실시함으로써 성과 계급의 복합적 현상을 잘 드러낸 마가렛 L. 앤더슨의 "성의 사회학"(1983)을 주로 이용하면서 논리전개를 한 것이다. 이 책은 남성이 권력을 잡는 데 따라 여성보다는 평균수명이 짧은, 다시 말하면 빨리 죽는 '죽음의 대가'를 치르고 있다고 말하고 있다. 이것은 매우 중요한 시사를 하고 있는데 권력이라는 것이 잡으면 좋지만 결코 인생에서 권력을 잡는 것이 인생의 전부는 아니라는 것을 말해 주고 있다.

가부장제 사회가 남성에게 반드시 유리한 것은 아니다. 인간의 생리현상의 하나인 수명에 있어서 남성은 여성보다 평균수명에 있어서 훨씬 낮다. 여자는 1980년 현재 76.3세이고 남자는 71.1세이다. 이는 여자보다 남자가 사고사를 당할 확률이 높고 자살율과 살인율도 높기 때문이다(Hess and Markson, 1980). 남자는 특히 전쟁에서 죽을 확률이 높다. 남자라 할지라도 야심적이고 외곬으로 빠지며 헌신하는 인성일수록 그렇지 않은 사람들보다 심장마비에 걸릴 확률이 높은 것으로 나타났다(Friedman and Rosenman, 1974). 사실 전통적으로 남성역할이라고 간주된 것들은 위험부담률이 높은 편이며 어떤 심리학자는 남성다움을 '치명적 역할(lethal role)'이라고까지 불렀다(Jourard, 1974).

인류사에서 전쟁은 남성에 의해서 치러졌으며 결국 남성들은 엄청난 위험을 감수해야 했다. 전쟁뿐만 아니라 사냥에서도 여전히 그렇고 사냥이 아닌 직업전선, 산업전선에서도 그렇다. 남자는 힘들고 어렵고 위험한 일을 맡는다. 여자는 전쟁에 나가지 않았으며 사냥에도 나가지 않았다. 여자에게 위험과 손해를 준 것은 바로 출산이었다. 그런데 바로 인간 삶의 가장 밑바닥에 여자의 출산이 있고(이것이 바로 종의 재생산을 담당한다) 그 여자의 출산을 위해서 남녀의 성 프로그램이 짜 있는 듯하다. 남자는 여자의 매력에 끌리도록 설계되어 있고 여자는 번식을 최대의 목표로 삼는다. 여자는 배란기에 더욱 광채를 발휘하게 설계되어 있다.

진화생물학자인 칼 그라머는 "남자가 출세에 집착하고 그로 인해 스트레스를 받는 것은 모두 여자가 원인제공을 하였기 때문이다"고 지적한다. "만약 남자에게 어떤 한 여자가 눈에 들어오면 그때부터 그의 머릿속 프로그램은 세탁기처럼 돌아간다. 가슴은 사정없이 뛰고, 그녀 앞에서 자신에 관한 얘기를 끝없이 늘어놓는다. 이에 비해 여자는 짝을 고를 때 매우 신중하게 행동한다. 특히 배란기일 때는 더욱 그렇다. 하지만 여자도 짝을 고를 결심을 하면 말솜씨가 눈에 띄게 좋아지며 지적인 능력 또한 최고조에 이른다. 여자는 반드시 잘생긴 남자를 고르는 것이 아니라 강하고 유복하며 뛰어난 남자를 고른다. 피상적으로 보면 남자에 의해서 지배되는 사회인 듯하지만 이런 사실만 보더라도 우리 사회의 모든 것은 여자들이 번식을 위하여 철저하게 짜낸 전략의 산물이다."

남자가 권력을 잡는 데는 그만큼 위험부담을 지불하는 것으로 나타났다. 남자 가운데는 이런 위험부담을 지지 않고 권력도 잡지 않으려는 사람도 있을 것이다. 생존경쟁에서 살아남는 것도 새로운 환경에 대한 도전과 적응을 통해 달성되는 것이지만 여전히 권력경쟁에서도 그러한 도전이 있어야 가능하다. 이를 통해 볼 때 여권의 신장과 남녀동등을 이루려면 바로 그것으로부터 권력이 나오는 분야에 종사하는 것이 중요하다. 예컨대 여성도 군대에 의무병이든 지원병이든 남성과 동등하게 가야 하며 위험한 일과 힘든 일에 종사하여야 하며 고부가가치를 생산하는 전문적인 일에 종사하여야 한다. 전통적으로 여성의 역할이라는 것을 만들어서 문화적 과장과 확대를 하는 바람에 여성이 손해를 본 것도 많았지만 그러한 것 때문에 보호를 받은 것도 적지 않았던 것이다.

여성의 평균수명이 높은 것은 여성이 남성보다 스트레스에 강하고, 신체적으로도 남성보다 우월한지도 모른다. 인류학적으로는 여성은 자신의 유전자가 잘 크고 있는지 확인하고 보호하기 위해 평균수명이 10년 정도 더 길다는 주장도 있다. 남자는 오히려 스트레스에 직접적으로 반응하고 이에 상처를 받기 쉽고 이 때문에 신체적 불안정성으로 인해 권력에 대한 욕구가 강할 수도 있을 것이다. 그러나 남녀 성역할 분담이 남자의 평균수명을 줄이는 데에 기여하였다는 것은 부정할 수 없는 사실이다. 가정이라는 것은 남녀 불평등과 차별의 장소이기도 하였지만 여성과 그 자녀들을 보호하는 장소이기도 하였다. 그런 점에서 여권신장은 단순히 여권을 신장한다는 소극적 의미가 아니라 넓게는 남녀의 역할재조정 혹은 남녀역할의 선택적 수용이라는 가능성으로 발전하여야 할 것이다. 이와 관련하여 가사노동에 대한 폄하와 생산성이 떨어진다는 잘못된 인식을 고쳐야 할 것이다. 오히려 가정 밖에서도 가사와 같은 일에 종사하는 인구가 그렇지 않은 인구보다 많다.

만약 가사와 관련된 일에 종사하는 여성이라면 이것은 자기보다 높은 계층의 전문직 여성이 가정 밖으로 나옴으로써 생기는 서비스의 공백을 대신하는 것이 되거나 똑같은 일을 하면서 다른 남자와의 접촉의 빈도를 늘임으로써 외도나 이혼율을 높이는 데에 기여할 수도 있다. 요컨대 '높은 계층이 낮은 계층의 성을 대상으로 삼는 경우'는 여성이 사회에 진출하는 수가 많아질수록 심해진다. 성희롱과 성폭력이 더욱 문제가 되는 것은 이 때문이다. 말하자면 이런 기회가 더 많아지고 남자든, 여자든 가해자나 피해자가 될 위험이 상존하고 있다. 물론 여성이 남성에게 가하는 성희롱이나 성폭력도 은밀하게 진행될 것이다. '남창' 운운하는 것이 이제 대수롭지 않은 단어가 되었으며 실지로 남자들의 권력경쟁에서 패한 남자들이 그것을 필요로 하는 여성에게 성을 제공하는 경우도 비일비재한 형편이다. 권력은 여성이든, 남성이든 상대성을 유희와 쾌락의 대상으로 삼고 싶은 것이다.

가사노동의 생산성은 현재 계수로 잘 나와 있지 않다. 그것은 계량화하는 데에 여러 한계가 있기 때문이다. 가사노동은 주로 정서적이고 출산과 육아와 교육에 있어서 노동에 대한 임금이라는 틀에서 계량화하기 힘든 무형·유형의 노동이 많기 때문이다. 아무래도 부모-자식, 부부간에 이루어지는 일과 봉사와 사랑과 심리적 안정을 기업에서처럼 계산할 수는 없을 것이다. 그래서 여성의 전문직에 비해 전업주부의 생산성은 적은 것으로 되기 쉽다. 말하자면 여성이 밖에 나가서 몇 푼 벌지도 못하면서 주부의 역할만 회피하는 결과가 되어서는 안 될 것이다. 이 말은 여성이 가사노동보다 생산성이 높은 직종에 들어갈 수 있을 때에 취직하라는 말이 될 우려가 있긴 하다.

남녀 성역할 구분은 문화화 과정(enculturation) 혹은 사회화 과정(socialization)의 산물이다. 그런데 이러한 과정이 신체적 특징을 과장 확대한 것은 사실이지만 산업화 이전의 사회에서 이 같은 구분이 생산성을 높이고 훨씬 환경에 적응적인 측면도 있었을 것이다. 오늘날 산업화 이후에 그것이 적응성과 합리성 면에서 좀 떨어지고 구태의연한 것이라고 해서 과거에도 그랬을 것이라고 단정하는 것은 곤란하다. 문제는 오늘날 우리는 성역할에 있어서 전면적으로 폐지할 것인가, 남녀 당사자들의 선택적 사항으로 남겨 둘 것인가의 문제이다. 모르긴 해도 현재는 여권신장을 위해서가 아니라 여성의 노동과 생산성 향상을 위해서도 여성에게 가사 이외의 직업을 주고 훈련을 시켜야 다른 국가와 경쟁할 수 있을 것이다. 오늘날 여성은 출산율의 감소 등으로 가정에서 할 일이 과거에 비하면 훨씬 줄어들었다. 전통적으로 가정에서 이루어지던 일들이 이제 죄다 사회에 나와 버렸다.

과거에는 양육과정에서 남아는 어릴 적부터 장난감에 있어서도 여아보다 '능력 개발을 조장'하여 잠재력을 훨씬 많이 개발할 수 있는 소지를 가지고 있는 것으로 조사됐다. 남아의 장난감은 융통성을 훨씬 많이 가진 것들로서 반응을 다양하게 얻어 낼 수 있고 즉흥적 놀이가 가능한 것이었다. 아동문학에서도 남자에 관한 내용이라든가 그들이 벌이는 모험이 주로 다루어져 있다(Weitzmann, et al., 1972). 여아는 놀이에 관여하는 데에 반해 남아는 게임에 열중하면서 상호 작용을 하고 있다. 놀이는 뚜렷한 목표가 없는 데에 반해 게임은 의도하는 목표나 궁극의 결과를 의식하는 내용을 뜻한다. 남아는 경쟁지향적인 내용에 가담하는 반면 여아는 좀 더 협동적인 면모를 보인다.

게임에 있어서도 여아는 줄넘기와 같은 반복적인 행위를 요구하는 게임을 즐기는 반면 남아는 좀 더 복잡한 규칙을 따르고 있는 게임을 한다. 여아는 관례지향적 놀이, 남아는 규칙지향적 놀이에 길들이게 하고 이는 남아가 '일반화된 타자'와 어울리는 법을 배우게 하는 반면 여아는 '특정한 타자'와 많이 어울리게 하는 경향을 가지고 있다. 이제 교육에 있어서도 남녀의 구별이 없어야 할 뿐 아니라 점점 더 사회 모든 분야에서 남녀를 똑같이 대우하여야 한다. 아무리 그렇다고 하더라도 남자가 아이를 낳게 할 수는 없고 여자가 힘든 근육운동을 요구하는 일에 종사하는 것을 드물 것이다. 그러나 의식적으로 그렇게 만들지는 말아야 한다.

여성이 의존적이고 감성적 자질이 풍부한 반면 남성은 독립적이고 공격적인 자질을 가졌는지의 여부에 대한 연구결과에 따르면 일관성을 엿볼 수 없었다(Maccoby and Jacklin, 1974). 그런데 여성적 속성으로 고정 관념화된 여러 자질들 - 남자에의 의존, 나약함, 학습된 무기력함 등 - 은 생존의 수단이나 살아가는 근거를 자기 스스로 해결하지 않으면 안 되는 소수집단의 여성의 경우에는 찾아볼 수 없었다.

흑인여성도 백인여성과 마찬가지로 일차적으로 여성의 역할을 사회화 과정을 통해서 내재화하지만(Carrington, 1980) 사춘기에 이른 흑인 소녀들은 또한 자급자족할 수 있는 자질을 사회화 과정을 통해 배운다. 교육과 취업에 대한 열망이라든가 직장을 여성의 일상적인 역할의 일부로 전제한다. 이는 백인 소녀들보다 훨씬 독립적인 자질을 발휘하도록 양육된다(Ladner, 1971). 또한 사춘기에 이른 흑인 청년들은 결혼을 했을 경우 평등한 역할을 기대하고 있으며(Rooks and King, 1973) 흑인 남편들이 기혼 부인의 취업을 더 허용하고 있음이 밝혀졌다(Axelson, 1970).

이 같은 결과는 흑인들이 백인들에 비해 성역할이나 남녀차별에 대해 덜한 것으로 볼 수 있는 자료도 될 수 있지만 실은 인종 간에, 계급 간에 성역할과 성차별이 복합적으로 나타나는 것으로 볼 수도 있다. 말하자면 지배적인 인종과 집단, 상류계급으로 갈수록 가부장권이 높아지고 반대로 피지배적인 인종과 집단, 하류계급으로 갈수록 가부장권이 낮아진다는 사실이다. 이는 사회 전체로 볼 때 가정에서 여성의 역할로 규정된 것이 산업사회－복합사회로 갈수록 더욱더 요구되고 따라서 이러한 인력을 하류계급에서 충당한다는 것이다. 이는 쉽게 말하면 높은 계급의 남성이 낮은 계급의 여성을 사회로 불러내며 그들 여성들은 대체로 남성 간의 경쟁에서 성공한 남자(아버지와 남편)를 갖지 못해서 결국 자신들이 사회에서 노동을 하고 돈을 벌어 와야 하는 형편에 있게 된 경우이다. 이것은 안팎이 맞아떨어진 격이다.

여성이 취업전선에 나오게 된 일반적인 동기로서 일상적인 무료를 탈피하기 위해서라든가, 자아발견을 위해서라고 흔히 알려져 있다. 이러한 일반론이 소수의 취업 여성 － 예컨대 상류계층의 여성 － 에게는 될지 몰라도 대다수 취업여성은 경제적 필요성 때문에 취업하게 된다. 다시 말하면 노동시장에 참여하는 여성의 40.3%는 미혼녀, 이혼녀 혹은 배우자가 사망한 미망인이며 취업여성의 다수가 기혼여성이긴 하지만 이들 취업 기혼여성의 45%(1972년 자료)가 연봉 만 달러(1,200만 원) 미만의 저소득 수준을 나타내는 남자와 결혼한 여성들이다(Schlozmann, 1979; U.S. Department of Commerce, Statistical Abstracts of the United States, 1980).

취업동기에 대한 여론조사에 의하면 미국의 취업 여성 중 14%만이 무언가 재미난 일을 하기 위해서 취업을 하게 되었다고 한다. 다시 말하면 대다수 여성들은 자신 또는 가족에게 필요한 돈을 벌기 위해 취업하고 있다(Roper Organization, 1980). 이러한 결론은 여자가 세대주가 되는 가구의 비율이 높은 현실은 고려해 볼 때에 더욱 분명해진다. 여세대주 가구는 현재(1981년) 전 미국 가구의 6분의 1을 차지했다.

이와 함께 흑인 혹은 소수집단의 여성이 백인 여성보다 취업할 가능성이 높다. 1980년의 경우 20세 이상의 여성 중에서 흑인 여성의 노동시장 참여율은 50.9%이고 백인 여성의 경우는 50.8%였다. 노동시장 참여율에 나타나는 차이는 특히 최대 가임기 연령층(25세부터 34세까지)에 해당하는 취업 여성층에서 두드러지게 발견되었다. 이 연령층의 경우 백인 여성의 취업률은 56%인 데 비해 소수집단의 경우는 65%나 되었다(U.S. Department of Labor, 1977). 취업여성의 직종 분포를 보면 대다수 여성은 저임금 및 낮은 지위로 특징되는 성분절된 직종에 종사하고 있음을 알 수 있다.

2. 핑크칼라 계층의 등장

그들 여성은 대체로 전문직이라고 하여도 학교교사, 단순사무직, 간호직 등이었으며 기타 웨이트리스, 미용사, 서비스직 등 흔히 핑크칼라라고 하는 직업군에 속하는 게 많았다(Howe, 1977). 핑크칼라 계층이 갖는 직업은 여성의 새로운 전문직 참여나 여권신장이라기보다는 전통적으로 가사노동에 속하는 일이 밖으로 나온 것에 불과하다는 해석도 가능하다. 산업화와 더불어 가사노동은 점점 줄어들고 가정 안에서 이루어지던 많은 일들이 이제 가정 밖에서 이루어지고 그로 인해 사회는 종래 가사과 비슷한 일을 맡는 서비스를 필요로 한다. 이것이 바로 단순서비스에 속하는 여러 가지 일이다. 여성에게도 고부가가치의 일들이 맡겨질 때 진정한 여권신장, 남녀평등이 실현되는 것일 것이다.

말하자면 단순노동에 가까운 서비스를 특징으로 하는, 전통적으로 화이트칼라, 블루칼라라는 구분은 남성취업자에게 더 적절한 것이다. 유색인 취업 여성이 겪는 경험은 이중고난의 상징이다. 인종과 성이라는 이중의 장애물을 극복하여야 하기 때문이다. 백인 여성에 비해 볼 때 유색인종 출신의 취업여성은 서비스직과 블루칼라직에 종사할 가능성이 높은 것이다. 사실 이들은 가장주부로 가정에만 온전히 남아 있기란 불가능하다. 백인 중산층 가정주부와 연관된 자질, 즉 '여성적인 나약함과 아내로서의 순종성'의 특권을 누릴 수가 없었다(Davis, 1981). 이들은 생존을 위한 취업의 필요성 때문에 백인 중산층 가정주부에게서 발견되는 소외감이라는 심리적 장애와는 거리가 멀다. 그 결과 흑인여성들은 취업에 대해 비여성적인 자질로 간주하지 않는다. 이에 더하여 서비스직에 종사하는 여성 중 10명당 7명꼴로 시간제로 근무하고 있는 것으로 나타났다(Baker, 1978). 상용직을 얻을 수 없기 때문이 아니면 가사 책임의 이유다. 시간제 근무자들은 건강보험, 퇴직수당 등에서의 불이익과 훈련 및 승진에서도 기회를 박탈당한다.

전문직 여성의 경우도 '여성이 가족생활의 일차적 책임자'라는 고정관념 때문에 훈련 및 승진 등에서 불이익을 받는다. 여성의 전문직이라고 할 수 있는 비서직과 간호직은 남성 상사의 권위에 복종하여야 하는데 여성은 전문직이라고 할지라도 사회관계 속에서 인간관계를 형성해야 하는 분야에 근무하게 된다. 미국 전체 사무직 종사자의 75%를 여성이 차지하고 있다. 머지않아 이 비율은 90%에 육박할 것이라고 전문가들은 예견하고 있다(Olesen and Katsuranis, 1978). 지난 1세기 동안 사무직 종사자들의 수는 급격히 증가했지만 사무직의 권위는 하락했다. 상용 남성직 사무직의 경우 주급은 331달러인 반면 여성은 214달러였다(1981년 1/4분기). 비서직의 상대적 지위는 상사의 지위에 따라 좌우되며 상사의 권력이 비서 자신의 권력 정도마저 결정한다. 비서들이 가장 분노하는 것은 상사의 개인적 업무를 수행할 때라고 한다. 반대로 상사들은 비서들이 정서적 친밀감이라든가 염려 또는 애정의 표현 등과 같이 비물질적 보상을 자신에게 주었을 때라고 한다(Kanter, 1977).

블루칼라직(생산직)에 종사하는 여성노동자는 안정성, 고임금, 좋은 직업환경, 빠른 승진기회, 법적 보장된 직종(1차 노동시장)보다는 저임금, 후생복지시설의 부재, 열악한 환경, 고이직율, 임의적인 감독을 받는 직종(2차 노동시장)에 많이 고용되고 있다(Doeringer and Piore, 1971). 전반적으로 산업사회화되면서 가사노동에 대한 부가가치는 점점 줄어들었다. 이에 여성이 가정 밖에서 구하는 일 가운데서도 가사노동직이 최저임금을 받는 곳으로 드러났다(Katzman, 1978). 또 농가직과 이동농가직의 경우도 가사노동직과 비슷한 수준이었다.

가부장제가 가장 강력하거나 확실하게 유지되는 곳은 상류계층이며 상류계층이란 남자들 간에 권력경쟁에서 승리한 자들이 소속된 계층이다. 여성운동도 실은 상류계층 출신의 고학력 여성들이 자기의 집에서 즐기던 권력을 결혼으로 인해 박탈당하거나 독립으로 인해 사회에 진출하게 됨에 따라 받게 되는 불평등과 부당한 대우에 대해 반항을 함으로써 비롯되는 경향이 농후하다. 그래서 실은 여권신장이 여성 전체에 대해서 권익을 높이는 데에 기여도 하지만 우선 상류계층 출신의 고학력 여성의 권익을 우선 보호하게 된다. 이것을 남녀차별의 관점에서 보지 않고 계층의 관점에서 보면 계층차별을 강화하는 측면도 없지 않다. 상류계층의 여성은 중산층의 남성들이 진출하는 업종에서 경쟁하는 관계로 상류계층을 강화하는 측면도 없지 않다.

결론적으로 말하면 가부장제는 상류계층에서는 여전히 존속되며 - 이는 상류계층의 남자는 자신의 여자(아내와 딸)를 남에게 서비스하는 직종에 내보내지 않으면서 자신은 남(다른 계층의 남자)의 여자(처녀와 유부녀)를 자신을 위한 서비스 직종에 고용한다. 이는 높은 계층의 남성이 낮은 계층 여성의 서비스를 받는 메커니즘이 된다. 이와 같은 일은 하류계층에서 가부장제의 약화로 나타난다. 이 같은 가부장제의 약화는 이들 계층에 속하는 여성들로 하여금 사회에 당연히 진출하는 사고방식과 함께 취업의 기회를 높이는 것으로 기능한다. 이 같은 현상은 산업사회와 더불어 가사노동을 가정 밖으로 내놓은 이동효과로 볼 수 있는데 이들 하류계층의 여성들의 진출은 생계형이라고 할 수 있다.

다시 말하면 이는 가정 안에서 이루어지던 성역할 분담이 가정 밖인 사회로 나와 변형되고 굴절된 형태로 자리 잡아 가는 형국이다. 상류계층의 남자는 하류계층의 여성의 서비스를 받고 상류계층의 여성들은 하류계층의 남성들을 고용하거나 부하로 부리는 현상이 일어난다. 상류계층 출신의 고학력 여성의 부가가치가 높은 전문직 진출은 상류계층의 계급유지에 오히려 기여한다고 볼 수 있다. 특히 결혼에 있어서의 계급유지적 보수성을 고려하면 결국 계급차별을 더욱 강화하는 측면이 없지 않다.

이러한 점에서 여권이 신장되는 것이 상류계층 여성의 전문직 진출을 돕는 것으로 그쳐서는 안 될 것이다. 위에서 예를 든 이중노동시장은 성별 직종 분절이 남녀 간에 발견되는 소득격차를 설명할 수 있는 주요 변인으로 설정하고 있으며 노동자의 질이 아니고 어느 직종에 근무하는가가 임금 차이를 보다 잘 설명해 주는 자료이다(Beck, Horan, and Tolbert, 1978). 상류층의 여성은 중산층의 남성과 경쟁을 한다. 이 같은 사실은 같은 여성이라도 남성과 여성이 함께 근무하는 직종에 고용된 여성이 동일한 분야라 할지라도 여성만을 고용하는 직종에 종사하고 있는 여성의 수입보다 높은 현실에서 알 수 있다(McNulty, 1967).

남자 부재 가정으로서 여세대주 가족에 흔히 발생하고 있는 빈곤의 문제는 아직도 가부장제가 얼마나 뿌리 깊고 철저한가를 증명해 준다. 1980년 현재 전체 가족 가운데 중산층의 가족소득은 2만 1,023달러였는데 남자 부재 가정으로서 여세대주 가구인 경우 백인은 1만 1,908달러였고 흑인은 7,425달러였다. 여자 부재 가정의 남세대주 가구인 경우 백인은 1만 8,731달러, 흑인은 1만 2,557달러였다. 가장 풍요한 가족의 경우는 남편과 아내가 맞벌이하는 백인가족의 경우였다. 백인 여세대주 가족의 25.7%가 빈곤가족인 데 비해 흑인 여세대주 가족의 49.4%가 이에 해당한다(U.S. Department of Commerce, 1981).

가사노동의 가치를 산정연구법에 의해 평가한 결과 연 1만 3천 달러(1,560만 원)로 나왔다(Malbin－Glazer, 1976). 물론 가사노동에 남편과 아이들도 참여하고 있다. 주부가 주당 평균 57시간, 남편이 11시간, 아이들도 11시간을 소비한다고 한다(Walkre, 1970). 생후 1년 미만의 신생아를 둘 경우 주부가 주당 70시간을 소모하며 그중 30시간을 자녀양육에 쓴다고 한다. 결론적으로 "남편들은 자신들이 실제 참여하고 있는 것보다 더 적극적으로 가사노동을 거들어야 한다."(Hartmann, 1981)

가사노동의 진보라는 측면과 비교문화적 연구결과에 의하면 여성이 반드시 가정 위주의 역할을 담당할 필요가 없음이 입증되었다. 여러 다양한 사회에서, 심지어 여성이 출산 및 양육에 종사해야 하는 곳에서조차 자녀 양육에서 여성들의 역할은 공식적인 경제구조에서 기대되는 역할과 조화될 수 있었다(Friedle, 1975: Malbin－Glazer, 1976).

인류학적인 증거에 의하면 남녀가 모두 사회의 복리 증진에 직접 참여하여 유급직 부분과 가사 부분 간의 구조적인 양분이 없고, 결정을 내린 자들이 그 결정을 직접 수행하고 있는 사회에서 여성들이 훨씬 더 평등한 역할을 담당하고 있음이 밝혀졌다(Leacock, 1978).

다시 말하면 상류계층의 여성이 전문직을 가지는 것은 여권신장이 될 수도 있지만, 이것은 부부중심으로 볼 때 오히려 계급(계층) 고착을 더 강화하는 요인이 되기도 한다. 말하자면 여성운동이나 노동운동이라는 것이 간혹 상류사회 여성의 권력경쟁 혹은 노동귀족(노조지도부)

의 권력경쟁의 도구로 기능하는 측면이 있음을 말한다. 실질적으로 보호를 받아야 하는 측은 운동을 할 여유와 의식도 없을 수 있다. 이런 것을 두고 운동이 권력투쟁의 도구로 사용되는 것이다. 하류계층의 여성이 직업을 갖는 것은 여권신장이라기보다는 생활전선에 뛰어드는 것이다. 말하자면 하류계층의 여성은 집안에 제공하는 서비스를 포기하고서라도 자신의 서비스를 가정 밖에서 제공하는 기회로서 직업을 가져야만 생계유지가 가능한 것이다.

이것은 흔히 여성의 가사 외의 직업을 갖는 것이 쉽게 여권의 신장, 자아발견으로 해석하고 단정하는 것을 유보해야 함을 암시한다. 무엇보다도 우리는 여성의 가사노동에 대한 참된 가치를 잊어버리고 있다. 또한 가사노동의 생산성이나 아직 밝혀지지 않은 기능 - 예컨대 가족, 특히 어린이의 정서안정이나 사랑과 행복의 증진 등에 대한 긍정적 기능에 대해 관심을 가지고 있지 않다. 여성의 사회진출은 여권신장이라는 관점보다는 인구증가와 핵가족화에 따른 여성의 생산성 확대를 도모하여야만 하는 산업사회의 필요성에 적응하는 것으로 파악하여야 한다.

워런 패럴은 "역사상 가장 많은 특권을 향유한 그룹은 미국의 중산층 백인 여성"이라고 말한다. 그녀들은 남편과 국가로부터 재정적 지원을 받고, 섹스와 임신뿐 아니라 자녀양육권까지 지닌 채 남부럽지 않게 삶을 향유하고 있다는 것이다. 가부장제의 사회, 가부장제의 문명 아래서는 결론적으로 어떠한 여권운동이나 여권신장보다도 훌륭한 남편과 훌륭한 국가를 만나는 것이 여성으로서는 최대의 행운이고 행복의 지름길이다. 그러나 이러한 행운을 잡은 여성은 극소수에 불과하다. 그 이유는 간단하다. 지배국은 적고 피지배국은 많으며 잘사는 남성은 적고 못사는 남성은 많기 때문이다. 이것이 바로 생태계의 먹이사슬에서부터 다져진 먹이삼각형의 변형인 권력의 삼각형이다. 세상이 아무리 부유하게 되어도 부자와 가난뱅이는 있는 법이다. 이것은 주식시장이 아무리 호황이라도 따는 자와 잃는 자가 있는 것과 같다. 이는 부유와 호황의 문제가 아니라 언제나 권력의 게임의 법칙은 이와 상관없이 존재하기 때문이다.

3. 상류층이 하류층의 성을 억압

우리는 여기서 권력을(권위를 포괄하는) 상대를 다스리는 힘이라고 규정해 보자. 또 성을 섹스에 한정하기보다는 생명력이라고 그 폭을 넓혀 보자. 그렇게 보면 인생이란 생명력을 팔아서 권력을 사는 과정이라고 볼 수 있다. 아니면 생명력과 권력의 교환이라고 할 수 있을 것이다. 권력은 항상 성을 노예화 혹은 독점하려고 한다. 성은 반대로 그 권력의 진실 여부를 발견하려고 애쓰는 것인지도 모른다. 권력과 성은 서로 보완관계에 있기도 하지만 교환관계에 있다고 하는 편이 옳은 것 같다. 종의 영속이 권력의 목표이고 권력의 쟁취가 성의 자유이다. 만약 그렇다면 권력이란 인간에 이르러 성(性)이 변종된 것이다. 권력과 성은 그러한 점에서 참으로 닮은꼴이다. 권력과 성을 복합적으로 또한 계급적으로 교환의 메커니즘으로 본다면 다음과 같은 결론에 도달한다.

1) 인간 집단 내부의 권력관계는 남녀의 성관계의 메커니즘을 형성한다. 권력은 성을 지배하는데 높은 계급의 성이 낮은 계급의 성을 지배한다. 여기에 인종, 성, 계급이 서로 상호 가역적으로 피드백 작용을 한다.

2) 권력을 가진 남자가 권력을 가지지 못한 남자에게 속한 여자의 성을 구속하고 서비스를 받는다(노예화). 이것의 극단적인 유형이 여창이다.

3) 권력을 가진 여자와 권력을 가진 남자에게 속한 여자가 권력을 가지지 못한 남자의 성을 구속하고 노예화한다. 중년 여자가 출세하고자 하는 젊은 남자의 파트론이 된다. 중세에 귀족부인과 젊은 음악가의 사

랑은 대표적인 것이다.

4) 한 사회에서 상류층은 고도의 화이트칼라(CEO 혹은 전문직) 종사를 제외하고는 여성을 사회에 내보내지 않는다. 최상층 5%(10%)는 어떤 사회에서도 자신에게 속한 여성의 서비스를 가정 밖에 제공하지 않아도 되고 극빈층 5%(10%)는 살기 위해서 자신에게 속한 여성을 단순노동으로 사회에 참여시키고 있다. 이는 여권신장이 아니라 오히려 여성에 대한 억압이며 폭넓은 중산층 여성의 사회참여도 소위 핑크칼라 계급에 머물 경우 이는 여권신장에 별 의미가 없다.

5) 권력을 가진 모든 남자는 가급적이면 많은 여자에게 자신의 씨를 뿌리려고 한다. 남자는 종족을 번식시킬 의무를 수행하기 위하여 아름답고 부덕이 있는 여자만을 요구하지 않기 때문이다. 높은 계층의 소수 남성들이 낮은 계층의 다수 남성들에게 오쟁이를 지게 만드는 일은 역사적으로, 비교문화적으로 흔한 일이다.

6) 여자는 좋은 유전자를 가진 아이를 낳기 위해 훌륭하고 건장한 남자의 씨를 얻어야 하는 어려운 기회를 포착하여야 한다. 그러기 위하여 여러 남자를 사귀고 테스트할 필요가 있다. 그러나 가부장사회는 여자에게 기회를 많이 주지 않는다. 여자는 좋은 유전자를 얻기 위해 혼외 정사도 마다하지 않는다.

7) 결론적으로 권력은 성(性)의 변형이며 따라서 권력의 메커니즘은 성의 메커니즘과 유사성을 가진다. 성(性)은 또한 생태적(生態的) 환경의 산물이다. 그런 점에서 먹이삼각형은 권력구조의 조형이다. 메커니즘이 유사한 권력과 성은 서로 경쟁하고 충돌한다. 다시 말하면 물고 물리는 관계에 있으며 나선형적으로 공진화(共進化)하였을 것이다.

4. 가부장제의 역사적 전개

여기서 가부장제 연구에 큰 성과를 보이고 있는 미국의 사회학자 거다 러너(Gerda Lerner)는 "가부장제의 창조"(1986)에서 열 가지의 명제를 제안하고 있다. 그 명제를 잠깐 소개하면 다음과 같다(Gerda Lerner, 1986, "The Creation of Patriarchy", 강세영, 2004, "가부장제의 창조", pp.23－24, 서울: 도서출판 당대).

① 여성의 성적 능력과 재생산능력에 대한 남성의 전유는 사유재산과 계급사회 형성 이전에 일어났다.

② 고대국가는 가부장제의 형태로 조직되었고 국가는 가부장적 가족의 유지에 본질적인 이해관계를 가지고 있다.

③ 남성은 이전에 자기 집단의 여성을 지배해 봄으로써 다른 사람들에 대한 지배와 위계를 제도화하는 것을 배웠다. 즉 정복당한 집단의 여성을 노예로 만들면서 시작된 노예제의 제도화에서 표출되었다.

④ 여성의 성적 종속은 가장 오래된 법률조문에 제도화되었고 국가는 권력을 다해 이를 시행하였다. 순종적이고 의존적인 상위계급 여성에게 부여된 계급적 특전과 '존중받을 만한 여성(한 남자에게 귀속된)'과 '존중받지 못할 여성(한 남성에게 귀속되지 않거나 혹은 모든 남성에게 제공되는)'으로 여성을 구분했다.

⑤ 남성에게 계급은 생산수단을 소유하는 것으로 되고 여성은 물질적 자원에 접근하는 것이 남성에 대한 그들의 성적인 유대를 통해 매개된다.

⑥ 여성이 남성에게 종속된 뒤에도 여성의 형이상학적인 힘, 특히 생명을 부여하는 힘은 강력한 여신의 형태로 남녀 모두로부터 숭배되었다.

⑦ 여신에 대한 폐위와 지배적인 남신(男神)으로의 대체는 근동지방에서 일어났으며 이에 따른 출산력의 통제도 신 혹은 신왕(God－King),

여신(Goddess) 혹은 여사제의 짝짓기로 상징화된다. 이는 여신(Mother-Goddess)은 주요 남신의 부인 혹은 배우자로 변형된다. 결국 여성은 신의 세계에서도 배우자로 밀려나게 된다.

⑧ 다산 여신(fertility goddesses)에 대한 의례는 주님(Lord) 혹은 왕(King)이라는 남신에 의해 공격대상이 되고 생식 이외의 목적을 가진 여성의 섹슈얼리티는 죄나 악으로 연결된다. 성경의 창세기에 잘 나타나 있다.

⑨ 신과 인간에 대한 기초적 상징과 실제 계약은 약속의 공동체에서 여성의 종속적 위치와 여성배제를 기정사실로 간주한다. 성스러운 공동체에서 여성의 유일한 접근통로는 어머니로서의 기능에 있다.

⑩ 신성과의 관계에서 여성에 대한 상징적 평가절하는 서구문명의 초석이 되는 은유 중 하나가 되었다. 여성은 미완성의 훼손된 인간으로 남성과는 완전히 다른 존재이다.

이상의 명제는 사유재산제도의 등장 이전에 이미 '성의 사적 소유'(특히 여성의 성에 대한 남성의 사적 소유)가 있었다는 것을 말하고 있고 그 이전에, 훨씬 멀리 이전에, 인간에 이르러 '성의 자유의 확대'와 '쾌락으로서의 섹스'가 가능하게 된 진화론적인 과정에 의해 뒷받침된다. '성의 자유의 확대'야말로 인간이 추구하는 모든 자유와 창조 그리고 권력의 확대재생산과 방향이 일치한다. 결국 권력관계, 가부장제라는 것이 남녀에게서 출발하여 사회로 확대되고 전쟁의 전리품인 여성 노예에 의해서 확실하게 제도화되는 계기를 맞게 되고 나아가서 재생산(출산)과 관계되는 것에서도 남성(남신)권력이 관여하게 됨으로써 여성(여신)을 종속화시켜 여성을 오직 어머니로 존재케 하는 것으로 발전한 인류의 역사를 말해 준다.

위의 ④항을 눈여겨볼 만하다. "순종적이고 의존적인 상위계급 여성에게 부여된 계급적 특전과 '존중받을 만한 여성'(한 남자에게 귀속된)

과 '존중받지 못할 여성'(한 남성에게 귀속되지 않거나 혹은 모든 남성에게 제공되는)" 이 조항은 모든 가부장제 사회에 공통되는 남녀관계의 불변의 법칙이다. 쉽게 말하면 여성은 훌륭한(권력 있는, 능력 있는, 자원이 있는) 남자를 만나는 것이 행복의 첩경이고 유일한 길이다. 이 때문에 신데렐라콤플렉스의 이야기는 가부장제가 존속하는 한 영원할 것이다.

남성과 여성 가운데 누가 주체가 되고 누가 객체가 되느냐, 누가 독립변수가 되고 누가 종속변수가 되느냐에 따라 입장은 정반대가 된다. 여성은 한마디로 가부장제의 등장과 함께 남성의 대상화가 되었다. 대상화가 된다는 것은 주로 선택당한다는 뜻이 된다. 물론 여자도 선택의 주체가 된다. 그것은 드물고 은밀한 것에 지나지 않는다. 대상화가 된다는 것은 극단적으로 사물이 된다는 것이다. 사물이라는 것은 남의 의지에 의해 움직이는 것이다. 여성의 성의 매매는 그 대표적인 것이다. 이것이 창녀이다.

가부장사회는 불가피하게 구조적으로 창녀라는 특수한 집단을 생산해 낸다. 진화생물학과 진화심리학은 이를 잘 설명해 준다. 수백만 개의 정자를 생산하는 남자와 기껏해야 평생 4백여 개의 난자를 생산하는 여자는 번식과 짝짓기에서도 다를 수밖에 없다. 남자는 성적 욕망을 충족시키지 않으면 안 된다. 남자는 성적 다양성을 필요로 한다. 남자에게는 쿨리지 효과(Coolidge effect)라는 게 있다. 쿨리지 효과는 수컷이 새로운 암컷을 접하면 다시 흥분되는 현상이다.

남성은 일시적인 짝짓기를 추구한다. 남성은 섹스 자체를 추구하기도 한다. 이런 것을 충족하는 제도가 바로 공창 혹은 사창제도이다. 소수의 특수한 계층의 여자가 다수의 남자의 성적 욕망을 해소하는 하수구의 역할을 하는 것이다. 이렇게 보면 남성은 여성에게 매우 야만적이고 불쾌한 존재이다. 그러나 실은 행복한 결혼과 아름다운 사랑도 이러한 남성성을 바탕으로 한다는 점을 상기할 필요가 있다. 남녀는 엇갈린 욕망, 동상이몽(同床異夢)으로 살아야 하는 존재이다. 남녀는 성적 동일성과 성적 차이의 수수께끼를 동시에 가지고 있다.

여성은 짝짓기를 통해 대단히 많은 번식자원을 내주기 때문에 신중하지 않을 수 없다. 여자는 처음부터 투자량이 많은 성이다. 그래서 남자가 보기에는 가치 있고, 희귀한, 일종의 자원이 된다. 귀중한 자원을 가진 여자는 그 자원을 헐값에 넘길 수 없다. 여자는 자신의 귀중한 자원에 걸맞은 자원을 가진 남자를 선택하지 않을 수 없다. 그래야 자신과 자식을 부양하고 보호할 것이기 때문이다. 자원을 제공해 주는 수컷에 대한 암컷의 선호는 아마도 동물계에서 가장 오래된 배우자 선택기준의 하나이다.

전 세계적으로 남성보다 여성이 배우자의 경제적 자원을 더 원한다. 자원을 위한 섹스, 섹스를 위한 자원, 이 두 가지는 진화의 역사에서 수없이 거래되고 교환되어 왔다. 여성은 자신이 자원이면서 동시에 자원에 매달리는 경향을 보인다. 여자는 섹스를 미끼로 던지나 남자는 투자로 미끼를 던진다. 여자는 성적인 사기꾼이 되기 쉽지만 남자는 헌신에 대한 사기꾼이 되기 쉽다. 이는 분명 여성이 생식을 담당한다는 데에 그 원인이 있다. 젖을 물리는 가슴을 소유하게 된 쪽인 여성과 수정이 여성 내에서 이루어지기 때문에 부성불확실성에 직면한 남성은 진화심리학적으로 동일하다는 것은 있을 수가 없다.

자원을 남자들이 독점하는 데 따른 여성의 '구조적 권력결핍'(structural powerlessness)이 남성으로부터 경제적 자원을 더 원하게 하였다고 하지만 이는 자원을 가진 여성들조차도 더 많은 자원을 가진 남성을 원한다는 점에서 반드시 여성이 구조적 결핍으로 인해 자원을 더 추구하는 것이라고 하기 어렵다. 대다수 문화에서 남성이 권력을 잡고 있으며 여성들은 권력으로부터 배제되어 있다는 점에서 구조적 결핍론은 일말의 진실을 담고 있지만 남성들이 다른 남성들을 권력으로부터 배제하려고 한다는 것을 설명하지 못한다(David M. Buss, 1994, 진중환 옮김, ≪욕망의 진화≫ 102~105, 2007,사이언스북스).

이는 결국 결핍의 문제이면서 동시에 욕망의 문제임을 말한다. 결핍이기 때문에 욕망하는 것이 아니라 욕망은 더 큰 욕망을 가지게 되는 것으로 끝이 없다. 욕망의 문제는 생물학적, 진화론적으로는 해결할 수 없는 것으로, 욕망의 탈출이나 극복의 문제는 종교적인 차원으로 넘겨야 할 문제인 것 같다. 진화심리학은 이렇게 통합적으로 설명한다. 남성은 여성의 배우자 선호를 충족시키기 위해 자원을 통제하고자 애쓰고 다른 남성들을 자원으로부터 배제시키려고 애쓴다. 부계-가부장사회의 등장과 함께 결국 여성은 한 남자에게 소속되고 세대 간에도 다른 가계에 소속되기 때문에 단절된다. 남자는 다른 남자들과 연대를 하거나 적대를 하며 집단 경쟁과 전쟁을 하면서 자원을 더욱더 손에 넣는다. 여성은 성적 연대를 할 수 없기 때문에 권력을 가질 수 없고 남성은 권력을 획득하기 위해 때로는 목숨을 걸기도 하는 존재이다.

권력에 도전하는 남성은 치명적 위험을 감수하지 않으면 안 된다. 권력이라는 것이 바로 치명적 위험의 대가이다. 권력의 상층부로 갈수록 숫자는 줄어들고 그 숫자의 줄어듦은 바로 권력경쟁에서 패하거나 낙오한 많은 숫자가 있음을 말한다. 권력의 피라미드에는 각 층마다 보이지 않는 수많은 남자들의 시체로 즐비하다고 보면 된다. 죽음을 두려워하는 자는 결코 최고 권력을 장악할 수 없다. 남성의 권력은 치명적인 권력경쟁의 대가로 여성의 성을 차지하게 되는 셈이다.

인류 최대의 정복자 칭기즈칸은 강간을 통해 얻은 쾌락을 마음속으로 생각하며 이렇게 말했다.

"가장 큰 기쁨은 적을 격파하고, 도망가는 그들을 추격하고, 그들의 재산을 약탈하며, 그들의 가족들이 펑펑 눈물을 쏟는 모습을 보며, 그들의 말을 타고 그들의 아내와 딸의 하얀 배 위에서 잠을 청하는 것이다."

남성의 성은 폭력과 무관하다고 할 수 없다. 여성의 성은 그런 남성의 훌륭한 빵 혹은 떡과 같은 것이다. "여자는 빵이다. 떡이다"라고 말하면 마치 여성을 비하하는 것 같지만 실은 여자야말로 자신을 희생할 줄 아는 성스러운 존재라는 의미가 내포되어 있다. 여성은 결국 인류의 영원한 양식이 되는 셈이다. 기독교 성경에 포도주와 떡을 들고 "이는 내 피요, 살이다"라고 하는 구절이 있다. 빵과 떡이야말로 식(食)과 연결되는 성(聖)이다.

이렇게 보면 남성이란 그 빵과 떡을 먹는, 약탈하는 존재이다. 여성은 먹힘으로써 자신의 존재를 증명하는 헌신적 존재가 되고 남성은 먹음으로써 존재를 증명하는 투쟁적 존재가 된다. 그런데 남성의 약탈이나 폭력, 전쟁이라는 것이 생물의 잡종강세나 결혼의 외혼제와 맥락을 같이한다고 하지 않을 수 없고 여성은 본인의 의사와 상관없이 그런 남성의 먹이가 되어 재생산(생식)에 참여하는 것이다. 남성(수컷)은 '여성으로서의 자연'이 스스로를 운행하는 과정에서 일종의 촉매역할을 하는 존재에 비유할 수 있다.

여성의 섹스와 남성의 권력 그리고 결혼은 상호 모순관계에 있다. 그러면서도 장기간의 결혼관계를 가지는 것은 불가피하게 일부다처제나 일부다첩제 혹은 혼외정사를 부추긴다. 예컨대 여자의 번식력과 번식가치가 정점에 도달하는 것은 15~24세이다. 이 시기에 남성의 소득과 지위는 최저점에 머문다. 이에 비해 남자의 수입이 정점을 이루는 것은 35~44세이다. 이 시기의 여자는 급격하게 번식기의 종착점에 가까워진다. 남녀의 가치의 정점의 시차는 거의 20년이다. 20년이면 한 세대이다. 남녀 사이의 많은 문제는 바로 이 시차 때문에 일어난다고 해도 과언이 아니다.

제13장 문화권력의 유형과 가부장제 신화

　　가부장제의 확립과 더불어 인류의 모든 문화활동과 문화매체는 가부
장제의 신화를 위해 봉사한다. 신화도 그렇고 종교도 그렇고 문학과 예
술 등이 그렇다. 심지어 과학까지도 가부장제의 신화를 위해 봉사한다.
문화의 매체를 언어라고 볼 때 가부장제는 이들 언어를 통해 전파된다.
언어는 의미를 풍부하게 하는 내포성(connotation: 함의성)과 의미를 명
료하게 하는 외연성(denotation: 지시성)이 있는데 때로는 마술을 걸고
때로는 마술을 풀면서 권력의 영역을 넓히는 데 혈안이 된다. 마술을
걸 때는 상상력을 동원하고, 마술을 풀 때는 이성을 동원하여 권력자의
마음대로 부풀리고 줄이기를 마음대로 한다. 이것은 분명 신화조작에
해당한다. 그러나 신화조작은 결코 범죄가 아니다. 어차피 인간은 신화
조작에 의지해서 살아가는 동물이기 때문이다. 그러니까 이성과 상상
력은 서로 반대인 것 같지만 마치 육해공군의 합동작전처럼 인간을 스
스로 자신들의 담론의 노예가 되도록 하는 데에 성공한다. 상상력은 온
갖 이야기를 만들어 내며 부풀리는(마술을 거는) 가운데 이성은 남성의
지배 이데올로기를 차갑게 숨긴다. 마술의 답은 이성이다.

그래서 여성신화는 영웅신화로 대체된다. 예컨대 바리공주 신화나 원앙부인 신화와 같은 여성의 조화의 신화는 그리스 로마의 제우스신이나 헤라클래스, 오디세이와 같은 남성의 전쟁·영웅신화로 대체된다. 이들 신화들은 권력의 확대재생산에 들어간 것이다. 우리가 접하는 대부분의 유럽신화들은 다 가부장제신화의 계열에 속한다. 어처구니없게도 아테네 여신은 제우스의 머리에서 태어난다. 머리가 자궁이 된 것이다. 이것은 머리를 생산에서 우선순위에 넣고 자궁은 '전혀 새로울 것이 없는 것', '저절로 얻어지는 것'이 된다. 생산(재생산)을 지배자(권력자)가 독차지하여 주인이 되는 것이다. 이것은 머리, 즉 이성의 자궁 정복이다. 이성과 자궁(감성)의 전도(轉倒)인 것이다. 그 전도(혁명)의 핵심 행동대원은 언어이다. 즉 말이다.

이런 신화를 단전으로 나타내는 글귀가 있다.

"남성은 남성이다. 그러나 여성은 남성이 아니다."

"신은 남성이다. 그러나 여성은 여신이다."

남성은 자체적으로 완전한 것이고 전체성을 획득하는 것이고 여성은 남성에 의해 규정되는 것이고 부분적인 대상으로 전락한다. 아마도 모계사회에서는 이와 정반대였을 것이다. 생식과 관련되는 여성은 권력의 등장과 함께 대상으로 전락하는 운명에 처하게 된다. 주체는 남성이된다. 남성은 집의 주인이면서 동시에 우주의 주인이 된다. 이는 자연이 문명에 의해 억압되는 것과 맥락을 같이한다. 그러나 궁극적으로 가부장제 혹은 문명이라는 것도 자연의 생태압력의 결과이고 그 변형이아닐까.

인간이 언어를 사용하는 한 권력의 손아귀에서 벗어날 수 없다. 이 말을 뒤집으면 권력의 핵심이 언어라는 말이 된다. 권력자는 언어를 창조적으로 생산하고 조절한다. 권력의 내용을 한 꺼풀씩 벗겨 나가다 보면 그 마지막에는 언어가 나온다. 언어를 원초적으로 사물에 굴레(감옥)

를 덮어씌우고선 또 그 언어를 자신의 임의대로(과학적인 것 같지만) 분류학을 세운다. 그 분류학은 언제나 최고의 정점에 있는 하나(최고의 권력자)가 있고 그 아래에 트리(tree)를 만들고 있다. 문화라는 권력의 구문(syntax)에서 권력(왕)은 주부(명사)에 있다. 술부(동사, 부사, 형용사)는 지배(백성)를 받는다. 이것이 구문의 문법(grammar)이다. 그래서 권력의 소재나 이동을 정확하게 밝히려면 백성에게 물어보아야 한다. '그대는 누구를 왕이라고 생각하는가.' 그래서 이성과 관련되는 것은 그 구체성과 물질성을 찾으려면 역으로 술부에서 물어보아야 한다. 이성이 바로 권력이 되는 것이 아니라 감성에 의해 확인되는 이성이 바로 권력이다.

그런데 언어를 좌지우지하는 것은 마음이다. 마음은 또한 권력을 잡을 수도 있고 권력을 버릴 수도 있다. 마음이야말로 가장 권력적이면서 가장 권력에서 초월할 수 있는 진정한 권력이다. 마음은 욕망에 충실할 수도 있고 욕망을 초월할 수도 있다. 아무리 지상의 제도적인 권력이 강압적인 구속력을 발휘한다고 해도 마음은 어쩌지 못한다. 마음은 스스로에 의해 스스로를 결정하는 유일한 권력이며 반권력이다. 마음은 어느 쪽이든 선택할 수 있다. 마음에 대비되는 것이 몸이다. 몸은 지금까지 권력에 의해 다스림을 당하는 쪽이었다. 그러나 몸이 재생산되지 않으면 어떠한 권력도 유지되고 계승될 수 없다는 점에서 몸이야말로 역설적으로 진정한 권력이다. 몸은 채워져 있으면서도 '몸＝땅＝여성 ＝민중＝샤머니즘＝비권력'에 속한다. 마음은 비어 있으면서도 '마음＝하늘＝남성＝권력자＝고등종교＝제국'에 속한다.

지금까지 담론을 이끌어 온 공리(公理)는 "권력은 성을 억압한다"는 것이었다. 성을 억압한다는 것은 확대해서 표현하면 "권력(정신)은 몸(육체)을 억압한다"고 할 수 있을 것이다. 권력에 가까운 자들은 머리에 가깝고 권력에서 멀수록 몸에 가까워진다. 권력이란 바로 몸을 다스리는 프로그램이다. 권력의 내용물은 바로 언어이고 몸의 내용물은 진화의 과정, 유전자이다. 그렇다면 언어가 유전자를 다스리는 것이 권력이다. 그렇다면 과연 언어가 유전자를 다스릴까. 물론 언어가 유전자의 진행방향과 같은 수도 있고 다를 수도 있다. 여기서 언어는 인간의 언어를 말한다. 유전자도 자연의 언어라고 할 수 있기 때문이다. 최근 몸에 대한 관심이 부쩍 늘어나고 있고 그 중요성이 강조되고 있다. 인간의 신체는 물질의 덩어리가 아니고 나름대로 유전자나 화학물질의 구성에 의해 프로그램된 것이라는 것이 점차 밝혀지고 있기 때문이다. 그렇다면 ‘자연의 언어’ 대 ‘인간의 언어’가 경쟁하는 것이 바로 권력이라는 말이 된다. 몸에 대한 강조는 결국 자연의 언어에 대한 강조에 해당한다. 몸에서부터 생각하면 가장 덜 권력적으로 살 수 있을 것이다.

우리는 몸이라고 하면 속되고 천한 것이라는 선입견을 가지고 있다. 이에 반해 머리라고 하면 성스럽고 귀한 것이라고 생각한다. 나중에는 몸은 나쁜 것, 경계해야 하는 것이고 머리는 좋은 것, 훌륭한 것이라고 여긴다. 여기에서 몸과 관련되는 것이 ‘몸＝여성’이고 마음과 관련되는 것이 ‘마음＝남성’이다. 이 등식이 확대되어서 앞에서 언급한 음양론이 완성된다. ‘몸＝여성＝음’이고 ‘마음＝남성＝양’이 된다. 우리는 마음이라고 하면 어떻든 중요하게 여기고 희망적이고 긍정적이고 발전하는 그 무엇이라고 여긴다. 그래서 마음에는 욕망이라는 것도 있지만 물욕적인 것과 다른 정신적인 그 무엇이라고 여긴다. 마음은 영혼과 같은 개념으로 쓸 때도 있다. 그러나 마음이야말로 ‘없는 것’(無)이기도 하다. 마음은 보이지 않는다. 그래서 마음은 어디에든 있다고 할 수 있다. 마음은 선하기도(性善說) 하지만 악하기도 하다(性惡說). 그런데 마음이야말로 유동적인 데 반해 몸이야말로 고정적이다. 몸은 마음의 근원이고 마음은 몸을 다스린다. 둘은 서로 분모와 분자가 된다. ‘해방된 몸’(몸의 평등)은 타락을 동반하고 ‘넘치는 자유’(민중의 자유)는 무질서를 동반하는 경향이 있다. 또 해방된 여성(성의 해방)은 가정파괴와 이혼을 동반한다.

인간의 마음은 권력을 싫어하지 않는다. 누구나 권력의 자리에 앉고 싶어 한다. 극과 극은 통한다는 말이 마음과 몸에도 통한다. 그것은 아마도 생존경쟁에서의 경험이 유전인자로 박혀 있기 때문이 아닌가 싶다. 권력도 실은 자연에서의 경험을 언어에 옮겨 놓은 것이다. 그러나 권력을 누리는 자는 분명히 소수이다. 만약 다수가 누리는 권력이라면 그것은 이미 권력이 아니다. 그런 점에서 인간의 다수는 권력의 억압을 벗어날 수 없다. 아이러니컬하게도 권력을 준 자는 다수이면서 권력을 누리는 자는 소수이다. 말하자면 권력은 원천적으로 주인을 배반하는 메커니즘을 가지고 있다. 민주주의라고 해서 그것이 예외인 것은 아니다. 권력의 종류와 패턴이 달라진 것뿐이다. 그래서 권력과 그 구성원은 언제나 균형 잡기를 하지 않으면 안 된다.

흔히 권력은 정치권력을 말한다. 세계사적으로 볼 때 정치제도는 군주제, 공화제(국체), 민주주의, 공산주의(정체) 등 여러 가지가 있었지만 그것을 관통하는 것은 소수의 권력을 가진 세력(귀족, 지식인, 상류계층)이 먼저 권력을 향유한다는 점이다. 어떠한 성공적인 정치권력도 이를 벗어나지 않았다. 문제는 소수의 권력자들이 잘살고 나머지 국민들도 함께 잘살게 하였느냐, 그렇지 않았느냐에 따라 권력의 성패가 갈라졌던 것이다. 이는 권력이라는 것이 결국 다수가 소수를 다스리는 것이 아니라 소수가 다수를 거느리는 것이기 때문이다(다수가 소수에게 권력을 맡긴 것이든, 처음부터 하늘이 소수에게 권력을 부여한 것이든 상관없이). 그래서 다수를 먼저 잘살게 하겠다고 선언한 어떠한 정치권력도 거짓말을 한 것이며 이는 집권을 하기 위한 술책에 불과한 것이다. 생각해 보라. 다수가 소수를 따르지 않으면 권력이라는 것이 성립되지 않는다. 이를 명분상 소수가 다수를 따른다고 겉으로 선전할 뿐인 것이다(이것은 민주주의라도 예외가 아니다).

　문화라는 지평에서 권력을 논할 때는 정치뿐만 아니라 모든 종류의 문화유형(형태)에서 권력을 논할 수 있다. 이때의 권력을 쉽게 논할 수 없다. 예컨대 종교의 권위도 권력이고 예술가의 우상화도 권력이고 심지어 여성의 섹시한 매력조차도 권력이라고 할 수 있다. 문화라는 관점에서 권력을 정의하자면 주도적인 담론을 형성한 세력이라고 할 수 있을 것이다. 인류문화사에서 볼 때 이른바 권력의 형태를 만들어 내는 변수로 인종, 성별, 국가, 종교, 지역, 직업 등을 들 수 있다. 물론 시대와 장소에 따라 이들의 권력적 위력이나 영향력이 강력할 수도 있고 미미할 수도 있다. 이는 권력의 성격인 확대되고 축소될 수 있는 것의 좋은 예이다. 어떤 경우에는 인종이 가장 큰 기준이 될 수도 있고 어떤 경우에는 성별이, 어떤 경우에는 국가가, 어떤 경우에는 종교가, 어떤 경우에는 지역이, 어떤 경우에는 직업이 등장할 수도 있을 것이다.

　그렇다면 권력은 과연 궁극적으로 무엇을 지배하는가. 지배하는 것이 있어야 권력이 성립되는 것이니까 말이다. 그런데 이들 권력을 관통하는 메커니즘의 원리는 다음과 같다. 권력의 높은 지위에 있는 것이 권력의 낮은 지위에 있는 섹스를 지배한다는 것이다. 예컨대 남자가 높은 지위에 있는 가정은 남자가 낮은 지위에 있는 가정의 여자를 부린다. 이때 부림의 정도는 고급 서비스에서 단순 서비스, 심지어 성의 제공까지 폭넓다. 또 높은 지위의 가정의 여자는 낮은 지위의 가정의 남자를 부린다. 이때 부림의 정도도 고급서비스에서 단순 서비스, 연애에까지 이를 정도로 다양하다. 또 제국의 군인은 식민지의 여자를 부린다. 낮은 지위의 권력에 가까이 갈수록, 다시 말하면 권력이 없을수록 가부장제(patriarchy)가 약해지고 여성가장제(matriarchy)가 강화된다. 이것은 일반적인 여권의 신장과 다른 차원에서 여성의 계층적 사회참여가 된다.

　권력이 가부장제에서 출발한 것임을 앞 장에서 언급하였다. 권력이 낮은 계급으로 갈수록 여성의 발언권(권력)이 세어진다. 물론 여성의 사회참여도 높아진다. 이는 여권이 신장되어 사회참여도가 높아지는 것과 다른 것으로 낮은 계급의 여성 가운데 가정에서의 여성의 역할을 사회에서 요구하는 '가정에서의 여성의 역할의 사회적 확대'라고 할 수 있다. 이는 낮은 계급은 자신의 가정에서의 여성의 역할을 사회에 제공하는 것이 된다. 그럼으로써 낮은 계급의 가정에서 여성의 서비스는 낮아지고 이는 결국 낮은 계급에서 가정의 행복을 빼앗는 것이 된다. 이를 심하게 말하면 낮은 계급에 갈수록 자신의 여성의 서비스는 심하게 약탈된다. 이러한 메커니즘은 다른 유형의 권력과 권력 사이에도 존재할 수 있다.

권력이란 가정의 안에서도 남녀 간에 존재하지만 가정의 밖에서 유통되는 권력은 항상 그 권력의 활동에 서비스를 제공하는 가정 밖의 인력을 필요로 한다. 예컨대 왕들과 귀족들은 여러 모임에서 서브를 제공하는 전문직 여성(상궁, 약방상궁, 기생)을 필요로 한다. 오늘날도 이들 전문직 여성은 대체로 비서, 간호사, 창녀에 상응한다. 사회 여러 분야에서 서비스를 제공하는 여성들이 필요하다. 오늘날 직업여성들은, 특히 전문직 여성들은 남녀 차별이라는 데서 벗어나서 오히려 여성이 권력의 편, 예컨대 국회의원이 된다든지, 의사가 된다든지, 연예계의 스타가 된다든지 하지만 그렇지 못한 대부분의 여성은 본질적으로 크게 벗어난 것은 아니다. 권력은 극단적으로는 여성에게 섹스를 제공하는 것을 강요한다. 물론 이러한 권력과 섹스의 구조는 중립적으로 볼 때 교환의 관계일 수도 있다. 섹스를 주고 권력을 사기도 하고 권력이 다시 섹스를 사는 가역관계에 있다.

물론 여기서 권력과 섹스는 광의의 것이다. 말하자면 권위와 덕망과 명예와 심지어 물리적인 힘까지를 포함한 통치력을 말하고 섹스의 경우도 아름다움과 매력과 젊음과 생식력을 포함한 생명력을 말한다. 다시 말하면 통치력과 생명력인 셈이다. 이런 경우 한 사람의 권력을 가늠하려면 이들 유형의 카드를 조합하는 것이 될 것이다. 만약 권력과 섹스가 복합된 형태로 권력관계가 생성된다면 높은 단계의 권력에 있는 남녀가 낮은 단계에 있는 남녀를 다스리는 형태가 될 것이다.

제14장 권력과 우주관: 신화와 과학

　권력을 우주의 운행과 관련하여 살펴보면 권력이라는 것은 실은 천동설과 지동설 사이에 있는 것인지도 모른다. 천동설은 인간을 포함해서 만물은 자기중심으로 살지 않을 수 없다는 것과 맥을 통한다. 지동설은 만물은 자기 이외의 다른 중심을 가지고 있다는 지동설과 맥을 통한다. 이것은 만물이 자기(나)를 중심으로 살면서 동시에 다른 사물(남)을 중심으로 살아야 한다는 것을 말한다. 신화는 언제나 자기를 중심으로 사는 것을 말하고 과학은 언제나 남을 중심으로 사는 것을 말한다. 신화는 천동설의 입장이고 과학은 지동설의 입장이다. 문제는 인간은 두 가지 설을 다 가져야 한다는 데에 있다. 그래서 신화 중에는 철저하게 과학을 모방하여 신을 객관적인 것으로 상정하는 절대적 신관이 있고 과학 중에서도 신화를 모방하여 사물을 주관적인 것으로 상정하는 상대주의적 불확정성 원리가 있다.

　신화는 근본적으로 거짓말과 상상력을 기초로 구성되어 있고 과학은 이성을 기초로 거짓말에서 참말을 찾아내는 노력의 산물이다. 하늘을 사칭하는 것은 모두 권력의 음모에 가담하는 것이다. 인간은 신화에서는 하늘을 사칭하여 권력을 획득하고 정당화하는 기제로 사용하지만 반대로 과학에서는 하늘을 주변에서 움직이는 것으로 상정함으로써 천체를 인간의 주변에 배치한다. 인간의 영광은 천체를 들러리로 내세운다. 천동설(태양이 지구를 중심으로 돌아감으로써 지구의 주변이 된다)은 지동설(지구가 태양의 주변을 돌아감으로써 지구가 주변이 된다)과 달리 신의 닮은꼴인 인간의 존엄성을 과시하면서 문화와 문명 속에 내재된 권력음모의 등식인 '인간(지구)＝신'을 감춘다.

인간은 천체의 가운데서는 '지구(인간)＝신'이지만 지상에서는, 종 내부에서는 '하늘(인간)＝신'이 된다. 인간은 스스로 신을 만들어 놓고 신의 종이 되는 것이다. 그중에 어느 한 사람이 '자신＝신'임을 선포하는 것이다. 신을 선포하는 자가 권력자가 된다. 그런데 능력이 없는 자가 신을 선포하면 죽게 된다. 신(神)은 그에 합당하는 권능을 가져야 하기 때문이다. 마찬가지로 왕(王)은 그에 합당하는 실력을 행사하여야 한다. 이것이 권력의 법칙이다. 권력의 무대에는 항상 새로운 인물이 등장한다. 최소한 권력자는 비가 오지 않으면 기우제라도 지내야 한다. 최소한 권력자는 때가 이르지 않았다고 하여야 한다. 최소한 권력자는 시험과 시련을 주고 있다고 하여야 한다. 이것이 반란과 원한을 피하는 방법이다. 자신이 권능이 없다고 하여서는 안 된다.

인간이 신(하느님)을 닮게 창조된 것이 아니라 신(하느님)이 인간을 닮게 창조되었다. 이것이 문명의 가장 위대하고 가장 최초의 역전(inversion)이다. 이 역전은 동시에 여자(모계)와 남자(부계)를 역전시키게 된다. 그러면 이 거대한 인류 최초의 역전을 어떻게 설명하는 것이 현명할까. 아마도 다음과 같은 계통발생을 상상해 볼 수 있을 것이다. 인간은 스스로의 의사와는 아무런 상관이 없이 지상에 태어났다. 지상에 태어나서 살면서 수직으로 걷게 되고 수직으로 걷게 되니까 자신의 머리 위에 있는 하늘이 언제나 무서운 존재였다. 하늘에서 무슨 일이 일어날까? 무엇보다 재앙이 떨어지면 큰일이었다. 인간은 하늘에 빌기 시작했다. 물론 복을 빌었다(祈福). 미래에 대한 막연한 불안은 우선 하늘 숭배 신앙을 태동시켰다. 이는 인간이 지상에 살았기 때문에 역설적으로 하늘을 섬기게 된다는 말이다.

그러나 신에 대한 인간의 찬양과 이야기, 증언과 고백은 언제나 신에게서 일어나는 것이 아니라 인간에게서 일어나는 것이다. 말하자면 신앙을 일으키는 것(起信)은 하늘에서 일어나는 것이 아니라 인간에게서 일어나는 것이다. 이것을 종교들은 거꾸로 역전시켜서 신에게서 일어나는 것처럼 꾸몄다. 말하자면 인간이 투사한 것을 다시 인간에게 투사한 것인 셈이다. 인간은 원천적으로 무지(無知)와 불안(不安)의 존재이다. 그래서 신앙(信仰)이 우선 필요하였다. 신앙이란 말 그대로 믿으면서 우러러본다는 뜻이다. 이 하늘신앙은 그 후 모든 권력의 모형이 된다. 죽음에서 삶이, 악에서 선이, 여자에서 남자가 돌출하고 권력을 잡게 된다. 후자에게 권력의 주도권과 우선순위가 주어진다. 모든 문학과 시와 예술들은 이러한 역전과 혁명의 노선을 철저히 따랐다. 종교는 이러한 노선의 맨 앞에 섰다. 이러한 혁명을 다시 역전시키려고 하는 것이 바로 과학이다. 과학은 자연을 자연 그대로 두면서 자연의 순환의 덕목을 높이 산 것이 아니라 자연을 실험하고 해부하면서 이러한 역전된 사실들을 점차 고백하기 시작했다. 이제 하늘보다 땅이, 신보다 인간이, 남성보다 여성이, 종교보다는 과학이 더 근본적인 하부구조임을 스스로 인정하게 된 셈이다. 인간은 끊임없이 과학을 해야 한다. 동시에 인간은 끊임없이 종교를 믿어야 한다. 그런데 이 둘은 서로 사물에 접근하는 방법이 다르고 모순관계에 있게 된다.

그렇다면 인간은 어떻게 살아가야 하는가. 둘 중에 하나를 버려야 하는가. 결코 그럴 수 없다. 과학과 종교는 인간의 삶의 중요한 두 가지 수단이다. 인간은 과학만으로 살 수도 없고 종교만으로 살 수도 없다.

이 둘은 서로 화해하지 않으면 안 된다. 과학적으로 종교를 보면 종교는 부정되어야 한다. 동시에 종교적으로 과학을 보면 과학은 부정되어야 한다. 그래서 과학은 과학의 방법으로, 종교는 종교의 방법으로 보지 않으면 안 된다. 과학자로서는 종교를 부정하지만 삶의 확신(중심)을 잡기 위해서는 종교를 가지지 않으면 안 된다. 신앙인으로서는 과학을 부정하지만 삶의 수단을 넓히기 위해서는 과학을 가지지 않으면 안 된다. 둘은 모순되지 않는다. 과학적으로 사실이기 때문에 종교를 믿는 것은 아니다. 종교적으로 삶의 해답을 주기 때문에 과학을 하는 것은 아니다. 종교는 종교의 갈 길이 있고 과학은 과학의 갈 길이 있다. 종교는 사람에게 중심을 잡게 하는 것이고 과학은 사람에게 삶의 수단을 제공하는 것이다. 결코 종교가 수단을 주는 것은 아니고 과학이 중심을 잡게 하는 것은 아니다. 그래서 인간은 사실이 아니어도 종교는 믿고 중심을 잡게 하지 않아도 과학을 한다.

인간의 종교는 실존적인 것을 존재적인 것으로 바꾼 것이다. 인간의 문화는 상대적인 것을 절대－상대적인 것으로, 나아가서 절대적인 것으로 바꾼 것이다. 결국 종교는 절대적인 것이 유리하다. 왜냐하면 종교는 인간으로 하여금 사실여부와 상관없이 우선 삶의 중심을 잡아야 하고 그러기 위해서 기도해야 하는 대상이 필요하기 때문이다. 말하자면 인간은 기도하는 대상을(기도하는 자신을 투영하는 대상을) 만들기 위해서 귀신(귀신은 죽음에 따른 즉물적인 반사의 결과이다)과 신(죽음을 통해서 삶을 생각하고 나아가 천지창조를 생각한 결과이다)을 만들었다. 종교도 철저히 필요에 의해서 만들어진 것이다. 종교는 신을 위해서 만든 것이 아니라 인간존재의 삶을 위해서 만들어졌으며 삶의 조건의 결과이다. 그런 점에서 과학도 종교와 다를 바가 없다. 과학도 객관적으로 있는 것이 아니다. 인간의 창조하는 힘, 프로그램(디자인)하는 능력의 결과이며 단지 과학이 종교와 다른 것은 과학은 인간의 삶의 수단을 확충하는, 삶의 영역을 넓히는 수단적인 것이다. 종교는 구심력의 결과이고 과학은 원심력의 결과이다.

　이에 비해 과학은 상대적인 것이 유리하다. 우선 상대적인 세계를 인정하지 않으면 절대적인 법칙을 발견할 수 없기 때문이다. 만약 종교와 같이 모든 만물이 신의 창조에 의한 결과라고 생각해서 아무 생각도 안 하고 손 놓고 있으면 과학이 될 리가 없다. 과학은 순응의 것이 아니라 개척의 것이고 단순한 적응의 것이 아니라 발명(혹은 발견)의 것이기 때문이다. 과학에는 오류가 문제가 되는 것이 아니라 오류가 없는 것이 문제가 된다. 종교는 신에 의해서 창조된 세계가 신의 질서에 의해서 일사분란하게 움직여야 되지만 과학은 오류와 모험이 없으면 한 걸음도 나아갈 수가 없다. 인간은 종교라는 완전함과 연역적 생각의 결과를 한 손에 가지고, 다른 손에는 과학이라는 불완전함과 경험론적 생각의 결과를 가지고 살아간다. 어느 한쪽이라도 버리면 인간은 제대로 살아갈 수가 없다.

　종교는 천지창조의 시작과 끝을 말하는 학문이고 과학은 시작과 끝은 몰라도 그 사이에서 원인과 결과를 찾는 학문이다. 시작과 끝을 추구하는 종교는 결국 순환론을 주 무기로 삼고 원인과 결과를 추구하는 과학은 인과론을 주 무기로 삼는다. 그런데 가장 확대된 인과론이 순환론이고 가장 축소된 순환론이 인과론이다. 결국 종교와 과학은 같은 것이다. 그런데 재미있는 것은 순환론의 종교는 인간에게 중심(中心)을 주고 인과론의 과학은 인간에게 주변(周邊)을 준다. 종교는 나를 중심으로 바라보는 과학이고 과학은 남을 중심으로 바라보는 종교이다. 종교라는 과학은 절대를 추구하고 과학이라는 종교는 상대를 추구한다. 종교라는 과학은 우주를 한 점으로 축소재생산 하고 과학이라는 종교는 우주를 확대재생산 한다. 종교는 가장 넓은 밖에서 가장 좁은 안으로 들어오는 구심운동을 하고 과학은 가장 좁은 안에서 가장 넓은 밖으로 원심운동을 한다. 따라서 종교와 과학은 생각하는 인간의 만유인력이다.

종교와 과학을 함께 묶는 것은 철학인데 철학도 관념론적 전통은 구심
운동을 하고 경험론적 전통은 원심운동을 한다. 그래서 관념론적 전통
은 종교와 연결되고 경험론적 전통은 과학과 연결된다.

교회나 절 등 사원의 건물이 궁성과 같이 크고 웅장한 것은 그것들
이 바로 권력의 핵심이라는 것을 말한다. 물론 사원들은 왕권의 등장과
함께 현세가 아니라 사후의 세계를 전담하는 것으로 왕권과의 화해와
공존을 이룩하였지만 틈만 있으면 아직도 현세에서 자신의 권력이 완
전히 사라지지 않았음을 보여 준다. 종교들은 평화와 사후를 보장하는
여러 담론을 생산하기 위해 여러 믿을 수 없는 말들을 내놓는데 이런
말들은 결국 하나 마나 한 말들, 순환론에 빠지게 하는 말들이다. 종교
적 담론이라는 것은 결국 생사가 같은 것이라거나 시작과 끝이 같은 것
이라는 내용이다. 그런 점에서 이제 인간은 신을 버릴 때가 되었다. 더
정확하게 말하면 객관적 대상으로서의 신을 버릴 때가 되었다. 신은 처
음부터 객관적이고 보이는 대상이 아니었다. 물론 신을 믿는 것은 자유
이다. 이는 철기시대 사람들이 청동기와 석기를 쓸 수 있는 것과 같다.
그러나 스스로 종교가 아닌 방법으로 자신의 중심을 찾을 수 있는 사람
이면 신을 버릴 때가 되었다. 신을 만든 것도 인간이고 신과 인간을 구
분한 것도 인간이다. 이제 신을 버리는 인간이 되는 것이 하나도 이상
할 것이 없다. 종교란 우주 속에서 인간이 중심을 잡은 대표적인 방법
이다. 이는 동시에 역설적으로 만물에서 신을 발견하는 일이기도 하다.
신을 한곳에 집중시키는 것이 아니라 물이 있는 곳에 신이 있게 하는,
물이 곧 신이요, 신이 곧 물인 물신(物神)의 세계이다. 신이 사방에 흩어
져 있어도 미래의 인간은 자신의 중심을 잃지 않는다. 인간은 '스스로
신이라는 사실'을 점차 깨닫게 되었다. 신은 이제 불멸과 절대의 신이
아니라 멸망과 상대의 신이다. 이제 신은 오히려 죽기 때문에 신이고
살아도 죽을 것이기 때문에 신이다. 신은 인간과 다른 것이 아니다. 신은

존재하는 것이 아니다. 신은 생성되는 것이다. 인간이 신을 주면 나무
나 돌도 신이 되고 인간이 신을 거두면 어떠한 절대신도 신이 아니다.

제3부

시집가지 않는 여자

─성(聖)─성(性): 모계─모권제─

제15장 욕망과 유혹: 쾌락의 동물, 인간

1. 성의 혁명: 여성의 가슴은 왜 커지는가

인간과 동물의 섹스와 재생산에 있어서 근본적으로 다른 점은 동물은 발정기에 이것이 이루어지는 반면 인간은 발정기라는 특별한 기간에 구속되지 않고 이루어진다는 점이다. 인간이 섹스를 하는 데 있어서 특정 기간의 제약을 받지 않는다는 것은 진화론상의 '성의 혁명' 혹은 '성의 돌연변이'라고 할 수 있다. 물론 암컷(여자)에게 수태를 시키려면 암컷의 배란기를 맞추어야 하지만 재생산(출산)을 노리는 섹스가 아니라면 오히려 이것은 섹스를 보다 더 많이 즐길 수 있는 조건이 되는 셈이다. 이 성의 혁명은 인위적인 혹은 역사적인 혁명이 아니기 때문에 혁명이라고 말하지 않지만 실은 인간이 '쾌락으로서의 섹스'를 즐기게 되는 결정적인 계기이며 반전이었으며 생물학적이고 지속적인 조건이 마련된 셈이다. 발정기, 배란기의 변화보다 더 획기적인 것은 재생산의 메커니즘을 벗어나서 오르가슴을 즐기는 '쾌락으로서의 성'에 들어섰다는 점이다. 어쩌면 이때부터 인간은 '재생산을 위한 성'보다는 '쾌락을 위한 성'에 더 의미를 두게 되었다.

현대에 이르러 인간은 무의식적으로 재생산의 본능이 작용하여 성관계를 가지는지 몰라도 '쾌락으로서의 성'의 결과로서 재생산을 한다는 것이 더 정확한 표현일 것이다. 물론 재생산이 싫을 때는 피임약이나 임신중절수술 등에 의지하는 바가 크다. 인간은 재생산뿐만 아니라 쾌락도 스스로 조절하는 능력을 가지고 있지만 역시 쾌락의 동물이다. 섹스에 있어서 인간은 보다 자유롭고 선택적이고 무엇보다 그 횟수와 체위에 있어서 자유와 해방의 존재가 되었다. 이러한 인간존재의 특성은 문명의 관점에서 보면 성의 문란 및 퇴폐 현상을 가져오는 부작용도 있겠지만 성이 하나의 권력이 될 수 있는 길을 열어놓았다. 소수가 다수를 다스리는 것―권력은 이른바 복혼이 아니더라도 여러 형태로 가능한 것이다. 동물에게 있어서는 섹스는 재생산을 위한 메커니즘이었다. 그러던 것이 인간에게 이르러 재생산에 있어서는 물론 그것을 극복하는, 재생산을 위한 사랑(섹스)이 아닌 혹은 쾌락을 위한 사랑을 하게 된 셈이다. 이로 인해 사랑과 결혼의 갈림길에서 이혼이라는 것도 발생하게 되었고 이것이 오늘날 인구문제보다 더 큰 사회문제를 낳고 있다. 이것은 재생산을 위한 사랑에 대한 크나큰 반전(inversion)이다. 어른들의 사랑은 오히려 자식들에게 큰 위기로 다가오고 있는 셈이다.

이러한 성에 있어서 자유의 증대는 뒤에 인구의 증가와 인구압력을 가져오고 이어 빈곤과 그 빈곤에 따른 전쟁을 가져왔으며 더욱 권력의 체계화와 세련미를 가져왔다. 인구압력은 전쟁의 빈발에 그치지 않고 산업에 있어서 혁명―농업혁명과 산업혁명의 도미노현상을 가져왔다. 성에 있어서 자유의 증대를 체위로 보면 동물의 경우 성교에 있어서 후위가 주를 이루던 것이 인간종에 이르러 전위로 바뀌었다는 점이다. 전위는 암컷(여자)이 수컷(남자)을 계속적으로 확인하게 하는 메커니즘으로 작용한다. 전위는 눈으로 서로를 확인한다는 점에서 서로를 길들이게 하는 것이었으며 이것은 더욱더 가족의 유대와 일부일처제의 형성에 긍정적으로 작용하였을 것이다.

사실 후위 때 수컷은 암컷의 엉덩이의 볼기짝을 잡고 중심을 취했으며 때로는 그 균형미와 탄력에 유혹을 더 받기도 했다. 그런데 전위로 넘어오고부터 이것의 역할을 암컷의 유방이 하게 된다. 암컷의 유방이 큰 것은 바로 이 때문이다. 인간의 유방이 다른 영장류나 동물보다 크고 아름다운 것은 사실이다. 인간에겐 발정기가 따로 없고 그래서 섹스의 심벌이 엉덩이에서 유방으로 넘어오게 된다. 후위의 경우 엉덩이와 암컷의 음부가 시각적으로 하나처럼 느껴질 정도인데 전위가 될 경우 이들은 시각적으로 보이지 않게 되고 실지로 특별히 보려고 하지 않는 한 사실적으로 파악할 기회를 얻기 힘들다. 오히려 그 '숨어 있음', '보이지 않음'이라는 것이 성교 때에 상상력을 자극하고 성에 대한 신비감을 높이는 역할도 하여 더욱더 욕망을 불태우게 하는지도 모른다.

동물학자 중에는 여자들이 립스틱을 빨갛게 진하게 바르는 것은 후위시절의 발정기에 엉덩이가 빨갛게 부풀어 오르는 것이 전위의 전환으로 입술로 옮아간 것이라고 하는 학자도 있다. 예컨대 오럴섹스를 할 경우 유방과 입술은 영락없는 후위시절의 섹스와 일치하게 된다는 것이다. 여자들이 립스틱에 관심을 많이 보이고 특히 진한 립스틱은 유혹의 바로미터가 된다. 남자들도 진한 립스틱을 보면 성욕이 가장 동하게 된다. 인간은 두 발로 걸으면서 음부와 엉덩이가 감추어지고 성교의 체위도 전위로 바뀐 것은 엄청난 변화이고 '쾌락으로서의 섹스'에 큰 진화이다. 네발짐승은 후위를 하면서 앞발은 불안한 자세를 고정시켜 주는 받침대 역할을 한다. 그러나 전위로 바뀌면서 상황은 크게 달라진다.

수컷의 시선은 암컷의 가슴과 수평이 되어 말하자면 엉덩이가 가슴으로 대체된 셈이다. 여자의 유방이 유인원의 것에 비해 필요 이상으로 큰 것(단백질 덩어리)에 대해 여러 주장이 있으나 가장 유력한 것은 성적 매력을 강화하는 것이라는 설에 주목할 필요가 있다. 유방은 성적인 기관이면서 동시에 젖(먹이)을 주는 기관이 되는 이중성을 가지고 있다. 여성에게서 태어나지 않은 사람이 없는 것이고 보면 인간은 누구나 여성의 유방과 젖에 대한 본능적이고 무의식적인 애착을 가지고 있다. 유방은 성욕과 식욕을 동시에 충족시켜 주는 유일한 기관이다. 특히 남성에게 유방은 성적 정복의 대상이면서 동시에 식욕을 돋우는 빵(밥)이 되는 셈이다. 이것을 성인 남성들은 고기, 떡 등으로 은유한다. 여성은 자신도 모르게 여성의 이러한 특성을 간파하고 그 대가를 요구하고 있는지도 모른다. 가부장사회의 많은 여성들은 '자신이 남성에게 아이를 낳아 준다'(아이는 남자의 성을 붙인다)고 생각하고 자신과 아이들을 잘 보살필 의무와 책임이 남성에게 있다고 생각한다. 이는 고기(육신)의 대가이다.

적어도 유방이 엉덩이의 역할을 대신하는 것이라면 직립보행에 의해 엉덩이는 탄력적이면서도 위로 달라붙어 점점 작아지고 유방은 점점 커지면서 결국 엉덩이와 유방은 거의 비슷한 크기가 될 가능성이 높다. 이는 미스 유니버스의 체형(36 − 24 − 36)에서도 알 수 있다. 바스트와 히프는 대개 둘레가 비슷한 편이다. 그런데 가장 섹시한 것은 바스트가 2인치 더 큰 경우(37 − 24 − 35)를 말하는데 이는 젖가슴이 이미 엉덩이의 유혹을 대신하는 것을 말한다. 조금 덜 섹시한 것은 히프가 2인치 더 큰 경우(35 − 24 − 37)이다. 여자의 허리와 히프(혹은 가슴)의 비는 7대 10으로 모래시계의 형태를 말한다. 허리가 잘록하고 가슴과 히프의 반구가 비슷하게 대칭을 이루는 것을 말한다. 여자의 몸을 날씬한 S 자형으로 만드는 것은 결국 가슴과 히프이다.

시각의 발달은 성적 상징들의 발달을 가져왔다. 남녀의 성기와 성적 능력을 연상시키는 상징들은 특히 패션에서 자주 이용되고 유혹의 도구가 되었다. 아무튼 두 발로 걸으면서 여유가 있게 된 손은 암컷을 애무하는 데에 쓰이고 입술은 키스를 동시에 할 수 있게 한다. 입의 사용은 무엇보다도 획기적인 진전인데 후위 때보다 성교의 쾌락을 배가시키게 된다. 후위를 하면 삽입을 한 뒤에는 음부 주변을 볼 수 없지만 전위의 경우 입술과 유방은 여전히 눈앞에 있으면서 때로는 흔들리고 붉게 빛나면서 성행위에 취하게 하기에 충분하다. 이는 증가된 섹슈얼 에너지에 걸맞게 클라이맥스에 더욱 쉽게 오를 수 있는 조건이 되기도 한다.

입은 식욕의 기관이지만 바로 성욕의 기관이 되면서 매우 복합적인 기능을 한다. 손과 입과 눈의 사용은 섹스를 더욱더 깊게 하고 나아가서는 대뇌 언어활동과 만나 사랑을 형이상학적으로 변모시키는 질적인 변화를 동반하게 된다. 성교는 흔히 성기의 작용이라고 보는데 이는 틀린 것이다. 성교야말로 대뇌 작용의 산물이고 직립보행으로 대뇌용량의 증가와 상상력은 성교를 더욱더 풍부하게 만들었다. 인간은 섹스를 하지만 섹스를 하는 과정과 결과로서 사랑을 한 것이 아니라 사랑을 하는 과정과 결과로서 섹스를 하는 전도(顚倒)를 경험하게 된다. 이는 분명히 질적인 변화이다. 인간에 이르러 섹스는 보다 다양하고 변화무쌍한 것이 되고 그 의미도 천차만별이 된다.

전위는 그래서 '성의 혁명'에 해당한다. 섹스를 하는 상대방을 줄곧 바라보면서 혹은 말로 표현하면서 섹스를 하는 인간과 후위에서 상대방을 보지 않고 순전히 수컷에게 맡겨 두는, 여기에 표현도 다양하지 않은 생물과 어떻게 섹스-사랑의 밀도가 같겠는가. 이와 함께 피부에 털이 없어지면서 매끈하게 되어(특히 여성에게) 성적 쾌감을 높이게 되었고 성기 주변에 역삼각형으로 집중적으로 난 털은 도리어 성적 자극을 주는 것으로 섹스를 더욱 강화시키는 것으로 작용했다. 인간에 이르러 섹스는 자연의 재생산 메커니즘이 아니라 새로운 성문화로 발달하고 자리 잡게 되었다.

성에 있어서 그 횟수에 있어서 자유의 증대와 체위에 있어서 선택의 증대 그리고 상대방을 확인하는 시선은 적어도 수컷이 누구냐가 비교적 덜 중요한 자연의 상태 - 예컨대 재생산은 결국 암컷의 종국적 소임이었고 이는 단성생식의 긴 역사와 양성생식에 있어서도 수컷의 초라하고 미미한 역할로 볼 때 - 에서 거대한 역전의 계기가 된다. 물론 동물 세계에서도 수태 후 완전한 재생산의 임무(본능)수행을 위한 수컷이나 암컷의 희생적 노력과 협력은 있었지만 인간에 비해 볼 때 결코 지속적이지 못하고 수컷의 가족을 지키기 위한 노력에서 볼 때 미약한 편이다. 이러한 일련의 성의 혁명은 오늘날 여성의 성해방과 프리섹스를 내용으로 하는 남성으로부터의 성의 혁명보다 훨씬 앞선 것이다. 성적 능력의 확대는 인구증가를 가져왔고 인구증가는 농업에서 공업으로, 산업의 중심과 종류를 바꾸게 하는 동력이 되었다.

한편 인간의 직립보행은 성기를 엉덩이 쪽에서 개방하는 네발짐승의 경우와 달리 성기를 남으로부터 감추는 역할을 하여 성이 매우 비의적인, 사적인 것으로 바꾸는 전기가 된 것도 사실이지만 반대로 자신에게는 성기를 눈으로 빈번히 확인하게 하는 계기가 된다. 이는 매우 특기할 만한 사건이다. 성기를 눈으로 확인하는 것은 자연에서 문화로 향하는, 언어사용의 동물인 인간이 자신이 동물과 한 뿌리임을 기억하게 하여 오히려 수치심을 일으키는 것이었다. 원주민사회의 대부분은 최소한 여성의 가슴은 열어 두지만 남녀의 성기를 가리는 것이 일반적이다. 여기엔 물론 보호의 기능도 있겠지만 역시 수치심을 일으키기 때문으로 보인다. 직립보행은 뇌의 용량을 늘리는 것(이것은 인간의 지혜와 연결된다)과 동시에 자신의 알몸(특히 성기)에 대해 수치심을 일으키는 이중적 작용을 하게 되었다. 성서에 아담과 이브가 무화과 열매를 먹고 '눈이 밝아져 자기가 알몸인 것을 알고' 부끄러움을 알게 되고 무화과 나뭇잎으로 앞을 가렸다고 하는 것은 아마도 이러한 전환을 소급적으로 합리화하는 대목일 것이다. 성적 능력의 확대와 직립보행, 뇌 용량의 증대, 수치심의 일으킴 등은 일련의 연속성을 가지고 있다.

특히 성기의 노출에 대한 수치심은 동물에게는 없던 것으로 생식으로부터의 성의 해방과는 반대현상이어서 주목된다. 왜 성의 쾌락을 탐닉할 수 있는 신체적 진화를 이룩하는 것과 동시에 성기의 노출에 대해서는 수치심을 가지는 것일까. 이것은 동전의 양면과 같은 현상일까. 만약 수치심을 가지지 않고 성의 쾌락을 백주에 감행한다면 어떻게 될까. 아마도 이보다 아수라장은 없을 것이다. 자유가 확대되었으니까 그에 상응하는 책임이 따라야 한다는 것을 자연은 스스로 알고 있었던 것일까. 적어도 질서의 유지를 위해서는 수치심을 일으키는 것이 필요하였을 것이다. 그렇다면 이러한 수치심을 여성에게 더 심각하게 느끼도록 한 것은 왜일까. 아마도 그것은 여성이 성행위의 결과물을 몸에 지니고 있기 때문일 것이다. 인구조절을 위해서도 여성의 성에 대한 통제는 자연의 내장된 프로그램이었을 가능성이 높다. 여성의 유전인자에 이미 그러한 프로그램이 존재할 가능성이 높다. 자연은 개체수의 증가와 함께 그것의 유지와 조절도 동시에 달성하여야 하는 요구를 받고 있다. 수치는 해방의 반대급부인 것으로 보인다.

성기 혹은 성과 관련되는 것은 분명히 중요한 인간의 신체와 일에 속하지만 오늘날에 성개방 풍조가 만연하고 있다고 해도 여전히 은밀하고 사적인 영역으로 두는 것이 일반적이다. 성이란 너무 억압해도 안되고(억압이 심하기 때문에 개방을 주장한다) 그렇다고 무한정 개방할 수도 없는 성질의 것이다. 다분히 성과 지혜가 동시에 서로 피드백 작용을 하는 것은 일견 모순되는 것인데 이것이야말로 반신반인(半神半人) 혹은 반인반수(半人半獸)의 인간의 특성을 드러내는 것이다. 인류라는 존재는 오늘날 고도로 문명화되었다고 하지만 생각에 따라서는 거꾸로 이 지점에서 한 발자국도 벗어나지 못했다고 말할 수 있다. 성기를 가지고 재생산을 하는 인간, 말을 사용하여 끊임없이 다른 프로그램을 생산하는 인간 — 수직으로 걸어 다니는 직립보행, 이 한 단계의 진화는 성과 지혜라는 양극적인 것을 동시에 잡고 있는 분기점과 같다. 여기는 인간 문화의 역설과 이중성과 온갖 다양성과 변화가 집중되어 있는 곳이다.

직립보행은 네발짐승들이 주로 수평적인 공간개념(물론 동물들이 움직인다는 것은 반드시 수평적인 운동만 있는 것은 아니고 이미 움직인다는 것은 수평과 수직운동이 동시에 있는 것이지만)으로 살아가는 것을, 이에 더하여 수직적인 공간개념을 추가하게 한다. 그래서 인간은 흔히 수평의 선후관계를 수직의 상하관계로 쓰기도 하는데 이는 인간의 사고를 매우 구조적으로 만드는 데 결정적 역할을 한다. 수평만 있으면 구조가 성립되지 않거나 성립되어도 매우 단순한 데서 그친다. 이것은 시간적인 것 — 그래서 흘러 가버리는 것(사건적인 것)을 공간적인 것 — 그래서 머무르는 것(구조적인 것)으로 해석하게 하는 계기가 된다. 시간과 공간이 만남으로써 인간 특유의 상상력의 공간이 성립되고 좌표가 성립되고 신화가 성립된다고 해도 과언이 아니다. 시간적으로 고대(과거)는 공간적으로 하늘(天)이 되고 시간적으로 현대(현재)는 땅(地)이 된다. 인간은 그 사이에서 사는 존재 — 인중천지일(人中天地一)의 존재가 된다. 이것은 수많은 이원대립항의 구조와 음양구조의 출발점이다. 신화의 대부분은 하늘에서 시작하고 땅과 혹은 지하의 세계를 가지고 순환하는 내용으로 가득 차 있다. 이 순환의 구조를 가지고 있는 것은 바로 수평, 수직의 성립과 관련이 있다. 원이란 수평, 수직의 완성이며 인간이 도달할 수밖에 없는 것이다.

직립보행이 반드시 임신과 출산에 유리한 것은 아니었다. 다른 유인원보다 골반이 크게 축소된 여자는(남자는 별문제가 되지 않았다) 출산(parturition)을 위험하게 만들었으며 이것은 진화상의 또 다른 위기와 극복의 과정을 초래한다. 소나 양 등 포유류의 네발짐승들은 출산에 전혀 어려움이 없다. 여자가 여기에 적응한 것이 임신기간의 단축이었다. 신생아는 머리가 연골인 채로 자궁 밖으로 나온다. 이 연골인 채로 나온 것은 오히려 출산 후 두뇌의 발달을 가져오는 전화위복이 된다. 어쨌든 이런 진화상의 과정은 남자(수컷)로 하여금 더욱더 가족을 지켜야 하고 책임감을 느끼게 하였다고 보인다. 모성애는 자연의 요구였지만(일부 여성운동가는 모성애가 의식화에 의한 것이라고 하지만 굳이 말하자면 부성애가 보다 더 의식화의 산물이다) 부성애도 평행적으로 발전하여야 하였으며 음식을 나눠 먹기를 즐기는 이 유원인의 후손은 결국 가족이라는 공동운명체적 성격을 더욱더 강화하게 된다. 모성애뿐만 아니라 부성애도 의식화된다. 새끼의 증가－수컷이 더욱더 권력적이 되는 이유도 여기에 있다. 새로 태어난 새끼(후손)에게 성(姓)이 부여되고 이 것은 누구의 것이고 누구의 책임이라는 확실한 보증이 된다. 떠돌아다 니기를 좋아하는 사냥꾼을 집으로 돌아오게 하기 위해서는 자신의 이름을 문패에 달아 놓는 것보다 효과적인 것은 없었을 것이다. 이보다 더 효과적인 모자의 보호전략은 없었을 것이다. 수컷(남자)의 다른 암컷 (여자)과의 외도는 보호를 필요로 하는 모자에게 그리 큰 문제가 아니었다. 문제는 수컷의 집으로의 귀환이었다.

　지구상에는 물론 모계사회도 있지만 이것은 거의 드물다. 인도 말리바 지방에 사는 나야르족, 아메리카 호피 인디언, 남태평양의 트로브리안드족 등 특수하고 예외적인 경우에 불과하다. 지구상의 대부분의 사회가 남자에게 권력을 주는 부계－가부장사회인 이유가 여기에 있다. 가부장은 권력이 되고 계급이 되고 세습이 된다. 오늘날 민주주의의 역사는 권력의 집중과 신분제와 부의 세습을 타파하려고 노력을 하여 거꾸로 가는 듯한 운동을 하고 있지만 인구의 증가는 처음에는 권력의 집중을 만들었고 권력의 집중은 수컷의 책임증대와 같은 방향을 취했으며 이는 결국 대부분의 사회에서 가부장제로 고착된다. 가부장제의 역사는 수컷에 대한 책임을 증대시켰지만 그와 동시에 수컷의 암컷에 대한 성의 지배와 이에 대한 암컷의 길들여짐, 나아가 불가피하게 상대적으로 훨씬 지배적인 수컷의 성의 외도를 야기했다. 비근한 예로 암컷의 임신기간 중에, 연령집단(군대)에 들어가 있을 때, 밖의 일(직업)로 인해 집으로 돌아가지 못할 때, 여성이 생리기간 중에 수컷은 누구에게 욕망을 풀 것인가. 이런 말을 하면 여성, 특히 집에 있는 여성들은 불평등과 불합리를 역설하겠지만 남성의 입장에서는 난처한 문제가 되지 않을 수 없다.

여성도 남성이 일을 핑계로 자신에게 관심을 보여 주지 않을 때에 불평을 늘어놓는다. 그런 불평을 남성이 가족을 먹여 살리기 위해 일을 한다는 이유로 무시할 수는 없는 것이다. 여성이 생물의 일차적 임무인 위대한 자손의 번식을 위한 대사에 있다고 해서 남자들이 아무런 말도 못 하게 할 수는 없는 일이다. 번식은 번식이고 쾌락은 또한 쾌락이다. 인간에게 이르러 성은 번식과 쾌락으로 분화되었다. 둘 다 충족시키지 않으면 인생은 너무 지루하다. 또 그럴 수도 없다. 삶은 우선 재미있어야 하지 않는가. 재미없는 일은 언젠가는 소외되고 버려지게 마련이다. 그래서 자연은 성에 쾌락을 동시에 붙여 준 것이다. 인간은 성에 관한 한 이중인격이 되었다. 수컷은, 좀 더 정확하게 말하면 능력 있는 수컷은 어떤 채널이나 경로를 통하더라도 암컷을 더욱더 많이 지배하게 된다(일부다처제, 처첩제, 외도). 이는 무엇을 말하는가. 이것은 놀이와 쾌락으로서의 성의 문제를 야기한다. 이는 심지어 오늘날 핑크칼라 계급과도 연관이 된다. J. 호이징가는 호모루덴스(Homo Ludens), '놀이의 인간'을 말했다. 성도 생산이 아니라 놀이의 도구가 된 것이다.

인류학적으로 볼 때 인간은 처음 본능이라는 생식압력에 부응하기 위해 노력했고 그 다음 생식압력(인구증가)으로 빚어진 생산압력에 부딪히게 되었다. 생산압력은 자연히 산업의 발달을 농업에서 공업으로 유도했고 공업은 자연의 황폐화라는 오늘의 사태에 이르게 되었다. 오늘날 환경문제는 결국 생산압력에 대처하는 인간의 산업이나 과학기술이 환경을 파괴함에 따른 것이다. 결국 문제의 출발을 보면 결국 생식압력에 지나칠 정도로 인간이 잘 적응한 결과이다. 인구증가는 자연히 생산을 늘리기 위해 전쟁을 일으키고 산업의 발달을 꾀하지 않으면 안 되었다. 다시 말하면 인간의 진화의 역사는 생산과 재생산의 확대재생산의 역사인 셈이다. 이는 필연적으로 인구조절과 부의 분배와 평등의 문제를 야기하고 - 자유·자본주의와 공산·사회주의가 대립은 그 좋은 예이다 - 급기야 환경의 문제를 야기하게 되었다.

오늘날 자연의 황폐화도 실은 인간의 '인구증가(재생산)와 생산의 확대재생산 과정'의 산물이다. 만약 자유·자본주의의 부와 풍요가 이러한 과정의 산물이라면 또한 가부장제의 산물이라면, 더욱이 그것이 가져온 환경파괴가 권력경쟁의 결과라면 민중과 여자의 폭넓은 자유와 풍요와 해방은 아이러니컬하게도 환경파괴의 덕택이라도 볼 수도 있다. 그렇다면 인류의 역사는, 더욱 정확하게는 권력의 역사는, 가부장제의 역사는 환경파괴가 없이는 결코 여자와 민중의 행복과 평등을 허용하기에는 부족한 것인가. 다시 말하면 여자와 민중의 행복은 자연의 황폐화의 대가일까. 여성과 민중의 자유와 평등은 재빠르게 방종과 타락으로 치닫고 있기 때문이다. 생존과 종의 번영에 있어서 불확실성과 대처하기 위해 인간은 너무나 심한 '자연의 낭비'를 가져왔다. 전적으로 쾌락으로서의 성은, 처음부터 낭비를 하기 위한 성은 자연으로부터의 이탈을 위한 길고 긴 여정이었다. 여기에 문명의 역설이 존재한다. 자연으로부터 너무 많이 이탈하면 자연은 다시 재앙을 주고 가까이 불러 모을 것이다.

2. 피그미침팬지의 전위체위

인간의 성에 가장 가까운 피그미침팬지는 인간의 성에 대해 많은 것을 느끼게 한다. 피그미침팬지는 인간이 동물적인 후위체위에서 어떻게 전위체위로 넘어오고 여성들의 신체가 변하는지를 알게 하고 있다. 피그미침팬지는 발정기가 되면 소위 엉덩이 부분이 빨갛게 부풀어 올라 수컷을 유혹하게 된다. 사실 후위체위는 암컷의 엉덩이를 수컷이 계속 바라보는 매우 무미건조한 것이다. 이에 비하면 전위체위는 서로 눈으로도 보면서 암컷의 유방으로 인해 더욱 다채로운 것으로 만든다. 성의 쾌락과 다채로움은 어디서 오는 것일까. 성은 인간에게도 분명 재생산의 메커니즘이었다. 그러나 동시에 성은 놀이와 재미, 쾌락의 도구였다. 인간은 분명 재생산의 메커니즘인 성을 놀이의 메커니즘으로 전환시킨 장본인이다. 인구증가와 쾌락은 성의 양면이다.

인류문명에 있어서 '본능과 도덕의 자리바꿈'이라고 할 수 있는 '도덕의 역설'보다 앞서는 것이 바로 '재생산으로서의 성'이 '쾌락으로서의 성'으로 자리바꿈한 '성의 역설'이다. 이는 동물에서 인간으로 넘어오면서 일어난 자연현상의 하나인데 성이 반드시 재생산을 위해서만 필요한 기관이 아니라는 사실이다. 이 '성의 역설'이 '도덕의 역설'을 촉발하는 단서가 된다. 다시 말하면 가만히 두면 범람하는 '쾌락으로서의 성'을 다스릴 방도가 없고 그것을 그냥 내버려 두면 아마도 무질서의 난장판이 되었을 것임에 틀림없다. 어쩌면 인간사회의 질서를 근본에서부터 파괴하는 것이 되었을 것이다. 도덕의 역설은 바로 성의 역설 혹은 역전 때문에 비롯되는 것이다. 성은 다스리는 방안과 장치로서 도덕이 존재하게 된다.

물론 도덕이 존재하더라도 쾌락의 역설은 지배계급에게는 별로 적용이 되지 않는다. 이는 도덕이 아무리 발달하여도 그보다 더 본질적이고 앞선 것인 성(性)을 완전히 제어할 수는 없다. 그래서 도덕에 대한 성(性)의 반란은 은밀하게 혹은 특권층에게는 허용되고 여기에 '봉사하는 성'으로서의 '여성의 성'이 존재하게 되는 것이다. 여기에 이르면 권력이란 성을 억압하는 것이 아니라 바로 성의 독과점을 뜻하는 것이 된다. 말하자면 특권층들은 "나(왕 혹은 귀족 혹은 상류층)는 성을 즐겨도 되고 너희(백성)는 성을 즐기면 안 된다"는 특권의식을 가지게 된다. 특권층에 여성을 공급하는 층은 물론 중·하류층이나 몰락 양반층(상류층)이 될 것이다.

권력이란 남자의 여자에 대한 독과점, 높은 계급이 낮은 계급을 지배하는 메커니즘으로 작용한다. 도덕이 강하면 강할수록 그 뒤에서는 쾌락이 강했다는 이율배반은 여러 문헌에서 드러나고 있다. 특히 중세 유럽의 양반계급은 귀부인들도 성을 자유롭게 즐겼다. 귀부인들은 흔히 젊은 남자 예술가들의 파트론(patron)이 되었고 이들의 성을 즐겼다고 하는 편이 옳다. 이는 '남성이 여성을 성의 유희대상으로 삼는다'는 것뿐만 아니라 '권력이 성을 유희의 대상으로 삼는다'는 것을 보여 준다. 이것은 '권력이 자기보다 나이가 어린, 젊은 성을 좋아한다'는 보편성을 창출하게 된다. 여기엔 말하자면 그 권력이 어떤 형태의 것이든 그것을 얻기 위해서는 자신의 젊음을 투자하여야 하고 권력을 가진 자는 투자된 자신의 젊음을 보상받겠다는 심리가 깔려 있다.

3. 쾌락의 법칙

권력은 젊음 혹은 젊음의 시간을 주고 산 것이지만 결국 허무한 것이다. 그 허무함을 메우려는 듯 권력자들은 '존경' 혹은 '사랑' 혹은 '탐욕'이라는 이름으로 젊은 성을 구하게 된다. 그래서 인간의 본성에는 항상 '늙은 여성은 젊은 남성을 흠모하고 늙은 남성은 젊은 여성을 사랑하고자 하는 욕구가 있는 것'이다. 여성에게도 당연히 그런 감정과 욕구가 있지만 그들은 권력이 없었기 때문에 그것을 실천하고 획득하지 못했을 따름이다. '권력을 가진 여자들'은 당분간 남성들보다 역사적으로 자행된 성적 억압에 대한 보상심리로 더더욱 섹스에 탐욕할지도 모른다. 이에 따라 권력이 성을 억압하는 것이 아니라 그러한 흐름을 타고 역류하는 은어처럼 성이 권력을 탐하는 반작용도 함께 일어난다. 도덕은 절대적으로, 천부적으로 처음부터 부여받은 것이라기보다는 인간이 태어난 뒤 스스로를 다스리기 위해서 고안한 것일 확률이 높다. 소위 본성(本性)이란 본능(本能)의 뒤치다꺼리를 하는 것이니까 말이다. 섹스와 사랑이야말로 최고, 최대의 놀이가 아닌가.

'쾌락으로서의 성'의 법칙은 다음과 같다.

① 권력으로부터 다스림을 받던 성(性)은 드디어 권력을 모방한다. 어쩌면 성이 권력을 모방하는 것은 당연한 것인지도 모른다. 권력이라는 것이 애초에 성의 변형이기 때문이다. 성(性)은 결국 권력화된다.

② 성은 권력이 되어 계층의 사이사이에 포진한다. 그런 뒤 은밀하게 유혹을 한다. 유혹은 부드럽고 세련된 권력의 기술이다. 그래서 성의 권력화를 유혹의 기술이라고 한다.

다음은 최근에 방영된 Q채널의 "섹스를 알고 싶다—4부작"의 스크립터 내용이다.

[방송시간: 2003년 10월 16일 24시]

성에 대해 숨어서 얘기하던 시대는 지났다. 과학으로 풀어낸 섹스에 대한 모든 것, 주먹구구로 터득한 性지식을 한 단계 업그레이

드할 기회가 찾아왔다. 아이들은 재우고, 이제라도 제대로 배우자.

흔히들 우리는 성을 여자는 중, 고등학생 때 읽는 하이틴 로맨스로, 남자는 포르노와 PC 앞에서 배우는 것이 전부라고들 한다. 또 사회통념상 제대로 된 성교육을 할 수 없는 분위기 또한 우리나라의 현실이다. 잘못된 성지식은 결국 성범죄로 이어지고, 결혼을 한다 해도 서로에 대한 성지식의 부족으로 결국 파경을 맞는 부부들도 많다.

이에 Q채널은 최근 학계에 발표된 섹스에 관한 과학적 자료를 알기 쉽게 풀어 주는 "섹스를 알고 싶다"를 방송한다. 인간은 왜 사랑에 빠지는가, 전희의 진화적 역할, 섹스를 하면 왜 즐거운가 등의 자료를 포함해, 남녀의 매력, 일부일처제, 배우자의 간통, 오르가슴의 메커니즘을 전문가의 인터뷰와 실제 시민들의 사례를 통해 알아본다. 유전학자 스티브 존스, 진화이론가 리차드 더킨스, 행동생태학자 랜디 쏜힐, "휴먼 스펌 컴피티션"의 공동저자인 로빈 베이커의 인터뷰가 수록돼 있다.

* 남녀가 애무를 할 때 머리카락이 곧추 서는 장면
남녀가 키스를 할 때 입술이 부풀고 부드러워지는 장면을 클로즈업으로 포착해 보여 준다.

* 우리는 파트너를 선택할 때 나와 비슷한 사람에게 끌리는 경향이 있다고 한다.
비슷한 키, 체중, 성격, 아이큐는 물론이요, 심지어 허파의 크기, 귀의 크기, 코의 폭, 귓불의 길이까지도 커플끼리 비슷하다고 한다.

* 전희를 잘하는 남자가 여자들에게 매력 있는 남자다.
전희는 남성이 오직 경험을 통해서만 터득할 수 있는 기술이다.

* 사람에게는 누구나 성감대가 있다.
음경이 발기하고, 질이 윤활제처럼 매끄러워지고, 자궁경부의 점액이 분비되는 것.
그것이 섹스를 위한 준비과정이다.
우리 인간은 진화를 거치는 동안 섹스의 준비과정을 촉진시켜 주는 '성감대'라는 것을 얻게 됐다.
주요 성감대는 손가락 끝, 입술, 젖꼭지, 음경, 클리토리스인데, 이 부위들이 성감대인 이유는 그곳에 신경말단이 집중돼 있기 때문이다.

*왜 사이즈가 중요한가.
사람의 음경은 인간과 유사한 영장류 중에서 가장 길고 크다.
음경의 사이즈는 질의 사이즈가 커짐에 따른 결과다.
3백만 년이 넘는 역사 동안, 사람의 뇌 사이즈는 세 배가 커졌고, 신생아의 머리 크기가 커짐에 따라 더불어 여성의 질 사이즈도 커졌다.
그 결과, 남성의 음경도 여성의 질 사이즈에 맞게 최대한의 능률을 위해 길어지고 커졌다.
초음파 스캔을 통해 음경의 피스톤 운동을 과학적으로 분석해 본다.

* 마스터베이션은 좋은 것이다.
남자가 마스터베이션을 하면 노화한 정자들이 말끔히 제거되며, 다가올 섹스를 준비하게 해 준다.
마스터베이션은 생식작용에도 도움을 준다.
마스터베이션을 한 뒤엔 정자의 수는 줄지만, 더 젊고 질 좋은 정자가 생산된다는 이점이 있다.
여자가 마스터베이션을 하면 비뇨 생식기 감염이 퇴치되는 데 도움이 되며, 노화한 점액과 노화한 정액을 제거해 줌으로써 다가올 섹스를 맞이하게 해 준다.

1부) 성적 매력_10월 9일(목) 밤 12시/10월 12일(일) 새벽 1시

다윈의 적자생존법칙에 따르면 자녀가 있는 사람은 살아남고 없는 사람은 없어진다고 한다.
그만큼 자녀를 낳는 것은 인간의 본능이다.
자녀를 낳으려면 섹스를 해야 하는데, 섹스란 나의 유전자를 2세에게 안전하게 물려주기 위한 행위다.
섹스에 유능한 사람이 되려면 매력 있는 사람이 돼야 한다.
전 세계의 남녀 공통으로 원하는 이상형은 똑똑하고 믿음직하고 친절하고 이해심 많고 건강한 사람으로 조사됐다.
여기서 더 나아가 남성은 젊고 예쁜 여자를, 여성은 경제력 있는 남자를 원하는 것으로 조사됐다.
이 같은 현상은 우리 유전자 때문일까? 아니면 사회적인 영향

때문일까?

낯선 누군가로부터 섹스를 제안받았을 때 남녀의 반응은 천지차이다.
남자의 경우는 넷 중 셋이 '예스'라고 답한 반면, 여자의 경우는 대부분 불쾌한 표정으로 '노'라고 답했다.
남자는 되도록 많은 섹스의 기회를 포착해 되도록 많은 자손을 낳도록 진화했다.
반면 여자는 거의 1년에 이르는 임신기간 때문에 판단이 조심스러울 수밖에 없다.
여자가 값비싸게 굴면 남자는 그녀의 가치를 높이 평가하며 그녀의 정절에 대해 믿음을 쌓는다.
남자는 비교적 난잡한 성생활을 하도록 진화했지만, 정작 자기만큼 난잡한 여자에게는 흥미를 잃는다.
그것은 남자가 단기연애와 장기연애를 구분 짓기 때문이다.
여자 역시 단기 연애 상대와 장기 연애 상대를 구별해서 만난다.

남자가 매력을 느끼는 여자의 몸매는 36−24−36이다. 특히 허리 대 엉덩이의 비율은 반드시 0.7이어야 한다.
남자들은 여자의 뒷모습만 보고도 그 여자에 대한 매력도를 점친다.
마찬가지로 여자가 매력을 느끼는 남자의 허리 대 엉덩이 비율은 0.85, 0.95다. 허리가 엉덩이보다 약간 마른 정도의 수치다. 남자의 경우 허리가 엉덩이보다 뚱뚱하면 건강해 보이지 않고, 허리가 엉덩이보다 너무 마르면 여자 같아서 매력이 떨어진다.

신체의 대칭도 중요한 매력 포인트다.
신체가 대칭을 이루면 지능지수도 좋고 사회적 성공률도 높다. 빌 클린턴과 폴 뉴먼의 얼굴은 거의 완벽한 대칭을 이룬다. 그런 남자일수록 어린 나이에 성생활을 시작하며, 섹스의 기회도 많고 오르가슴을 자극하는 비율도 높으며 외도할 기회도 많다고 한다.

2부) 섹스는 왜 섹시한가_10월 16일(목) 밤 12시/10월 19일(일) 새벽 1시

남녀가 만나 사랑을 할 때, 여러 가지 호르몬이 분비된다.

우선 천연각성제인 페닐에틸아민(PEA)이 분비돼 가슴이 뛰고 황홀한 느낌이 든다.

그리고 마약과도 같은 엔도르핀이 분비돼 나른한 느낌이 든다.

그리고 파트너의 몸을 만지면 만질수록 엄청난 양의 옥시토신이 분비된다.

이 외에도 도파민, 세라토닌 등이 분비돼 사람의 사랑의 감정을 지배한다.

남자와 여자는 성적으로 흥분을 하면 성기가 부풀고 충혈된다.

남성의 페니스가 발기하는 모습과 여성의 질과 클리토리스가 부풀고 충혈하는 모습을 열 이미지로 촬영해 소개한다.

오럴섹스를 하면 나의 파트너가 병에 감염이 됐는지를 알 수 있고, 나의 파트너가 나 몰래 부정행위를 저질렀는지도 알 수 있다.

여자의 경우, 여자의 성기에서 남자의 정액냄새가 날 때, 남자의 경우, 남자의 페니스에서 여자의 질 냄새가 날 때 의심해 볼 만하다.

남성의 자위는 노화하는 정자를 청소하고 싱싱한 정자를 들이는 행위다.

남성이 스스로 자위를 함으로써 정자를 배출하지 못할 땐, 몽정으로 배출이 된다.

여성도 일종의 몽정을 한다. 그것을 야간 오르가슴(수면 오르가슴)이라고 한다.

여성의 자위와 야간 오르가슴도 자궁 내의 노화하는 세포를 청소해 주는 기능을 한다.

남녀는 서로의 냄새로 섹시함을 느낀다. 예부터 체취 혹은 암내는 이성을 유혹하는 향기였다.

발칸반도에서는 축제 때 사내들이 겨드랑이에 손수건을 끼고 춤을 추다, 그 손수건을 사랑하는 여인에게 흔든다고 한다.

페로몬은 나의 피부나 생식기 주변에서 타인에게로 확산되는 방향성 유인물질이다.

발정 난 암캐의 페로몬 냄새를 맡고 동네의 수캐들이 모여든다는 실험결과가 있다.

이처럼 페로몬은 서골비 기관(VNO)을 가진 동물의 번식행동에 큰 영향을 미친다.

사랑에 푹 빠진 커플의 뇌를 MRI로 촬영했더니 뇌의 감정센터에서 도파민, 노르에피네프린, 세라토닌, 페닐에틸아민의 분비가 활발히 감지됐다.

남자와 여자는 성적 환상을 갖는 방식도 다르다.
남자는 주로 수많은 미녀들 속에 자기 혼자 갇힌 상상을 한다.
남자는 포르노를 보고도 쉽게 흥분한다.
반면에 여성은 포르노가 아닌 로맨스 연애소설을 보고 더 흥분한다.
여성에게 포르노를 보여 주면, 성기는 흥분을 하지만, 그녀의 감정은 흥분하지 않는다.
여성에게는 성기의 반응보다는 그녀의 감정이 더 중요하다는 증거다.

3부) 섹스의 목적_10월 23일(목) 밤 12시/10월 26일(일) 새벽 1시

외도(간음, 불륜)의 대가는 크다. 가정, 배우자, 자식, 돈, 직업, 건강까지 잃게 된다.
그런데도 왜 수많은 사람들이 외도를 할까?
외도엔 스릴 그 이상의 무엇이 있음이 틀림없다.
우선 남자는 불륜으로 자신의 번식성공률을 높인다.
여자는 불륜으로 더 많은 재력, 음식, 보호를 얻는다.
또한 우량의 유전자를 만나 아기를 낳으면 여성의 번식성공률도 높아진다.

인간은 애초부터 바람을 피우도록 돼 있는 존재다.
그것을 위해 남자는 큰 고환과 많은 정자를 갖도록 진화했다.
인간의 고환은 고릴라보다는 크고 침팬지보다는 작다.
고릴라는 일부다처제로, 고릴라 수놈은 다른 수놈들과 경쟁할 필요가 없다.
그래서 고릴라의 고환은 작다.
반면 침팬지 수놈은 암놈 하나를 놓고 수많은 수놈들과 치열한 섹스경쟁을 벌여야 한다.
그래서 침팬지의 고환은 무척 크고 정자의 개수도 많다.
고환의 크기는 동물의 난잡한 사생활과 직접 연관돼 있다.

남자의 페니스는 피스톤운동으로 경쟁자의 정자를 빼내고 자기만의 정자를 여성 몸에 주입하는 기능을 한다.

그래서 페니스는 크기보다는 모양이 더 중요하다.

또한 페니스의 길이가 길수록 정자가 여성의 몸으로 들어가기가 훨씬 쉬워진다.

아내와 오래 떨어져 있던 남편은 아내와의 성행위 후 아주 많은 정자를 사정한다.

아내와 계속 붙어 있었던 남편은 아내와의 성행위 후 일반적인 수의 정자를 사정한다.

그렇게 남자는 정자전쟁에서 이기기 위해 사정 순간 스스로 정자의 양을 조절한다.

아내와 오래 떨어져 있던 남편은 혹시라도 아내가 바람을 피웠을까 봐 스스로 고환을 더 쥐어 짜낸다는 이야기다.

여자가 비밀스런 배란을 하는 것에도 진화적 이유가 있다.

만약 남편이 아내의 배란기를 정확히 안다면, 그는 한 달 꼬박 집에 붙어 있지도 않을 것이다.

남편은 배란기를 모르기 때문에, 계속 아내의 곁에 머물며 덤으로 아이와도 놀아 주는 것이다.

지금까지 생물학에서는 난자를 수동적인 존재, 정자를 적극적인 존재로 묘사해 왔다.

하지만 모든 정자가 다 운동성이 활발한 것도 아니요, 정작 수정을 허락하는 것은 난자다.

대다수의 정자는 난자 곁에 가 보지도 못하고 여성의 생식기에 의해 사살된다.

침대시트가 젖는 현상이 바로 그것이다.

4부) 본능과 결혼_10월 30일(목) 밤 12시/11월 2일(일) 새벽 1시

'일부일처제'는 인간의 본능에 합당한 제도일까? 아니면 인간의 본능에 어긋나는 제도일까?

포유류의 3%만이 일부일처제다.

먼 옛날 남자와 여자는 서로의 필요에 의해 일부일처제를 택하게 됐다.

그리고 부부의 관계를 돈독히 다지기 위해 '감정'을 갖게 됐다.

아버지가 자식에게 쏟는 정성과 투자를 영어약자로 MPI라고 부르는데, 인간의 MPI는 상당히 높다.

한편 자기 자식이 아닌 남의 자식을 키우는 남자는 아동을 학대하거나 살해하는 경우가 많다.

첩이나 애인과 바람을 피우는 남자일수록 부인에게만 충실한 남자에 비해 번식활동이 왕성하다.

일부다처제 사회의 장점은 이렇다.

남자는 더 많은 섹스파트너를 가질 수 있고 자기 자식을 돌봐줄 여자를 여럿 거느리게 된다.

여자는 일부다처제하에서 첫 번째 부인이 되면 남편의 물질을 많이 차지할 수 있다.

실제로 여자들은 권력 있는 남자의 두세 번째 부인이 되길 더 원한다.

반면 일부다처제 사회의 단점은 이렇다.

권력과 부를 거머쥔 소수의 남자를 제외하고는 나머지 대다수 남자는 외톨이로 지내야 한다.

결국엔 강간과 폭력사건이 늘어나게 된다.

그리고 부인들끼리도 질투와 싸움을 하게 돼, 아이를 독살하는 사건이 생길 수도 있다.

그렇다면 우리는 어쩔 수 없이 일부일처제로 살아야 한다.

하지만 명목상의 일부일처제에도 단점은 있다.

남편은 부인 몰래 애인과 첩을 만들어 바람을 피우는 경우가 많고,

아내는 아이가 어느 정도 크고 나면 우량 유전자를 가진 애인을 찾아 나서는 경우가 많다.

요즘 들어 새로 나타난 현상은 연속 일부일처제다.

연속 일부일처제란, 결혼했다 이혼했다 다시 결혼했다 이혼했다를 반복하는 결혼의 형태다.

하지만 이 제도하에서는 자녀가 아버지의 보살핌 없이 크게 되고 가정이 쉽게 해체되는 단점이 있다.

유전자 클로닝, 피임, 체외수정 등의 과학기술이 발달함으로써 인간은 노화를 막고 생명을 연장하는 혜택을 받는다.

우리가 자연도태 혹은 자연선택에만 맹목적으로 의존하지 않고 새로운 과학기술을 이용한다면 새로운 결혼형태를 창조할 수 있을 것이다.

이것은 또 다른 히스토리 스페셜 프로그램이다.

[(90) 성서 속의 성 1]

[히스토리 스페셜 2]
Running time: 60분

#1 (생육하고 번성하여 땅에 충만하라)

우리는 성경을 성적인 정열과는 전혀 동떨어진 것으로 생각하기 쉽다. 그러나 실제로 성경은 사랑과 욕망의 이야기로 가득하다. 아담과 이브, 소돔과 고모라, 솔로몬 왕의 700명의 아내들 그리고 예수를 따르던 여성들에 대한 이야기 외에도 성서에는 성에 대한 재미있는 이야기들이 넘친다. 성서에는 왜 성과 사랑의 이야기가 많을까? 성서는 동화가 아니라 인간 생활을 그대로 드러내는 책이기 때문이다.

4천 년 전 근동지방에서 다산과 풍요는 신만이 내려 줄 수 있는 축복으로서 농경사회의 큰 덕목이었다. 히브리인들은 농사의 풍년과 가축의 번식 그리고 자녀를 많이 두게 해 달라고 바알신에게 기도했다. 성은 곧 창조의 과정이었다. 그러나 히브리 성서에서는, 신이 성적인 접촉을 통해서가 아니라 말을 통해 창조를 했다. 신은 창조물들을 축복하면서 말했다. "생육하고 번성하여 땅에 충만하라."

그렇다면 에덴동산에서도 인간은 성적인 접촉이 있었을까? 여기에 대해서는 학자들 사이에 의견이 나뉜다. 아담과 이브가 선악과를 따 먹기 전까지는 성적인 접촉이 없었다고 하는 사람도 있고, 에덴동산이 낙원이었다면 왜 성이 없었겠느냐고 반문하는 사람들도 있다.

땅에서 번성하라고 신의 축복을 받은 인간들은 성적인 타락이 극에 달하면서 '소돔과 고모라'에서처럼 재앙을 당하게 된다.

[(137) 성서를 파헤쳐라 2]

[히스토리 스페셜]
Running time: 60분

18세기 후반부터 새로운 형태의 탐사가들이 등장했다. 한 손에
는 유적발굴용 삽을 들고, 한 손에는 구약성서를 든 것이다. 이름
하여 '성서 고고학'을 연구하는 이들은 구약성서에 나오는 내용이
과연 역사적 사실인지를 캐기 시작했다. 성서에 나오는 해당 지역
의 땅을 직접 파내면서 말이다. 그런데 이들의 유적 발굴은 단순한
학문적 발견을 넘어 영토를 둘러싼 이스라엘과 팔레스타인의 분쟁
의 단초가 되기도 했다.
구약성서는 세계에서 가장 중요한 종교경전이며 또한 논쟁의 대
상이기도 하다. 구약성서는 비단 크리스천뿐 아니라, 유태교, 심지
어 이슬람교에서도 경전으로 삼고 있다. 심오한 영성을 담고 있는
종교경전이라는 면과 역사적 실체성에 대한 심각한 논쟁을 일으키
고 있는 고대 역사서라는 두 가지 특성을 갖고 있다. 예를 들어 모
세가 홍해 바다를 가른 기적이 과연 역사적 사실이었을까부터 시
작해 갖가지 흥미로운 논쟁거리가 있다.
구약성서의 유적발굴이 논쟁을 불러일으키기 시작한 것은 세계
를 떠돌던 유태인들이 1948년 이스라엘을 건국하면서부터다. 이스
라엘인들은 구약성서에 나오는 유적이 발굴되는 걸 정치적으로 이
용해 인근 팔레스타인인들의 땅에 대한 소유권을 주장하고 나섰다.
특히 문제가 된 게 고대 이스라엘 왕국을 세운 다비드 왕의 무덤,
그의 아들인 솔로몬 왕의 성전이다. 이 유적들은 팔레스타인인들의
주거 지역과 겹치고 있어, 정치적으로 민감한 영토분쟁의 단초가
되고 있다. 구약성서가 과연 신화냐, 역사적 사실이냐를 캐기 위해
시작된 성서 고고학이 뜻하지 않은 영토분쟁과 정치적 대립을 일
으키는 토대가 되었다는 점에서 발굴에 참여한 학자들도 씁쓸한
마음을 갖고 있다. 게다가 유물을 위조해서 팔려는 불순한 사람들
까지 등장했다. 순수한 학문적 탐사가 객관적인 결실을 맺을 수 있
는 날이 오기를 바라는 게 많은 사람들의 바람이다.

마르크스는 생산수단의 무유를 기준으로 가진 자를 부르주아 계급,
못 가진 자를 프롤레타리아 계급으로 나누었다. 이것은 왕과 귀족(통치

권의 유무), 귀족과 평민(정치참여의 유무), 평민과 노예(자주권의 유무)를 나누는 고대의 이분법적인 계급분류의 현대판 변형에 지나지 않는다. 이를 무슨 거대한 발견이라도 되는 듯 떠드는 것은 망발이다. 차라리 이런 이분법적인 계급의 사이에는 반드시 핑크칼라에 속하는 계급이 있었다. 핑크칼라 계급은 인간의 본성인 성(性)과의 관련 속에서 발견되는 보편적인 계급에 속한다. 핑크칼라 계급은 인간의 성(性)을 놀이와 쾌락의 도구로 사용하는 계급이다. 인간은 '섹스를 사랑'으로, '폭력을 권력'으로, '생식(집단)을 가족'으로 바꾼 생물종으로 '섹스를 생식'으로부터 분리시키고 동시에 '폭력과 권력'의 사이사이에 '섹스와 사랑'을 집어넣었다.

푸코의 말대로 "권력은 성의 몸통을 양팔로 꽉 붙잡는다. 의심할 여지 없이 유효성의 증대이고 통제되는 영역의 확대이다. 그러나 또한 권력의 관능화이고 쾌락의 증진이다. 이는 이중의 효과를 낳는다."(푸코, 1976, 이규현 역, 1990, p.62.) 또 "권력은 유혹의 기제처럼 작용한다. 이를테면 감시의 대상인 그 야릇한 언동을 유인해서 끌어낸다. 쾌락은 쾌락을 몰아내는 권력 위에 퍼지고 권력은 방금 은폐물에서 쫓겨 나온 쾌락을 단단히 붙들어 맨다." "한쪽에는 권력을 행사하는 쾌락 - 질문하고 감시하고 숨어서 노리고 엿보고 뒤지고 만져 보고 밝혀내는 것 - 이 있고 다른 쪽에는 그 권력의 손아귀에서 벗어나고 그것을 피하고 속이고 우습게 만들어야 한다는 것 때문에 자극되는 쾌락이 있다."(푸코, 위의 책, p.63.)

"자본주의는 생산체계 안으로의 육체의 통제된 편입을 대가로 치르고 경제적 과정에 따른 인구 현상의 조정을 조건으로 해서만 확고해질 수 있었다. 그런데 자본주의는 그 이상의 것을 요구했다. 자본주의에는 육체와 인구의 증가, 그것들의 강화와 동시에 활용 가능성 및 순응성이 필요했으며 힘과 적성과 전반적 삶을 최대로 이용할 수 있으면서도 그것들의 예속화를 더 어렵게 만들지 않을 권력행사의 방법들이 필요했다."(푸코, 위의 책, p.151.)

"일반적으로 말하면 '육체'와 '인구'의 접합점에서, 성은 죽음의 위협보다는 오히려 삶의 관리를 둘러싸고 조직되는 권력의 중심적인 표적이 된다. 피는 오랫동안 권력의 기제, 발현, 관례에서 중요한 요소로서 기능해 왔다. 혼인제도, 군주의 정치형태, 신분과 인습적 계급에서의 차별화, 가계의 중요성이 지배적인 사회에서, 기근과 전염병과 폭력 때문에 죽음이 절박하게 되는 사회에서, 피는 기본적인 가치의 하나를 이룬다."(푸코, 위의 책, p.157.)

"권력이 피를 통해 말하는 '피의 사회' – 전쟁의 명예, 기근에 대한 공포, 죽음의 승리, 칼을 든 군주, 사형집행인과 형벌을 포괄하는 다혈질의 사회 – 에서 피는 상징적인 기능을 갖는 현실이다. 반면에 '성의 사회'는 권력의 기제들이 육체, 삶, 삶을 증식시키는 것에 발을 걸고 인류라는 동물종, 그것의 활기, 지배능력 또는 활용되어야 할 적성을 강화하는 것에 호소한다."(푸코, 위의 책, p.157.)

인간은 참으로 도덕적인 존재인가. 인간은 참으로 신앙적인 존재인가. 만약 도덕적인 존재이고 신앙적인 존재라면 왜 도덕은 계속 주장되고 강제적으로 교육되어야 하고 신앙은 끊임없이 전도를 하고 종교전쟁까지 일어나게 되는가. 진화론은 특히 기독교를 신봉하는 창조론자들에 의해서 부정된다. 그러나 기독교의 절대신은 적어도 세계에 대해 과학적으로 설명하는 담론은 되지 못한다. 그것은 '인간은 왜 사는가?'(why)라는 의문에 답은 될 수 있지만 '인간은 어떻게 탄생했는가?'(how)에 대한 답을 주지 못한다. 더욱이 '인간은 누구인가?'(who)에 대해 속 시원한 답변을 듣지 못한다. 여기에 답변을 할 수 있는 것은 부족할지라도 과학에 의존할 수밖에 없다. 그 답변은 바로 종교의 창조론이 아니라 생물학의 진화론이다. 종교는 도덕의 수호자이고 생물학은

'놀이로서의 성'을 추인하지 않을 수 없다.

'놀이로서의 성', 더 적나라하게 말하면 '쾌락으로서의 성'은 인류의 여러 문헌에서 찾아볼 수 있다. 중국의 고전인 "시경(詩經)"에서도 성(性)은 중요한 주제인가 하면 위대한 왕들의 여성편력, 인류 역사 전반에 걸쳐 있는 기생(妓生)과 무희(舞姬)의 등장, 심지어 매춘(賣春)의 역사도 이를 잘 증언한다. 매춘은 가부장사회의 특성이다. 모계사회에서는 같은 행위가 벌어져도 그것을 매춘이라고 하지 않았다. 매춘은 더 이상 여자에게만 해당하는 것이 아니다. 남자에게도 해당한다. 더욱이 앞으로는 매춘이라는 단어를 쓰기보다는 차라리 '자유로운 성', '쾌락으로서의 성'이라고 하는 편이 옳다. 경제적으로 성이 거래가 된다고 하는 것은 별 의미가 없다. 성도 하나의 교환의 가치에 속할 뿐이다.

오늘날의 소설이나 영화에 기본적인 밑반찬과 같은 메뉴는 바로 '쾌락으로서의 성'이다. 이는 인간의 재생산이 성(性)에서 출발한 것인 데 반해 재생산의 확대결과인 권력은 다시 성(性)으로 돌아감을 의미한다. 바로 다시 자기의 품으로 돌아온 권력을 가지고 권력을 꾀하는 것이 바로 '쾌락으로서의 성'이다.

4. 유혹: 성의 권력에 대한 역공

성이 권력을 가지는 방법에서 가장 중요한 것은 유혹(seduction)이다. 물론 성에도 권력처럼 폭력이 매개가 될 수 있다. 그러나 폭력은 권력의 확대재생산을 달성하는 폭이 좁다. 권력에 대한 성의 역공, 즉 성의 권력화는 유혹에 의해 달성된다. 이 유혹도 용의주도한 것이다.

시저와 안토니우스를 유혹한 이집트의 여왕 클레오파트라는 그 유혹이 권력이 될 수 있음을 최대한 보여 준 여성이다. 유혹의 특징은 산발적이고 간접적이고 사적이고 부드러움을 원칙으로 한다. 남성들의 권력획득 방법인 정면승부와는 다르다. 정면승부는 공식적(public)이고 정규적(formal)이고 집중적(concentrative)이고 강함을 원칙으로 한다. 말하자면 유혹이라는 것은 권력으로 비유하자면 마치 테러리즘과 같은 것이다.

유혹과 테러리즘의 공통점을 보자.
① 유혹과 테러리즘은 사적(personal)이고 비정규적(informal)이고 산발적(dispersive)이다.
② 유혹과 테러리즘은 적은 투자로 많은 효과를 노린다.
③ 유혹과 테러리즘은 비의적(秘儀的)이다.
④ 유혹과 테러리즘은 자기희생적(순교) 혹은 자기파괴적(자살)이며 쾌감(절정)을 경험한다.
⑤ 유혹과 테러리즘은 상상력을 자극한다.
⑥ 유혹과 테러리즘은 상상계의 일이다.

테러리즘은 공식적으로 선전포고도 하지 않고 적은 숫자(때로는 1명)로 남몰래 일상(전장이 아닌)으로 잠입해 들어와 가벼운 무기(전쟁의 중무장에 비해)로 중요한 인물을 살해하고 건물을 폭파한다. 적은 에너지의 투입에 비해 얻는 성과는 매우 크다. 때로는 커다란 전쟁의 수확보다 훨씬 성과가 큰 경우도 있다. 이는 테러리즘의 목표가 넓은 영토라든가, 수많은 재산이라든가, 많은 사람이 아니라 극히 적은 사람과 재산이기 때문이다. 테러리스트들은 자신이 단순한 폭력배 혹은 저격수라고 생각하지 않는다. 아랍의 테러조직들의 활동을 보면 매우 종교적인 이유가 있고 비의적(秘儀的)이다. 테러리즘은 종교 이상으로 상상력을 자극한다. 테러는 현실계의 일이라기보다는 상상력에 더 의존하는 상상계의 일이다.

2002년 9월 11일 세계무역센터 쌍둥이 빌딩의 폭파는 테러리즘의 정수이며 의미의 전부를 담고 있는 상징적인 사건이다. 테러를 지휘한 '라빈'이라는 인물은 미국의 부시 대통령보다 훨씬 강력한 것으로 보인다. 미국은 이들을 '악의 축'이라고 부르지만 이들은 미국이야말로 '못된 제국주의 놈들'(악마)이라고 한다. 서로 악이라고, 적이라고 규정하고 한쪽은 대규모 정규병력으로, 다른 한쪽은 몇 사람의 테러조직원들로 싸우고 있는 것이다. 이는 가장 확대재생산 된 권력인 유대인(기독교)－미국으로 연결된 세계제국과 그것에 가장 희생을 당하고 있는 아랍인(이슬람교)－중동으로 대치된 형국인 것이다. 미국에 대항하는 방법으로는 테러리즘밖에 없다. 세계적으로 지배하는 힘은 가난하고 착취당하는 사람들, 세계질서의 반대편에 서 있는 사람들의 증오를 훨씬 넘어서는 것이다. 이러한 사악한 욕망은 세계 질서 속에서 이익을 나누는 사람들의 마음에도 존재한다. 확고한 모든 질서와 막강한 모든 힘에 대한 알레르기 현상은 다행스럽게도 보편적인 것이다(장 보드리야르 2002, "테러리즘의 정신", 배영달 옮김, 2003, p.8).

유혹도 바로 그런 것이다. 사적이고 비정규적이고 산발적이고 적은 비용으로 많은 효과를 노리는 것이고 비의적이고 자기희생적이고 상상력을 자극하는 상상계의 일이다. 유혹은 긴장감과 호기심과 불확실성으로 인해 더욱더 비의적(秘儀的) 상상력을 불러일으키는 것이다. 유혹과 테러리즘은 거대하게 확대재생산 된 권력에 대해 개인과 소수가 대항하는 수단으로 자리 잡아 가고 있는 현대의 유행이고 이미 우리의 일상에 깊숙이 들어와 있다. 유혹과 테러리즘은 영화, 비디오, 가장 최근에는 인터넷이라는 매체를 통해서 더욱더 확산되고 있다. 활자와 인쇄매체를 통해서 권력을 장악하던 종래의 '문자(文)＋군대(武)'의 제국주의자(가장 완벽한 삶의 체제)들은 이제 '이미지＋유혹(테러)'의 테러리스트(자신의 죽음 체제)들에 의해 역으로 공격당하고 있는 것이다. 이것은 '이미지의 진실'(혹은 virtual reality)이 '문자의 위선(혹은 권력의 맥시멈)'을 공격하는 양상으로 전개되고 있다.

역설적이게도 가장 완벽하고 가장 확대재생산 된 권력은 이제 자신의 죽음을 절대무기로 삼아 죽음을 배제하는 시스템, 즉 죽음 제로(zero mort)를 이상으로 삼는 시스템의 공격에 속수무책으로 당하고 만 것이다. 어쩌면 남성의 권력도 여성의 테러리즘과 같은 역공에 지리멸렬할 수도 있다. 유혹이야말로 바로 그런 것이다. 테러리즘과 유혹은 거대권력에 대항하는 민중과 여성의 반란의 방법으로 오래전부터 사용되었을 것이다. 물론 어느 것이 먼저였다고 말하기 어려울 것이다. 인터넷의 음란사이트와 비밀결사 혹은 비밀클럽 등은 이미 유혹과 테러리즘의 훌륭한 도구가 되고 있다. 인터넷이라는 전 세계적인 네트워크, 신속성, 암호성, 익명성은 유혹과 테러리즘의 적절한 커뮤니케이션 수단이 될 뿐만 아니라 유혹과 테러리즘의 성격을 닮은 매체적 특성을 가지고 있다. 역으로 인터넷은 이들을 위해서 만들어진 것 같다. 인터넷이 미국의 국방용으로 최초로 개발되어 민간용으로 전환된 것을 감안하면 이것은 매우 역설적이다. 미국의 세계경영을 위한 인터넷이 오히려 미국을 공격하는 효과적인 수단이 되고 있다.

이제 정치인들도 유혹하는 방법을 모르면 성공할 수 없다. 과거와 같은 영웅주의나 정의한(正義漢)보다는 성적 매력을 풍기는 외모, 앞서 가는 패션, 달콤한 화술, 섹스어필 등 유혹의 방식이 주효한 편이다. 이는 텔레비전 매체의 등장과 영화, 스포츠 등 이미지 산업의 흥행과도 관련이 있는데 3S(sex, screen, sport)로 불리는 대중문화, 대중산업은 이러한 분위기를 더욱 확산시키고 있다. 이는 전반적으로 몸에 대한 관심의 증대와도 무관하지 않다. 지금까지 몸은 머리에 비해 비천한 것으로 취급되어 왔다. 몸과 가까이 있는 것일수록 비천한 것이 되어 왔다. 육체노동자, 군인, 운동선수, 연예인 등은 사회에서 상류층이 되지 못했고 남성에 비해 몸에 가까운 여성도 여기서 예외는 아니다. 여성이야말로 몸의 대명사이다. 여성은 재생산을 하고 음식을 준비하며 몸(인물이나 건강)에 의해서 가치를 평가받게 되는 경향이 있다. 그러나 몸의 반란은 고도자본주의 사회의 풍요와 더불어 시작됐다. 몸은 현대인의 화두이다. 외모의 아름다움, 건강한 삶, 섹시함의 미덕 등은 선망의 대상이 된다.

인류문명사를 통해 볼 때 농업이든 공업이든 생업(生業)의 기반이 되는 산업의 생산성이 높으면 사회는 풍요를 구가하게 된다. 풍요가 이루어지면 반드시 평화를 추구하는 것은 아니지만 대체로 민심이 부드러워지고 사회 전반적으로 '성의 개방' 풍조가 두드러지기 시작한다. 풍요의 시기가 '여성 ─ 평화 ─ 성의 개방'이라는 문화적 커넥션을 보이고 빈곤의 시기가 '남성 ─ 전쟁 ─ 성의 억압'으로 통하는 것은 인류의 일반성이다. 물론 그 예외도 있다. 어떤 집단이 풍요롭기 때문에 전쟁을 준비하는 여유를 갖고 결국 전쟁을 도발하는 경우도 있지만 이것은 집단 간(inter ─ group)의 개연성이고 집단 안(intra ─ group)에서는 평화적인 분위기가 지배적이다.

5. 욕망, 무의식의 정치: 정치, 의식의 욕망

이것을 라캉의 욕망이론으로 말한다면 풍요의 시기는 욕망의 목표가 바뀐다고 말할 수 있을 것이다. 일종의 전치(轉置, displacement)이다. 전쟁의 시기는 생사(生死) 그 자체에 관심이 많지만 ─ 특히 음식물의 확보 ─ 평화의 시기는 성욕(性慾)이 중심대상이 된다. 전쟁과 평화가 역사적으로 교차하는 것은 다른 원인으로도 설명할 수 있겠지만 적어도 인구의 증가와 집단의 부양능력, 성의 개방과 인구의 증가가 순환관계에 있으면서 이원대립의 나선형 구조를 이루고 있음을 증명하고 있다. 우리가 흔히 문화라고 하는 것은 이 같은 욕망을 달성하는 '간접적인 장치'를 말하거나 욕망의 분산적 충족의 '창조물'을 말하는 것이다. 전자가 수단적이라면 후자는 목적적 성격을 갖지만 양자도 역시 순환적 관계에 있다. 욕망은 충족되고 끊임없이 재생산된다. 인간이라는 주체가 욕망을 계속 가질 수 있기 때문에 역사는 계속되고 역사는 기표(記表) - 겉으로 드러난 정치체제 - 를 중심으로 진행된다. 그러나 기의(記意) - 속으로 숨어 있는 욕망 - 는 역사를 능동적으로 이끌진 않지만 오히려 기댈 언덕 - 자연(自然)과 같은 하드웨어 - 이 된다.

　말하자면 그 대상이 없으면 주체도 욕망도 무의미하다. 그렇다면 주체도 욕망도 대상의 반사물에 지나지 않는 것이 아닐까. 우리가 흔히 단순히 '대상'이라고 한 것은 오히려 전체(자연)를 부분으로 왜곡·축소시킨 에고(ego, 주체가 아닌)의 잘못이 아닐까. 이것은 언어중심, 기표(시니피앙)중심의 서양문화에서 더욱 심각하며 동양에서는 자연을 개발하는 것보다는 자연과의 조화를 중시하기 때문에 덜 심각하다. 그런 점에서 서양문화는 동양문화보다는 과대망상증 또는 편집증에 빠져 있는 정도가 크다. 서양의 페미니즘이 도리어 여성조차도 과대망상증(남근주의)에 빠지게 하는 것과도 관련이 있을 것이다. 인류사를 통해 볼 때 풍요의 시기는 주기적인 현상을 보인다. 증거는 불충분하지만 인류가 지구상에 출현한 후 최초의 풍요한 시기는 후기 구석기 전반인 것 같다. 인구의 크기와 도구체계, 수렵채집을 통한 음식물의 확보가 균형을 이루었거나 적어도 음식물의 수요보다는 공급이 많은 시기였던 것으로 보인다.

　그 후 농업문화 - 식물을 재배하는 - 와 목축문화 - 가축을 사육하는 - 는 인간이 적어도 인위적으로 생물의 식량 - 음식물 - 을 조절함으로써 '삶'을 영위하는 시기로 접어듦을 말하는데 농업문화가 목축문화보다는 상대적으로 풍요했던 것 같다. 고대의 인류사가 흔히 북방의 유목문화가 남방의 농업문화를 침략하는 일반적인 형태를 보인 것은 이를 잘 말해 준다. 예컨대 유목민의 전통을 가진 북방-서양문화는 항상 육류와 밀(보리)을 동시에 가져야 영양의 균형을 맞출 수 있었고 정착농경민의 전통을 가진 남방-동양문화는 쌀 하나만으로 충분하였다. 동양이 훨씬 유리하고 안정된 입장에 있었다. 그래서 북방은 항상 식량을 조달하기 위하여 남방을 침략하지 않으면 안 되었던 것이 바로 전지구적인 남북전쟁의 양상이었다. 인류의 전쟁사는 남북전쟁이 있는 뒤에 동서전쟁이 수행되었다. 몽고의 칭기즈칸은 남북전쟁에서 중국을 점령한 뒤에 서쪽으로 진격하여 서양을 정벌할 수 있었다.

평화와 풍요는 때로는 타락과 문약(文弱)을 가져온다. 문명의 아이러니는 반드시 문화적 풍요를 이루는 선진문명이 전쟁에서 반드시 승리하는 것이 아님을 말해 준다. 풍요는 때때로 전쟁이나 침략을 싫어하게 만들고 문화적으로 세련되어 있지만 문약(文弱)하게 만들어 전쟁에서 선진국가가 패하게 하는 수도 있다. 이것은 성(性)을 정복하던 권력이 성의 유혹에 빠진 때문이다. 성의 유혹과 쾌락은 역으로 권력의 함정이 되기도 한다. 물론 무기(도구)의 차이가 클 경우는 선진국이 이기는 것이 상례이지만 엇비슷한 경우 상대적으로 후진국가의 침략의욕과 적의가 앞서고 그것이 전쟁의 승리를 가져다주는 것이다. '풍요-여성-사랑(성의 개방)'은 문화의 완성형이지만 종종 이것이 문약(文弱)의 여러 징후들 - 사치·낭비·퇴폐·비생산 - 로 연결되는 것은 무슨 이치인가. 심리학적 차원의 페미니즘은 반드시 사회적 생산성의 차원에서 검토되어야 그 메커니즘이 확실히 드러나는 것일 것이다. 오늘의 페미니즘은 혹시 그런 문약과 통하는 것은 아닌지 모르겠다.

후기산업사회·정보화 사회는 '언어놀이'의 특성이 강하다. 특정의 한 언어가 다른 언어를 지배하지 못한다. 정보화 사회에서는 정보를 통해서 현실이 생산되기 때문에 진짜와 가짜가 구분되지 않는다. 그리고 정보는 자연을 변형한 것이 아니기 때문에 자연이나 자연적인 것이 설

자리가 없다. 과거처럼 기술을 매개로 한 생산이 아닌 경우이기 때문에 문화의 차이(difference)가 무차별(indifference)의 성격을 띤다. 모든 문화활동은 마치 연극적인 모습을 보인다. 다시 말하면 근대의 전통적인 생산의 의미가 바뀌고 있는데 이것과 페미니즘은 어떻게 관련될까? 장 보드리야르(J. Baudriyard)는 욕망의 정치·경제학이 없는 주체의 의식이나 이익의 이론은 공허하다고 말한다.

욕망은 노동이나 지식보다 큰 범위 속에서 체제를 유지하고 생산성을 높이는 데 이용당한다. 그러나 욕망은 노동보다 더 쉽게 자기를 생산성의 논리에 팔아넘길 수 있지만 바로 그 교환성 때문에 생산성의 축적에 흠집을 낸다. 욕망은 지식이나 노동보다 더 빠를 수도 있고 더 느릴 수도 있다. 더구나 욕망을 진(眞)과 위(僞)로 구분하는 것은 불가능하다. 장 보드리야르는 '생산'에 기초한 사회를 비판하기 위해 그 개념을 부정한다. 생산(production) 대신에 유혹(seduction), 현실적이고 상상적인 질서 대신에 상징적인 질서를 내세운다. 이는 상상계는 현실계와 다르지만 현실의 연장이나 현실을 토대로 반대 혹은 기대를 하는 유토피아가 많기 때문에 결국 생산적이라는 점에서 동일하기 때문이다.

그러나 상징은 연장이나 반대 혹은 기대라기보다는 역전이나 교환이다. 상징은 상상계와 현실계를 여는 열쇠와 같다. 상징은 상상계에서 현실계로 갈 때도 열쇠이고 현실계에서 상상계로 갈 때로 열쇠이다. 상징의 이러한 권능은 바로 상징 속에 두 개의 상반된 세계를 간직하고 있기 때문이다. 상징에는 탄생이 있으면 반드시 죽음이 있다. 여자가 있으면 남자가 있다. 권력이 있으면 복종이 있다. 양이 있으면 음이 있다. 바로 이 상징을 통해서 상상계와 현실계는 둘 다 볼륨을 키운다. 상상계가 볼륨이 커지면 현실계도 커진다. 현실계가 볼륨이 커지면 상상계도 볼륨이 커진다.

권력과 섹스도 이러한 상반된 세계에 속한다. 남자는 단순하다. 여자는 복잡하다. 남자는 단순하기 때문에 권력을 잡는다. 권력은 복잡한 것이 아니다. 남자는 단순하기 때문에 남자답고 아름답다. 여자는 복잡하기 때문에 여자답고 아름답다. 만약 복잡한 여자에게 다 맞춘다면 남자는 여자를 다스릴 수 없다. 다스리는 자는 복잡하면 다스릴 수 없다. 다스린다는 것은 복잡한 것을 단순하게 하는 것이다. 얼마나 단순화하느냐에 따라 독재와 자유가 결정된다. 독재는 단순화를 심하게 한 것이고 자유는 단순화를 약하게 한 것이다. 여자들은 과거와는 다른 상징이 되고 있다. 가부장사회는 여자를 집안에 산발적으로 가두어 놓고 남자들은 집 밖에서 다른 여자(다른 성)와 관계를 맺었다. 만약 이런 남자의 관리로부터 벗어나려면 공식적으로 기생(무희) 혹은 창녀가 되든가 하여야 했다.

그러나 풍요의 시대인 오늘날, 여자는 그러지 않고도 살아갈 수 있으며 거꾸로 남자들의 독점을 공공연히 인정하지 않을 수 있다. 여자들은 자신의 누드를 불특정 다수에게 제공하면서도 창녀라고 비판받지도 않는다. 이는 남자들에게 사적으로 관리되는 것에 대한 공개적 복수인지도 모른다. 한 여자가 만인의 여자가 된다는 것 자체가 모든 남자에 대한 복수이다. 도대체 남자들에게 소속되지 않는 여자들이 늘어난다는 것은 전 남성들에게 매우 도전적으로 비치며 오늘날 여자의 누드가 마치 신화시대 여신처럼 존경과 선망의 대상이 되는 풍조 자체가 이미 권력경쟁을 약화시키는 일이다. 이것은 모계사회에서 여자가 밴 아이가 '어느 남자의 아이냐'를 따지지 않는 것과 같은 효과를 준다. 아시다시피 모계사회에서는 한번 결혼을 하면 여자가 낳은 아이는 무조건 모계의 아이가 된다. 마치 오늘날 '처녀를 떼기 위한 결혼'이 되는 셈이다. 부계－가부장사회에서 군대 가기 전에 '총각 뗀다'는 청년들의 공공연한 행사와 같다.

성에 관한 한 남녀평등이 이루어지는 셈이다. 이것은 분명히 '신(新)모계사회'의 풍조이다. 남녀평등은 결혼 전이든, 결혼 후이든 성행위에 관한 평등, 출계에 관한 평등이 주어져야만 이루어지는 것임에 틀림없다.

과거 가부장사회에서는 여자는 집에 붙들어 매 놓고 남자들만 외도를 즐기던 것과 달리 이제 남자(남편)와 여자(아내)가 각자 외도를 즐기게 되고 정조관념도 무너진 오늘의 사회는 분명 유혹의 사회이다. 남자의 권력경쟁은 항상 전쟁을 수반하지만 여자의 누드(옷 벗기)는 철저히 평화적이다. 물론 평화적이기 때문에 전쟁이 아니라 질투는 있을 것이다. 이제 남자도 정복을 하기보다는 질투를 하고 있으니 전반적으로 사회분위기는 여성적으로 되어 간다. 유혹과 질투는 우리 시대의 화두가 된 셈이다. 이것이 아무리 사회의 질서를 무너뜨린다고 해도 전쟁과 정복보다는 훨씬 인간적이라는 점에서 크게 비난할 수도 없다.

누드와 여자는 철저히 평화의 메시지이다. 누드 자체는 평화로워도 누드는 남성들의 욕망을 자극한다. 그런 점에서 결코 글자 그대로 평화적이지 않다. 그러나 전쟁에 비하면 유혹은 얼마나 아름답고 세련된 것인가. 갑옷보다는 누드는 훨씬 많은 것을 의미한다. 누드는 시니피에이다. 무슨 의미가 될지 모르는 시니피에이다. 누드는 다원다층의 많은 이중적 의미를 가지고 있다. 누드는 자연인가, 문화인가. 옷을 벗는 여자들은 희생인가, 정복인가. 누드의 상징은 연장적이거나 축적적이지 않다. 그동안 모든 문화현상에 대해 판단정지 혹은 단절을 요구한다. 또 덕지덕지 입었던 옷을 한 꺼풀씩 벗는 것이기 때문에 제거적이다.

6. 누드, 문명의 마지막 카드인가

'발가벗은 인간'은 자연의 재료를 사용하는 방법에 있어서, 자연을 대상으로 함에 있어서 문명의 마지막 카드인가. 그 발가벗음에 있어서 그동안 철저히 숨겨져서 관리되던 여자의 몸이 더욱더 용감하다. 남자들은 쉽게 상체를 벗는 것은 그것이 별 의미가 없기 때문이다. 그러나 여자들이 상체를 벗은 것은 대수롭지 않는 것이 아니라 신비의 전부의 폭로이며 바로 문명의 피라미드에 대한 직접적 도전이며 폭탄이다. 여자의 몸은 이제 권력자들이 몇몇이 숨겨 놓고 먹는 그런 '맛있는 식사'가 아니다. 여자들은 공공연히 남자들에 대한 자신들의 식사를 은유한다. 실지로 여자들이야말로 실지로 먹을 수 있는 것을 가지고 있다. 남자들은 그동안 사이비로 먹어 왔다. 그것은 여자들이 아이를 낳아서 남자에게 준다는 보장 때문에 먹어 왔다는 것이 용인되었다.

가부장사회에서 몇몇 왕이 누리던 권력을 이제 미모의 매력적인 여성 ― 스타들이 누리고 있다. 전설의 아마조네스 사회가 되어 가고 있는 것이다. 이미지의 대표적인 텔레비전은 여성의 가치를 높이는 데 일등공신이었고 인터넷은 더욱더 폭발적으로 여성의 가치를 폭등시키고 있다. 오프라인의 수많은 말과 책들은 남성의 권력을 보호하고 승계하는 성곽과 같은 존재였지만 온라인의 말없는 여성의 이미지는 공개적이지만 사적으로 남성들을 정복해 간다. 아니, 정복이라는 게 여기에 맞지 않다. 뭇 남성들과 친밀한 관계를 만들어 간다. 디지털의 값싼 복제기술은 마치 돈을 찍어 내는 화폐공장과도 같이 여자의 가치를 끝도 없이 찍어 내고 있다. 그것도 한 푼의 돈도 들지 않고…….

텔레비전, 인터넷, 모바일에 떠돌아다니는, 부유하는 여성의, 더더욱 칼라 이미지는 더욱더 버추얼 세계(가상의 세계)를 그대로 버추얼(실제와 같은)이게 한다. 언어 ― 활자매체에 크게 의존하던 남성권력과는 달리 여성권력은 이미지에 ― 전파매체에 크게 의존하고 있다. 역으로 말하면 전파매체의 등장과 더불어 여성시대가 예고된 것이다. 여성시대엔 남성시대와 달리 여성의 성이 남성에 의해 숨겨지거나 닫힌 성이 아니라 스스로 열어 버린 성이 된 것이다. 이제 여성의 성은 거리에서 매춘을 하는 것이 아니라 당당하게 유행하고 있다. 오히려 남성들은 점차 골목으로 들어가고 있다. 마치 철 지난 생물과 같이 들어가고 있다. 그러나 그러한 남성의 성은 위축되기는 하였지만 결코 숨어 있을 수가 없다. 여성이 이를 가만히 내버려 두지 않기 때문이다. 여성이 권력을 잡든, 남성이 권력을 잡든 어차피 상대의 성을 구하게 마련이기 때문이다. 단지 그 위치가 달라졌을 뿐이다.

언어–활자매체 시대의 권력은 문장의 특성과 같이 일차원적으로 줄을 서는, 선적인 특징을 가지고 있다. 그래서 줄을 잘 서야 출세할 수 있다. 또 줄을 잘 세워야 권력적이 된다. 그러나 이미지–전파매체 시대의 권력은 다분히 면적이다. 차례차례 줄을 서는 것이 아니라 한꺼번에 다중을 향하여, 불특정다수를 향하여 마구 흩뿌려지는 특성을 가지고 있다. 언어–활자매체의 권력은 삼각형의 피라미드와 같이 축조적이다. 그러나 이미지–전파매체의 권력은 중심에서 주변으로 흩어지는 방사적이고 해체적이다. 언어–활자매체 시대의 권력은 보여 주지 않고 말의 신비를 통해 형성해 간 반면 이미지–전파매체 시대의 권력은 보여 주고 몸을 해체함으로써 공감을 얻는다. 언어–활자매체 시대는 피라미드처럼 죽은 자를 장례 지내고 영생과 부활을 빌지만 이미지–전파매체의 시대는 죽은 자를 전파에 생생하게 저장하여 언제라도 보고 싶으면 부활시킨다.

이미지의 권력은 언어의 권력에 비하면 이미 권력이 아니다. 권력이 아닌 권력인 셈이다. 자신의 몸을 보여 주고 쌓아 가는 권력이 어찌 권력이란 말인가. 예전 같으면 그런 것은 창녀가 하는 일에 속했다. 그러나 이제 창녀의 권력이 권력이 되는 비권력의 시대이다. 비권력의 시대는 몸이, 여성이, 이미지가 권력의 주인이 된다. 이미지의 시대는 머리가 중심이 되는 것이 아니라 심장과 섹스가 중심이 된다. 머리가 섹스가 되는 것이 아니라 섹스가 머리가 된다. 데카르트의 고기토는 이제 '나는 느낀다. 고로 존재한다'는 문장으로 대체되어야 한다. 이미지는 불합리하다. 이미지는 혼란스럽다. 이미지는 분명한 개념도 없다. 이미지는 그래서 복합적이다. 종교와 과학은 언어에 의해 구성되지만 이미지는 그 자체가 예술이다. 이미지는 몸이다.

몸은 한꺼번에 드러난다. 눈, 코, 입 등의 순서로 차례차례 드러나는 것이 아니다. 이미지-매체의 권력은 또한 말에 의한 논리라기보다는 전체적인 분위기, 윤곽, 형상, 메타포에 의해 소통된다. 사회 자체가 매우 감성적이다. 이러한 사회는 논리적인 사람보다는 감성적인 사람이 인기를 차지하고 우상이 된다. 논리적인 사람은 오히려 독선적이고 권위적이고 배타적인 사람처럼 느껴진다. 언어-활자매체의 권력은 과거, 현재, 미래가 분명하여야 하고 선후가 분명하여야 한다. 그러나 이미지-매체의 권력은 과거, 현재, 미래가 분명한 것이 아니라 매우 현재적이며 과거와 미래가 현재에 함께 공존하고 선후가 없다. 이미지는 쉽게 중첩될 수 있다. 이미지-전파매체의 사회는 한마디로 매우 시적인 사회이다. 더욱이 이 시대의 가장 대표적인 시는 광고이다. 시는 더 이상 언어로 쓰이지 않아도 된다. 포토포엠(photo-poem)이나 시네포엠(scene-poem)이라는 말은 생소하지 않다.

인간은 이제 권력경쟁의 확대재생산 과정의 최첨단의 자리였던 우주경쟁에서 어떤 화성 혹은 다른 행성을 탐사하는 것보다는 훨씬 비용도 덜 들고 재미도 있고 사람들로 하여금 '살맛 나게 하는' 몸의 탐색에로 관심의 방향을 전환하고 있다. 여성의 몸은 살아 있는 행성 혹은 위성이 되고 있다. 인간들은 매일 상공에서 유혹의 메시지를 보내고 있는 여신(女神)을 바라보며 살아가고 있다. 이 '복제(複製)의 지배'는 종래의 '여성의 재생산(再生産)'보다 훨씬 강력한 위력을 발휘하면서 마치 칭기즈칸이 세계를 정복할 때보다 훨씬 가볍게, 재빠르게, 전천후적으로, 전가정적으로 점령해 들어가고 있다. 디지털기술과 여자의 몸의 만남은 지금까지 인류 역사상 보지 못했던 '미증유의 혁명'에 몰두하고 있다. 남성의 권리장전(권력)을 하나의 휴지조각으로 만들고 있다. 여성의 몸이야말로 최후의 권력임이 곳곳에서 증명되고 있다.

그렇다면 유혹은 무엇인가? 유혹은 도발이나 더 비싼 값을 부름, 심지어 죽음의 순환적이며 역전적인 과정이다. 이것은 상징적 기호들이 쉽게, 매끈하게 자리를 바꾸는 교환과 같다. 몸은 생태(ecology)의 핵심이고 경제(economy)의 핵심이고 정치(politic)의 핵심이다. 몸은 새로운 상상계이고 새로운 종교(religion)이다. 상상과 현실이 몸을 통해 하나가 되었다. 죽음은 이제 몸의 끝이 아니라 우주라는 몸의 재생산 과정에의 참여이며 거룩한 것이며 숭고한 것이다. 몸의 죽음을 위로할 말과 담론은 이제 필요 없으며 말과 담론은 위로가 되지도 않는다. 상상보다 더 위대한 상상이 인터넷에 떠돌아다니고 있으며 이것은 현실보다 더욱더 현실적인 것이다. 인류생활에서 욕망은 생산의 확대를 통해 인류를 존속시키고 그 반대인 죽음도 욕망과 마찬가지로 인류를 존속시킨다. 일견 가장 비생산적인 죽음이 희생을 통해 생산의 효과를 내는 것이다. 이는 가장 비권력적인 것도 생산에 기여함을 말한다. 나아가 생산과 소비가 영속적으로 대립하는 것이 아니라 순환적인 관계에 있으며 욕망의 생산이 소비가 되고 소비인 죽음이 생산이 되는 상징의 역설적 교환을 뜻한다. 이것은 신종의 아나키즘이며 인터넷 제국이며 '신모계사회'이다.

페미니즘, 그것은 반권력적 생산을 의미한다. 여성적 우주관의 회복을 의미한다. 실지로 우주는 여성적이다. 그것을 단지 남성들이 말을 지배함으로써 남성들이 자신의 입장에 맞게 역전시켰을 따름이다. 이것은 도둑이 주인을 보고 '내 집에 왜 도둑이 들어왔느냐'고 호통을 치는 것과 같다. 진정한 주인은 담을 높게 치지 않는다. 진정한 주인은 가진 금은보화를 그대로 세상에 드러내 놓는다. 그것을 훔쳤다고 죄를 주지로 않는다. 죄는 자기로부터 시작된 것이기 때문이다. 진정한 주인은 도둑에게조차도 주인이기 때문이다. 진정한 주인은 자신의 몸 이외의 것으로 거짓말을 하거나 공갈협박을 하거나 유혹하지 않는다. 단지 자신의 몸의 생성소멸에, 그 클라이맥스에, 리듬에 몸을 맡길 따름이다. 여성들은 동성애와 근친상간으로 재생산과 근친상간금기라는 문명의 법을 폐지시키려 한다.

주인인 여성이 옷을 벗으면 벗을수록(노출이 심하면 심할수록) 그 사회는 풍요와 평화의 사회임은 분명하다. 전쟁과 빈곤의 시기에는 여성은 철저하게 옷을 동여맨다. 외부의 적으로부터 자신을 보호하기 위해서다. 그래서 여성의 몸은 평화 그 자체이고, 희생 그 자체이고, 봉헌 그 자체이다. 남성에게 여성은 어떤 존재일까. 우주를 페미니즘의 관점에서 보면 남성은 여성에 의해서 생산된다(물론 여성도 여성에 의해 생산되지만 권력을 가진 남성의 입장에서 여성의 의미를 설명하기 위한 전략으로). 그 남성은 세상에 태어나서 어떤 방향을 설정하여 살아간다. 그것이 다양한 권력화의 과정이다. 그런데 그 남성은 아무리 권력자라고 하더라도(예컨대 진시황이었다고 하더라도) 죽음을 벗어날 수 없다. 그러면 남성은 땅에 묻히게 된다. 권력을 가진 남성(남왕＝하늘)은 여성에게 태어나서 결국 땅에 묻히게 된다. 땅은 여성이다(땅＝여성). 그래서 여성은 탄생의 구멍이면서 동시에 죽음의 구멍인 것이다. 죽음의 구멍인 여성은 두려움의 대상이기도 하지만 안식의 대상도 된다. 이렇게 여성은 남성에게 탄생과 죽음이라는 이중의 의미가 있다.

7. 마지막 유혹, 근친상간

물론 남성(아들)에게 여성은 어머니와 '어머니가 아닌 여자'로 구분되지만 실은 심층심리적으로는 어머니와 '어머니가 아닌 여자'는 하나일 수 있다. 남성이 어머니가 아닌 여자와 성관계를 하는 것은 자손을 생산하는 메커니즘이기도 하지만 동시에 자신의 생명의 에너지를 조금씩 소모해가는 죽음의 과정이기도 하다. 남성에게 어머니는 탄생을, '어머니가 아닌 여자'는 자신을 죽음에 가까이 가게 하는 다른 탄생(자손)을 주는 존재이다. 이 둘은 한꺼번에 포개면 여성은 '탄생과 죽음'을 동시에 가져다주는 존재이다. 권력경쟁을 하던 남성들은 결국 피곤에 지친 몸을 이끌고 여성을 찾는다. 그것은 어머니이면서 구원의 여성인 것이다. 그것은 돌아갈 구멍(蟲穴)인 것이다. 이에 비해 여성(딸)은 아버지와 '아버지가 아닌 다른 남자'에게 '탄생과 죽음'이라는 이중적 의미가 아니라 태어난 뒤 삶을 이끌어 가는 데 있어서 결정적 역할을 하는 권력자로 존재하는 것이고 또한 복종을 강요하는 자이다. 여성에게 남성은 '권력과 복종'이라는 이중의 의미를 가진 대상이다.

도덕은 어머니와 '어머니가 아닌 여자', 아버지와 '아버지가 아닌 남자'를 구분하기를 강요하지만 심리적으로는 이것은 하나가 될 수 있다. 그래서 아들은 아버지를 모형으로 삼아 아버지를 닮으려고 하고 딸은 남편감으로 아버지를 닮은 남자를 좋아한다. 여자는 어머니를 모형으로 삼아 어머니를 닮으려고 하고 아들은 색싯감으로 어머니를 닮은 여자를 좋아한다. 성장과 더불어 아들은 순조롭게 '어머니가 아닌 다른 여자', 딸의 경우 '아버지가 아닌 다른 남자'에게로 관심을 옮기기는 하지만 아들과 딸에게 어릴 때 형성된 어머니와 아버지의 이미지는 결정적으로 삶의 유형과 배우자를 고르는 데에 작용한다. 부모의 이미지는 때로는 근친상간적인 심리를 만들 수 있다. 아들은 어머니를 두고 아버지와 경쟁하고 딸은 아버지를 두고 어머니와 경쟁하는 것이다. 물론 이것은 서구문명에서 특징적으로 드러나는 심리적 현상이다(우리나라와 같이 고부콤플렉스의 나라에서는 오히려 시어머니와 며느리가 아들이자 남편을 사이에 두고 경쟁하는 것이다). 서구사회가 주도하는 오늘날의 인류문화는 권력경쟁이 심한 서구형의 심리현상을 드러내고 있다. 서구사회가 심리적으로 '남성 – 권력중심의 사회'라면 동아시아 사회는 심리적으로 '여성-조화중심의 사회'이다. 그런 점에서 오늘날은 오이디푸스콤플렉스나 파이드라 콤플렉스에 걸릴 위험이 크다.

레비스트로스를 비롯하여, 여러 인류학자들이 동의하는 바이지만 문명과 야만을 가르는 문지방은 근친상간금기(incest taboo)임은 잘 알려진 사실이다. 그러나 성이 극도로 개방되면, 다시 말하면 여성의 성을 관리하지 않으면 결국 친인척도 알 수 없고 외혼제도 성립되지 않게 되면 근친상간이 이루어질 수도 있다. 이런 상황은 물론 쉽게 오지 않겠지만 이혼율의 증가와 섹스의 범람(일상화, 식사화)은 인간사회의 질서를 근본적으로 뒤흔들어 놓을 가능성도 있다. 이것은 평화가 무질서로 변하는 것이고 행복이 멸망으로 변하는 것이다. 성경의 소돔과 고모라는 이를 말하는 것이다. 이런 관점에서 볼 때 성경은 어쩌면 인간의 퇴폐와 문란의 대표적인 예인 소돔과 고모라성의 결과를 가지고 그렇게 되지 않기 위해서 역으로 소급하여 시나리오를 써서 이브의 성을 원죄를 규정하고 여성을 관리하는 가부장제적인 권력의 담론을 생산하였는지도 모를 일이다. 자연은 그래서 다시 새롭게 순환하는 것인지도 모른다.

앞서 얘기한 '여성-평화-성개방'은 여기에 이르면 '여성-평화-성개방-죽음(멸망)의 생산(희생)'이 된다. 페미니즘이 다시 여성의 남근주의가 되거나 본래적 여성주의를 포기하지 않을 수 없음은 인류의 사회가, 인간의 삶의 방식이 결코 집단생활을 하는 한 권력을 도외시할 수 없기 때문이다. 따라서 본래적 페미니즘은 기표가 될 수 없기 때문에, 다시 말하면 영원한 기의이기 때문에 역사상에서 두드러지지 않는다. 이것은 문화(문명)는 생산을 주장하지만 자연은 그것을 주장하지 않고 죽음을 태연히 끌어안는 것과 같다. 자연은 단지 죽음을 통해서 생산에 기여할 따름이다. 오늘날 자본주의사회는 성적욕망의 다양한 창출을 통해 권력과 관계되고 있다.

성의 개방(해방)은 단지 여성의 해방이나 인간의 해방이 아니라 원초적으로 권력의 책략과 내통하고 있다. 그러나 여성들의 성(性)이 왜 권력의 통로와 밀접하게 관계되는 것일까. 포스트모더니즘과 페미니즘의 결합은 어디서 시도되어야 할까? 페미니스트들은 여성들의 경험과 기존의 도덕론은 상위함(discrepancy)을 보인다고 지적하고 기존의 이론들이 남성중심의 편견의 산물이라고 한다. 또 이들의 해결방식도 남성적이라고 결론짓는다. 사회적 정의에 대해서도 페미니스트들은 이의를 제기한다. 이들은 도덕조차도 이제 정의보다는 '보살피고자 하는 마음', 즉 자연적 성향으로부터 도출된 것을 토대로 해야 한다고 주장한다. 이 것은 흔히 '함께 느낀다'(feel with)로 대표된다. 윤리적 보살핌은 자연적 보살핌보다 더 근본적인 것이 아니다.

페미니즘 운동은 권력이나 생산, 정의(도덕)라는 개념보다는 다분히 반권력, 유혹, 보살핌의 경향으로 압축된다. 이것은 기표인 문화와 기의인 자연 중 자연을 더 중시하는 경향으로 나타난다. 여성은 남성보다 분명히 더 자연에 가깝다. 남성중심의 권력이 여성 속의 남성을 강화하고 나아가 남성 속의 여성을 발견하고 여성, 즉 본래적 여성성으로 자연을 느끼는 방향으로 나아가는 것은 아닐까, 이것은 인류문화의 정체나 한계, 즉 역시 삶의 방식이지 결코 자연이 누리는 완전성을 문화(문명)가 갖지 못한다는 것을 웅변해 준다. 문화는 역시 하나의 형식이지 내용은 아니라는 것, 자연을 담는 서로 다른 그릇(언어, 언어 중에서도 기표(記表))이라는 인식에 도달케 한다. 문화가 비록 허위이지만 그것이 허위라는 것을 알고 살아갈 때 인간은 어느 곳, 어느 때에도 자연의 느낌(가슴)을 회복할 수 있을 것이다. 그런 점에서 페미니즘은 인류의 영원한 기의(記意)이다. 그것은 대상이 아니라 욕망의 주체와 대상이 하나가 되는 것이다.

인류문명사에서 풍요나 평화의 시기에 페미니즘은 확산된다. 그것은 전쟁의 시기에 남성주의, 역사적 기표(記表)에 의해 대체된다고 하더라도 그것대로 가치를 지닌다. 문화(문명)와 자연, 권력과 반권력, 남성과 여성은 언제나 교체된다. 그런 점에서 페미니즘은 단순히 19세기나 20세기에 한정되는 것이 아니다. 오늘의 페미니즘은 오늘의 것일 따름이다. 그보다 페미니즘은 자연주의(자연과학주의가 아닌)의 발로이며 인간의 본성(자연성)회복이라 할 수 있다. 서양의 페미니즘운동이 다분히 '여성 속의 남성인정'이라는 분위기가 있지만 이것은 오히려 '남성 속의 여성인정'이라는 경과를 거쳐서 '자연에 대한 여성적 접근'으로 발전해야 할 것 같다.

이것은 '인류의 문화(문명)가, 특히 서구문화가 남성적 접근'인 것에 대한 거대한 반운동인 듯하다. 오늘의 산업문명의 저변에는 남성의 이동성(운동성)을 여성의 정착성(비운동성)에 비해 높게 평가하고 있다. 또 자연의 본래적 '중심(여성) − 주변(남성)'을 전도시키고 있다. 인류사에서 여성이 강조된 것은 농업시대의 '여신의 숭배'에서 처음으로 드러났다. 그때는 생산의 대표성이 여성에 있었고 그것은 자연스러운 것이었다. 결코 권력과 생산이 야합을 하지 않았다. 남성신의 등장과 함께 여성이 권력의 종속적 위치에 자리매김되고 자연이 왜곡·과장되기 시작한다. 남성신 − 가부장사회의 절정인 서구중심의 현대사회가 페미니즘운동을 벌이는 것은 '삶의 균형 잡기'의 일환으로 볼 수 있다. 자연의 회복이랄까. 이러한 점에서 페미니즘은 오늘날의 환경운동과도 맥락을 같이한다. 페미니즘은 문명의 거시적 사이클로 볼 수 있다. 문명은 자연으로부터 달아난 탕아(蕩兒)이기 때문일 것이다.

최근 인간 뇌에 대한 연구는 쾌락을 즐기는 인간의 진화적 혹은 유전적 특질들을 우리에게 알려 주고 있다. 인간 뇌는 새로운 것에 도전하고 적응하는 데에 익숙하다는 것이다. 이것은 오랜 진화과정의 결과이면서 동시에 미래의 진화를 보장하는 원동력이 될 것이다. 새로운 섹스에 대한 기대와 열망은 이질적인 유전자에 대해 더 반응하는 것으로 보고되고 있는데 이것은 생물학적 잡종강세 혹은 외혼제와 맥을 같이하는 것이다. 그런데 성적으로 만족할 때 많이 분비되는 도파민이라는 호르몬은 술, 마약, 도박, 모험 등에 대해서도 같은 반응을 보인다는 점이다. 규칙적이고 습관적인 것보다는 불규칙적이나 새로운 것에 더 반응하는 도파민은 학습과 진화를 병행해 온 인간종의 진화와 유전의 산물이다.

제16장 신화, 무교, 권력, 과학

1. 상징의 세계

신화에 대한 여러 연구 중에서 프랑스 인류학자 끌로도 레비스트로스의 업적은 참으로 괄목할 만하다. 그는 신화에도 일정한 논리가 있음을 처음으로 주장하였다. 그의 '신화논리'(Mythologiques)는 남북아메리카의 수천 개에 달하는 신화를 상세하게 조사한 뒤 그중 8백여 개 정도를 분석하고 있다. 그는 신화를 구성하고 있는 담론의 복잡한 코드의 조합을 풀고 그것들의 상호 관계를 밝혀냈다. 그는 무엇보다도 신화가 매우 자체적인 논리를 가지고 있으며 오히려 고대인의 철학에 가깝다는 주장을 폈다. 그 철학의 원리는 바로 이분법(dualism)이다. 또 그 목적은 자연환경, 예컨대 인간을 둘러싸고 있는 동식물과 함께 공생(共生)하는 것이다. 그런데 신화는 현대의 철학과 달리 매우 구체적인 언어, 다시 말하면 생활 주변에서 볼 수 있는 동식물을 토대로 그것을 여러 단계의 이분법으로 나누며 이원대립항(binary opposition)을 만들어 가는 것이다.

신화는 결코 현대철학과 같이 추상적인 단어를 쓰면서 역사의 방향을 제시하거나 의식화하거나 강요하지 않는 것이다. 물론 원주민사회, 단순사회(simple society)는 정태적인 사회이고 오늘날의 문명사회, 복합사회(complex society)와는 다르기 때문에 그러한 추상적이고 사회의 변화와 발전을 요구하는 동태적인 사회가 아니기 때문에 그러한 점도 있을 것이다. 어쨌든 현대 문명인의 관점에서 저들을 미개인 혹은 생각도 없는 바보 같은 사람이라고 한 종래의 관점을 완전히 바꾸어 놓았다. 오히려 이들의 신화는 우리 인간의 역사의 고향이며 우리 인간의 깊은 무의식에 도사리고 있는 심층구조라는 것을 확인하게 했다. 그런데 더 중요한 공적은 오늘날 문명인도 그러한 신화를 끊임없이 변형시키면서 살아가고 있다는 것을 설득한 데 있다.

'아시디와르 무훈시(la geste d'Asdiwal)'는 북미 에스키모 인들의 연어 잡이와 생산과 교환을 통한 현실적인 그 배후에 있는 문화의 하부구조가 신화라는 상부구조에 어떻게 반영되고 반대로 신화적 담론과 같은 상부구조가 어떻게 현실의 모순을 해결하려고 하는지를 밝히고 있다. 신화의 해결방법은 중재자를 찾는 방법이 그 대종을 이룬다. 이것은 정태적인 구조에 속한다. 그러나 다른 하나는 동태적인 뒤틀림이라는 방법도 있다. 반대되는 것이 서로를 내재하고 있는 방법이다. 예컨대 음(여성)과 양(남성)은 서로 대립하지만 음 속에 양이 있고 양속에 음이 있다는 방식이다. 일종의 뫼비우스의 띠와 같은 논리이다.

레비스트로스가 쓴 "아메리카의 피타고라스"라는 논문에 다음과 같은 대목이 있다. 아메리카 인디언은 콩과 옥수수를 매우 유사한 식물로 본다. 그러나 콩과 옥수수 사이엔 미묘한 차이가 있다. 옥수수는 많은 부족들이 남성으로 생각한다. 콩은 여성으로 생각한다. 콩은 콩깍지 안에 여러 개의 씨가 들어 있기 때문에 풍요의 상징으로, 여성으로 생각한다. 인디언의 속어를 조사해 보면 콩이라는 표현은 남성의 고환을 지칭하는 데 비해 '외따로 서 있는' 옥수수는 페니스를 표현하는 것으로 생각하는 듯하다. 이는 콩과 옥수수가 여성과 남성을 표현하다가 남성 속에서는 콩이 고환을, 옥수수가 페니스를 표현하게 된다. 따라서 고환은 페니스에 비해 여성적인 것이 된다. 부드러운 고환은 딱딱한 페니스에 비해 여성적인 것인 셈이다.

일본의 오래된 속어에 콩은 여성의 클리토리스를 의미한다. 유곽 같은 데서는 콩이라는 표현은 자주 사용되던 표현이다. 클리토리스는 형태가 불분명한 여성의 성기 가운데 가장 분명한 형태를 가진 것으로 남성 성기의 특징에 가깝다. 그래서 클리토리스는 여성 성기 가운데서 가장 남성적인 부분으로 생각된다. 반대로 실제로 일본에서 콩을 고환이라고 하는 지방이 많다. 콩은 남성의 고환에 해당되는 말이다. 여기서 콩은 이중성, 매개성을 달성한다. 콩은 남성의 신체 가운데서 가장 남성적인 기관 안에 있는 여성적인 부분인 고환이며 동시에 여성의 신체 가운데서 가장 여성적인 것 안에 있는 가장 남성적인 부분인 클리토리스이다.

이는 마르크스의 프롤레타리아, 부르주아라는 계급론과 이로 인한 여러 상부구조와 하부구조의 담론이 그러한 신화의 현대판 변형에 속하는 것이 아닌가 하는 의문을 갖게 하는 것이었다. 신화의 목적은 그들이 누리고 있는 자연환경(낙원과 같은)을 보존하는 것이고, 마르크스의 신화는 역사와 사회를 다른 것, 보다 나은 것, 모순을 해결하는 것으로 변화시키려는 것이 다를 뿐이다. 그런데 현대의 역사는 모순을 해결하면 또 다른 모순에 휩싸이는 한계를 가지고 있다. 그러한 점에서 '뜨거운 사회(hot society)'의 역사관이 '차가운 사회(cold society)의 신화보다 우월하다는 주장은 금물이다.

감각의 논리는 항상 감각적으로, 구체적으로 접할 수 있는 동식물 혹은 무생물을 대상으로 한 이원대립항이기 때문에 항상 중재자, 매개항을 요구한다. 예컨대 날것/구운 것, 썩은 것/썩지 않는 것, 하늘/땅 이런

식이다. 하늘과 땅과 그 중재로서의 사람이 그 대표적인 것이다. 물론 이것이 발전하여 샤먼(shaman)이 된다. 신화는 또 결혼과 관련된 족외혼과 족내혼, 생사와 관련하여 산 자와 죽은 자의 소통, 집단의 발생 초기에 피할 수 없었던 근친상간 그리고 집단의 번영을 위한 다산(多産)과 성(性)의 문제들을 숨기고 있다. 종합적으로 보면 신화의 세계는 '몸의 언어학' 혹은 '몸의 논리'라고 말할 수 있다. 언어의 상징성을 주로 이용하는 이 몸의 논리는 자연 혹은 우주를 거대한 하나의 몸 - 하나의 공생체, 공동운명체라고 보는 데서 출발하고 있다. 그래서 자연을 이루고 있는 동식물들은 서로를 은유하고 변형을 할 수 있다. 이는 몸을 갈아타고 변신할 수 있다. 이는 주술의 세계와도 통한다. 여기서는 구체적인 말이 중심이 되고 추상적인 말은 단지 연결하는 역할만 한다. 이것은 은유의 세계이다. 이는 문화적으로 보면 시(詩), 예술적 속성으로 연결된다. 그래서 다시 말하면 신화는 고대인의 집단적 시(詩)인 셈이다.

  신화의 이러한 측면을 일종의 가역관계를 말한다. 가역관계라는 것은, 예컨대 A↔B는 A→B가 될 수 있고 A←B가 될 수 있고 혹은 A=B가 될 수도 있고 극단적으로는 A= -B 혹은 B= -A도 될 수 있다. 이런 과정을 통해 변형이 되고 때로는 정반대(반전)도 될 수 있다. 이는 한마디로 우주를 중개(매개), 교환, 통합, 순환의 체계로 보는 것이다. 이는 하나의 법, 원리를 찾는 현대의 과학적 합리성과는 다르다. 이는 거대한 하나의 몸으로서의 자연이나 우주를 전제하고 있다. 이에 비해 현대의 합리성은 거대한 하나의 몸으로서의 자연이나 우주가 아니라 그것에서 떨어져 나온 혹은 우주가 탄생하기 이전의 어떤 제1원인이나 절대자에서 시작한다. 이는 순수한 '말의 언어학' 혹은 '말의 논리'라고 할 수 있다. 과학에서는 우주는 순수한 말에 의해 구성된 법칙만이 우주를 하나가 되게 할 뿐이다. 그 법칙을 발견하기 전까지는 항상 우주는 분리되어 있다. 여기서는 추상적인 말이 중심이 되고 구체적인 말은 법칙을 발견하는 재료가 될 뿐이다. 이것은 환유의 세계이다. 이는 문화적으로 보면 도덕이나 과학의 속성과 연결된다.

그런데 매우 중요한 사실은 '몸(감각)의 논리'의 끝에는 '여성' 혹은 '여성의 순환'이 있으며 '말의 논리'의 끝에는 '남성' 혹은 '남성의 권력'이 있다는 점이다. 몸은 언제나 이중성을 가지고 있다. 이중의 세계와 모순을 다 포용하고 있다. 삶이 있으면 죽음이 있다. 여성은 항상 삶과 죽음을 동시에 의미한다. 말하자면 아무리 벗어나려고 해도 두 개의 상반된 세계를 벗어날 수 없는 원천적 모순을 가지고 있다. 또 그것을 중개자를 통해 순명(順命)이나 소통(疏通)을 통해 해결하고 있다. 그런데 '말의 논리'는 말하자면 계속되는 삶의 세계로 나아가고 있다. 말은 어쩌면 죽음의 세계를 부정하려고 끝없이 달아나고 있다. 남성은 이중의 세계와 모순을 인정할 수 없어 새로운 도전을 계속하고 있는 형국이다. 이것은 역천(逆天)이며 권력경쟁인지도 모른다. 가부장제 신화는 위의 여성의 특성을 '죄' 혹은 '오염(타락)', 나아가서는 '악마'로 규정하고 있다. 자연을 권력경쟁으로 변화시킨 가부장사회의 신화는 여성의 자연성을 오히려 매도함으로써 문명을 이끌어 가는지도 모르겠다.

이러한 신화와 과학의 관계를 이렇게 말할 수도 있을 것이다. 신화는 우주를 거대한 '기(氣)의 세계'로 본다. 기(氣)란 몸이기 때문에 항상 변하고 교체되고 서로 반대가 될 수 있다. 말이란 구체적인 사물을 위한 것에 지나지 않는다. 우주는 거대한 '소통체계' 혹은 '교감체계'이기 때문에 완전한 것이다. 우주는 그래서 안에서 변하는 과정체이며 완전한 것을 유지하기만 하면 된다. 과학은 우주를 거대한 '이(理)의 세계'로 본다. 이(理)란 항상 불변의 것을 찾아가는 모험이자 여행이다. 이(理)는 결코 몸이 아니기 때문에 순수성을 유지하여야 몸인 우주를 다스릴 수 있다. 우주는 거대한 '도덕체계' 혹은 '권력체계'이기 때문에 끊임없이 새로운 권력을 창출하여야 하고 나아가야 한다. 우주는 그래서 밖으로 항상 진화하여야 한다. 그런데 이런 신화와 과학의 상반된 입장을 검토해 보면 신화와 과학이 결코 만날 수 없는 전혀 다른 담론이 아님을 알 수 있다. 신화가 완전성이라는 안을 잠시 열어 버리면 과학의 모습이 되고 과학이 밖으로 나아가는 것을 잠시 닫아 버리면 신화의 모습이 된다.

신화적 수법은 주술문화(呪術文化＝呪文＋技術)의 중심이 되는데 오늘날의 마술(이것도 예술이다)도 결국 이 계열에 속한다. 신화적 수법은 그 원동력을 상상력에서 얻는다. 그래서 오늘날 시 혹은 각종 예술들이 모두 여기에 뿌리를 닿고 있다. 과학도 처음엔 신화적 수법을 쓴다. 그러나 그런 후 철저히 인과의 법칙을 찾아가기 때문에 신화와 결별하게 된다. 신화계열에 속하는 문화는 비유와 시니피에에 의존하고 과학계열에 속하는 것은 환유와 시니피앙에 의존하는 것이다. 과학에서 법칙이라는 것은 극도의 시니피앙만 남기는 것이다. 그러나 인간의 생활이라는 것은 신화가 없이는 단 하루도 살기 어려운 것이다. 과학보다는 신화가 더 오래된 인간의 담론체계이기 때문이다. 그러나 신화분석의 입장에서 보면 '신화＝－과학', '과학＝－신화'라는 신화적 담론이 형성될 수 있다. 신화는 결국 담론을 위한 담론이고 과학은 담론이지만 결코 담론으로 목적을 달성하는 것이 아니다. 그래서 과학은 새로운 신화(하나의 법칙)를 찾아서, 우주를 향하여(하나인 우주를 확인하기 위하여) 우주선을 띄워야 하는 셈이다. 신화를 사는 사람들은 제자리에서 항상 편하고 불만이 없다. 그러나 과학을 하는 사람들은 움직이면서 불안하고 불만이다. 어느 쪽이 더 현명한가?

이런 여자와 남자, 신화와 과학의 관계를 다음과 같이 구조적으로 분석 혹은 배열할 수 있을 것이다. 남자는 과학, 여자는 신화, 남자는 권력, 여자는 생산, 남자는 환유, 여자는 비유에 속한다.

① 여자는 자신이 낳은 것(남자)에게 지배당하지 않을 수 없다. 그것

이 여자의 속성이다.

② 남자는 자신을 낳은 것(여자)을 배반하지 않을 수 없다. 지배를 위해서…….

③ 여자는 지배를 당하더라도 지배하는 것조차 끌어안아야 하는 운명이고 남자는 지배를 위하여 경쟁자와 싸우면서 항상 앞으로 나아가야 한다.

④ 권력은 여자와 죽음을 생각하지 않는다. 오직 최고권력 하나만을 위해 나아간다.

2. 신데렐라콤플렉스와 고부 · 오이디푸스콤플렉스

신데렐라 이야기는 지구상에 수많은 버전이 있다. 현재까지만 해도 5백 종 이상에 달한다. 또 지금도 변형이 어디에선가 이루어지고 있는 프로세스(과정)에 있다. 원래 담론이라는 것은 모두 이런 프로세스에 있는 것이다. 역사나 철학이라는 것, 더구나 과학이라는 것도 역사적으로 보면 새로운 담론을 쓰는 과정인 것이다. 그런데 이들 담론과 달리 신화나 종교가 다른 것은 담론 자체가 목적이라는 점에서다. 다시 말하면 담론이 다른 무엇을 증명하거나 인과하거나 새로운 것을 만들어 내는 것이 아니라 그것 자체로 만족하는 것이다. 신화는 그 대신 있는 것을 설명하고 해석하는 것이다.

프랑스에서는 샤를 페로의 '상드리용'(Cendrillon)이 유명하다. 유럽에서 옛날부터 구전되던 대표적인 의붓자식 이야기로, 프랑스의 시인이며 동화작가인 페로의 ≪거위 아주머니 이야기Contes de ma mere l'oye≫ (1697)에 있는 작품이다. 신데렐라(상드리용: '재를 뒤집어쓰다'라는 뜻)는 항상 부엌 아궁이 앞에 앉아 일을 한다고 하여 지은 이름이다. 독일에서는 그림 형제의 '재를 뒤집어쓴 소녀'로 유명하다. 이와 같은 유형의 이야기는 아시아에도 많이 퍼져 있다. 세계에서 가장 오래된 문헌으로는 중국의 ≪유양잡조(酉陽雜組)≫로 9세기 때의 것이다. 한국에도 비슷한 이야기를 찾는다면 ≪콩쥐팥쥐≫를 들 수 있다.

페로판 <상드리용>

① 옛날 옛날 어떤 남자가 잘난 척하는 여자를 두 번째 아내로 맞이한다.

② 여자는 두 딸을 데리고 왔는데 남자에게는 전처소생의 어린 딸(상드리용, 신데렐라)이 있다.

③ 두 딸은 호의호식하면서 자라고 상드리용은 다 해진 옷에 궂은일을 다 하고 잠도 굴뚝이 있는 부엌 아궁이에서 잔다(그래서 재투성이 엉덩이의 아이이다).

④ 어느 날 왕자님이 무도회를 열어 옷맵시가 고운 사람들을 초대하게 되었는데 두 딸은 화려한 옷에 온갖 장식을 하고 참가한다. 그러나 상드리용은 두 딸의 옷만 챙겨 주고는 옷도 없어 무도회에 가고 싶지만 참가하지 못하고 이들을 떠나보낸 뒤 혼자 운다.

⑤ 이에 몰래 지켜보고 있던 대모인 요정이 밭에서 호박을 하나 따 오게 한 뒤 마술지팡이를 휘둘러 마차로 바꾼다. 쥐덫을 열어 여섯 마리의 쥐를 훌륭한 말로 바꾼다. 또 시궁쥐 한 마리를 훌륭한 수염의 마부로 바꾼다. 뒷밭의 도마뱀 여섯 마리를 하인으로 바꾼다. 마지막으로 상드리용이 입고 있던 옷을 마술지팡이로 금실은실의 훌륭한 드레스로 만든다.

⑥ 이때 요정은 "자정이 넘어서 무도회에 있으면 안 된다. 자정을 넘기면 마차고 마부고 모두 원래의 모습으로 돌아간다"고 말한다.

⑦ 상드리용이 무도회에 참가하게 되고 왕자와 임금님의 환심을 산

다. 왕자는 상드리용과 함께 춤을 추고 격찬을 아끼지 않으면서 시종 곁을 떠나지 않는다. 이때 자정이 다 되어 갔다.

⑧ 상드리용은 황급히 무도회를 빠져나왔다. 집에 돌아와 요정에게 무도회에서 있었던 일을 설명하고 있는데 자매들도 돌아왔다. 자매들은 무도회에 나타난 아름다운 공주이야기를 하고 왕자님이 공주를 찾기 위해 영을 내릴 거라고 했다.

⑨ 다음 날 상드리용은 무도회에 나갔다. 왕자님은 전날과 같이 한시도 그녀 곁은 떠나지 않았다. 상드리용은 왕자님의 칭찬을 듣느라고 그만 자정이 다 된 것을 잊어버렸다. 상드리용은 시계가 자정을 울리는 순간 아기 사슴처럼 재빨리 달아났다. 그때 그만 유리구두를 한 짝 떨어뜨리고 말았다.

⑩ 며칠 뒤 왕자는 트럼펫 소리로 영을 내려 그 구두에 발이 맞는 여성과 결혼을 하겠다고 선언했다. 구두에 발이 맞는 여자는 없었다. 그 구두가 상드리용의 집으로 왔다. 두 자매는 구두를 억지로 신으려고 했지만 소용이 없었다.

⑪ 마침내 상드리용이 구두를 신으니까 마치 맞추기라도 한 듯 꼭 맞았다. 상드리용은 주머니에서 다른 한 짝의 구두를 꺼내서 신었다. 요정이 나타나 마술지팡이로 상드리용의 옷을 툭 치자 누더기는 화려하고 멋진 드레스가 되었다.

⑫ 두 자매는 상드리용의 발밑에 엎드려 이제까지 그녀에게 가혹하게 대한 것에 대해 용서를 빌었다. 상드리용은 두 사람의 손을 잡아 끌어안으면서 용서했다.

⑬ 상드리용은 왕자 곁으로 가서 며칠 뒤 결혼을 했다. 상드리용은 두 자매에게 궁전에 거처할 곳을 마련해 주고 그날로 훌륭한 영주와 짝을 지어 주었다.

(A. 던데스 편 '신데렐라')

<그림판 '재를 뒤집어쓴 소녀'>

① 어느 유복한 남자의 처가 병에 걸렸다. 자신의 죽음을 앞두고 외동딸을 머리맡으로 불렀다. 마지막 유언을 했다. "신을 믿고 착한 아이가 되어라. 그러면 신이 항상 함께하며 너를 지켜 줄 테다."

② 남편은 두 번째 아내를 맞았다. 아내는 두 딸을 데리고 왔다. 딸들은 얼굴은 예뻤지만 마음이 추하고 속이 엉큼했다. 두 딸은 그녀가 입고 있던 옷 대신 낡은 회색 허드레옷과 나무구두를 신겼다. 전처의 딸은 부엌에서 아침부터 밤까지 일을 했다. 동트기 전에 물을 떠오고 불을 지피고 음식을 준비하고 설거지를 했다.

③ 두 딸은 전처의 딸에게 심술궂은 장난을 하기도 했다. 재 속에 작은 콩을 던져 넣고는 하나씩 줍는 일을 시켰다. 그녀는 난로 옆에 있는 재 속에서 웅크리고 잠을 잤다. 항상 검게 그을어 더러운 차림을 하고 있었다(그래서 '재를 뒤집어쓴 아가씨'로 불렸다).

④ 어느 날 아버지는 딸들에게 선물로 무얼 갖고 싶으냐고 물었다. 두 딸들은 '예쁜 옷을 갖고 싶어', '진주와 보석'이라고 대답했다. 그녀는 '아버지가 돌아오는 길에 아버지의 모자에 맨 처음에 부딪친 나뭇가지를 꺾어서 갖다 주세요'라고 했다. 아버지는 선물을 사 가지고 돌아오는 길에 개암나무의 가지에 걸려 모자가 떨어지고 말았다. 아버지는 그 개암나무의 가지를 꺾어서 집으로 돌아와서 두 딸에게 선물을 주고 그녀에게 개암나무 가지를 주었다.

⑤ 그녀는 개암나무 가지를 갖고 어머니의 무덤으로 가서 심었다. 그녀는 심하게 울었는데 그녀의 눈물이 나뭇가지에 물을 준 셈이 되었다. 나무는 쑥쑥 자라 훌륭한 나무가 되었다. 그녀는 하루에 세 번 울며 기도했다. 그때마다 작은 하얀 새가 나무에 앉았다. 그녀가 갖고 싶은 것을 말할 때마다 작은 새는 원하는 것을 그녀에게 주었다.

⑥ 그런데 왕자님이 신붓감을 고를 때가 되었다. 임금님은 사흘에 걸쳐 파티를 열고 나라 안의 아름다운 아가씨를 초대하였다. 두 딸도 참가한다면서 '우리 머리를 빗어라. 마차의 축도 닦아 놓아라. 구두장식도 손봐 놓아라'라고 했다. 그녀는 궂은일을 하면서도 파티에 참가하고 싶어서 눈물을 흘리면서 계모에게 졸랐다. 계모는 "아까 재 속에 작은 콩이 든 접시를 엎었단다. 그 콩을 두 시간 안에 전부 주워 모으면 너도 함께 가도 되는 걸로 하마"라고 했다.

⑦ 이에 그녀는 부엌문으로 뜰로 나가 외쳤다. "얌전한 집비둘기야, 산비둘기야 그리고 이 세상의 작은 새들아, 모두 와서 나를 도와다오. 재 속에서 콩을 줍는 거야. 깨끗한 콩은 항아리에 넣어 줘. 좋지 않은 콩은 너희들에게 줄 게." 새들이 몰려들었다. 한 시간도 채 지나지 않아 일이 다 끝나 작은 새들은 날아가 버렸다. 그녀는 접시를 들고 계모한테 갔다. 계모는 또다시 안 된다고 했다. "재를 뒤집어쓴 아이야, 넌 예쁜 옷도 없고 게다가 춤도 추지 못하잖니. 그런데도 간다면 웃음거리가 될 거다." 그녀가 다시 울음을 터뜨리자 계모는 다시 "만일 한 시간 안에 이번에 두 접시의 콩을 재 속에서 다 주우면 함께 가도 되는 걸로 하겠다"라고 하였다. 계모는 도저히 불가능할 것이라고 생각했다.

⑧ 다시 그녀는 새들은 불렀다. 그러자 반시간도 채 지나지 않아 순식간에 일이 끝나 버렸다. 그녀는 다시 접시를 들고 계모에게 갔다. 그러자 계모는 또다시 "안 되지, 안 돼. 너 같은 애를 데리고 가면 우리가 창피해서 안 돼"라고 하였다. 이 말을 하고는 계모는 두 딸을 데리고 외출해 버렸다. 그녀는 개암나무 밑에 있는 어머니 무덤가에 갔다. 그리고 외쳤다. "귀여운 나무야, 네 줄기를 부르르 떨어 보렴. 그렇게 해서 내 주위에 금과 은을 떨어뜨려 주렴." 그러자 작은 새가 와서 금실 은실로 만든 드레스와 은실 자수가 놓인 구두를 떨어뜨려 주었다. 그녀는 서둘러 드레스를 걸치고 연회장으로 갔다.

⑨ 임금님의 아드님이 그녀와 춤을 추고는 다른 아가씨들과는 춤을 추려고 하지 않았다. 왕자는 그녀의 손을 놓지 않았다. 다른 누가 그녀에게 춤을 청해도 '안 돼, 그녀는 내 파트너야'라고 하고 더 이상 말도 붙이지 못하게 하였다. 그녀는 밤늦게까지 춤을 추고 난 뒤 집으로 돌아가려고 했다. 왕자가 데려다 주려고 하자 그녀는 살짝 피해서 비둘기 집으로 뛰어들었다. 왕자는 그녀가 비둘기 집에서 나오기를 기다리고 있었는데 그녀의 아버지가 오자 다른 나라 사람으로 보이는 아가씨가 비둘기 집 속으로 들어가 버렸다고 말했다. 그녀는 다시 재를 뒤집어쓰고 여전히 더러운 옷을 입고 재투성이가 되어 웅크리고 있었다. 그녀는 비둘기 집 뒷문으로 빠져나와서 재빨리 개암나무 밑까지 달려가서 아름다운 옷을 벗고 옷을 어머니 무덤 위에 놓자 작은 새들이 와서 가지고 갔다.

⑩ 다음 날도 파티는 계속되었고 왕자는 그녀를 놓아 주지 않았다. 저녁이 되어 집으로 돌아가려 하니까 왕자가 놓아 주질 않았다. 그녀는 이번에 달음질쳐 집의 뒷마당에 있는 배나무 위로 올라갔다. 셋째 날도 파티가 열렸고 왕자는 그녀를 놓아 주지 않았다. 이번엔 왕자님의 손을 빠져나가긴 했는데 왕자님이 계단에 송진을 묻혀 놓은 바람에 왼쪽 구두가 달라붙고 말았다. 그 구두는 작고 산뜻하며 순금으로 만든 것이었다.

⑪ 다음 날 아침 왕자는 하인에게 가서 "내 아내가 될 사람은 이 구두에 딱 맞는 발을 가진 아가씨여야 한다"고 했다. 이 말을 듣고 두 딸은 기뻐하였다. 두 딸은 발에 자신이 있었기 때문이다. 언니가 구두를 신었다. 그러나 발끝이 너무 커서 들어가지 않았다. 그러자 어머니는 딸에게 칼을 건네주며 "발가락 같은 것은 잘라 버려라. 왕비가 되면 걷지 않아도 되니까. 괜찮아"라고 하였다. 발을 억지로 맞춘 언니는 왕자와 함께 출발했다. 두 사람이 무덤 옆을 지나가려고 하는데 개암나무에 앉았던 비둘기 두 마리가 외쳤다. "잘 봐요, 잘 봐요. 구두 안은 피투성

이야. 구두가 너무 작은 거야. 진짜 신붓감은 아직 집에 있지”라고 하였
다. 왕자는 그녀 발끝은 보니 피가 배어 있는 게 보였다. 왕자는 신부를
집으로 돌려보냈다.

⑫ 다른 딸에게 구두를 신겨 보았다. 이번엔 뒤꿈치가 너무 컸다. 다
시 어머니가 칼을 주어 뒤꿈치를 자르게 했다. 다른 딸이 왕자와 함께
출발하였다. 개암나무를 지나자 다시 비둘기 두 마리가 지난번처럼 외
쳤다. 왕자가 그녀의 발끝은 보니 구두에 피가 보였다.

⑬ 왕자는 아버지에게 전처의 딸을 데리고 오도록 하였다. 그래서 재
를 뒤집어쓴 소녀를 부르게 되었다. 구두는 발에 꼭 맞았다. 왕자와의
결혼식이 교회에서 있을 예정이었다. 큰언니는 오른쪽에서, 작은언니는
왼쪽에서 걸었는데 비둘기가 언니의 눈을 각각 하나씩 쪼았다. 두 사람
이 교회에서 나올 때도 큰언니는 왼쪽에서, 작은언니는 오른쪽에서 걷
고 있었는데 비둘기들은 다른 쪽 눈을 쪼았다. 두 언니는 사악한 마음
때문에 장님으로 평생을 보내게 되었다.

(A. 던데스 편 ‘신데렐라’)

이 두 개의 스토리를 분석하면 문화적으로 여러 의미를 추출할 수
있다.

첫째, 모계(계모와 계모의 두 딸)가 새로운 부계로 옮겨 오는 일이다.
신데렐라의 입장에서는 계모를 받아들이는 일이지만 출계로 볼 때 모
계가 부계로 변화하는 과정의 일이다. 그래서 아직 부계(신데렐라의 아
버지)가 뚜렷하게 부각되지 않고 모계의 부계에 대한 질투와 미움이 주
제가 된다.

둘째, 여성(신데렐라)이 남성(왕자)과의 결혼을 통해서 신분상승을 이
루는 하이퍼가미(hypergamy)의 예를 보여 준다. 부계사회의 특징은 여성
이 하이퍼가미를 원하는 것이다. 그러나 이것은 남성 쪽에서 볼 때는

신분하강인 하이포가미(hypogamy)이기 때문에 갈등의 요인이 된다. 이
것은 권력경쟁이 치열해지는 사회로의 진행을 의미한다.

셋째, 페로판과 그림판은 서로 다른 중개기능을 가지고 있다.

그림판 '재를 뒤집어쓴 소녀'는 아버지가 시장에 나갈 때 '맨 처음에
모자에 닿은 나뭇가지를 꺾어 와 주세요'라고 부탁한다. 그것이 계기가
되어 개암나무의 가지를 손에 넣게 된다. 그 가지는 망자의 세계와 재
를 뒤집어쓴 소녀를 연결시켜 주는 중개자 역할을 하게 되므로, 재를
뒤집어쓴 소녀와 어머니의 영혼 사이에 연결고리가 생긴 셈이 된다. 나
무가 하늘과 땅을 연결하는 매개로 기능하고 있다. 이것은 매우 무교적
인 모티브이다. 새(작은 새, 비둘기)도 그러한 무교적 모티브이다. 새라
는 것도 하늘과 연결되는 동물이다. 콩이라는 식물도 앞에서 언급했지
만 매우 중개자적 역할을 하는 것이다. 어머니의 영혼도 과거에 땅에
살았고 지금은 하늘나라에 있는 이미 중개자적 역할을 하고 있다. 이렇
게 볼 때 재를 뒤집어쓴 소녀, 작은 새, 콩, 비둘기, 개암나무, 어머니의
영혼 등 일련의 매개체가 있다. 이들은 모두 삶과 죽음을 중개하는 기
능을 하고 있는데 중개자들이 연속적으로 등장하는 특징이 있다.

페로판 '상드리용'에서는 비연속적으로 중개가 이루어진다. 마술지
팡이를 한 번 휘두르는 것으로 쥐와 호박과 도마뱀을 말과 마차와 마부
로 바꾸어 버리는 수법이 동원된다. 중개항의 연속성이 덜한, 마술로
처리해 버리는 것은 신화적 사고로서는 별로 고상한 방법은 아니다. 그
런 점에서 그림판이 19세기 초에 기록된 것이지만 훨씬 신화의 고형에
가깝다.

물론 두 판 모두 소녀를 아궁이에 있게 하는 것은 아궁이의 중개기
능을 이용하는 모티브이다. 아궁이는 불을 때는 곳이고 불은 자연과 문
명 혹은 이승과 저승을 연결하는 메타포이다. 불과 함께 자주 사용되는
메타포인 물은 흔히 생명을 뜻하는 메타포이다. 그러나 물은 동시에 죽

음을 뜻하는 메타포로 반전되기도 한다. 불도 마찬가지이다. 불도 생명을 뜻하기도 하고 죽음을 뜻하기도 한다. 물과 불은 중요한 메타포인데 이미 두 개의 상반된 의미를 내포하고 있다. 불은 아래에서 위로 올라가는 성질이 있고 물은 위에서 아래로 내려오는 성질이 있다. 생명과 죽음은 동시에 내려오는 것이기도 하고 올라가는 것이기도 하다. 훌륭한 메타포는 앞서 콩의 예와 같이 이중적이다.

이야기의 극적인 반전을 이루는 계기로 페로판은 유리구두를 매개로, 그림판은 작은 신발을 매개로 하고 있는데 두 판 모두 결혼에 의한 해피엔딩으로 마지막을 처리하고 있다. 이는 결혼이라는 사회적 중개야말로 가장 영속적이 된다는 것을 의미한다. 반면 두 딸에 대해서는 그림판의 경우 잔혹한 결말로 장님을 만들어 버리는 데 반해 페로판은 훌륭한 영주와 짝을 맞추어 주는 것이 다르다. 페로판은 귀족주의적인 영향을 받은 탓일 것이고 그림판은 고형에 가깝기 때문인데 장님을 만들어 버리는 것이 훨씬 반전을 이룬다는 점에서 신화적이다.

그런데 신화는 이런 영속적인 것을 좋아하지 않는다. 오히려 영속하는 것은 파탄의 상태에 속하기 일쑤이다. 이런 것을 신화적으로 처리하려면 비극적인 파탄을 맞는 주인공은 예컨대 하늘의 별이나 달, 다른 동식물, 무생물이 되어야 한다. 그래야 영속을 유지하는 것이 된다. 그런데 이들 동화는 그렇지 않다. 이는 이미 신화가 매우 사회적이고 역사적인 영역으로 넘어왔다는 것을 의미한다. 이는 신화가 이미 권력적 혹은 종교적인 것이 된 증거가 된다.

<오이디푸스>

테베의 왕 라이오스는 자신이 아들에게 살해된다는 신탁의 충고에도 불구하고 아내 이오카스테와 결혼했다. 라이오스는 신탁의 예언을 잊을 수가 없어 아들을 낳지 않으려고 했다. 그런데 어느 날 밤 술이 취해

실수를 하여 아들이 생기게 되었다. 왕은 그 아이의 두 발목에 못을 박아 산에 버렸는데 어느 농부가 주워다가 폴리보스(Polybus)왕에게 바쳤다. 왕은 마침 자식이 없던 터라 아기를 친자식처럼 길렀다. 이 아기의 이름이 오이디푸스(발이 부은 자)라는 뜻이다.

청년이 된 오이디푸스는 델피 신전에 가서 자기의 운명을 물어보았다. 아버지를 죽이고 어머니와 결혼하리라는 것이었다. 폴리보스를 친아버지로 믿고 있었던 그가 양친이 죽기 전까지는 고향에 돌아오지 않겠다고 코린토스를 떠나 테베로 가고 있던 어느 날, 삼거리 좁은 길목에서 마차를 타고 가는 노인을 만났다. 이 노인이 길을 비켜 주지 않자 홧김에 그만 그 노인을 지팡이로 때려죽이고 말았다.

때마침 테베에는 스핑크스라는 괴물이 나타나 지나가는 사람을 붙잡고 수수께끼를 물어서 풀지 못하면 그 사람을 잡아먹고 있었다. 라이오스의 뒤를 이어 왕이 된 크레온(Creon)은 스핑크스를 없애는 자에게 왕위를 물려주고 선왕의 왕비와 결혼하게 해 준다는 포고령을 내렸다. 스핑크스란 여자의 얼굴에 사자의 몸뚱이, 독수리의 날개를 가진 괴물이었다.

오이디푸스는 스핑크스에게로 갔다. 스핑크스의 수수께끼는 아침에는 발이 네 개, 낮에는 발이 두개, 저녁에는 발이 세 개인 짐승이 무엇이냐는 것이었다. 오이디푸스는 "그것은 인간이다"라고 수수께끼의 답을 풀었다. 스핑크스는 패배를 자인하고 그 길로 바다에 뛰어들어 죽고 말았다. 그리하여 오이디푸스는 왕이 되고 선왕의 왕비인 이오카스테를 아내로 맞았다. 슬하에 아들 에테오클레스(Eteocles)와 폴리네이케스(Polyneices), 딸 안티고네(Antigone)와 이스메네(Ismene)를 두었다.

오이디푸스가 왕이 된 뒤에도 여전히 흉년이 계속되고 전염병이 만연되는 등 날로 살아가기가 어렵게 되었다. 오이디푸스왕은 델피 신전에 가서 이러한 연유를 물었다. 그랬더니 선왕 라이오스를 죽인 범인을 잡아 벌을 주고 국외로 추방하라는 것이었다. 왕은 그 범인을 잡아내라고 엄명을 내렸다. 그리고 점쟁이 테이레시아스(Theresias)에게 범인을 찾아내라고 명령하였다. 처음에는 아무 말도 하지 않았지만 어찌나 닦달하는지 할 수 없이 오이디푸스왕이 테베로 올 때 길에서 죽인 사람이 선왕 라이오스라는 사실을 밝히고 말았다.

이때 코린트에서 온 사신이 폴리보스왕이 오이디푸스에게 왕위를 물려주고 세상을 떠났다고 전했다. 그리고 폴리보스가 오이디푸스의 친아버지가 아니라는 사실도 밝혀졌다. 테베로 오던 길에 그가 죽인 노인이 그의 친아버지이며 현재의 아내는 그의 친어머니라는 것을 알게 된다. 이 사실을 알게 된 이오카스테는 자살하고 말았다. 당장에 목숨을 끊는 것만으로는 자신이 지은 죄에 대한 벌이 너무 약하다고 생각한 오이디푸스는 스스로 눈을 멀게 하고 그의 죄를 씻기 위해서 딸 안티고네의 도움을 받아 참회의 길을 떠난다.

아테네에 도착하여 테세우스의 신세를 지면서 복수의 여신들인 에리니에스(Erinyes) 사당에서 지난날의 죄를 깨끗이 씻고 죽어서 신들과 같은 대우를 받았다고 한다.

오이디푸스콤플렉스는 강력한 부계사회의 근친상간에 의한 이야기로 잘 알려져 있다. 이는 권력경쟁에 들어간 가부장사회의 모순을 드러내고 있다. 결국 인류사회가 더욱 커지면서 왕국을 만들고 나아가서 제국을 만들게 되는데 왕과 그의 아들의 경우 한 여자(아내와 어머니)를 두고 경쟁하게 된다. 신탁에 의해 근친상간을 피하려고 하였지만 결국 권력경쟁의 속성 - 권력을 가진 남자가 여자를 취하게 되는 것 - 으로 인해 근친상간을 범하고 만다. 신데렐라가 가부장사회로의 전환이나 남녀 간의 지위(계급)의 고하와 결혼(교환)에 따르는 모순을 말하고 있는데 반해 오이디푸스는 남성들 간의 권력경쟁에 따른 모순을 말하고 있다. 이는 결국 둘 다 권력의 변화와 관련이 있는 신화라는 공통점이 있다.

전자는 한 남자(근친이 아닌 왕자: 족외혼)를 두고 여자들 간의 경쟁과 남녀 간의 결혼의 문제를, 후자는 남남(왕과 아들) 간에 한 여자(근친간)를 두고 경쟁하는 근친상간의 문제를 다루고 있다. 전자에서는 아버지의 의미는 별로 중요하지 않다. 후자에서는 아버지의 의미가 크다. 그런 점에서 오이디푸스 이야기가 훨씬 후대의 것일 가능성이 크다.

오이디푸스 신화를 서구의 가부장사회의 신화라고 볼 때 우리나라의 고부(姑婦)콤플렉스도 신데렐라콤플렉스의 상관관계를 살펴보면 그 기저에 공통점을 발견할 수 있다. 고부콤플렉스는 신데렐라의 경우(계모와 그의 딸이 전처의 딸을 상대로 경쟁을 벌이는 것)와 달리 훌륭한 가장에 속하는 남편을 가진 아내가(이 경우 아버지를 가진 딸은 들러리이지만 말리는 시누이가 더 밉다는 말이 있듯이 실은 강한 모계, 즉 시어머니와 시누이의 연대가 두드러진다) 그 가문을 물려받는 아들에게 시집온 남의 딸(며느리)을 상대로 질투를 하는 것이라고 볼 수 있다. 시어머니와 딸(며느리의 입장에서 볼 때: 계모와 딸) 그리고 며느리(시어머니의 입장에서 볼 때: 남의 딸 혹은 아들을 빼앗아간 여자, 여동생의 입장에서 보면: 오빠를 빼앗아간 여자)의 삼자의 관계가 벌이는 콤플렉스는 약간 굴절되거나 변형된 신데렐라콤플렉스(결혼을 통한 여자의 신분상승)라고 할 수 있다. 시어머니는 이미 결혼하여 다른 선택의 여지가 없이 기득권을 지켜야 하는 '불리한 처지'이고 딸(여동생)은 앞으로 결혼하여 다른 집으로 나가야 하는 '불안한 입장'이다.

신데렐라콤플렉스든 고부콤플렉스든 그 이면에는 둘 다 모녀가 다른 가문의 여자를 두고 경쟁하는 공통점을 가지고 있다. 이를 출계(descent)와의 상관관계라는 입장에서 보면 신데렐라콤플렉스는 모계사회에서 부계사회로 넘어가는 단계에서 발생한 가족콤플렉스로 비교적 전 지구적인 것이라고 볼 수 있다. 반면에 고부콤플렉스는 모계사회에서 부계사회로 넘어가는 과정에서 약간 불완전한, 다시 말하면 예컨대 부계사회로의 진행이 환경생태적 · 정치경제적으로 어려웠던 지역, 좀 더 구체적으로 말하면 부계와 모계의 성향이 동시에 있는 선택출계 혹은 미분화(cognatic) 사회라고 하는 지역에서 발견되는 가족콤플렉스라고 할 수 있다. 예컨대 동아시아에서 한국은 그 대표적인 지역이다. 한국에서는 유교의 가부장제가 극심하였던 조선조 사회에서조차도 아이들이 크면서 유달리 외가에 대한 깊은 사회적 · 정서적 유대를 가지고 있다. 여기서 외가란 바로 어머니의 집, 즉 모계를 말한다. 고부 콤플렉스는 모계사회에서 부계사회로의 진행에 따른 모계사회의 콤플렉스의 흔적이라고 말할 수 있을 것이다.

한국에서는 여자들이 시집을 가서도 자신의 성(姓)을 버리지 않고 산다. 이는 서구사회에서 시집간 여자가 자신의 성을 버리고 남편의 성을 따르고 그 여자가 다시 재가를 할 경우 또다시 두 번째 남편의 성을 덧붙이는, 다시 말하면 철저히 여자의 성을 지우는 대신 남자의 성을 표시하는 것과는 매우 대조적이다. 왜 그럴까. 이는 가문을 중시함으로써 여성의 가문도 지우지 않는다는 해석(이것은 철저히 부계사회적 관점, 다시 말하면 시집간 여자의 친정의 부계성씨를 지키는 입장이다)도 있지만 그보다는 모계를 완전히 버리지 못하는, 출계라는 관점에서 보면 물론 부계이지만(시집간 여자의 성씨도 실은 부계의 것이기 때문에), 세대의 각 단계로 볼 때는 특히 모자(母子) 간의 선(線)인 모계를 유지하려는 성향으로 볼 수 있다.

조선조 사회에서 아이들이 철이 들 때까지 외가에서 성장하고 공부까지 한 경우를 종종 본다. 유명 선비들 중에 특히 외가에서 공부를 한 경우가 많다. 결론적으로 말하면 고부콤플렉스는 출계로 볼 때 미분화사회에서 분포하는 것이라고 볼 수 있다. 더 정확하게는 부계사회로의 이전이 불완전한 사회에서 발생하는 콤플렉스이다. 고부콤플렉스는 시집 간 여자가 완전히 남편의 가문에 들어가지 않고 자신의 성씨를 유지

하다 보니 자연스럽게 서로 다른 가문 출신에서 시집온 여자이면서 세
대가 다른 여자 사이에 새로운 권력관계가 성립한 것이라고 볼 수 있
다. 이런 사회에서는 불가피하게 부부(夫婦)간의 선보다는 모자(母子)간
의 선이 강하다.

　그런 점에서 고부콤플렉스는 신데렐라콤플렉스에 비해서는 모계 혹
은 모성 등 여성의 권리가 남아 있는 콤플렉스이다. 신데렐라콤플렉스
야말로 완전히 부계로 전환된 콤플렉스이다. 그런 점에서 오이디푸스
콤플렉스와 신데렐라콤플렉스의 서양문화권이 고부콤플렉스의 동양문
화권에 비해 여권이 전멸한 것이라고 볼 수 있다. 흔히 서양문화권이
여권이 신장된 것으로 보지만 실은 가족제도와 가족심리 등으로 볼 때
도리어 정반대의 결론에 도달한다. 서양문화권에서 여권에 대한 운동
이 먼저 일어난 것은 그만큼 여성에 대한 억압이 심하였고 여성의 종속
성이 강요되었기 때문이다.

　이상을 중간 정리하면 신데렐라콤플렉스는 모계에서 부계로 넘어가
는 전 지구적인 가족콤플렉스이고 고부콤플렉스는 그 이행과정이 약간
불안한 혹은 부계와 모계를 동시에 가지거나 선택하여야 하는 지역에
분포한 것이라고 볼 수 있다. 자, 이제 가족콤플렉스를 부계적 관점에
서 해석하는 종래의 태도를 버리고 모계적 관점에서 보면 보다 폭넓고
전반적인, 합리적일 뿐만 아니라 가족 콤플렉스와 출계와의 상관관계
를 설명하면서 이들 콤플렉스에 대한 새로운 해석을 내릴 수가 있다.
다시 말하면 신데렐라콤플렉스이든, 고부콤플렉스이든 모두 모계적 관
점에서 보면 모계에서 부계로 넘어가는 과정에서 생기는 갈등관계를
표출한 것이라고 볼 수 있다. 부계적 관점에서 보면 신데렐라콤플렉스
는 계모와 전처의 딸의 갈등으로 보고 고부 콤플렉스는 시어머니와 시
집온 며느리의 갈등으로 볼 수 있을 뿐이지만 실은 그 이면에 숨어 있
는 것이 바로 모계라는 선(線)이다.

신데렐라콤플렉스에서는 지금까지 모계의 선이 무시되어 왔지만 바로 전처소생의 딸을 구박하는 계모와 함께 온 딸들은 송두리째 바로 모계의 한 세트이다. 계모와 딸들에서는 아버지가 생략되었고(극단적으로 모계가 강조된 구조이다) 반면에 신데렐라에서는 어머니가 생략되었다(극단적으로 부계가 강조된 구조이다). 결국 아버지가 없는 가정과 어머니가 없는 가정이 만나서 이루는, 제3의 가정을 통해 모계와 부계가 야기하는 갈등을 이야기로 엮어 낸 것이 바로 신데렐라이야기이다. 신데렐라 이야기가 전 지구적으로 분포하는 것은 바로 모계에서 부계로의 변천이 전 지구적이기 때문이다. 한국의 콩쥐팥쥐 이야기는 물론 신데렐라 이야기의 변형이지만 고부콤플렉스도 신데렐라 이야기의 변형으로 볼 수 있다. 영락없이 시집온 며느리는 시어머니와 시누이라는 모계의 전처소생의 미운 딸이고 신데렐라이다. 고부콤플렉스에서도 모계의 선이 무시되어 왔지만 바로 며느리를 구박하는 시어머니와 시누이는 바로 모계의 한 세트이다.

신데렐라콤플렉스와 고부콤플렉스는 모계가 다른 모계출신의 여자를 구박하는 이야기 내용은 같으면서 방향은 정반대이다. 신데렐라는 가부장사회로의 진행과정의, 가부장으로의 적응의 이야기이고 고부콤플렉스는 가부장사회로의 진행과정의, 가부장으로의 저항의 이야기이다. 신데렐라는 왕자를 만나 시집을 가면(가부장제의 법칙에 따라) 구원이 되지만 며느리는 시집을 와서 당한 것이기 때문에 구원이 보이지 않는다는 데에 문제가 있다. 그래서 며느리와 시어머니의 관계는 구원이 보이지 않는 매우 악순환의 이야기이다. 한국 속담에 '고된 시집 산 시어머니가 며느리 시집 되게 시킨다'라는 말이 있다.

신데렐라콤플렉스에서는 계모의 모계만 있고 부계의 어머니는 공백의 상태이다. 그런 모계의 공백상태에서 신데렐라는 새로운 부계의 출발점인 신랑감을 찾아간다. 신데렐라는 모계에 의탁하는 것이 아니라 아버지의 부계에서 남편의 부계로 넘어가면서 구원과 의탁을 구하는 이야기인 것이다. 신데렐라에게는 모계가 없다. 신데렐라는 구박하는 계모의 모계만 있는 것이다. 그래서 결국 모계(계모와 딸)로 구성된 모계는 나쁜 것으로 이미지화한다. 신데렐라콤플렉스에 의해 모계는 나쁜 것으로 그려지다가 오이디푸스콤플렉스에 이르러서는 여자는 두 남자(남편과 아들)의 경쟁적 소유의 대상이 된다. 가족제도라는 것은 어떤 심리적 콤플렉스를 유발하든 결국 자손을 재생산하는 구조를 내포하고 있게 마련이다. 남성을 중심으로 심리적 억압이 전개되느냐, 여성을 중심으로 심리적 억압이 전개되느냐의 문제이다.

가족의 문제를 가부장제의 시각으로 보지 않고 여성이 자손을 낳는 문제, 즉 여성중심으로 해석할 때, 여성이 남성(남편)을 먹고 자신의 유전인자를 가진 다른 남성(아들) 혹은 딸을 내어놓은 과정으로 묘사할 수도 있다. 이는 필연적으로 남성은 여자에게 먹히고 죽는 과정 혹은 여성을 위한 노예화 과정의 존재로 말할 수도 있다. 남성은 여성의 유전인자의 종속을 위해 봉사하는 노예와 같은 존재로 그릴 수 있다. 겉으로는 여성이 남성의 지배를 받는, 여성이 남성의 사냥물 혹은 노예(아이를 낳아 주는 존재)가 된 것 같지만 실은 남성(수컷)은 여성(암컷)에게 잘 보이기 위해 온갖 능력을 다 보여 주고 그것을 지켜본 여성은 누가 더 나를 잘 보호하고 행복하게 해 줄 것인가를 판단한 뒤에 상대를 선택한다는 일종의 동물계의 연장으로 볼 수도 있다. 이런 가족의 형성과정은 얼마든지 부계 혹은 모계의 시각에서 볼 수 있지만 부계적 시각으로 바꾼 게 문명이란 것이다. 그러나 문제의 본질은 전혀 변하지 않았는지도 모른다. 여전히 여성의 유전자를 끊어지지 않고 면면히 이어지고 있다.

서구사회는 승부를 구하는 사회이다. 그래서 승자는 패자를 다스리고 보호한다. 아버지와 아들도 경쟁관계에 있다. 그러나 한국사회는 승부를 구하지 않는 사회이다. 승자도 없고 패자도 없다. 패자는 절대로 패자임을 인정하지 않는 사회이다. 여자는 남자의 집에 완전히 들어가지 않는다. 그래서 결국 남자의 집에 시집온 똑같은 처지의 여자인 시어머니와 며느리가 승부가 나지 않는 시기나 질투를 하게 된다. 이것은 근본적으로 여성의 구조이다. 승부를 구하는 사회가 남성의 구조라면 말이다. 다시 말하면 신데렐라는 가부장사회에 있어서 '구원이 있는 여성'을 이야기하는 열린 구조인 반면에 고부콤플렉스는 '구원이 없는 여성'을 이야기하는 닫힌 구조이다.

결국 시어머니와 며느리는 안에서 해결점을 찾지 않으면 안 된다. 시어머니가 며느리를 구박하고 며느리가 구박을 참아내든가, 아니면 며느리가 시어머니에게 적응하든가, 아니면 며느리가 시집에서 쫓겨나든가 셋 중에 하나이다. 부계의 선에서 아들보다 높은 아버지의 배우자인 어머니는 아들의 배우자인 며느리를 권력으로 억압할 수 있다. 물론 그 반대도 상정할 수 있다. 부계사회가 모계사회－모중심적 성향으로 바뀌면 말이다. 그러나 모계, 즉 여성은 본질적으로 위에서 내려오는 친족체계, 조상에게 관심을 기울이기보다는 현실적으로 자신에게서 태어난 자손에게 관심을 기울이지 않을 수 없다. 다시 말하면 여성은 비친족체계적이다. 여성은 권력으로서의 친족체계에 비우호적이다. 이것이 여성이 권력을 가지지 못하는 이유이다. 여성에게 계통은 중요치 않다. 여성은 자신의 몸으로 자손을 낳기 때문에 그 자손을 양육하고 교육하는 데에 온 신경을 집중시킨다. 여성에게 부계란 자손을 잘 키우기 위한 울타리에 불과하다. 그래서 여성에겐 엄밀하게 말하면 조상(祖孫)의 선(線)보다 부부(夫婦)의 선이 더 중요하고 부부의 선보다 모자(母子)의 선이 중요한 것이다.

서구사회는 부부관계의 선이 강한 반면에 한국사회는 모자관계의 선이 강하다. 모자관계의 선이 강한, 여성적 구조를 가진 사회는 당연히 고부갈등이 있게 마련이다. 모녀가 며느리이면서 올케인 시집온 여자를 구박하는데 이런 경우 아들이자 오빠인 남편은 과보호된 마마보이적 성향이 강해서 고부갈등을 해결하기보다는 갈등을 부추기게 된다. 어머니와 자식의 모자관계(모녀관계 포함)는 가부장사회의 등장과 더불어 부부관계(부자관계 포함)의 이면에 숨어 있지만 숨어서 여전히 기능하고 있다. 오이디푸스콤플렉스는 공개적인 데 반해 고부콤플렉스는 비공개적이다. 남자 간의 결투보다는 여자 간의 질투가 훨씬 심리적으로 갈등이 심하다. 갈등은 직접적인 결투를 하지 않는, 은밀하고 지속적인 작은 결투이기 때문이다.

서구사회는 신데렐라콤플렉스와 오이디푸스콤플렉스라는 두 개의 콤플렉스를 이야기로 가지고 있지만 한국사회는 완전히 부계 - 가부장사회로 진행되지 않았기 때문에 혹은 불완전한 부계사회, 미분화 사회이기 때문에 오이디푸스콤플렉스는 심하지 않고 신데렐라콤플렉스 이야기만이 존재한다. 물론 고부콤플렉스 이야기를 신데렐라의 변종으로 자리매김할 때의 경우이다. 한국의 경우 '마마보이', '치마폭의 아들'과 같은 종류의 강한 모자(母子)관계의 선 때문에 과보호되는 아들의 이야기를 오이디푸스 이야기에 견줄 수 있다. 오이디푸스 이야기와 대조되는 이야기로 예컨대 효자 이야기(아버지를 위하여 아들이 희생하는 이야기), 열녀 이야기(남편을 위하여 아내가 희생하는 이야기), 효부 이야기(시아버지가 시어머니는 물론이고 아들의 아내인 며느리로부터도 봉사받는 이야기), 효녀 이야기(부모를 위하여 딸이 희생하는 이야기) 등 주로 여자의 희생이나 자식의 희생을 줄거리로 하는 이야기를 들 수 있다. 이것은 분명 어머니를 두고 아버지와 경쟁을 하는 아들의 이야기와는 대조되는 것이다.

우리는 여기서 전 지구적으로 인류가 모계에서 부계사회로 진화하였다고 진화론적으로 말할 수는 없지만 적어도 보다 많은 사회가 모계에서 부계로 넘어갔다고 볼 수 있고(모계야말로 권력이 개입하지 않아도 되는 자연스러운 출계라는 점에서) 따라서 오늘의 부계의 입장에서 이들 가족콤플렉스 혹은 가족신화를 해석하는 것보다는 모계의 입장에서 해석하는 것이 훨씬 발생학적이고 진화적인, 자연스러운 과정을 추적하기에 적합함을 알 수 있다. 이렇게 보면 왜 신데렐라콤플렉스가 전 지구적으로 분포되어 있고, 그 이종(異種)만 하더라도 6백여 개에 달하는지를 설명할 수 있고, 왜 어떤 사회에서는 여자가 시집을 가면 자신의 성씨를 완전히 버리게 되고, 왜 어떤 사회에서는 여자가 시집을 가서도 자신의 성씨를 버리지 않고 있는지에 대해 보다 합리적인 설명을 할 수 있다.

그렇다고 신데렐라콤플렉스는 모계사회에서 부계사회로 갓 전환한 사회의 신화이고 고부콤플렉스는 이미 부계사회로 많이 진행된 사회의 신화라고 단정할 수는 없다. 이들은 서로 다른 지역에서 분포하고 있고 신데렐라콤플렉스가 고부콤플렉스로 변하는 것은 아니기 때문이다. 고부콤플렉스가 있는 지역에도 대체적으로 신데렐라콤플렉스가 보이지만 신데렐라콤플렉스가 있는 지역에 반드시 고부콤플렉스가 있는 것은 아니다. 어느 것이 더 폭넓고 지구적인지 알 수 있다. 신데렐라콤플렉스야말로 부계사회에 대항하는 신화이다. 계모와 그의 딸이 전처의 딸을 구박하는 것이 아니고 여자(전처의 딸)는 시집만 잘 가면 금방 신분을 완전히 바꿀 수 있는 부계사회에서 여자의 신분상승의 길은 오직 결혼만 잘하면(왕자만 만나면) 된다는 신화가 아니다. 그 이면에는 인류의 출계와 가족구조의 변화라는 엄청난 진실을 내장하고 있다.

따라서 신데렐라콤플렉스와 고부콤플렉스는 여자가 남자를 두고 경쟁을 하는 구조를 가지고 있다는 공통점이 있지만 서로 다른 점이 있다. 신데렐라콤플렉스는 '부계와 모계 간의 경쟁'이고 고부콤플렉스는

‘부계 내의 세대 간(아버지 부부와 아들 부부 사이에서 여자들끼리 벌이는) 경쟁’이다. 여기서 우리는 저 유명한 오이디푸스콤플렉스에 대해 언급하지 않을 수 없다. 오이디푸스콤플렉스야말로 완전히 부계사회로 고착된 사회 혹은 처음부터 부계사회였던 지역에서 분포하는 신화이기 때문이다. 이제 부계와 모계 간의 경쟁인 신데렐라콤플렉스 혹은 부계 내의 세대 간의 경쟁인 고부콤플렉스가 아니라 ‘한 가정에서 남자와 여자 사이에 벌어지는 치열한 갈등, 소유, 심리적 경쟁’을 보아야 한다. 남자(아버지와 아들)들이 한 여자(어머니와 아내)를 두고 전개하는 오이디푸스콤플렉스가 그것이다. 오이디푸스콤플렉스는 강력한 부계사회에서 벌어지는 것이며 부계사회가 아니고는 생존할 수 없는, 다시 말하면 ‘전쟁의 지역’에서 분포하는 것이다. 신데렐라콤플렉스와 고부콤플렉스가 ‘여자들 간의 경쟁’이라면 오이디푸스콤플렉스는 ‘남자들 간의 경쟁’이다.

이상을 모계사회에서 부계–가부장사회로의 이행과정이라는 관점에서 배열하면 ‘모계사회＞신데렐라콤플렉스＞고부콤플렉스(미분화 사회)＞오이디푸스콤플렉스(부계사회–가부장사회)’가 된다. 말하자면 고부콤플렉스는 신데렐라콤플렉스와 오이디푸스콤플렉스 사이에 있다. 물론 이들 콤플렉스는 모계사회와 부계사회의 사이에 있다.

유라시아 대륙의 동서는 인류학자들이 생각한 이상으로 활발하게 교류하고 이동하였으며 동서는 기후대가 같기 때문에 이것이 용이하였다. 이슬람의 문명과 그리스의 문명이 유라시아 대륙의 끝인 신라에 이르렀으며 인도의 문명이 역시 신라에 이르렀다는 것을 잘 알려진 사실이다. 인간의 상상력보다 훨씬 더 빨리, 더 넓게, 더 깊숙이 유라시아 대륙이라는 무대에서 문명은 잡종강세를 하였으며 뒤섞이고 영향을 미쳤다. 지금은 우리가 동서양이라고 말하고 있지만 신데렐라콤플렉스는 유라시아 전역에 퍼져 있다. 아마도 신데렐라콤플렉스를 중심에 놓고 보면 유라시아 대륙의 서쪽에는 오이디푸스콤플렉스가, 동쪽에는 고부콤플렉스가 형성되었던 것 같다. 이들 콤플렉스는 자연환경과 산업환경 그리고 역사적 전통의 차이로 인해 각기 다른 콤플렉스를 형성하였던 것 같다. 이에 비하여 지구의 남북은 기후대가 달라서 이동과 교류를 활발하게 하기 어려웠을 것으로 짐작된다.

신데렐라콤플렉스는 제하고 다시 고부콤플렉스와 오이디푸스콤플렉스로 돌아가 보자. 고부콤플렉스의 경우 예컨대 시집보내야 할 과년한 딸을 가진 모녀로 볼 때 딸을 훌륭한 집안에 시집보낼 확률은 떨어지는데 정작 며느리(남의 딸)는 자신들이 익숙하게 지내면서 가꾸어 놓은 좋은 집에 아무런 대가도 치르지 않고 시집오는 것을 심리적으로 편안하게 용납할 수 없는 것이다. 물론 고부콤플렉스는 본질적으로 오이디푸스콤플렉스와는 다르다. 고부콤플렉스는 부계사회에서 시어머니와 며느리라는 이성(異姓: 다른 성씨) 간에 이루어지는 것이고 오이디푸스는 동성(同姓: 같은 성씨) 간에 이루어지는 것이다. 또 고부콤플렉스는 여자들의 경쟁이기 때문에 애정경쟁의 속성이 강하다(남편의 사랑을 잃어버리고 아들에게 사랑을 바친 늙은 여자와 남편의 사랑을 독차지하여 아들을 낳아야 하는 젊은 여자의 애정경쟁). 오이디푸스콤플렉스는 남자들의 경쟁이기 때문에 권력경쟁의 속성이 강하다. 고부콤플렉스는 그래서 갈등의 속성이 여성적이고 오이디푸스콤플렉스는 남성적이다. 그렇지만 둘 다 가부장사회에 들어간 모계사회를 나타내는 신화임에는 틀림없다.

고부콤플렉스를 오이디푸스콤플렉스권에 속해 있는 남편의 입장에서 바라보면 적어도 집안의 아내를 두고 아들과 경쟁을 벌이지 않아도 되는 편안한 입장이 된다. 다시 말하면 고부콤플렉스권에 속하는 남자들은 여자들보다 훨씬 유리한 입장에 있다. 반대로 오이디푸스콤플렉스를 고부콤플렉스권에 속해 있는 아내의 입장에서 바라보면 적어도 남편과 아들에게서 동시에 사랑을 받을 수 있는 호사스러운 입장이 된다. 반드시 결혼제도와 이들 콤플렉스가 일치하는 것은 아니지만 오이디푸스콤플렉스 지역이 일부다처제(치열한 경쟁에서 승리한 남자는 여러 아내를 거느릴 수 있다) 혹은 일부일처제(남자들의 경쟁이 치열하다 보니 애매한 남녀관계가 아니라 일대일의 관계가 정립된다) 사회가 된다든가, 고부콤플렉스 지역이 이보다 덜 엄격한 첩(妾)제도가 허용되는 사회가 되는 것과도 상관관계가 있을 것이다. 참고로 첩제도란 일부다처제와 달리 본처와 첩의 신분이 다를 뿐만 아니라 그 여자들 소생의 자식들의 신분도 다르고 언제라도 첩은 쉽게 버릴 수 있는 불안전한 남녀관계이며 결혼이라기보다는 외도의 범주에 속한다. 첩은 정식의 결혼관계가 아니기 때문에 가문에도 들지 못하고 첩의 소생은 본처의 소생이 된다. 첩제도란 어딘가 일부다처제를 유지하기 어렵거나 일부일처제를 엄격하지 않게 운영하지 않는 가부장제 지역에서 발생하는 남녀관계의 성격을 가지고 있다.

근친상간의 문제에 있어서도 이들 오이디푸스콤플렉스와 고부콤플렉스가 일정의 상관관계를 가질지 모른다. 근친상간의 문제에 있어서도 보다 근본적인 것은 어머니와 아들의 관계인 것 같다. 오이디푸스콤플렉스 지역에서도 어머니와 아들의 근친상간(이것은 성관계와 결혼까지도 포함한다)이 문제가 되지만 고부콤플렉스 지역에서도 어머니와 아들의 관계는 친밀하다(이것은 비록 성관계와 결혼에 이르지는 않지만 아들과 며느리의 결혼생활을 방해하고 파탄 나게 한다). 가족의 형성과정을 볼 때 아들딸들이 자라면서 자연스럽게 가까워지는 아들과 어머니, 딸과 아버지의 관계가 심리적으로 이성애적 심리의 보편성을 가진 것이라면, 이 때문에 사회적으로(문화적으로) 근친상간금기가 적용되겠지만, 이는 동시에 인류의 문명이 존속하는 한 계속 갈등의 문제로 남을 것이다. 이 중에서 오이디푸스콤플렉스는 가부장사회에서 철저하게 막으려고 하겠지만(막지 않으면 가부장사회가 깨어지니까) 이에 비해 성관계나 결혼관계로 발전하지 않는 고부콤플렉스는 은밀하게 존속될 가능성이 있다. 이는 문명의 문지방이라고 할 수 있는 근친상간 금기에 직접적으로 해당되지 않을 뿐만 아니라 가부장제를 직접적으로 위협하지 않기 때문이다. 고부콤플렉스는 가부장제 사회에 있어서 오이디푸스콤플렉스에 비해 훨씬 덜 위협적인 존재가 된다.

오이디푸스콤플렉스와 고부콤플렉스의 공통점은 가부장사회에서 모녀(母女)관계의 선이 상대적으로 무의미해지면서 혹은 부자(父子)관계나 부녀(父女)관계에 비해 별로 부각되지 못하는 동시에 모자(母子)관계조차도 사회적으로는 강한 선을 유지하지 못하는 것에 대해 심리적으로 반항 혹은 보복이라는 측면이 강하다. 모자관계는 가부장사회에서 항존하는 복병이 되는 셈이다. 오이디푸스콤플렉스 지역에서는 근친상간 혹은 근친결혼의 위협이 되고 고부콤플렉스의 지역에서는 가정불화의 원인이 된다. 가부장사회에서 남자는 권력이 있으면 얼마든지 다른 여자를 구할 수 있다. 오이디푸스콤플렉스보다 페드라콤플렉스가 덜하고 덜 위협적인 이유도 여기에 있다. 그러나 여자들은 그렇지 못하다. 그래서 여자들은 은밀하게 심리적 반항을 하는 셈이다. 가부장사회의 남자들은 이것을 계속적으로 감시하지 않으면 안 되는 부담을 안고 있는 셈이 된다. 하여튼 가부장사회에서 여자와의 관계, 예컨대 모녀(母女)간, 모자(母子)간은 가족 내에서 심리적인 것으로 숨어 버렸다.

이들 가족신화는 크게 보면 하늘과 땅 혹은 남자와 여자를 중개하는 매개를 설정하고 있다. 이들 신화는 자연과 더불어 어떻게 살 것인가의 문제를 보여 주면서 결혼이라는 인생의 중대사와 관련하여 권력의 확대재생산 과정의 산물이라는 것을 말해 준다. 이들 신화의 세계는 다음에 샤머니즘에 자리를 물려주면서 본격적으로 권력의 확대재생산 과정에 들어간다. 샤머니즘은 신화에 비해서는 매우 추상적인 담론이 많이 차지하며 자연과 더불어 사는 문제보다는 자연을 어떻게 권력적으로 해석하느냐에 초점이 맞추어져 있다. 샤머니즘은 그 후에 오는 고등종교의 원형으로 신화와 역사, 자연과 문명, 공생과 권력의 중개자적 입장에 있다.

3. 무교의 등장

신화에는 크게 천지창조 신화가 있고 천지개벽론의 신화가 있다. 천지창조론의 신화는 창조주가 개입되어 일관된 행위가 이루어지고 유일신체제가 유지된다. 유대교와 기독교가 그 대표적인 예이다. 다시 말하면 천지창조 신화는 절대신의 말에 의해서 천지와 만물이 창조되고 따라서 천지의 제1원인이 되는 신화인데 창조론적 관점이 유지된다. 절대신 이후에 천지가 존재하게 된다. 이에 비해 천지개벽 원초적 생성에 이어 제2의 행위자가 존재하는 신화인데 진화론적 관점이 유지된다. 다시 말하면 개벽론은 절대 유일신이 없이 우주라는 거대한 몸이 존재한다.

개벽론의 신화에는 그래서 우주거인형의 주체가 등장하는 것이 예사이다. 예컨대 중국의 반고(盤固)나 인도의 푸루사, 북유럽의 이미르 등이 그 좋은 예이다. 한국의 미륵도 여기에 속한다. 그러나 반고 등은 거인이 죽음을 맞이함으로써 스스로 우주생성의 기초가 되는 반면에 미륵은 원초적으로 생성된 우주의 혼돈을 정리하는 변형자에 해당한다. 개벽론은 어쨌든 우주라는 거대한 몸체가 분열함으로써 우주가 생성되는 때문에 신은 제1원인이 아닌 점이 특징이다. 우주는 생성 변화하는 것이다. 이것이 가장 자연현상에 가까운 신화라고 할 수 있다.

다음은 중국의 신화인 반고(盤固), 여와(女渦), 신예(신예)와 상아(상아)의 내용이다.

<반고(盤古)>

반고는 1만 8천 년을 잠만 자다가 도끼로 잠자던 우주의 껍질을 깨었다. 가벼운 물질은 위로 올라가고, 묵직한 것은 아래로 가라앉았다. 서로가 붙으려고 하는 것을 반고가 가벼운 물질을 손으로 쳐들고, 무거운 것을 발로 밟아 자기의 키를 하루에 1장(丈, 약 3m)씩 키워 1만 8천 년을 늘려 천지간의 거리가 9만 리가 되었다. 그러고는 반고가 쓰러졌다. 그가 헐떡거리는 입김은 하늘의 구름이 되고, 그가 지른 고함은 뇌성벽력, 번갯불을 만들었다. 반고는 죽으며, 왼쪽 눈알로 태양을 만들고, 오른쪽 눈알은 달과 별로 변화시켰다. 피는 큰 바다와 호수의 물이 되었고, 뼈다귀는 산맥, 털은 식물이 되었다. 그의 땀과 눈물은 아침 이슬이 되었다.

<여와>

반고가 천지를 창조하고 많은 날이 흘렀다. 여와라는 신이 심심해서 땅에 내려와 봤더니, 인간만이 없더라는 것이다. 물가에 비친 자신의 모습을 발견하고는, "그래, 저런 걸 만들어 주자" 하고 누런 진흙을 빚어서 애를 낳았다. 몇 개를 더 만들었으나 성이 안 찼던지, 한 가닥 칡넝쿨을 잘라 그것으로 진흙을 휘갈겨 진흙방울이 사방으로 튀어나갔는데 그것이 죄다 인간이 되었다는 것이다. 그런데 어느 날 물의 신 공공(共工)과 불의 신 축융(祝融) 간에 시비가 붙어 싸움이 벌어졌는데, 공공은 제 성질을 못 참아 부주산(不周山)에 박치기했다. 그로 인해 땅이 기

울어져 난리가 났다. 물이 들끓어 홍수가 나고, 덩달아 흥분한 괴수들이 사람들을 해쳤다. 사람을 만든 여와가 분주히 물을 퍼내어 인명을 구출하는 한편 괴수를 퇴치하는 방법을 가르쳐 주고, 고장 난 하늘 구멍에 오색 돌을 갈아 메워서 고치고, 기울어진 땅을 바로잡기 위해 바다에 사는 거북이에게 네 다리를 얻어 그것으로 사방의 땅을 고여 바로잡아 놨다. 좀 서두르는 바람에 중국의 서북쪽은 높고 동남쪽은 우묵하게 낮은 이유가 되었다.

<신예와 상아>

세상의 동쪽 끝에 아주 높은 뽕나무가 한 그루 있었다. 그 나무 그늘에 천제(天帝)의 아들 열 명이 있었다. 그들은 다리가 셋 달린 황금 새였다. 하루에 한 놈씩 번갈아 가며 하늘에 뜨는데, 사람들은 그것을 태양이라 하였다. 천제의 아들들이 장난기가 발동해 열 명이 한꺼번에 날아 버렸다. 하늘과 땅이 펄펄 끓고, 농작물은 타 죽고, 괴물들이 나타나 사람들을 잡아먹었다. 지상의 성왕인 요(堯)가 천제께 빌어 천제는 천신(天神) 예에게 특명을 내렸다. 신예는 자기 아내 상아와 함께 지상에 내려와 황금 새를 사냥하기 시작하였다. 화살 열 개 중 하나를 요임금이 감춰 다행히도 하나의 태양은 남게 되었다. 괴조…… 요괴…… 구렁이를 죽였다. 천제는 그의 아들들을 죽였다고 하여 신(神)의 자격을 박탈하고, 인간이 되게 하였다. 상아와 신예는 사람이 되었고, 곤륜산 서왕모에게 불사약을 구하였다. 그러나 불사약은 두 알밖에 없었고, 하나를 먹으면 죽지 않고, 두 알 다 먹으면 하늘에 오를 수 있다고 하였다. 아내 상아는 남편 신예가 잠든 틈에 두 알은 다 먹어 버렸다. 그러나 천제의 벌을 받아 한 마리 추한 두꺼비가 되어 보름달 속에 뚜렷이 엎드려 있게 되었다.
　(회남자(淮南子)에 기록)

<창세가(創世歌)>

1.

하늘과 땅이 생길 적에 / 미륵(彌勒)님이 탄생(誕生)한즉, / 하늘과 땅이 서로 붙어, / 떨어지지 아니하소아, / 하늘은 북개 꼭지처럼 도드라지고 / 땅은 사(四)귀에 구리기둥을 세우고. / 그때는 해도 둘이요, 달도 둘이요. / 달 하나 떼어서 북두칠성(北斗七星) 남두칠성(南斗七星) 마련하고, / 해 하나 떼어서 큰 별을 마련하고, / 잔 별은 백성(百姓)의 직성(直星) 별을 마련하고, / 큰 별은 임금과 대신(大臣) 별로 마련하고.

미륵님이 옷이 없어 짓겠는데, 감(옷감)이 없어, / 이 산 저 산 넘어가는, 버들어(뻗어) 가는 / 칡을 파내어, 베어내어, 삼아내어, 익혀내어, / 하늘 아래 베틀 놓고 / 구름 속에 잉아 걸고, / 들고 꽝꽝, 놓고 꽝꽝 짜내어서, / 칡 장삼(長衫)을 마련하니, / 전필(全匹)이 지개요, 반필(半匹)이 소맬러라. / 다섯 자(尺)가 섶일러라, 세 자가 깃일너라. / 머리 고깔 지을 때는 / 자 세 치를 떼쳐내어 지은즉은, / 눈 무지(아래)도 아니 내려라, / 두자 세치를 떼쳐내어, 머리 고깔 지어내니, / 귀 무지도 아니 내려와 / 석자 세치 떼쳐내어, 머리 고깔 지어내니, / 턱 무지에를 내려왔다.

미륵님이 탄생하여, / 미륵님 세월에는, 생화식(生火食)을 잡수시와, / 불 아니 넣고, 생 낱알을 잡수시와, / 미륵님은 섬 두리로 잡수시와, / 말(斗) 두리로 잡숫고, 이래서는 못할러라. / 내 이리 탄생하야, 물의 근본 불의 근본, / 내 밖에는 없다. 내어야 쓰겠다. / 풀메뚜기 잡아내어, / 스승(刑)틀에 올려놓고, / 석문(무릎) 삼치 때려내어, / 여봐라, 풀메뚝아, 물의 근본 불의 근본 아느냐. / 풀메뚜기 말하기를, / 밤이면 이슬 받아먹고, / 낮이면 햇발 받아먹고, / 사는 짐승이 어찌 알랴, / 나보다 한 번 더 먼저 본 / 풀개구리를 불러 물으시오. / 풀개구리를 잡아다가, / 석문 삼치 때리시며, / 물의 근본 불의 근본 아느냐. / 풀개구리 말하기를 /

밤이면 이슬 받아먹고 / 낮이면 햇발 받아먹고 / 사는 짐승이 엇지 알랴, / 내보다 두 번 세 번 더 먼지 본 / 새앙쥐를 잡아다 물어보시오. / 새앙쥐를 잡아다가, / 석문 삼치 때려내어, 물의 근본 불의 근본을 네 아느냐. / 쥐 말이, 나를 무슨 공(功)을 세워 주겠습니까. / 미륵님 말이, 너를 천하의 뒤주를 차지하라, / 한즉, 쥐 말이, 금덩산 들어가서, / 한쪽은 차돌이오, 한쪽은 시우쇠(鋼鐵)요, / 톡톡 치니 불이 났소. / 소하산 들어가니, / 삼취(泉) 솔솔 나와 물의 근본. / 미륵님, 수화(水火) 근본을 알었으니, 인간(人間)말 하여 보자.

2.

옛날 옛 시절(時節)에, / 미륵님이 한쪽 손에 은(銀)쟁반 들고, / 한쪽 손에 금(金)쟁반 들고, / 하늘에 축사(祝詞)하니, / 하늘에서 벌기(벌레) 떨어져, / 금(金)쟁반에도 다섯이오 / 은(銀)쟁반에도 다섯이라. / 그 벌기 자라 와서 / 금(金)벌기는 사나이 되고, / 은(銀)벌기는 계집으로 마련하고, / 은(銀)벌기 금(金)벌기 자라 와서, / 부부(夫婦)로 마련하야, / 세상(世上)사람이 낳았어라.

미륵님 세월에는, / 섬두리 말두리 잡숫고, / 인간세월이 태평하고. / 그랬는데, 석가님이 나와서서, / 이 세월을 앗아 뺏자고 마련하와, / 미륵님의 말씀이, / 아직은 내 세월이지, 네 세월은 못 된다. / 석가님의 말씀이, / 미륵님 세월은 다 갔다. / 인제는 내 세월을 만들겠다. / 미륵님의 말씀이, / 너 내 세월 앗겠거든, / 너와 나와 내기 시행하자.

더럽고 축축한 이 석가야, / 그러거든, 동해(東海)중에 금병(金甁)에 금줄 달고, / 석가님은 은병(銀甁)에 은줄 달고, / 미륵님의 말씀이, / 내 병의 줄이 끊어지면 네 세월이 되고, / 네 병의 줄이 끊어지면 네 세월 아직 아니라. / 동해중에서 석가 줄이 끊어졌다. / 석가님이 내밀어서, / 또 내기 시행 한 번 더 하자. / 성천강(成川江) 여름에 강을 붙이겠느냐. / 미

륵님은 동지(冬至)채를 올리고, / 석가님은 입춘(立春)채를 올리소아, / 미
륵님은 강이 맞붙고, / 석가님이 졌소아.

석가님이 또 한 번 더하자, / 너와 나와 한 방에서 누워서, / 모란 꽃
이 모락모락 피어서, / 내 무릎에 올라오면 내 세월이오, / 네 무릎에 올
라오면 네 세월이라. / 석가는 도적(盜賊) 심사를 먹고 반잠 자고, / 미륵
님은 참잠(眞眠)을 잤다. / 미륵님 무릎 위에, / 모란 꽃이 피어올랐소아,
/ 석가가 중동 사리로 꺾어다가, / 제 무릎에 꽂았다. / 일어나서, 축축하고
더러운 이 석가야, / 내 무릎에 꽃이 피었음을, / 네 무릎에 꺾어 꽂았으니,
/ 꽃이 피어 열흘이 못 가고, / 심어 십년이 못 가리라.

미륵님이 석가의 너무 성화를 받기 싫어, / 석가에게 세월을 주기로
마련하고, / 축축하고 더러운 석가야, / 네 세월이 될라치면, / 쩌귀(門)마
다 솟대 서고, / 네 세월이 될라치면, / 가문마다 기생 나고, / 가문마다
과부 나고, / 가문마다 무당 나고, / 가문마다 역적 나고, / 가문마다 백
정 나고, / 네 세월이 될라치면, / 합들이 치들이 나고, / 네 세월이 될라
치면, / 삼천(三千) 중에 일천 거사(居士) 나느니라. / 세월이 그런즉 말세
(末世)가 된다.

그러던 삼일(三日) 만에, / 삼천 중에 일천 거사 나와서, / 미륵님이 그
적에 도망하여, / 석기님이 중이랑 데리고 찾아 떠나서, / 산중에 들어가
니 노루 사슴이 있소아, / 그 노루를 잡아내어, / 그 고기를 삼십(三十)
꼬치를 끼워서, / 차산중(此山中) 노목(老木)을 꺾어내어, / 그 고기를 구
워 먹어라, / 삼천 중(僧) 중에 둘이 일어나며, / 고기를 땅에 떨쳐뜨리고,
/ 나는 성인(聖人) 되겠다고, / 그 고기를 먹지 아니하니, / 그 중들이 죽
어 산마다 바위 되고, / 산마다 솔나무 되고, / 지금 인간들이 삼사월이
당진(當進)하면, 상향미(上饗米) 녹음(綠陰)에, 꽃전놀이 화전(花煎)놀이.

(해설: 함흥지역에서 전래돼 온 서사무가로, 세상의 창조와 인간의
탄생, 인간세상 주인 다툼 등의 내용을 두루 담고 있다. 우리 창세 신화

의 한 원형을 보여 주는 중요한 자료다. 신의 이름이 '미륵'과 '석가'로
돼 있어 후대의 것으로 보이기도 하나, 그 이름은 후대에 채택된 것으
로 보는 것이 상례다. 출처: 이 자료는 1923년 8월 12일에 함남 함흥군
운산면 본궁리에서 김쌍돌이(68세)가 구연한 것이다. 원문은 손진태, ≪조
선신가유편≫, 동경: 향토연구사, 1930에 실려 있다.)

창조론은 시작이 있고 그렇기 때문에 종말이 있다. 만약 우주가 계속
되어야 한다면 창조주가 다시 어떻게든 시작을 하여야 한다. 그래서 종
말이 다시 시작이 되는 프로그램이 필요하다. 그리고 그 시작은 초시간
적인 영원, 영생이 되어야 한다. 기독교는 그러한 메커니즘을 잘 말해
준다. 우주는 거대한 몸이 아니라 창조주의 말에 의해 생성된 것으로
종말에는 영생을 위한 구원이 있어야 알리바이가 성립하게 된다. 기독
교는 아담과 이브의 원죄에 의해서 낙원추방을 당하였고 그래서 예수
의 구속으로 인한 죄의 사함으로 복락과 영생을 얻게 된다. 그래서 예
수, 하느님을 믿어야 영생을 누리게 된다고 한다.

그런데 기독교 창조론의 특징은 하느님의 말에 의해서 우주가 창조
된 것을 비롯하여 천지(天地) 중에서도 천(天)을 상위에 놓으려는 기도를
한다는 데에 있다. 천지는 동시에 존재하는 상징으로 일종의 이원대립
항인데 이를 수직적인 권력체계로 변형시킴으로써 '생성적이고 이원적
인 체계'를 '위계적이고 일원적인 체계'로 바꾸는 데에 있다. 전자는 우
주가 매우 리드미컬하고 율동적이고 굴곡이 있는 존재이지만 후자는
우주가 매우 인과적이고 직선적이고 굴곡이 없는 존재가 된다. 창조론
의 신화는 절대신에 의해 만물이 창조되기 때문에 매우 절대신을 정점
으로 매우 피라미드적인 구조로 나타난다. 그러나 개벽론은 다양한 이
원대립항에 의해서 역동적인 구조로 나타난다.

샤머니즘의 신들은 개벽론의 신에 해당한다. 그래서 여러 신이 있고

우주는 매우 스스로 생성 변화하는 존재이다. 샤먼들은 대개 여자이고 여자들은 생의 세계와 죽음의 세계를 드나들면서 생사를 중개하게 된다. 또 여러 귀신과 잡신들과 소통하면서 인간과 자연, 산 자와 죽은 자를 서로 소통의 존재가 되게 한다. 이에 비해 기독교의 신들은 오직 하느님 아버지밖에 없다. 하늘과 땅과 그 사이를 관장하기 위해 삼위일체(三位一體)라는 삼신으로 분화하기는 하지만 어디까지나 이들 삼신은 하나의 신이다. 이원론적이던 우주는 일원론적인 우주가 된다.

천지사상은 권력화가 진행되면서 천부지모(天父地母) 사상이 되고 천부지모는 다시 양남음녀(陽男陰女)로 변형되어 남자는 여자의 우위에 선다. 이것은 국가가 성립될 즈음이다. 제정일치(祭政一致) 시대의 샤머니즘 때만 하여도 여성의 이중적 특성은 인정되어 하늘과 땅의 중재자로 역할을 하였고 부정적이고 나쁜 것은 아니었다. 그러나 고등종교가 나오면서 남성적 특성이 생명과 빛을 차지하면서 여성적 특성은 죽음과 어둠을 나타내는 것으로 전락하게 된다. 여성적 특성이 무교 때까지만 해도 세계는 이원대립항이 역동적으로 움직이는 동적인 세계였다. 삶과 죽음은 번갈아 가며 교체되고 만물은 생성 변화하였다. 우주는 하나의 몸이었다.

그러나 무교도 신화의 세계에 비하면 남성적 특성을 보인다. 신화는 완전히 중개자인 사제가 없이도 이원대립항의 역동적인 세계를 유지하였다. 사제라는 중개자가 나옴으로써 점차 권력화되게 된다. 가부장제가 심화되면서 여무(女巫)가 남사제(男司祭)로 대체되는 데서도 권력화의 성격을 알 수 있다. 말하자면 종교는 신화의 전통을 계승하면서도 역시 인간집단의 크기가 커짐에 따라 권력의 의미를 가지게 된다. 하늘과 땅의 중재자, 동식물과 인간의 중재자, 신과 인간의 중재자, 인간과 귀신의 중재자의 위치가 이미 그 이원적 세계의 소통을 담당한다는 점에서 권력자가 되는 셈이다. 권력이라는 것은 사물을 대상화하고 다스리는 것, 정치(政治)하는 것이지만 다스리지 않아도 두 세계의 메신저 역할을 하는 것, 소통(疏通)하는 것만 해도 권력자가 된다.

인간세계는 더욱더 권력의 확대재생산 과정에 들어가면서 여무(女巫)에서 남왕여무(男王女巫)가 되다가 다시 남왕남사제(男王男司祭)가 된다. 남왕여무의 단계는 부족연맹 혹은 부족국가가 발생하는 시기이며 고등종교가 들어서면서 완전히 국가단계에 들어 남왕남사제가 된다. 사제의 역할에서도 여자는 배제되는 셈이다. 제정(祭政)에서 완전히 여자는 소외되면서 남자들의 뒷바라지, 보조역할을 하는 존재로 전락한다. 그런 점에서 무교는 신화와 종교 사이에 있는 종교이며 종교의 원형이다. 그래서 무교에서는 신화적 요소를 쉽게 찾아볼 수 있다. 무교에서는 정령이나, 토템의 동식물, 귀신 등이 등장한다. 그러나 고등종교는 이들은 비난하고 나쁜 것, 사악한 것으로 간주한다.

기독교의 십계명은 가부장 사회의 전범이다. 나 이외에 다른 신을 섬기지 말라, 살인하지 말라, 간음하지 말라, 도적질하지 말라 등의 계명은 실은 가부장제의 강화와 더불어 발생한 것이다. 만약 모계사회였으면 살인할 이유도 적었을 것이고 간음이라는 것 자체가 성립되지 않으며 공동체적 삶과 재산의 공유화로 인해 도적질이 발생하지 않을 수도 있다. 마르크스는 원시공산사회가 모계사회였을 가능성을 간파하지 못했던 것 같다. 모계사회가 아니면 공산사회가 아니다. 그 모계사회의 핵심원리는 바로 여성의 성을 관리하거나 혹은 규제하지 않는 것에 있다. 권력은 성의 규제로부터 발생하는 것이다. 모계사회에서는 자식의 아버지를 크게 강조하지 않는다. 자식은 마을의 공동의 자손이기 때문이다.

고등종교들은 남왕남사제를 지원하는 세력이 되는데 고등종교의 창시자들, 성인들은 남왕에 비해서는 여전히 여성적이다. 예컨대 예수나 석가나 공자는 당시의 정치권력을 가진 왕이나 제왕들에 비해서는 여성적이다. 이는 교권이 왕권에 대해서는 여성적 입장과 같다. 이들이 슬로건으로 내건 사랑이나 자비나 인은 모두 여성적인 메타포이다. 이들 고등종교들은 무교에 비하면 남성적이지만 왕권에 비하면 여성적인 메타포로 남왕들의 권력경쟁에 따르는 상처와 가난을 여성적 입장에서 위로하려고 하였다. 그런 점에서 종교는 역시 여성적 권력이라고 말하지 않을 수 없다.

그래서 시(감성)-신화-종교의 커넥션은 결국 '여성적'이고 '몸의 논리'에 속하는 것이다. 이에 비해 법(이성)-도덕-과학은 '남성적'이고 '말의 논리'에 속하는 것이다. 전자의 커넥션은 죽음과 우주의 이중성(상대성)을 포용하지만 후자의 커넥션은 오직 삶과 법칙(절대성)을 추구한다. 그런데 몸의 커넥션은 말의 커넥션의 어떤 것도 수용하는 성질을 가지고 있다. 이 뜻은 말의 커넥션이 아무리 초월한다고 해도 몸의 커넥션의 안에 있다는 말이다. <말의 권력(權力)>이 어떠한 것이라고 해도 <몸의 성질(性質)>은 받아들일 수 있는 용량을 가지고 있다. 몸은 무한대로 탄력적이다. 그래서 말은 더욱더 강력하고 폭력적인 말이 될 수 있다는 역설이 성립한다. 인류의 어떠한 전제권력 혹은 독재권력도 결국 몸의 성질을 벗어날 수 없었다. 죽음에 이르지 않은 권력은 없었던 것이다.

4. 신화적 사고, 과학적 사고

인간은 생물로서 진화론적인 과정을 거쳤다. 진화의 과정에 있을 때는 글자 그대로 진화하였다. 그러나 일단 호모사피엔스가 된 이후에는 지금까지 환경에 적응하는 차원의 진화 혹은 적응은 있었어도 유인원에서 유원인으로 진화하는 것 같은 돌연변이나 비약을 없었다. 단지 스스로 마치 진화한 듯이 자화자찬하고 있는 것이다. 인류학의 연구결과 인간은 호모사피엔스 사피엔스에서 크게 바뀐 것이 없다. 크게 보면 인간을 둘러싸고 있는 자연환경과 생산의 증가를 위한 산업이라는 하부구조가 바뀜에 따라 상부구조, 즉 이데올로기가 바뀐 것에 불과하다.

인간은 미개인에서 현대인으로 발전한 것이 아니라 여전히 현대인은 미개인과 다를 바가 없다. 미개인들의 전유물이라고 비하되었던 이분법(dualism)이나 토테미즘(Totemism)은 오늘날도 여전히 크게 활용되고 있다. 인간은 여전히 주어진 환경과 더불어 환경을 나름대로 분류하고 그 분류를 자신의 사회에 유비적으로 적용하고 살아가고 있다. 적어도 인간의 사고의 특징 가운데 하나는 환경과 자신들에 대해 어떤 형태로든 이름을 붙이고 질서를 부여하여야 하는 데에 있다. 질서가 없는 것은 참을 수가 없다. 자연에 대해, 인간집단에 대해 명명하는 것은 인간으로 하여금 서로 교류하는 것이고 상호 작용하는 것이고 비로소 하나가 되게 하는 지름길이었다. 이것이 바로 '이름을 붙여야 하는 인간'이다. 그 가운데 가장 핵심이 되는 것이 바로 이분법과 토테미즘인 셈이다. 또 여기서 시작된 가장 작은 교류의 단위가 반족(moiety)이라는 것이다. 이들은 교류의 단위였으며 교환의 단위였다.

인간의 사고의 특징 가운데 가장 원초적인 것은 분법(分法)이다. 여기서 중요한 것은 진법과 분법의 다른 점이다. 진법은 앞으로 나아가는 것이다. 나아가는 것이란 진화도 되지만 일종의 인과관계와 선후관계도 여기에 속한다. 진법이란 어떤 인자(因子)가 계속 나아가는 것이 된다. 물론 인간 혹은 생물의 진화는 하나의 인자가 진화한 것이 아니라 여러 인자의 조합에 의해 그 가운데 가장 성공적으로 적응할 수 있었던 것이 진화가 되었다. 이에 비해 분법이란 어떤 완전한 세계, 몸이 나누어지는 것, 분류하는 것을 말한다. 인간의 가장 자연스러운 사고는 바로 분법에 있다. 분법이란 자연에 예고 받지 못하고 태어난 존재인 인간이 세계를 인식하는 혹은 해석하는 원초적인 방법이다. 자연에서 이름을 가지고 와서 자신의 집단에 이름을 붙이게 되는데 이것이 자연을 투사한 일종의 민속분류법이고 그러한 분류법을 사회적 공간에 그대로 유비적으로 대응시킨 것이 토테미즘이다.

이름을 붙이고 명명하기 시작한 인간은 그 후 요즘 과학에서 말하는 인과의 관계를 사고하게 된다. 이것은 바로 '다스리는 인간'이다. 자연의 진화적인 관계나 인과성을 캐묻기 전에 우선 자연에 대해 소박한 질서를 부여하는 것이 급선무였다. 토테미즘의 분류법은 무한정의 욕망과 같아서 할 수 있는 데까지 가야 끝나는 것이다. 이는 우주라는 몸 전체와 몸의 부분에 대해 이름을 붙이는 행위에 속한다. 법칙을 묻기 전에 이미 존재하는 것에 대한 분류와 이를 인간사회에 대응하여 유비를 설정하는 것이 인간의 원초적인 사고이다. '나는 생각한다. 고로 존재한다'라는 문장에서 '고로'라는 인과성은 중요한 것이 아니었다. 법칙을 발견하고 법칙에 의해 사물을 다스리는 것보다는 이름을 붙이고 스스로를 표상하고 이를 근거로 말을 하여 의사소통을 하고 일종의 통성명을 하는 것이 중요하였다. 이것도 훌륭하게 관계를 맺는 것이었다. 감각적으로 보이는 동식물 혹은 무생물에 대해 함께 살아가는 쭈빈임을 확인하는 절차가 중요하였나. 이것이 바로 상징과 표상의 세계이다. 이들이 남(대상)이 아니었고 함께 살아가는 나(주체)였다. 자연과 문화가 공존하는 것이었다. 토템이나 표상을 단위로 나누어야만 서로 교류하고 돕고 교환하는 것이 가능하다.

예컨대 동양의 음양사상이라고 하는 것도 신화의 계열에 속하는 논리, 즉 '감각의 논리', '몸의 논리'에 속하는 것임을 알 수 있다. 몸의 논리를 통해서 말의 논리인 과학의 세계에 도달한 것이 동양의 한의학인 셈이다. 음양오행이라는 것은 태극에서 음양으로, 음양에서 오행으로 결국 태극의 원형인 음양, 즉 미시우주(micro-cosmos)에서 몸을 변형시키면서—몸을 확대시키거나 혹은 거꾸로 거대한 몸인, 거시우주(macro-cosmos)에서 몸을 축소시키면서 비유 혹은 메타포, 상사성(analogy)을 발견하는 것이다. 물론 오행학은 관계에 서로 친구(friend)가 되는, 생(生)하는 것과 서로 적(enemy)이 되는 극(剋)하는 것을 설정하였다. 여기서 친구와 적이라는 것은 사회적으로도 가장 원초적인 개념이지만 우주만물의 순환과정에서 근본이 되는 상호 작용의 법칙이었다. 이 생극논리는 음양오행학으로 크게 발전하여 과학의 인과론에 못지않은 기여를 하고 있다.

한의학의 큰 원리인 오행의 사이에 생하는 논리가 있든, 극하는 논리가 있든 이들은 순환하여 자리를 바꾸는 관계에 있는 것은 사실이다. 이는 과학에 있어서 어떤 수식이 성립되어 법칙이 정립되는 것과 다르다. 법칙은 어떤 몸체와 몸체 사이의, 다시 말하면 변수와 변수 사이에 존재하는 인과관계(상수가 포함된)를 말하는 것이고 순환이란 몸 자체가 바뀌는 것이다. 상생이든 상극이든 그것이 중요한 것이 아니라 둘 다 이미 바뀌게 되는 몸, 즉 오행이 결정되어 있다는 점이 과학에서의 법칙과 다른 점이다. 오행이 순환한다는 것은 결국 예술(art)이나 마술(magic)에서 형상이나 몸이 바뀌는 것과 별로 다르지 않다. 물론 한의학이 순전히 예술이나 마술이 아니고 과학이 되는 이유는 순환에서 상생이나 상극이라는 일정한 원리가 내재한 때문이다. 예컨대 눈속임이나 감정에 의한 것이 아니고 자연의 거대한 순환의 원리에 의한 몸의 변형(변신)이라는 점이다. 순환한다는 것은 변형된다는 것을 의미한다.

음양오행은 우주의 몸을 나눈 것이고 순환은 바로 우주의 나눈 몸 사이에 존재하는 몸의 변형을 의미한다. 완전한 우주를 나누면 우주는 불완전한 것이 되고 그 불완전한 것은 완전한 것이 되기 위해 끝없이 관계를 맺어야 하고 변신(변형)을 하지 않으면 안 된다. 예컨대 동양의 천지 코스몰로지(cosmology)는 바로 신화적 논리에 충실한 것이다. 천지창조신화는 완전한 제1원인을 전제하는 것이고 모든 결과는 제1원인에서 시작되는 것이지만 동시에 제1원인으로 돌아가면 되는 것이다. 그러나 천지개벽신화는 완전한 몸이 분열한 것이기 때문에 항상 부분은 불완전한 것이 되고 전체를 위한 매개에 불과한 것이 된다. 말하자면 우주는 매개의 연속인 셈이다. 그래서 부분은 서로 매개하지만 완전한 해결(시작 혹은 끝)은 없으며 이것을 두고 무시무종(無始無終)이라고 하는 것이 적합하다.

신화 혹은 종교의 천지창조론은 과학의 인과론과 손바닥의 겉과 속의 입장이다. 천지창조론과 과학의 공통점은 뭐니 뭐니 해도 역시 '말'에 있다. '말'이 아닌 몸(형상)을 가진 것은 절대신이 될 수 없으며 '말'이 아니면 사물을 객관적으로 다룰 수 없다. 그래서 말은 처음부터 초언어(meta-language)의 속성을 가지고 있다. 말은 언어(의식)이며 초언어(초의식)이다. 그런데 그 초의식이라는 것은 실은 말에 의해서 분화되기 전의 사물과 같다. 그런 점에서 초의식과 무의식은 같다. 말에 의해서 무의식에 도달한 것이 초의식이다. 거꾸로 몸에 의해서 초의식에 도달한 것이 무의식이다. 의식과 초의식, 무의식은 셋으로 말하는 것이지만 이들을 둘(의식과 무의식 혹은 의식과 초의식 혹은 초의식과 무의식)로 말할 수도 있고 보다 많은 단계로 말할 수도 있다.

천지창조론이든, 천지개벽론이든 둘 다 말과 몸에 의존하는 것이지만 천지창조론은 말에 더 의존하는 것이고 천지개벽론은 몸에 더 의존하는 것이다. 천지창조론은 말, 즉 이(理)에 중심을 두는 것이고 천지개벽론은 몸, 즉 기(氣)에 중심을 두는 것이다. 한의학도 물론이지만 음양론을 바탕으로 한 성선설과 성악설도 같은 신화적인 논리에 속한다. 선과 악은 끝없는 순환이고 교체이다. 이(理)에 기초한 도덕은 선과 악을 나누지만 이(理)에 기초한 과학은 선과 악을 나누지 않는다. 도덕적 이(理)는 권력에 의해 강요되는 것이고 과학적 이(理)는 있는 대로 객관적으로 보는 것이다. 과학적 이(理)는 실은 성악도 아니고 성선도 아니다. 종교적, 도덕적 이(理)는 그동안 인간과 사물을 바이블에 따르도록 하였다. 그러나 과학적 이(理)는 이제 바이블로 하여금 인간과 사물에 따르도록 하고 있다. 이는 이(理)가 기(氣)에 승복한 것이다.

　이러한 신화적 논리에 기초한 한의학이 과학으로 통용되는 것은 우주는 여전히 순환하고 있기 때문이다. 한의학이 동식물을 재료로 하거나 인간의 몸에 한정해서 과학을 하는 이유는 바로 한의학은 몸을 벗어나서는 존재할 수 없기 때문이다. 한의학은 우주를 하나의 몸으로 보는 데서 출발한 신화적 논리에서 신화적 과학으로 발전한 것이기 때문이다. 따라서 한의학은 <신화적 과학>, <몸의 과학>이다. 그래서 한의학은 자연에 순응해서 살아가는, 자연에 순리(順理)하는 과학이다. <몸의 과학>은 이제 인간의 몸에 한하는 것이 아니라 우주적 몸으로 확대되고 있다. 우주적 몸에 이르러야 역설적으로 인간의 과학은 신화에 도달하게 된다. 이상의 논의를 구조적으로 보면 다음과 같다.

신화적 계열: 천지개벽신화＝몸의 세계＝주체적 우주＝순환(교환)하는 세계＝구체적인 세계＝관념적인 우주관＝세계에 대한 이해＝해석＝은유＝＝비유적 시＝상징과 상상력＝시니피에＝동종주술＝상부구조＝신화적 과학(한의학, 변증법)＝이진법＝몸의 변용(이미지)＝감성＝기(氣)＝과정론(無始終)＝재생산＝욕망·성악설(性惡說)＝종교와　예술＝마술(魔術)＝여자＝섹스＝인문사회과학

과학적 계열: 천지창조신화＝말의 세계＝대상적 우주＝인과(질서)하는 세계＝추상적인 세계＝실체적인 우주관＝세계에 대한 관리＝법칙＝환유＝환유적 시＝지식과 합리성＝시니피앙＝감염주술＝하부구조＝과학적 신화(물리학, 삼단논법)＝삼진법＝말의 법칙(텍스트)＝이성＝이(理)

＝존재론(始終)＝생산＝도덕·성선설(性善說)＝학문과　과학＝발명(發明)
＝남자＝권력＝자연과학

이를 천지 코스몰로지, 주자학적 세계관으로 보면 다음과 같다.

과학계열＝천(天)＝양(陽)＝남(男)＝이(理)＝사단(四端)＝도덕
신화계열＝지(地)＝음(陰)＝여(女)＝기(氣)＝칠정(七情)＝생명

그렇다면 인간은 신화적 사고에서 어떻게 <말의 과학>인 물리학적
과학-과학적 사고로 전환하였을까. 아니, 진화할 수 있었을까? 분명히
신화적 사고를 바탕으로 과학적 사고로 넘어갈 수 있었던 것이다. 단도
직입적으로 말하면 과학이라는 것은 신화적 논리인 이원대립항을 수평
적 선후(인과)관계로 바꾸거나 수직적 위계(계급)관계로 바꿈으로써 비
롯된다. 선후관계로 바꿀 때는 뒤에 있는 것이 앞에 있는 것보다 우월하
고(대표적인 예가 진화론이다) 위계관계로 바꿀 때는 위에 있는 것이 밑
에 있는 것보다 우월하다(대표적인 예가 계급론이다).

위에서 천(天)과 지(地)의 계열에서 천(天)의 계열에 속하는 하니를 절
대적으로 추구하는 것임을 일 수 있다. 천의 계열이라는 것은 지의 계
열에 대립되는 것으로 존재하는 것이 아니라 지의 계열이 본래 두 세계
(상대적인 세계)를 다 포용하는 것인 데 반해 천의 계열을 하나의 세계
(절대적인 세계)만을 추구하는 것이다. 바로 이 하나의 세계를 추구하는
진화에서 도덕과 과학이 탄생한 것이다. 다시 말하면 하나의 이치, 어
느 곳에서도 적용되어야 하고 또한 적용되는 법칙을 찾아서 그 영역을
넓히는 행위를 인간은 끊임없이 해 왔던 셈이다.

물리학은 자연을 개척하는, 자연에 역리(逆理)하는 과학이다. 그러나
물리학의 역리도 거시적으로 보면 자연에 순리하지 않을 수 없다. 이는

절대종교가 우주를 절대자의 시작과 끝으로 직선적으로 보지만 결국 그 속에서 우주적 순환을 거부할 수 없는 이치와 같다. '절대는 상대 속의 절대'(상대성이론: $E=mc^2$)이고 '인과는 순환 속의 인과'(뉴턴 역학)이기 때문이다. 반대로 '상대는 절대 속의 상대'(氣)이고 '순환은 인과 속의 순환'(理)이기 때문이다. 여기서 신화(종교)의 법칙과 자연과학의 법칙이 만난다.

인문과학은 분명히 신화의 계열에 속하는 것이고 자연과학은 과학의 계열에 속하는 것이다. 그렇다면 사회과학은 어떻게 설명하여야 할까. 인문학이 개체적이라면 사회과학은 집단적이다. 사회과학은 따라서 집단의 집합적 사실이나 표상, 역사적 사실을 토대로 인문학적인 설명을 하는 것이다. 다시 말하면 사회과학은 집합의 사상(事象)을 다시 인문학의 관점에서 해석하는 학문이다. 따라서 사회과학의 법칙은 자연과학의 법칙과는 다르다.

예컨대 사회과학의 진화론은 법칙이라기보다는 구조(원형)의 새로운 변형이 된다. 그러한 점에서 마르크시즘은 과학적 사회학이긴 하지만 새로운 생산을 일으키는 것이 아니라 새로운 해석학에 불과한 것이다. 마르크시즘은 결코 생산량을 늘리지 못한다. 생산량을 늘리는 것은 마르크시즘이 아니라 과학과 산업화이다. 그럼에도 마르크시즘은 신화의 이원적인 대립(계급구조)을 일원적 선후(인과)관계로 배열하여 투쟁을 선동하고 이상을 내세워 갈등을 초래하고 결국 생산의 하향평준화를 이룬다. 마르크시즘은 결국 신화를 과학으로 변신시킨 허구의 이데올로기이다.

여기서 이데올로기라는 것은 신화의 구조적인 세계를 선후 혹은 상하관계로 바꾸어 열정적으로, 의식적으로 추구하는 것을 말한다. 이때 좌파든, 후파든 이데올로기가 된다. 지금까지 사회학이나 역사학에서 진화나 계급이라고 한 것은 실은 구조에 속하는 것이었다. 생물학에서 진화나 먹이사슬 구조는 인간사회에 이르러 일종의 구조로 변모되고 말았다. 여기서 구조라고 하는 것은 모순이나 갈등의 근본적인 해결책이 없다는 것을 의미하고 하나의 모순을 해결하면 또다른 모순이 대기하고 있다는 것과 일맥상통한다. 왜냐하면 해결은 새로운 구조 혹은 변형에 불과한 것이기 때문이다. 만약 프롤레타리아 혁명이 성공한다고 해도 모든 사람이 평등하게 사는 공산사회가 도래하지 않는다는 뜻이다. 결국 인간 사회는 어떤 형태로든 새로운 계급(계층) 구조를 만들어 낸다는 뜻이다. 이것은 어떤 영장류보다 뇌 용량이 큰, 말을 많이 사용하는 호모사피엔스의 말(뇌)의 구조이기 때문이다.

과학은 땅(地)을 다스리고, 죽음을 거부하고 자신의 제국을 넓혀 왔던 것이다. 그 과정에 종교 ─ 샤머니즘(shamanism) ─ 와 정치와 도덕 ─ 왕권통치(surname) ─ 과 고등종교 ─ 교권통치(saint) ─ 라는 교량을 지났으며 이제 우주시대 ─ 과학시대(science) ─ 를 향하고 있다. 그러나 인간의 문명은 과학시대를 맞았지만 여전히 생물의 존재인 인간은 섹스(sex)를 통해 태어나는 존재이다. 즉 땅과 관련이 있는 만물은 변화 생성되고 있으며 태어난 것은 반드시 죽게 마련인 생자필멸(生者必滅)의 법칙을 벗어날 수 없다. 여기에 여전히 신화적 사고 ─ 태어난 곳으로 다시 돌아간다는 영원회귀 ─ 는 위로가 되고 있다. 종교가 번성하는 것은 바로 인간의 이러한 실존적 조건 혹은 사고 구조 때문이다. 인간은 신화(종교)와 과학으로 살아가고 있다.

이상을 종합적으로 신화, 종교, 무교, 제정(祭政), 과학 등 문화의 여러 변형들로 분류하면 다음과 같다.

천(天)＝탄생＝양(陽)＝남(男)＝이(理)＝종교＝고등종교(제정분리)＝과학
지(地)＝죽음＝양(陰)＝여(女)＝기(氣)＝신화＝무교(제정일치)＝고등종교

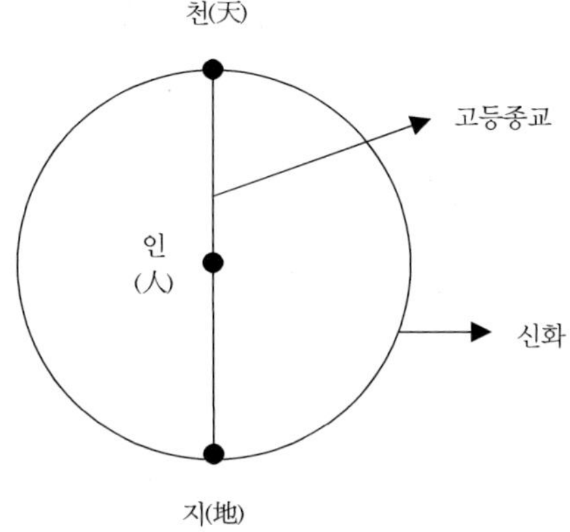

〈그림 1〉 신화와 무교와 고등종교

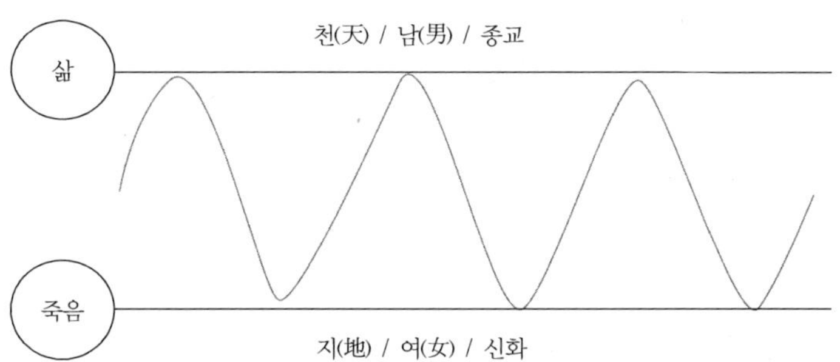

〈그림 2〉 신화 혹은 천지개벽신화(상대종교: 천도교)의 열린 세계관

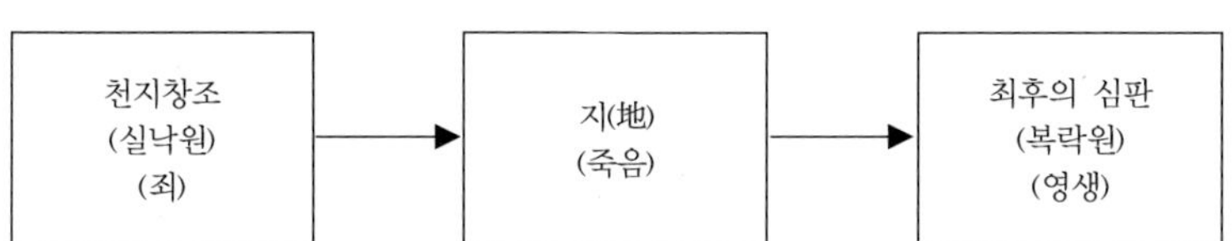

〈그림 3〉 종교 혹은 천지창조신화(절대종교: 기독교)의 닫힌 세계관

5. 신화, 권력, 과학, 평등

신화적 사고와 과학적 사고에서 이 둘의 차이와 공통점을 살펴보았다. 아마도 앞 장에서 거론된 내용을 잘 이해한 사람은 지금 내가 말하고자 하는 내용에 대해 이미 알고 있거나 적어도 예감할 수 있을 것이다. 인간은 지금도 신화적 사고를 하고 있다. 물론 인간은 원시시대에도 과학적 사고를 했다. 그런데 이제 신화에서 왜 권력이 나오고 권력은 왜 과학에 의해서 권력의 실체를 드러내고 평등에 기여하게 되는가를 신화에서부터 과학이 생성되는 과정과 결부해서 알아볼 필요가 있다. 이는 인문사회과학 전반에서 매우 중요하다. 인간의 사고는 원래 신화적 사고에서 출발하고 있다. 이것에 대해 클로드 레비스토로스는 중요한 논문을 발표하였다. 그의 저술인 "야생의 사고"는 이 분야에서 기념비적인 성과였다.

레비스트로스는 예술이 과학적 인식과 신화적 혹은 주술적 사고의 중간지점에 있다고 하였다. 신화<예술<과학인 셈이다. 예술가는 과학자와 손재주꾼(bricoleur: 브리콜뢰르)의 양면을 모두 갖고 있다. 그는 장인의 기능을 갖고 물체를 만들어 놓지만 이것은 동시에 인식의 대상이 된다. 과학자는 구조를 이용해서 사건을 만드는 데 비해(세계를 변하게 하는데) 손재주꾼은 일어난 사건을 이용해서 구조를 만드는 것이다. 손재주꾼은 신화적 사고의 예에 속한다. 레비스트로스는 과학과 신화를 비교하면서 과학이 '구조→사건'인 데 반해 신화는 '사건→구조'로 나아가고 있다고 했다. 또 신화와 예술을 비교하면 신화는 먼저 구조를 통해서 사건의 집합으로 된 하나의 절대적 대상을 만드는 것(모든 신화는 이야기이니까)인 데 반해 예술은 집합(사물 혹은 사건)에서 출발하여 구조를 발견해 나간다고 했다. 다시 말하면 신화는 '구조→사건'으로 나아가고 예술은 '사건→구조'로 나아가고 있다는 것이다. 신화는

과학과 비교할 때는 사건 → 구조로 나아가다가 예술과 비교하면 구조 →
사건으로 나아가는 특성을 보인다.

　신화는 이미 일어난 사건(창조된 세계)을 구조적으로 해석하고 이해
하지 않으면 안 되는 인간이 취한 사고양식 - 이는 인간의 뇌의 기본
구조와 결부된 것이다 - 이고 과학은 일어난 사건에서 다시 의도대로
사건을 만들어야 하는(재창조하여야 하는) 인간이 취한 사고양식이다.
예술은 또한 신화적 구조를 가진 인간이 사건을 만나서 또 다른 사건을
만들어 간다는 점에서 - 이는 물질적인 기반인 생태와 경제 등의 구조
와 관련이 깊다 - 매우 과학과 결부되는 것이면서도 그 작품을 만든
창조자가 인간이라는 점에서 신화적인 구조를 내포하고 있다. 여기서
사건은 역사 - 이것은 매우 시간적인 것이다 - 라고 보면 이해하기 쉽
고 구조는 체계 - 이것은 매우 공간적인 것이다 - 라고 이해하면 쉽게
납득이 갈 것이다.

　신화나 분류학의 이분화된 세계가 구조적인 세계라면 역사는 이 같
은 구조를 구조에서 그치는 것이 아니라 일종의 권력적인 모습으로 변
화시키면서 역동적인 변화 혹은 변형을 이끌어 낸다. 이것을 진화주의
자들은 역사적 진화 혹은 발전이라고 할 수도 있다. 그러나 구조주의자
에게는 이것은 진화 혹은 발전이 아니라 단지 또 다른 구조의 유형 혹
은 변형에 불과하다고 생각한다. 어쨌든 이 같은 구조의 이분법(다원다
층의)은 권력의 모습으로 변형되면서 상하관계나 선후관계로 변한다.
물론 상하관계에서 상에 속하는 것과 선후관계에서 선에 속하는 것이
권력을 갖는 범주에 속한다. 이런 이분법은 권력의 확대재생산 과정에
서 더욱 극단화되고 갈등을 심화시키게 된다. 가부장제(집안의 문제)와
사회의 계급화(집 밖의 문제 혹은 국가라는 보다 큰 집안의 문제)가 그
좋은 예이다. 다시 말하면 남녀는 신화적 이분법에서는 단지 상호 보완
적 관계, 혹은 이원대립항에 불과했던 것이 권력화 과정에서 상하관계

혹은 선후관계가 된다(여기서 상하관계나 선후관계는 같은 말이다).

상하 · 선후관계(다음부터 선후관계를 생략하더라도 포함된 것으로 한다)가 된 남녀는 바로 권력에서 불평등한 대우를 받게 되는 출발점이 된다. 상하관계는 우주적 질서를 사회적 질서로 바꾼 것이다. 그런데 하나의 사고체계에서 질서를 위한 것이라면 문제가 되지 않는데 이러한 순수한 질서체계가 사회에서 권력관계가 되고부터 많은 사회적 문제를 발생시킨다. 결론부터 말하자면 권력관계는 처음부터 불편부당(不偏不黨)한 것이 못 된다. 말하자면 권력 그 자체는 아무리 현실적인 필요나 정당성을 가진다고 해도 편견과 파당의 것이다. 권력을 가진 쪽은 역사적으로 자신을 정당화하고 합리화하겠지만 그 어떤 권력도 절대적으로 불편부당을 획득한 적이 없다. 대체로 집권기간이 지나면 오히려 편견과 파당으로 점철되었음을 드러낼 뿐이다.

그런 점에서 사회적, 역사적 발전이라는 것은 단지 그것을 추종하는 자의, 특정 시대의 이데올로기에 지나지 않음을 알 수 있다. 가부장제에 대항하는 반권력운동, 즉 여권운동이 지금 전 지구적으로 전개되고 있지만 또 다른 반권력운동으로 일어난 것이 바로 마르크시즘이다. 마르크시즘이라는 것은 프롤레타리아 계급과 부르주아 계급이라는 이분법의 신화를 노동가치설이나 노동생산성이나 생산수단의 유무라는 점에서 출발하여 그 모순을 분석하고 비판하는 데는 성공적이었지만 실지로 그렇다면 계급투쟁으로 계급이 없는 사회를 만들었는가 하면 그렇지 못했다. 지금 나는 그 만들지 못함, 공염불에 대해 비난하려는 것이 아니라 원래 마르크시즘을 포함하여 다른 모든 이데올로기도 역시 또 다른 이원대립항을 만들어 내는 것에 불과한 것이라는 점을 말하고자 한다. 여권운동과 노동운동(계급투쟁)은 이제 서로 뒤섞여서 전개되고 있다. 이것은 가부장제와 계급사회가 신화였듯이 이 반운동도 역시 신화적 사고의 소산이다. 이들이 유토피아를 가지고 있다는 점은 더더욱 신화라는 것을 증명하는 것에 다름 아니다.

신화는 처음부터 현실적으로 이상의 달성여부가 문제가 되지 않는 사고체계이다. 신화에는 영원히 이원대립항이 있을 뿐이다. 그래서 신화는 이원대립항의 중개자(매개자)를 설정하는 것이고 문제의 해결이나 아니라 영원한 이원대립항의 재생산, 순환을 추구하는 것이다. 마르크시즘은 처음부터 과학적인 것이 아니었고 과학을 가장한 것이었고 정반합(正反合)의 변증법 자체가 과학이라는 객관적 법칙을 만들어 내는 것이 아니라 주체가 함께 포함되어 변하는 것으로(주체가 포함되면 인간은 결국 신화적이 되지 않을 수 없다. 그러한 점에서 인간은 과학적이라기보다는 훨씬 신화적인 사고체계의 동물이다) 과학을 가장한 신화적 접근방법이었으며 신화적 사고체계의 소산이라는 점을 상기시키고 싶다. 과학이란 신화체계라는 상대적인 세계에 어떤 조건이나 한계를 지워서(조건을 설정하여서) 절대성 혹은 절대법칙을 추구하는 것인데 마르크시즘은 사회적 하부구조를 중심으로 사회나 역사의 진화과정을 시험해 본 일종의 실험에 속한다.

마르크시즘은 하부구조를 토대로 한 프로그램에 불과하다. 그러나 결코 인간의 문화는 하부구조에 그 토대나 결정성을 주어야 할 필요가 없다. 문화의 핵심이 그 프로그램에 있는 것이라면 프로그램은 어떤 것도 절대성이나 결정성을 가질 수 없는 열린 체계이기 때문이다. 그러나 마르크시즘의 장점은 어쨌든 기존의 권력에 대해 대항하는 하나의 수단을 발견하였다는 점에서 특기할 만하다. 마르크시즘에 의해 무너지지 않을 권력이란 이 세상에 하나도 없다. 공산당조차도 마르크시즘에 의해 무너져야 하는 자기모순에 빠졌다. 그런 점에서 마르크시즘은 모든 권력에 대한 반운동(反運動)인 셈이다. 신화학에서 볼 때 권력은 이원대립항을 상하·선후관계로 바꿈에서 비롯되는 것이다.

그렇다면 과학이라는 것은 과학과 어떤 관련을 갖는 것인가. 한마디로 말하면 과학이라는 것도 신화적 구조를 좀 더 결정론화한 것에 불과하다. 예컨대 주술이라는 것과 과학을 비교하면 이는 더욱 분명해진다. 주술이란 사람들이 사건들을 직접적으로 통제하고 조정하려는 시도들이다. 어떤 사건의 과정에서 우리들을 위해 영적 존재에 중재해 줄 것을 기도하는 사람과는 달리, 주술사는 사건의 과정을 우리들에게 유리하게 만들기 위해 스스로 직접적으로 중재한다. 주술사가 중재하는 일은 대부분은 예방할 수 있는 사건을 예방하려고 하거나 필연적으로 이루어질 사건을 촉진시키려 하며 또는 관습적인 일들을 지휘하고 감독하는 일이다. 다시 말하면 주술사는 결코 피할 수 없는 자연적, 사회적 과정을 일소할 수는 없다.

호톤(Robin Horton, 1962)은 과학적 사고와 주술적인 사고를 비교하면서 주술적인 사고에 일반적인 '탈출구'(escape clause)가 있음을 지적하였다. 과학적 사고는 특정의 원인에 대해 특정의 결과, 예컨대 일인일과(一因一果)로 되어 있다. 그러나 주술은 다인일과(多因一果)를 특징으로 한다. 이는 말하자면 여러 조합으로서 하나의 결과가 나타나는 것이다. 마술은 주술적 수단을 통하여 어느 정도 거리를 두고 다른 사람을 해롭게 하는 관행이다. 그 원리는 주술과 같다. 이 주술적 원리는 종교적 원리이고 종교적 원리는 신화적 원리와 통한다. 다시 말하면 신화적 사고나 신화적 원리의 전통(내림)과 관련이 있다. 이 주술의 입장에서 과학을 본다면 과학이란 주술에서 다인다과(多因多果)를 일인일과(一因一果)로 만들어 내기 위해 그 조건과 한계를 최대한 축소한 결과이다. 주술의 범위는 포괄적이고 우주적(다원다층적)이다. 이에 비해 과학은 그 범위를 극도로 좁혀서 조건(condition)과 문맥(context)에 부합하는 경우에만 성립한다.

이상의 신화, 권력, 과학의 논의를 다시 정리하면 신화의 이원대립항이 상하·선후 관계로 정립되면서 권력관계가 되었는가 하면 여러 이원대립항을 연결 짓는 방식이 일인일과(一因一果)로 되면서 과학이 성립된다. 신화는 사건 → 구조의 방향을 취했다면 과학은 구조 → 사건의 방향을 취한다. 과학이 사건의 방향을 취한다는 것은 과학은 하나의 법칙(구조 혹은 체계)을 발견하여 새로운 사건(역사)을 일으키지 않으면 안 된다는 데에 있다. 그 사건을 일으키는 데에 있어서 도 법칙에 의해 질서 정연하게 혹은 예상한 대로 사건이 일어날 때 과학이 되는 것이다. 권력이 이원대립항을 상하·선후관계를 정하는 데에 있어서 권력경쟁을 통하는 것임에 반해 과학의 일인일과는 철저히 사물의 성질에 적응하는 과정(객관적인 증명)을 통해 이루어진다는 점에서 매우 반권력적이라고 할 수 있다. 그런 점에서 과학정신은 평등으로 연결된다. 물론 과학을 통하여 얻는 도구를 인간이 권력경쟁에 쓰는 것과 과학 자체의 내용은 별개의 문제이다.

그러나 신화, 권력, 과학의 세 주제를 논의함에 있어서 과학은 권력의 편견과 당파를 약화시키고 물성(物性)과 인성(人性)이 하나라는 것을 증명하고 그 증명을 통해 만물이 평등하다는 것을 실현하는 데에 기여할 수도 있을 것이다. 이제 인류는 신화를 통해 권력과 반권력의 운동을 하는 것이 아니라 과학을 통해 인물성(人物性)의 동등과 조화를 실현하여야 하는 사명을 가지고 있다. 과학적 업적에 의해 억압을 당한 여권에 대한 회복의 계기가 확대되고 있고 또한 계급의 불평등에 대한 개선의 계기가 확대되고 있다. 이제 과학은 새로운 문화권력으로 등장하고 있으며 그 권력은 권력을 행사하는 경우에도 사물의 본성에 충실함으로써 이루어진다는 점에서 과거의 권력과는 다르다. 그러나 과학이 인간에게서 신화를 잃어버리게 해서는 안 될 것이다. 왜냐하면 과학의 원류는 신화이기 때문이다. 인간이 아무리 과학문명을 확립한다고 해도 결국 신화에 뿌리를 두고 살아야 하는 동물이다.

제17장 무교와 여무: 고등종교와 남성사제

1. 무교에 대한 고등종교의 혁명

우리는 앞에서 여성의 재생산과 사회의 생산성이 같은 방향의 평행일 때도 있고 역행일 때도 있다는 것을 알았다. 이 둘은 갈등할 때도 있고 조화로울 때도 있다는 것을 알았다. 이 둘은 서로 포지티브 피드백일 때도 있고 네거티브 피드백일 때도 있음을 보았다. 그렇다면 종교는 어떤가. 우리는 여성과 민중의 역사가 닮은 점이 있다는 것을 알았다. 여기에 무교가 또 여성과 민중과 닮은 점에 가세한다(여성＝민중＝무교). 이 말은 뒤에서 상세하게 증명하겠지만 남성과 권력자와 고등종교가 닮은 점이 있다는 말을 예감하게 한다(남성＝권력자＝고등종교). 이러한 문맥은 지상에서의 여성의 재생산과 남성의 생산, 무교의 영혼의 회귀(回歸)와 고등종교의 영생(永生)이 대위를 이루게 한다(여성: 남성＝재생산: 생산, 무교: 고등종교＝영혼의 회귀: 영생).

무교야말로 가장 자연스러운 종교이다. 불가사의한 대지에 태어나 중심을 잡고 살아가기 위해서는 먼저 마음의 중심을 잡는 것이 급선무였고 그러한 인간조건은 기복(祈福)신앙을 낳았다. 또 죽음이라는 한계 상황에 맞닥뜨린 사람들에게 죽은 자에 대한 기억은 죽은 자의 영혼으로 탈바꿈되기에 족했고 귀신에 대한 숭배는 매우 자연스러운 결과였다. 이는 기억의 동물인 인간이 기억을 사물에 투사하는 애니미즘과 토테미즘의 과정을 거친 뒤 다시 기억을 죽은 사람에게 투사하기 시작하면서 샤머니즘이 완성된다. 애니미즘은 모든 사물에 정령(魂)이 있다는 가정을 하는 일종의 사물숭배이며 사물 전체에 숭배하던 인간은 사물 중 하나 혹은 몇을 숭배하는 토테미즘으로 옮겨 간다.

토테미즘은 지구의 위도상 크게 몇 부류도 나뉜다. 이는 토테미즘이 사람들이 임의로 만든 것이 아니라 생태환경과 밀접한 관계가 있음을 의미한다. 예컨대 곰, 호랑이는 북쪽 툰드라 삼림지역, 새 종류인 독수리, 봉황, 주작, 난새 등은 그 아래 초원지역(태양이 중요한 지역), 뱀의 종류인 뱀과 용 등은 그 아래 농업지역(물이 풍부한 지역), 코끼리 사자 등은 남쪽 열대 혹은 아열대지역에 분포한다. 이는 생태환경과 맞아떨어지는 것이다. 애니미즘에서 토테미즘의 과정을 보면 결국 인간은 처음에는 미지의 사물 전체를 숭배하였다가 점차로 그 가운데 생존과 의미가 깊은 것을 선택하여 토템으로 삼아 자신들의 부족을 나타내는 대표적 상징으로 사용하였음을 알 수 있다. 이 토테미즘은 매우 중요한 진전인데 인간은 상징이라는 기법을 통해 전체를 하나로 나타내는 집합표상(collective representation)을 사용하게 되었다는 사실이다. 이것은 함께 생활하는 집단의 규모의 확대와 일치하는 것이다. 인간은 집합표상을 통해서 집단의 정체성을 표현하여 일종의 사회성을 강화하게 된다는 점이다.

토테미즘이 샤머니즘의 단계로 나아가는 것은 일종의 비약이며 종교의 진화론에서 마치 돌연변이와 같다. 인간은 여기서 만물을 하늘과 땅과 사람으로 삼등분하고 사람을 그 가운데에 메신저로 놓게 된다. 이는 다소 소극적이고 조심스럽기는 하지만 사람을 중심으로 우주론을 구성하려는 태도이다. 이는 권력 경쟁의 시작과 때를 같이한다는 점에서 의미심장하다. 형식적으로는 혹은 겉으로는 하늘을 섬기고 땅에 제사를 지내지만 실은 그 가운데는 이미 인간중심의 우주설계(디자인, 프로그램)가 숨어 있다. 그 전까지 생태환경의 동식물을 표상으로 사용하는 단계에서 표상을 하늘과 땅과 사람으로 보다 더 단순화하고 그 가운데 인간을 두는 야망을 드러낸 것이다. 샤머니즘은 아직도 귀신을 섬기는 유치한 단계인 것 같지만 우주를 기(氣)를 바탕으로 교감체(交感體)로 보면서 그 중심에 인간을 등장시키는 우주론의 대변혁을 이룬 것이다.

샤머니즘은 그래서 매우 인간적인 종교이다. 샤머니즘은 종교가 아직도 감정을 중시하면서 교감하고 표상하는 단계의 종교이다. 그래서 감정이 풍부한 여성을 사제로 하는 것이 적합하다. 여성은 매우 자연적인 존재이며 남녀비교론적으로 보면 자연에 훨씬 가까운 존재이다. 여성은 섬세한 감정과 본능적 예감을 가진 동물이며 주기적으로 월경을 통해서 자연의 주기와 함께하며 자연의 생산을 자신의 몸에서 실천하는 재생산의 동물이다. 샤머니즘은 그래서 여성을 신화의 주인공으로 한다. 샤머니즘은 인간이 아직도 이성보다는 감성에 의존해서 살아가던 시대이다. 그런데 권력경쟁이 더욱 심화되면서 출산을 담당하면서 집단의 인구를 유지하던 '재생산의 여성'보다는 집단의 인구를 적으로부터 보호할 수 있는 능력을 가진 '전사로서의 남성'이 더욱 권력에 가깝게 간다.

이제 세계는 교감하는 것이 중요한 것이 아니라 지배하고 다스리는 지혜, 이성이 중요한 단계로 접어든다. 세계는 이제 '교감으로서의 세계'가 아니라 도구와 법칙을 만들어 내는 것이 중요하게 되었다. 이에 도구를 만드는 '이성으로서의 세계'가 되는 것이다. 이성은 사람과 사물을 다스리는 새로운 무기로 등장한다. 이성은 무기를 낳고 무기를 사용하는 것은 남성에 더 유리한 세계이다. 남녀비교론적으로 볼 때 여성은 감성이 풍부하고 남성은 이성이 풍부한 것으로 드러나 있다. 이는 남녀의 체질적 특징과도 함께한다. 남성은 좌뇌가 크고 여성은 우뇌가 크다. 좌뇌는 이성을 관장하고 우뇌는 감정을 관장한다. 여기에서 남성의 근육질의 몸과 여성의 기름진 몸, 전자가 전사로서 후자가 출산과 육아에 적합하다는 것을 굳이 말할 필요도 없을 것이다.

사실 인간이 자신을 태어나게 해 준 것에 대해 경외심을 갖고 종교를 만든다면 그 대상은 어머니일 것이다. 어머니야말로 자신을 있게 한, 출계(出系)시킨 가장 확실한 장본인이다. 아버지야말로 불확실한 존재이다. 계속 집안과 밖을 들락거리면서 항상 자신의 주변에 없다. 사냥을 해 오고 가족을 부양한다고 하지만 그것도 확실한 것은 아니다. 그러나 어머니는 항상 낳아 주고 길러 주고 자궁에서 해 오듯이 옆에서 사랑을 준다. 어머니의 사랑은 항상 신체와 신체가 닿은 구체적인 것이고 느낌을 동반하는 감동적인 것이다. 그런데 이에 비하면 아버지의 사랑은 있다고 하지만 추상적이고 관념적이다. 그런데 왜 인간은 아버지(하느님 아버지)를 신으로 모시게 되었는가. 이는 바로 생물학적(생성론적)으로 태어난 인간이 사물을 존재론적으로 바라보기 때문에 빚어지는 현상이다. 존재론은 이미 절대론이고 생성론은 이미 상대론이다. 인간이 사용하는 말, 인간이 사물에 붙이는 말, 아니 인간이 사물이라고 할 때의 사물은 이미 생성된 것이 아니라 존재하고 있는 것이 된다. 이 단계에 말과 사물과 존재론과 절대론은 커넥션을 이루면서 권력이 된다(말＝사물＝존재론＝절대론). 그래서 어머니가 나를 낳아 준 것이 아니고 말을 닮은, 그래서 이미 사물이 되어 버린 추상적이고 존재적이고 절대적인 아버지가, 하느님 아버지가 되고, 하느님 아버지가 나를 낳아 준 것이 된다. 권력에는 말의 존재론적인 특성, 절대론적인 특성이 개입하는 것이다. 보다 자연에 가까운 존재인 어머니는 보다 말에 가까운 아버지에게 권력을 넘겨주게 되는 것이다. 권력에는 말을 잡는 자가 권력을 쥐게 되는 특성이 있다. 권력은 본질적으로 어머니를 억압하게 되고 감성을 억압하게 되고 성을 억압하게 되는 메커니즘이 여기서 연원한다.

샤머니즘의 쇠퇴와 고등종교의 등장은 바로 감성중심의 세계와 이성중심의 세계로의 전환과 때를 같이한다. 이것은 제정일치사회에서 제정분리 사회로의 전환과 궤를 같이한다. 고등종교의 등장은 종교가 점차 권력화되는 것을 의미한다. 이 말은 고등종교 이전에 여성이 사제의 역할을 하였지만 당시에는 종교가 권력의 일종이 아니었거나 권력을 드러내지 않았던 시기라는 말에 다름 아니다. 적어도 인간이 집단의 크기가 커짐에 따라 권력경쟁의 단계에 들어가게 되고 이는 종전보다 넓은 지역을 무대로 통치행위와 제사행위를 하여야 하는 필요성과 궤를 같이한다. 이는 제정의 분리와 함께 통치와 제사행위가 이제 감성보다는 이성에 의해 주도됨을 의미한다. 이는 여성보다는 남성이, 우뇌보다는 좌뇌가 더 필요하게 되는 것을 의미한다. 제정분리는 단순히 분리만 이루어지는 것이 아니라 동시에 제사의 정치에의 종속을 의미하고 가부장제의 보편화를 동반한다.

샤머니즘의 천(天)은 고등종교에서 왕(王)이 되고 여무(女巫)는 남왕(男王)이 되는 것이다. 무교의 신화는 바리공주 신화나 원앙부인 신화와 같이 여성을 중심인물로 두고 있는 것도 우연이 아니다. 이들 신화에서는 여성이 남성과 자식, 다시 말하면 가족을 위해 죽음 고생을 하는 것이다. 여성은 갖은 고생을 하면서 남성을 구원하는 것이다. 이러한 여성중심 신화는 후에 남성중심 신화로 바뀐다. 우리가 알고 있는 남성중심 신화는 남성이 여성을 두고 서로 차지하기 위해 경쟁(전쟁)을 하거나 (이때 여성은 이미 주체가 아니고 대상으로 전락한다) 여성을 구원하는 것은 남성권력의 미화에 불과하며 남성신화, 고등종교의 조작에 속한다. 구원의 여성은 구원의 남성이 된다. 물론 이것은 가부장사회를 나타내기도 한다. 지금까지의 이야기를 도식으로 풀면 다음과 같다.

여성: 남성＝무교: 고등종교＝여성중심신화: 남성중심신화＝여무: 남왕＝＝모계사회: 부계(가부장)사회＝부족사회: 국가(제국)사회＝제정일치사회: 제정분리사회＝농업(농경·정착)사회: 산업(유목·이동)사회＝감정(氣)중심: 이성(理)중심＝종교사회: 과학사회＝생존사회: 권력경쟁사회

우주를 탄생시킨 것은 여성이다. 여성이란 바로 생명을 탄생시키는 몸체, 바탕을 말하기 때문이다. 따라서 대우주(macro‒cosmos)는 여성적으로 해석하는 것이 옳다. 그러나 이것이 권력중심으로 해석하면서 남성적으로 해석되기 시작하였다. 인류사적으로 볼 때 보다 권력의 규모가 커지면서, 다시 말하면 국가시대로 접어들면서 남성중심, 남성신 중심으로 해석이 된다. 신화도 그렇고 종교도 그렇다. 무교는 여성중심의 신화이다. 그러나 고등종교는 남성중심의 신화이다. 무교는 사제가 여자이다. 고등종교는 사제가 남자이다. 지모(地母: 聖母: great‒mother: goddess)의 신은 천신(天神: 天子: great‒father: god)으로 바뀌고 땅과 하늘은 자리바꿈을 한다. 이것은 역사적으로 생존경쟁에서 권력경쟁으로 넘어갔음을 말한다. 생산하는 자(여성)의 자리에 생산된 것을 다스리는 권력(남성)이 들어선다.

무당들은 제정일치 시대에는 제사장 혹은 왕권을 가지기도 하였지만 그 후 제정분리와 함께 의례를 주재하는 역할을 맡다가 점차 소외되어 가장 퇴락한 경우에는 신전(神殿)이나 사당의 유녀(遊女)의 신세로 전락하였다. 무당의 자리에 고등종교들의 사제가 대신 들어섰다. 그러나 무교는 인류의 가장 고형(古型)의 종교이면서 종교의 원형을 그대로 간직

하고 보여 주는 종교이다. 종교에서 기복(祈福)과 조화(調和)를 빼면 무엇이 남겠는가. 문제는 복을 비는 것을 재물을 바치면 된다고 하는 것이 문제이고 조화를 귀신과의 문제로 한정시키는 것이 문제이다. 그래서 재물을 바치고 귀신을 달래는 부적이나 굿으로 모든 문제를 해결하려는 단순성과 시대착오적인 것이 문제이다. 그 밑에 깔려 있는 조화의 정신은 오늘날에도 부활시킬 만한 덕목이다.

서구의 그리스-로마 신화에도 창세론의 원형은 본래 지모에 있다. 고대 그리스의 여러 전통은 땅이 하늘 이전에 존재하였고 하늘을 낳았음을 확신하고 있었다. 헤시오도스의 "테오고니(Theogonie)"에는 이렇게 되어 있다. "원래 공허(Void, Chaos)가 맨 먼저 존재하였고 이어 넓은 품을 가진 땅(Earth), 곧 모든 만물의 확고하고도 영원한 본향이 그리고 불멸의 신령 가운데 가장 아름다운 에로스(Eros: 욕망)가 나타났다…… 땅은 먼저 자신과 크기가 같고 별빛으로 가득한 하늘(Sky)을 만들어 그녀의 모든 둘레를 덮게 하였다."

이런 지모의 신격은 그러나 제우스에 의해 지배되는 올림피아 신령 체계에 복속되면서 그 원형적 의미를 상실해 간다. "호메로스 찬가(The Homeric Hymns)"에서 호메로스는 말한다. "모든 존재 가운데 가장 연장자이자 모든 만물의 어머니 땅이여, 그녀는 세상의 모든 피조물을 먹여 살리네…… 만세! 모든 신들의 어머니, 별빛 가득한 하늘(Heaven)의 부인이라네."

그리스와 로마의 신화는 여성중심신화가 남성중심신화로 바뀌는 대표적인 예에 속한다. 말하자면 아테네는 제우스의 머리에서 태어나는 것이 아니라 헤라의 머리에서 태어나야 옳은지 모른다. 아프로디테는 하늘의 신 우라노스의 남근을 절단하여 바다에 던지자 남근 주위에 정액의 거품이 모여서 태어났다고 했는데 정액에서 태어난 것이 아니라 땅의 신 게이아의 난자에서 태어났다고 하여야 옳은지 모른다. 영웅신화들은 대개 이러한 역전(역설)을 감행한다. 이것이 바로 문명의 대역전(대역설)이다. 기독교 성경은 '농경신(바알신)＝모계신화'를 규탄하고 '유목신(여호와)＝부계신화'를 옹호한다.

기독교 성경이야말로 모계적 전통을 부계적 전통으로 바꾸는 과정을 설명해 주고 있다. 야곱은 어머니의 권유로 의해 하란(메소포타미아 지방으로 아랍지역에 속함)에 거주하는 외삼촌 라반(나홀의 아들)의 집으로 가서 라반의 두 딸 레아와 라헬에게 장가간다. 그리고 거기서 많은 아들딸은 낳은 후 가나안으로 탈출한다. 탈출하면서 아내 라헬은 친정의 수호신을 훔쳐 내 간다. 말하자면 야곱과 아내 레아와 라헬은 한통속이 되어 처가며 친정집의 재산과 신주를 훔쳐 달아난 셈이다. 야곱이 달아난 것을 뒤늦게 안 라반은 야곱을 추적하여 야곱을 나무란다.

"어쩌자고 나를 감쪽같이 속이고 내 딸들을 전쟁포로 잡아가듯이 하느냐?…… 나에게 알렸더라면 소구를 치고 수금을 타고 노래를 부르며 즐겁게 떠나보냈을 것이 아니냐? 내 손자들이며 내 딸들에게 입을 맞추고 떠나보내지도 못하게 하다니, 이런 바보짓이 어디에 있느냐? 나는 얼마든지 너를 해칠 수 있다…… 하지만 내 집 수호신들은 왜 훔쳐 가는 거냐?" 여기서 수호신을 훔쳐 가는 문제는 단순히 재물을 훔쳐 가는 것과 다른 집안을 지키는 신을 훔쳐 가는 것이 되어 집안의 계통을 바꾸는 상징이 된다.

결국 라반은 야곱에게 "이 여자들은 내 딸들이요, 이 아이들은 내 손자요, 이 양떼도 다 내 것이다. 네 눈앞에 있는 것 어느 하나 내 것 아닌 것이 있느냐. 그러니 내 딸들과 그 애들이 낳은 아이들을 이제 내가 어떻게 하겠느냐. 그러니 이리 와서 너와 나 사이에 계약을 맺자. 돌무더기를 쌓아 나와 나 사이에 증거로 삼자"라고 하면서 새로운 계약을 맺는다. "내가 이 돌무더기를 지나 너를 치러 가지 못하고 네가 이 돌무더기와 석상을 지나 나를 치러 오지 못한다. 아브라함과 나홀의 하느님께서 우리 사이를 판가름해 주시기를 바란다." 성경의 이 구절은 바로 모계에서 부계로의 전환을 의미한다.

기독교 구약의 창세기는 가부장제의 가장 대표적인 담론이다.

> "한 처음에 하느님께서는 하늘과 땅을 지어 내셨다. 땅은 아직 모양을 갖추지 않고 아무것도 생기지 않았는데 어둠이 깊은 물 위에 뒤덮여 있었고 그 물 위에 하느님의 기운이 휘돌고 있었다. 하느님께서 '빛이 생겨라!' 하시자 빛이 생겨났다. 그 빛이 하느님 보시기에 좋았다. 하느님께서는 빛과 어둠을 나누시고 빛을 낮이라, 어둠을 밤이라 부르셨다. 이렇게 첫날이 밤, 낮 하루가 지났다. 하느님께서 '물 한가운데 창공이 생겨 물과 물 사이가 갈라져라!' 하시자 그대로 되었다."

> "그래서 야훼 하느님께서 아담을 깊이 잠들게 하신 다음, 아담의 갈빗대를 하나 뽑고 그 자리를 살로 메우시고는 그 갈빗대로 여자를 만드신 다음, 아담에게 데려오시자 아담은 이렇게 외쳤다. '드디어 나타났구나! 내 뼈에서 나온 뼈요, 내 살에서 나온 살이로구나. 지아비에서 나왔으니 지어미라고 부르리라!' 이리하여 남자는 어버이를 떠나 아내와 어울려 한 몸이 되게 되었다. 아담 내외는 알몸이면서도 서로 부끄러워하는 줄 몰랐다."

> "아담은 아내를 인류의 어머니라 해서 하와라고 이름 지어 불렀다. 야훼 하느님께서는 가죽옷을 만들어 아담과 그의 아내에게 입혀 주셨다. 야훼 하느님께서는 '이제 이 사람이 우리들처럼 선과 악을 알게 되었으니, 손을 내밀어 생명나무 열매까지 따 먹고 끝없이 살게 되어서는 안 되겠다'고 생각하시고 에덴동산에서 내쫓으시었다. 그리고 땅에서 나왔으므로 땅을 갈아 농사를 짓게 하셨다."

인류의 고등종교인 불교, 유교, 기독교, 이슬람교도 바로 이러한 모계에서 부계로의 대역전의 주역이고 일등공신이다. 여성의 위치는 중심에서 주변으로 옮겨진다. 남성인 석가, 공자, 예수, 마호메트는 하늘신(天神)의 이름으로 혹은 하늘을 대신한 천자(天子)의 이름으로, 말하자면 아버지와 아들의 부계(父系) 상속에 의해 최고의 권능의 자리에 앉는다. 여기서 여성은 단지 아들을 낳아 주는 임무에 만족한다. 이들의 경전내용은 하나같이 욕망을 축소 재생산하도록 하는 내용들로 채워져 있다. 가난과 고통을 인내하고 극복하면 복을 주신다는 내용이다. 이들 종교의 선교자들이 이런 내용을 포교하는 것은 개인적으로는 신자들에게 마음의 평화와 위로를 주었겠지만 집단적으로는 이러한 평화야말로 오히려 이들 종교를 앞세운 제국들의 팽창과 약탈에 적극적으로 저항하기보다는 소극적으로 받아들이게 했다.

이들 부계의 고등종교들의 등장과 교세 확장 그리고 계속되는 전쟁, 더욱이 십자군 원정을 비롯하여, 종교가 직간접으로 영향을 미친 인류의 커다란 전쟁들은 모두 부계적 전통과 사고, 가부장제의 권력경쟁의 맥락에서 해석할 수 있다. 고등종교들은 사제(司祭)의 역할로 정치를 뒷받침하면서 정치가 못다 한 이승을 달래 주고 저승의 행복(천당, 극락)을 빌어 주는 역할로 자리매김했다. 물론 서구사에서 교황권이 득세한 중세는 종교가 다시 권력의 핵심에 들어가기도 했지만 제(祭)를 주관하는 종교는 정치에 권력의 첫째 자리를 내주고 그 대신 내세(사후)를 담당하는 것에 만족해야 했다. 오늘날 다시 정치가 경제에 밀리고 있는 것은 권력이 점차 천상에서 지상으로 내려오는 중에 있음을 의미한다. 먼 미래에는 경제는 또 생태(환경)에 밀리는 것이 될지 모를 일이다. 역으로 경제에 성공하면 정치에 성공하는 것이 되고 생태를 보전하는 데에 성공하면 경제에 성공하는 것이 될지도 모를 일이다. 이것은 권력의 중심의 큰 이동이다.

2. 왕권에 대한 교권의 여성적 입장

고등종교들은 정치에서는 일선에서 물러났지만 그렇다고 남성중심을 포기하지는 않고 있다. 종교는 남성중심을 포기하지 않고 정치에서 소외된 여성과 민중들을 위로하고 있다. 종교는 나름대로 합리성이 있고 시대에 맞춰 합리성을 강화하긴 하지만 과학에 비하면 이성의 산물이라기보다는 감성의 산물이며 그렇기 때문에 결코 권력적이지는 못하며 남성보다는 여성신도들에 의해 유지되는 권력의 한 형태이다. 종교는 합리성이라는 측면에서는 불합리투성이며 상상계(想像界)의 일을 현실계(現實界)의 연장인 것처럼 함으로써 빈곤과 고통 그리고 죽음이라는 실존적 한계상황 속에서 허덕이는 많은 사람들의 마음을 위로하고 다스리고 있다. 종교는 정치와 비교할 때 낡은 절대권력 형태이며 과학과 비교할 때 대중을 위한 주술적 담론(呪文)과 의식(굿)을 제공하는 제사의 권력이다.

종교를 통해 깨달은 소수, 득도한 자들은 시공을 초월하는 것이 결코 시공의 연장은 아니며 시공의 다른 어떤 곳으로 가는 것이 아니라 바로 '바로, 여기'(now and here)임을 안다. 그러나 많은 대중들은 시공의 연장 차원에서 자아를 믿고 영혼불멸을 믿고 있다. 이들에게는 언제나 종교는 매우 현실적인 권력의 형태로 남아 있다. 부계이든, 모계이든 출계(descent rule)를 따지는 것은 이미 권력에 참가하는 것이며 종교가 여기에 관여하여 가부장제는 전 지구적으로 확산되고 말았다. 기독교인구의 남아메리카와 아프리카의 침투는 '가부장제라는 가족종교의 선교(?)에 순교자적인 역할'을 한 셈이다. '하느님 아버지', '하느님의 아들 예수' 등은 종교를 가족에 비유하여 친근감을 준 공적도 있지만 부지불식간에 가부장제를 선전하였다.

종교야말로 마음까지 다스리는 것으로 영역의 제한이 없는 권력이다. 어쩌면 마음의 권력이기 때문에 영원히 사라지지 않는, 영원히 인간과 거래할 수 있는 절대 권력이다. 종교야말로 말의 상상력을 극대화시키는 담론(성경)을 통해 인간의 세계를 넓힌 장본인이다. 인간은 스스로 그 권력의 품 안에 들어가기를 간절히 기원하지 않는가. 그런 점에서 가부장제의 종교가 확산되는 것은 세계평화를 위하여 긍정적으로 작용할 것인가에 회의적이다. 현재 지구상에서 가장 치열하게 싸움을 하고 있는 것이 기독교와 이슬람교이다. 두 종교는 같은 혈족이다(중동은 아브라함의 첫째 아들 이스마엘의 자손이고 이스라엘은 아브라함의 둘째 아들 이삭의 자손이다). 중동분쟁은 같은 혈족의 가부장제 – 절대신(여호와, 알라)의 대리전이다. 기독교는 로마 – 프랑스 – 스페인 – 영국을 돌아 다시 돌아온 종교(이스라엘은 제2차 세계대전 이후 영국에 의해 자리를 잡았다)이고 이슬람교는 제자리를 지키고 있었던 종교이다.

제정일치 시대에는 여무(女巫: 여성 사제)가 제사와 정치를 겸한 역사적 문물과 흔적이 많다. 그러나 이것이 제정분리시대 혹은 권력경쟁시대, 다시 말하면 국가성립시기를 전후로 여무의 지위는 급격하게 떨어진다. 여무는 제사의 권한만 가지거나 아니면 그것마저도 남성들의 사제에게 빼앗기게 된다. 이것이 아마도 고등종교가 성립하는 시기와 맥을 같이한다. 권력을 남성들이 가지게 되고 – 이것은 왕으로 표현된다 – 제사도 남성 사제가 맡게 된다. 고등종교란 바로 여성중심의 무교를 남성중심의 종교로 변형시키는 것이면서 동시에 경전의 내용을 보다 합리적으로 업그레이드시키는 것이 된다. 고등종교는 귀신을 섬기는 것이 아니라 신을 섬기게 된다. 또 죽음의 세계에 있는 귀신에게 조화를 꾀하는 것이 아니라 죽음을 뛰어넘는 상황설정 – 천당이나 극락 – 을 통해 귀신(과거)을 극복한다. 귀신의 극복은 인간의 삶을 보다 현실적이며 미래지향적인 것이 되게 한다. 다시 말하면 고등종교와 국가는, 전자는 사후의 미래세계를 다스리고 후자는 현실 세계를 다스리는 양분체제로 들어가게 된다.

여기서 지금까지 언급한 권력의 발생학을 잠시 살펴보자. X염색체→Y염색체→제사(무교: 여신: 여사제→고등종교: 남신: 남사제)→정치권력(왕: 절대왕정: 대통령)→문화권력(권력의 분산)으로 변천하였다고 볼 수 있다. 이 과정은 앞의 프로그램이 뒤의 프로그램으로 업그레이드되면서 원형이 변형되는 것을 나타낸다. 다시 말하면 X염색체가 변형된 것이 Y염색체이고 제사가 변형된 것이 정치이고 정치가 변형된 것이 문화권력(문화의 각 장르)이 된다. 그런데 재미있는 것은 X염색체-무교-문화권력이 같은 항목에 들어가고 Y염색체-고등종교-정치권력이 같은 항목에 들어간다. 문화권력에 이르러서 그래도 집중된 권력은 다시 분산되기 시작하고 있다. 이제 권력은 문화의 각 장르마다 독자적으로 나타난다. 우리는 브라질의 축구선수 펠레를 '축구 황제'라고 한다. 미국의 농구선수 조던을 '농구 황제'라 부른다. 또 독일 베를린 오케스트라의 상임지휘자 카라얀을 '지휘자 황제', 바흐를 '음악의 아버지'라고 부른다. 이렇게 '황제'나 '아버지' 등의 말을 문화영웅, 문화천재들에게 붙인다. 이는 문화권력의 탄생을 의미하는 동시에 문화의 권력화, 권력의 분산화로 볼 수 있다.

이 가운데서 제사를 주관하는 사람이 여성에서 남성으로, 제사의 신이 여신에서 남신으로, 무교가 고등종교로 변신하는 것은 중요하다. 여무의 전락은 여러 형태로 나타난다. 하지만 고등종교는 무교를 토대로 그것은 변신시키고 역전시켜서 성립된다. 동서양이 똑같이 문명의 패러다임으로 쓰고 있는 '천지인'(天地人) 사상은 고등종교가 사용하고 있지만 제정일치사회의 제사나 정치에 사용된 것이며 이것의 기원은 실은 무교(巫敎)에 있다. 이것이 고등종교에서 변형되는데 예컨대 불교에서는 법신(法身), 보신(補身), 응신(應身)이 되고 기독교에서는 성부(聖父), 성령(聖靈), 성자(聖子)가 된다. 이 밖의 종교도 모두 천지인 사상이 원용되어 있다. 다시 말하면 고등종교는 무교가 프로그램업된 것이다. 또 신(神)은 귀신(鬼神)이 변형된 것이다.

인류사를 보면 종교도 애니미즘에서 토테미즘의 단계를 거친 뒤에 처음엔 여사제(女司祭)가 여신(女神)을 섬겼고 그 다음엔 여사제(女司祭)

가 남신(男神)을 섬겼고 그 다음엔 남사제(男司祭)가 남신(男神)을 섬기는
방식으로 변천해 왔다. 여사제가 여신을 섬기는 단계가 바로 성력신앙
의 단계이고 여사제가 남신을 섬기는 단계가 무교의 단계이고 남사제
가 남신을 섬기는 단계가 고등종교의 단계이다. 물론 이 세 단계에는
서로 중첩되는 부분이 있다. 실은 고등종교의 단계에서도 여신이 완전
히 사라진 것은 아니고 남신의 하위신이 되고 있긴 하지만 여전히 숭배
의 대상이 되는 여신 격이 있다. 종교의 기원으로 볼 때는 종교는 역시
여성이 주류가 되는 제도에 속한다. 제정일치 시대에 여사제가 주류였
던 데서도 이런 사정을 읽을 수 있다.

제정분리 시대가 되면서 남자가 종교를 담당하는 주류가 되는 한편
정치를 주로 담당하면서 권력의 전면에 등장하는 것을 보면 종교는 역
시 여성적이며 동시에 모든 종교에서 무교의 냄새를 버릴 수 없다. 고등
종교라고 하지만 역시 사제나 신도들은 신격에 비하면 여성적 위치 ─
이를 중생(衆生) 혹은 신부(新婦)라고 상징화한다 ─ 에 있음을 볼 수 있
다. 고등종교의 제사 ─ 전례(典禮), 예배(禮拜), 예불(禮佛) ─ 를 보면 형
식은 매우 합리적이고 세련되어 있긴 하지만 여전히 무당의 굿판과 내
용에서 다른 바가 없다는 것을 느낀다. 예컨대 삼현육각이 아니고 오케
스트라가 음악을 연주하고 무당이 굿거리를 하는 것이 아니고 사제나
목사나 스님이 강론이나 설교나 설법을 하고 귀신(鬼神) 대신에 신(神),
불(佛)이 신격이 되고 있어도 제사는 역시 제사이다. 문화는 항상 과거
혹은 전통을 토대로 프로그램업되는 것이다.

성모 마리아 **Maria**	天	성녀
어머니 **mother**	人	보통 여자
막달라 마리아 **Marilyn Monroe**	地	창녀

예컨대 공자의 어머니가 무당이었다는 설이 점점 유력해지고 있고 예수의 어머니인 마리아가 신전의 창녀였다는 주장도 있다. 사마천(司馬遷)의 "사기(史記)" '세가(世家)'에 따르면 "공자(孔子) 성인지후(聖人之後)"라는 말이 있는데 당시의 성인(聖人)은 성인(聲人)으로 표기되기도 하고 성(聖)은 청(廳)과 같은 뜻으로 쓰이기도 하여 결국 성인이란 '신의 소리를 들음'으로 해석된다. 이는 곧 신탁의 소리를 듣는 무당이라는 뜻과 통한다.

세가는 또 이렇게 전한다. "내가 듣기로 성인집안 자식들은 비록 세상에서 대접은 못 받는다고 할지라도 반드시 사리에 통달한 구석이 있다고 한다. 지금 공구(孔丘)는 나이가 어리지만 예를 좋아한다. 그것은 통달한 자의 증표가 아니겠는가? 내가 죽으면 곧 너는 반드시 그를 스승으로 모시거라."(吾聞聖人之後 雖不當世 必有達者. 今孔丘年小好禮, 其達者歟, 吾卽沒, 若必師之.)

제사와 예의에 통한 공자는 당시의 역사적 시점으로 볼 때 무당의 자손일 가능성이 크다.

한편 예수도 심상치 않다. AD 178년경 이방인 철학자 켈수스(Celsus)가 예수는 마리아와 식민지 주둔의 로마보병(a Roman legionary) 사이에 태어난 사생아라는 당시의 초대교회에 퍼져 있던 소문을 들추어내고 있다. 외경 "야고보서"가 예수의 어머니 마리아를 성전의 창녀로 기술하고 있다. 성경에 마리아가 남자 없이(성령에 의해서) 예수를 잉태하였다고 하는 것은 바로 이름을 모르는 남자와의 야합(野合)을 미화하는 것이 아닌가 싶기도 하다. 이것은 또 모계적 전통의 소산이 아닌가 싶다. 공자도 야합의 자손이고 예수도 신전 창녀의 사생아라면 야합에 속한다. 이것은 남자의 방문혼(visiting husband marriage)에 해당한다. 더 정확하게는 모계의 속성이다.

모계의 경우에는 남자(씨)가 누구인지, 알 필요도 없고 대수롭지 않

은 것이기 때문에 이를 부계의 관점에서 보면 여자는 영락없이 창녀에
해당한다. 여자의 성기는 원천적으로 (여러 남자에게) 열려 있는 셈이
다. 실은 그래서 강간이 성립한다. 이에 비해 남자의 성기는 원천적으
로 닫혀 있다. 남자의 성기는 스스로 (특정 여자를 향해) 발기하지 않으
면 원천적으로 성행위가 불가능한 것이다. 남자에 대한 강간은 성립하
지 않는다. 그런 점에서 상대적으로 여성은 타의적이고 남성은 자의적
이다. 여성의 성에 대한 규제나 감독은 모두 부계사회의 관습이고 전통
이다. 부계사회 이전에는 여성의 성은 매우 자유스러운 것이었다. 모계
사회에서는 창녀라는 것이 없다. 창녀는 부계사회의 관습이다. 모계사
회에서 부계사회의 창녀(娼女)에 해당하는 것은 도리어 여신(女神)으로
숭배의 대상이 된다. 많은 사람을 상대로 성적 매력을 풍기면서 다산(多
産)을 하는 것은 여성의 최고의 미덕이다. 부계사회는 여성의 이러한 특
성을 부정적으로 여기면서 도리어 창녀라는 전문직을 만들었다. 창녀
는 부계사회의 권력체계의 숨구멍과 같은, 순환체계의 안전판으로 활
용되었다.

이런 관점에서 보면 부계사회에서의 남성의 외도는 결국 용서될 수
밖에 없는 구조를 가지고 있다. 부계사회라는 권력체계(피라미드)의 밑
바닥에는 병사와 창녀가 있는 셈이다. 비록 부계사회가 일부일처 사회
라고 하더라도 부계사회는 남성이 여성을 선택할 수 있는 권력을 가지
고 있기 때문에 남성의 외도를 크게 문제 삼을 수 없는 내재적 순환적
구조를 가지고 있다. 이는 모계사회에서 여러 남자와 성관계를 가진 여
성을 창녀라고 할 수 없는 것과 같은 맥락이다. 남녀의 성관계는 결국
권력을 가진 자 혹은 상대방의 성을 대상으로 하는 자의 기준에서 보면
성을 다스리는 것이 되고 선택당하는 자의 기준에서 보면 성을 파는,
창녀(娼女)나 남창(男娼)이 되는 것이다. 다시 말하면 권력을 가진 남자
가 여러 여자를 상대하면 그것은 성을 다스리는 것이 되고 권력을 가진

여자가 여러 남자를 상대하면 역시 성을 다스리는 것이 된다. 권력을 가지지 않은 여자가 여러 남자를 상대하면 창녀가 되고 권력을 가지지 않은 남자가 여러 여자를 상대하면 남창이 되는 셈이다.

에덴동산의 설화는 여성을 죄의 원인(原罪)으로 설정하고 있지만 실은 이것은 모계사회의 평화와 풍요, 근친혼과 프리섹스를 상징한다. 낙원추방(失樂)은 바로 모계사회에서 부계사회로의 전환을 의미한다. 그렇다면 낙원회복(復樂)은 모계사회로의 복귀와 관련이 있을 것으로 짐작된다. 아마도 여권이 신장되면 생활이 풍요해지면 해질수록 모계적 성향을 강화시킬 것이다. 모계사회는 근친혼, 성의 해방, 동성연애 등과 필연적으로 같은 방향이다. 부계사회에도 근친혼이 있지만 그것의 바깥으로 팽창하려는 원심력 때문에 모계사회보다는 적으며 성의 해방 면에서도 모계사회에 비하면 역시 성을 규제하는 데에 속한다. 동성연애는 남자 간의 호모가 있긴 하지만 역시 동성연애자는 여성이 압도적이다.

모계사회의 이러한 특성을 철저히 성경은 타도의 대상으로 한다. 심지어 '사탄의 것'이라고 규정한다. 부계-가부장사회를 지지하는 성경은 여자를 철저히 남자의 종속물로 전락시킨다. 모계에서 부계로의 전환은 출계(出系)의 변화를 의미하는 동시에 집단의 규모가 커짐을 말한다. 집단의 규모가 커지면 권력의 위계를 더욱더 필요로 하고 이는 권력경쟁을 심화시킨다. 부계의 입장에서 보면 모계란 타락이고 무질서이고 소유가 없이 평등을 추구하고 공동생산을 하는 공동체에 가깝다. 모계는 무엇보다도 집단의 크기가 제한된다는 약점이 있다. 모계는 구체적인 인간관계, 감정을 교류하는 집단, 친족의 생사에 대해 서로 환하게 알고 있는 집단의 규모인 것이다.

모계(母系)와 여무(女巫)는 분명 어떤 커넥션을 가지고 있다. 모계사회는 자궁은 의심할 수 없는 것이기 때문에 '누구의 씨냐(아버지가 누구

냐'를 인위적으로 감시하고 따지는 - 이것이 성관계의 권력화이다 -
부계사회와 달리 성적으로 문란하기 쉽고 또한 이혼하기도 쉽다. 모계
사회의 성은 권력이 아니다. 또한 무교는 다른 고등종교와 같이 신격화
된 대상 혹은 절대신을 따르게 하는 것이 아니라 여러 신들 간의 조화
를 꾀하는 종교이다. 여무는 우선 귀신과의 조화를 꾀하고 화해를 주선
하고 심지어 귀신을 즐겁게 하는(娛神) 역할을 수행한다. 모계와 무교는
둘 다 권력을 추구하지 않는 '자연과 여성의 맥락'에 있다. 그러니 자연
히 권력을 경쟁하는 데에 적합한 부계와 고등종교에 패배할 수밖에 없
다. 모계-무교-여성신의 퇴조는 그것이 단지 자연에 가깝기 때문에,
보다 자연적이기 때문에 권력경쟁이 본격화되는 역사적 단계에서 반란
에 직면하게 된다. 열심히 생산을 하고 재생산을 하여 풍요와 후손을
선물하지만 권력의 서열에서 밀려난다. 여자는 단지 남자의 서열에 의
해서만 종속적으로 대접을 받게 된 것이다. 이는 여성의 자궁을 강제적
으로 닫게 한 남성권력의 횡포이다. 남성은 이러한 폭력을 미화하며 여
성을 구원하였다고 할 것이다.

심지어 여성은 남성과의 성관계가 없이도 아이를 배게 되는 극도로
남성절대주의의 신에게 복종당한다. 실은 기독교의 여호와 하느님이라
는 것은 중성적인 것 같지만 그 뒤에 남성이 숨어 있어서 결국 하느님
아버지가 되고 마는데 이는 결국 남자가 여자의 정상적인 배태(여자의
난자가 남자로부터 정자를 받고 수태를 하는)를 통하지 않고서도 여자
를 임신시킨다는 여성능력의 격하 혹은 여성의 소외에 지나지 않는다.
절대남성신을 통해 여성은 철저히 무시당하고 그 앞에서는 죄인이 되
어야 했으며 그 죄인과 그의 수많은 자손을 구하는 데에서도 여성의 난
자의 역할은 필요가 없게 된다. 그러나 종교와 예술에서는 흔히 구원의
마리아와 구원의 여인상을 추구한다. 이는 종교와 예술에는 아직도 고
대의 여성신화가 남아 있기 때문이다. 본질적인 것은 잠시 숨어 있을

수는 있어도 사라지지 않는다. 여성은 우주의 본질이다. 여성의 자궁은 무한히 열려 있으면서 생명을 탄생시키는 매우 덕성스러운 존재이다.

심리학의 콤플렉스라는 맥락에서 설명하자면 불교는 모성콤플렉스의 종교이다. 유교와 기독교는 부성콤플렉스의 종교이다. 현실적으로 보면 석가(싯다르타)는 나는 것과 동시에 어머니를 잃게 된다. 공자와 예수는 생물학적 아버지를 모른다. 모성콤플렉스는 위대한 모성(Great Mother)을 요구하고 부성콤플렉스는 위대한 부성(Great Father)을 요구한다.

기독교는 절대신 혹은 절대적 아버지를 상정하고 있고 그 아들 예수가 하느님 아버지(여호와)를 계승하는 것으로 되어 있다. 아버지는 유목민족의 신앙이다. 유목민은 아버지가 없으면 생존이 불가능하다. 그래서 요셉이라는 생물학적 아버지를 무화시키고 절대적 아버지를 탄생시켰다. 이에 비해 불교는 어머니를 상정하고 있다. 기독교는 하늘(하느님)로부터의 구원을 종교적 목적으로 한다.

이에 비해 싯다르타(석가)는 그의 탄생과 더불어 어머니를 잃고 만다. 그의 탄생과 어머니의 죽음은 교체이다. 어머니는 농경민족의 신앙이다. 농경민에게 대지인 어머니가 곧 풍요의 바탕이다. 불교는 궁극적으로 땅(현세)으로부터의 해탈을 목적으로 한다. 해탈을 위해서는 땅의 고통(苦)의 원인이 집착(集)에 있음을 깨달아야 한다. 그것을 극복하는(滅) 수련을 통해 도(道)에 이르게 된다.

기독교(하늘)나 불교(땅)는 서로 출발의 방향은 다르긴 하지만 둘 다 내세에서의 해결을 추구한다는 공통점이 있다. 이에 비해 유교는 현세의 정치적 해결을 추구한다. 공자가 살았던 춘추전국시대는 주(周)의 봉건질서의 붕괴와 함께 사회적 혼란으로 인해 인간의 질서와 예절을 수립하는 것이 생존과 직결되는 문제였다. 공자는 이에 부응한 셈이다. 세 종교의 출발과 생존의 요건은 달랐다. 기독교는 절대신의 구원이 중요하고 불교는 인간의 자각이 중요하고 유교는 정치(왕도정치)가 중요하다.

다시 말하면 불교는 모성콤플렉스의 종교이고 기독교와 유교는 부성콤플렉스의 종교이다. 그래서 불교는 땅에서 출발하여 자신과 만물의 불성을 깨달아 주체적으로 부처가 되게 하고 기독교는 하늘에서 출발하여 객체의 하느님을 신앙하여 천국에 이르게 하고 유교는 하늘에서 출발하지만 종교에서 벗어나 현실 정치에서 인간의 이상사회인 군자국을 꿈꾸게 한다. 불교는 그래서 불교철학이고 기독교는 종교이고 유교는 정치학이다. 불교와 유교는 서로 다른 콤플렉스에서 출발하지만 자각과 수신을 요구하는 공통점이 기독교와 유교는 같은 부성콤플렉스에서 출발하지만 그 해결방식은 현세와 내세라는 차이가 있다. 이들은 S자로 서로 통한다. 불교에서는 모성을 느끼게 되고 기독교에서는 부성을 느끼게 되고 유교에서는 인간을 느끼게 되는 것은 이 같은 이유이다.

불교는 눈(眼)을 부정하고 기독교는 성(性)을 부정하고 유교는 내세(來世)를 부정한다. 불교가 눈을 부정하는 것은 눈이 깨달음에 방해가 되기 때문이고 기독교가 성을 부정하는 것은 원죄와 수태고지를 설정한 때문이고 유교가 내세를 부정하는 것은 제사보다 현실정치를 우선하기 때문이다. 불교의 핵심은 무유(無有)이고 기독교의 핵심은 신귀(神鬼)이고 유교의 핵심은 예악(禮樂)이다. 하지만 세 종교의 목적은 내세에 있는 것이 아니라 현세에 있다. 내세를 위해서 종교가 있는 것이 아니라 현세를 위해서 종교가 있다. 현세를 위해서 내세가 있지 내세를 위해서 현세가 있는 것은 아니다. 삶을 위해서 죽음이 있는 것이지 죽음을 위해서 삶이 있는 것은 아니다. 죽지 않으면 어떻게 삶이 있고 현세가 없으면 어떻게 내세가 있겠는가.

그러나 잘 보면 세 종교에서 과학과 종교와 정치가 하나인 것을 알게 되는 비결이 있다. 종교를 초월하기 위해서는 세 종교가 필요하다. 이들이 종교의 천지인을 이루고 있다. 이런 점에서 유교는 기독교와 불교의 중간에서 S 자 운동(우주 운동의 원형)의 모습을 보인다. 불교는 땅에서 자각하여 하늘로 오르고, 기독교는 하느님의 구원이 내려오기를 기도하고, 유교는 땅에서 이상향을 찾는다.

이들 삼자는 서로 물고 물리는 관계에 있다. 이들은 모두 가부장제와 국가의 확립이라는 정(政)에 종교적 기여를 하는 제(祭)라고 할 수 있다. 제정일치(祭政一致)에서 제정분리(祭政分離)로의 진행은 바로 이들 고등종교의 등장과 평행적이라고 해도 과언이 아니다. 이는 후에 정치와 경제의 분리, 즉 정경분리(政經分離)가 이루어지는 자본주의가 등장하기까지 오랫동안 인류의 삶의 큰 원리가 되었다.

왕권의 확립과 제정분리는 불가분의 관계에 있고, 민권(민주주의)의 확립과 자본주의의 정경분리는 불가분의 관계에 있는 것 같다. 이를 미루어 역사를 소급해 보면 다음과 같은 커넥션을 상정할 수 있을 것 같다.

제정일치 – 무교 – 모계사회
제정분리 – 고등종교 – 부계(국가)사회
정경분리 – 자본주의(종교) – 민주(과학)사회

3. 문화권력: 엑스터시의 변종들

권력의 원초적 성격을 논함에 있어서 그 핵심은 성(性)을 지배하고 정복하는 것이다. 이 경우 남성이 여성을 지배하는 확률이 높으며 남성의 테스토스테론은 중요한 역할을 한다. 남성(수컷)은 자신의 씨를 보다 많이 넓게 뿌리고 싶은 진화적 욕망을 가지고 있다. 낮은 확률이지만 여성이 남성을 지배하는 경우도 없지는 않다. 여기서 권력이라는 것은 물론 정치권력이 당연히 포함되겠지만 실은 보다 폭넓은 문화권력을 의미한다. 문화권력 가운데는 종교권력이 가장 먼저 포함된다. 정치권력이란 바로 종교권력의 변종이기 때문이다. 나아가 종교권력의 변종이 바로 문화권력이다. 문화권력에 이르면 그 변이의 폭은 매우 넓다. 바로 그 점 때문에 문화권력은 흔히 권력이 아닌 것처럼 보이기도 하고 그렇게 보이도록 위장하기도 한다. 문화권력의 특징은 때로는 직접적이고 강압적이기도 하지만 대체로 간접적이고 자발적이기를 기다리는 특징을 가진다. 예컨대 교황이 자신의 권위를 위해서 강압하지는 않는다. 팝가수가 자신의 인기를 위해서 강압하지는 않는다.

무교의 복권을 위해서 인류의 문화를 무교적 입장에서 보면 섹스는 남녀의 몸에서 일어나는 엑스터시요, 왕도나 패도라는 것은 집단적 엑스터시요, 성인이라는 것은 집단적 생활을 하는 개인으로 도덕적 완성에 이르는 엑스터시요, 과학이라는 것은 인성으로서 물성에 도달하는 엑스터시인 것이다. 물론 성행위로서 나머지 행위를 비유할 수도 있다. 무교는 종교적 오르가슴이요, 왕도나 패도는 집단적 오르가슴이요, 성인이라는 것은 집단적 생활을 하는 개인으로 도덕적 완성에 이른 오르가슴이요, 과학이라는 것은 인성으로서 물성에 도달하는 오르가슴인 것이다. 또한 정치행위를 종교행위와 과학행위에, 종교행위를 정치행위와 과학행위에, 과학행위를 정치행위와 종교행위와 성행위에 비유할 수도 있다. 다른 것들도 서로 크로스로 비유할 수도 있다. 말하자면 이들은 인간의 생의 에너지가 일정한 형태를 이루는 에너지의 통로와 같은 것으로서 그 에너지가 사회·문화적 장치 혹은 채널을 얻는 것에 불과하다. 모든 문화의 출발은 성행위, 재생산을 할 수 있는 메커니즘에서 비롯된다. 그렇다고 모든 사회·문화적 행위가 성행위인 것은 물론 아니다(<도표 2> 참조).

인간의 삶의 공간이 확대재생산 되는 것과 함께 인간의 생의 에너지가 그것에 맞추어 변형되고 새로운 메커니즘을 탄생시킨 것이다. 분명히 이러한 여러 문화적 형태들은 처음에는 카오스(chaos: 혼돈, 무질서)

상태에서 출발하여 코스모스(cosmos: 조화, 질서) 상태로 발전하였으며 코스모스 상태라는 것도 카오스 상태로 환원될 수 있는 성질의 것이라는 점이다. 우리는 흔히 문화적으로 훈련되어서 전자 카오스를 무시하고 후자 코스모스를 좋은 것으로 생각한다. 이것은 인간으로서 당연한 것일 수도 있다. 그러나 이렇게 생각하면 다른 많은 이해의 기회를 놓칠 수 있다. 분열되지 않은 세계에 대한 이해를 원천적으로 봉쇄당한다는 점이다. 이것은 인간을 위해서 불행한 것이다. 왜냐하면 인간은 자연의 존재로 출발하여 오늘날 만물의 영장이 되었지만 점차 인공화된 환경 속에서 자연성을 잃어 가고 있기 때문이다.

생물학적으로 남녀 양성시대에 접어들면서 우주는 크게 암컷과 수컷으로 구분되는데 여기에서 남성적인 것은 권력을 가지게 되고 여성적인 것은 권력으로부터 지배를 당하게 되게 된다. 이것은 인간으로 볼 때 매우 부당한 것이다. 여자가 하대를 받는 것은 단지 남녀 성관계 이후 아이를 여자가 낳기 때문이며 이것은 여자가 남자보다 더 자연에 한 발짝 가까이 있다는 것밖에 없다. 이것이 원죄가 된 것이다. 원죄를 뒤집어쓴 여자는 이제 자신의 존재마저 남자(아담)의 갈비뼈로 만들어졌다는 수모(모함)를 받는다. 이것은 참을 수 없을 정도로 부당한 것이다. 여자는 오히려 아이를 낳으면서도 낳는 것을 부정당하는 무가치한 존재로 격하된다. '아버지 날 낳으시고 어머니 날 기르시니'라는 밀이 있는데 이는 분명히 틀린 말이다. 이는 '어머니 날 낳으시고 아버지 날 기르시니'라고 하여야 한다. 이는 기른다는 것보다는 낳는다는 것이 훨씬 권력적이 되기 때문에 남자들이 슬쩍 훔친 것이다. 아버지야말로 어머니가 낳아 놓으면 집 밖으로 뻔질나게 드나들면서 사냥을 해 오든, 약탈을 해 오든, 아니면 농사를 지어 오든, 직장에서 월급을 받아 오든 자식을 기르는 것은 물론 가족을 생계를 책임지는 원동력이 된다.

여자의 이런 입장은 고등종교를 대하는 무교의 입장과 같은 것이다.

무교야말로 하늘과 땅과 사람의 관계를 처음으로 설정한 종교로서 종교의 모델을 다 만들어 주었는데 갑자기 고등종교가 나와서 미신이라고 매도하고 합리성이 결여되었다고 업신여겨서 결국 침체와 타락의 길을 걷게 했던 것이다. 고대 왕들은 모두 무교의 모델을 빌려서 백성들을 지배하고 군림하였다. 이것이 고대 왕권시대이다. 이들 왕 가운데는 무교를 더욱더 세련된 것으로 만들어 업그레이드한 고등종교와 제휴를 맺고 자신의 권력을 강화하는 데에 이용하였다. 이것이 바로 중세의 교권시대이다. 그러나 종교도 과학이라는 새로운 체계에 의해 중심의 자리에서 밀려나게 되었다. 이것이 바로 근대 과학시대이다. 과학시대는 민주주의와 더불어 새로운 세 가지 큰 책을 갖추었다. 과학서적과 성경과 법전이 그것이다. 오늘의 고등종교는 머지않아 무교의 입장이된다. 그러나 무교가 종교의 원형으로서 끈질기게 남아 있듯이 고등종교들도 남아 있을 것이다. 그러나 그 문화의 주도권은 과학에 빼앗기게됨은 물론이다.

〈도표 2〉 인류문화의 종류와 단계

문화의 종류 ＼ 발전단계	1단계	2단계	3단계	4단계	5단계
권력의 원형과 변형	성(性: sex, 人性)/ 쾌락·절정	무교(巫敎: shamanism)/무 아경·황홀	성(姓: sur name: 권력)/ 패도·왕도	성(聖: saint: 종교)/ 도락·법열	성(性: science 物性: 과학)/ 창조·희열
원시－문명	야성성력시대	원시신화시대	고대왕권시대	중세교권시대	근대과학시대
신앙－종교	정령숭배· 토테미즘	무교(巫敎: shamanism)	고대고등종교 시대	중세고등종교 시대	근대과학종교 시대
집단－국가	씨족사회	부족 및 부족 연맹시대	부족연맹 및 고대국가 시대	국가 및 제국 시대	제국 및 세계 국가 시대
출계－가족	모계(부계)사회	모계 혹은 부 계사회	부계사회－ 가부장사회	부계－가부장 확대사회	집합가족사회

제18장 여성과 민중의 인권신장의 의미와 한계

1. 권력의 모체, 권력에서 소외

흔히 우리는 권력에 대해 이상하리만치 유토피아 사상을 갖는다. 이는 보다 나은 이상적 권력, 예컨대 동양의 요순(堯舜)과 같은 성군의 시대를 갈망한다. 이는 결코 현실적인 것도 아니고 인구의 규모나 산업 등 삶의 여러 조건이 달라진 상황에서 실현될 수 있는 것도 아니다. 일종의 마음속의 이상향일 뿐이다. 유토피아 사상은 서양사에도 주기적으로 나타난다. 유토피아 사상은 그것의 실현유무보다는 현실에서 이루지 못한 것은 그러한 사상에 투영해 보는 일종의 현대인의 신화에 속한다. 신화적 사고에 현실적 합리성을 가미한 강력한 이데올로기의 일종인 기독교는 유토피아를 현실(속세)에서 포기하고 사후에 하느님의 나라(내세), 천상천국에서 이루려고 한다.

그러나 권력의 본질은 항상 올바른 방향만을 가지는 게 아니다. 권력의 본질은 어떤 방향이든 강제로(지배자의 임의로) 가게 하는 원천적인 힘이다. 그 방향이 옳은지, 틀리는지는 정치를 보고 알 뿐이다. 집권자가 정치를 잘하면 다행이지만 그렇지 못할 경우 돌이킬 수 없다. 왜냐하면 최고 권력자의 교체는 쉬운 일이 아니며 혼란과 함께 때로는 내전을 가져오는 일이며 어떠한 집단에 있어서도 심각한 불안과 생사의 문제가 대두된다. 민주주의에 있어서조차도 최고권력자를 잘못 뽑을 경우 많은 후회는 사후약방문인 셈이다. 권력을 줄 때는 쉬워도 그것을 돌려받기는 어려운 것이다. 권력자는 자신의 뜻대로 방향을 몰아가고 그것을 합리화한다. 그런데 합리화라는 것이 항상 올바른 것은 아니다. 권력은 그것이 나온 국민(혹은 여성)을 위해, 그들을 억압하지 않는 방향으로 나아가는 것이 바람직하다고 한다. 그러나 국민의 선택도 실은 항상 올바르다고 할 수 없다. 권력이 만약 국민의 말만 듣거나 눈치를 본다면 또한 권력은 이미 권력이 아닌 게 된다.

일찍이 권력의 속성을 간파한 노자(老子)는 왕도(王道)정치와 정명(正名)을 주장한 공자(孔子)와 달리 '닭 우는 소리 들리고 개 짖는 소리 들리는 작은 마을'(隣國相望, 鷄犬之聲相聞 民至老死不相往來)을 원했는지 모른다. 권력에는 궁극적으로 옳은 방향이란 없다. 권력자는 자신의 방향을 옳다고 주장할 따름이다. 거대한 우주의 운동 속에서 권력도 하나의 유행(流行)에 불과한 것일 따름이다. 그 유행의 궤도는 권력자에게 권력을 극도로 집중시키는 것과 반대로 권력을 국민에게로 극도로 분산시키는 연속체상에 있을 것이다. 절대권력(절대왕권)은 권력세습에 따른 부정과 부패 등 역사상 많은 문제점을 노출하였다. 오늘날 민주주의에 와서도 이 점은 크게 개선된 것 같지 않다. 물론 겉으로는 매우 발전한 것처럼 보일 따름이다.

여전히 과거의 문제점이었던, 빈부의 격차와 부정부패, 심지어 인권에 대한 탄압 등도 여전히 계속되고 있다. 여기에 새로운 이데올로기가 등장하게 된다. 새로운 이데올로기 세력들은 행복과 풍요를 금방 줄 것처럼 국민에게 약속한다. 그러나 이것도 모양은 다르지만 자신의 권력을 합리화하고 정당화하는 하나의 절차에 지나지 않는다. 다시 말하면 새로운 거짓말의 담론을 국민들은 듣는 셈이다. 인간이 만든 국가(나라라는 집, 국가권력)라는 자체가 권력의 속성을 벗어날 수 없는 관계로 국민들은 어쩔 수 없이 어떤 권력의 형태이든 택하지 않을 수 없다. 그래서 새로운 이데올로기와 권력의 형태에 기대를 건다. 그러나 새로운 권력을 꿈꾸는 자들은 언제나 국민을 속이고 스스로를 속인다. 그러나 결국 권력자는 국민을 배반하는 게 통례이다. 오히려 권력자는 자신들만이 특권을 이용하여 사치와 낭비와 퇴폐를 일삼는다. 이것이 바로 권력이 섹스를 억압하는 메커니즘이며 증거이다. 권력은 더욱더 은밀하게 섹스를 억압한다.

여성도 엄연히 인격을 갖춘 인간이라는 점에서 남성과 동등하게 되어야 하는 것은 자명하다. 그런데 왜 여성은 인류사에서 적어도 권력이 대규모로 등장한 국가시대 이후, 권력경쟁이 치열한 지역에서는 수난과 희생을 감수하지 않으면 안 되는 대상이었다. 여성의 수난과 희생은 민중의 그것과 닮은 데가 많다. 여성은 남성에 비해 결코 부족한 것이 없을 뿐만 아니라 인류의 발달에도 동등하게 기여하였다. 여성은 항상 남성보다 하나를 더 가지고 있다. 남성은 항상 여성보다 하나가 부족하다. 그런데 그 부족함 때문에 남성은 권력을 추구하고 여성은 희생에 익숙하다. 권력이란 바로 그 부족함의 콤플렉스가 빚은 반운동(약탈)인 것이고 희생은 풍족함의 자연스런 베풂(선물)이다. 권력은 바로 속임수이며 바꿔치기이다. 권력은 언제나 하늘(天)을 판다. 지배를 받는 자는 항상 땅(地)과 가까이 있다. 인간(人間)은 항상 그 사이에서 균형 잡기를 하며 살아간다. 문화와 문명은 언제나 약탈자인 권력을 앞세우면서 운동을 한다.

왜 여성은 남성보다 낮은 대접을 받는 것인가. 그 원인을 찾는 데는 역시 자궁을 가진 데서 찾을 수밖에 없다. 이 말을 다시 말하면 여성이 피임이 아니라 아이를 낳는 데서 완전히 해방되어 남성과 같이 될 수 있다면 남성과 여성의 권력관계나 성차별이 완전히 바뀔 수 있다는 것을 말한다. 자궁의 유무를 가지고 필자가 남녀차별의 생물학적인 결정론을 뒷받침하려는 것은 아니다. 적어도 자궁은 그것으로 인해 혹은 그것 자체가 여성의 다른 능력을 개발하거나 남성과의 권력경쟁을 하는 데에 있어서 기회를 박탈하고 심지어 방해가 되었다는 것을 의미한다. 어쩌면 여성은 남성과 달리 자궁이라는 것을 하나 더 가졌기 때문에 발전과 이동과 경쟁에 짐을 더 졌다는 것을 의미한다. 말하자면 여성은 짐을 하나 더 지고 남성과 경쟁을 하였던 것이다. 결과는 뻔하다. 여성은 각 분야에서 남성에게 뒤질 수밖에 없었던 것이다. 극히 일부 여성, 슈퍼우먼이나 커리어우먼을 제외하고 대부분의 일반 여성들은 그 불리하고 불공정한 경쟁에서 낙오하지 않을 수 없었다.

그런데 여성의 인권을 등한시하고 여성의 성계층(性階層)이 생기게 된 것은 다름 아닌, 가족임금경제의 출현과 더불어 시작되었다고 한다. 성계층은 인종에 의한 계층의 형성과 뒤얽혀 있는 특징을 보이고 있다. 인류가 본격적인 권력경쟁을 하기 시작하고부터 인종(人種) - 민족(民族), 성(性) 그리고 종교(宗敎)에 따른 일종의 차별이 생기는데 이상하게도 이러한 차별이 인구의 증가와 이에 따른 산업의 발달, 생산량과 생산성의 증가라는 것과 맞물려 있으면 바로 산업이 발달할 때, 예컨대 농업혁명이나 산업혁명이 일어날 때 차별이 심화되는 특징을 보인다. 이는 인구 증가와 생산성이 늘어날 때 종래의 지위에 변화가 일어난다는 것을 말해 준다. 인종차별과 여성차별 그리고 특정 종교의 지배 등은 바로 이때를 전후해서 일어났다. 이상하게도 여성의 차별도 농업혁명과 산업혁명을 전후해서 일어났고, 오히려 여성에게 불리하게 작용하였다. 농업혁명에 의해 남녀 성역할 구분이 더욱 확실해졌고 산업혁명에 의해서 여성의 저임금노동이 발생했다.

  역사가들은 가족을 중심으로 경제질서를 설명할 때 세 단계를 즐겨
쓴다. 첫째는 가족기반경제, 둘째는 가족임금경제, 셋째는 가족소비경
제이다. 가족기반경제는 17~19세기 초로 생산이 일차적으로 가족에서
발생된 시기이다. 여기서는 경제 분야와 가사 분야가 크게 구분되지 않
았다. 이 시기는 가족원 모두가 가족에서 이루어지는 노동에 참여하였
다(Tilly and Scott, 1978). 이 당시 산업은 주로 농업이었으며 나중에 도
시가 발달함에 따라 상인 및 기술공의 부인들도 가내노동에 참가하게
되었다. 이때 부인과 아이들의 노동은 남성노동과 상호 의존적 관계를
가지고 있었다. "생산과 가족생활이 구분하기 어려울 정도로 서로 어우
러졌고 가족생활을 중심으로 자원, 노동과 소비가 함께 이루어져 균형
을 이룬 시기였다."(Tilly and Scott, 1978: 12) 이 시기에 아프리카의 흑인
여성과 남성은 플랜테이션 대농장에서 노예로 일했다.

  가족임금경제는 노동의 중심이 가족에서 공장으로 옮겨 간 시기이
다. 18세기 중반 산업혁명과 더불어 시작됐다. 이에 따라 가족은 노동
자가 가족 바깥에서 임금으로 벌어 온 것으로 생활하지 않으면 안 되었
다. 이때 유급노동자로서의 여성과 무급가사노동자로서의 여성의 역할
이 이원화되었다(McBride, 1976). 산업혁명 때문에 여성의 가사노동은
여전히 필요했지만 가족이 일차적 생산의 중심역할을 담당하지 못하게
되었다. 동시에 소득 혹은 임금으로 환산되지 못하는 가사노동은 평가
절하를 당하게 되었다. 특히 중상주의는 여성의 지위를 더욱 낮추게 되
는 결과를 초래했다(Dobash and Dobash, 1979). 보다 높은 이윤을 목표로
하는 자본주의 원리는 여성의 소득 혹은 수입능력을 악화시켰다(Hartmann,
1976). 현금가치가 더 있는 자원이 필요한 점은 여성을 더욱 남성에게
의존적인 존재로 전락시켰다(Tilly and Scott, 1978). 이때 미국의 흑인 여
성과 이민 온 여성은 주로 가사노동(가정부)과 관련된 직종이나 공장노
동에 종사하게 되었다. 가족임금경제는 대개 제1차 세계대전 시까지 지

속된다.

가족소비경제는 기술혁신과 생산성의 증가, 재화의 대량생산적 체제는 가족으로 하여금 소비와 출산을 전담하는 단위로 변신하도록 하였다(Tilly and Scott, 1978). 당시 경제적 생산이 가정 밖에서 이루어진다고 하여도 가족 성원의 노동은 경제적 지위를 유지하고 향상시키는 데에 기여하고 있었다. 가정주부로서의 여성의 노동은 유급 취업노동과 흔히 병행하여 일어났다. 이때 여성의 경제적 생산성은 과거보다 훨씬 상승하였다(Tilly and Scott, 1978).

하지만 부르주아 가정의 경우 여성의 운명은 가족에 대한 의무를 충실히 수행하여 가정적 분위기와 신앙심이 충만한 곳이 되도록 노력하는 데에 초점이 맞추어졌다. 가정적이라는 신화는 인종차별주의와 맞물렸다. 백인여성은 경건하고 순수하고 도덕적인 부류로 분류되었으며 흑인 여성, 동양 여성, 이민 온 여성 등은 열등한 존재로 분류되었다. 이것은 높은 계급의 남성이 낮은 계급의 여성을 다스리는 것이 된다. 20세기 초까지만 해도 중산층 여성은 가사노동에 관련된 기술을 구사하는 자였으며 합리적인 전문직 종사자인 남자는 그러한 가정을 유지하는 자로서 역할이 기대되었다. 이때 중산층은 바로 사회적 도덕의 주체자이며 독립적인, 계급적 차별의 완충지였다. 가족과 경제구조(기업)는 생산(상품)과 재생산(출산)을 수행하는 과정에서 한데 뒤엉켜 버리는 특징을 보인다. 오늘날도 이런 현상은 조금 남아 있다. 여기에 여성의 이중고(이중적 역할)가 있다.

그러나 인구과잉과 물질적 풍요는 여성을 억압하던 조건을 점차로 벗게 하고 있다. 출산과 양육을 비롯하여 인류의 삶의 과중한 짐을 지던 여성들은 이제 그 짐을 벗고 날개를 달고 하늘나라로 날아가려고 하고 있다. 남성들이 종의 보존을 위해 그 비상을 그대로 놓아둘지 의문이지만 적어도 여성들은 가부장제의 억압에서 자유로워진 것만은 확실하다. 세계가 다시 전쟁의 소용돌이 속에 빠져들어 가난과 출산을 병행하지 않으면 안 되는 불운이 되돌아오지 않는다면 말이다.

① 여성은 반드시 아이를 낳아야 하는 것도 아니다.

② 여성은 반드시 결혼을 하여야 하는 것도 아니다.

③ 결혼을 하지 않고도 아이를 가질 수 있다. 수컷의 정자를 정자은행에서 구할 수 있어서 아버지는 익명인 채로 소위 싱글마더(single mother), 모계-여성가장제를 완전히 실현할 수 있다.

④ 여성이 가사 이외의 다른 직업을 가져야 필요성이 증대되고 있다.

⑤ 여성이 가부장제의 굴레를 벗어날 환경과 기회가 증대되고 있다.

⑥ 여성적인 상징과 이미지가 남성적인 그것보다 더 긍정적으로 작용하고 있다.

⑦ 재생산을 하지 않는 여성에겐 과거보다 몇 배의 에너지와 욕망이 남아돈다. 그 넘치는 에너지는 거리에 넘쳐난다.

여성들은 이제 아이(재생산의 도구)로부터 완전히 해방된 셈이다. 남성과 여성의 입장이 과거와는 완전히 정반대가 되어 버린 것이다. 여성에게 이제 직장도, 결혼도, 아이도, 싱글마더도 선택항이 되어 버렸다. 여성은 남성에게 의존하여야 한다는 가부장제적 사고는 그 근본에서 흔들리고 있다. 이에 비하면 과거의 삶은 거의 악몽에 해당한다.

여성을 억압하지 않고는 사회질서(권력)를 지킬 수가 없었던 것일까. 여성을 억압하지 않고는 사회생산성(경제)을 유지할 수 없었던 것일까. 여아를 살해하지 않고는 인구압력을 이길 수 없었던가. 여성을 억압하지 않고는 성의 자유와 문란(쾌락)에서 오는 일탈을 막을 수가 없었던 것일까. 여성의 자유와 인권신장은 그야말로 인간사회의 지반을 송두리째 뒤흔들고 마는 지진과 화산에 해당하는 지각변동에 해당한다. 다른 한편 이러한 여성가장제의 분위기에 대해 가부장사회를 기반으로 한 인간제국은 여성을 행복하게 하기에는 비용이 너무 많이 들어간다고 진단하기도 한다. 결국 여성가장제는 산업 - 도시사회에 이르러 다시 부활하였기 때문이다. 산업 - 도시사회는 지구환경 파괴의 산물이다. 지구라는 땅을 잘 관리하여야 인간은 행복을 유지할 수 있다. 그런데 지구의 환경은 파괴되어 있고 공해물질(환경호르몬)은 이상하게도 여성호르몬이다. 남성과 문화는 여성과 자연을 기반으로 성립된 것이다. 그 기반인 여성이 자유와 행복과 쾌락을 추구하는 시점에서 성의 문란(紊亂)과 이혼율의 증가 등 지구촌은 붕괴의 조짐마저 보이고 있다. 이런 현상이 극대화되면 남성우위의 가부장제의 문화와 문명은 붕괴하고 말 것이다. 어쩌면 가부장제가 무너져야 제대로 진정한 인간의 자유와 행복이 이루어질지도 모른다.

빌헬름 라이히(Wilhelm Reich, 1966)는 생식기 중심의 '오르곤 에너지 이론'을 주장하면서 성에 대한 전통적인 도덕주의적 원리에 대해 성 - 경제학적인 자기조절 원리를 대안으로 내놓으면서 성의 해방(특히 여성의 성해방)과 사회해방을 주장하였다. 여기서 오르곤 에너지란 삶에 특유한 에너지 형태라고 정의하였지만 나중에 모든 실재가 진화해 나오는 근본적인(시초의) 재료(원료)라고 정의하였다. 그는 물 자체가 성 포옹이나 오르곤 에너지 흐름이 겹쳐서 창조된다고 보았다. 오르곤 에너지는 자율성(폐쇄성)을 가진 원자핵 에너지와 대립되는 것이다. 라이히는 우주는 원자핵 에너지와 오르곤 에너지의 거대한 투쟁으로 받아들이기도 하였다. 라이히는 오르곤 에너지의 움직임을 연구하는 오르고노미(Orgonomie)를 통해 과학과 종교를 넘어서려 하였다.

라이히의 오르곤 에너지는 동양의 기(氣)에 흡사하다. 무엇보다도 오르곤 에너지는 생물에너지, 생명에너지라는 점에서 동양의 기(氣)에 상응한다. 동양의 기(氣)란 바로 음양체계 - 바로 음양으로 이루어진 남녀 포옹 체계가 아닌가. 오르곤은 또한 라이프니츠의 단자론('사방이 창으로 닫힌 단자')에 반대가 되는 '사방이 창으로 열린 단자', 즉 마이너스

(-) 단자를 주장한 나의 이론에 흡사한 편이다. 실지로 우주는 선악(善惡)과 성속(聖俗)이 있는 것이 아니라 나의 모델에 따르면 열리는 상태와 닫히는 상태(力動的 場의 開閉理論: DSCO＝Dynamic Space, Close and Open)가 있을 따름이다. 그런데 흔히 지금까지 닫히는 상태를 권력으로 삼고 열리는 상태를 관리하는 형태로 인류는 문명을 이끌어 왔다.

라이히는 의식을 매우 역동적인 구조라고 규정하고 있다. 또 욕구는 오르곤의 충동적 과정으로, 전통은 생물학적, 성격적 경직성으로 부르고 있다. 라이히가 의식을 역동적이라고 보는 데는 찬성한다. 그러나 의식뿐만 아니라 모든 사물은 역동적이다. 서양의 과학은 현대에 이르러 동양 사람들이 흔히 정기신(精氣神)이라고 부르던 것을 정신(神)과 물질(精)의 이분법적 구조 사이에 기(氣)라는 매개체 혹은 소통체 혹은 중간적 존재를 둔 것에 접근하고 있다. 아인슈타인은 물질을 에너지로(E＝mc²) 환산하였고 프로이드는 정신이 에너지(energy)라는 사실을 말하였다. 말하자면 물질과 정신으로 나누었던 것을 에너지에 점차 접근시키고 있다. 동양 사람들은 일찍이 그런 주장을 하였다. 그러나 서양 사람들의 공적은 뭐니 뭐니 해도 자신들의 과학적 전통에 의해 그것을 수식화하고 증명한 데 있을 것이다. 기(氣, 에너지)는 역동적인 것이다.

라이히는 문화적 전통을 생물학적, 성격적 경직성이라고 하였다. 여기에 대해서는 문화인류학자의 한 사람으로서 반대한다. 문화가 성을 억압하는 것이긴 하지만 그렇다고 문화를 없애고 성의 해방을 추구할 수는 없는 것이다. 문화가 성을 덜 억압하는, 가장 적게 억압하는 형태로 정치적 제도를 만드는 것은 찬성하지만 권력을 부정한 것으로, 부당한 것으로 규정하고 생물의 입장에서 완전히 성의 해방을 추구하는 것은 문화 자체를 부정하는 것이기 때문이다. 문화는 권력을 부정하는 것이 아니라 권력과의 관계양상의 표현 혹은 표상이기 때문이다. 권력이 없으면 문화도 없다. 그가 이상사회로 내놓고 있는 일－민주주의

(WORK – DEMOCRACY)는 미래의 이상사회를 비전하고 있다고 볼 수 있다. 그러나 나의 문화인류학적 입장으로 볼 때는 그것도 마르크시즘과 같은 하나의 이상형에 불과하다고 본다. 노동과 성을 통합한 새로운 좌파이론이라고 보인다.

마르크스든, 라이히든 한 가지 커다란 것을 간과하고 있는데 문화의 하부구조는 그러한 사회과학적 이데올로기가 아니라 자연과학이라는 사실이다. 또 자연과학에 기초한 산업이라는 것이다. 이데올로기는 현대인이 만들어 내는 신화에 불과하다는 사실이다. 인류가 언어를 사용하는 큰 원숭이로 지구에 출현한 후 온갖 종류의 말을 만들어 내고 사용하였다. 그 가운데 큰 두 종류는 신화와 과학이라는 것이다. 사회과학 이데올로기는 역시 사회를 구조적으로 보는 장점이 있긴 하지만 여전히 신화에 속하는 것이다. 비록 사회과학의 이데올로기가 실천을 동반하여 사회의 변화에 영향을 미쳤다고 하더라도 그것은 전 단계의 사회적 모순을 극복하기 위한 신화이다. 그러나 그 신화는 곧바로 새로운 모순을 불러오고 결국 신화의 이분법이었음을 드러낸다. 이를 다시 말하면 이데올로기에 매달리는 집단은 중세적 종교에 매달리는 것과 같다는 뜻이다. 생산성을 높이기 전에 나누는 걱정을 먼저 하고 계급을 없애기 위해 질서를 붕괴시키는 그런 방식은 실은 중세 종교적 방식이다. 그런 점에서 이데올로기는 종교의 변형에 불과하다.

현대는 과학의 제국시대이다. 과학이 권력을 구가하는 시대이다. 과학이 있고 이데올로기(종교)가 그 뒷받침이 된다면 이데올로기의 효과가 있겠지만 과학이 없고 이데올로기만 있다면 그것은 환상과 허위의 상상계의 일에 불과하다. 이는 마치 종교신자가 천국이나 극락을 기다리는 것과 같다. 물론 과학의 시대는 민주주의가 정치적으로 적합하다. 과학이 사람이 같다는 것을 증명하기 때문이다. 민주주의라는 것도 실은 문명을 거시적으로 보면 과학의 발달에 따른 부수현상에 불과하다.

만약 종교적 사고가 지배적이 된다면 결코 민주주의는 실현되지 않는다. 인류는 오랜 기간 동안 왕조사회를 지내 왔다. 또 제정일치사회도 거쳤다. 이제 과학은 다시 인간의 본성(本性)에 충실하라고 한다. 이는 분명 그동안 가장 억압을 받아 왔던 여성의 성의 해방을 원천적으로 의미한다. 라이히의 이상사회도 여성 혹은 모성을 중심으로 바라보고 있다.

라이히는 인류학자 말리노우스키(B. Malinowski)의 "미개사회의 성생활(The Sexual Life of Savages)"에서 많은 영감을 받았다. 이는 마르크스가 모르건(L. Morgan)의 "고대사회(The Ancient Society)"에서 영향을 받은 것과 같다. 말리노우스키의 위 책은 성의 억압과 사회구조 간의 관련성을 여실히 드러냈기 때문이다. 모계사회의 공동재산, 모권중심, 경직적 가족조직의 부재, 어린이와 청소년의 성의 자유, 성격구조의 개방성과 관대성이 서로 연관되어 있는 것처럼 부계사회의 사유재산, 부권중심, 어린이와 청소년에 있어서 금욕주의, 여성의 노예화, 가족과 결혼의 경직성, 성격 도착, 성적 변태, 정신질환이 관련을 맺고 있다는 점이다. 말하자면 권력을 추구할 필요가 없는 모계사회가 성을 억압하지 않는 이상사회의 모델이 된 셈이다. 인류는 왜 부계사회가 되었을까. 라이히는 부계사회가 된 까닭에 대해 심사숙고하지 않은 것 같다. 모계중심으로 돌아가기 위해서는 권력의 확대재생산 과정의 산물인 사회, 즉 집단의 규모를 줄이지 않으면 안 된다. 인류의 제국들은 거꾸로 작은 마을로 분산되고 쪼개지지 않으면 안 된다. 이것이 가능한가.

라이히는 종국에 가서 "문화혁명의 목표는 자기 조절할 수 있는 인간 성격 구조를 창출하는 데에 있다"고 한다. 그는 인간이 당연히 긍정하는 도덕은 오히려 "오직 자연스러운 욕망을 완전히 충족시킬 때에만 창조해 낼 수 있다"고 한다. 그는 성을 억압하는 어떠한 것에 대해서도 반대를 한다. 다시 말하면 성은 자유를 주어도 스스로 조절할 수 있다는 것이다. 그러나 라이히는 인류가 오랜 적자생존의 진화과정의 산물이라는 것을 간과하고 있다. 진화과정에서 터득한(체화한, 유전인자화한) 경쟁과 조합의 원리를 인간은 버리지 못할 것이다. 또 집단의 질서를 유지하기 위해서는 개인의 자유는 비록 최소화라고 하더라도 구속받게 마련이다. 생태계에서 하나의 종의 삶이 다른 종의 죽음이 된다. 그러면서도 생태계는 전체적으로 균형을 이루어 간다. 이는 인간이 그리는 머릿속의 이상보다는 훨씬 더 역사가 오래된 자연과 개체군의 균형을 이루는 방식이다. 인간은 억압 속에서도 재생산을 이루고 동시에 새로운 생산방식을 만들어 내면서 살아갈 것이다. 이것이 바로 이상적인 사회가 아니라 문화이다. 문화에는 반드시 전쟁(경쟁)이라는 항목이 있다. 이것을 뒤집어 표현하면 가족애(家族愛)이고 집단애(集團愛)이고 종족애(種族愛)이다.

허버트 마르쿠제는 인간의 사랑이 점점 성기를 중심으로 전개된다고 말하고 있다. 빌헬름 라이히의 생식기 중심 '오르곤 이론'을 확대 수정해서 에로스 중심의 문명창조 이론으로 변형시킨 것이 그의 '에로스와 문명'이다. 마르쿠제는 이 책에서 "문명은 인간의 본능을 영원히 억압하는 것"이라는 프로이드 입장에 동조하면서 '억압 없는 문명'을 역설하고 있다. 즉 현대산업사회에 접어들면 쾌락원칙에 기반을 둔 다원의 갈등적 관계가 개인의 욕구의 팽창과 더불어 그 세력을 펼쳐 가는데도 불구하고 현실원칙에 입각한 산업사회의 획일적인 지배이데올로기는 이 흐름을 억제함으로써 부정의 의식이 제거된 일차원적 사고를 조성하고 있다고 비판한다. 아무튼 오늘날 남녀의 사랑은 점차 성기중심으로 나아가고 있는 것도 사실이다. 이는 사회의 익명성과 신속성과 선택의 다양성 때문일 것이다.

모든 성행위는 곧바로 임신으로 이어지고 모든 임신은 반드시 출산으로 이어지며 모든 출산은 50% 이상의 산모 사망률이나 70% 이상의 영아 사망률이 포함되던 시절에는 섹슈얼리티(sexuality)는 남성에게는 쾌락일지 모르지만 여성에게는 분명 죽음과 통하는 두렵고 무서운 것이었다. 19세기 프로이드 이후 인간의 자아정체성을 포함한 모든 측면을 섹슈얼리티로 읽어 내는 성과학의 개발이 주로 남성의 섹슈얼리티 변화 때문이 아니라 여성의 섹슈얼리티 변화 때문에 일어난 이유도 여기에 있다. 여성은 이제 어느 때보다도 재생산에 대한 억압을 피하고 있다. 결혼도 선택이라고 말할 정도이다. 결혼하지 않고 살아가는 전문직 여성이 나날이 늘어나고 있다. 다시 말하면 이제 '성=재생산=남녀 성역할 구분=남성성과 여성성에 대한 확실한 구분'을 원칙으로 하던 인간의 문명은 재생산에 대한 억압에서 풀려남으로써 '성=쾌락=남녀 성역할 해체=섹슈얼리티에 대한 다양한 선택'으로 변하고 있다. 이러한 변화는 한마디로 여성 혹은 여성성에 대한 연구와 이해에서 비롯된다. 만약 여성이 재생산에서 해방된다면 쾌락의 측면에서 성의 구조와 메커니즘은 남성으로 하여금 여성에 비해 열등함을 면치 못하게 할 것이다.

2. 권력을 향하는 여성, 민중

권력의 맛을 본 여성들을 가정과 재생산(출산)으로 되돌리기는 어려울 것이다. 성과학은 남성보다 여성에게 훨씬 중요한 정보, 유리한 정보를 제공하고 있다. 남성은 성행위의 발단에 있어서나 그 지속성에 관한 한 여성에게 주눅이 들지 않을 수 없다. 남성의 성감대는 집중되어 있는 반면 여성은 분산되어 있다. 무엇보다도 남성은 발기를 하여야 성행위에 들어갈 수 있다는 점에서 매우 불리하다. 모든 성행위의 문제는 남성에게서 비롯되는 것이다. 다시 말하면 여성의 천천히 혹은 여러 번 오르가슴에 오르는 메커니즘에 남성이 얼마나 성공적으로 적응할 수 있느냐의 문제이다. 그래서 발기치료제가 끊임없이 개발되고 있지만 과거에 여성이 성교로 인해 임신을 하는 것을 두려워하는 것만큼이나 남성들은 임포텐스를 두려워하고 있다. 과거에 남성들은 재생산이나 쾌락의 문제에 있어서 항상 여성에게 문제를 돌렸다. 물론 많은 여성들이 아이를 낳고 소위 현모양처가 되어 잘 살아온 것도 사실이다.

여성은 더 이상 기독교식으로 성에 관한 한 여성이 원죄를 뒤집어쓰는 어리석음을 인정하지는 않는다. 기독교 신자인 여성도 에덴동산의 신화를 글자 그대로 믿지 않는다. 여성은 이제 원죄의 1차 범인이 아니며 죄의식도 가지지 않는다. 여성은 이제 많은 남자를 상대해도 더 이상 창녀가 아니며 자기의 선택일 뿐이다. 이는 그동안 남자들이 누려온 것이다. 남자들에게는 허용되고 여자들에게는 금기시되는 것은 여성들은 인정할 수 없다. 물론 여기에는 여성의 경제적 독립의 진전도 큰 역할을 하였다. 여성은 자신의 성에 대해 더욱더 당당해지고 있다. 이제 도리어 남녀 모두 여성성에 대한 이해가 없이는 정치도, 사업도, 연애도 할 수 없게 됐다. 지금까지는 여성이 남성성을 이해해 주는 식으로 주로 살아왔지만 이제 남성이 여성성을 이해해 주어야 살아가는 시대로 접어들고 있다. 심지어 동성연애와 동성결혼도 생겨나고 사회적·법적 인정을 요구하고 있다. 이들 마이너리티(minority) 문제의 중요성은 다른 어떤 마이너리티에 비해도 조금도 손색이 없다.

그런데 문제는 여성의 성이 과연 재생산을 거부하면서 인류가 지탱될 수 있는가의 문제와 여성의 해방을 가져다준 풍요가 환경과의 관계에서 얼마나 지탱될 수 있는가의 문제이다. 여기에 대한 답은 간단하다. 인간이 생물인 한 혹은 인큐베이터와 같은 공장에서 아이를 생산하지 않는 한, 여성의 재생산이 없이는 인류는 영속될 수 없다. 그래서 반드시 여성에게 다시 재생산의 중요성을 인식시키게 될 것이다. 또 인류 역사를 돌이켜 볼 때 풍요와 평화는 언제나 빈곤과 전쟁으로 순환되었다는 사실이다. 물론 전쟁의 양상이 과거와 달라지고 남성에 의존하는 정도가 달라지겠지만 여전히 전쟁은 남성들의 잔치일 수밖에 없다. 이는 여성이 재생산을 하고 남성들이 재생산을 할 수 없는 것과 마찬가지로 절대적이다. 남성들의 생산, 여성들의 재생산 구조는 다시 돌아올지도 모른다. 문명은 짧은 기간(단기지속)으로 보면 발전인 것 같지만 긴 기간(장기지속)으로 보면 역시 사이클(순환구조)이기 때문이다.

지구에 사는 사람들이 검소하고 겸손하게 살아가지 않으면 인간은 멸종될 수도 있다. 지구의 온난화 현상, 빙하의 줄어듦 - 이것은 '물의 재앙'(노아의 홍수)을 야기할 수 있다. 결국 지구는 가뭄과 홍수로 인해 생멸의 거대한 주기를 맞을 것이다. 제국주의라는 열역학 기관의 뜨거운 사회는 빙하를 녹임으로써 스스로 재앙을 초래하고 있다. 인간가족은 지금 너무 뜨겁다. 조금 차게 할 필요가 있다. 권력(남성)이 성(여성)을 문란하게 하고 성(여성)은 다시 권력(남성)을 불태우고 있다. 혹시 성경의 소돔과 고모라 성이 오늘날과 같은 것을 비유하고 있는 것은 아닐까. 또한 인류를 삽시에 멸망시킬 만한 가공할 무기인 핵의 문제도 제대로 해결하지 못하고 있다. 권력경쟁의 최정점에 있는 핵 때문에 오래 유지되어 온 인류의 '가부장의 제국'이 멸망할 수도 있다.

평화와 행복이라는 측면에서는 가부장제는 완전한 것은 아니다. 부계-가부장사회가 건설한 제국은 많은 문제점을 노출했다. 그것은 권력 자체의 모순이기도 했다. 그래서 그 모순 때문에 제국들은 다른 제국에 바통을 넘겨주어야 했다. 이것이 인류의 제국주의사이다. 그러나 오늘날 지구상의 대부분의 나라가 왜 부계-가부장사회를 유지하고 있는 것일까. 특히 로마제국을 만든 경험이 있고 그 전통을 이어 계속적으로 다른 제국을 만들어 내어 오늘날 미제국주의를 만들어 낸 서구사회는 왜 가부장제를 고집하고 있을까. 민주주의라는 관점에서도, 여권신장이라는 관점에서도 가장 발달한 구미에서 왜 가부장제를 고집하고 있을까. 이들은 부계-여성가장권을 만들어도 부계사회의 전통을 버리지 않고 있다. 아마도 이들은 제국을 건설하고 세계를 제패한 경험과 혜택이 그들의 집단무의식에 존재하기 때문일 것이다. 능력 있는 남편을 둔 여성들은 부계혈통은 존중하면서도 가장권은 여성에게 있는 부계-여성가장권을 선호할 것이다. 부계혈통은 형식적인 것이 되고, 실질적인 가장권은 여성이 가지는 게 가장 안정적이라고 본다. 남자에게 명분을 주고, 여성은 실질을 차지하면 된다는 것이다.

인간의 세계는 망하게 될 때 여성이 남성보다 얼마나 더 본질적인 것인가를 안다. 하늘(天)-남성-권력은 과대평가된 것이고 땅(地)-여성-생산은 과소평가된 것이다. 과소평가된 것이 반기를 들면 세계는 망하게 될 수도 있는 것이다. 남녀는 언제나 수시로 균형 잡기를 하지 않으면 나중에 큰 문제를 발생한다. 성의 해방과 함께 거대한 '가부장의 인간제국'은 멸망할 수도 있다. 이는 억압을 받던 민중으로 인해 거대한 제국들이 망하는 것과 같다. 여성과 민중은 지배를 당하는 다수이다. 여성은 아이를 낳기 때문에 다수이고 민중은 다수를 지칭하는 것이기에 다수이다. 소수인 권력자들은 다수를 무서워하지 않을 때 타락하고 멸망하게 되는 것이다. 다수는 그들에게 권력을 주었지만 참을 수 없을 때는 그 권력을 도로 돌려 달라고 외치게 된다. 인류역사가 망하는 것은 대체로 성적 타락-재생산 도구의 남용(원죄)-과 가난-먹어야 사는 생물의 한계(도적)-에 의해서다.

이 실존적 한계는 또한 역사 속에서 항상 자유냐, 질서냐 혹은 평등이냐, 생존이냐의 선택의 갈림길에 있게 한다. 질서를 너무 강조하다 보면 자유가 침해를 받고 자유를 강조하다 보면 무질서하게 된다. 이것은 집단 내부의 권력의 문제이다. 평등을 강조하다 보면 생존이 위협받고 생존을 강조하다 보면 평등이 위협받는다. 이것은 집단 외부의 권력의 문제이다. 인간집단은 결국 안으로, 밖으로 권력의 문제를 벗어날 수 없다. 안으로는 질서를, 밖으로는 생존을 강조하는 편과 안으로는 자유를 밖으로는 평등을 강조하는 편이 항상 대립하고 갈등할 수밖에 없다. 이것은 인간이 벗어날 수 없는 원천적 모순과 부조리이다. 문제는 이 둘의 어느 지점에서 화해와 타협을 하느냐의 문제이다. 그런데 이 화해와 타협의 중간점, 균형점이 중요하다. 쉽게 그 중간점, 균형점에 도달하느냐, 아니면 어렵게 도달하느냐에 따라 역사의 행복과 불행이 좌우된다.

3. 음양은 자연, 남녀는 문화

남성과 권력은 여성과 자연을 배반한 일종의 배반자이다. 그 배반자들은 다른 한편으로 배반한 것에 의존하면서 살아가고 있다. 문화의 주류는 가부장제이고 그것은 권력의 실체이다. 자연과 여성은 문화와 문명의 매트릭스(질료, 자궁)이면서도 언제나 주변－마이너그룹으로 살아가고 있다. 이는 권력이라는 것의 속성이 자기를 태어나게 한 것을 거꾸로 다스리는 모순에서 출발하고 있기 때문이다. 권력이라는 것은 언제나 소수가 다수를, 인위적으로 만들어진 것이 자연적인 것을 다스리는 모순에서 출발하고 있기 때문이다. 다스린다는 것은 객관적이고 그래서 소외시키고 나아가서 사물을 다스리는 자와 다스림을 받는 자로 나눈다. 소수가 다수를 다스리기 위해서는 따뜻한 감정이 아니라 차가운 이성을 필요로 한다. 이성이란 가장 완벽하게 사물로부터 소외되지 않으면 안 되는 것이고 그래서 권력의 도구가 된다. 권력은 이 도구를 때로는 ‘조화와 평화’를 위해 (감정적으로) 사용할 수 있지만 대체로 (이성적으로) 전쟁과 지배를 위해 사용한다.

권력의 모습을 나타내는 원형적인 모습은 첫째, 생물의 먹이삼각형의 모양이고 둘째, 친족체계의 모양이고 셋째, 언어의 분류학의 모습이다. 이들은 모두 나무(tree)의 모양을 하고 있다. 아래쪽에는 종류가 많고 위쪽으로 갈수록 종류가 적다는 공통점이 있다. 그러나 그 나무 모양은 하나같이 진실을 말하고 있지 않다. 그 나무모양은 구성원의 멤버십을 평등하게 대우하는 것이 아니라 서로 다른 계층(계급, 위계, 등급)에 소속시킨다. 예컨대 토끼는 호랑이와 마찬가지로 생물종의 하나인데 이 나무모양에 들어가면 토끼는 호랑이의 아래에 있다. 또 김개똥이는 김씨 가문의 평등한 구성원의 한 사람인데 이 나무모양에만 들어가면 몇 대조의 자손으로 된다. 또한 우리가 의식적, 무의식적으로 쓰는 언어의 분류학에도 층위가 있다. 예컨대 철학적 용어도 종횡의 유개념과 종개념(種類)의 세밀한 층위로 구성되어 있다.

그런데 이 삼자의 차이점은 먹이삼각형은 밑에서부터 위로 인위적으로 올라가는 것이고 친족체계는 위에서부터 아래로 내려가는 것이고 언어의 분류학은 경우에 따라 위아래가 바뀌고 변형되고 재편된다. 먹이삼각형에는 암수를 표시하지 않고 있는 데 반해 친족체계는 암수(부모)를 표시하지만 주로 어느 한쪽, 그 가운데서도 수컷(부계)을 택한다(물론 양쪽 다 택하거나 양쪽을 선택적으로 택하는 경우도 있다). 친족관계는 그런 점에서 종(집단) 내부의 인위적 권력관계가 된다. 이에 비해 먹이삼각형은 종간의 권력관계가 된다. 언어의 분류학에도 암수를 구분하거나 하지 않는 두 가지의 경우가 있지만 그것의 구분이 권력관계와는 아무런 관련이 없다. 먹이삼각형과 친족체계를 구분하면 먹이삼각형은 암수를 협력자(비록 내부적으로는 권력관계가 있더라도)로 본다. 친족체계도 표현형은 협력자로 보지만 암수(부모)의 어느 쪽인가를 택하게 하고 있다.

먹이삼각형과 친족체계는 자연의 생물학적인 것을 바탕으로 결정된 것이고 생물학의 반사(혹은 변형)이지만 언어의 분류학은 생물학과 관계가 없다. 언어의 분류학은 순전히 인위적인 것이다. 언어의 분류학은 시대와 장소에 따라 다른 담론을 구성하는데 이는 순전히 권력관계의 산물이다. 언어의 분류학은 언제나 새롭게 구성되는 담론의 힘에 의해 결정된다. 그 담론을 주도(주체성)하고 창조(창조성)하고 대중화(대중성) 하는 힘 말이다. 이것이 담론의 권력이고 언어의 계급성이다. 이 담론의 계급성은 가정의 남녀에 확대 적용하고 생물의 먹이삼각형에 적용될 수도 있다. 자연은 상호 보완적이고 평등한데 이것이 담론화만 되면 계급적이 되고 만다.

자연은 거대한 하나의 유기체이다. 그런데 그런 유기체를 각 종마다 나누어 분류의 나무에 올리기만 하면 계급이 되어 버린다. 자연은 거대한 하나의 유기체이면서 자연을 떠나서는 만물은 존재할 수 없다. 그런 점에서 자연은 만물이 생성되어 나오는 자궁과 같은 것이다. 자연은 매우 음(陰)이다. 거기서 생성되는 만물을 양(陽)이다. 이는 만물을 분류의 나무에만 올리기만 하면 계급이 되는 것과 같다. 그래서 자연은 음양이지만 문화는 양음이 된다. 여기서 양음이 된다는 말은 양이 음을 우선한다는 뜻이다. 양음이 된 문화는 여남이 아니고 남녀가 된다.

남녀는 상하가 되고 계급적이 된다. 인류역사에서 최초의 계급은 남녀이다. 그런데 그 계급에서 서열이 높은 쪽은 언제나 낳아 준 쪽이 아니라 낳아 줌을 당한 쪽이다. 이는 권력은 태생적으로 자기가 난 곳을 배반하는 성격을 가진 것이 된다. 이는 고향을 떠나야 출세를 하는 것과 일맥상통한다. 고향에서, 여성에게서, 어머니에게서 권력이란 크게 중요한 것이 아니다. 권력이란 타향의 경쟁에서, 남성끼리의 경쟁에서, 경쟁에서 이겨야 하는 아버지에게서 중요한 것이다. 권력이란 자기를 낳아 준 것을 - 어머니를, 자연을 - 다스리는 애초부터 역설적이고 배반적인 성격의 것이다. 권력은 백성으로부터 나오지만 결국 백성을 다스리는 것이다.

사실 우주론으로 보면 모성적 우주론이 더 설득력이 있다. 우주는 팽창·분열한 것이고 그렇게 되는 몸체는 바로 모성이기 때문이다. 사실 양성이 되기 전－몸의 분열 혹은 체세포분열이란 바로 모성의 분열인 것이다. 모성이란 부성이 등장하면서 모성이 되었지만 실은 부성이 없는 상태는 바로 모성이라고 해도 결코 무리한 주장이 아니다. 부성이란 진화론상 모성 뒤에 일어난 것으로 모성에서 분리 혹은 진화한 현상에 속하는 것이다. 모성이란 자연 그 자체로서 자연과 더불어 적응(순응)하면서 살아가는 성질을 가지고 있다. 따라서 모성은 모험이라든가, 전쟁이라든가, 자연개발이라는 것보다는 조화라든가, 평화라든가, 자연보화라는 보수적인 성향을 갖는다. 모성은 그래서 최대한 진화·발전보다는 최소한 생존·유지에 관심이 높다. 모성은 어떤 방향성을 가지고 나아가기보다는 주위를 감싸는 포용력을 갖는다. 그래서 모성은 권력적이지 못하다. 어쩌면 바로 비권력적인 모성이 있기 때문에 권력적인 부성이 존재하게 된다고 해도 과언이 아니다. 둘은 상호 보완적이다. 그런 점에서 인류는 이제 모성에서 배워야 하는 것이 많다.

우주에는 리듬과 주기라는 것이 있다. 크고 작은 리듬이 모여서 크고 작은 주기를 형성하는 것인데, 예컨대 가부장제와 모계사회의 주기도 그 하나이다. 그런데 공산사회라는 것은 실은 모계사회로의 전환을 위한 사회운동의 하나라는 사실이 조금씩 증명되고 있다. 아마도 마르크스도 그것을 눈치 채고 유물론과 공산사회를 주장한 것은 아니지만 오늘날 부계－가부장사회－후기 자본주의사회가 더 발전하면 모계－공산사회로 갈지도 모른다. 원시모계－부계·가부장사회－국가－제국－자본주의는 무정부주의－반제국주의－공산사회주의－사회주의－현대 모계사회라는 코드와 만나 문화적 융합을 이루면서 점차 모계사회적 특성을 보이고 있다.

가부장사회는 여자가 낳은 아이가 한 남자의 아이인가를 확인 감독하고 이를 강요하지만 모계사회는 여자가 낳은 아이는 부족 혹은 사회의 아이가 되어 사회가 키우게 된다. 모계사회는 여자의 성을 억압하지 않는다. 가부장사회는 여자의 성을 억압하는 사회에서 출발한다. 그런 점에서 스웨덴 등 선진 복지국가가 사회의 제일 밑바닥 복지정책으로 미혼모와 아이를 보호하는 것은 시사하는 바가 크다. 이것은 가족으로 살아가는 인간존재의 생존핵심과 관련이 있는 것이다.

스웨덴에서는 미혼모가 아이를 낳으면 국가가 바로 여자와 아이로 구성된 가족의 생계와 교육에 관한 것을 모두 책임진다. 다시 말하면 아이를 낳은 여자는 어떤 경우든 살아가는 데에 있어서 아무런 문제가 없게 된다. 이렇게 되면 한 여자는 한 남자에게 소속되지 않아도 아이를 낳고 키울 수 있게 된다. 원시공산사회에서는(가정이지만) 본래 여성의 성은 한 남자에게 소속되는 것이 아니라 일종의 공유적 성격을 가진 게 사실이다. 그 증거들은 모계사회에서 발견할 수 있다. 가부장제적 시각으로 보면 난혼이고 난교이지만 모계사회에선 한 여자가 여러 남자와 섹스를 하는 것이 난혼도 아니고 난교도 아닌, 부족에게 자손을 제공하는 일일 뿐이다. 물론 모계사회에선 토지의 사유개념도 없다. 토지는 공유의 것이다. 여자와 토지는 일종의 공유재산의 성격이 강하다.

토지에 대한 사유재산제도의 발달과 여자에 대한 남자의 사유재산적 성격의 발달은 그 시기 혹은 선후를 정확하게 밝히기는 어렵지만 적어도 시기적으로 궤를 같이한다고 볼 수 있다. 이를 거꾸로 보면 더욱 명확해진다. 만약 여자에 대한 소유개념이 성립되지 않으면 자식에 대한 소속개념도 없어지고 토지에 대한 사유재산제도도 발달하지 않았을 것이다. 여자를 재산가치로 보는 것은 원시부계사회의 보편적 현상이다. 생물학적, 신체적 입장에서 인류의 삶을 검토해 보는 것은 도리어 인문사회학적 문제를 푸는 데 매우 유익하며 때로는 열쇠가 된다. 이것은 인문학적 과학이라고 말할 수 있다. 인류가 모계사회에서 부계사회로 변한 까닭은 모계사회로서는 생존이 어려웠기 때문이다. 부계사회로의 전환이 되지 않으면 집단경쟁에서 살아남을 수 없었을 것이다. 여자는 자신과 아이를 위해서 남자의 집이라는 낯선 곳으로 소위 시집을 가게 되었을 것이다. 물론 그러한 이주가 행복을 반드시 보장하는 것은 아니지만 그렇지 않은 것보다는 상대적으로 훨씬 더 보호와 보장을 받게 되었을 것이다.

생태학은 결국 결과론에 빠지게 되는데 지금 지구를 점령하고 있는 인류의 대부분은 부계사회의 후손들이다. 여자에게는 부계 성씨를 아이에게 주고 혹은 자신도 남자의 성씨로 바꾸는 것이 모자(母子: 어머니와 자식)가 훨씬 생존할 확률이 높았을 것이다. 여자는 남자로부터 재산이라는 객체가 되고 권력으로 소외되고 심지어 버림받게 될지라도 일단 남자에게 시집가는 것을 택했다. 이를 다시 거꾸로 생각하면 여자가 자신과 자신이 낳은 아이를 키우고 살아가는 데에 위험과 지장이 없다면 가부장사회를 택하는 비중이 점차 줄어들 것이라는 점을 예상할 수 있다.

경제적으로 자립할 수 있는 여자는 이혼에 대한 유혹을 훨씬 많이 받는다는 통계는 이를 잘 말해 준다. 심지어 자식을 키워야 하는 부담이 없는 여자들도 이혼에 대한 유혹을 많이 받는다. 황혼이혼은 그 좋은 예이다. 인간은 도덕적 존재이다. 그러나 도덕적 존재이기 이전에 생물학적 존재이다. 인간은 정신적 존재이기 이전에 신체적 존재이다. 우리는 간혹 이 대전제를 간과하여 너무 도덕적, 정신적 기준에서 문화와 문명을 논하기 때문에 정작 인류의 삶의 보편적 원리를 찾아내는 데에 실패한다. 도덕과 철학은 생존과 밀접한 관련이 있다. 만약 생존과 반대가 되는 도덕과 종교와 철학이 있다면 결코 생명이 길지 않을 것이다.

제19장 페미니즘: 여성 · 누드 · 동성시대

1. 새로운 문제: 동성연애, 동성결혼

사실 모든 문화적 형태는 이미 권력이다. 그것이 권력적인 모습을 나타내지 않는다고 하더라도 권력이다. 종교는 권력과 대항하기도 하지만 실은 정치권력 이전에 더 원형적인 권력이다. 정치권력은 종교로부터 권력의 상징성과 상징의 조작에 대해 많은 조언을 받았다. 더 정확하게는 정치권력은 종교권력의 변형에 속한다. 단지 종교권력은 강제력에 호소하기보다는 스스로 인정하고 믿게 하는 자발성에 기초하는 점이 다르다. 그러나 종교권력에도 강제력이 동원된 예는 얼마든지 있다. 특정종교가 국교가 된다거나 서로 도와주는 관계에 있는 경우는 많다. 하물며 종교가 그럴진대 다른 문화형태는 그 권력의 속내를 숨기거나 숨긴 것을 알지 못해서 그렇지 권력의 메커니즘을 숨기고 있다.

문화는 권력이다. 이것을 더 정확하게 소재를 밝히면 언어는 권력이다. 권력은 언어에서 나온다. 언어는 권력의 옷이다. 인간이 언어를 사용하는 순간 바로 권력의 체계 내에 소속하게 된다. 본인은 모를지라도……. 그 언어 가운데 의상은 가장 시각적인 언어이다. 다시 말하면 의상은 가장 직접적이고 강렬한 권력이다. 인간의 몸은 옷을 입음으로써 권력의 상징이 된다. 알몸은 권력이 아니다. 그래서 권력에 반항하는 경우 몸을 드러내면서 항의한다. 노예와 창녀들은 흔히 몸을 많이 드러낸다. 몸은 밑바닥 인생이라는 것을 나타내기도 하지만 몸은 민주주의의 가장 효과적인 무기이다. 예컨대 사회의 가장 밑바닥에서 권력의 억압을 가장 많이 받아온 여성이 누드로 도전한다는 것은 막다른 골목에 몰린 쥐가 고양이에게 달려드는 것에 비할 수 있다. 여성의 누드는 그 반항의 정도가 높을 수밖에 없다. 남자의 누드는 평소에도 공개되어 있는 편이다. 남자가 상체를 벗는다는 것은 일상의, 공중의 공간에서도 특별한 일이 아니다. 그러나 여자는 그렇지 않다. 만약 여자가 젖가슴을 드러내고 거리를 활보한다고 하면 아직도 토픽감이다.

왜 그럴까. 여성의 몸은 감추어져야 하는 것으로 인식된 때문이다. 여자는 아직도 어느 누구에게 예속된 몸이고 보호되어야 하는 몸이고 한 가정 안에 숨겨져야 할 보물이다. 만약 여자의 누드가 만천하에 공개된다면 그것은 한 인격의 파멸이며 한 가정의 파멸이 되기에 충분하다. 여자는 한 가정의 시작(여자가 한 집안에 들어옴으로써 분가가 이루어진다) 한 가정의 지킴이고 한 가정의 수호자이다. 그런 여성은 성곽과도 같은 가정에서 가장 보수적으로, 에소테릭하게 있어야 한다. 어쩌면 여성은 한 가정의 신비이며 비밀이며 숨어 있는 종교이다. 그래서 전쟁 중에 여성은 더욱더 몸을 꽁꽁 감추어야 하고 평화 시에는 점차 몸을 드러내 놓는다. 만약 여성의 누드가 사회 전반에서 풍미한다면 그 사회는 평화로우며 민주적이라고 할 수 있다. 이것을 성의 권력화라고 말할 수 있다.

여성의 누드는 르네상스 그림에서부터 사실적으로 묘사되다가 스틸 사진으로, 오늘날에는 영화라는 장르에 의해 노출의 가속도를 내기 시작하다가 급기야 포르노 수준에 이르고 있다. 이제 여성의 누드를 어떤 주제의 영화 속에서도 만날 수 있다. 그런데 영화에 이어 인터넷의 발달은 누드를 만연시키고 있다. 마치 밥상의 밥처럼 쉽게 다가가고 쉽게 즐길 수 있게 된 것이다. 이제 누드는 신비에 그치지 않고 새로운 즐김의 대상으로 자리 잡아 가고 있다. 민주주의는 언어에 대한 몸의 해방이요, 권력에 대한 여성의 해방으로 절정에 달한 느낌이다. 여성은 누드를 통해 몸의 신비와 위력을 만천하에 과시하고 언어와 이성이 주류가 되어 온 인류사에 도전장을 던지면서 몸과 감성의 새로운 시대를 선언하고 있는 것 같다. 언어와 이성은 몸과 감성의 표현양식에 불과하며 몸과 감성을 이해하는 하나의 틀에 불과하다. 언어와 이성은 더 이상 몸과 감성과 여성을 다스리지 못하도록 못 박고 있다.

여성의 몸은 이제 재생산을 위한 것이 아니라 자아를 발견하고 새로운 사회적 생산과 권력을 향해 나아가고 있다. 어쩌면 민주주의는 여자의 누드가 일상화되는 것으로 확산되는 것 같다. 만약 이것이 민주주의의 타락이라고 할지라도 거센 흐름을 막을 수는 없을 것 같다. 누드열풍은 민주주의-인터넷으로 연결되면서 마치 과거에 어떤 특정의 권력자를 뽑았다고 하더라도 그 권력자가 민중을 위해 정치를 할 것이냐에 쉽게 장담할 수 없는 것과 같이 여권신장에 도움이 될지, 아니면 민주주의의 타락에 기여할지에 대해서는 속단을 내리기 곤란하다. 누드는 이미 권력화되었다. 영화의 여성스타(아카데미 여우주연상), 텔레비전의 여성스타(여성 탤런트 및 앵커)는 현대의 우상이기에 충분하다. 어쩌면 과거의 어떤 신보다도 더 우상이 되고 있다.

이제 누드는 더 이상 부끄러운 것이 아니다. 누드야말로 모든 권력에 대항하는 마지막 수단이며 가장 적나라한 보복이며 무화시키는 카타르시스이다. 누드는 모든 말의 권위와 위선과 굴레를 벗어던지는 살아 있는 시이며 광고이며 역설이다. 누드는 옷을 벗는 사람의 알몸을 보여 주는 것이 아니라 누드를 보는 사람의 알몸을 환기시키는 것이며 그것을 통해서 잃어버렸던 진화의 역사와 생존경쟁과 생의 환희를 회복해 주는 것이다. 누드는 이제 인간에게 마지막으로 남은 실존이다. 만약 누드가 없다면 인간은 기계를 요구하는 산업사회와 그를 둘러싼 환경에서 더 이상 인간이 될 수가 없다. 누드는 이제 단순히 자극이 아니며 부끄러움과 죄의식을 연상시키는 금지된 것도 아니고 생활이며 아티스트가 마지막으로 다루는 재료이며 가장 위대한 아이콘이다. 누드의 위대성은 인간으로 하여금 그것을 함부로 다룰 수 없게 하는 힘이 있다. 누드는 가급적이면 인간의 손길이 적게 닿아야 하고 적게 영향을 미쳐야 하며 적게 가공되고 치장되어야 하는 신성한 것이다.

누드는 문명의 마지막 남은 광맥이며 시들어 버린 문명에 활기를 불어넣어 주는 생명수이며 배 속에 있을 때와 같은 평화와 단순함과 위로를 주는 안식처이다. 몸은 그 무엇보다 확실한 근거이다. 말이 누리는 영광을 이제 몸이 누려야 하는 시대가 온 것이다. 몸은 우주이고 몸에 천지창조가 있고 몸에 역사가 있고 몸에 위대한 바이블과 종교가 있고 몸에 과학이 있고 몸에 예술이 있고 몸에 진실이 있다. 무엇보다 몸에 아직 말하여지지 않은 신비가 있다. 몸이야말로 기적의 실체이다. 부활이 가장 위대한 이유는 바로 몸에서 일어나는 사건이기 때문이다. 말은 입에서 떨어지기만 하면 차별을 일으키지만 몸은 그 어떤 메시지보다 더 평등의 메시지이다. 몸은 바로 누드이다. 누드가 아닌 몸은 옷이고 이미 말이다. 누드는 스스로 지니고 있는 자연이다. 누드는 이렇게 말한다. '멀리 가지 마라. 참된 것(眞)은 가까운 곳에 있다. 멀리 가지 마라. 착한 것(善)은 가까운 곳에 있다. 멀리 가지 마라. 참한 것(美)은 가까운 곳에 있다.'

인간은 옷을 벗음으로써 문명의 감옥에서 조금이나마 숨을 쉴 수 있다. 누드는 가부장제의 문명에 던지는 여자들의 혁명이다. 그 혁명은 너무나 아름답고 비폭력적이기에 어떤 독재자도 어쩔 도리가 없는 무방비상태의 핵폭탄이다. 누드는 인간으로 하여금 나르시시즘에 빠지게 하는 묘약이다. 더욱이 누드는 여자의 가장 강력한 무기이다. 누드는 남자로 하여금 한없이 자괴감에 빠지게 한다. 옷을 벗으면 벗을수록 남자들은 자신에게 실망하는 반면 여자들은 더욱더 힘을 얻는다. 남자들에게서 태어난 여자는 없어도 여자들에게서 태어나지 않은 남자는 없다. 더 무슨 말이 필요하겠는가. 누드는 아름다운 테러리즘이다. 아무것도 안 들고 아무것도 안 걸치고 문명의 어떤 것에도 도움을 받지 않고 당당히 나아가는 누드는 가장 완벽한 테러리즘이다. 인류의 가장 위대한 비폭력주의자들은 누드로부터 배운 것이다. 이제 테러리스트들은 누드로부터 배워야 한다. 누드는 섹스보다 더 근원적인 시니피에이다. 누드는 어떤 옷이나 장식도 대수롭지 않은 시니피앙으로 만든다.

더 이상 여성은 남성의 보호를 필요로 하지 않는다. 더 이상 여성은 재생산(출산)에 매달리지 않는다. 더 이상 여성은 가정에 얽매일 필요가 없다. 그렇다면 여성은 혼자 설 수 있고 앞으로 혼자 서야 한다. 남성도 더 이상 여성을 보호의 대상으로 보지 않을 것이다. 한마디로 더 이상 남녀의 구분은 의미가 없어졌다. 소수의 뛰어난 여성 - 미모와 지성 중 하나 혹은 둘을 겸비한 전문직 여성 - 은 종전에 남성들이 누리던 권력을 누릴 것이다. 소수의 못난 남성들은 뛰어난 여성이 올라온 만큼 계급적으로 내려갈 것이다. 남자든, 여자든 권력은 마찬가지로 작용한다. 남성과 여성이라는 엄격한 성의 구획은 생물학과 사회학, 인류학의 입장에서 오랫동안 견지되어 왔다. 이 같은 이분법은 아마도 인류가 지금까지 살아오면서 가장 의지했던 법칙일 것이다. 그것은 경쟁에서, 생산성에서 매우 효과적이었다. 그러나 오늘날 이러한 분계선은 애매해지고 희미해지고 붕괴되고 있다.

더 이상 여성은 남성의 보호를 필요로 하지 않는다. 더 이상 여성은 재생산(출산)에 매달리지 않는다. 더 이상 여성은 가정에 얽매일 필요가 없다. 그렇다면 여성은 혼자 설 수 있고 앞으로 혼자 서야 한다. 남성도 더 이상 여성을 보호의 대상으로 보지 않을 것이다. 한마디로 더 이상 남녀의 구분은 의미가 없어졌다. 소수의 뛰어난 여성 - 미모와 지성 중 하나 혹은 둘을 겸비한 전문직 여성 - 은 종전에 남성들이 누리던 권력을 누릴 것이다. 소수의 못난 남성들은 뛰어난 여성이 올라온 만큼 계급적으로 내려갈 것이다. 남자든, 여자든 권력은 마찬가지로 작용한다. 남성과 여성이라는 엄격한 성의 구획은 생물학과 사회학, 인류학의 입장에서 오랫동안 견지되어 왔다. 이 같은 이분법은 아마도 인류가 지금까지 살아오면서 가장 의지했던 법칙일 것이다. 그것은 경쟁에서, 생산성에서 매우 효과적이었다. 그러나 오늘날 이러한 분계선은 애매해지고 희미해지고 붕괴되고 있다.

이러한 붕괴는 성의 중성시대, 양성애 시대, 동성애 시대를 열고 있다. 이들 삼자는 실은 이름은 다르고 내용도 다르지만 모두 종래의 엄격한 이분법의 파괴에서 비롯되는 공통점이 있다. 한 사람이 양성을 가진다거나 중성이거나 또는 동성이 되는 것은 하나의 현상이다. 양성을 가지면 때로는 어느 한 성에 머무르지 않기 때문에 중성적으로 보일 때도 있고 동성적으로 보일 때도 있다. 이것은 성의 불확실성의 시대라고 할 수 있다. 성의 역할에 있어서도 불확실성은 증대하고 있다. 남자 같은 여자, 여자 같은 남자가 주위에서 늘어나고 있고 여자 같은 여자는 있어도 남자 같은 남자는 점차 줄어들고 있다. 남자 같은 남자가 줄어드니까 여자 같은 여자도 아마 줄어들 것이다. 여권이 신장됨에 따라 남자들의 가부장적 카리스마도 점차 줄어들 것이다. 말하자면 종래의 남녀 역할 바꾸기를 원하는 남자들도 늘어날 것이다.

남자가 여자를 지배한 것은 처음에는 단지 폭력적이었기 때문이고 이것은 나중에 문화적으로 순치되고 제도되긴 하였지만 여전히 그 야성은 되살아나곤 한다. 여자들도 어쩌면 그 적당한 야성을 기대하고 있는지 모른다. 만약 남자가 여자와 같아진다면 어떤 여자가 좋아할 수 있을까. 만약 그런 여자가 있다면 남자 같은 여자일 것이다. 성에 있어서 인간은 남성과 여성으로 양분되어 있지만 실은 남자 가운데서도 여자 같은 남자가 있고 여자 가운데서도 남자 같은 여자가 있게 마련이다. 바로 이 중간지대의 이중적인 혹은 양성적인 남녀가 동성애의 주인공이 된다. 이는 동성애자들 사이에도 분명히 남자의 역할, 여자의 역할을 하는 자가 정해져 있는 것을 보면 이들은 가짜 남자, 가짜 여자이다. 그러나 그 가짜, 버추얼(실제 같은)이 바로 실체로 기능한다.

그러나 무엇보다도 이들은 생산적이지 못하다. 그래서 그렇게 규정하였을 것이 분명하다. 동성애자들은 성을 권력으로 볼 경우에 권력으로서의 성에 도전하는 세력으로 볼 수도 있고 아니면 성은 쾌락으로 사용하는 부류라고 볼 수도 있다. 인류학적으로 볼 때 대부분의 문화권에서는 성에 있어서 중성이나 양성은 '잘못된 것'으로 규정한다. 그런데 최근에 와서야 이들의 권리를 찾거나 인정하는 운동이 일어나고 있다. 그런 점에서 현대는 남녀의 성에 있어서 생산성에 가장 주목하지 않는 시기임이 분명하고 여러 소수자집단, 마이너리티 그룹(minority group)에 대한 배려가 발달한 시기라고 할 수 있다. 그러나 인류의 권력경쟁의 본능과 역사는 언제 다시 그것을 극대화시킬지 모른다. 인류는 마이너리티 그룹을 소외시키고 억압하는 방식으로 역사를 운영해 왔다.

물론 심리학자들과 동물행태학자들은 성적 관계에 있어서 적극성과 공격적 본능과 가학성은 남자의 권력, 소극성과 방어적 본능과 피학성은 여자의 비권력과 연결 지으려 한다. 그래서 급진적 여권주의자들은 강간발생을 전통적 성역할이 확대 과장된 결과라고 주장한다. 또 성차의 근원을 성역할 사회화 과정에 있다고 가정한다. 가부장적 관계가 계급관계보다 역사적으로 앞섰으며 또 독립적으로 별개로 존재했다는 사실을 고려하도록 하였다. 가부장제는 여성의 출산에 있어서도 영향력을 행사하여 지배를 하고 있다고 성토한다.

가정에서의 남녀차별과 사회에서의 계급차별은 선후관계를 따지기가 매우 난해하다. 가정은 사회의 원형이고 사회의 모체는 가정이라고 생각할 때 사회의 권력관계는 가정에서 출발하였고 그것의 확대재생산이 사회나 국가의 권력이라고 해도 탓할 수는 없다. 우리는 가정을 좀더 순수하게 바라보려는 경향이 있는데 실은 그 속에서 이미 권력의 불평등과 속임수와 계급과 차별이 배태되었을 가능성도 있다. 그런 의미에서 남녀 성차별이 계급차별을 우선하였다고 해도 무리는 아니다. 그러나 권력에 의해 차별이 심화되기 시작한 것은 가정에서가 아니라 사회의 규모가 커지면서 조직화되고 제도화되었다고 할 수 있다. 역으로 사회의 계급차별이 생기면서 권력관계가 더욱 자리 잡으면서 이것이 가정으로도 역류했다고 보는 편이 옳을 것 같다.

그러나 가정에서의 권력관계라는 것은 아무리 강화되었다고 하더라도 남녀의 서로 대신할 수 없는 역할과 상호 보완성으로 인해 사회의 계급관계와 같은 것이 될 수는 없다. 가정은 권력이 형성되는 시초이면서도 권력이 분산되는 돌아오는 곳이다. 따라서 한 사회의 권력이 강화되고 독재화되어 가정을 파괴한다면 이는 잘못된 것이다. 아무리 어떤 이데올로기에 의해 훌륭한 사회로 평가된 사회라고 하더라도 가정을 파괴하면 진화의 과정에서 도도히 흘러 내려온 생물의 종으로서의 욕망과 책임의 자연스러움을 위반하는 것이기 때문이다. 가정의 질서와 평화야말로 한 사회의 제도와 이데올로기, 나아가서 종교의 건강성을 체크할 수 있는 바로미터이다. 가정은 권력의 팽창과 수축의 원점이다. 만약 계급적으로 높은 계급의 남녀가 낮은 계급의 성을 지배할 경우에도 이 같은 바로미터가 준수되어야 한다. 가정의 안정성과 건강성과 복지는 어떠한 권력보다 중요한 절대적 명제이다.

인류와 침팬지의 유전자를 비교하면 99%가 같다. 혈액 속에 포함되

어 있는 단백질 및 DNA를 비교해 보면 침팬지와 인류가 공유하고 있
는 자질이 엄청나게 많음을 알 수 있다(Tanner and Zihlman, 1976). 이러
한 이유로 침팬지의 행동을 연구하여 인간의 사회조직이나 행동의 기
본양식을 유추해 볼 수 있다. 침팬지는 사냥을 하고 식물을 채집하였고
음식물을 나누어 먹었으며 새끼를 양육하고 돌보았다. 또 간단한 도구
를 만들고 비록 간단하지만 상징적 의사소통도 하였으며 또 군거생활
을 통해 사회조직도 발달시켜 갔다. 대부분의 영장류들은 새끼를 양육
할 때 수컷보다 암컷이 더 관여를 하였다. 물론 개중에는 반대의 유형
도 있었다. 남아메리카의 티니 원숭이는 젖을 먹일 때를 제외하고는 수
컷이 새끼를 데리고 다닌다. 이것은 극히 예외적인 경우이다.

동성애는 예전에는 남자 사이에 많이 있었지만 최근에는 여자 사이
에 많은 것이 특징이다. 남자들의 동성애(호모)는 권력의 집중(남성들
의)이 심하면 심할수록 유행하고 여자들의 동성애(레즈비언)는 권력의
억압(여성에 대한)이 심하면 심할수록 유행한다. 전자는 권력의 부수적
현상인 반면 후자는 권력에 대한 반체제 현상에 속한다. 남자들의 동성
애는 권력을 가진 자와 권력이 없는 자(수직적) 사이에 일어난다. 예컨
대 선생과 도제 사이가 그 대표적인 것이다. 이는 성적인 것이라기보다
는 우정(友情)의 이미지와 정신적인 측면이 강하다. 여자들의 동성애는
권력의 억압의 피해자들 사이에서 일이난다. 예컨대 여공들 사이가 그
대표적인 것이다. 이는 정신적인 것이라기보다는 정서적이고 육체적인
측면이 강하다.

동성애는 분명 이성애에 비해 생산성(출산)이 떨어진다는 점에서 대
부분의 사회에서 금지되어 왔다. 그러나 본질적으로 남성 중심의 가부
장이 강화되지 않으면 여러 형태의 성관계─동성애, 이중성애와 같은
것이 발생한다. 태어날 때부터 불확실한 성을 가지고 태어난 신체적 결
함의 소유자는 어쩔 수 없지만 그러한 경우가 아니면 성장과정에서 심

리적인 콤플렉스에 의한 경우가 대부분이다. 이는 동성애자들이 동성 간이지만 그들 나름의 성역할 분담 - 남자 역할은 하는 사람과 여자의 역할을 하는 사람이 정해지는 것에서도 알 수 있다. 예전과 달리 현대에는 남자 동성애자보다는 여자 동성애자가 늘어나는 추세이다.

동성시대, 양성시대란 여권의 신장과 더불어 남성의 권력이 줄어듦에 따라 서서히 확산되고 있다. 여성이 거세지면 자연히 양성, 중성, 동성이 되는 것이다. 이는 남성이 가부장제도로 여성의 성을 억압한 때문이다. 오늘날 동성애는 점차로 확산되고 있다. 자연은 재생산을 하지 못하는 성관계를 좋아하지 않지만 현대인의 상당수는 그 재생산을 맹목적으로 찬양하지 않는다. 아이를 낳지 않으려는 부부와 동거인이 점차 많아지고 있다. 이를 전반적으로 가부장제 사회와 대비하여 여성가장제 사회로 옮아가고 있다고 하는 편이 옳을 것 같다. 여성가장제 사회는 다른 나라 혹은 다른 집단과의 권력경쟁에서 실패할 확률이 높지만 국부적으로, 기생적으로 우리 주변에서 맹위를 떨치고 있다.

동성애나 양성애는 권력과 섹스의 관계라기보다는 섹스에서의 권력관계 모방 혹은 연장 혹은 변형이라고 볼 수도 있고 우정에서의 사랑모방이나 혹은 연장 혹은 변형에 속한다고 볼 수도 있다. 어느 쪽이 모방하였는지는 불분명하지만 적어도 이들은 서로 모방관계에 있다고 말할 수 있다. 가부장제의 급속한 붕괴는 '모성중심사회' 혹은 '모계사회(?)' 혹은 '여성가장제' 사회로의 이행을 가속화시키고 있다. 그러나 가부장제를 성립시킨 토대가 되었던 여성과 민중이 자신이 남성에게 내준 권력을 도로 가져간다면 권력 자체가 성립되지 않을지 모른다. 권력이 없어지면 금방 평화와 평등과 행복이 도래할 것 같지만 반대로 다른 집단과의 경쟁에서 패배하고 멸망하게 될지도 모를 일이다. 만약 어떤 집단이나 사회가 선도적으로 여성가장제 사회를 실험한다면 이 같은 위험과 모험의 대가를 치러야 할지 모른다.

모성이나 여성은 성에 있어서도 부성이나 남성에 비해 이중적이고 양성적이고 선택적이다. 여성에게는 남성이 느끼는 그러한 오르가슴이 없다. 여성의 성은 남성에 비해 분산되어 있다. 성감대도 그렇고 오르가슴의 횟수에서도 그렇다. 자연의 모습 그대로이다. 그것은 매우 비권력적이다. 그것은 남성의 가부장제의 입장에서 보면 지배할 수밖에 없는, 먹을 수밖에 없는 대상이고 그렇지 않으면 소속이 정해지지 않은, 이름이 정해지지 않은 것이며 무소유의 무질서로 비치는 것인가. 여자의 이중성은 때로는 무질서하게 보인다. 그러나 여자의 아이생산이 없으면 남성의 모든 권력체계는 그 기초에서부터 붕괴되지 않을 수 없다. 권력이라는 먹이삼각형을 만들기 위한 기본 바탕이 없는 것과 마찬가지가 된다. 상대적이고 선택적인 세계는 절대적이고 필연적인 권력에 의해 다스려지지 않으면 안 된다. 이것은 자연과 문명의 모순이다.

예컨대 레즈비언의 문제는 심각하다. 레즈비언의 성행위는 결코 아이의 생산에 기여할 수 없다. 이런 성행위는 확실히 쾌락의 성행위에 속하는 것이다. 프로이드의 이중극치감(double orgasm)의 이론은 남성의 삽입을 통해서만 여성이 완전한 극치에 도달한다는 것을 전제하고 있는데 이는 남성의 삽입에 여성의 극치가 종속되어 있다는 것을 말한다. 그러나 연구에 따르면 여성의 극치는 음핵의 자극에서 얻어지는 것으로 나타났다. '여성은 부족한 것이 이니라 하나 더 가지고 있는 것이다.' 여성이 자위행위를 하거나 동성의 다른 여자와 성적인 관계를 갖거나 또는 입으로 성교를 할 때 극치감을 느낄 확률이 높다는 것이 밝혀졌다. 상호 간의 자위행위나 구강성교를 통해 처녀가 정상적인 방법을 통한 성교경험이 있는 여자보다 극치감을 느낄 확률이 높다고 보고하고 있다(Sorenson, 1973; Rossi and Rossi, 1977에서 인용).

동성애는 인간에게 그리 낯선 것만은 아니다. 대개 집단생활을 하는 데서 빚어졌다. 인간에게 가장 가까운 피그미침팬지가 동성애를 하는 것이 목격됐다. 인간의 성생활은 어느 한쪽을 좋아한다고 해서 반드시 다른 쪽을 회피하는 것은 아니다. 이성애와 동성애를 동시에 즐길 수 있다. 남자들의 성기는 영장류 가운데서 가장 크고 고환은 두 번째로 크며 여자들의 음핵은 가장 호색적인 침팬지 다음으로 돌출해 있다. 성욕의 다양성은 이제 피임약이나 중절수술의 발달로 성욕과 출산의 연결고리를 끊으려 하는 시점에서 앞으로 더욱 변태적인 것으로 발전할 것이다.

동성애는 연령집단의 성인식 통과의례 과정에서 일어난다. 남자의 무사집단(군대)은 그 대표적인 것이다. 여기선 불가피하게 양성에 길들여져 온 인간이 동성에서 이성을 찾을 수밖에 없다. 그리고 청년기의 욕구를 충족시킬 수밖에 없다. 파푸아뉴기니에서는 연약한 소년 견습 병사가 상급 전사로부터 오럴섹스로 정액을 받아먹어야 훌륭한 전사가 된다고 믿을 정도였다. 여자들도 마찬가지였다. 중세 유럽의 수도원 같은 곳이 그 대표적인 곳이다. 동성 간의 오랜 집단생활은 결국 성욕을 발산하는 상대로 동성을 택하게 하는 메커니즘이 될 수밖에 없다. 심지어 플라톤을 비롯하여 그리스의 철학자들은 도제(徒弟)관계에 있는 자신들의 제자와 동성애 관계를 맺었다는 문서가 있다. 아이러니컬하게도 가장 금욕적일 것이라고 생각되는 철학을 위해 만난 연장자-연소자 사이에 동성애가 발생한 것이다. 오늘날 레즈비언은 여성의 해방적 의미를 갖고 다가오고 있다. 레즈비언은 남성들이 여성을 남성만을 위한 성적 대상으로 보는 데 대한 가장 강력한 도전세력이다.

성의 해방과 다양화는 어디서 오는 것일까. 인간에 이르러 후위체위에서 전위로 넘어오면서 인간은 암컷의 섹스를 더욱더 다양하게 즐길 수 있게 되고 표현의 영역도 비교할 수 없을 정도로 발달하게 된다. 섹스에 있어서 오럴의 발달은 매우 의미심장하다. 이것은 섹스가 훨씬 덜 노동적이고 혀로 인해 더 감각적이고 예민하게 되고 다양화되는 계기가 된다. 특히 여자들의 경우 동성애를 하는 데 결정적인 분기점이 된다. 제2의 구멍이 되는, 입으로 이루어지는 오럴섹스의 경우 혀는 자유자재로 수컷의 성기를 다룰 수 있다는 점에서 가장 능란한 여성성기가 되기도 하지만 반대로 가장 부드럽고 민감한 남성성기의 역할을 하는 것이다. 이 경우 남성에게 피해의식을 가진 여성에게는 그 부드러움으로 인해 더욱 훌륭한 남성성기가 되는 것이다.

어쨌든 오럴은 남자와 여자라는 이성애에서 동성애로 넘어가는 분기점이 된다. 입이야말로 남성도 되고 여성도 되는 길을 열어 준다. 여성동성애자, 즉 레즈비언과는 달리 남성동성애자인 게이들은 다시 섹스에서 암컷의 구멍의 역할을 하는 부위로 남성의 항문을 발견하는데 이는 섹스에서 제3의 구멍인 셈이다. 게이들은 항문의 수축성과 체온으로 인해 더욱 자극적이 되는 관계로 매우 비위생적이고 성도착인데도 불구하고 '한번 동성애자는 영원한 동성애자'라는 유행어가 될 정도로 한번 발을 들여놓으면 헤어나기 어려운 것이 된다. 항문의 성기로서의 기능은 언제부터였을까. 아마도 둘 사이의 거리의 가까움은 우발적으로 이를 발생시켰을지도 모른다.

2. 암컷은 성교 후 수컷으로부터 음식을 제공받아

음식(먹기), 섹스(배설), 재생산, 여성, 교환의 문제의 연계성은 인류학자에겐 관심사가 되지 않을 수 없다. 유전자의 증식을 꾀하게 프로그램이 내장된 생물은 우선 자신의 생명을 영위하기 위해 먹어야 한다. 먹이(음식)를 먹은 뒤에 섹스를 생각한다. 섹스는 먹이와 배설의 메커니즘으로 볼 때 먹이는 아니고 배설에 해당한다. 성인의 생식세포의 배설 과정이 재생산으로 연결되는 것은 부인할 수 없다. 그런데 흔히 섹스를 '먹는다'고 표현한다. 이는 생물의 생존과 재생산이, 개인의 생존과 종족의 보존이 우열을 가릴 수 없는 동시적인 것임을 의미한다. 이것이 수컷 주도의 생존방식이 정착되어 가면서 암컷(여성)은 수컷에게 마치 먹이의 대상으로 자리 잡게 된다.

놀랍게도 피그미침팬지는 섹스를 음식과 동일시하는 광경을 보인다. 물론 이를 두고 성은 단순히 생식이 아니라 사회적 결속을 강화하는 기제로 작용한다고 말할 수 있다. 또 성관계가 있는 사이에서 암컷과 수컷의 협동을 강화하는 모습은 자연스런 것이기도 하다. 피그미침팬지 암컷은 성교를 하고 수컷으로부터 음식을 얻어먹는 것을 볼 수 있었다. 이것은 사회적으로 권력과 부를 가진 지배자가 그렇지 못한 피지배자로부터 성을 제공받고 그 대신 다른 것을 제공하는 것을 말해 준다. 이는 인간에게서도 권력은 가진 남자들이 젊은 여성의 성을 제공받는 것과 같다. 그러나 비록 수는 적지만 여성들 - 귀족이나 부호의 여성들 - 이 남자의 성을 제공받는 것도 같은 맥락이다. 섹스도 분명히 교환의 일종이다.

결혼뿐만 아니라 섹스에서도 여성의 교환이 되는 것이다. 권력은 남자가 가지든, 여자가 가지든 성을 지배하고 끝내 교환하는 것이 되게 한다. 일부일처제는 가족의 안정과 영속을 위해서는 바람직하지마는 성의 진화와 습관으로 볼 때는 매우 억압적인 것이다. 보다 보편적인 것으로 받아들여지는 것은 일부일처제이지만 일부다처제가 더 많은 사회에서 이상적으로 받아들여지고 있지만 현대에 아버지가 없고 어머니만 있는 핵가족(실질적 모계가족)은 일처다부제의 형태와 상응하고 있다. 여자 중심으로 얼마든지 남녀관계 혹은 가족관계를 배열해 볼 수 있다. 여자는 선택당하는 것이 아니라 선택하는 주체로서의 변화를 보인다. 이것은 분명 신(新)모계사회의 징조이다. 남녀가 예전보다 훨씬 활발히 상대를 교환할 수 있는데 아이에 대한 친권이 여성에게 있으면 결국 여성중심으로 사회가 돌아가는 것이다.

스웨덴의 경우, 한 해 태어나는 아이들의 40%가 미혼모의 자녀라고 한다. 미혼모 자녀에 대한 사회적 편견이 거의 없기 때문에 미혼모들은 자신들이 출산한 사실을 신문에 발표하는 경우도 있다고 한다. 혼인하지 않고 동거하는 것이 하나의 새로운 라이프스타일로 확립되어 가고 있다. 과연 혼인이 해체되고 있는 것일까. 혼인의 해체, 가족의 해체가 다가오고 있는 것일까. 동성연애자들은 남남혼인(男男婚姻), 여여혼인(女女婚姻)을 요구하고 있다. 섹스의 억압도 문제지만 억압되지 않는 섹스는 결국 사회를 성문란으로 혹은 재생산이 없는 섹스로 이끌어 가고 있다. 이는 자유가 방종이 되는 이치와 닮았다.

고도자본주의에 이르러 교환의 형태는 많을수록 좋으며 섹스도 여기서 예외는 아니다. 본능적으로는 남녀가 다 복혼제를 원하고 있는지 모른다. 공식적으로는 일부일처제를 표방하지만 누구나 남자는 일부다처를, 여자는 일처다부를 원하고 있는지도 모른다. 이것이 훨씬 선택적이고 불확실성에 대처하는 방안인지도 모른다. 이것은 보다 개인주의적이고 권력경쟁적이고 사적이다. 여자는 더 이상 남자의 보호를 필요로 하지 않는다. 한 걸음 더 나아가 남녀는 결혼이 아닌 상태에서 일대다(一對多), 다대다(多對多)를 요구하고 있는지도 모른다. 이것이 훨씬 욕구 해소적이고 편리한 것이기도 하다. 문제는 권력에 의한 성의 지배와 여기서 발생하는 트러블 ― 성의 경쟁이 문제이다. 또 성의 해방으로 인한 궁극적 가족의 해체도 문제이다. 권력의 억압과 성의 해방은 동전의 양면이다.

인간은 성을 억압하는 부계 ― 가부장사회를 살기 위해 만들었다. 인간가족의 보편적인 형태는 흔히 핵가족이라고 한다. 그러나 아니다. 핵가족은 부계사회의 보편적인 가족일 뿐이다. 아버지와 어머니 그리고 그 사이에 난 자식들로 구성되지 않은 가족이 있기 때문이다. 어머니와 자식들로 구성되는 모계핵가족이 바로 그것이다. 가족을 형성하는 데에 있어서 수컷인 생물학적인 아버지는 반드시 있어야 한다. 그러나 사회적인 가족에서는 아버지가 없을 수도 있다는 말이다. 모계핵가족은 부계-가부장사회를 구성하지 않아도 살 수 있는 지역에 분포되어 있다. 이것이 가장 단순하고 자연스러운(생물현상을 그대로 옮겨 놓은 문화적 구성물인) 가족이다. 모계사회는 비교적 성을 억압하지 않는 사회이다. 그러나 이 모계핵가족은 권력경쟁으로 인해 소외되어 갔다. 성을 억압하는 것을 특징으로 하는 부계사회만 융성해 갔다.

부계사회에서 성을 억압당하는 것은 특히 여자에게 해당하는 것이지만 남자에게도 예외는 아니다. 남자에게 무한정 성을 해방하면 남자의 임무인 가족의 보호와 생계를 소홀히 하기 쉽기 때문이다. 이는 생물의 최소한의 임무를 다하지 못하는, 자손이 혼자서 살아갈 수 있는, 성인이 될 때까지 양육하지 못하는 것이 되기 쉽다. 만약 남자가 가족의 보호와 생계에 소홀하거나 그 책임을 다하지 못하면 그가 가지고 있는 가부장권은 도로 돌려받아야 하거나 내놓아야 한다. 그런 점에서 남자든, 여자든 성은 억압을 받는 것이다. 성은 남녀 쌍방의, 같은 남녀는 아닐지라도, 결국 남녀 쌍방의 문제이기 때문에 한쪽의 억압은 다른 쪽에 영향을 미친다. 그렇다면 인간은 왜 성을 억압하는 가족을 만들고 이를 위해 혼인이라는 제도를 만들었을까.

혼인은 생물의 재생산과 양육을 위한 담보와 같은 것이다. 만약 이런 담보가 필요 없다면 결혼이라는 것으로 성을 구속할 필요는 없는 것이다. 그런 점에서 결혼은 사랑으로 시작하였다고 할지라도(사랑이 식어 이혼하였더라도) 자식을 양육하는 것이 남은 책임이다. 그런 점에서 자식에 대한 책임을 다하는 것이 우선이다. 만약 자식에 대한 책임이 없다면 결코 결혼을 할 필요가 없다. 사랑은 결혼을 하지 않아도 되기 때문이다. 왜 인류는 결혼의 의식에 성교라는 간단한 절차만을 행하지 않고 여러 잡다한 굴레를 덮어씌웠을까. 바로 자식의 양육문제 때문이다.

그런 점에서 결혼은 겉으로는 남녀 당사자의 사랑이 목적인 것 같지만 실은 그 속에서 실속을 차리는 것은 재생산의 완성인 것이다. 결혼은 사랑이 아니다. 인류역사에서 사랑으로 결혼한 것보다는 사랑 없이 결혼한 것이 훨씬 많았을 것이다.

인간이 성을 억압하는 이유는 그만큼 성이 풍부하고(항상 성교를 할 수 있는 생물종) 동시에 '재생산의 메커니즘'이 아닌, '쾌락으로서의 성'을 즐기는 생물종이기 때문이다. 인간의 성교 가운데 임신에 도달하는 것은 극히 일부에 지나지 않는다. 한 가정에서도 아무리 자식 수가 많아도 자식의 수로 성교의 횟수를 환산할 수는 없다. 인간은 그런 점에서 성을 '쾌락으로서의 수단'으로 바꾸어 버린 생물종이다. 성은 계급과 계급 사이에서, 공적으로 사적으로 거래되며, 남녀노소 사이에도 거래되며, 지금은 남자와 남자, 여자와 여자 사이에도 거래되는 도착현상마저 보이고 있다. 도처에 청산이 아니라 도처에 성이 흩뿌려져 있다. 인간은 성을 '재생산'의 도구에서 '쾌락'의 도구로 분화시켜 사용하고 있다. 결국 권력을 가진 자와 쾌락의 결합은 불가피한 것이다. 종교와 도덕은 쾌락에 자제력을 부과함으로써 양자 사이에 균형을 잡게 한다. 그 균형 잡기에 실패하면 권력은 쓰러지게 된다. 이것이 권력과 성의 법칙이다.

현대의 풍요는 성의 자유를 최대한으로 만끽하게 하고 있다. 이러한 풍조에 가장 특혜를 누리는 것이 여성의 성이다. 왜냐하면 여성의 성은 그동안 남성권력에 의해서 억압과 노리갯감으로 희생을 강요당해 왔기 때문이다. 특히 상류층에 속하는 여성들은 남성들이 미소녀(꽃순이)에게 그랬던 것과 같은 방법으로 남창(호스트바)을 이용하고 있으며 이는 바로 권력이 성을 소유한다는 것을 반증하는 것에 다름 아니다. 소위 살 만한 중년 여성들은 미소년(꽃미남)을 즐기고 있으며 독신여성들은 자유롭게 성을 선택하고 즐기는 기회를 더욱 누리고 싶어 하고 있다.

한편 여성의 누드는 그것 자체가 예술로 둔갑하고 있고 그것 자체가 돈이 되고 있다. 아름다운 여성은 이제 자신이 성을 판다는 죄책감을 갖지 않고 예술이라는 포장으로, 그것도 맨투맨으로 파는 것이 아니라 인터넷이라는 매체를 타고 불특정다수를 대상으로 한꺼번에 성을 팔고 있다.

남성이 남성답지 못하면 결국 성은 문란해지고 동성, 양성, 중성을 나타내며 혼란스럽게 전개되지 않을 수 없다. 여성의 해방은 남성에 대한 구속으로부터 해방에 그치는 것이 아니라 인류의 모든 권력으로부터 해방이며 권력의 모든 권력형태인 문화가 재편성된다는 신호이다. 굳이 구분해 본다면 '남성 – 말 중심의 체계'에서 '여성 – 몸 중심의 체계'로 변한다고 줄잡아 말할 수 있을 것 같다. 그러나 이러한 여성 – 몸 중심의 분위기가 얼마나 지속되고 진정 새로운 문명체계로 승격될지는 알 수 없다. 혹시 남성 권력의 억압에 대한 일시적이고 부분적인 반항에 그칠지도 모른다. 왜냐하면 여성에게는 민중적 속성이 있기 때문이다.

민중이란 독재권력의 억압에 대해 도전하고 혁명을 일으킬 수는 있어도 결국은 민중이 권력을 재창출하지는 못하는 태생적 한계가 있기 때문이다. 예컨대 공산당 정권은 민중에 의해서 이루어졌지만 민중은 공산당원은 되었을지라도 민중이 정권에 참여한 것은 아니었다. 성공적으로 적응을 한 몇 사람의 예외를 제외하고는 민중은 공산당 귀족이 되지는 않았을 것이다. 여성의 경우 예컨대 전쟁이 일어나기라도 한다면 아이들과 함께 가장 먼저 권력에서 밀려날 것이다. 인간은 그렇게 평화를 애호하는 동물이 아니다. 평화가 오래 가면 전쟁이 반드시 오게 되고 전쟁이 오게 되면 여성의 성이라는 것은 바로 그 희생물이 된다. 이상하게도 전쟁이 오면 그 어려움 속에서도 여성은 본성을 발휘하여 재생산에 열을 올리게 되고 인구는 결코 줄어들지 않는다.

'쾌락으로서의 성'은 그렇게 오래가지 못한다. 여성이 쾌락에 들어서려고 하면 성은 '재생산으로서의 성'과 균형 잡기를 한다. 여성의 성은 단지 자연스럽다는 이유로, 자연에 가깝다는 이유로, 우주의 본질에 가깝다는 이유로 권력에서 소외되고 희생을 당한다. 권력은 처음부터 불순한, 집단생활을 하면서 생존경쟁에서 이긴 인간종이 불가피하게 짊어지고 넘어가지 않으면 안 되는 짐이다. 그런데 그 짐은 여성이 진다. 이것은 여성에겐 참으로 부당하다. 그렇다면 권력이 없는 세상이야말로 여성의 세상이 아니겠는가. 권력이 없는 세상이 있을까. 노자(老子)에게 물어보자. 페미니스트의 원조인 노자는 오늘의 여성의 반란을 당연한 역사적 귀결이라고 볼까. 권력의 입장에서 보면 타락이고 방종이지만 권력의 핍박을 받은 여성의 입장에서 보면 이것은 자유요, 해방이요, 자아의 발견이며 '자연으로서의 성'의 본래의 모습으로 돌아가는 것이다.

그런데 여성－모성－민중의 반란은 이들이 권력자가 되는 것이 아니라 현재의 권력자를 다른 권력자로 바꾸는 능력을 발휘하는 것에 불과하다. 물론 일부는 권력자의 편에 편입되는 수가 있겠지만 결코 구조적으로 권력자가 되지 못한다. 권력의 제1법칙은 "소수(1명을 포함)가 다수(자기를 포함 2명 이상)를 지배하는 것"이기 때문이다. 이들은 현재의 권력자가 잘못되었다고 주장하고 갈아 치울 수는 있지만, 다시 말하면 반란을 할 수는 있지만 결코 집권을 하지 못하는 셈이다. 이들은 권력의 도구를 가지고 있지 않은 자(계층, 계급)들이다. 만약 이들 중에서 누가 하나 권력자가 된다고 해서 이들 전체가 권력자가 되는 것이 아니다. 단지 새로운 권력자를 배출한 것일 뿐이다. 그러나 그러한 새로운 배출도 자주 감행할 수 있는 것이 아니고 반란은 실패의 확률이 더 많은 것이고 권력자들은 결코 권력의 도구(무력과 문화력 그리고 폭력까지도)를 이들이 계속적으로 마음에 들지 않으면 자신들을 갈아 치우도록 잠재우지 않는다.

준비 없는 민중반란의 괴수는 동학란의 전봉준처럼 죽지 않으면 안 되는 것이다. 동학란은 결국 성공한 혁명이 되지 못했던 것이다. 우리 역사에서 4·19는 학생(민간인)들이 정권을 빼앗아서 야당(민주당)에 주었지만 민주당이 그것을 관리하지 못했고 그래서 결국 미완의 혁명이 되었고 5·16혁명은 쿠데타라고 하더라도 군인들에 의해 혁명이 이루어져 주체세력이 정권을 장악한 성공한 혁명이 되었다. 그것이 독재이든, 민주이든……. 여성이 과연 민중만한 세력을 결집할 수 있을까. 여성과 민중은 사회적으로 많은 공통점을 가지고 있다. 그러나 정치적 세력을 결집하고, 운동을 추진하고, 또 운동의 연속성을 가진다는 점에서 민중과는 다르다. 여성의 힘은 항상 가족으로 돌아갈 준비가 되어 있다는 점에서 불리하다. 그러기에는 여성은 너무 남성들의 사이사이에 있다. 그래서 남성들의 각개전술에 의해 격파되기 쉽다. 인류는 결국 남성과 여성 둘 중 어디엔가 권력을 주어야 한다면 결국 남성에게 줄 것이다. 차라리 여성들은 남성에게 권력을 주고 그 대신 자신들의 권익을 증진시킬 것을 조건으로 내세우는 것이 훨씬 효과적이고 현명할 것이다. 이것은 남녀로 구성되는 가족 내에서도 지지를 받기 쉬운 평화로운 방법이다.

과연 여성-모성의 혁명이 성공할까. 소동을 벌이고 운동을 할 수 있을지 모르지만 결코 여성이 권력을 장악하는 반란은 벌어지지 않을 것이다. 여성보다는 남성이 폭력에서 유리할 뿐만 아니라 권력경쟁의 게임에서 이긴 커리어와 많은 노하우를 가지고 있기 때문이다. 물론 여성 개인 중에는 훌륭한 권력자가 나올 수 있다. 영국의 대처수상을 비롯하여 물리학자 퀴리 부인, 제정러시아의 예카테리나 여제, 마더 테레사 등 여럿이 있을 수 있다. 그러나 남성들의 화려한 권력에 비하면 그것은 간헐적인 행사에 지나지 않는다. 여성은 권력을 잡기에는 너무 본질에 가까이 가 있는 성이다.

그러나 현실계에서 여성이나 민중의 권력에의 도전은 그들의 권력자를 바꾸는 데에 한계가 있지만 상상계나 이미지의 세계에서는 전혀 다른 상황이 전개된다. 영상매체, 전파매체의 발달로 이제 사물을 이미지로 변하고 있다. 이미지는 원래 사물의 가짜 표상이지만 그것이 실제보다도 더 힘을 발휘하고 있는 가상현실(virtual reality)이 되고 있다. 이미지의 표상은 집합표상과 달리 전자기와 전파매체를 이용하여 수많은 복제와 스피디한 전달을 통해 새로운 권력으로 부상하고 있다. 몸(body)을 실제처럼 재현하는 이미지는 일찍이 영화를 통해 그 빛을 발휘하였지만 이제 텔레비전과 인터넷을 통해 그 활동영역을 무자비하게(마치 칭기즈칸이 유라시아를 정복하는 것 이상으로) 세계를 점령해 가고 있다. 이 가공할 신종(新種) '이미지제국'은 한마디로 그동안의 인류의 제국이 '말(법전, 경전)의 제국'이었던 것과 달리 '몸의 제국'을 만들어 가고 있다.

3. 누드: 이미지 제국의 여왕

이 '몸의 제국'은 여성의 권력, 모성의 권력으로 불린다. 이들은 비록 이미지이지만 자신의 몸을 여러 사람에게, 일시에 팖으로써 여러 사람을 다스리고 관계를 맺는다. 이는 다분히 비의적(秘儀的)이고 사적인 (private) 관계를 맺는다. 가장 널리 확산되는 공적인 매체를 통해 맺는, 이 사적인 관계는 쉽게 포르노라는 외설적인 것조차도 프라이버시 (privacy)에 속하게 한다. 이것은 다분히 개인의 자유에 속하는 것이고 취미나 기호에 속하는 것이고 성(性)을 슈퍼마켓의 상품처럼 대수롭지 않은 것으로 만든다. 또 성(性)은 누구로부터도 관리될 수 없는 것이며 특히 여성의 성도 쾌락을 즐길 권리가 있는 것으로 만든다. 이것은 다분히 창녀의 권력, 창녀의 제국을 만들고 있는 것이다. 이제 창녀는 몸을 파는 여자가 아니라 몸을 여러 사람에게 베푸는 시혜(施惠)의 수단으로 의미반전을 시킴으로써 마치 과거 남자들이 덕을 베푸는 것과 똑같은 효과를 거두고 있는 것이다.

이미지는 적어도 여자와 민중을 권력자로 부각시키고 있다. 이미지의 전달과 복제는 권력의 성격을 그 근본에서부터 변화시키고 있다. 이것의 가장 극명한 현상과 효과는 여성의 성의 해방과 개방이다. 또 이것은 민중과 엘리트의 구분을 없애고 있고 누구나 권력자가 될 수 있다는 가능성을 열어 주고 있다. 이것은 민중의 권력으로부터의 해방, 탈출이다. 권력의 대중화는 권력의 무화(無化)를 시도하고 있다. 몸에 가장 가까이 있는 프롤레타리아 계급의 육체노동자와 가부장사회에서 종속적 지위에 있었던 여성은 이제 이미지의 확산과 물화(物化)·육화(肉化)에 힘입어 자신의 해방과 사회적 평등의 향상에 절호의 기회를 맞고 있다.

이 '몸의 제국'은 종래의 권력이 소수가 다수를 다스리는 것이었던 것과 달리 복제이미지를 통해 다수가 다수를 다스리는 새로운 권력의 형태를 창조하고 있는 셈이다. 이는 '자궁(子宮)과 다수(多數)의 권력'이다. 이것은 쾌락과 방종의 권력이 될 수도 있다. 노동자는 노동귀족이 되려 하고 있고 여자는 아이를 낳지 않으려고 하고 있다. 이는 극심한 생산성과 재생산의 저하 혹은 하향평준화를 가져온다. 혹시 지나친 노동운동은 직장 자체를 잃게 하고 지나친 여성운동은 자식의 교육과 양육을 사회에 맡기고 자신은 에고이스트가 되어 사랑이라는 이름의 동거를 하고 더 이상 상대방을 유혹하지 못할 때 극심한 노후의 고독을 보상으로 받아야 하는 것은 아닌지 모르겠다. 이것은 이제 집단적 생존 전략을 포기하고 그 대신 개인적 자유와 평등을 극도로 확대하고 프리섹스를 즐기는 인간의 노후의 모습일 것이다. 어느 날 갑자기 젊음은 사라지고 늙고 병든 몸을 이끌고 남자는 여자를, 여자는 남자를 더 이상 유혹하지 못하고 가족과 자식을 포기한 인간들은 황량한 벌판에 서게 된다. 아무도 살아 있음을 알아주지 않는 그런 벌판에 서게 된다.

앞에서도 언급하였지만 이미지의 혁명을 통해 활자와 인쇄매체를 통해서 권력을 장악하던 종래의 '문자(文)＋군대(武)'의 제국주의자(완벽한 삶의 확대체제)들은 이제 '이미지＋유혹(테러)'의 테러리스트(자신의 죽음 수용체제＝殉教＝布施)들에 의해 역으로 공격당하고 있는 것이다. 인류는 이제 자궁으로부터 태어난 '삶의 체제'가 아니라 자신이 태어났던 자궁으로 돌아가는 '죽음의 체제'로 환원되고 있다. 이것은 재생산(reproduction)과 생산(production)으로 연결되는, 인류의 오랜 권력 확대재생산의 역사, 빅뱅(Bigbang)의 미덕이 자연으로 돌아가 안식하려고 끝없이 소멸하는 블랙홀(blackhole)의 미덕으로 교체됨을 의미한다. 빅뱅의 미덕은 밝음의 미덕이고 블랙홀의 미덕은 어둠의 미덕이다. 블랙홀과 빅뱅의 관계는 모계와 부계의 그것과 유사성이 있다. 인류는 이제 팽창에는 지쳤는지, 수렴을 원하고 있다. '이미지의 진실'(virtual reality)은 '문자의 위선(僞善)'을 공격하면서 반권력의 권력투쟁을 전개하고 있다.

전반적으로 풍요의 시대인 오늘날 서구문화권을 중심으로, 그것이 점차 동양으로 그리고 전 지구적으로 모성, 여성시대가 확산되고 있는 가운데 평화에 대한 목소리가 고조되고 있다. 풍요＝평화＝여성으로 연결되는 이 커넥션은 인류의 새로운 목표가 되고 있고 희망이 되고 있다. 그런 것과 함께 다른 한편에선 풍요를 이룩한 산업이 공해를 일으키고, 어패류들이 수컷이 암컷의 성기를 농시에 가시는 양성을 나타내는 환경이변이 일어나는데 공해물질은 바로 여성호르몬인 것은 무엇일까. 풍요＝평화＝여성으로 연결되는 커넥션은 풍요＝평화＝여성＝성의 해방(성의 문란)으로 되면서 급기야 가족해체뿐만 아니라 사회윤리의 타락으로 나타나고 있다. 물론 이런 현상이 여성들만의 책임이 아니고 오히려 책임소재를 따지면 남성들에게 비중이 더 있지만 인간가족은 이제 무질서로 나아가고 있다. 이런 무질서와 같은, 방종에 가까운 자유가 어떻게 유지될 수 있을까. 극단의 무질서와 자유를 감당할 능력이 인간가족에게 있을까. 혹시 지구는 여성을 풍요롭게 할 정도로 넉넉한 것은 아닌가.

환경공해는 왜 늘어만 가는가. 여성의 재생산과 산업의 생산은 상호 모순되는가. 여성의 재생산이 산업의 생산에 더 투입되면 될수록 지구라는 모성(자궁)은 반란을 하는 것일까. 여성이 보다 많이 생산에 투입되면 생산은 공해로 돌아오고 마는가. 혹시 공해는 인간가족의 해체의 거대한 신호탄인가. 인간의 여성은 여성이 되지 않고자 하는데 지구라는 여성은 모성의 회복, 유기체의 지구, 재생산의 지구를 원하고 있다. 생산으로 돌아간 여성은 결국 지구라는 생명체를 배반하고 있는 것인가. 거대한 우주, 큰 몸은 여성을 원하는데 인간의 여성은 여성이 되지 않고자 하고 있다. 공해, 즉 환경호르몬이 여성호르몬인 것을 '악마가 된 여성'이라고 한다면 '천사의 여성', 인간을 사랑으로 품어 줄 '모성의 여성'은 어디로 간 것일까. 천사의 여성은 악마의 여성이 되었고 악마의 남성은 천사의 남성, 즉 성인들이 되어 서로 입장을 바꾼 것일까.

이 같은 현상을 X염색체를 중심으로 설명해 보자. 자신의 세포의 최대한 증식을 원하던 X염색체는 보다 공격적이고 전진적이고 인과적인 데에 탁월한 능력을 발휘하는 Y염색체를 만들어 양성동물에 이어 급기야 인간에 이르게 된다. Y를 성채로 혹은 Y를 전사로 사용하여 제국의 인구와 영토를 넓히는 데에 성공한 X염색체는 지구가 포화상태에 이르자 Y염색체가 필요 없어졌는지도 모를 일이다. 자손의 번식이라는 욕망에 충실하다 보니까 지구는 공해의 제국이 되고 말았다. 여성은 밖으로는 여성호르몬의 확산으로 남성을 쇠약하게 만들고 안으로는 재생산을 하지 않는 방식으로 인구를 줄이려고 하고 있다. 결국 인구의 증가는 환경공해라는 뜻하지 않는 결과와 저주를 만난 셈이다. 인간은 자연과 더불어 살아야 하는데 인간만 늘리는 데에 혈안이 되어 왔다. 인구는 자연의 균형을 파괴하는 한편 급기야 인간 스스로를 멸망케 하는 악순환이 되고 말았다. 죄는 마음에만 있는 것이 아니고 몸에도 있다. 그것이 병이라는 것이다. 인간은 새로운 질병인 암과 공해라는 강력한 복병을 만난 셈이다. 여성이 재생산을 하지 않는 것은 인구를 줄이기 위한, 그래서 자연과 인구의 균형을 되찾으려는 자연의 노력인지도 모를 일이다. 자연의 본질은 여성이고 양성 이전에 성은 여성이다. 여권신장, 여성호르몬의 확산, 여성의 출산기피 등은 X염색체의 프로그램 전략에서 해석할 수도 있다.

재생산과 상관없는 인간가족의 성의 쾌락은 이제 그 도를 넘어 스스로 인간을 악의 구렁텅이에 빠지게 하고 결국 낙원추방의 빌미가 된 여성은 남성들의 신화적 모함을 받은 것이 아니고 역사적인 사실로 되어버리는가. 그래서 신화는 역시 역사보다 한 수 위의 상징체계인가. 이제 생산은 너무 많다. 생산은 너무 많아 쓰레기로, 공해로 돌아오고 있다. '공장으로 달아난 노라'를 다시 집으로 불러들여야 하는가. 그런 방도는 있기라도 하는가. 노라는 결코 집으로 돌아오지 않을 것이다. 집이라는 감옥으로 돌아와 아이 낳고 빨래하고 음식을 만들면서 집을 지키는 그런 따분한 일을 결코 하지 않을 것이다. 차라리 그런 감옥으로 가려면 죽고 말 것이다. 아마도 자연의 대재앙, 대보복이 있기 전까지는 인간가족은 망할 때까지 갈 것이다. 이는 권력을 가진 남성들의 탓인가. 권력으로부터 자유를 찾은 여성들의 탓인가. 권력이 성을 억압하는 것은 부당한 것이긴 하지만 질서를 유지하기 위해선 필요악이란 말인가.

이런 와중에, 가족이 해체되고 개인의 생활이 극도로 성적 자유와 해방을 추구하는 것을 중심으로 운영될 때 인류의 미래 가족은 어떻게 될까. 아마도 오늘날 서구사회에서 이미 징조가 나타나고 있는 집합가족(joint family)의 형태가 될 것 같다. 가족이라는 것은 이제 단지 개인이 만나고 흩어지는 과정에서 일시적인 조합 — 그저 일시적으로 가족이라고 하는 말뿐인 개념이 될 공산이 크다. 단지 일시적으로 함께 사는 사람을 묶는 개념에 불과할 것이다. 이들은 생물학적으로든, 사회학적으로든 혈통으로 별 관계가 없으며 그리고 법적으로도 권리와 책임을 묻지 않을 수도 있다. 아이들의 양육과 교육은 국가가 책임지는 형태가 될 것이다.

제20장 문화, 권력, 성에 관한 구조분석

인간은 집단생활을 하는 생물종을 태어났기 때문에 어떠한 형태의 권력이든 수용하지 않으면 안 된다. 권력이라는 것은 인간에게 부정할 수 없는 숙명과 같은 것이라면 차라리 창조적 이성을 통해 사람과 사물을 제대로 관리할 수 있는 보다 나은 체계를 만드는 것이 권력을 부정하는 것보다 현명할 수도 있다. 권력이 성을 억압하는 것이지만 동시에 만약 권력이 없다면 성은 문란해질 수밖에 없다. 이러한 권력과 성의 이중성은 인간문화의 핵심에 속한다. 권력과 성은 서로 비슷한 프로그램에 속하며 비슷한 메커니즘을 가지고 있다. 그래서 서로 잘 타협하기도 하고 이용하기도 하고 철저히 적이 되기도 하고 대체물이 되기도 한다. 어떠한 권력이 바람직한 형태이며 미래의 권력은 어떻게 되어야 하는지는 또 다른 과제이다. 이제 결론을 내릴 차례가 되었다. 문화와 권력과 성의 상관관계는 어떻게 설명할 수 있을까. 삼자(三者) 사이에 있는 원리와 법칙은 무엇인가.

① 권력은 자연선택의 생존경쟁이 인간집단에 이르러 인간종 간(inter-species)의 혹은 종 내부 간(intra-species)의 권력경쟁으로 변형된 것이다.

② 권력은 부계-가부장제를 보편적인 제도로 만들면서 여성을 대상(재화)으로 취급한다. 결혼은 여성의 교환이다. 남성은 좋은 여성을 구하기 위해 권력과 재화를 가져야 한다. 그러나 여성은 자신을 비싸게(비싼 재화로, 비싼 암소로) 팔면 된다. 경제는 재화와 용역의 교환이다.

③ 권력의 원형인 제사와 정치는 역사적으로 서로 대립하기도 하지만 화해하는 경향이 강하다. 제정일치시대는 제정분리시대로 넘어가지만 공존한다. 제사의 변형인 종교는 정치에 비해 여성적 역할을 맡는다. 제사(도덕)는 자기와 집단 내부를 다스리는 역할을 맡는다.

④ 무교에서 고등종교(불교, 유교, 기독교, 이슬람교)로 넘어가면서 제사와 정치, 양자에서 남성이 주도권을 잡는다.

⑤ 권력과 섹스는 언제나 서로 주고받는(사고파는) 거래관계에 있다. 권력과 섹스는 서로 피드백관계에 있다. 권력은 섹스의 변형이지만 동시에 섹스는 권력의 변형이 된다.

⑥ 권력경쟁의 피지배자인 여성과 민중은 남성권력자들이 지배를 하는 사이사이에서 반란을 꾀하고 나름대로 산발적이고 개인적으로 권력을 잡기도 하지만 이들의 집권은 전반적이고 체계적인 권력 잡기라기보다는 다른 남성권력자의 교체로 끝난다.

⑦ 권력은 여성의 억압으로 시작하였지만 여성의 성의 해방은 재생산과 생산의 상호 모순을 낳고 인간과 자연의 괴리를 낳아 결국 인간가족을 무질서와 성의 문란으로 빠뜨린다. 권력은 필요악의 존재이다.

⑧ 정치권력 이외의 종교권력, 과학권력 등의 관계를 설정해 보면 다음과 같은 등식이 성립한다.

<성(性: sex)=무교(巫敎: shamanism)=성(姓: surname: 권력)=성(聖: saint: 종교)=성(性: science: 과학)>이라는 등식 말이다. 이들은 프로그램의 원형과 변형의 관계에 있다.

이들의 메커니즘도 유비관계에 있다. 성(性)의 클라이맥스(快樂: 絶頂)

와 무교(巫敎)의 엑스터시(無我境: 恍惚), 왕의 왕도(王道: 覇道), 성인의 열락(道樂: 法悅), 과학의 창조(創造: 喜悅)는 같은 것이다.

⑨ 이들 문화유형의 소통 혹은 거래 내용은 다음과 같다. 다시 말하면 자신(나)을 주면서 문화적 억압 – 환경적 혹은 사회적 혹은 심리적 억압 – 을 극복하거나 초월한다. 그런데 그 극복과 초월에도 스스로 행하는 것이 있고, 남의 힘을 빌려서 행하는 경우가 있고, 억압을 그대로 가져가는 경우도 있고, 억압을 반전시키는 경우도 있고 억압을 극복한 뒤에 마음과 몸을 닫힌 상태로 가지고 있는 경우도 있고 열린 상태로 가지고 있는 경우도 있다. 이 억압은 상징적이기 때문에 그것을 푸는 것도 상징적이다. 상징의 특징은 바로 이중성에 있음은 두말할 필요가 없다. 그래서 억압(stress)이 바로 필요(need)이기도 하다. 무당과 왕과 성인과 과학자는 바로 집단적 억압이면서 억압을 극복하거나 초월하기 위한 집단적 필요이다.

⑩ 각 문화유형의 담당자들은 개인이지만 실은 집단적 욕구(혹은 요구 혹은 억압)를 대변하고 있다. 그래서 담당자들은 이중의 의미를 지닌다. 하나는 영웅의 의미요 다른 하나는 희생의 의미이다. 개인은 집단의 억압(욕구, 요구, 희망)을 짊어져야 한다는 점에서 희생자이지만 그것을 성취하는 경우 영웅이 되는 보상을 받는다.

⑪ 문화가 일송의 프로그램(program)이라는 것은 앞에서 말했다. 이를 남녀 간의 권력구조로 보면 재생산(reproduction)이 생산(production)보다 크면(재생산>생산) 여성우위가 되고 여성우위는 자연스럽게 성의 자유(해방)가 이루어지고 생산이 재생산보다 크면(생산>재생산) 남성우위가 되고 성의 억압(규제)이 이루어진다.

⑫ 이를 위도상으로 보면 식량조달이 쉬워서 생산의 필요성이 덜한 지역인 열대–아열대–남부(따뜻한 지역)는 여성우위 혹은 여성중심문화가 지배적이고 식량조달이 어려워서 생산의 필요성이 증대된 지역인

온대-한대-북부(추운 지역)는 남성우위 혹은 남성중심의 문화가 지배적이 된다. 물론 전 지구적인 전쟁·정복, 교통·소통으로 인한 가부장제의 확산이 점차 심화된 것은 그 전제가 된다.

이상을 권력의 원형별로 정리하면 다음과 같다.

○ 성(性: sex)에서는 나(남녀)는 너(남녀)에게 몸을 준다.

＝이때는 남녀가 만나 자손을 번식하여 대를 끊어지게 하지 않는 것(재생산)이 지상의 목표였다. 그래서 생식력(生殖力)과 자손의 번성을 비는 신앙이 유행했다.

○ 성(性: sex)은 종족 번식(재생산)의 욕구를 가지고 있다.

＝성은 누구나 갖고 있는 것이지만 그중에 일부 재생산을 하지 못하는 남녀는 이로 인해 심한 억압을 받는다. 복혼제, 양자제도, 씨받이, 처첩제도, 형제연혼, 자매연혼 그리고 유령혼 등 결혼의 온갖 형태는 바로 이 문제를 해결하기 위해서 존재하는 문화적 전략이다. 문화에서 뭐니 뭐니 해도 재생산의 문제는 생물의 본능이기도 하지만 가장 큰 과제이기도 하다.

○ 무교(巫敎: shamanism)에서는 나(무당)는 너(귀신)에게 혼을 준다.

＝이때는 인간과 귀신이 화해를 이룩하는 것이 무엇보다도 급선무였다. 죽은 자의 영혼은 산 자에게 영향을 미쳐서 농사의 풍작과 흉작을 결정하고 재앙과 병마를 주기도 하는 존재였다.

○ 무교(巫敎: shamanism)에서는 집단의 안녕과 사후 영혼의 안식을 기대하고 있다.

＝무당이 되는 여자는 그 사회에서 가장 환경적, 사회적, 심리적 억압을 받은 인물로 그것이 병이 된 경우인데(이것을 무병이라고 한다) 무당은 그 억압의 원인을 귀신이라고 상정하고 귀신을 몸주신으로 받아들이는 의식을 통해 그 억압을 벗어난다. 한 사회에서 가장 억압을

많이 받은 인물이 그 사회의 모든 문제를 푸는 것은 행위(굿)를 하는 것은 당연하다. 이는 희생자이면서 사제가 되는 이중성을 가지고 있다.

　○ 성(姓: surname: 권력)에서는 나(백성)는 너(왕)에게 충성을 준다.

　＝이때는 최고권력자를 누구로 결정하느냐에 따라 집단과 국가의 흥망성쇠가 결정되는 시기였다. 그래서 권력은 계속 확대재생산 경쟁에 들어갔으며 왕국과 제국이 우후죽순처럼 일어나고 교체하는 시기였다.

　○성(姓: surname: 권력)에서는 나라의 평화와 풍요의 욕구를 가지고 있다.

　＝크고 작은 나라의 왕이 되는 것은 수많은 전쟁과 권력경쟁, 갈등을 거친 뒤에 승리자에게 주어진다. 왕이 된 뒤에는 백성 위에 군림하는 것이 사실이지만 실은 왕이 되는 인물은 그 사회의 본보기가 되어야 하고 수많은 수업과정과 시련 등 테스트과정을 겪게 된다. 이것은 역시 그 시대의 필요에 부응하기 위한 것으로 개인에게는 심각한 억압이 된다. 왕은 권력을 가지는 자이지만 동시에 백성을 먹여 살리고 보호해야 하는 책임을 다하여야 한다. 그렇지 않으면 결국 물러나게 되고 죽음을 당하게 된다. 일개 가정도 이끌어 가려면 쉽지 않은 일인데 한 나라를 다스리는 것은 수많은 억압을 극복해야 하는 일이다. 역시 희생자이면서 영웅이 되는 이중성을 가지고 있다.

　○ 성(聖: saint: 종교)에서는 나(신자)는 너(신)에세 혼을 준다.

　＝어느 정도 권력경쟁을 해 본 인간은 이제 통치의 경제성이나 효과 면에서 전쟁(무기체계)보다는 평화(성경체계)로 나아가는 것이 훨씬 높은 프로그램이라는 것을 알게 된다. 그래서 새로운 합리성이 강화된 바이블 생산에 들어간다.

　○ 성(聖: saint: 종교)에서는 인류의 안녕과 사후 영혼의 영원한 행복을 기대하고 있다.

　＝인류의 5대 성인으로 우리는 석가(BC 563~BC 483), 공자(BC 522~

BC 479), 소크라테스(BC 469~BC 399), 예수(BC 4~AD 30), 모하메드(AD 570~632) 등을 든다. 이들 중 석가와 공자는 BC 6세기 인물이고 소크라테스는 BC 5세기 후반의 인물이고 예수는 서력기원의 인물이고 모하메드는 AD 6세기 인물이다. 이들은 나름대로 자신의 문화적 전통을 토대로 새로운 시대를 열어간 인물인데 지금은 성자로 불리지만 실은 이들이야말로 당대의 시대적, 사회적 억압을 승화시키고 인간의 삶의 폭과 질은 한 단계 높인 인물들이다. 이 고등종교에 의해 인류는 진정한 제국을 형성하게 된다.

○ 성(性: science: 과학)에서는 나(과학자)는 너(사물)에게 정신을 준다.

＝권력 가운데서도 가장 큰 권력은 사물의 이치를 알고 그것에서 법칙을 끌어낼 수 있는 것이다. 과학자는 이제 실험실과 연구실에 있지만 사물을 자신의 뜻대로 배열할 수 있는 진정한 권력자이다.

○ 성(性: science: 과학)에서는 사물에 대한 법칙을 발견하고자 하는 욕구를 가지고 있다.

＝우리는 흔히 과학자라고 하면 뉴턴과 아인슈타인을 예로 든다. 인류는 인구가 늘어나면 날수록 사물을 다스리는 능력을 넓혀야 하고 이를 과학자가 수행한다고 해도 과언이 아니다. 그런 점에서 과학자야말로 우리 시대의 대표적 인물이며 상징이다. 한 사람의 과학자는 자신이 소속한 집단과 문화가 욕구하고 요구하는 것에 부응하기 위해 피나는 연구와 실험을 하게 마련이다. 획기적인 법칙을 발견하거나 발명품을 만들어 내기까지 공부를 하고 창조를 하는 것은 물론이고 마치 성인들이 거쳤던 것과 비슷한 시련과 테스트를 거쳐야 한다.

여기서 편의상 어느 한쪽에서 다른 쪽에 '준다'라는 말을 했지만 이는 어디까지나 쌍방 소통을 의미한다. 그렇지만 여기서 한쪽이 정점에 도달하였다면 이는 예컨대 표현과 양상이 어떠하냐에 관계없이 소통을 의미한다. 예컨대 어느 한쪽을 주인이라고 하고 다른 쪽을 종이라고 하였다고 하더라도 상관없다. 쌍방이 자신을 주어 둘이 하나가 되면 신분이나 계급이나 위상은 아무런 상관이 없다. 물론 소통이 불완전하거나 불통이 될 수도 있다. 그러면 각 문화유형은 정점(頂點)에 도달하지 못하고 갈등에 직면한다. 정점은 소통의 결과일 뿐이다. 그러나 사람들은 완전소통을 이상으로 추구한다.

<도표 3>을 상기하면서 지금까지의 이야기를 구조적으로 분석을 해 보면 <도표 4>와 같다.

〈도표 3〉 인류문화의 종류와 단계

문화의 종류 ＼ 발전단계	1단계	2단계	3단계	4단계	5단계
권력의 원형과 변형	성(性: sex, 人性)/ 쾌락·절정 (재생산>생산)	무 교 (巫 敎 : shamanism)/무 아경·황홀 (재생산>생산)	성(姓: sur name: 권력)/ 패도·왕도 (생산>재생산)	성(聖: saint: 종교)/ 도락·법열 (생산>재생산)	성(性: science 物性: 과학)/ 창조·희열 (생산>재생산)
원시-문명	야성성력시대 여성우위 성해방	원시신화시대 여성우위 성해방	고대왕권시대 남성우위 성억압	중세교권시대 남성우위 성억압	근대과학시대 남성우위 성억압
신앙-종교	정령숭배·토 테미즘	무 교 (巫 敎 : shamanism)	고대고등종교 시대	중세고등종교 시대	근대과학종교 시대
집단-국가	씨족사회	부족 및 부족 연맹시대	부족연맹 및 고대국가 시대	국가 및 제국 시대	제국 및 세계 국가 시대
출계-가족	모계(부계)사회	모계 혹은 부 계사회	부계사회-가 부장사회	부계-가부장 확대사회	집합가족사회

<도표 4> 권력의 유형과 구조분석 1

구조적 분석 ＼ 권력의 원형과 변형	성(性: sex, nature)/ 쾌락·절정 chaos(혼돈)	무교(巫敎: shamanism)/ 무아경·황홀 chaos(혼돈)	성(姓: sur name: 권력)/ 패도·왕도 comos(질서)	성(聖: saint: 종교)/ 도락·법열 comos(질서)	성(性: science space: 과학)/ 창조·희열 comos(질서)
권력의 성격 남성적	+		+		+
권력의 성격 여성적	+	+		+	
사고의 유형 신화적 (구조적)	+	+		+	
사고의 유형 역사적 (사건적)	+		+		+
억압함	+		+		+
억압당함	+	+		+	
상상계	+	+		+	
현실계	+		+		+
가부장제	+		+	+	
모계제	+	+			

① 섹스(sex)는 권력의 성격에서 남성적이고 동시에 여성적이다. 따라
서 양성적이다. 또 사고의 유형에서 신화적이고 동시에 역사적이
다. 또 일어나는 영역이 현실계이고 동시에 상상계이다. 섹스는
모권제이다. 섹스는 억압당함도 아니고 억압함도 아니다. 섹스는
자연이다(그러나 섹스는 권력화되면서 점차 가부장제화하게 되고
가부장제화하면서 억압함과 억압당함으로 분화된다).

② 샤머니즘(shamanism)은 여성적이고 신화적이고 억압당함이고 상
상계이고 모권제이다.

③ 성(surname), 즉 왕조사회는 남성적이고 역사적이고 억압함이고 현
실계이고 가부장제이다.

④ 성(saint)은 여성적이고 신화적이고 동시에 사건적이며 억압당함이
고 상상계이고 동시에 현실계이며 가부장제이다.

⑤ 과학(science)은 남성적이고 역사적이며 억압함이며 현실계이고 동
시에 상상계이며 모권제이다.

〈도표 5〉 권력의 유형과 구조분석 2

권력의 원형과 변형 / 구조적 분석	성(性: sex, nature)/ 쾌락·절정 chaos(혼돈)	무교(巫敎: shamanism)/ 무아경·황홀 chaos(혼돈)	성(姓: sur name: 권력)/ 패도·왕도 comos(질서)	성(聖: saint: 종교)/ 도락·법열 comos(질서)	성(性: science space: 과학)/ 창조·희열 comos(질서)
몸 (본능-무의식)	+				
말 (의식-역사)		+	+	+	+
이(理)		+	+	+	+
기(氣)	+				
삶	+		+		+
죽음		+		+	
자연	+				
문화		+	+	+	+
인문사회학	+	+	+	+	
자연과학					+

① 섹스(sex)는 몸이고 기(氣)이고 삶이고 자연이고 인문사회학이며
동시에 자연과학이다.

② 샤머니즘(shamanism)은 말이고 이(理)이고 동시에 기(氣)이고 죽음

이고 문화이고 인문사회학이다.

③ 성(surname)은 말이고 이(理)이고 삶이고 문화이고 인문사회학이다.

④ 성(saint)은 말이고 이(理)이고 동시에 기(氣)이며 삶이고 동시에 죽음이며 문화이고 인문사회학이다.

⑤ 과학(science)은 몸이고 동시에 말이며 이(理)이며 동시에 기(氣)이며 삶이며 자연이며 동시에 문화이며 자연과학이다.

〈도표 6〉 권력의 유형과 구조분석 3

권력의 원형과 변형 / 구조적 분석	성(性: sex, nature)/ 쾌락 · 절정 chaos(혼돈)	무교(巫敎: shamanism)/ 무아경 · 황홀 chaos(혼돈)	성(姓: sur name: 권력)/ 패도 · 왕도 comos(질서)	성(聖: saint: 종교)/ 도락 · 법열 comos(질서)	성(性: science space: 과학)/ 창조 · 희열 comos(질서)
천지창조신화			+	+	+
천지개벽신화	+	+			
선천적	+				
후천적		+	+	+	+
몸의 말	+				
말의 몸		+	+	+	+
모방주술 (동종주술)	+	+	+	+	
감염주술 (접촉주술)					+
은유	+	+	+	+	
환유					+

제21장 문화: 자연＝본성: 본능＝종교: 섹스

　　문명과 가부장제는 불가피한 운명이었다고 보자. 설사 문명이라는
것이 여성의 성을 억압하고 그 대신 여성에게 재생산의 안전성 확보－
가족의 유지와 보호를 제공하는 대가로 남성이 권력을 얻은 것이라고
하더라도 거기엔 남성의 여성억압이라는 음모가 있다. 이 여성억압이
라는 음모는 가부장제의 여러 신화, 여러 고등종교들과 연대하고 있다.
현실은 언제나 여성과 민중에게 충분한 것을 제공하지 못한다. 정신주
의는, 이데올로기는 그러한 점에서 그러한 불만의 부류들을 다스리기
위해서 필요하다.

　　현실의 부족에 대해 대처하는 방법으로 정치적 비전을 제공하는 것
과 종교적 비전(상상계)을 제공하는 두 방법이 있다. 이들 차안과 피안,
비전과 상상계는 인류가 개발한 독특한 것이다. 이는 여성에게는 언제
나 생존이 중요하고 남성에게는 언제나 이상이 중요한 것과 무관하지
않다. 여성에게는 생존을 위해서 도리어 피안의 상상계가 필요하고 남
성에게는 이상을 위해서 도리어 차안의 비전이 필요하다. 왜 여성은 종
교적 신앙인이 되었으며 남성은 종교적 사제가 되었고 현실적 권력자

가 되었는가. 남성은 왜 차안과 피안에서 동시에 권력을 획득하고 행사하는가.

만약 남성성이라는 것이 허구라면 문명이라는 것도 일종의 영원의 우주에서 벌어지는 찰나의 먼지와 같고 그 위에 세워진 사상누각과 같다. 그렇더라도 달리 대책은 없다. 우주는 인간을 위해서 생멸하지 않는다. 인간은 단지 그 많은 생물종 중에서 생멸에 대해, 죽음이라는 것에 대해 나름대로 문화라는 통사구조로 대처한 생물종에 지나지 않는다고 하면 대답이 될 수 있을까. 그 통사구조란 정말 거대한 바람 앞의 먼지와 같은 것이다. 그렇더라도 어쩔 수 없다. 풍류도(風流道)란 그래서 있는 것인가.

이제 종교의 관점에서 인류의 진화를 생각해 볼 필요가 있다. 호모 릴리글로수스(Homo religlosus), 종교적 인간에 대한 진화론적인 궤적을 그려 보자. 생식(reproduction)의 인간이 보다 자유로운 성행위(sex)의 인간으로 진화하면서 상징행위를 할 수 있는 두뇌가 서로 포지티브 피드백을 하면서 인간의 문화가 종교적 행복과 법열과 구원을 추구하게 된 것은 분명히 창조론의 문제가 아니라 진화론의 문제로도 고려해 볼 수 있다. 인간은 왜 역사에 만족하지 않는가. 인간은 왜 현실에 만족하지 않는가. 인간의 어떤 속성이, 인간의 어떤 진화적 속성이 인간으로 하여금 종교적 구원을 추구하게 만들었을까. 이것의 진화론적인 출발점은 무엇인가.

신앙이란 결국 역사의 문제가 아니라 신화의 문제이다. 역사적 자료가 신앙에 소용된다고 하더라도 신앙은 역사가 아니며 따라서 신앙을 위해서는 역사라도 철저한 신화화를 거치지 않으면 안 된다. 신앙은 결국 자기 내부의 문제이며 짐짓 객관적이고 바깥의 문제인 것 같지만 실은 안의 문제로 귀결된다. 신앙은 결국 증명이 문제가 되지 않으며 얼마나 믿느냐 하는 믿음의 문제이다. 신앙에 있어서 역사적 자료가 있다

는 점은 과학적인 인간에게 호소력을 가진다는 점에서 유리하지만 역
사적 자료 자체는 신앙이 아니다. 그런 점에서 신앙은 과학과 정반대의
체계이다. 신앙은 결국 문화의 네 가지 형태인 신화, 제도, 기술, 경험
중에서 결국 신화와 제도 사이에 있는 것이다. 과학은 기술과 경험 사
이에 있는 것이다.

인간은 자기구원의 완전한 상징을 만드는 존재이다. 그 대표적인 것
이 불교와 기독교의 부처와 그리스도이다. 자기구원이 있다는 것은 결
국 자기파멸도 있다는 것을 말하는데 이것은 삶의 밝은 면에 대조되는
어두운 면이다. 구원과 파멸의 선택, 선과 악의 선택은 인간이 생명의
존재로서 기원할 때부터 받은 삶의 조건이다. 선택은 자유의 존재를 동
시에 말하는 것이다. 생물의 기나긴 진화의 역사에서도 선택은 인과보
다 우선하는 것이었으며 인간존재에 이르러서도 정신적인 삶에 있어서
도 여전히 선택과 기회는 인과를 우선한다. 생명에 있어서 인과는 선택
의 결과일 뿐이다. 무생물에 있어서는 인과의 결과가 선택이지만 말이
다. 구원과 선을 선택하는 기회를 가지는 것이 인과로 받아들여지는 것
은 참으로 행운이며 그 행운을 가진 것은 절대로 불편부당한 것은 아니
며 자업자득의 것이며 자기원인적인 것이다. 만약 선과 악이 있다면 선
에 서는 것이 얼마나 다행이냐. 악을 선택하는 자가 엄연히 있다는 것
을 생각하면 할수록 말이다. 악이 있다는 사실은 객관적인 존재유무를
떠나서 피하는 것이 상책이다. 인과(因果)와 운명(運命)은 다르다. 운명
은 결과적으로 인과이지만 인과는 운명을 포함할 수 없다. 운명에는 설
명할 수 없는 인과도 있으며 인과를 초월하거나 인과를 부정하는 함의
도 있다. 운명을 인과로 설명하고 싶지만 결코 인과는 운명을 설명할
수 없다. 인과는 닫힌 체계이고 운명은 열린 체계이기 때문이다. 그래
서 운명을 인과응보로 설명한다. 그러나 인과응보는 과학적인 인과와
는 다르다. 인과응보는 과학과 같이 똑같이 재현할 수 없다. 인과응보

는 선택이 개재된 인과이다. 행과 불행, 긍정과 부정, 선과 악은 결국 선택이 개재된 인과이다. 선택은 자기원인이며 동시에 자기책임이 따른다. 선택은 자기가 배제된 객관적인 것이 아니다.

종교라기보다는 신앙이라는 편이 훨씬 종교 본래의 용어이다. 종교(宗敎)라는 말 속에는 '큰 가르침'이라는 뜻이 포함되어 있지만 신앙(信仰)이라는 말 속에는 인간이 '말에 의해서 사는 존재'이며 동시에 '무엇을 우러르며 사는 존재'라는 것을 형상적으로 보여 준다. 존경과 믿음이 내포되어 있다. 신앙은 본능과 같은 것이라고 말할 수밖에 없다. 인간에 이르러 또 하나의 본능이 생긴 셈이다. 신앙의 본능을 자연의 본능과 구별하기 위해서 본능이 아닌 본성으로 말하지만 실은 본능과 본성은 같은 것이다. 인간은 섹스의 본능과 똑같은 정도로 신앙의 본능을 가지고 있다. 인간의 자유는 섹스의 선택에서부터 넓어지기 시작하여 결국 신앙에까지 그 범위를 넓히게 되었는데 인간 존재의 자유의 역사를 다시 쓴다면 섹스에서의 자유, 신앙에서의 자유로 그 진화의 궤적을 그릴 수 있다. 섹스는 그러한 점에서 신앙과 은밀하게 관련이 있다. 이것을 에소테릭(esoteric)이라고 한다. 신앙은 엑소틱(exotic)의 문제만 있는 것은 아니다. 자유의 정도가 문명의 발달의 정도를 나타내는 지수라면 결코 섹스도 여기서 예외가 될 수 없다. 흔히 문화에 대해 제2의 자연, 제2의 천성이라고 말하지만 신앙이야말로 그러한 것이다.

무생물에서 생물로, 생물에서 양성생물로, 양성생물에서 신앙의 생물로의 진화는 그 과정에서 비약이 따르는 것을 부정할 수 없다. 나는 여기서 내가 구원이 되느냐, 아니냐의 문제보다 신앙이라는 것이 진화와 어떤 관련이 있으며 과연 신앙이 진화의 연장이라면 그 연장이 목표하는 것은 무엇인가 하는 점이다. 보다 솔직하게 말하면 신앙은 존재에 대한 긍정을 도모하는, 존재의 원점으로 회귀하는 메커니즘이 아닌가 하는 점이다. 도대체 양성의 메커니즘은 왜 생겼으며 동시에 양성의 메커니즘이 왜 다시 신앙의 메커니즘으로 발전하여 남자는 여자를 이상으로(이상적 여성이 아니라), 여자는 남자를 이상으로(이상적 남성이 아니라), 남자는 여자를 구원의 상징으로, 여자는 남자를 구원의 상징으로 삼는지 궁금하기 짝이 없다.

신앙이야말로 인간만이 성취할 수 있는 섹스의 우주적 확대, 다시 말하면 우주적 섹스의 엑스터시와 같은 만족, 법열, 쾌락을 추구하는 것이 아닌가 하는 점이다. 쾌락을 육체적인 의미로 제한하는 부정적인 의미에서 쓰지 않는다면 말이다. 양성생물에서 상대 성(性)의 선택은 종의 번식과 자유의 증대를 위한 중요한 삶의 절차이며 의례이다. 이와 마찬가지로 신앙의 선택도 영혼의 자유와 완전한 행복을 위한 중요한 삶의 절차이며 의례이다. 양성과 신앙의 출현은 공통점을 가지고 있다. 이들은 둘 다 잡종강세를 원하고 있다는 점이다. 이들은 순수성을 강조하면서도 다른 한편에서(다른 한 눈으로는) 항상 잡종강세를 도모하고 있는 선택과 통합의 명수라는 점이다. 성적(性的) 정복(征服)과 종교적(宗敎的) 선교(宣敎)는 그런 점에서 같은 것이다.

생물계의 하나의 종으로 인간을 규정하는 진화론은 결국 종교적 순환론으로 돌아갈 수밖에 없다. 인간존재의 출현은 우주의 자기확인이며 자기만족이며 자기긍정이며 자유와 선택의 증대의 결과라는 것을 알 수 있다. 이 과정에서 방편적으로 자기의문과 자기불만과 자기부정의 상대가 필요했으며 그 역할을 수행한 부정적인 것, 악마적인 것은 결국 일종의 환영과 같은 것이라고 할 수 있다. 인간에 의해서 물질적인 것은 정신적인 것이 되었으며 현실적인 것은 이상적인 것이 되었으며 인간적인 것은 신적인 것이 되었으며 이승적인 것은 저승적인 것이 되었다. 신화야말로 자연의 역사적 순환의 궤적이다. 인간은 상상력의 자기부정의 세계, 자기부정의 말과 이미지를 통해 진화의 의욕과 반발력을 얻으며 자기긍정의 에너지를 얻으며 진화론적인 긍정의 깨달음에 도달한 호모릴리글로수스(Homo religlosus)이다.

　종교적 인간의 역사는 신화조작에서 시작하여 신화 다시 쓰기로 끝난다. 그래서 신화는 시작도 끝도 없이 반복되고 역사는 각 단계마다 왕조와 체제의 시작과 끝이 있다. 결국 역사는 신화의 제물이다. 이는 원의 선분이 직선인 것과 같다. 결국 신화를 다시 쓰지 못하는 역사는 아무리 과학적이고 실증적인 면에서 성공하였다고 하더라도 역사를 왜 쓰는지를 모르고 방황하게 된다. 신화가 없는 민족은 결국 방황하게 된다. 신화는 개인의 존재의 이유이면서 동시에 집단의 정체성의 핵심이다. 신화를 가지면 영원히 멸망할 수 없다. 한 개인이나 한 집단의 영원한 멸망을 기도한다면 신화를 없애버리는 것이 가장 효과적이다. 또 신화를 잃어버리는 개인이나 집단은 결국 자기원인에 의해 스스로 멸망하지 않을 수 없다.

　역사는 당대보다는 후대의 기록이며, 신화도 역시 후대의 기록임에 틀림없다. 신화는 천지를 직접 창조한 신이 기록한 것이 아니며 신의 말씀이나 성령을 통해 기록하였다고 하지만 어쨌든 후대의 기록이며 신의 기록이나 성령의 기록이라는 것은 거짓말이다. 신화는 특히 기록하는 문체에 있어서 매우 비유적이며 여기에는 애니미즘이나 토테미즘의 영향이 큰 것으로 보인다. 애니미즘과 토테미즘에 의해서 신화는 육체를 상징화시키고 성화시키는 기술을 발전시켰으며 신화는 표현양식에 있어서 집단창작의 예술과 종교의 양식이 두드러진다. 신화 속의 고유명사는 집단의 상징이거나 보통명사인 경우가 많으며 이들 상징 간의 관계는 주로 연애와 결혼, 가족과 친족 그리고 집단 간의 전쟁을 통해 그려지는데 이것이 신화를 구성하는 줄기였던 것으로 보인다. 신화는 변화하고 이동하는 동물인 인간이 자신의 정체성을 가지기 위해 택하는 언어적 전략의 하나이다. 역사는 아직 성숙하지 않은 신화에 불과하다. 과학이 종교를 어찌 이기며 역사가 어찌 신화를 이길 것인가. 과학과 역사가 직선이라면 신화와 종교는 곡선이다. 신화와 종교는 순환하는 우주에 적응하는 언어적 훈련이다.

고대 이후 종교는 정치에 많은 것을 양보하였지만 아직도 종교는 사람을 다스리는 측면에서 정치의 지분보다 많은 것을 가지고 있다. 정치적 제국주의는 성공하지 못하지만 종교적 제국주의는 성공한다. 서구 제국주의에 정치적 독립을 성취한 식민지의 나라들에서도 서구의 종교인 기독교에서 종교적 독립을 요구하지는 않는다. 도리어 종교는 매우 성공적으로 토착화하였는데 정치적 독립의 원천적 힘이 된 것으로 여기고 있다. 다시 말하면 정치적 제국주의의 날개를 타고 종교적 제국주의는 재빨리 성공한 셈이다. 결국 기독교의 선교를 위해 정치적 제국주의가 봉사한 꼴이다. 그 이유는 무엇인가. 여기에 정치의 약점과 종교의 강점이 있다. 인간은 현실에 만족하지 않는다. 다시 말하면 인간은 현실의 불행에도 불만이지만 현실의 행복에도 만족하지 않는다. 정치가 아무리 행복한 현실을 만들어 주는 데에 성공하더라도 인간을 만족시킬 수는 없다. 인간이 궁극적으로 욕망하는 것은 죽지 않는 것, 불사(不死)이다. 종교는 설사 현실에 대해 아무런 행복을 주지 않는다고 하더라도 사후에 영생과 부활을 약속하는 점에서 정치보다는 훨씬 더 인간의 사랑을 받는다.

기독교가 다른 종교에 비해 선파력이 있는 것은 바로 예수의 부활에 있으며 이는 불사를 예감케 하기 때문이다. 종교는 정치의 원형이면서 여전히 정치보다 더 막강한 권력을 가지고 있다. 종교는 권력이 아닌 권력이기 때문에 반체제나 저항도 맞이하지 않는 실로 신비스러운 권력이다. 이러한 권력은 권력이라고 하지도 않고 권위나 권능이라도 한다. 종교는 궁극적으로 자발적으로 인정되는 권력이기를 추구하기 때문이다. 이뿐인가. 종교는 음악과 미술에 의해 완벽하게 포장되어 있고 장식되어 있음으로써 인간의 시각과 청각을 장악하고 있다. 인간의 생명이 영원한 것이 아니라 그것을 주장하는 종교가 영원하다. 종교적 인간에서 절대신에 의한 창조론과 생물의 진화에 의한 진화론이 하나가 된다. 기독교와 진화론은 상호 대립하면서 모순되는 것으로 알려져 있다. 그러나 종교도 진화적 존재인 인간에 의해 만들어진 것이며 인간도 또한 종교에 의해서 우주적 원점으로 환원(還元)될 수 있게 된다. 이는 우주적 팽창과 수렴의 역동이라고 할 수 있다. 우주의 팽창과 수렴은 '역동하는 장(場)의 개폐(開閉)운동'(필자는 이것을 DSCO=Dynamic Situation, close and Open 이론으로 주장한 바 있다)이라고 할 수 있다.

박정진 ──────────────────────────────────

대구에서 태어나 대구고등학교 졸업, 한양대학교 의예과를 수료하고 국문과로 옮겨 졸업한 뒤
영남대학교 대학원 문화인류학과에서 석사, 박사과정을 마쳤다. 현재 한양대학교, 서울교육대
학교, 영남대학교, 대구대학교 등에 출강하고 있다.
대학 졸업 후 경향신문사에 입사, 주로 문화부 기자로 활동하다가 자리를 옮겨 세계일보 문화
부장, 논설위원을 지내는 등 20여 년간 언론계에 몸담았다. 시 전문지인 월간 『현대시』를 통해
시인으로 등단했다.

시집가는 여자, 시집가지 않는 여자

성(性)인류학

초 판 인 쇄 | 2010년 11월 29일
초 판 발 행 | 2010년 11월 29일

지 은 이 | 박정진
펴 낸 이 | 채송순
펴 낸 곳 | 한국학술정보㈜
주　　　소 | 경기도 파주시 교하읍 문발리 파주출판문화정보산업단지 513-5
전　　　화 | 031) 908-3181(대표)
팩　　　스 | 031) 908-3189
홈 페 이 지 | http://ebook.kstudy.com
E-mail | 출판사업부 publish@kstudy.com
등　　　록 | 제일산-115호(2000. 6. 19)

ISBN　　978-89-268-1709-4 93150 (Paper Book)
　　　　　978-89-268-1710-0 98150 (e-Book)

이담Books 는 한국학술정보(주)의 지식실용서 브랜드입니다.